全倒ネット 実務Q&Aシリーズ ◀

破産実務
Q&A
220問

木内道祥 [監修]
全国倒産処理弁護士ネットワーク [編]

一般社団法人 **金融財政事情研究会**

監修に当たって

　現行破産法（2004年成立、05年施行）の前、つまり、旧破産法の時代は「破産管財人は、本件に関する寄託金の返還を随時行うことができる。」という包括許可がされていました。寄託金の返還とは管財人口座からの預金の引出しであり、それをするには裁判所の許可を要するとの定め（旧破産法206条）があったからです。預金を引き出すためにこの許可を銀行に示していました。破産宣告と同時に、債権届出期間、債権調査期日を必ず定めなければならないとの定め（旧破産法142条）がありましたので、異時廃止見込みの事件では「債権届出期間　追って指定する日まで」「債権調査期日　追って指定」と裁判所が「決定」をして、債権者への破産通知にそのとおり「追って指定」と書き、現時点では債権届出をする必要はないことも付記し、債権届出書の用紙は同封しませんでした。配当見込みがないのに債権届出書の提出を求めても、債権者に無駄な負担を掛けるだけですし、提出を受けた裁判所・破産管財人も無駄な労力を費やすことになるからです。債権者が（例えば、時効中断のために）債権届出をしたいのであれば破産管財人に申し出て債権届出書の用紙を送ってもらうことにしていました。どちらも、現行破産法の成立に先行する2002年時点の、大阪での実務です。

　全倒ネット編著による「実務Q＆A」シリーズのもととなった弁護士間のメーリングリストでのQ＆Aは、そのころからスタートしていました。当時を知る者としては、今回の『破産実務Q＆A220問』は、遠くまで来たものだと感慨にふけってしまいます。

　今回も、『破産実務Q＆A150問』（2007年刊行）、『破産実務Q＆A200問』（2012年刊行）と、編集方針は変わりません。全国各地で破産実務を担う会員弁護士がQを出し、Aを返し、ブロックと全体の2段階の編集会議で審査を重ねるのは同じですが、執筆陣はずいぶんと厚みを増しました。前回の執筆者は164名、所属弁護士会は39会でしたが、今回の執筆者は217名、所属弁護士会は全国52すべての会になりました。

　最後に、これだけの大所帯での執筆を支えていただいた編集メンバー及び一般社団法人金融財政事情研究会編集部の方々に感謝を申し上げます。

　2019年11月

全国倒産処理弁護士ネットワーク顧問

弁護士（前・最高裁判所判事）

木 内 道 祥

全国倒産処理弁護士ネットワークについて

　全国倒産処理弁護士ネットワーク（全倒ネット）は、2002年11月に、全国の弁護士の間で、倒産手続と事業再生に関する情報交換と研鑽の場を提供するために設立されました。以来、年１回、シンポジウムを開催し、書籍を出版するほか、各地の弁護士会や裁判所等と協力し、適正迅速な倒産処理に寄与する活動を継続しています。2019年11月現在、各地から推薦を受けた全国52弁護士会の理事を中心に5,000名を超える弁護士が参加しています。

　詳細はウェブサイト（http://www.zentoh-net.jp/）をご覧ください。

【理　事　長】
　　中井康之　　　34期・大阪

【副理事長】
　　小林信明　　　35期・東京

【専務理事】
　　佐藤昌巳　　　41期・愛知県　　　　　富永浩明　　　42期・東京
　　黒木和彰　　　41期・福岡県

【常務理事】
　　伊藤　尚　　　37期・第一東京　　　　三森　仁　　　45期・第二東京
　　斉藤芳朗　　　39期・福岡県　　　　　籠池信宏　　　46期・香川県
　　小堀秀行　　　40期・金沢　　　　　　上野　保　　　46期・第二東京
　　岩渕健彦　　　43期・仙台　　　　　　野村剛司　　　50期・大阪
　　服部　敬　　　43期・大阪　　　　　　桶谷和人　　　56期・札幌
　　小畑英一　　　45期・第一東京

【理　　　事】
　　多比羅誠　　　22期・東京　　　　　　片山英二　　　36期・第一東京
　　須藤英章　　　23期・第二東京　　　　深山雅也　　　38期・第二東京
　　宮川勝之　　　30期・第二東京　　　　三村藤明　　　39期・東京
　　瀬戸英雄　　　31期・第一東京　　　　髙木裕康　　　40期・第二東京
　　岡　正晶　　　34期・第一東京　　　　綾　克己　　　41期・東京
　　土岐敦司　　　35期・第一東京　　　　服部明人　　　41期・第一東京
　　長屋憲一　　　35期・第二東京　　　　樋口　收　　　43期・第一東京

進士　肇	45期・東京	伊津良治	38期・新潟県
岡　伸浩	45期・第一東京	野口祐郁	50期・新潟県
山宮慎一郎	47期・東京	中村　崇	57期・新潟県
髙井章光	47期・第二東京	出水　順	26期・大阪
渡邊賢作	49期・第一東京	小松陽一郎	32期・大阪
縣　俊介	50期・東京	上田裕康	33期・大阪
柴田義人	50期・第二東京	石井教文	37期・大阪
内藤　滋	50期・第二東京	中森　亘	47期・大阪
三枝知央	52期・東京	山形康郎	52期・大阪
上田　慎	52期・第一東京	野城大介	54期・大阪
片上誠之	54期・第二東京	池上哲朗	45期・京都
篠田憲明	54期・第二東京	宮﨑純一	60期・京都
浅沼雅人	55期・東京	柴田眞里	49期・兵庫県
小島伸夫	55期・東京	久米知之	56期・兵庫県
志甫治宣	56期・東京	西川精一	59期・兵庫県
仁平信哉	38期・神奈川県	中西達也	50期・奈良
川島俊郎	44期・神奈川県	松井和弘	60期・奈良
村松　剛	52期・神奈川県	野嶋　直	52期・滋賀
野崎　正	46期・埼玉	西村一彦	新64期・滋賀
安田孝一	46期・埼玉	中川利彦	34期・和歌山
小倉純夫	31期・千葉県	田中祥博	40期・和歌山
石川貴康	50期・千葉県	服部一郎	38期・愛知県
永嶋久美子	52期・千葉県	山田尚武	44期・愛知県
植崎明夫	35期・茨城県	柚原　肇	53期・愛知県
飯島章弘	55期・茨城県	眞下寛之	55期・愛知県
伊澤正之	40期・栃木県	室木徹亮	42期・三重
蓬田勝美	41期・栃木県	堀部俊治	37期・岐阜県
安田真道	54期・栃木県	神谷慎一	55期・岐阜県
丸山和貴	33期・群馬	八木　宏	54期・福井
猿谷直樹	54期・群馬	大原弘之	60期・富山県
伊藤みさ子	37期・静岡県	森川和彦	41期・広島
松田康太郎	52期・静岡県	奥野修士	53期・広島
佐々木亮	58期・山梨県	野田隆史	56期・広島
井上昌幸	60期・山梨県	清木敬祐	57期・山口県
中村隆次	29期・長野県	加瀬野忠吉	41期・岡山
金子　肇	48期・長野県	森　智幸	新60期・岡山
齋藤泰史	52期・長野県	瀬古智昭	58期・鳥取県

高野陽太郎	新63期・島根県	田中　暁	56期・山形県
平岩みゆき	52期・福岡県	石橋乙秀	34期・岩手
千綿俊一郎	53期・福岡県	松本和人	56期・秋田
福島直也	55期・福岡県	石岡隆司	38期・青森県
吉野建三郎	60期・佐賀県	馬杉栄一	24期・札幌
岡田雄一郎	60期・長崎県	矢吹徹雄	26期・札幌
渡辺耕太	48期・大分県	吉川　武	39期・札幌
渡辺裕介	55期・熊本県	植松　直	51期・函館
榎　崇文	新63期・熊本県	廣田善康	55期・旭川
西　達也	新60期・鹿児島県	木野村英明	57期・釧路
洲崎達也	59期・宮崎県	川東祥次	33期・香川県
畑　知成	51期・沖縄	森　晋介	56期・徳島
須藤　力	35期・仙台	中川　嶺	59期・高知
阿部弘樹	53期・仙台	髙橋直人	50期・愛媛
菅野昭弘	46期・福島県		

【顧　　問】

才口千晴	18期・東京	木内道祥	27期・大阪

編集委員・執筆者一覧 （五十音順・敬称略）

○相沢祐太	（大阪弁護士会）	大原弘之	（富山県弁護士会）
青柳 徹	（第一東京弁護士会）	岡田雄一郎	（長崎県弁護士会）
○縣 俊介	（東京弁護士会）	○岡 伸浩	（第一東京弁護士会）
秋山裕史	（岡山弁護士会）	○小川洋子	（愛知県弁護士会）
浅井悠太	（京都弁護士会）	小木正和	（神奈川県弁護士会）
浅沼雅人	（東京弁護士会）	奥野修士	（広島弁護士会）
浅野貴志	（第一東京弁護士会）	○桶谷和人	（札幌弁護士会）
○足立 学	（第二東京弁護士会）	小田切豪	（東京弁護士会）
○阿部弘樹	（仙台弁護士会）	越智顕洋	（愛媛弁護士会）
綾 克己	（東京弁護士会）	小野正毅	（山梨県弁護士会）
荒井 剛	（釧路弁護士会）	小野塚直毅	（埼玉県弁護士会）
粟田口太郎	（東京弁護士会）	○小畑英一	（第一東京弁護士会）
安藤芳朗	（愛知県弁護士会）	加々美博久	（東京弁護士会）
飯島章弘	（茨城県弁護士会）	○籠池信宏	（香川県弁護士会）
池上哲朗	（京都弁護士会）	勝村真也	（香川県弁護士会）
石井教文	（大阪弁護士会）	加藤寛史	（第一東京弁護士会）
○石川貴康	（千葉県弁護士会）	金山伸宏	（東京弁護士会）
石田光史	（福岡県弁護士会）	兼光弘幸	（香川県弁護士会）
伊藤敬文	（仙台弁護士会）	上林 佑	（仙台弁護士会）
○伊藤 尚	（第一東京弁護士会）	神谷慎一	（岐阜県弁護士会）
稲田正毅	（大阪弁護士会）	川瀬典宏	（神奈川県弁護士会）
○今井丈雄	（千葉県弁護士会）	神原千郷	（第一東京弁護士会）
伊山正和	（京都弁護士会）	◎木内道祥	（大阪弁護士会）
入坂剛太	（神奈川県弁護士会）	北爪賀章	（仙台弁護士会）
岩知道真吾	（第一東京弁護士会）	○木下清午	（仙台弁護士会）
○岩渕健彦	（仙台弁護士会）	○木野村英明	（釧路弁護士会）
○上田 慎	（第一東京弁護士会）	木村真也	（大阪弁護士会）
○上野 保	（第二東京弁護士会）	桐山昌己	（大阪弁護士会）
上升栄治	（神奈川県弁護士会）	久米知之	（兵庫県弁護士会）
植松 直	（函館弁護士会）	栗原 望	（札幌弁護士会）
榎 崇文	（熊本県弁護士会）	○黒木和彰	（福岡県弁護士会）
大石健太郎	（東京弁護士会）	桑島英美	（東京弁護士会）
大島義孝	（東京弁護士会）	小出智加	（愛知県弁護士会）
大箸信之	（旭川弁護士会）	河野ゆう	（和歌山県弁護士会）
大場寿人	（第二東京弁護士会）	○小島伸夫	（東京弁護士会）

小関伸吾　（大阪弁護士会）　　関端広輝　（東京弁護士会）

小林あや　（大阪弁護士会）　　瀬古智昭　（鳥取県弁護士会）

○小林信明　（東京弁護士会）　　髙井章光　（第二東京弁護士会）

○小堀秀行　（金沢弁護士会）　　高尾和一郎　（第一東京弁護士会）

○小向俊和　（仙台弁護士会）　　髙木裕康　（第二東京弁護士会）

権田修一　（第二東京弁護士会）　　高木洋平　（第一東京弁護士会）

近藤直生　（東京弁護士会）　　高田千早　（東京弁護士会）

佐長　功　（第一東京弁護士会）　　高野陽太郎　（島根県弁護士会）

三枝知央　（東京弁護士会）　　髙橋敏信　（大阪弁護士会）

齋藤泰史　（長野県弁護士会）　　髙松康祐　（福岡県弁護士会）

○斉藤芳朗　（福岡県弁護士会）　　田川淳一　（東京弁護士会）

坂川雄一　（大阪弁護士会）　　竹下育男　（滋賀弁護士会）

坂本泰朗　（札幌弁護士会）　　竹村一成　（千葉県弁護士会）

佐々木英人　（第一東京弁護士会）　　舘脇幸子　（仙台弁護士会）

貞松宏輔　（埼玉弁護士会）　　田中　暁　（山形県弁護士会）

○佐田洋平　（福岡県弁護士会）　　田中智晴　（大阪弁護士会）

佐藤　潤　（第一東京弁護士会）　　團　潤子　（大阪弁護士会）

佐藤順哉　（第一東京弁護士会）　　車　福順　（函館弁護士会）

○佐藤昌巳　（愛知県弁護士会）　　千綿俊一郎　（福岡県弁護士会）

猿谷直樹　（群馬弁護士会）　　鶴巻　暁　（東京弁護士会）

○塩野大介　（千葉県弁護士会）　　富岡武彦　（東京弁護士会）

敷地健康　（福岡県弁護士会）　　富永高朗　（埼玉弁護士会）

篠田憲明　（第二東京弁護士会）　　○富永浩明　（東京弁護士会）

柴田眞里　（兵庫県弁護士会）　　内藤　滋　（第二東京弁護士会）

○柴田義人　（第二東京弁護士会）　　○中井康之　（大阪弁護士会）

柴原　多　（東京弁護士会）　　中川利彦　（和歌山弁護士会）

志甫治宣　（東京弁護士会）　　中川　嶺　（高知弁護士会）

清水祐介　（東京弁護士会）　　永嶋久美子　（千葉県弁護士会）

清水良寛　（大阪弁護士会）　　中嶋勝規　（大阪弁護士会）

下山和也　（熊本県弁護士会）　　長島良成　（東京弁護士会）

進士　肇　（東京弁護士会）　　中西達也　（奈良弁護士会）

新宅正人　（大阪弁護士会）　　中根弘幸　（広島弁護士会）

末永久大　（山口県弁護士会）　　中野星知　（大阪弁護士会）

菅野昭弘　（福島県弁護士会）　　中村　崇　（新潟県弁護士会）

洲崎達也　（宮崎県弁護士会）　　中森　亘　（大阪弁護士会）

鈴木嘉夫　（大阪弁護士会）　　成瀬　裕　（福岡県弁護士会）

須藤英章　（第二東京弁護士会）　　錦織秀臣　（京都弁護士会）

西　達也	（鹿児島県弁護士会）	松村昌人	（第二東京弁護士会）
西脇明典	（愛知県弁護士会）	松本和人	（秋田弁護士会）
野口祐郁	（新潟県弁護士会）	万字　達	（旭川弁護士会）
野澤　健	（京都弁護士会）	三浦久徳	（金沢弁護士会）
○野城大介	（大阪弁護士会）	○三森　仁	（第二東京弁護士会）
野田聖子	（第一東京弁護士会）	南　賢一	（東京弁護士会）
野田隆史	（広島弁護士会）	蓑毛良和	（東京弁護士会）
野田泰彦	（埼玉弁護士会）	三村藤明	（東京弁護士会）
○野村剛司	（大阪弁護士会）	○宮﨑純一	（京都弁護士会）
○萩原　経	（神奈川県弁護士会）	御山義明	（東京弁護士会）
畑　知成	（沖縄弁護士会）	村松　剛	（神奈川県弁護士会）
服部明人	（第一東京弁護士会）	室木徹亮	（三重弁護士会）
服部一郎	（愛知県弁護士会）	本山正人	（第一東京弁護士会）
○服部　敬	（大阪弁護士会）	森　晋介	（徳島弁護士会）
服部千鶴	（愛知県弁護士会）	森　拓也	（大阪弁護士会）
服部　郁	（愛知県弁護士会）	○森　智幸	（岡山弁護士会）
樋口　收	（第一東京弁護士会）	森　直樹	（第一東京弁護士会）
日髙正人	（千葉県弁護士会）	森本　純	（大阪弁護士会）
平井信二	（大阪弁護士会）	森　雄亮	（青森県弁護士会）
○平岩みゆき	（福岡県弁護士会）	八木　宏	（福井弁護士会）
○福井俊一	（大阪弁護士会）	安田孝一	（埼玉弁護士会）
福岡真之介	（第二東京弁護士会）	谷津朋美	（東京弁護士会）
福田佐知子	（千葉県弁護士会）	山形康郎	（大阪弁護士会）
○不破佳介	（愛知県弁護士会）	○山崎道雄	（大阪弁護士会）
辺見紀男	（第一東京弁護士会）	○山田尚武	（愛知県弁護士会）
洞　良隆	（大阪弁護士会）	山宮慎一郎	（東京弁護士会）
堀井秀知	（徳島弁護士会）	山谷耕平	（第二東京弁護士会）
堀野桂子	（大阪弁護士会）	柚原　肇	（愛知県弁護士会）
眞下寛之	（愛知県弁護士会）	横田大樹	（新潟県弁護士会）
○馬杉栄一	（札幌弁護士会）	横山兼太郎	（東京弁護士会）
桝田裕之	（岩手弁護士会）	吉野　晶	（群馬弁護士会）
松井和弘	（奈良弁護士会）	吉野建三郎	（佐賀県弁護士会）
松尾幸太郎	（東京弁護士会）	蓬田勝美	（栃木県弁護士会）
松尾吉洋	（大阪弁護士会）	和田　正	（東京弁護士会）
松田康太郎	（静岡県弁護士会）	渡邊一誠	（大阪弁護士会）
○栁野弘樹	（東京弁護士会）	渡邊賢作	（第一東京弁護士会）
松村　譲	（埼玉弁護士会）	渡辺耕太	（大分県弁護士会）

渡辺裕介　　　（熊本県弁護士会）

和智洋子　　　（第一東京弁護士会）

* ◎は監修者、○は編集委員

* 所属は2019年11月現在

凡　例

１　法令等の表記について

⑴　法令等は、原則として略称を用いず、正式名称を記載しました。

　　ただし、カッコ内で法令に言及する場合においては、後記「**主要法令略語表**」に掲げる略称を用いたものがあります。

⑵　カッコ内で法令に言及する場合においては、条・項・号はそのまま記載するのではなく、それぞれ次のように略記しました。

　　　　条　…　算用数字

　　　　項　…　ローマ数字

　　　　号　…　丸囲み数字

　　　　［例］　民再229Ⅱ①、破148Ⅰ①・②、民37Ⅰ①～⑥

⑶　本書では、民法の一部を改正する法律（平成29年法律第44号）による改正後の規定を「改正債権法」と、民法及び家事事件手続法の一部を改正する法律（平成30年法律第72号）による改正後の規定を「改正相続法」と表記しています。

⑷　「破産申立て」は旧法下の表現であり、現行破産法下においては厳密には「破産手続開始（の）申立て」とすべきですが、本書では、両方の表現を許容しています。

２　判例・裁判例の表記について

　　判例・裁判例を取り上げる場合には、次のように略記しました。

　　　　［例］最高裁判所平成25年4月16日判決　　　→　最三小判平25.4.16
　　　　　　　東京地方裁判所平成12年12月8日決定　→　東京地決平12.12.8

３　主な判例（裁判例）集、法律雑誌等の表記について

　　主な判例（裁判例）集、法律雑誌等は、次のように略記しました。

　　　　民集　　　最高裁判所（大審院）民事判例集

　　　　民録　　　大審院民事判決録

　　　　下民集　　下級裁判所民事裁判例集

　　　　判時　　　判例時報

　　　　判タ　　　判例タイムズ

　　　　金判　　　金融・商事判例

　　　　金法　　　金融法務事情

　　　　債管　　　事業再生と債権管理

　　　　最判解民　最高裁判所判例解説〔民事篇〕

　　　　労判　　　労働判例

NBL	NBL
自正	自由と正義
銀法	銀行法務21
訟月	訟務月報

4 参考・引用文献の表記について

原則として、次のように記載しました。

〔例〕書籍：執筆者『タイトル』ページ〔分担執筆者〕（出版社、刊行年）

雑誌：執筆者「タイトル」巻号（刊行年）ページ

ただし、主な参考・引用文献については、後記**「主要文献略語表」**に掲げる略称を用いました。また、判例評釈、最高裁判所調査官による判例解説（『最高裁判所判例解説』に掲載されたもの）については、個別のタイトルを掲げることはせず、それぞれ「判批」「判解」としました。

本書中の他の設問を参照する場合は、設問番号を**ゴシック体**で表記しました。

■主要法令略語表

①倒産関連法

破	破産法
破規	破産規則
民再	民事再生法
会更	会社更生法

②①以外の民事・商事実体法、手続法

民	民法
（現行民	いわゆる債権法改正による改正前の民法）
（改正民	いわゆる債権法改正による改正後の民法）
商	商法
会	会社法
手	手形法
小	小切手法
民訴	民事訴訟法
民執	民事執行法
特調	特定債務等の調整の促進のための特定調停に関する法律
保険	保険法
割賦	割賦販売法
特商	特定商取引に関する法律
消契	消費者契約法
自賠	自動車損害賠償保障法

借地借家	借地借家法
区分所有	建物の区分所有等に関する法律
一般法人	一般社団法人及び一般財団法人に関する法律

③租税関係法

国徴	国税徴収法
国徴令	国税徴収法施行令
国通	国税通則法
国通令	国税通則法施行令
所得	所得税法
法税	法人税法
法税令	法人税法施行令
法税通	法人税基本通達
消税	消費税法
消税令	消費税法施行令
消税通	消費税法基本通達
地税	地方税法

④労働・社会保障関係法

労基	労働基準法
労基則	労働基準法施行規則
労徴	労働保険の保険料の徴収等に関する法律
賃確	賃金の支払の確保等に関する法律
賃確令	賃金の支払の確保等に関する法律施行令
賃確規	賃金の支払の確保等に関する法律施行規則
雇対	労働施策の総合的な推進並びに労働者の雇用の安定及び職業生活の充実等に関する法律（旧・雇用対策法）
国年	国民年金法
厚年	厚生年金保険法
健保	健康保険法
国保	国民健康保険法
生保	生活保護法
生保則	生活保護法施行規則

⑤その他の法令、日弁連規程等

貸金	貸金業法
土対	土壌汚染対策法
廃掃	廃棄物の処理及び清掃に関する法律
廃掃令	廃棄物の処理及び清掃に関する法律施行令
廃掃規	廃棄物の処理及び清掃に関する法律施行規則

道交	道路交通法
道路運送車両	道路運送車両法
農地	農地法
独禁	私的独占の禁止及び公正取引の確保に関する法律
補助金適正化	補助金等に係る予算の執行の適正化に関する法律
日弁連債務整理事件規程	債務整理事件処理の規律を定める規程
日弁連報酬規程	弁護士の報酬に関する規程

■主要文献略語表（順不同）

伊藤	伊藤眞『破産法・民事再生法［第4版］』（有斐閣、2018年）
条解	伊藤眞ほか『条解破産法［第2版］』（弘文堂、2014年）
条解規則	最高裁判所事務総局民事局監修『条解破産規則〈民事裁判資料242〉』（法曹会、2005年）
注釈上・下	全国倒産処理弁護士ネットワーク編『注釈破産法（上・下）』（金融財政事情研究会、2016年）
大コンメ	竹下守夫編集代表『大コンメンタール破産法』（青林書院、2007年）
破産民再実務（破産）	東京地裁破産再生実務研究会編『破産・民事再生の実務［第3版］〈破産編〉』（金融財政事情研究会、2014年）
はい6民	川畑正文ほか編『はい6民です お答えします（倒産実務Q&A）［第2版］』（大阪弁護士協同組合、2018年）
運用と書式	大阪地方裁判所・大阪弁護士会破産管財運用検討プロジェクトチーム編『破産管財手続の運用と書式［新版］』（新日本法規出版、2009年）
地位と責任	全国倒産処理弁護士ネットワーク編『破産申立代理人の地位と責任』（金融財政事情研究会、2017年）
個人の破産・再生	日本弁護士連合会倒産法制等検討委員会編『個人の破産・再生手続』（金融財政事情研究会、2011年）
実践マニュアル	野村剛司ほか『破産管財実践マニュアル［第2

	版]』』（青林書院、2013年）
手引	中山孝雄＝金澤秀樹編『破産管財の手引［第2版]』（金融財政事情研究会、2015年）
基礎	永谷典雄＝上拂大作編『破産実務の基礎〈裁判実務シリーズ11〉』（商事法務、2019年）
立替払ハンドブック	吉田清弘＝野村剛司『未払賃金立替払制度実務ハンドブック』（金融財政事情研究会、2013年）
書記官事務	裁判所職員総合研修所監修『破産事件における書記官事務の研究〈裁判所書記官実務研究報告書〉』（司法協会、2013年）
倒産と訴訟	島岡大雄ほか『倒産と訴訟』（商事法務、2013年）
破産法大系(1)〜(3)	竹下守夫＝藤田耕三編『破産法大系(1)〈破産手続法〉』（青林書院、2014年）、同『破産法大系(2)〈破産実体法〉』（青林書院、2015年）、同『破産法大系(3)〈破産の諸相〉』（青林書院、2015年）
倒産の法システム(2)〜(3)	高木新二郎＝伊藤眞編『講座 倒産の法システム(2)〈清算型倒産処理手続・個人再生手続〉』（日本評論社、2010年）、同『講座 倒産の法システム(3)〈再建型倒産処理手続〉』（日本評論社、2010年）
申立マニュアル	東京弁護士会倒産法部編『破産申立マニュアル［第2版]』（商事法務、2015年）
法人マニュアル	野村剛司編著『法人破産申立て実践マニュアル』（青林書院、2016年）
倒産法の実務	東京弁護士会弁護士研修センター運営委員会編『倒産法の実務』（ぎょうせい、2009年）
管財BASIC	中森亘ほか監修・破産管財実務研究会編著『破産管財BASIC』（民事法研究会、2014年）
管財PRACTICE	中森亘＝野村剛司監修・破産管財実務研究会編著『破産管財PRACTICE』（民事法研究会、2017年）
論点解説上・下	全国倒産処理弁護士ネットワーク編『論点解説新破産法（上・下）』（金融財政事情研究会、2005年）
倒産法概説	山本和彦ほか『倒産法概説［第2版補訂版]』（弘文堂、2015年）

倒産債権マニュアル	縣俊介ほか編『倒産債権の届出・調査・確定・弁済・配当マニュアル』(三協法規出版、2017年)
債権調査・配当	岡伸浩ほか編著『破産管財人の債権調査・配当』(商事法務、2017年)
実践フォーラム	野村剛司編著『実践フォーラム破産実務』(青林書院、2017年)
財産換価	岡伸浩ほか編著『破産管財人の財産換価［第2版］』(商事法務、2019年)
一問一答	小川秀樹編著『一問一答 新しい破産法』(商事法務、2004年)
基本構造	伊藤眞ほか編『新破産法の基本構造と実務』(有斐閣、2007年)
倒産処理と弁護士倫理	日本弁護士連合会倒産法制等検討委員会編『倒産処理と弁護士倫理』(金融財政事情研究会、2013年)
注解上・下	斎藤秀夫ほか編『注解破産法［第3版］（上・下）』(青林書院、1998〜1999年)
新・実務大系	園尾隆司ほか編『新版破産法〈新・裁判実務大系28〉』(青林書院、2007年)
ソリューション	岡正晶ほか監修『倒産法の最新論点ソリューション』(弘文堂、2013年)
倒産百選	伊藤眞＝松下淳一編『倒産判例百選［第5版］』(有斐閣、2013年)
管財実務	第一東京弁護士会編『破産管財の実務［第3版］』(金融財政事情研究会、2019年)
再生・再編事例集Ⅰ	商事法務編『再生・再編事例集Ⅰ』(商事法務、2004年)
新注釈民再上・下	才口千晴＝伊藤眞監修・全国倒産処理弁護士ネットワーク編『新注釈民事再生法［第2版］（上・下）』(金融財政事情研究会、2010年)
GL実務と課題	小林信明＝中井康之編『経営者保証ガイドラインの実務と課題』(商事法務、2018年)
伊藤古稀	伊藤眞先生古稀記念『民事手続の現代的使命』(有斐閣、2015年)
木内古稀	木内道祥先生古稀・最高裁判事退官記念『家族と倒産の未来を拓く』(金融財政事情研究会、

	2018年)
大阪再生物語	大阪地方裁判所・大阪弁護士会個人再生手続運用研究会編『改正法対応 事例解説個人再生～大阪再生物語～』（新日本法規出版、2006年）
注釈民法(5)	川島武宜編『注釈民法(5)〈総論5〉』（有斐閣、1967年）
注釈民法(12)	磯村哲編『注釈民法(12)〈債権3〉』（有斐閣、1970年）
新版注釈民法(15)	幾代通＝広中俊雄編『新版注釈民法(15)〈物権6〉』（有斐閣、1989年）
新版注釈民法(27)	谷口知平＝久貴忠彦編『新版注釈民法(27)〈相続2〉』（有斐閣、1989年）
新版注釈民法(27)［補正版］	谷口知平＝久貴忠彦編『新版注釈民法(27)［補正版］〈相続2〉』（有斐閣、2013年）
新注釈民法(6)	道垣内弘人編『新注釈民法(6)〈物権3〉』（有斐閣、2019年）
国税通則法精解	荒井勇編集代表『国税通則法精解［平成31年改訂版］』（大蔵財務協会、2019年）
通常再生Q&A	全国倒産処理弁護士ネットワーク編『通常再生の実務Q&A120問』（金融財政事情研究会、2010年）
会社更生Q&A	全国倒産処理弁護士ネットワーク編『会社更生の実務Q&A120問』（金融財政事情研究会、2013年）
私的整理Q&A	全国倒産処理弁護士ネットワーク編『私的整理の実務Q&A140問』（金融財政事情研究会、2016年）
民再マニュアル	木内道祥監修・軸丸欣哉ほか編『民事再生実践マニュアル［第2版］』（青林書院、2019年）
執行実務（債権）上・下	相澤眞木＝塚原聡編著『民事執行の実務［第4版］〈債権執行編〉（上・下）』（金融財政事情研究会、2018年）
執行実務（不動産）上・下	相澤眞木＝塚原聡編著『民事執行の実務［第4版］〈不動産執行編〉（上・下）』（金融財政事情研究会、2018年）
本書旧版	全国倒産処理弁護士ネットワーク編『破産実務Q&A200問』（金融財政事情研究会、2012年）

【目次】 CONTENTS

監修に当たって ……………………………………………………………… i
全国倒産処理弁護士ネットワークについて ………………………………… ii
編集委員・執筆者一覧 ……………………………………………………… v
凡　　例 …………………………………………………………………… ix
目　　次 …………………………………………………………………… xvi

第1章　破産手続開始申立て

第1節　手続選択・受任

Q1　個人債務者の手続選択 ……………………………………………… 2
Q2　個人債務者の破産と資格制限 ……………………………………… 4
Q3　法人の手続選択 ……………………………………………………… 6
Q4　経営者の保証債務整理と経営者保証ガイドライン ……………… 8
Q5　申立代理人の役割と責任 …………………………………………… 11
Q6　個人債務者の破産申立てをする際の留意点 …………………… 14
Q7　個人事業者の破産申立てをする際の留意点 …………………… 16
Q8　法人の破産申立てをする際の留意点 …………………………… 18
Q9　法人代表者単独で破産申立てをする際の留意点 ……………… 20
Q10　破産申立事件の管轄 ……………………………………………… 22
Q11　同時廃止事件と破産管財事件との振分基準 ………………… 24
Q12　過払金がある個人債務者が破産申立てをする際の留意点 … 26
Q13　自宅不動産の任意売却 …………………………………………… 29
Q14　申立費用の準備と法テラスの利用 …………………………… 31
Q15　法人破産申立事件の費用 ……………………………………… 33

第2節　申立準備

Q16　法人破産申立てに向けたスケジュール・段取りの検討 …… 35
Q17　法人破産申立事件における申立遅延の弊害 ………………… 38
Q18　受任通知の意義と発送時期
　　　──個人と法人との違い ………………………………………… 40
Q19　法人破産申立事件における事前相談 ………………………… 42
Q20　個人債務者の破産申立事件における財産調査・財産保全 … 44
Q21　法人破産申立事件における財産調査・財産保全 …………… 46
Q22　個人債務者の破産申立事件における債権者一覧表の作成 … 49
Q23　法人や個人事業者の破産申立事件における債権者一覧表の作成 …… 51
Q24　破産手続開始決定後に判明した債権者の取扱い …………… 53
Q25　法人破産申立事件における破産会社従業員への対応 ……… 54
Q26　法人破産申立事件における事業用賃借物件の明渡し ……… 57
Q27　法人破産申立事件における仕掛工事への対応 ……………… 58

Q28	破産申立前後における事業譲渡	60
Q29	申立代理人と破産管財人との協働・連携	62
Q30	生活保護受給者の破産申立て	64
Q31	外国籍の自然人の破産申立て	66
Q32	DV・ストーカー被害者等の破産申立て・手続進行に当たっての留意点	68
Q33	代表者が失踪している場合の法人破産申立て／申立後の代表者の死亡と手続の帰趨	70
Q34	債権者申立事件における留意点	72
Q35	マンション管理費支払の可否	74

第2章 自由財産拡張

Q36	本来的自由財産	78
Q37	自由財産拡張制度	80
Q38	自由財産拡張基準	82
Q39	99万円以下の財産の拡張と99万円を超える財産の拡張	84
Q40	自由財産拡張のための判断基準・基礎資料	86
Q41	自由財産拡張の決定方法と判断の時期	88
Q42	直前現金化と自由財産拡張の関係	90

第3章 換価・破産管財人の職務

第1節 破産管財人の職務・初動

Q43	破産手続開始決定直後の破産管財人の対応 ① ——個人債務者の破産	94
Q44	破産手続開始決定直後の破産管財人の対応 ② ——個人事業者の破産	96
Q45	破産手続開始決定直後の破産管財人の対応 ③ ——法人の破産	98
Q46	破産手続開始決定直後の破産管財人の対応 ④ ——破産財団に属する財産等への対応	101
Q47	債権者申立事件における破産管財人の留意点	103
Q48	リース物件への対応	105
Q49	財団帰属財産に対する執行・保全手続への対応	107
Q50	引渡命令、説明義務・重要財産開示義務	110
Q51	破産管財人が破産者の回送郵便物を管理する上での留意点	112
Q52	訴訟等への対応	114
Q53	管財業務に不要な契約への対応	117

第2節　破産財団の範囲・管理

Q54	破産者名義の財産の財団帰属性	118
Q55	破産管財人の第三者性	120
Q56	交通事故の被害者の破産と損害賠償請求権	122
Q57	交通事故の加害者の破産と自動車保険	125
Q58	賠償責任保険による保険給付金の財団帰属性	127
Q59	破産手続開始後に生じた保険事故による保険給付金の財団帰属性	129
Q60	遺産分割協議への破産管財人の参加の可否	132
Q61	遺留分侵害額請求訴訟、遺言無効確認訴訟における破産管財人の 当事者適格	134
Q62	離婚後の破産	136
Q63	財産分与の審判中・離婚訴訟中の破産	139
Q64	破産管財人が賃貸借契約を解約する場合の留意点	145
Q65	破産手続における原状回復義務の法的性質	147
Q66	産業廃棄物の処理	149
Q67	PCBの処理	151
Q68	有害物質を含む財産の処理	154

第3節　破産財団の換価・回収、放棄

Q69	不動産任意売却における一般的注意点	157
Q70	破産管財人による不動産任意売却と消費者契約法	159
Q71	不動産任意売却と明渡しの実現	161
Q72	税務署が差押登記のある不動産の任意売却に非協力的な場合の対応	163
Q73	農地・リゾートマンションを売却する際の留意点	165
Q74	工場抵当権実行中の工場建物内の機械を処分する際の留意点	167
Q75	補助金が交付された（補助金により導入された）資産を換価する際の 留意点	169
Q76	担保権消滅許可の申立て	172
Q77	売掛金回収における解除・返品特約や委託販売の主張への対応	174
Q78	集合債権譲渡担保の実行と対象債権の回収	176
Q79	請負代金債権と瑕疵修補に代わる損害賠償請求権との相殺	179
Q80	サービサーへの債権の売却	181
Q81	債務超過の非公開会社の株式を処分する際の留意点	184
Q82	破産財団帰属の株式の株券喪失時の対応	186
Q83	在庫商品のバーゲンセール、早期処分	188
Q84	商事留置権への対応	190
Q85	動産譲渡担保・動産売買先取特権の対象物件の売却	192
Q86	処分に当たり法令上の規制を受ける商品と対処方法	194

Q87	所在不明の自動車	196
Q88	所有権留保付自動車 ①	
	——普通乗用自動車	198
Q89	所有権留保付自動車 ②	
	——軽自動車、重機等	202
Q90	集合動産譲渡担保、動産売買先取特権、所有権留保の関係	203
Q91	パソコンの売却とソフトウェアの使用許諾	205
Q92	裁判所の許可の要否に係る「100万円基準」	207
Q93	暗号資産（仮想通貨）の取扱い	209
Q94	知的財産権の換価等	211
Q95	海外資産の換価等	214
Q96	破産財団からの放棄の際の留意点	217
Q97	危険な建物の処理	219

第4節 その他実務上の留意点

Q98	保全管理命令	221
Q99	管財業務における専門家・補助者の活用	223
Q100	役員責任の追及	225
Q101	外国裁判（仲裁）の取扱い（仲裁合意の効力を含む）	227
Q102	相続財産の破産と破産者（債務者）の死亡	229
Q103	破産手続終了後に申立代理人・破産管財人が行うべき業務	231
Q104	破産管財人の書類保管期間	233
Q105	財団から放棄された不動産の売却のための清算人の選任	235

第4章 破産実体法

第1節 否認権

Q106	否認権行使に当たっての調査・確認事項	238
Q107	否認の訴えと否認の請求における請求の趣旨の記載	241
Q108	否認の要件 ①	
	——詐害行為否認	244
Q109	否認の要件 ②	
	——適正価格売買の否認	247
Q110	否認の要件 ③	
	——偏頗行為否認	249
Q111	否認の要件 ④	
	——偏頗行為否認における支払不能要件	251
Q112	否認権行使の効果	
	——債権の復活と届出	254

xix

Q113	否認の訴えと否認の請求の異同等	256
Q114	否認対象である弁済の当事者双方の破産管財人となっている場合の処理	258
Q115	濫用的会社分割と否認権行使	260
Q116	事業譲渡と否認権行使	263
Q117	申立代理人の報酬と否認権行使	267
Q118	第三者名義の預金債権への質権設定に対する否認権行使	269
Q119	三者間合意による相殺と否認権行使	271
Q120	執行行為に基づく取立てに対する否認権行使の受益者の善意・悪意の基準時	273
Q121	準則型再建型私的整理手続中の弁済と偏頗行為否認	275

第2節　相殺権と相殺禁止

Q122	停止条件付債務との相殺	277
Q123	第三者からの振込送金に係る預金返還債務との相殺	279
Q124	支払不能後の振込みに係る預金返還債務との相殺	281
Q125	連帯保証人が破産手続開始後に全額弁済して取得した求償権との相殺	283
Q126	元請事業者が下請事業者の破産手続開始後に孫請事業者に第三者弁済して取得した求償権との相殺	285
Q127	債務者の信用不安情報を得て同社に対するグループ会社の債権を保全すべく急遽譲り受けた債権との相殺	287
Q128	連帯保証人の預金との相殺と破産債権の額 ——破産債権者が破産手続開始後に連帯保証人の預金を相殺した場合	289
Q129	破産管財人からの相殺	291
Q130	破産手続開始後の取立委任手形の取立てと弁済充当の可否	293
Q131	投資信託と相殺	295

第3節　契約関係の処理

Q132	倒産解除条項の有効性	297
Q133	同時履行の抗弁権	300
Q134	継続的供給契約	302
Q135	賃貸借契約Ⅰ　賃借人の破産　① ——破産管財人の解除権と特約条項の有効性	304
Q136	賃貸借契約Ⅱ　賃借人の破産　② ——敷金に質権が設定されている場合	306
Q137	賃貸借契約Ⅲ　賃貸人の破産　① ——建物の賃貸人の破産と修繕義務の帰趨、賃貸物件の放棄の可否	308
Q138	賃貸借契約Ⅳ　賃貸人の破産　② ——賃料の寄託請求と敷金返還債務	310

Q139 賃貸借契約Ⅴ 賃貸人の破産 ③
—— 収益執行・差押えと寄託請求の可否 ………………………………… 312

Q140 転貸借関係からの離脱 ………………………………………………… 314

Q141 ファイナンスリース契約 ……………………………………………… 316

Q142 個別信用購入あっせん契約 …………………………………………… 318

Q143 請負契約Ⅰ 注文者の破産 …………………………………………… 321

Q144 請負契約Ⅱ 請負人の破産 ①
—— 出来高精算・違約金条項の適用の有無 …………………………… 323

Q145 請負契約Ⅲ 請負人の破産 ②
—— 前払金の取扱い ……………………………………………………… 325

Q146 破産者が信託契約を締結していた場合の対応 ……………………… 327

Q147 ライセンス契約の処理 ………………………………………………… 329

第5章 破産債権・財団債権

Q148 債権調査に関する注意事項 …………………………………………… 334

Q149 債権調査におけるヒヤリハットと過誤防止 ………………………… 337

Q150 法人・代表者併存型における債権届出 ……………………………… 339

Q151 破産法人関係者からの破産債権の届出 ……………………………… 341

Q152 破産管財人による消滅時効の援用 …………………………………… 343

Q153 牽連破産における再生手続開始決定後の損害金の取扱い ………… 344

Q154 回し手形に係る手形債権が破産債権として届け出られた場合の認否・
配当 ……………………………………………………………………… 346

Q155 保証人兼物上保証人の破産手続における保証債務履行請求権の認否 …… 348

Q156 物上保証人の弁済と開始時現存額主義 ……………………………… 349

Q157 停止条件付債権の認否・査定 ………………………………………… 351

Q158 破産債権査定申立て …………………………………………………… 353

Q159 破産債権の届出と相殺の抗弁 ………………………………………… 355

Q160 破産債権に関する訴訟の帰趨 ………………………………………… 357

Q161 財団債権の意義と留意点 ……………………………………………… 359

Q162 財団債権の存否・額・性質に争いのある場合の対応 ……………… 361

第6章 租税債権

Q163 租税債権の破産法上の区分 …………………………………………… 364

Q164 国税の破産法上の区分 ………………………………………………… 366

Q165 地方税の破産法上の区分 ……………………………………………… 368

Q166 公課の破産法上の区分 ………………………………………………… 370

Q167 租税等の請求権該当性 ………………………………………………… 372

xxi

Q168	租税債権の届出方法	374
Q169	督促手数料・滞納処分費の取扱い	376
Q170	延滞税・延滞金の減免申請	377
Q171	破産手続開始前の滞納処分	379
Q172	破産手続開始後の財団債権	380
Q173	厚生年金基金の脱退時特別掛金の財団債権性	382
Q174	租税債権の弁済による代位	384

第7章 労働債権

Q175	破産管財人の情報提供努力義務	386
Q176	労働債権の認否における留意点	388
Q177	財団債権となる給料請求権の額	390
Q178	「使用人」の範囲	392
Q179	賞与の請求権の取扱い	394
Q180	解雇予告手当の不払い	396
Q181	一部既払いの退職手当、長期未払いの退職手当の財団債権該当性	398
Q182	給料債権と従業員に対する債権との相殺	400
Q183	労働者健康安全機構の未払賃金立替払制度	402
Q184	未払給料、未払退職金の立替払いが行われた際の充当関係	404
Q185	給料の差押えと未払給料の取扱い、未払賃金立替制度による立替払いの範囲	407
Q186	求償権が破産債権である場合において財団債権である原債権を破産手続によらないで行使することの可否	409
Q187	労働債権の弁済許可制度	411
Q188	外国人労働者、技能実習生への対応	413

第8章 配　当

Q189	配当総論	416
Q190	配当におけるヒヤリハットと過誤防止	419
Q191	別除権者による不足額の証明	421
Q192	租税債権の簡易な分配方法	423
Q193	労働債権の簡易な分配方法	425
Q194	債権証書の不提出・債権者の所在不明と配当	427
Q195	根抵当権の極度額の減額登記と手続参加	429
Q196	破産者以外の全部義務者がいる場合の超過配当の処理	430
Q197	中間配当後の破産手続終了方法・寄託の方法	433
Q198	100%配当を実施した場合	435

Q199 追加配当の要否 ……………………………………………………………… 437

第9章 税　務

Q200 個人の破産管財人の税務処理の概要 ………………………………… 440
Q201 個人事業者の破産における税務申告 ………………………………… 442
Q202 法人の破産管財人の税務処理の概要 ………………………………… 444
Q203 解散事業年度に係る税務申告 …………………………………………… 446
Q204 清算事業年度及び清算確定事業年度に係る税務申告 ………… 448
Q205 消費税の申告等　①
　　　——解散事業年度 ………………………………………………………… 450
Q206 消費税の申告等　②
　　　——清算事業年度・清算確定事業年度 ………………………………… 453
Q207 法人破産における地方税の申告 ……………………………………… 456
Q208 破産管財人の源泉徴収義務 ……………………………………………… 457
Q209 破産債権者における税務処理 …………………………………………… 460

第10章 免　責

Q210 免責不許可事由と裁量免責 ……………………………………………… 464
Q211 免責観察型の管財手続 …………………………………………………… 467
Q212 免責調査の方法・意見書の作成方法 ……………………………… 469
Q213 免責に反対する債権者が存在する場合の対応 ………………… 471
Q214 非免責債権 …………………………………………………………………… 473
Q215 破産手続開始決定後・免責決定確定後の弁済（給与天引き） ……… 475

第11章 自然災害

Q216 自然災害債務整理ガイドライン　①
　　　——ガイドラインの概要、破産との比較 ……………………………… 478
Q217 自然災害債務整理ガイドライン　②
　　　——ガイドラインを利用した債務整理の手続 ………………………… 480
Q218 自然災害時の自由財産拡張 ……………………………………………… 483
Q219 災害弔慰金・生活再建支援金・義援金等の取扱い ……………… 485
Q220 原発損害賠償金の取扱い ………………………………………………… 487

事項索引 ……………………………………………………………………………… 490

第 **1** 章

破産手続開始
申立て

第 **1** 節　手続選択・受任

Q1　個人債務者の手続選択

① 支払困難な状況にある個人債務者の債務を整理する手段には、どのような手続がありますか。各手続の特徴とどのような観点から破産手続とその他の手続を選択すべきか教えてください。
② 個人事業者の手続選択に当たって留意すべき点を教えてください。

1　設問①について

(1)　個人債務者の債務整理の手段

　個人債務者の債務整理の手段には、①破産、②個人再生、③任意整理、及び④特定調停などがあります。

　①破産は、自由財産を除く破産手続開始時の財産を換価・配当し免責を受けるという法的整理手続です。非免責債権（破253Ⅰ①）を除く債務は免除される可能性がありますが、自由財産を除く財産は換価の対象となります。

　②個人再生（民再221、239）は、債務総額5000万円を超えない場合に、法律の要件を充たす金額を原則3年間で返済する再生計画に基づき、計画弁済を行う法的整理手続です。将来において継続的又は反復して収入を得る見込みが必要ですが、住宅資金特別条項を利用して、自宅不動産を残したまま債務を整理することができる可能性があります。

　③任意整理は当事者間の合意により支払方法や支払総額を定め、約定弁済を行う手続です。④特定調停（特調3）は民事調停の一種で、簡易裁判所の調停手続において当事者間で合意を成立させ、約定弁済を行う手続です。

　①破産と②個人再生は、破産法及び民事再生法上の法的整理手続であるのに対し、③任意整理と④特定調停は、手続の対象とした債権者と債務者との協議を経て、対象の債権者との合意の上で成立する私的整理手続です。なお、法人代表者が保証債務の整理をする場合には、経営者保証ガイドライン（**Q4**参照）の利用も考えられます。

(2)　手続の選択

　債務整理を受任する場合、事件処理の方針及び見通し、弁護士費用、当該方針に係る法的手続及び処理方法に関して生じることが予想される不利益事項を説明する必要があります（日弁連債務整理事件規程4Ⅰ）。そして、債務を負った経緯や支払困難に陥った経緯等の債務の状況、債務者の保有する財産の状況、債務者の収支状況などを聴取し、各手続のメリット・デメリットを比較して、依頼者の目的に合致する手続を選択しなければなりません（個人再生と破産の比較につき『実践フォーラム』281頁以下参照）。手続選択が問題となる例として以下のような場合があります

2　　［第1章］　破産手続開始申立て

（より詳細な手続選択の具体例は、『個人再生Q&A』Q1〔服部一郎〕、野村剛司『倒産法を知ろう』266頁（青林書院、2015年）を参照してください）。

依頼者が法人代表者で法人の保証債務の整理を行う場合、より資産を多く残すことができる経営者保証ガイドライン（Q4参照）の利用をまず検討すべきです。

依頼者が自宅不動産の保持を希望する場合、破産では不動産は原則換価の対象で保持できないため、まず個人再生や任意整理等の選択を検討すべきです。

浪費などの免責不許可事由（破252Ⅰ。Q210参照）がある場合は、裁量免責（破252Ⅱ）の余地があるかを検討し、裁量免責が難しい場合には個人再生や任意整理の選択を検討すべきです。また、依頼者が警備員など破産による資格制限（Q2参照）を受ける職に就いている場合も、破産を選択すると退職を余儀なくされるおそれがあるため、まずは個人再生や任意整理などの手続を検討することになります。

いずれの手続を選択する場合も、依頼者が納得した上での手続選択であることが不可欠なので、依頼者に十分な説明を行い、後日の紛争を防止するために説明内容を文書化するなどの配慮が必要な場合もあります。

2 設問②について

(1) 個人事業者の債務整理における問題点

個人事業者の場合、事業収入により生計を立てているので、債務整理によって事業を継続できなくなると、生活の再建が困難になるおそれがあります。従前は、個人事業者が清算型の手続である破産を選択する場合、窮境の原因である事業の廃業が当然とされていましたが、近年では、収支を改善し経営改善が可能な場合で、破産のなかで事業継続が認められた事例もあります（『実践フォーラム』236頁以下参照）。

(2) 個人事業者の手続選択の留意点

個人事業者が事業継続を望む場合、事業継続で生計を維持することができなければ、結局、経済的な再生が困難になります。

そのため、個人再生を選択する場合、取引債権者の協力等を得て事業継続の見込みがあるか、収支改善による事業継続が可能か、十分検討をしなければなりません（野村・前掲書267頁）。

これに対し清算型の手続である破産を選択する場合は、事業の廃業が原則なので、生活再建のため事業継続が不可欠な場合において、収支改善の可能性や取引債権者の協力等の事業継続の可能性に加え、破産財団と自由財産の切り分けができるかの検討が必要です（野村・前掲書267頁）。個人事業者について破産を選択した場合の申立ての具体的な留意点についてはQ7を、個人再生を選択した場合の申立ての具体的な留意点については『個人再生Q&A』Q14〔籠池信宏〕を参照してください。

〔栗原　望〕

Q2 個人債務者の破産と資格制限

　個人債務者が破産した場合、職業や資格などが制限されることはあります
か。その制限はいつまで続くのですか。

1　制限の概要

　破産法は、破産手続開始決定を受けた破産者に対し、居住制限（破37①）や郵便
物等の回送（破81①）による通信の秘密の制限等を加えていますが、破産手続開始
決定があっても破産者の権利能力や行為能力には影響はなく、また、破産法が直接
破産者の職業や資格を制限していることもありません。

　ただし、破産法以外の各種法令においては、それぞれの政策的目的から、破産者
について、公法上、私法上の資格を制限しているものがあり、主なものとしては次
のものがあげられます（その他は『条解』1864頁以下を参照してください）。

> **【公法上の資格制限】**
> 　弁護士（弁護士法7⑤）、公証人（公証人法14②）、司法書士（司法書士法5③）、
> 　税理士（税理士法4③）、公認会計士（公認会計士法4③）、社会保険労務士（社会
> 　保険労務士法5③）、不動産鑑定士（不動産の鑑定評価に関する法律16③）
> 　警備業者、警備員（警備業法3①、14Ⅰ）
> 　生命保険募集人、損害保険代理店（保険業法279Ⅰ①）、
> 　宅地建物取引業者、宅地建物取引士（宅地建物取引業法5Ⅰ①、18Ⅰ③）、
> 　建設業（建設業法8①、17）、貸金業者（貸金6Ⅰ②）
> **【私法上の資格制限】**
> 　後見人（民847③）、後見監督人（民852、民847③）
> 　保佐人（民876の2②、民847③）、保佐監督人（民876の3②、民847③）
> 　補助人（民876の7②、民847③）、補助監督人（民876の8②、民847③）
> 　遺言執行者（民1009）

　そのため、破産者が破産手続開始決定後にこれらの資格について登録を受け、あ
るいはその地位に就こうとする場合には、その登録等を拒否されることになります
し、破産者が開始決定時にこれらの資格や地位を得ている場合には、その資格や地
位を失うことになります（その資格の取消しが任意になっていることもあります）。

2　相談・申立てに当たっての留意点

　このようなことから、自己破産の依頼をしようとしている者がこれらの資格に基
づいた職業や地位に就いている、あるいは就くことを予定している場合には、債務
整理の方針を任意整理又は個人再生手続に変更しなければならないこともあります

4　　［第1章］　破産手続開始申立て

ので、その者の職業や資格等について十分に事情を聴取する必要があります。

　なお、破産申立てを予定している者が警備会社に雇用されている警備員である場合には、破産手続開始決定後免責許可決定が確定するまでの間（復権するまでの間）、警備業務以外の業務への配置転換や休職をすることにより、警備業法上の制限を回避することができますので、雇用主である警備会社との間でその点の調整が可能か否かを検討することも必要となるでしょう。

3　株式会社の取締役の破産

　株式会社の取締役が破産手続開始決定を受けると、会社と取締役との委任関係が終了するため、当然に取締役の地位を失うことになります（会330、民653②）。ただし、現行会社法では、破産手続開始決定を受けたことが取締役の欠格事由ではありませんので（会331参照）、同決定を受けた当該取締役を株主総会で再度取締役に選任することができます。したがって、例えば会社が民事再生をし、会社の債務の保証人である取締役が破産した場合、株主総会で改めて取締役選任決議を行えば、当該取締役が引き続き取締役として職務を行うことができます。

4　資格制限の消滅（復権）

　以上の資格・職業の制限は、復権により消滅します。復権とは、破産手続開始決定に基づいて破産者に生じた各種資格についての制限を消滅させることをいい（破255Ⅱ）、当然復権（破255Ⅰ）、申立てによる復権（破256Ⅰ）があります。

　当然復権は、①免責許可決定の確定（破255Ⅰ①）、②債権者の同意による破産手続廃止決定の確定（破255Ⅰ②）、③再生計画認可決定の確定（破255Ⅰ③）及び④破産手続開始後破産者が詐欺破産罪について有罪判決を受けることなく10年を経過したとき（破255Ⅰ④）のいずれかの事由の発生により、当然に復権の効果が発生する場合です。他方、申立てによる復権は、破産者が破産債権者全員に対する債務について、弁済、免除、消滅時効等によりその責任を免れた場合に、破産者の申立てに基づき裁判所が認める復権です（破256Ⅰ）。

　実務上は、免責許可決定の確定による当然復権のケースがほとんどですが、免責許可決定が確定するのは、同決定の事実が官報に掲載されてから2週間の即時抗告期間が経過したときであり（破252Ⅴ、9、10）、上記官報掲載までは約2週間を要しますので、通常は、免責許可決定後約1か月で復権することになります。

5　信用情報機関への登録・新規借入等の制限

　資格制限の問題ではありませんが、破産者が破産手続開始決定を受けると、金融機関等が加盟する全国銀行個人信用情報センター（KSC）、日本信用情報機構（JICC）、シー・アイ・シー（CIC）といった信用情報機関に破産に関する情報（事故情報）が登録されることになり、事故情報登録中は、金融機関等からの借入れは事実上不可能となります。事故情報が信用情報機関にいつまで登録されるかということについては、各機関によって異なるようですが、免責許可決定後5～10年程度と考えておくべきでしょう。　　　　　　　　　　　　　　　〔田中　暁〕

Q3 法人の手続選択

　多額の負債があるため事業の継続が困難な状況にある法人の債務を整理する手段には、どのような手続がありますか。各手続の特徴とどのような観点から手続を選択すべきかを教えてください。

1 法人の債務の整理手続の概要及び特徴

(1) 清算型

　法人の債務整理手続には「清算型」と「再建型」があります。前者は破産に代表されます。継続中の事業は原則廃止し（破36）、破産管財人が清算業務を行います。

　清算型には株式会社が利用できる特別清算もあります（会510以下）。破産と異なり否認権の制度がなく、旧経営者が清算業務を遂行するといった特徴があります（DIP型。会478 I ①）。債権者集会における協定の可決と裁判所の認可を経る協定型（会563以下）以外に、私的整理で第二会社方式と特別清算を組み合わせる場合によく用いられる個別和解型もあります。申立てに際して裁判所から債権者の同意書の提出を求められるので、大口債権者が協力しない場合には申立自体が難しいとされます。処理スキーム等により予納金が高額になることもあるので注意が必要です（『実践フォーラム』440頁〔野村剛司発言〕）。

(2) 再建型

　事業継続中の法人から相談を受ける場合、その事業を生かすことで、法人のみならず債権者にとっても利益になる場面があります。このため、できる限り事業を生かせないかという視点を持つことが大切です。継続中の事業存続を目的とする再建型には、私的整理と法的整理（民事再生、会社更生）があります（本解説では特定調停は割愛します）。

　私的整理は、①個別交渉、個別合意に基づく純粋型、②中小企業再生支援協議会等の第三者機関が介在し、仕入先等との取引は維持しつつ金融債権のみを整理する準則型があります。リスケジュールだけではなく債権カットが必要な場合は準則型が適します。第三者機関が関与することで、手続の透明性、客観性を確保させます。法的整理と異なりすべての金融債権者の同意が必要です。

　民事再生は、経営権を旧経営者に残したまま（DIP型）、事業継続をしながら弁済計画案を作成し、債権者の同意と裁判所の認可決定を得て権利変更を生じさせ、事業継続を図ります。弁済期間は原則10年以内であり（民再155Ⅲ）、東京地裁の標準スケジュールでは申立てから計画認可まで5か月程度かかります。予納金は、東京地裁では最低200万円必要です（『民再マニュアル』337頁）。

　会社更生も株式会社を対象とし再生を図る法的手続ですが、民事再生と異なり担

保権や租税債権までも手続外行使が制約され（会更47Ⅰ、50Ⅱ）、旧経営者は退陣する（管理型）といった特徴があります（近年はDIP型も運用されています）。弁済期間は原則15年以内であり（会更168Ⅴ）、東京地裁の標準スケジュールでは申立てから手続認可まで1年程度かかります。予納金は東京地裁では管理型で最低2000万円台が必要です（『会社更生Q&A』Q1〔片山英二＝佐々木英人〕、Q7〔宮崎信太郎〕）。

2　手続選択

⑴　事業存続の検討の重要性

依頼者の意向等も踏まえ事案ごとに適切な手続を選択しますが、事業が継続しているため、連鎖倒産、地域社会への影響等を考えると、再建型からの検討が望ましいといえます。ただ、再建型は手続中も賃料、人件費等の運転資金が必要です。見切り発車で再建型を選択したものの、途中で破産し、本来破産財団を組成できたはずの財産が相当減少してしまった、という事態は厳に避けましょう。

⑵　再建型ごとの手続選択

再建型を選択する場合、①資金繰りの維持、②弁済計画案を履行できる利益計上の見込み、③債務免除益課税対策が主な判断要素です。

資金繰りは再建型の絶対条件であり、信用不安に伴う取引条件悪化を見越し保守的に見積もります。経営改善策を尽くしても営業利益が生まれなければ、再生は難しいといえます。粉飾決算や簿外債務の有無も確認します。公認会計士等との協力も不可欠です。債務免除益課税対策として、繰越欠損金や資産売却損の見込額を把握します。

再建型は、既存取引先との取引を維持でき、企業価値の毀損も抑えられる私的整理から検討することが望ましいといえます。これに対し債権者数が多い、金融債権の整理では資金繰りが改善しない、金融債権者が協力的でないといった場合には、法的整理を検討します。担保権者や公租公課庁が強硬な場合や経営者への不信感が大きい場合は会社更生がなじみますが、高額な予納金の工面が容易ではない中小企業の場合、民事再生を選択することが多いでしょう。

⑶　清算型でも事業再生をあきらめない

手続中の運転資金、各種手続費用を確保できない場合には清算型を選択しますが、スポンサー等へ継続中の事業を譲渡することも検討します。

特別清算はソフトなイメージがあり、在庫処分等において高額な換価が期待できますが、債権者の同意や解散決議の見込みが不透明な場合には、早期に破産を選択し、財産散逸等リスクを抑えていくことが望ましいといえます。

手続選択については、『通常再生Q&A』Q1〔小林信明＝大石健太郎〕、Q2〔小林信明＝富岡武彦〕、Q3〔加々美博久〕、『会社更生Q&A』Q3〔伊прав 尚〕、『私的整理Q&A』Q6〔鈴木学〕等様々な書籍で紹介されています。『民再マニュアル』103頁以下、『実践フォーラム』416頁以下、『法人マニュアル』85頁以下〔小西宏＝冨田信雄〕では手続全体像から整理されていますので、ぜひご覧ください。　　〔万字　達〕

Q4 経営者の保証債務整理と経営者保証ガイドライン

　法人が破産を選択する場合、法人の金融債務を保証している経営者の保証債務を整理する手段としては、どのような手続がありますか。
　各手続の特徴とどのような観点から手続を選択すべきか教えてください。

1 経営者の保証債務の整理手続

　主債務者である法人が破産する場合、従前は、多くの場合で保証人である経営者も破産を選択していました。しかし、経営者保証に関するガイドライン（経営者保証GL）が策定公表された今日においては、法人破産の事案であっても、経営者保証GLが有力な選択肢となります。

2 経営者保証GLの概要

　経営者保証GLは、経営者保証における合理的な保証契約の在り方等を示すとともに主たる債務の整理局面における保証債務の整理を公正かつ迅速に行うための準則です。法的拘束力はないものの、自発的に尊重され遵守されることが期待されています（GL 2(1)）。

　経営者保証GLは、融資時（GL 4、5）、保証の見直し時（GL 6）、保証債務整理時（GL 7）の3つの局面で活用されますが、設問のような保証債務の整理時に活用される経営者保証GLは、利用要件を充たす保証人が、対象債権者全員との合意に基づき、経済合理性の範囲内で、自由財産に加えて一定期間の生計費・華美でない自宅などの資産（インセンティブ資産）を手元に残し、保証債務を一部弁済することで（又は弁済なし）、残存する保証債務の免除を受ける制度ということができます。

3 破産と比較した経営者保証GLの特徴

　破産と経営者保証GLは、①対象債権者の範囲、②利用要件、③債権者の同意の要否、④残存資産の範囲、⑤信用情報機関への登録において、以下の違いがあります。

　①対象債権者の範囲について、破産は全債権者ですが、経営者保証GLは原則として保証債権者たる金融機関です（GL 1。例外的に保証債権者たるリース会社、カードローンなど保証人の固有債務の債権者を対象債権者とする余地もあります）。

　②利用要件について、破産は破産手続開始原因以外の利用要件はありませんが（免責を得るためには免責不許可事由非該当であることが必要です）、経営者保証GLは利用要件が定められています。具体的には、主債務者が中小企業であること、保証人が経営者であること（もっとも経営者以外の保証人も利用は妨げられません）、主債務者と保証人が弁済について誠実であり、財産状況等を適時適切に開示しているこ

8　　［第1章］　破産手続開始申立て

と、主債務者と保証人が反社会的勢力ではなく、そのおそれもないこと、主債務者が法的整理または準則型私的整理手続を行ったこと、対象債権者にとって経済合理性が期待できること、保証人に免責不許可事由が生じておらず、そのおそれもないことです（GL 7⑴、3）。

　③債権者の同意の要否について、破産は免責を得るために債権者の同意は不要ですが、経営者保証GLは私的整理であるため保証債務の免除について債権者の同意が必要になります。

　④残存資産の範囲について、破産は自由財産しか残すことはできませんが、経営者保証GLは経済合理性の範囲内で自由財産に加えて一定の生計費や華美でない自宅などのインセンティブ資産も残すことができます（GL 7⑶③）。

　⑤信用情報機関への登録について、破産は信用情報機関に登録されますが、経営者保証GLは登録されません（GL 8⑸）。

4　経営者保証GLの手続

　経営者保証GLで保証債務を単独で整理する場合、原則として、適切な準則型私的整理手続を利用することとされており（GL 7⑵ロ）、具体的には特定調停（準則型私的整理手続に位置付けられています）と中小企業再生支援協議会のいずれかを利用します。特定調停を利用する場合は、日本弁護士連合会「経営者保証に関するガイドラインに基づく保証債務整理の手法としての特定調停スキーム利用の手引き」を、中小企業再生支援協議会を利用する場合は、「中小企業再生支援協議会等の支援による経営者保証に関するガイドラインに基づく保証債務の整理手順」及び同Q&Aを参照してください。

　上記両手続に共通する整理手順は以下のとおりです。

　まず、主たる債務者、保証人、支援専門家の連名で、対象債権者に対し一時停止等の要請を行います（GL 7⑶①）。

　次に、対象債権者と協議の上、残存資産の範囲を決定します（GL 7⑶③。『GL実務と課題』93頁以下〔大宮立＝増田薫則〕参照）

　そして、保証債務の弁済計画案を作成し（GL 7⑶④。『GL実務と課題』66頁以下〔髙井章光〕参照）、すべての対象債権者が弁済計画案に同意すれば弁済計画が成立します。

5　経営者保証GLと破産の選択

　保証債務の整理をするに当たって、経営者保証GLと破産のいずれを選択するかですが、破産せずに保証債務を整理できるということは、弁護士が考える以上に経営者にとって大きな意義がありますので、利用要件などを充足する必要はあるものの、法人破産においても経営者保証GLをファーストチョイスとして検討するのが望ましいといえます。

　その観点から、具体的な手続選択の方法としては、経営者保証GLを利用するに当たっての妨げとなる事象があるかを検討し、利用を妨げる事象がなければ経営者

保証GLを、妨げとなる事象があれば破産を選択するのがよいでしょう（『実践フォーラム』458頁の図表6も参照）。利用を妨げる事象はおおむね以下のとおりです。

(1) 対象外債権

金融機関の保証債権のみか、対象外債権が存在するかが最も重要です。リースや商取引債務の保証がある場合や、保証人固有の債務（カードローンなど）がある場合、これらの債務を例外的対象債権者として経営者保証GL内で整理できるか、または、対象外債権として別途整理できるかが実務上大きな問題です（『GL実務と課題』125頁以下〔中井康之＝片岡牧〕参照）。対象外債権が多額であったり、多数存在したりするなど任意に整理することが困難であれば破産を選択することになります。

(2) 利用要件

経営者保証GLの利用要件を充足しなれければ経営者保証GLは利用できません。特に、経済合理性、誠実性、免責不許可事由非該当の各要件を充たすかがポイントです。ただし、実務上、利用要件は柔軟に解釈されており（『GL実務と課題』56頁以下〔小林信明〕）、利用要件を充たさないというケースはあまり多くはありません。

(3) 保証人の意向

通常は、経営者保証GLによる債務整理の見込みがあれば、多くの場合で保証人も経営者保証GLを希望しますが、経営者保証GLは債権者の同意が必要であり手続着手時の予測可能性が破産と比較して十分ではないため、保証人が早期に確実な解決を希望する場合には、破産を選択することもあります。

6 経営者保証GLの手続における留意点

経営者保証GLに基づく保証債務の整理は、公正衡平を旨として、透明性を尊重しなければなりません（GL 2(4)）。そのため、代理人弁護士は、十分な資産調査及び調査内容の対象債権者への開示や、対象債権者への衡平な弁済など、公正性、衡平性及び透明性を確保して手続を進める必要があります。また、経営者保証GLは債権者と債務者の合意に基づき債務整理を行うものですから、代理人弁護士においては、公正性、衡平性及び透明性を確保することに加えて、債権者と積極的にコミュニケーションをとるなど債権者と信頼関係を構築した上で手続を進める姿勢が求められます。

7 経営者保証GLの積極的な活用

経営者保証GLには破産せずに保証債務整理ができるなど大きな意義があります。保証人の代理人弁護士においては、法人破産の事案でも保証人につき安易に破産を選択することなく、経営者保証GLを積極的に活用していくことが期待されます。

〔森　智幸〕

Q5 申立代理人の役割と責任

① 破産手続の申立代理人の役割と申立て時の留意点を説明してください。
② 破産手続の申立代理人が破産申立てについて責任を問われることがある
でしょうか。

1 申立代理人の役割

(1) 速やかな申立て

破産手続は、破産手続開始時に存在する債務者財産等を適正に換価した上、債権の優先順位に従って債権者に対して公平に弁済する手続ですから、適正かつ公平な清算をすることが、債権者の利益になると同時に、債務者の利益にもなります。債権者にとって、破産手続により債務者に対する債権(破産債権)を早期に回収でき、回収不能額が生じるとしても適切に処理できます。債務者にとっても、代表者が人生の再チャレンジに取り組むことができますし、自然人の場合は、破産手続開始により、その後の収入は自由財産になるなど、経済生活を含む人生のやり直しを始めることができます。したがって、申立代理人としては、債務者から破産申立てを受任したときは、速やかに申立てをすることが一般に期待されます(なお、弁護士職務基本規程(以下「規程」といいます)35)。

(2) 債務者財産の維持と確保

弁護士が債務者から破産申立てを受任した段階で、債務者は、通例、債務者財産等をもって債権者全員の債権の全額を満足させることができない状態に陥っています。このような状態にある債務者も、破産手続開始までは債務者財産の管理処分権があり、財産を処分することができますが、破産申立てを弁護士に委任した後に、債務者財産を隠匿・毀損したり、著しく過大な報酬を支払ったり、浪費したりして不当に債務者財産を減少させる行為をしたり、また特定の債権者のみに満足を与える偏頗行為をしたりすること(以下「財産散逸行為等」といいます)は、一般債権者の利益を害し、また債権者間の平等を害することになります。財産散逸行為等は、その内容次第で、破産法160条以下に定める否認の対象となるだけでなく、悪質な場合には、破産法257条以下に定める破産犯罪を構成しかねません。

申立代理人は、債務者の委任を受けて、債務者の利益のために破産申立てに必要な事実調査等を行い、申立書の作成等の事務処理をすることは当然の役割ですが、そのような事務処理をするだけでなく、債務者本人(法人の場合は代表者)に対して、破産手続が債権者との間の権利関係を適切に調整し、債務者財産等の適正かつ公平な清算を図ることを目的とする手続であることを丁寧に説明し、その目的を達するために債務者財産を維持確保し、破産手続開始までの間に財産散逸行為等をし

ないように注意喚起をすることも重要な役割です（規程5は依頼者との関係だけでなく、弁護士の職責一般として信義に従い、誠実かつ公正に職務を行うことを求めています）。特に、弁護士が貸金業者に対して債務整理を受任した旨の通知をした場合、貸金業者の債務者本人に対する取立行為が制限されるにもかかわらず（貸金21 Ⅰ ⑨）、その間に、債務者が財産散逸行為等をすることは、弁護士の関与の下で適正に債務整理が行われることを期待した貸金業者等の債権者の信頼を裏切ることになり、極めて不適切です。

　そこで、事案によっては、債務者が破産手続開始前に財産散逸行為等をしないように、申立代理人が、債務者の実印や印鑑登録カード、預金通帳や銀行印又はキャッシュカードなどを債務者の了解を得て預かることもあります。ただし、破産手続開始までは債務者に財産の管理処分権があり、実際、継続している事業や日常生活のために印鑑等が必要となる場合もありますので、特段の事情がない限り債務者自身が引き続き管理することとしても差し支えはなく、申立代理人がこれらを預かり保管すべき法的義務があるわけではありません。実務的には、破産管財人への引き継ぎの便宜等のために、破産手続開始申立前の適宜の時期に、申立代理人において、債務者の了解を得て、印鑑や重要書類等を預かることが多いと思われます。

　それでも、申立代理人において債務者が一般債権者の利益を害するような財産散逸行為等を実行しようとする具体的危険のあることを知った場合などには、申立代理人において債務者にそのような行為をしないように説得し、場合によっては、そのような行為ができないように債務者から印鑑等を預かるのが相当な場合もあるでしょう。申立代理人が、債務者に対して財産散逸行為等をしないように説得したにもかかわらず、債務者が申立代理人の説得を無視しようとする場合は、事案によっては、代理人を辞任せざるを得ないこともあるでしょう。

2　申立代理人の責任が追及される場合

　破産申立てを受任してから破産手続開始までの間に、債務者が財産散逸行為等をした場合に、申立代理人が、破産手続開始後に、破産管財人から個人責任の追及を受ける事例が少なくありません。債務者財産等の適正かつ公平な清算を目的とする破産手続を受任したから、申立代理人として、破産財団（破産管財人）との関係で、債務者財産等の不当な散逸を防ぎ一般債権者の利益のために破産財団を確保する法的義務があるとして、その義務違反に基づく損害賠償請求が認められた裁判例があります（東京地判平25. 2 . 6 判時2177号72頁や東京地判平26. 8 .22判時2242号96頁など）。

　この損害賠償責任の法的根拠は必ずしも明確ではありません。委任者である債務者との関係で債務不履行又は不法行為と構成する見解（伊藤眞「破産者代理人の地位と責任」『地位と責任』18頁）、債権者との間で信認関係が生じたことを理由に信認義務違反と構成する見解（松下祐記「再生債務者代理人の地位に関する一考察」『伊藤古稀』1069頁）、弁護士法 1 条や弁護士倫理を根拠に義務違反と構成する見解（加藤新

12　　[第 1 章]　破産手続開始申立て

太郎「破産手続開始申立代理人の財産散逸防止義務」NBL1079号（2016年）121頁）、破産法の趣旨目的等を根拠に破産財団（破産管財人）に対する義務違反と構成する見解（『手引』14頁以下〔樋口正樹〕）、破産申立てに係る事務処理を遂行する上での信義則上の義務違反と構成する見解（『注釈上』112頁〔小林信明ほか〕）などがあります。これらの見解に対しては、債務者自身の行った財産散逸行為について、債務者に対する債務不履行や不法行為と構成することが適切か、債務者のためにする委任契約の成立によりすべての債権者に対してなぜ信認義務を負うのか、弁護士法1条や弁護士倫理又は破産法の趣旨目的などが直ちに代理人弁護士の法的義務の根拠となるのか、また破産手続開始前の行為ないし不作為がなぜ破産財団に対する義務違反となるのか、信義則という一般法理に依拠するほかにないのかなどの疑問も生じます。しかし、いずれの見解も、申立代理人は、単に依頼者である債務者の利益のために破産申立てという委任事務を処理すれば足りるのではなく、破産手続の目的である債務者財産等の適正かつ公平な清算を実現するために債務者財産等を維持確保する法的義務の存在を認める点で共通しています。

　また、申立代理人が正当な理由がないのに受任通知の相手方たる債権者について債権者一覧表に記載しなかったために当該債権者が配当を受けることができなかった事案について、申立代理人が当該債権者に対して直接損害賠償義務を負うとした裁判例もあります（金沢地判平30.9.13判時2399号64頁）。申立代理人は、一定の事情の下では、債権者に対して、破産手続に参加する利益を保護する義務を負うことがあるとするものです。

3　行為規範と責任規範

　個々の事案によって、債務者が財産散逸行為等を行うに至る経過は様々で、申立代理人の関わり方も事案によって異なります。

　申立代理人が財産散逸行為等に積極的に関与した場合もあれば、債務者の行為を知りながら見て見ぬふりをした場合や特段に阻止するための行為をしなかった場合、注意や説得をしたものの申立代理人の助言に反して行われた場合、申立代理人に隠れて行われ申立代理人はまったく知らなかった場合など、事案ごとに異なります。具体的にどのような事情の下で申立代理人の義務違反が認められるのか、事例の集積と分析が必要です。しかし、そのとき重要なことは、申立代理人の行為規範として「期待される行為」と、責任規範として「法的義務のある行為」を明確に区別して議論することです。申立代理人は、債務者と債権者の利益が対立するなかで、破産申立てという困難な法律事務を処理するわけですから、これを混同して、申立代理人が「期待される行為」をしなかったことを理由に、法的義務を怠ったとして損害賠償義務を負わせることがあってはならないと思われます。

〔中井康之〕

Q6　個人債務者の破産申立てをする際の留意点

① 個人債務者の破産申立てをする際の留意点を教えてください。
② 個人債務者の破産申立てをする際に、受任の際の留意点、説明事項及びその他依頼者との関係で留意すべき事項について教えてください。

1　個人債務者の破産申立てをする際の留意点（設問①）

破産手続は、債務者の財産等の適正かつ公平な清算を図るとともに、債務者について経済生活の再生の機会を確保することを目的とするものです（破1）。

個人破産では、支払義務の免除のためには免責許可を受ける必要がありますが、不利益処分等の適正公平な清算を害する行為が認められる場合、免責許可を受けられなくなるおそれがあります（破252Ⅰ）。また、適正公平な清算を害する行為等があった場合には否認権が行使され（破160）手続が煩雑になります。申立代理人としては、債務者である依頼者の利益のためにも、適正かつ公平な清算を行うことを常に意識する必要があります。

2　受任の際の留意点、説明事項及びその他依頼者との関係で留意すべき事項（設問②）

(1)　免責許可決定の要件・非免責債権等

免責不許可事由の有無・裁量免責の可能性（破252）について検討しましょう（Q210参照）。租税等の請求権、養育費等の非免責債権（破253）の有無についても確認します。受任時に免責不許可事由が認められない場合であっても、申立てまで日数がかかるので、その間に免責不許可事由になり得る行為を行わないように指示します。同じく、否認権行使の対象となり得る行為もしないよう助言をします（財産保全や自動車の引揚げへの対応についてはQ20、Q88、Q89を参照してください）。また、口座からの引落しによって、偏頗弁済となり得る支払を行わないよう気をつけましょう。なお、家賃や光熱費の支払は有用の資であり、偏頗弁済には当たりませんが、滞納分の支払については、金額や個別の事情を考慮し、偏頗弁済に当たるか慎重に検討することが必要です。

(2)　弁護士費用、申立費用等

弁護士費用の捻出が困難な場合は、法テラスの利用を検討します（Q14参照）。一定の財産がある場合や免責調査が必要な場合等は管財事件になります（Q11参照）。管財事件になる見込みがある場合には申立費用のほかに予納金が必要になるので、予納金を準備するよう助言してください。

(3)　必要な資料等の準備、手続・リスク等の説明・確認

申立てに必要な資料（源泉徴収票、住民票、財産に関する資料等）の準備を促しま

14　［第1章］　破産手続開始申立て

しょう。申立てに必要な資料には重要な個人情報が含まれているので、資料の保管は慎重に行います。資料を預かる際にはマイナンバーが記載されていないことを確認してください。

期日に出頭することや、管財事件となった場合の調査協力義務、郵便物の転送、住居移転の制限等（破40Ⅰ①、81Ⅰ、37Ⅰ）、破産手続の概要についても説明しておきましょう。また、①資格制限（**Q2**参照）、②信用情報機関への事故登録、③保証人に対する債権者からの請求の現実化、④官報公告（官報情報を転載する雑誌が流通している地域もあります）等の債務者にとってのリスクについても説明してください（DV・ストーカー被害者等の留意点については**Q32**を参照してください）。

⑷　特別な事情

ア　自己所有の自宅不動産がある場合

原則、破産手続開始決定後に破産管財人によって売却されるので、引越し等を検討してください（**Q71**参照。申立前の売却については**Q13**を参照してください）。なお、競売の場合は、売却許可決定後入札額全額の納付が済んだときに所有権が移転することを伝えましょう。

イ　給与受取口座

金融機関に受任通知が届くと口座が凍結されるので、債権者である金融機関に給与の受取口座がある場合は、受任通知を発送する前に口座の変更をするよう助言しましょう。

ウ　給与が差し押さえられている場合

破産手続開始決定によって、差押えの効果は、管財事件の場合には失効し（破42Ⅱ）、同廃事件の場合には中止（破249）になります。

同廃事件の場合、申立人側が執行裁判所に対し、破産手続開始決定の正本を添付して強制執行中止の上申をする必要があります（給与送金日を事前に把握することができればよりよいでしょう）。また、債権者が強制執行を取り下げない限り、免責許可決定が確定するまで、差し押さえられた給与相当額の金員が職場でプール（もしくは供託）されます。プールされた金員を受け取るためには、免責許可決定確定後に、申立人側が執行裁判所に免責許可決定の確定証明を添付して強制執行取消しの上申をする必要があります。

エ　職場等の借入金が給与から天引きされている場合

受任後、偏頗弁済や賃金全額払いの原則等を説明し、天引きを行わないよう職場に掛け合いましょう。天引きが止まらなくてもそのことだけで免責不許可になるとは考えにくいですが、天引き期間が短くなるよう申立てを急ぎましょう。職場での立場から「職場からの借入金は支払いたい」との申出がある場合もありますが、特定の破産債権のみを特別に扱うことはできません。職場からの借入れがある場合、そのことを理解してもらい受任するようにしましょう。

〔車　　福順〕

Q7 個人事業者の破産申立てをする際の留意点

個人事業者の破産申立てをする際の留意点について教えてください。

1 相談時の留意点及び手続選択

個人事業者からの多重債務の相談に当たっては、今後、事業を継続するか否かの選択がなされます。当該事業により生計を維持するだけの収益を得られず、改善の見込みもないならば、事業を継続しても経済的に困窮する事態は変わらないので、たとえ相談者が希望していたとしても、廃業をすすめた方が無難です。しかし、債務形成の原因が事業の赤字による場合でなく、事業に一定の収益性があるならば、多重債務の整理により資金繰りが改善するため、事業を継続して相談者の経済的再生を図ることが可能となります。このような場合は、たとえ相談者が事業の継続をあきらめていたとしても、多重債務の整理により事業の継続が可能であることを説明し、相談者に対して事業の継続を選択肢として提示することが必要です（破産者による事業継続の可否についてはQ44を参照してください）。

任意整理による支払計画が立てられない場合、破産又は個人再生の選択となりますが、破産手続が開始すると、在庫商品や機械など事業資産が破産管財人による換価の対象となること、仕入等の債務が破産債権として弁済できなくなること、契約関係の継続について破産管財人の了承が必要なことなどの問題が生じます。後記のような処理が可能であれば破産を選択しても良いですが、難しい場合は個人再生を検討する必要があります（手続選択についてはQ1、個人再生により事業を継続することについては『個人再生Q&A』Q14〔籠池信宏〕）。破産を選択の上、事業を継続することを希望する場合は、破産手続開始決定前に破産裁判所や破産管財人候補者との間で、十分な協議を行う必要があります（『はい6民』93頁）。

2 事業継続と債権債務関係

破産手続開始前の稼働により発生した売掛金は、破産手続開始後に支払がなされる場合でも破産財団に帰属しますので、原則として破産管財人が回収します。他方、破産手続開始後の稼働により発生した売掛金は、新得財産として、破産者が回収します。しかし、わずか1～2か月程度のみ破産管財人名義で売掛金の請求をすることは、取引先に対して無用の混乱や信用毀損を招きますし、破産者名義で請求した方が回収しやすい場合もありますから、破産者名義で請求した上で、回収後に破産財団に組み入れることを破産管財人に提案することも考えられます。また、売掛金が生活の糧となる場合は、自由財産拡張の申立てが必要です。

請負契約における仕掛工事があると、破産管財人が契約を解除の上、出来高を請求すると判断されるおそれがありますから（破53Ⅰ）、申立代理人は破産管財人に

16　　［第1章］　破産手続開始申立て

対し、破産者が工事を続行することの了承を求めるなどの交渉が必要です。

仕入等の債務は破産債権となるので、破産者が弁済すると否認対象行為となります（破162Ⅰ）。この場合、親族等の第三者が弁済することで申立時に破産債権が存在しないようにするか、仕入先に弁済ができない事情を説明の上、破産手続開始後も取引の継続をお願いするなどの方法が考えられます。

3　事業継続と資産関係

在庫商品や機械などの事業用資産は破産財団に帰属するため、親族等の第三者が買い取るなどして、当該動産の時価相当額を破産財団に組み入れるか、自由財産の拡張を申し立てるなどの方法が考えられます。なお、技術者、職人、労務者その他の主として自己に知力又は肉体的労働により職業又は営業に従事する者のその業務に欠くことができない器具等は差押禁止動産（民執131⑥）です。

事業を継続する場合に、個別財産の評価に加えて事業価値の問題が生じ得ますが、個人事業は破産者自身の人間関係や技能などで成り立っている場合が多く、個別財産の総体を評価すれば足りる場合が多いと思われます（**Q44**参照）。

4　管財事件と同廃事件の振分け

個人事業者の破産手続は、資産調査が必要であるため、原則として管財事件に振り分けられますが、雇用に近いかたちで報酬を得ている者などで、事業用の資産がなく、負債が多額でなく金融事業者からの借入れが事業主特有の動機によるものではない事案などについては、同時廃止で処理される場合もあります（『手引』79頁〔樋口正樹〕）。申立代理人は、同時廃止での処理が可能な事案については、事業用の資産がないこと、賃借物件の明渡しが完了していることなどを詳細に報告することで、裁判所に資産調査をするまでもないと判断してもらい、管財事件に移行されないように留意するべきです。

5　申立ての留意点

申立てに当たっては、個人破産の書式に従った記載に加えて、①当該事業の状況（事業内容、事業停止時期）、②事務所・店舗等の明渡しの有無（敷金・保証金の清算の有無）、③従業員及び未払労働債権の有無、④事業資産（未払売掛金、事業設備、在庫品、什器備品等）の有無及び処分状況、⑤当該事業に係る負債額及び負債内容、債権者の動向等について、詳細な報告が必要です（『手引』79頁〔樋口〕）。また、事業所・店舗等の現地を確認して、財産の見落としを防ぎ、破産管財人に引き継ぐ事項の有無を確認することは、法人破産の申立てと同様です。

6　税　　務

個人が年の途中で破産手続開始決定を受けた場合、破産管財人には所得税の申告義務はなく、破産財団と自由財産とを問わず破産者本人が確定申告をする必要があります。他方、消費税については、破産管財人が申告することもありますが（『手引』400頁〔堀田次郎〕）、申告義務は破産者にありますから、破産管財人が申告しない場合には破産者が申告する必要があります（**Q201**参照）。　　　　〔日髙正人〕

Q7　個人事業者の破産申立てをする際の留意点　　17

Q 8 　法人の破産申立てをする際の留意点

① 　法人の破産申立てをする際の留意点について教えてください。
② 　法人の破産申立てをする際に、受任の際の留意点、代表者への説明事項、及び代表者等との関係で留意すべき事項について教えてください。

1 　法人破産申立ての留意点

　法人は、個人と比較して大規模な事業を行っていることが多く、取引先や金融機関などの一般債権者、雇用されている従業員などの債権者が多数に上ることがあります。他方で、法人は、その事業に売掛金や不動産などの資産を多数保有している場合もあり、申立てに際しては、債権者だけでなく資産についても漏れがないよう注意する必要があります。

　また、法人の場合、手形不渡りの時期が迫っている場合など支払停止による混乱が予想されるケースや公租公課の滞納があって滞納処分を受けるおそれがあるケースもあります。このような場合、不渡りなどによる混乱を回避し、滞納処分を受けることなく破産管財人に財産を引き継ぐためには、受任後速やかに申立てをして、破産手続開始決定を受ける必要があります（『基礎』46頁〔上拂大作〕。法人破産申立てにおける申立遅延の弊害についてはQ17を参照してください）。

　このように、法人の破産申立てにおいては、個人以上に迅速な申立てが要請される一方で、破産管財人の開始決定後の業務に支障を来さないよう十分な調査と資料の提供が必要となります。

　そのため、申立代理人には、あらかじめ必要な資産債務関係の資料の提出を受けてこれを整理し、債権者一覧表や財産目録さらには申立書に反映した上で申立てをすることが求められます（債権者一覧表の作成のポイントについてはQ23を、財産調査・財産保全についてはQ21を参照してください）。破産申立てまでに余裕がない場合、やむを得ず申立後に上申書等で新たな債権者又は資産の判明を追完して報告することもありますが、速やかな追完をすることが望まれます。

　債権者への受任通知は、法人は個人と異なり債務関係についても帳簿や請求書等の財務資料から疎明可能であるケースが多いことや、送付することによってかえって混乱を招くおそれがあることなどから、不可欠ではなく、むしろ慎重な考慮が求められます（受任通知の送付の要否についてはQ18を参照してください）。

　破産申立ての申立書は、裁判所ごとに書式が異なる場合もありますが、大阪地裁の申立書書式等（『運用と書式』326頁以下参照）が参考となります。

2 　受任の際の留意点

　受任に先立ち、法人（通常は代表者）に対して、破産申立てのメリット・デメ

18 　[第1章] 　破産手続開始申立て

リット、民事再生などの他の手続との異同や利用可能性の有無について十分な説明をし、破産申立てについての理解を得る必要があります。

法人破産の自己破産の申立ては、法人からの受任となるため、取締役会決議など法人の機関決定を必要とします。法人からの破産申立ての受任に際しては、法人との間で委任契約書を作成し、弁護士費用と予納金等を預かる必要があります。逆に、法人の取締役などが死亡しているなど機関決定ができない場合、代表者個人などからの委任に基づき準自己破産の申立て（破19Ⅰ）を検討することになります。

受任に際しては、迅速な申立てを行うため、申立日を見据えてスケジュールを立てるとともに、必要な資料等の準備をする必要があります。具体的には、いつ申し立てるのか、いつ従業員への説明や解雇をするのか、従業員全員へ直ちに破産申立ての方針の説明をしない場合には資料準備などに必要な説明をどうするか、営業継続中に偏頗弁済や不当な財産処分が生じないためにどのようにしていくかなど、詳細な打ち合わせを行う必要があります。

なお、代表者が経理や労務関係などに詳しくない場合、受任前あるいは受任後速やかに経理担当者などの従業員からも聴き取りをする必要があるほか、顧問税理士や顧問社会保険労務士に協力を求めることも有益です。

また、希望日に開始決定を受けるためには、あらかじめ申立前の段階から裁判所と協議した上で申し立てることがよいケースもあります。

3 代表者への説明事項及び代表者との関係の留意点

代表者には、受任後、法人による偏頗弁済や不当な財産処分を行わないよう十分に説明をする必要があります。また、代表者自身が、法人の破産申立後も破産管財人に対する説明義務（破40③）や居住制限を受けること（破37）も説明しておく必要があります。

その上で、債権者一覧表、法人の登記事項証明書、決算書（3～5期分）、直近の試算表、財産目録の裏付けとなる預貯金通帳、保険証券及び売掛金台帳ならびに就業規則（退職金規程がある場合はこれを含みます）などの破産申立てに必要な書類の準備・作成について代表者に説明した上で、早期に準備に取りかかる必要があります。

代表者自身又は第三者が法人の連帯保証債務を負担している場合、連帯保証人に対する請求や預貯金口座の凍結がなされるおそれがあることも説明し、対応を検討する必要があります。場合によっては、自己破産、経営者保証ガイドラインの活用について代表者又は連帯保証人からの受任をすることもありますが、利益相反などの考慮が必要となり、併せて説明しておく必要があります。

〔大箸信之〕

Q9 法人代表者単独で破産申立てをする際の留意点

法人については破産申立てを行わず、法人代表者についてのみ破産申立てをする場合に気をつける点はありますか。

1 法人の破産申立ての要請

設問のように、代表者個人についてのみ破産申立てが行われる理由としては、法人分の破産予納金が工面できないこと、法人の破産申立てに必要な資料が事業停止後に散逸・処分されていることなどが考えられます。

しかし、以下に述べるとおり、代表者個人の破産申立てをする場合、できる限り法人についても整理（法的整理又は私的整理。Q3参照）を行うことが求められています。

法人は、事業を行っている以上、事業停止の時点において一定の資産を有しているはずです。これらの資産がどのように処分されたのかは、債権者にとっての関心事です。法人の整理を行わないということは、その点をうやむやにするということであるため、債権者の納得を得られないと思われます。

また、特に小規模の法人の場合に多く見受けられますが、代表者個人の財産と法人の財産との区別がなされていなかったり、代表者が法人に対して貸付金、仮払金等の債権を有していたりすることもあります。このような場合、法人の財産調査がなされなければ、代表者個人の財産状況も正確には把握できないことになります。

さらに、法人の整理がなされないまま代表者個人のみが破産手続開始決定を受けると、法人と代表者との委任関係は終了します（民653②）。これによって、当該法人は代表者のない状態となり、清算が困難となるため、法人の債権者が債権を償却することに支障が生じるという不都合があります。

そのため、代表者個人のみ破産申立てがなされた場合には、多くの裁判所では、可能な限り法人の破産申立ても行うよう要請しています（『手引』38頁〔樋口正樹〕、『はい6民』7頁）。

2 法人代表者のみの破産手続

(1) 同時廃止の可否、法人に関する説明

それでも法人について破産申立てがなされない場合、代表者個人の破産事件は管財事件とされるのが一般的です（『はい6民』7頁）。同時廃止事件と破産管財事件との振分基準（Q11参照）において、法人代表者については原則として管財事件とする旨を明示している裁判所もあります。代表者個人の破産事件とはいえ、前述のとおり法人の関係でも財産調査の必要性があることからすれば、やむを得ない取扱いと思われます。

20　［第1章］　破産手続開始申立て

同時廃止が認められる場合としても、法人関係の財産調査の必要性を考慮しても管財事件にする必要がないといった例外的な場合ということになります。

(2) 申立代理人における調査・説明

裁判所によっては、法人の資産及び負債の状況についての調査、法人に資産がないことの疎明資料の添付や、法人の破産を申し立てない事情の説明を求められることもあります。その場合、申立代理人は可能な範囲で、法人の破産申立ての際に行うべき調査や資料提出の一部を同様に行うべきことになるでしょう。

まして同時廃止を目指す場合には、単に法人の事業停止から長期間が経過しているとか、法人に関する資料が散逸したといった事情を説明するだけでは足りないでしょう。申立代理人としては、法人の財産と個人の財産に混同はないこと、法人には財産が現存せず、事業停止後の資産の行方等について合理的説明が可能であることなどについて、調査と説明の工夫が必要となります。

(3) 破産予納金

代表者個人についてのみ開始決定がなされたとしても、代表者個人の破産管財人が法人との関係でも調査業務を行うことが予定されますので、必要に応じて予納金が増額される場合があります。その場合、代表者個人のみの破産申立てが必ずしも予納金の負担軽減にはつながらないことになります。

一方、法人の破産申立てと同時に、あるいは近接した時期に代表者個人の破産を申し立てる場合、予納金は通常の個人破産の場合よりも低額で可能とされるのが一般的です（Q15参照）。東京地裁では、このような場合、法人と代表者とを併せた引継予納金として最低20万円としています（『手引』38頁〔樋口〕）。ほかの裁判所においても、申立ての実情に配慮して予納金を決定する運用がなされているようです。

申立代理人としては、まずは併せて法人の破産を申し立てることを検討し、その予納金の工面が困難な場合には裁判所と協議することも考えられます。

3 まとめ

以上のとおり、代表者個人の破産申立ては、法人の整理がなされることを前提として行うことが本来の姿です。これによって法人の財産関係も含めた全体的な調査が可能となり手続の公平性・透明性が担保されますし、破綻した法人を代表者不在のまま放置することなく整理するという意味で社会的責任を果たすことにもなります。そして、この場合の予納金は実情に応じたものとされるのが一般的です。

やむを得ず代表者個人のみ破産申立てを行う場合、申立代理人は、代表者等から事情を聴き取り、法人に関する疎明資料を収集・提出するなどして、可能な範囲で法人に関しても調査・報告することが求められます。代表者個人の同時廃止もあり得るとしても、それは破産管財人による調査が不要といえる程度に、裁判所（ひいては債権者）に十分な説明がなされた場合であると考えられます。

〔森　雄亮〕

Q 10 破産申立事件の管轄

破産手続開始の申立てに当たり、申立代理人として管轄についてどのような点に留意すべきでしょうか。

1 基本的な管轄について

破産事件は、すべて地方裁判所の管轄に属します（破5）。

債務者が営業者の場合は主たる営業所の所在地等を管轄する地方裁判所ですが、債務者が営業者でない場合の原則的な土地管轄は、第1順位として債務者の住所であり、第2順位は居所、第3順位としてこれらがないとき又は知れないときは最後の住所地を管轄する地方裁判所ということになります（破5Ⅰ、民訴4）。

また、連帯保証人間や主債務者と保証人及び夫婦の場合に一方の個人について破産事件が係属している裁判所に対し、他方の者の破産手続開始の申立てをすることが認められています（破5Ⅶ）。この場合、同時に同じ裁判所に申立てをすることもできます。

同様に、法人と代表者の場合及び親子会社等の場合についても、一方についてすでに破産事件、再生事件又は更生事件が係属している裁判所に対し、他の者の破産手続開始の申立てをすることも、同時に申立てすることも認められています（破5Ⅲ・Ⅵ）。

2 大規模破産事件の管轄

債権者多数の大規模破産事件における管轄については、特則として、債権者数が500人以上の場合には、原則的な管轄裁判所の所在地を管轄する高等裁判所の所在地を管轄する地方裁判所にも破産手続開始の申立てをすることができます（破5Ⅷ）。例えば、盛岡に本店を有する会社は仙台地裁に申立てができることになります。また、債権者数が1000人以上の場合には、東京地裁や大阪地裁にも破産手続開始の申立てをすることができます（破5Ⅸ）。

3 個人について住民票上の住所と実際の居住地が異なる場合

本来、住民票上の住所と実際の居住地が一致していることが前提であり、破産手続開始の申立てに際しては、添付書類として住民票の写しの提出が義務付けられています（破20Ⅰ、破規14Ⅲ①）。

しかしながら、諸事情により住民票上の住所と実際の居住地が異なる場合があります。ところで、住所とは生活の本拠であり（民22）、その判断は形式的ではなく、実質的に行われることになります。したがって、生活の本拠となるべき居住地が住民票上の住所と異なる場合には、実際の居住地を管轄する地方裁判所をもって管轄裁判所とすることになります。

22 ［第1章］ 破産手続開始申立て

このような場合には、申立書に実際の居住地と住民票上の住所を併記すべきであり、実際にも、裁判所の取扱いとして破産手続開始決定の裁判書には、実際の居住地の他に住民票上の住所地を併記する扱いになっているようです。とはいえ、申立てに当たっては、実際に生活している建物の賃貸借契約書等を添付するなどして生活の本拠であることを明らかにする必要があります。

　なお、管轄は破産手続開始申立時を基準として定まることになり、申立後に住所の変更があっても管轄に影響を与えることはありません（破13、民訴15）。もっとも、申立時に管轄がなくても、申立てに関する裁判前に管轄が生じたとき（抗告審係属中も含みます）は、申立てを受けた裁判所が管轄を有します（『大コンメ』41頁〔小川秀樹〕、『書記官事務』13頁）。

4 移送等について

　破産事件の管轄は専属管轄とされていますが（破6）、「著しい損害又は遅滞を避けるため必要があると認めるとき」には、裁判所は、職権で破産事件を一定の裁判所に移送することができます（破7）。例えば、前述の夫婦等の場合において別々の裁判所にそれぞれが申立てしたときなど、一体処理の観点から、職権で移送することが考えられますし、営業者たる個人の場合、事情によっては本来の主たる営業所の所在地の裁判所から同人の住所地の裁判所に移送するというように、本来管轄のない裁判所へ移送することも認められています。

5 本庁と支部の事務分配

　一方で、管轄が認められる地方裁判所において当該地方裁判所本庁とその支部のどちらが当該破産事件を取り扱うかという点は、司法行政上の事務分配の問題ですから、移送ではなく回付の問題であり、申立人が自由に裁判所を選べるわけではありません（『通常再生Q&A』Q8〔土屋俊介〕）。

　これに関連して、裁判官が常駐しない裁判所支部に破産を申し立てるときには、裁判所書記官が申立書やその添付書類を裁判官が常駐する裁判所へ運んで事件処理をする必要がありますから、破産手続開始決定までに時間を要する場合があることに留意してください。特に困難性が高いとか緊急処理が必要という事情がある事案については、事前に裁判所支部に相談して、どの裁判所に申立てをするかを判断してください。

　ただし、当該破産事件の債権者の大多数が当該裁判所支部の近隣に所在している場合など、本庁へ申立てを行うことは適切でない場合もあります。そのため、支部ではなく本庁へ申立てを行う場合は、本庁で事件処理を行う必要性・許容性を記載した上申書等を申立書に添付し、裁判所が判断しやすくする工夫も必要です。

〔北爪賀章〕

Q11 同時廃止事件と破産管財事件との振分基準

同時廃止事件と破産管財事件との振り分けに関する一般的基準と各地の運用状況について教えてください。

1 全国的な基準見直しの動き

個人債務者が破産を申し立て、最終的に免責許可決定を受けるに当たっては、破産手続が開始決定と同時に廃止する同時廃止事件となるか、破産管財人が選任され破産管財事件となるかで、処理の面でも費用（特に予納金）の面でも大きく異なり、申立代理人として十分な検討が必要となります。この同時廃止事件と破産管財事件との振分基準につき、2017年以降、全国的に大きな見直しが行われています。

2 一般的基準の見直しと各地の運用状況

破産法は、破産手続開始決定と同時に破産管財人を選任することを原則としています（破31Ⅰ）が、破産管財人を選任して以後の破産手続を行うまでの必要性がない場合には、破産手続開始決定と同時に廃止決定とする同時廃止があります。同時廃止となるのは、「破産財団をもって破産手続の費用を支弁するのに不足すると認めるとき」です（破216Ⅰ）。

そして、この「破産財団」には、本来的自由財産（破34Ⅲ）を含まない理解を前提に、同時廃止による処理が可能となる一般的基準として、財産の評価額による形式的基準と資産調査や免責調査（観察）等の実質的基準で構成されています。

この点、例えば、大阪地裁における基準の見直しでは、まず、①従前の按分弁済を廃止しました（後述）。次に、②現金と普通預金の合計が99万円以下までは同時廃止による処理を許容していたところ、これらの合計が50万円を超える場合には同時廃止による処理を許容しないものとしました。また、③それ以外の個別の財産のジャンル別の20万円基準（20万円を超える場合は同時廃止による処理を許容しません）は維持しつつ、直前現金化（直前普通預金化を含む）は問わないこととしました。ただ、行き過ぎた直前現金化は従前どおり資産調査型で管財移行する可能性があるとしました（『はい6民』43頁参照）。また、東京地裁では、個別の財産のジャンル別に20万円以上の換価対象資産がある場合には管財事件となりますが（『手引』33頁〔樋口正樹〕参照）、この点、現金につき、20万円から33万円に拡大されました（詳細は『基礎』41頁〔上拂大作〕、318頁〔橋口佳典〕参照）。

この他に、個別の財産の評価額の合計額が一定額（例えば40万円、50万円等）を超える場合には同時廃止による処理を許容しないとする総額基準もありましたが、全国的な傾向として、簡易管財の最低予納金20万円を参考に、個別財産20万円基準を前提として、現金は50万円（大阪地裁）か33万円（東京地裁）を判断のラインとし、預貯金のうち普通預金を現金と同視する、直前現金化は問わない、20万円未満の個

24　　［第1章］　破産手続開始申立て

別財産が積み重なり多額となったときは管財移行する、という方向です。

高裁管内別では、大阪地裁の基準に近いのは札幌、名古屋、広島、高松で、他方東京地裁の基準に近いのは仙台、福岡となっています。なお、実質的基準の変更はなく、軽微な免責不許可事由があっても同時廃止は可能です。

3　見直しに至る経緯と今後について

今回の全国的な基準の見直しについては、過去の経緯を知っておくことも重要なことです（長い積み重ねのなかで、現在の基準が形成されているのです）。

1952年に旧破産法に免責制度が導入された後、1975年頃からのサラ金破産の増加で免責制度の利用が促進されましたが、破産管財人選任のための予納金が高額で（例えば50万円）、財産の乏しい個人債務者にとってはその工面が厳しいことから、破産宣告と同時に破産廃止決定をする、同時廃止を利用する運用が行われていました。そのなかで、個別財産が20万円未満のものはないものとみなしたり、20万円以上の財産は換価して債権者に按分弁済したりして、保有する財産をなくすことで要件を充足したものと判断し、同時廃止としていたのです（20万円基準は当時のなごりでしょう）。この結果、同時廃止が9割を超えていました。

その後、バブル崩壊後の事件激増期に、旧法下の運用上の工夫として1999年に東京地裁の少額管財、2002年に大阪地裁の小規模管財といったいわゆる簡易管財が導入され、予納金を最低20万円と低廉化するようになりました。この運用上の工夫において、換価を要しない財産を破産財団から放棄することで対応するなどの個人債務者の経済的再生に向けた配慮が行われ、それが、2005年の現行破産法における自由財産拡張制度（破34Ⅳ。Q37）の導入につながりました。

自由財産拡張制度が導入された現行法下において、同時廃止基準と自由財産拡張基準は連動せず、それぞれ独自に運用されていました。主に①20万円以上の財産があれば破産管財事件とするもの（東京地裁等）、②総額50万円等の総額方式とするもの（福岡地裁等）、③現金・普通預金につき総額99万円までの保有を許容するもの（大阪地裁等）がありました。これらが今回の見直しの前の状況でした。

その後の全国的な簡易管財の浸透に伴い、各地で予納金の低廉化が図られ（多くは最低20万円）、同時廃止基準（按分弁済の処理の廃止等）も徐々に見直しが図られました。破産管財人選任率が上昇し、近年では同時廃止は約6割となりました。

今回の基準の見直しによっても全体的には破産管財人選任率が大きく上昇することはなかったようですが、若干の疑問点を指摘しておきたいと思います。

本来的自由財産である99万円までの現金（破34Ⅲ①）は「破産財団」に含まれないところ（破216Ⅰ）、33万円や50万円が形式的基準とされている点です（個別執行では、66万円までの現金が差押禁止動産となっています。民執131③）。また、個別財産の20万円基準を維持しつつ直前現金化は問わないとしていますが、端的に、直前現金化せずとも保有できる財産を認めることで足りると思われます。

今後も各地で、合理的で予測可能性があり、平等性のある、よりよい運用基準が策定されることが望まれます（詳細は『実践フォーラム』241頁以下参照）。〔野村剛司〕

Q12 過払金がある個人債務者が 破産申立てをする際の留意点

① 個人債務者の破産申立てに際し、利息制限法超過の貸金契約について、相当額の過払金が発生する見込みがある場合、申立代理人はどのような調査を行い、どのような点に留意して申立てを行うべきでしょうか。
② 破産申立てをして同時廃止となり、免責許可決定が確定した後に、破産開始前に発生していた過払金の返還請求をすることはできるでしょうか。

1 調査の範囲（設問①前段）

　過払金の存在や金額は、利息制限法による引直し計算を行って初めて判明しますが、その前提として、貸金業者との全取引について、取引日、借入金額及び返済金額を特定する必要があります。しかし、債務者が過去の取引履歴をすべて再現できることはまれであり、貸金業者からの取引履歴の開示を受けることが必須となります。

　ところで、取引が短期間で過払金が発生しないことが明らかであるなど、取引履歴の開示を受け、引直し計算を行うことが債務者にとって無益であり、かつ配当原資となることがないという意味で破産手続にも影響を及ぼさない場合にまで取引履歴の開示と引直し計算を要求することは、手続の遅滞をもたらしかねません。

　そこで、同時廃止での申立てにおいては、過払金の調査範囲を過払金発生の蓋然性が認められる一定の期間に限定している裁判所があります。

　例えば、大阪地裁では、破産手続開始の申立てを受理した日の属する年の7年前の1月1日到来当時に存在した利息制限法超過の貸金取引について調査が必要とされています（『はい6民』48頁）。これに対し、多くの裁判所は、具体的な基準は設けず、必要に応じて資料の追完を求めているようです。

　また、一定期間より短期の取引について裁判所への報告は不要とされている場合であっても、過払金の存在が疑われるときには、申立費用への充当や債務者の手許に過払金を残すことができる可能性を勘案しつつ、積極的に取引履歴の取寄せや引直し計算を行うべきでしょう。

　そこで、過払金の存在が疑われる場合には、自己破産の受任通知についても、取引履歴の開示を請求する文言を挿入しておいた方がよいと思われます。

　もっとも、2010年6月18日に改正貸金法が完全施行され、それ以降はほぼすべての貸金業者は利息制限法の範囲内で貸金契約をしていますので、破産申立年度から遡った期間が短い取引について過払金の存在が認められることはまずあり得ません。

　すでに弁済を完了した貸金業者との間で長期間取引が継続していた場合には、過

払金が発生している可能性があります。その場合、債権者一覧表には記載されていないため、破産者と面談する際に弁済を完了した貸金業者の有無、取引期間及び完済時からの経過期間（消滅時効の成否）等を確認し、消滅時効が完成していなければ、過払金返還請求をしておくべきです。

2 申立てにおける留意点（設問①後段）

(1) 管財事件か同時廃止事件かの手続選択

　債務者に一定の財産があっても、それによって管財手続費用を賄えない場合には、同時廃止で処理されることになりますが、過払金が発生する場合もそれが少額である場合には同様です。

　例えば、大阪地裁では、過払金の調査の結果、その額面額（利息制限法による引直し計算後の過払金返還請求額）が30万円未満の場合には、過払金の回収をする必要がなく、そのまま同時廃止決定がなされますが、回収未了の過払金の額面額の合計が30万円以上ならば、破産管財手続に移行します（『はい6民』50頁）。

　また、上記の額面額が30万円以上の場合でも過払金を回収し、その回収額から上記回収費用・報酬において、破産申立事件で申立費用と別途、過払金回収の報酬を受領することは規制されていませんが、金額の上限規制はあります（日弁連債務整理事件規程15）、さらに破産申立費用、やむを得ない生活費などの「有用の資」に充てた金額を控除した後の額が20万円未満ならば、破産管財手続に移行せず、そのまま同時廃止決定がなされます。

　もっとも、管財事件の場合は、自由財産の拡張の制度があり、大阪地裁では、過払金は拡張適格財産のひとつとされ、一定の要件（Q40参照）を充たす場合には原則として拡張が相当とされています。そうすると、20万円以上の過払金について、上記要件を充たしている場合には、管財事件として申し立て破産者の手許に過払金を残すことが可能となります。

　以上のように、相当額の過払金の存在が認められた場合でも必ず管財事件として申立てをしなければならないわけではありません。

　そのためには、過払金の額を知ることが必須となりますので、よほど申立てに緊急を要する場合でない限り、申立前に過払金の調査を終えておく必要があります。

(2) 回収可能性への配慮

　過払金の回収を行うに際して、合理的な理由がないのに低廉な和解をして一部のみを回収した場合、貸金業者に対する否認の可否を検討する目的で管財事件とされる可能性があります。もっとも、昨今、貸金業者の廃業が相次ぎ、一定の減額をしてでも早期の回収を図るべき場合も多くなってきています。このような場合に、低廉な和解であるとして管財事件とされないようにするためには、裁判所に減額合意の理由を説明できるようにしておくべきです。具体的には、当該貸金業者の状況や対応を上申書で報告することが必要ですが、その程度の疎明で足り、執行手続を行ってそれが不奏功となることまでは不要でしょう。

(3) 申立費用の負担軽減、生活資金の確保のため、申立前に過払金を回収する方
　がよい場合

　申立前に過払金を回収し、それが破産申立費用に使われた場合には、債権者全体の利益にもかなうものです。また、債務者の生活の窮状が甚だしい場合、過払金の一部を債務者の生活費に充てることも許容されると思われます。

　このように申立費用の負担軽減、生活資金の確保の必要性があるときには、申立前に過払金を回収しておいた方がよいでしょう。

3　免責許可決定確定後の過払金返還請求（設問②）

　設問のように同時廃止によって破産手続開始決定と同時に破産手続が終了した以上、破産者は自己の有する財産の管理処分権を失わないので、過払金返還請求権を行使できないと解すべき法律的な根拠は存在しません。

　これに対し、貸金業者からは、この過払金返還請求が信義則に反する、あるいは権利濫用に当たる旨の主張がなされることがあります。

　しかし、破産手続において破産者の過払金返還請求権の存在が申告されなかったことにより不利益を被るのは破産者の一般債権者であって、過払金返還義務を負う貸金業者ではありません。また、破産者が免責を受けたこと自体によっては、過払金の返還債務は何ら影響を受けません。そのため、過払金返還請求を受けた貸金業者において、破産者が免責を受けたことから破産者から過払金の返還請求を受けることがないものと信頼したとは認められず、仮に貸金業者がその旨信頼していたとしても、かかる信頼が法的保護に値するものであるとはいえません。したがって、上記の過払金返還請求が信義則に反し、あるいは権利濫用に当たるとはいえません（札幌高判平17.6.29判タ1226号333頁）。

　もっとも、破産者が過払金返還請求権の存在を認識した上で、破産手続による免責を得た後に請求する意図でことさらにこれを隠匿したなどの事情が認められる場合には、その過払金返還請求が信義則に反し、あるいは権利濫用に当たるとされることがあります（東京地判平15.11.26公刊物未登載。金法1960号（2012年）148頁参照）。そして、このような事情が認められる場合には、さらに免責許可決定が取り消されるおそれもあります（破254Ⅰ、265Ⅰ①）。

　なお、免責許可決定が確定した後に、破産開始前に発生していた過払金の返還請求をする場合には、最終取引日からかなりの期間が経過していることも多く、消滅時効が完成しているかどうかについても注意する必要があります。

〔鈴木嘉夫〕

Q13 自宅不動産の任意売却

個人の破産申立てに際し、オーバーローンの自宅不動産を保有したままで同時廃止申立てをすることができますか。破産申立前に不動産を任意売却する場合と破産申立後に不動産を任意売却する場合とでは、何か注意すべき点に違いがあるでしょうか。

1 自宅不動産を保有したまま同時廃止申立てすることの可否

自宅不動産以外に見るべき資産のない個人の場合、当該自宅不動産に住宅ローンを被担保債権とする担保権が設定されており、担保権の被担保債権残額が不動産の換価価値を明らかに上回る場合（いわゆるオーバーローンの場合）には、自宅不動産を保有したまま同時廃止の申立てをすることが可能です。

不動産の資産性の有無により、管財事件として処理されるのか、同時廃止事件として処理されるのかが異なります。申立予納金額にも影響しますので、申立準備段階で、不動産の資産性の有無につき慎重に検討する必要があります。

2 破産手続における不動産の資産性判断基準

破産手続において不動産を資産として扱うか否か（資産性）の基準は次のとおりです。不動産市況次第では基準が変更される可能性があることにご留意ください。

⑴ 不動産の資産性判断基準

ア 大阪地裁の場合

①担保権設定不動産の被担保債権の残額が固定資産税評価額の2倍を超える場合、②1.5倍を超え2倍までの場合には被担保債権の残額が査定書の評価額の1.5倍を超える場合、のいずれかであれば、資産性がないとして同時廃止が認められます（『はい6民』35頁）。上記の査定書は、内容や金額の合理性に疑義がある場合を除き、1社分で足りるとの運用です。

イ 東京地裁の場合

被担保債権額が不動産の時価の1.5倍を超えるときは、当該不動産を資産として評価しない扱いです（『手引』37頁〔樋口正樹〕）。

不動産の時価の評価は、不動産鑑定書があればそれにより、なければ信頼の置ける複数の不動産業者の査定書の査定額の平均によります。固定資産税評価証明書は時価の評価資料にできないという運用です。

ウ 他の地裁の場合

大阪・東京のいずれかに準ずる裁判所が多く、被担保債権額が固定資産税評価額もしくは査定書の評価額の約1.2〜1.5倍を超える場合は当該不動産に資産性がないとする運用が多いようです。各地裁の運用については、それぞれの手引きやマニュ

アル類を確認してください。

(2) 借地上の建物の場合

敷地の固定資産評価額に路線価図の借地権割合等を乗じた金額を、建物の固定資産税評価額に加算して不動産の換価価値を算定するのが通常です。

(3) 共有不動産の場合

債務者所有の共有不動産につき不動産全体に担保権が設定されており、共有者の1人のみが破産申立てをする場合、共有持分部分のみではなく、不動産全体の評価額を基準に不動産の換価価値を算定するのが通常です。

3 不動産（明らかなオーバーローン）を売却する時期による相違点

(1) 破産申立前に任意売却を行う場合

担保権者との交渉事項となりますが、早期かつ任意の明渡しを条件に、一定額の引越費用（30～50万円程度）や、固定資産税のうち売主の日割り負担分を、不動産売却代金から捻出できる場合があります。ただ、この場合には破産申立前の早い時点で不動産からの退去を求められることが多いです。

申立代理人は、あらかじめ不動産業者から査定書を徴求するなどして適正価格での売却に努める必要がありますが、担保権者の同意を得て売却する以上、事後に管財事件に移行したとしても、売却価格が低廉であるとして否認されるリスクは低いと考えられます。申立人代理人としては、不動産売却・決済までに時間を要し、破産申立てが遅れることで、債務の増大や資産の流出等がないよう配慮する必要があります。

(2) 破産申立後に不動産を処分する場合

破産申立後は、任意売却か競売により不動産が処分されます。この場合、申立人は不動産の処分が完了するまでの間、不動産を継続利用することができます。一般的には、任意売却よりも競売の方が不動産の処分の完了までに時間を要します。競売の場合、競落人との交渉により一定の引越費用が捻出できる場合もあります。

競売の場合、固定資産税については、その法定納期限が抵当権設定前でない限り売却代金から支出することはできず、競落人との間で固定資産税の日割清算が行われることもないため、当該年度分の固定資産税額全額が破産者の負担となります。

(3) 売却の時期・方法の考慮要素

申立人の生活状況（退去可能時期、適当な転居先の有無、転居に伴う家族の就学先への影響の有無、転居費用の有無）、差押えを受けているなど、早期申立ての必要性の程度等を考慮して、不動産処分の時期・方法を選択することになります。

〔浅井悠太〕

Q 14 申立費用の準備と法テラスの利用

個人債務者の破産申立てに関する日本司法支援センター（法テラス）の民事法律扶助について教えてください。

1 日本司法支援センター（法テラス）とは

日本司法支援センター（法テラス）とは、総合法律支援法に基づき設立された法人であり、民事法律扶助業務、国選弁護等関連業務及び犯罪被害者支援業務等を行っています。このうち、民事法律扶助業務により、経済的に余裕のない人の法的トラブルに関し、無料で法律相談を行い、又は弁護士・司法書士（以下「弁護士等」といいます）の費用の立替えが行われています（総合法律支援法30 I ②）。

弁護士は、裁判を受けるために必要な費用・報酬を負担する資力に欠ける者に対しては、この民事法律扶助業務等を説明し、裁判を受ける権利が保障されるように努めなければなりません（弁護士職務基本規程33、日弁連債務整理事件規程 6 ）。

2 個人自己破産申立事件における弁護士等の費用の立替え

法テラスの行う民事法律扶助業務を利用すれば、個人の自己破産申立てに関して弁護士等の費用の立替えを受けることができます。援助を受けるためには、資力が一定額以下であること、具体的には月収が次ページ【表 1 】以下であること（ただし、家賃、住宅ローンを負担している場合は、【表 2 】記載の金員を限度として加算します）及び保有資産（現金、預貯金、有価証券、不動産（自宅は除く）などの価値合計）が【表 3 】以下であることが必要です。この資力の算定に当たっては、配偶者の収入及び資力も原則として加算して判断されます。

実際に援助を受けるには、収入等を証明する資料等を法テラスに提出し、審査を受ける必要があります。審査の結果、援助開始決定が得られれば法テラスから受任弁護士等に対して費用が支払われます。個人の自己破産申立事件の場合、仮に債権者が10社であれば、実費として 2 万3000円、代理援助の着手金として12万円（消費税別）が受任弁護士等に支払われます。免責を得ても報酬金はありません。

被援助者は、法テラスが立て替えた弁護士等の費用を、その後通常 3 年以内の期間で、毎月分割して償還（返済）することになります。償還方法は、原則として被援助者名義の預金口座からの自動払込みです。もっとも、この償還義務は、援助開始決定時に生活保護受給者又はこれに準ずる程度に生計が困難な者に対しては猶予され（日本司法支援センター業務方法書31 I ）、さらに事件終結時にも生活保護受給中等であれば免除されることになっています（日本司法支援センター業務方法書59の 3 I ）。

【表1】申込者の収入：手取り月額（賞与含む）に配偶者の収入を加算した額

単身者	2人家族	3人家族	4人家族
182,000円以下 （200,200円以下）	251,000円以下 （276,100円以下）	272,000円以下 （299,200円以下）	299,000円以下 （328,900円以下）

※カッコ内は、生活保護法上の1級地の基準です。
※5人家族以上は、1人増につき30,000円（生活保護法1級地の場合は33,000円）が加算されます。
※医療費、教育費などの出費がある場合は一定額が考慮されます。

【表2】申込者等の家賃等を考慮することができる限度

単身者	2人家族	3人家族	4人家族以上
41,000円まで （53,000円まで）	53,000円まで （68,000円まで）	66,000円まで （85,000円まで）	71,000円まで （92,000円まで）

※東京都特別区については、カッコ内記載の限度額が定められています。

【表3】保有資産の上限額

単身者	2人家族	3人家族	4人家族
180万円以下	250万円以下	270万円以下	300万円以下

※3か月以内に医療費、教育費等の出費予定がある場合は控除されます。

3 破産予納金の取扱い

破産予納金は、原則として法テラスの立替えの対象になりません。ですが、2010年4月から生活保護受給者に対しては破産予納金として20万円を限度として法テラスから直接裁判所に支払がなされることになりました（民事法律扶助業務運営細則14の5）。これらの生活保護受給者に対する破産予納金等の支出分は、弁護士等の費用と同様、援助開始決定時に償還義務が猶予され、事件終結時に償還義務が免除されることになります。また、この法テラスからの破産予納金等は、破産手続上「破産債権者の共同の利益のためにする裁判上の費用の請求権」（破148 I ①）となり、財団債権として取り扱われます（**Q161**参照）。

4 東日本大震災の被災者に関する特則

東日本大震災に関して、災害救助法が適用された区域に住所等を有していた国民又は日本国内に住所を有し適法に在留する外国人については、資力要件を問わずに援助の対象となります（日本司法支援センター業務方法書83の6）。さらに、地震及びこれに伴う津波もしくは火災等により、住居の用に供していた所有建物もしくは賃借建物に半壊以上の損害を受けて罹災証明書の発行を受けた場合、又は福島第一原子力発電所における事故に関し、警戒区域もしくは計画的避難区域内に、住居の用に供している建物を所有しもしくは賃借していた場合は、生活保護受給者と同様に、弁護士等の費用及び破産予納金に関する猶予及び免除を受けることができます（震災法律援助業務運営細則48、日本司法支援センター業務方法書別表5注7）。

〔下山和也〕

Q 15 法人破産申立事件の費用

① 法人破産申立事件の予納金や弁護士費用はどのような点に留意して準備すればよいでしょうか。
② 法人の破産申立てと同時に、あるいは近接した時期に、法人代表者の破産を申し立てる場合における、法人代表者の予納金や弁護士費用についてはどうでしょうか。

1 法人破産の予納金と弁護士費用（設問①）

　破産手続開始の申立てには、開始決定前に予納金の納付が必要です（破22Ⅰ、破30Ⅰ①）。予納金額は破産財団や負債等の事情を考慮して裁判所が定めるものとされています（破規18Ⅰ）。また、申立代理人が依頼を受けて破産申立てに関する業務を行うためには着手金等の弁護士費用が必要となりますが、これも破産手続開始決定前に破産法人にて弁護士費用全額を準備してもらう必要があります。

　では、具体的に予納金額と弁護士費用を破産手続開始前にどの程度準備しなければならないでしょうか。予納金については、裁判所が基準を定めていることが多く、申立予定の裁判所に対して事前に確認する必要があります。ただし、負債総額や債権者数、財団形成の見込み、明渡し未了物件の存在等によっては、具体的な予納金額が当該基準を上回ることもあります。このような場合には、あらかじめ裁判所と打合せをしておく必要があります。

　他方、申立代理人の弁護士費用は、破産法人と申立代理人との合意によって定めるものであって、裁判所や破産管財人候補者等の了承を得る必要はありません。もっとも、当該弁護士費用が「支払いの対価である役務の提供と合理的均衡を失する場合、その部分の支払い行為は、破産債権者の利益を害する行為として否認の対象となり得る」ものとされていることから（東京地判平22.10.14判タ1340号83頁、神戸地伊丹支決平19.11.28判時2001号88頁等）、「経済的利益、事案の難易、時間及び労力その他の事情」（弁護士職務基本規程24、日弁連報酬規程。破産管財人の立場での留意点はQ117を参照してください）に照らして適正かつ妥当な金額を定める必要があります。この点は、破産管財人との具体的な業務分担を考慮しつつ、想定される破産管財人報酬（趣旨は必ずしも一致しませんが、少額管財の場合などを除いて予納金額を参考とする余地もあります）とのバランスも必要かと思われます（吉原省三＝片岡義広編著『ガイドブック弁護士報酬［新版］』288頁〔山宮慎一郎ほか〕（商事法務、2015年）には、「誤解を恐れずに」との留保付きで破産手続等の着手金の標準額が記されています。『実践フォーラム』228頁も参照してください）。

　この法人破産申立ての予納金や弁護士費用は、法人の資産（現預金のほか、換価

容易な資産を含みます）から支出されるのが原則ですが、法人の残存資産がこれに満たない場合は、法人代表者の親族や法人と関係の深い第三者に準備してもらうこともあります。この場合、事後の紛争防止と直前の借入行為と疑われないため、贈与ないし債権放棄の書面を準備するか、又は裁判所へ申請の上、第三者予納の方法をとる場合もあります。

2 法人代表者の予納金と弁護士費用（設問②）

(1) 法人と同時（近接時期を含む）に法人代表者破産を申し立てる際の予納金

法人と法人代表者に特段の利害対立がなく破産管財人を同一人とすることができ、財産状況報告集会等の期日を揃えるなどの方法で破産管財人の業務負担を軽減できるといった事情がある場合、裁判所によっては法人代表者の予納金が通常の個人破産の場合と比べて低額とされることがあります。また、破産裁判所によっては、個人破産の際の予納金の分納や期間猶予が認められることもあります。申立代理人としては、これらの点を含めてあらかじめ裁判所と協議しておくべきであり、法人代表者の破産申立時期についてもタイミングを合わせるなど検討しておくべきです。

(2) 上記の申立代理人弁護士費用

法人代表者に係る申立代理人の弁護士費用については、法人申立ての弁護士費用と同様の問題があります。なお、法人代表者個人の申立てに関しては、清算を予定する法人の場合と異なり、破産手続開始後の代表者個人の経済的再起更生（自由財産の拡張）を図る必要があることも考慮して弁護士費用を検討するのが望ましいといえます。

3 法人、法人代表者による他方の予納金、弁護士費用の支出

設問①及び②に共通する問題として、法人又は法人代表者の一方にしか資産がない場合、他方の申立費用にこれを充当しても構わないでしょうか。

法人と法人代表者は別人格であって、当然に他方の費用に充当できるものではありません。この点は、無償行為として否認権行使の対象となるおそれがありますし、代表者個人の破産申立着手金を破産会社が直接支払った場合、破産会社の破産管財人が申立代理人弁護士に対して不当利得返還請求できるとした裁判例もあります（大阪地判平22.8.27判時2110号103頁）。

しかしながら、法人と法人代表者の双方が破産手続を進めるメリットは債権者側にもあります。例えば、債権者が基本的に共通するといった共益的な費用として説明できる場合など、否認の要件として不当性を欠くような場合には、破産債権者全体の利益に資するものとして、一方から他方への費用充当も許容される場合があると思われます。申立代理人は、この観点を踏まえて説明できるよう検討してください（『実践マニュアル』254頁、『地位と責任』80頁〔桶谷和人〕を参照してください）。

〔木野村英明〕

第2節 申立準備

Q16 法人破産申立てに向けたスケジュール・段取りの検討

事業継続中の法人について破産申立てをすることになったのですが、どのようなスケジュール、段取りで行えばよいでしょうか。

1 はじめに

事業継続中の法人について破産申立てを行うことになった場合、事業を停止する時期（破産は清算型の手続であり、破産する場合には基本的に事業は停止されるため、破産申立ての前に事業停止がなされることが通常です。そして、事業継続中の法人においては、その事業を停止する直前まで、事業継続の道を模索していることが多く、事業の停止は破産申立ての決断直後になることが通常です）、申立てを行う時期等を考慮し、スケジュール、段取りを考えることになります。

2 事業停止と申立ての時期

まず一般論として、申立ては、破産申立ての決断後、極力早急に行うべきです。

これは、破産申立てをせざるを得ない状況となっている会社においては、破産申立てが遅れることで、会社の窮境を知った債権者の個別権利行使等による財団毀損や偏頗弁済がなされる、従業員の退社等により従業員の協力を得難くなる、管理がおろそかになり必要な資料等が散逸するなどの弊害が生じてくることから、早期に申立てを行うことで、この弊害を防止する必要があるためです（Q17参照）。

これを前提に、事業を停止する時期、申立てを行う時期等に関し、特に重要なのは、裁判所への予納金、申立代理人の報酬等の申立費用を準備できる時期です。

(1) 申立費用がすでに準備できている、もしくはすぐに準備できる場合

申立費用が準備できている、もしくはすぐにでも申立費用の準備ができるのであれば、事業停止から破産申立てまでにタイムラグがあると上記の弊害が生じやすくなりますから、原則として事業停止（事業停止日については、申立費用の準備、従業員への給料や解雇予告手当の支払等の観点から、最も資金が潤沢になるタイミングであるかということも重要な考慮要素となります）即破産申立て、即破産手続開始決定を目指すべきです。特に、混乱を防止して財団保全を図らなければならない場合や、在庫の処分等に従業員の協力が必要なため従業員がいる間に処理をすべき場合等では、その必要性は高度になります。

ただし、申立費用が準備できる場合でも、破産申立ての準備には物理的に多少の時間を要することから、事業停止日に即破産申立てをすることが困難な場合には、受任通知を送付し（金融機関の相殺を禁止するといった理由からです。ただし、公租公課庁には送付しません。Q18参照）、準備を急ぎ、極力早急に申立てを行うべき場合もあります。

(2) 申立費用が準備できない場合

逆に、事業停止日には破産の申立費用が確保できない場合には、事業停止後に受

任通知を送付し（この場合も公租公課庁には送付しません）、申立費用を捻出してから破産申立てをせざるを得ない場合もあります。

この場合には、債権者に対して受任通知を送付することで、申立代理人が矢面に立ちながら売掛金回収や財産換価をして申立費用を捻出し、確保できれば直ちに破産申立てを行うべきことになります（なお、申立代理人の換価回収行為の範囲については、東京地判平22.10.14判タ1340号83頁を参照してください）。

(3) **破産申立ての時期についての留意事項**

破産申立ての時期に関しては、申立費用の準備の時期以外にも、賃金債権の財団債権となる部分の減少を防ぐ観点、未払賃金立替払制度が使えなくならないようにする観点、否認権の行使ができなくなることを防ぐ観点、相殺禁止にかからなくなることを防ぐ観点等、複数の観点より、期間制限についての注意が必要な事項がありますので留意が必要です（Q17参照）。

3　スケジュールと段取り

(1) **破産申立てに向けてのスケジュールと段取り**

事業継続の途を模索しながらも破産手続の選択に備える必要がある場合には、資金繰りを確認しながら、破産手続選択の際の事業停止の候補日を決め、申立費用の準備の時期を考慮し、破産申立予定日を決め、さらに当該事業停止日及び破産申立日から逆算してスケジュールを定めて、段取りを行うことになります。

(2) **破産申立書の作成**

破産手続を選択する確率が相応に高まった場合には、破産申立てに備え、破産申立書の作成に取りかかります。

(3) **受任通知の送付**

事業停止日に申立費用が確保できなかったり申立ての準備の時間を要したりして、事業停止日に即破産申立てをすることが困難な場合には、事業停止日に受任通知を債権者に対して送付します（受任通知送付後のすべての窓口は、弁護士になります）。他方、事業停止日に申立費用が準備できており、申立ての準備も整っている場合には、事業停止と破産申立てを同日に行うため、受任通知は送付しません。

(4) **財産の保全**

破産手続を選択する確率が相応に高まった場合には、(2)のとおり、破産申立書の準備に取りかかり、そのなかで当該法人の財産状況を把握し、各資産の保全の準備に着手します。

この点、資産ごとに保全方法を検討することになりますが、留意すべきは、受任通知を金融機関に送付すると預金口座が凍結されてしまいますので、申立費用の確保や債権者間の公平等のため、受任通知送付前に預金を借入金のない金融機関の口座ないしは申立代理人の預り金口座へ避難することです。

また、事業停止後の入金について金融機関による相殺を禁止するため、事業停止後直ちに、相殺禁止・自動引落停止依頼書を金融機関に送付する必要があります（事業停止後に即破産申立てを行う場合は、破産申立後直ちに送付することが通常です）。

さらに、資産保全のため、受任通知（事業停止、即破産申立てを行う場合は、破産

申立てもしくは破産手続開始決定を告げるレター）送付後は、本社等に来社する債権者等に対応すべく、現場を保全するための弁護士を準備することも必要です（これに加えて、事業停止後には告示書の準備も必要になります）。

(5) 利害関係人に対する損害発生等の防止

破産申立てを決断した後は、利害関係人に対する損害の発生等をさせないよう、できる限りの注意を払うべきです。

破産申立ての決断後は計画倒産、詐欺であるとのそしりを受けないよう直ちに事業を停止し、仕入れ等による債務の発生をさせないようにできる限りの配慮をすることはもちろんですが、ほかにも、例えば建設会社の破産において建築代金等の支払を受ける場合には当該建築代金は前渡金から工事出来高分を控除した残額（破産管財人が請負契約を解除した場合、破54Ⅱにより財団債権となります。Q27参照）が財団債権とされるものの、財団形成額によっては全額回収ができなくなる場合もあり、仕入債務発生の場合同様、計画倒産、詐欺であるとのそしりを受けかねません。

(6) 破産管財人の初動のための情報確保

事業継続中の法人においては、開始決定後の破産管財人の初動が非常に重要であることから、売掛先のリスト、本社や工場の状況の報告書（写真撮影報告書等）を作成するなどして、破産管財人の初動のための情報確保を行います。

(7) 従業員の解雇と従業員説明会の準備

事業停止日において事業を停止する以上、従業員を解雇することになりますので、事業停止に至る経緯等の説明の準備（従業員に対する説明文書、解雇通知書及び受領書等の準備）が必要となります。

(8) 取締役会議事録等の準備

破産申立ての手続上必要な取締役会の決議（取締役会非設置会社であれば、取締役全員の同意取得）を行う必要がありますので、取締役会議事録（又は取締役全員の同意書。もっとも取締役が1人の場合は必要ないと考えられます）を事業停止日に取得するのが一般的です。

(9) 売掛金等の回収

事業停止日に破産の申立費用が確保できない場合には、破産申立ての費用を確保するため、売掛金の回収、その他資産の換価を進めていきます。この費用が確保でき次第、破産申立てを行うことになります。

(10) 事前相談

事業停止日に事業を停止し、同じ日に破産申立てを行って、即破産手続開始決定を得られるよう裁判所と事前相談を行います（なお東京地裁では、同日開始決定についても申立てと同日に開始決定を得たいという事情以外に、事前相談が必要な事情がない限りは、事前相談なしに即日の開始決定をするという運用がされています）。

なお、(5)の利害関係人に対する損害発生等の防止の観点からは、事前相談を行う場合には、（事前相談の具体性にもよりますが、破産申立てを行うことがほぼ決まっているような）事前相談を行った時点以降は、破産申立てを決断した後と同様の意識をもって、対応すべきです。

〔松野弘樹〕

Q 17　法人破産申立事件における申立遅延の弊害

　事業継続中の会社の破産申立てを受任しました。申立てが遅くなると、どのような弊害があるのですか。

1　迅速な申立ての必要性

　法人破産申立ては、事業を継続しながら破産申立てをして開始決定を受けるケース、受任後に事業を停止し申立てを行うケースのいずれもあり得ますが、正確性よりも迅速性に比重を置き、スピード感をもって行うことが重要です。

　申立代理人には破産財団となる債務者の財産を保全し、後日選任される破産管財人に適切に引き継ぐことが望まれており、単に破産手続開始の申立てを行い、破産手続開始決定さえ得られればよいということではありません。なお、依頼を受けた法律事務の迅速な着手と遅滞ない処理は、職務基本規程上も義務付けられています（弁護士職務基本規程35）。

2　破産財団の減少

　まず、時間の経過による資産価値の劣化に注意すべきです。

　生鮮食品はもとより、服飾関係でも時期を失すると換価が困難となったり、建設関係では建材等が劣化したりすることがあります。

　また、事業停止後時間が経つと第三債務者等の事情により売掛金や貸付金等の債権の回収が困難となることがあります。さらには、売掛金等の債権や過払金債権が消滅時効にかかることもあります。受取手形についても、取立委任をせずに満期を徒過した場合遡求権が保全できなくなります。満期が近ければ取立委任をしておいた方がよいですが、債権者の金融機関に取立委任をすると商事留置権を主張されることに注意が必要です（最一小判平23.12.15民集65巻9号3511頁、『法人マニュアル』152頁〔西村一彦〕参照）。この場合には依頼返却をします。

　債権者は、破産手続開始決定が出ていない以上は個別の権利行使を行ってくるおそれがあり（強引な取立行為や在庫の引揚げ等）、事業が破綻した後、破産手続開始決定がなかなかなされないという事態は、後日の否認権や相殺禁止による調整の余地があるにしても望ましい姿ではありません（なお、否認権や相殺禁止については後述の期間制限にも注意が必要です）。

　また、公租公課庁による滞納処分がなされ、破産財団が減少する危険を考慮しなければなりません。

　いずれにしても、早期に破産手続開始決定の効果を及ぼすことが重要です。

3　破産管財人の業務が困難となること

　清算業務を行う上で破産者の元従業員の協力が必要な場面は多いですが、元従業

員にも生活があり、新たに就労を開始したり転居したりすることもありますから、事業停止から期間が経過すると協力を得られにくくなります。また、データや資料の保管が困難となり（事業所の明渡しやパソコン・会計ソフトのリース契約の終了等）散逸することもあります。適切な引き継ぎの観点からも遅延は問題です。

4 債務者の財産保全上の問題（資産の流出、申立代理人の責任）

法人の場合には、申立代理人自らが保全措置を講じることには限界があり、依頼者たる代表者や従業員を指導しながら財産保全措置を講じることも多く、その方が保全の実が上がる場合も多いところです。

しかしながら、代表者や従業員による資産の流出には注意が必要であり、申立てが遅延した場合には申立代理人の損害賠償責任が認められることもありますので注意が必要です（**Q5**参照）。

5 労働債権関係と未払賃金立替払制度の利用

破産申立てが遅れると、労働債権のうち給料の財団債権部分が破産手続開始前3か月間のものに限定されていることから（破149Ⅰ、破98Ⅰ、民306②、民308）財団債権部分が減少したり、なくなってしまったりすることもあります。

また、労働者健康安全機構が行う未払賃金立替払制度の対象となる労働者は、破産申立てのあった日の6か月前から2年間に退職した者であることから（賃確令3①）、破産申立てが遅れると元従業員が立替払いを受けることができなくなるおそれがあります。なお、この点、元従業員の申請により、労働基準監督署長から事業者について事実上の倒産の認定を受けることで6か月要件を充たす方法もあります（賃確令2④）から、どうしても破産申立てが遅れる場合にはこの方法を利用するよう元従業員に促すべきです（『実践フォーラム』86頁〔團潤子〕）。

6 期間制限等

相殺禁止や否認権行使に関し、破産法上期間制限に服するものがあるので注意が必要です。

⑴ 相殺禁止（破71、72）

債務負担（ないし債権の取得）が破産手続開始の申立てがあった時より1年以上前に生じた原因によるときは適用されません（破71Ⅱ③、72Ⅱ③）。

⑵ 支払停止等以降の詐害行為の否認（破160Ⅰ②）

破産手続開始申立日から1年以上前の詐害行為については、支払停止後の詐害行為であること、又は支払停止の事実を知っていたことを理由に否認できないとの時間的制限があります（破166）。

⑶ 特定の債権者に対する担保の供与等の否認（破162）

特定の債権者に対する担保の供与等の否認については、支払不能後が否認対象期間となります。なお、支払停止後は支払不能と推定されますが、支払の停止は破産手続開始申立前1年以内のものに限られます（破162Ⅲ）。

〔松本和人〕

Q 18 受任通知の意義と発送時期
——個人と法人との違い

受任通知の送付にはどのような意義があるのでしょうか。個人破産申立ての場合と法人破産申立ての場合とで違いがあるのでしょうか。受任通知の作成・送付に際しての留意点と併せて教えてください。

1 受任通知の意義

破産の受任通知は、弁護士が債務者の代理人として、債権者に対し、債務者が支払不能の状況にあること、債務者の破産申立てを受任したことなどを通知するものです。弁護士が、債務者の代理人として、債権者一般に宛てて受任通知を発送する行為は、原則として、否認権、相殺権などを行使する局面で検討される支払停止となります（最二小判平成24.10.29判時2169号9頁）。

2 個人破産の場合の受任通知送付の意義

貸金業者その他の債権者は受任通知を受領すると、原則として債務者に直接請求することができなくなります（貸金21 I ⑨、債権管理回収業に関する特別措置法18 Ⅷ）。これにより債権者からの強引な取立てを回避し偏頗弁済を防止するとともに、債務者の精神的安寧を回復させます。併せて、個人破産の場合には、債権調査を兼ねた受任通知を送付することにより正確な債権額を調査することができます。また、受任通知の発送は支払停止となりますので、受任通知後の弁済・回収は否認権行使の対象となり得ますし（破162 I ①イ）、金融機関は、受任通知後に受け入れた金員と貸金との相殺を禁止されるなど（破71 I ③）、相殺禁止効も働きます。

このように、個人破産（消費者破産）においては、字義どおりに、受任直後に受任通知を債権者に発送するのが基本となります（なお、送付先に関してQ20参照）。

3 法人破産の場合の受任通知の取扱い

(1) 受任直後に受任通知を発送するのが基本とはいえないこと

これに対して、法人破産の場合には、個人（消費者）破産の場合とは異なり、受任直後に債権者等に対し受任通知を発送するのが原則とはいえません。

法人破産の場合でも、受任通知の発送は支払停止を意味しますが、法人破産における受任通知には、貸金業法等に定めるような法律上の取立規制はなく、かえって債権者に債務者の経済的窮乏を知らせてしまうことによって強引な債権回収を誘引し、偏頗弁済を助長する結果になりかねません。また商品等の動産が債権者に引き揚げられ、財産の散逸を招くおそれもあります。

そこで、事業を継続している法人破産の場合には、資金繰りがショートする日などを破産申立予定日（「Xデー」と呼ばれます）として、事業を継続しながら破産申立ての準備を行い、Xデー直前に取締役会決議で最終決断して破産申立てを行うこ

40 ［第1章］ 破産手続開始申立て

とが望ましいです（このようなケースを以下「密行型」と呼びます）。この密行型の場合、財産散逸防止や混乱防止の観点からXデー前に受任通知を送付しないことが通例です。もっとも、密行型であっても、破産申立日等に受任通知を債権者に送付することはあります。債権者に対する迅速な情報提供のほか、債権者である金融機関に受任通知を送付することで受任通知送付後に預金口座に入金された売掛金等と貸金との相殺禁止効を発生させ（破71Ⅰ③）、当該売掛金等の回収の障害を排除することができるからです。

(2) 受任通知を発送して破産申立準備をするのが不相当ではない場合

法人破産の場合であっても、債権者に対して受任通知を送付し、今後破産申立てをすることを明らかにして、破産申立準備をする場合があります（このようなケースを以下「オープン型」と呼びます）。オープン型の場合には、代理人弁護士が前面に立って破産時の混乱を防止しつつ、破産申立てを行うことになります。

オープン型で破産申立準備をすることが多い類型は次に述べるとおりですが、仮にオープン型が選択されたとしても、可能な限り早期の破産申立て・開始決定を目指すべきです。労働債権について給料債権が財団債権となるのは開始決定前3か月分に限定されますし（破149）、労働者健康安全機構の未払賃金立替払制度で破産管財人が証明できるのは破産申立日前6か月以内に解雇されている者に限りますので、労働債権者の利益のための当然の要請といえます。

オープン型が選択される場合としては、まず、受任時点ですでに法人が経済活動を相当期間行っていない場合があげられます。受任通知を契機として強引な取立てをする債権者もほとんどなく、また財産の散逸もさほど心配する必要がないので、債権者等に受任通知を送付して、破産申立準備を進めても不合理とはいえません。

また、受任時点では、申立代理人報酬や予納金（以下「破産申立費用」といいます）を確保できていない場合もオープン型の選択が考えられます。この場合、申立代理人としては、債権者はもとより債務者に対しても受任通知を送付し、破産申立費用を確保すべく資産の換価・回収を行うこととなります。なお、申立代理人の換価回収行為は、破産申立てのために必要な範囲にとどめられるべきで、それを超えて換価回収し費消した場合には違法となるおそれがありますので注意が必要です（東京地判平22.10.14判タ1340号83頁、『地位と責任』84頁〔髙木裕康〕参照）。

なお、公租公課に滞納がある場合に公租公課庁に受任通知を送付してしまうと滞納処分を受け、かえって公平な債務整理に反する結果となる危険性があります。公租公課庁に対しては受任通知を送付しないなど、受任通知発送の範囲については慎重に検討すべきです（Q171参照）。

(3) ま と め

このように法人破産の場合の受任通知の送付の要否、時期及び範囲は、法人が事業継続中か否か、換価すべき財産の有無、滞納公租公課の有無、取引債権者の属性等を考慮して決めることになります（『手引』28頁〔樋口正樹〕など）。　　〔阿部弘樹〕

Q19 法人破産申立事件における事前相談

法人の破産申立前、どのような場合に、裁判所へ事前相談をするとよいのでしょうか。事前相談における留意点は何でしょうか。

1 事前相談とは

法人の破産申立てにおいて、申立代理人が申立書を提出する前に裁判所に相談をすることがあります。これを「事前相談」と呼びます。この事前相談をするか否かについて明確なルールはなく、また裁判所が申立直後に事前相談と同等の面談手続を設けていれば申立前に相談する必要に乏しいとも考えられます。したがって申立代理人において、裁判所への事前相談が必要不可欠であるとはいえません。

裁判所や破産管財人は、破産管財手続が円滑で迅速に進行できることを目指しており、事前に相談してもらいたい事件と事前に相談してもらう必要がない事件があることを前提に、申立代理人は、裁判所や破産管財人の意向を推測して、事案に応じて事前相談が必要か、どの程度の事前相談を行うかを考えることになります（Q16参照）。

2 どのような場合に事前相談をした方がよいか

事前相談が求められる事案は、一般的には、突然の破産により大きな混乱が予想されるもの又は破産管財業務が複雑かつ膨大な事項があることが予想されるものなどがあげられますが、具体的には、次のような場合が考えられます。

(1) 大型案件

債権者が非常に多く（例えば、破5Ⅷ・Ⅸ）、突然破産となると申立直後から大きな混乱が予想される場合などです。破産管財人候補者において、管財方針を決め複雑で多様な管財業務を早期に着手することが必要不可欠だからです。裁判所には、大型倒産案件の経験のある弁護士に対する破産管財人への就任打診や集会会場の確保に向けて早期に着手してもらう必要があります。大型案件では、決定直後に債権者からの問い合わせへの対応が多く、管財業務が多岐にわたるため、管財人団の結成（実務上は、複数の破産管財人を選任するより管財人代理を複数選任する場合が多いといえます。破77、破規23Ⅱ）、方針の確定、債権者に対する情報提供の検討、管財人室や専用電話の設置など、管財人候補者は準備を要します。

(2) 事案が特殊な案件

突然の事業停止による混乱が大きく、ある程度事業継続（破36）することが管財業務遂行上有益な事案（例えば学校、病院や仕掛かり工事の多いゼネコン事案など）、消費者被害の主張が多数ある事案、事業譲渡が可能な事案（Q28参照）、インサイダー問題が生ずる上場企業やマスコミ対応を要する社会的耳目を引く事案、破産者

42　［第1章］　破産手続開始申立て

の協力を得難い債権者申立事件（Q34参照）、国外資産などの換価困難な資産がある事案など、膨大、複雑、多岐にわたる管財業務が必要な特殊案件においては、事前相談を通じて裁判所にその情報を知らせ、早期に破産管財人候補者の選任に着手してもらい、事案に適した破産管財人への円滑な移行を図ることが重要です。

(3) 開始決定までのスケジュール調整が必要な案件

破産手続開始決定の時期は裁判所の専権（破30）であり、申立代理人としては、通常でも早期に開始決定を得るように努力することが肝要です。しかし、破産手続開始決定を一刻も早く得ないと（例えば申立てと同日に破産手続開始決定を得る）、管財業務の進行に重大な影響がある場合（決定直後に財産の激しい散逸が予想される場合など）や第三者に大きな損害をもたらすことが明らかな場合（腐敗物や危険物がある場合）など、裁判所における通常の進行では大きな差し障りがある案件の場合に、事前相談により、裁判所とスケジュール調整をします。

(4) その他

このほか通常事件でも、手続開始決定時期が予測できず保全管理命令（破91）を要する事案、予納金額の交渉を要する場合など、円滑な管財業務遂行に資するよう、事前に裁判所に相談、協議することがあります。

3 事前相談における留意点

事前相談を行うか否かは裁判所の運用によりますので、申立準備の際、管轄裁判所に確認するのがよいでしょう（東京地裁の運用は『申立マニュアル』321頁以下〔大島義孝〕及び326頁以下〔小野塚格〕、大阪地裁の運用は『はい6民』100頁以下参照）。事前相談は、必要に応じて行うものであり、問題性に乏しい簡易な法人破産申立事件（例えば、いわゆる少額管財事件）において行うのは相当ではありません。もちろん破産か再生か、など手続の選択を裁判所に相談するものでもありません。

事前相談を行う場合、相談に資するメモなどを利用しながら（裁判所の運用によります）、業務の内容、事業廃止（予定）時期、債権者数、債権額、規模（従業員数、事業所数と場所など）等申立書記載概要のほか、事案の特殊性、事業廃止により予想される混乱の大きさ・程度、管財人候補者において就任同意と同時に準備することが必要な事項、第三者への損害発生の危険性、破産管財人への協力者の有無（従業員の場合にはその賃金額も）など、管財人候補者に迅速、適正に管財業務を行ってもらうために有益な情報を裁判所に伝え、覚知してもらうことになります。

4 おわりに：破産管財人の視点に立って

事前相談は、申立直後の混乱を長期化させず、財産の散逸を防ぎ、円滑かつ迅速に管財業務が進むように行うものです。申立代理人は、申立後に破産管財人候補者が準備を進める業務を予想し、自分が破産管財人であれば、混乱を防止するため、より大きな財団形成のために、就任同意直後に何をするか、何が知りたいか、どのような資料が必要か、という観点から、事前相談を行うか否かを決め、準備をすることになります。

〔西脇明典〕

Q 20 個人債務者の破産申立事件における
財産調査・財産保全

個人債務者の破産申立事件における財産調査及び財産保全のポイント、留意すべき点について教えてください。

1 財産調査について

(1) 調査の基本

　個人債務者の破産申立ての場合、法人と比較すれば切迫性、緊急性がそれほど高くない場合が多く、財産調査にある程度時間がかけられます。基本となるのは給与振込口座や光熱費等の引落し口座からの入出金を少なくとも過去数年分は丹念に追うことです。口座からの出入金以外にも給与明細書の天引欄、源泉徴収票の「生命保険料の控除額」欄や「損害保険料の控除額」欄から積立金や保険契約等の存在が判明することもあります。保険料の支払を見ても車の保険、医療保険、生命保険、火災保険、学資保険等様々ありますが、解約返戻金を伴う保険が多く、20万円が管財事件として扱われるかどうかのメルクマールになることが多いため、必ず解約返戻金の金額を確認しておく必要があります。保険料の額にもよりますが支払期間が長ければそれだけ解約返戻金の金額も高くなっている可能性がある一方で、契約者貸付により解約返戻金の金額が大きく減少していることもありますので、保険会社から解約返戻金証明書を発行してもらっておく必要があります。また、これに似た問題として、個人債務者が所有権留保付きの自動車を保有していた場合には車検証及びローン契約書等を確認し、所有者が信販会社なのか販売店なのかを確認しておく必要があります。前者であれば信販会社に車を引き揚げてもらってから申立てをすることになるのが一般的ですが、後者であれば破産管財人に対応を委ねることが多いと考えられるからです。

(2) 離婚歴がある場合

　債務者が離婚を経験し、未成年の子がいる場合には裁判所から必ず聞かれることになるため、元配偶者から養育費が支払われているかどうか、債務名義（調停調書、和解調書、執行証書等）があるかどうかについても債務者から事情聴取して確認しておく必要があります。

(3) 不動産の場合

　不動産については債務者宛てに市町村から届く不動産固定資産税納税通知書から債務者が所有する不動産が判明しますが、相続が発生している場合など、それだけでは不十分なこともあります。債務者の親名義の不動産があったものの、親が亡くなった後相続人間で遺産分割をせずそのまま放置してしまっているケースです。このような場合、相続人代表者に対し固定資産税納税通知書が送付されてきますが、

44　　［第1章］　破産手続開始申立て

当該個人債務者が相続人代表者でない場合には債務者自身も共有持分を有していることを失念しているケースがありますので、聴き取りの際に、自分名義の不動産以外に相続した不動産がないかも確認しておく必要があります。なお、債務者が生活保護受給者であっても不動産を所有しているケースがありますので、生活保護受給者の場合には不動産を所有していない、と即断するのは危険です。

　一方、所有物件ではなく、賃借物件の場合には、賃貸借契約書を確認し、敷金の有無、敷金の金額を確認しておく必要があります。

2　財産保全について

(1)　債務者への事前説明の重要性

　受任から申立てまでに時間がかかればかかるだけ債務者の財産保全に問題が発生してしまいます。また、申立代理人には、債務者の財産散逸防止義務があるという議論もなされているところですので（Q5参照）、財産保全をしながら可能な限り早急に申立てをすべきなのはいうまでもありません。

　大事なのは、債務者が不当に財産を処分しないよう、申立代理人が事前に説明をしておくということです。具体的には、自己の財産を無償で親族や友人に譲渡し、債務者の財産を減少させるような行為は否認権行使の対象となり、否認権を行使されると親族・友人は破産管財人に対し、財産もしくは財産相当額を返還しなければならずかえって親族・友人に迷惑をかける結果になること、また、免責不許可事由に該当し、免責されないおそれがあるという点を、あらかじめ丁寧に説明しておく必要があります（『地位と責任』128頁〔鬼頭容子〕、133頁〔岡伸浩〕）。

(2)　受任通知の送付先に注意

　個人債務者の破産申立てを行う際、まず債権者らに対し受任通知を送付することになると思いますが、ここで注意すべきなのは送付先です。

　給料の振込先口座となっている金融機関から借入れをしている場合には、受任通知を送付することで口座が凍結され、その時点での残高で相殺処理がされてしまい、以後給料の振込口座として使えなくなるリスクがあります。可能であれば、事前に勤務先に給与振込口座の変更を依頼するのもひとつの方法です。公租公課の支払を滞納している場合には滞納処分を受けるより前に口座から一定の現金を引き出してもらい、自己破産申立てのための預り金として早急に保管しておく必要があります。そうでないと予納金すら支払えず、破産申立てをしたくてもできない事態に陥ってしまうからです（Q18参照）。

〔荒井　剛〕

Q 21 法人破産申立事件における財産調査・財産保全

法人破産申立てにおける財産調査及び財産保全のポイント、留意点を教えてください。

1 　総 　論

　破産申立てのポイントは、①財産の把握、②財産の散逸・減少の防止、③破産管財人への必要な情報の提供です。一般に、法人は個人より多くの財産を保有し、債権者数も多く、財産の変動があります。申立代理人は、破産管財人が円滑に管財事務を遂行できるよう、上記①〜③を正確・適正に行うことが求められます。ただし、正確・適正を追及するあまり時間を要してしまうと、かえって財産の散逸・減少を招き、また、債権者にさらなる負担を生じさせてしまいます。ですから、法人破産申立時の財産の調査・保全は、短期間に労力を集中させて、上記①〜③を正確・適正かつ迅速に行うことが求められます。状況によっては、①財産の把握が十分ではなくても、財産の保全や混乱の防止のため早期の申立てを行うべき場合もあります（Q17参照）。

　なお、財産の把握に際しては、税務申告書添付の勘定科目内訳明細書、償却資産台帳、預貯金口座の履歴を必ず確認しましょう。

2 　預 貯 金

　全口座の通帳・銀行印・キャッシュカードを預かります。通常、税務申告書添付の勘定科目内訳明細書には、当該法人が保有するすべての口座が記載されていますが、直近の決算後に新規口座を開設した場合等は記載がないので注意を要します。

　借入れがある金融機関の預金は相殺に注意が必要です。受任通知（破産申立通知）の発送は支払停止事由に該当し、金融機関が受任通知を受領した時点の口座残高は相殺の対象となります。その一方で、受任通知到達よりも後に入金された金員は相殺禁止となります（破71Ⅰ③）。申立代理人は、申立費用の確保等のため、事業停止前に債務者に可能な範囲で口座から引き出しておくよう指示し、引き出した金員は申立代理人の預り金口座で保管します。そして、受任通知の到達日時、すなわち相殺禁止となる時期を明確にするため、借入れがある金融機関に対する受任通知の発送はFAXで行い、その送信時刻を記録しておきます。

　また、申立代理人は、債務者が破産管財人による否認権行使の対象となる行為をしないよう説明・指導しましょう。債務者は、破産申立てを決意してから事業停止までの間、大変お世話になった、絶対に迷惑をかけられないなどの思いから偏頗弁済を企図しがちです。他方、破産申立ての受任以降（委任状の授受・受任通知発送後はもちろん実質的に受任した状況に至った以降）に債務者が否認権行使の対象となる

46　　［第1章］　破産手続開始申立て

行為をした場合、申立代理人自身の法的責任が問われかねません（Q5参照）。債務者に偏頗弁済等をさせないために、注意事項を記載した書面を交付する等の方法で確実に指導するとともに、現金、出金・送金可能な預貯金は受任後直ちに申立代理人が預かるなど、必要かつ可能な方策を行います。

3　受取手形・小切手

まずは受取手形・小切手の有無を確認し、ある場合はすべての手形・小切手を確実に回収・保管して破産管財人に引き継ぎます。ただし、支払期日が近づいている手形は、申立代理人が取立委任に出す必要があります。

なお、借入れがある金融機関に取立委任をしていると商事留置権の主張をされてしまうため、受任通知発送前に依頼返却をかける、現金化した後に受任通知を発送するといった配慮・工夫を要します。

4　売 掛 金

破産手続開始後に破産管財人が回収した売掛金は、破産財団を構成し、財団債権の弁済や破産債権への配当の原資となります。申立代理人は、破産管財人が円滑に回収できるよう、売掛金の存在及び金額を証する資料（売掛帳、納品書、請求書、契約書等）を確保し、破産管財人に引き継ぎます。特に請求書の発行が未了の売掛金がある場合は、債務者の従業員に請求書の作成を指示するなど、根拠資料を整える必要があります。売掛金に関する業務を行っているパソコンがリース品である場合、リース会社に返却する前にこれらの作業を行います（後記6参照）。

事業停止直後に破産申立てを行う場合は、売掛金について十分に把握できないことがあります。その場合には、申立時は把握できた限りの内容を申立書類に記載し、申立後に、必要に応じて破産管財人（候補者）と協議しつつ、補充します。

なお、申立準備の段階で売掛金の回収を必要以上に行うことは、申立ての遅延に直結します。申立代理人による売掛金の回収は、申立費用の確保等の必要がある場合に、必要な限度にとどめるべきであり、債務者の手持ちの預貯金・現金で申立費用を賄えるのであれば、申立代理人は売掛金の回収をせず、破産管財人に委ねます。ただし、事情により破産申立てまでに時間を要し、かつ、差押えを受けるおそれがある場合は、差押えによる破産財団の減少を回避するため、売掛先に対して申立代理人の預り金口座に支払う（振り込む）よう依頼することも検討します。

5　在庫品：在庫商品・仕掛品・原材料等

在庫品の換価、無価値物の廃棄（無価値との判断を含みます）、仕入先等の担保権の主張に対する当否の判断は、破産管財人に委ねるべきです。申立代理人は在庫品の内容（品名、種類、数量、保管場所、保管状況、担保権（動産譲渡担保、所有権留保等）設定の有無等）を可能な限り正確に把握し、破産管財人に報告して、現物を引き継ぎます。また、盗難や債権者による私的実行を防ぐため、機械警報装置の稼働を維持するなどの必要な対応を行います。

ただし、一定期間の経過により換価性を失うため早期売却を要するもの、無価値

物で保管費用を要するものなどは、破産財団の形成のため、可能な限り申立代理人にて対応すべきです。

6 リース物件・担保物件

リース物件や割賦で購入した動産は、債権者から目的物の返還を請求されます。また、在庫品等の売主から留保所有権・先取特権を主張される場合があります。これらの対応は破産管財人に委ね、申立代理人は早期申立てに徹するのが原則です。

ただし、破産申立てまでに時間を要し、かつ保管に費用を要するような場合は、当該物件を返還しても破産管財業務に支障がなく、さらに取引基本契約書等に所有権留保文言があるか否か、担保目的物の特定は十分か、債権者は対抗要件を具備しているか（特に車両の場合は最一小判平29.12.7民集71巻10号1925号に留意が必要です。Q88参照）などを十分に確認した上で、債権者の権利主張を認めることに問題がないと判断できるのであれば、返還することも考えられます。

7 自動車・建機・重機

現実の所在と登録内容を確認します。通常、自動車等は償却資産台帳に記載されていますが、すでに処分したにもかかわらず帳簿上は資産計上されている場合や、現存するものの計上されていない場合もあるため、現物の確認を要します。

また、自動車等は移動が容易であり、特に一部の自動車や建機・重機は高額での売却が可能であるため、盗難や従業員・債権者による持ち出しの危険が他の財産より格段に高く、確実な保全を行わなければなりません。必要に応じて、保管場所の出入口を厳重に封鎖する、ハンドルロックをするなどの方策を講じましょう。

8 不 動 産

不動産自体及び建物内・土地上の財産を保全するため、施錠可能な出入口はすべて施錠します。高価品があり債権者等に搬出されてしまうおそれがある場合は、警備会社への警備の依頼を検討します。機械警備装置が設置されており警備を継続する場合は、電気・電話の契約を継続し、役員・従業員からセキュリティカードの全数を預かります。損害保険を継続するか否かも検討します。なお、立入りや財産搬出を禁止する旨の告知書の掲出は、債権者の自力執行を抑制できる一方で盗難を誘発するリスクもあります。立地や警備体制を考慮して掲出するか否かを検討します。

所有不動産を賃貸している場合は、賃貸借契約書を確保し、賃貸先、賃料収受の状況、敷金・保証金の有無等を確認します。

賃借物件は、明渡し、敷金・保証金の回収等は破産管財人に委ねるのが原則ですが、破産手続開始申立てに時間を要し、かつ、賃借物件内に有価値物がない又は安全な他の場所に移動できる場合は、賃貸人と交渉の上、現状での明渡しを行うことも検討します。詳しくはQ26を参照してください。

〔柚原　肇〕

Q22 個人債務者の破産申立事件における債権者一覧表の作成

個人債務者の破産申立事件における債権者一覧表の作成、債権関係資料の収集ポイントないし留意点について教えてください。

1 破産手続開始申立準備段階における債権調査の必要性

債務者が破産手続開始の申立てをするときは、破産規則14条1項で定める事項等を記載した債権者一覧表を裁判所に提出しなければなりません（破20Ⅱ）。

債権者一覧表の提出を求められる趣旨は、裁判所において破産手続開始決定の可否、手続進行の見込みを判断するために、債務者の負債の状況を確認するとともに、破産手続開始の決定があった場合に通知を要する破産債権者（破32Ⅲ①）を把握する必要があるからです（『条解規則』44頁）。

破産者が知りながら債権者名簿・債権者一覧表に記載しなかった請求権は非免責債権とされており（破253Ⅰ⑥）、債権者一覧表に記載しなかった債権には免責の効果が及ばなくなるおそれがあります。過失による記載漏れの場合も非免責債権となります（東京地判平14.2.27金法1656号60頁参照。なお、裁判所に債権者記載漏れの債権者一覧表を提出した場合の申立代理人の信義則上の義務違反の責任の裁判例についてはQ23を参照してください）。

また、虚偽の債権者名簿の提出は、免責不許可事由とされていますから（破252Ⅰ⑦）、債務者が知れている債権者を故意に債権者一覧表に記載しなかった場合には免責不許可になるおそれがあります。このように、裁判所の破産手続開始決定の可否や進行の見込みの判断のために、あるいは債権者の破産手続参加の機会を確保するために、また免責との関係で、申立代理人としては、できる限りの調査を行い、正確な債権者一覧表を作成して、破産手続開始申立てを行う必要があります。

2 個人債務者における債権調査、債権関係資料収集のポイント

個人債務者は、消費者の場合と個人事業者の場合に分けられますが、個人事業者の場合は法人破産と考え方が共通することが多いので、Q23も参照してください。

(1) 相談、受任初期段階の債務者からの情報収集

まず、相談・受任初期段階において、債務者からの事情聴取に加え、債務者に所持している契約書や請求書、ATMの利用明細票、通帳、判決書、債権差押命令、公正証書等を持参してもらい、それらの書類や通帳の取引履歴から、一次的に調査します。債務者には「債権者に関係しそうな書類はすべて持ってきてください」とアドバイスしておくとよいでしょう。

業者名や住所が変わっていたり、債権回収業者に債権譲渡や委託がされていたりすることも多々あります。債務者から事業譲渡や債権譲渡、連絡先変更の通知文書

Q22　個人債務者の破産申立事件における債権者一覧表の作成　49

が届いていないかを確認するとともに、今後届いた場合は必ず持ってきてもらうようアドバイスするようにしましょう。また例えば、知人・親戚・勤務先等、迷惑をかけられない特別な関係のある債権者のことは、今後の影響を危惧して、当初債務者が正直に話してくれないこともあります。しかし、申立代理人としては、知れたる債権者をあえて載せないことは免責不許可事由になり得ることを説明して、債権者漏れがないように注意する必要があります。また、住宅ローンや自動車ローン等、債務者が連帯保証人や連帯債務者になっており、かつ債務者本人が支払を行っていない場合、債務者が失念していることがありますので、連帯債務や保証債務の有無を必ず聴取してください。その他、公租公課、公共料金、携帯電話利用料、プロバイダ料金、滞納家賃、年金担保融資、相続債務、保証人からの求償債務も漏れやすいので注意が必要です。なお、クレジットカードで携帯電話利用料等の月々の支払を行っている場合には、今後それができなくなりますから、支払方法を変更するようアドバイスすべきです。

(2) 債権者からの情報収集

なお、迅速性、密行性を優先して申立てを行う場合（Q23参照）でなければ、上記調査を行った後に、債権者に受任通知（兼債権調査依頼書）を発送して債権者からの債権調査をしていきます。FAXで回答を求める方法が費用を抑えられるので有効です。個人債務者の場合、債権者のなかに貸金業者や信販会社が含まれていることが多いため、債権者に対して、貸付けと弁済の履歴（取引履歴）の開示を請求し、その開示を受けて利息制限法所定の利率で引直し計算することにより、正確な債権額と過払金返還請求権の存否を把握していくことになります。引き直し計算方法について業者と争いがあり、こちらの計算では過払いとなるのに業者は債権があると主張する場合は、債権額を「０円」として備考欄に計算方法に争いがあることや業者主張額と過払額を併せて書いておくとよいと思われます。

3 債権者が不明な場合、ヤミ金融等違法金融業者の場合

高齢者や精神疾患を抱えている方などで債権者がよく分からないケースもあります。この場合、シー・アイ・シー（CIC）、日本信用情報機構（JICC）、全国銀行個人信用情報センター（KSC）の各信用情報機関に開示請求をして債権者を調査する方法も有効です。委任状をもらい代理人として開示請求することもできます。

ところで、なかにはヤミ金融等違法金融業者で住所がよく分からないという場合があります。このような業者が債権者に該当するかという話はひとまず置き、一応、債権者一覧表には分かる範囲の情報を載せて、備考欄に「ヤミ金融等違法金融業者で所在地がよく分からない」などと書いておくとよいかと思われます。

4 破産申立後、破産手続開始後に新たな債権者が判明した場合

このような場合は、裁判所に上申書や報告書でその旨を知らせ、訂正した債権者一覧表を提出することが必要です。破産管財事件の場合には、裁判所に提出した書類の写しを破産管財人に提出しておくべきです（Q24参照）。　　　　〔植松　直〕

Q23 法人や個人事業者の破産申立事件における債権者一覧表の作成

法人や個人事業者の破産申立事件における債権者一覧表の作成のポイント、留意すべき点について教えてください。

1 法人等の申立てにおける債権者一覧表作成の視点

債権者以外の者が破産手続開始の申立てをするときは、債権者一覧表を提出しなければなりません（破20Ⅱ本文）。その趣旨や役割の一般論はQ22のとおりですが、法人や個人事業者（以下「法人等」といいます）の破産申立てにおいては、消費者破産（特に同時廃止事件）とは異なる視点が必要です。

消費者破産の場合には、申立てに際して債権者名・負債額等を正確に示さないと手続を進めることができません。そのため、申立てまで多少時間が掛かるとしても、債権者から債権調査票や取引履歴を取得した上で債権者一覧表を作成するのが一般的です（Q22参照）。

しかし、法人等の場合には迅速に申立てをする必要があります（迅速性。申立てが遅れることの弊害につき『地位と責任』144頁〔石岡隆司〕、Q17参照）。また、取引先等に知られずに準備をする必要性がありますので（密行性）、取引先に対して負債額を照会することも通常できません。このように、迅速性・密行性を意識しながら、申立代理人としてできる限り正確な債権者一覧表を作成します。

なお、ここでは現に事業をし、又は事業を閉じた直後の法人等が、いわゆる「密行型」の申立てをする事案を念頭に置いています。いわゆる「オープン型」の申立てをする事案では、取引先等から債権調査票を回収して申し立てることが可能なこともあるでしょう。その場合には本稿の記述は必ずしも当てはまりません。

2 事業所に存する書類等から可能な限り債権者をピックアップする

法人等の場合には、受任通知を発するか否かを事案に応じて検討します（『地位と責任』159頁〔野城大介〕、Q18参照）。受任通知を発しない場合には、事業所にある資料をもとにして債権者一覧表を作成します（『法人マニュアル』28頁〔野村剛司〕）。まずは帳簿類（決算報告書、付属明細書、総勘定元帳等）、手形小切手帳、預貯金通帳等の基本的資料を確認します。これらでは不十分と思われる場合には、直近の請求書、領収書、伝票等を見ることも有効です。ただし、これらの作業によって申立てが遅れることのないように留意します。申立後の追完も可能です。

支払に行きづまっている法人等は、直近の書類が整理されていなかったり、そもそも債権者からの封書が開封されていなかったりすることもあります。申立代理人が事業所に足を運び、書類を整理することも有効です。

資料をもとにして代表者や経理担当者から事情を聴き、法人等が認識している負

債額を確認します（『法人マニュアル』118頁〔小西宏〕）。なお、申立ての添付資料として債権調査票や取引履歴は不要です（『実践フォーラム』36頁〔山田尚武発言〕）。

3 個人債権者にも十分留意する

特に小規模な法人等の場合には、支払が困難になる時期の前後に、代表者の親族や友人など個人的なつながりによる個人債権者からの借入れがなされることがあります。法人等や法人代表者の預貯金通帳に個人名での入金がある場合には、その事情（贈与、借入れ等）を代表者に逐一確認します。

なかには「債権者に迷惑をかけたくない」と、代表者が事情をありのままに話してくれないこともあります。そのような場合には、むしろ後で判明する方が迷惑をかけることを説明して粘り強く説得し、事実関係を聴取します（Q22参照）。

4 債権額が多少不正確になったとしても債権者を漏らさない

前記2のとおり事業所にある資料や代表者らからの事情聴取のみをもとにすると情報がやや古いことがあるため、必ずしも正確な負債額は分かりません。

しかし、まず債務超過（破16Ⅰ）の疎明としては金融機関の負債だけで足りることが多いと思われますし、代表者もおおむね説明できるでしょう。そのため、特に小口の取引先については、負債額が進行に影響を与えそうでない限り、正確な金額にこだわる必要はありません。例えば代表者らの記憶に基づく概算で記載したり、数か月前の負債額を記載したり、それらすらできなければ「０円」や「不明」と記載したりすることでもやむを得ません（『法人マニュアル』130頁〔須磨美月〕）。その場合には、いずれも「代表者の記憶に基づく、令和＊年＊月＊日時点の額、完済したはずだが自信がない」などと備考欄に事情を記載します。記載した負債額が事後的に債権者の主張額と異なっていても、配当手続に際して債権調査が実施されますので大きな問題はありません（『地位と責任』146頁〔石岡〕、Q148参照）。

法人等の場合には、破産手続開始決定が出たこと自体を秘匿する要請が高いとはいえませんし、債権者が破産手続から漏れてしまう方が問題です。金沢地判平30．9．13（判時2399号64頁）は、申立代理人弁護士が債権者に対して受任通知を送付する一方で債権者一覧表に当該債権者を記載しなかったことにつき、当該債権者に対する信義則（破13、民訴2）上の義務に違反したものとして不法行為責任を負うとしています（Q5参照）。法人等の債権者一覧表の作成に当たっては、債権者（債権を有している可能性のある者）が漏れないように十分留意しましょう。

5 申立後に債権者一覧表の記載が誤っていることが判明した場合

申立後に債権者一覧表の記載が誤っていることが判明した場合には、速やかに裁判所と破産管財人（候補者）に報告します。例えば、①債権者一覧表に記載しなかった新しい債権者候補者が判明した場合、②債権者が商号変更や本店移転をしていたことが判明した場合、③真実の債権額が判明した場合等です。特に、①と②の場合には、債権者が破産手続に関与する機会を与えるために重要です（Q24参照）。

〔横田大樹〕

Q24 破産手続開始決定後に判明した債権者の取扱い

破産手続開始決定後に、申立時の債権者一覧表に記載されていない債権者が判明した場合、申立代理人は、どのように対処すべきでしょうか。

1 申立代理人としてとるべき対応

破産手続開始申立てを行う場合には、裁判所が破産手続開始原因の有無や手続の進行の判断材料とするため、また、通知を要する債権者（破32Ⅲ①）を把握するため、債権者一覧表を裁判所に提出しなければなりません（破20Ⅱ、破規14。**Q22**参照）。

また、個人破産の場合、一部の債権者が記載されていない債権者一覧表を提出したことが、免責不許可事由（破252Ⅰ⑦）となり得ますし、破産者が知りながら債権者一覧表（債権者名簿）に記載しなかった債権者の有する請求権は、原則として、非免責債権（破253Ⅰ⑥）となります（**Q22**参照）。そのため、債権者一覧表にはすべての債権者を記載しておく必要があります。

しかし、破産手続開始決定後に、債権者一覧表に記載されていない債権者が新たに判明することもあります。そのような場合には、債権者を追加する旨の上申書を裁判所に提出するなどして、直ちに当該債権者を債権者一覧表に追加すべきです。

債権者一覧表への債権者の追加は、債権者への通知事務の関係から、実務上免責に関する債権者の意見申述期間の終期までを期限としていることが多いので（なお、意見申述期間の終期間際の場合は、その手続を破産裁判所と協議した方がよいでしょう）、記載漏れに気づいたときには、早めに行うことが望ましいでしょう。

2 破産管財人が新たな債権者の存在を覚知した場合

破産管財人が業務を行う過程で債権者一覧表に記載されていない債権者を覚知した場合は、破産管財人自ら裁判所に上申書を提出して債権者を追加することもできますが、申立人及び申立代理人に新債権者の存在を知らせるため、破産管財人が申立代理人に新債権者の存在を教示し、申立代理人が新債権者を債権者一覧表に追加できるよう連携を図るべきです。

また、個人破産の場合には、破産管財人としては、免責不許可事由（破252Ⅰ⑦）との関係で、債権者一覧表に記載がなされなかった経緯についての調査を行うことになるでしょう。

〔上林　佑〕

Q 25 法人破産申立事件における
破産会社従業員への対応

① 法人の破産申立てに際し、申立代理人は、破産会社の従業員に対しどのような対応をすべきでしょうか。即時解雇か解雇予告かの選択、解雇時に存在する労働債権の弁済、解雇に伴って行うべき諸手続、解雇を行う際のその他の留意点について教えてください。
② 申立代理人は、財団債権となる滞納公租公課がある場合であっても、解雇予告手当を支払ってよいのでしょうか。

1 即時解雇か解雇予告かの選択

破産申立ての方針が決定すれば、破産管財人が事業を継続する場合（破36）を除き通常は事業を廃止することになりますので、雇用を継続する理由はありません。したがって、原則として、即時解雇を選択すべきこととなります。

しかし、例えば、完成間近の仕掛工事があり短期間で完成できれば相応の代金が得られる見込みがある場合など、人手を要する業務が未了であるのに全従業員が解雇されていると、管財業務・財団増殖に支障が生じることがあります。破産財団から予告解雇後の労働債権を支払える見込みがあるときは予告解雇が適切なこともありますので、必要に応じて破産管財人候補者と方針を打ち合わせしておくとよいでしょう。なお、予告解雇とする場合でも、常に30日間雇用継続しなければならないわけではありませんので、業務に必要な期間のみ雇用継続し残りは解雇予告手当を支払うことも検討します。

2 解雇時における労働債権の弁済

(1) 労働債権の支払に関する考え方

破産申立てにより従業員は突然収入の途を失うわけですから、支払資金があり、存否や額に疑義がないのであれば、解雇予告手当（労基20Ⅰ）、賃金、退職金などの労働債権をすべて支払っておくべきです。

多くの場合、申立日に従業員を集めて解雇通知を行うとともに労働債権の弁済をしますので、事前に申立日までの給与及び解雇予告手当を計算しその他の資金繰りの状況から労働債権を弁済できるかどうか確認しておきます。

(2) 労働債権全額を払えないときの処理

解雇時に労働債権の全額を支払えないときは、未払いの解雇予告手当、賃金、退職金は財団債権（破149）又は優先的破産債権（破98Ⅰ、民308）となって一般債権に先んじて支払われ得ること（ただし、支払原資となる財団形成の見込みが乏しいときは説明の仕方に留意する必要があります）、労働者健康安全機構の未払賃金立替払制度（Q183参照。以下「立替払制度」といいます）について従業員に説明する必要があり

54 ［第1章］ 破産手続開始申立て

ます。解雇予告手当は立替払制度の対象ではありませんので注意してください。

　また、未払いの賃金・退職金の算定を行い、立替払制度を利用するため、労働者名簿、賃金台帳、就業規則、給与規程、退職金規程、タイムカード、源泉所得税・社会保険料・労働保険料等の納付記録など資料を確保し、後日破産管財人に引き渡す準備をしておきます。なお、立替払制度は申立日から6か月前の日から2年間の退職者が利用でき、請求期間は破産手続開始決定の翌日から起算して2年以内です。

　退職金規程で、退職金の全部又は一部を勤労者退職金共済機構の運営する中小企業退職金共済制度（中退共）を利用している場合には、退職金請求手続の案内も必要となります。特に、立替払制度を利用する場合には、中退共からの源泉徴収票を保管しておくよう案内するとよいでしょう。

　従業員は自分の労働債権を正確に把握していないことも少なくありませんので、速やかに未払いの労働債権を計算して従業員に伝えられるよう準備します。解雇予告手当や退職金は所得税法上退職所得と扱われ退職所得の控除を受けられます。また、立替払制度を利用する際には、従業員は退職所得の受給に関する申告書の提出を求められますので、退職所得の金額を申告できるよう配慮します。

3　解雇に伴って使用者が行うべき諸手続

　解雇に伴って使用者が行うべき諸手続は以下のとおりです。申立代理人は、会社にそれらの手続を説明する等して、事業停止前から会社に準備をさせ、手続がスムーズに進むようにフォローします（『法人マニュアル』204頁以下〔藤田温香〕参照）。そして、解雇の際に、会社から従業員に対し、以下の諸手続について説明させるようにします。一度に多くの手続を説明することになりますから、従業員に説明用のペーパーを配布するとスムーズです。

(1)　解雇通知書の交付

　解雇を行う際は、いつどのような理由で解雇したかを明確にするため、解雇日と解雇理由を記載した解雇通知書を交付し、受取りの記録を残します。

(2)　離職証明書等の提出、離職票の交付

　従業員が雇用保険を受給するためには、離職票を公共職業安定所（ハローワーク）に提出して手続を行う必要があります。そこで、従業員が速やかに雇用保険を受給できるように、使用者は、解雇後速やかに、雇用保険被保険者離職証明書と雇用保険被保険者資格喪失届を作成して、ハローワークに提出します。それらの書類を提出すると、ハローワークから離職票が交付されますので、使用者は、その離職票を従業員に交付します。

　また、使用者は、雇用保険適用事業所廃止届もハローワークに提出します。

(3)　社会保険関係

　従業員は解雇により、社会保険・厚生年金保険の被保険者資格を失います。使用者は、解雇手続を行う際、あるいは解雇後速やかに、従業員から、被扶養者分も含

めて健康保険証を回収します。そして、健康保険・厚生年金保険被保険者資格喪失届、適用事業所全喪届を年金事務所に提出します。

また、解雇手続を行う際、国民健康保険・国民年金への切替えや健康保険の任意継続等について従業員に説明するようにします。

(4) 住民税関係

住民税を特別徴収から普通徴収へ切り替える異動届を各市町村に提出します。

(5) 源泉徴収票の交付

源泉徴収票を解雇と同時か解雇後速やかに渡せるよう準備します。

4 解雇を行う際のその他の留意点

解雇の際、従業員に破産申立予定であることを説明しますが、その際、従業員に対し、申立ての事実を無用に拡散しないよう注意喚起します。

それから、出入口・倉庫、ロッカーの鍵、車の鍵、貸与している携帯電話等の備品、法人クレジットカード、ETCカード、給油カード等を忘れずに従業員から回収します。また、社内の私物を持ち帰るよう促すとよいでしょう。

5 滞納公租公課がある場合の解雇予告手当の支払の可否

解雇予告手当は、東京地裁では運用で財団債権と同順位に扱われる一方、大阪地裁では優先的破産債権として扱われるなど、裁判所によって処理が分かれています。財団債権となる滞納公租公課が残っている場合に解雇予告手当を支払うと、形式的には否認の対象になるのではないかとも考えられます。

しかしながら、破産申立てにより突然収入の途を失う従業員の生活保障の観点からは、支払をする必要性が高いといえます。

また、労働者を解雇する以上使用者には予告義務（労基20Ⅰ）があり、予告手当の支払のない即時解雇も破産実務上は労働者が解雇の効力を争われなければ有効と解されるものの（**Q180**参照）、使用者の側からしても、予告手当を支払って解雇の効力を確定させたいところです。

このような事情を考慮すると、滞納公租公課が残っている場合に先に解雇予告手当の支払をすることは、不当性や有害性がないと解され、破産実務においても、そうした考え方が浸透しています（『実践フォーラム』70頁以下〔石川貴康発言ほか〕参照）。

〔大原弘之〕

Q26 法人破産申立事件における事業用賃借物件の明渡し

法人破産申立事件を受任しました。事業用賃借物件の明渡しは必ず申立前に行わなければならないのでしょうか。仮に明渡しを行う場合にはどのような点に留意すればよいですか。

1 申立前に事業用賃借物件の明渡しを行う場合

基本的に、申立代理人が申立前に事業用賃借物件の明渡しを行うことは必須ではなく、早期に破産申立てを行い、破産管財人に処理を委ねることになります。

この点、申立前に可能な限り明渡しを完了しておかなければならないと認識している代理人もいますが、相応の予納金が確保できているのであれば、申立人側での明渡しにこだわる必要はないと考えられます。

ただし、①申立てまでに時間を要し、早期明渡しによって未払賃料の発生を抑えられる場合、②低額の予納金しか準備できず、明渡未了物件があると予納金が高額になるケースで、予納金額を抑える必要がある場合、③早期に合意解約することで、違約金特約・敷金等没収特約の適用のリスクの回避や敷金・保証金への未払賃料の充当をより減少できる場合等には、申立前に事業用賃借物件の明渡しを検討する必要があると考えられます。

2 申立前に事業用賃借物件の明渡しを行う場合の留意点

申立代理人が事業用賃借物件の明渡しを行う場合は、会計帳簿等の保存が必要な書類、破産手続に必要な動産等は保管し、リース物件については誤って処分せずにリース業者に引き渡し、その余の動産（資産価値よりも処分費用が上回る動産も含みます）は、公正な方法（複数の業者による相見積り等）により処分ないしは確保し、すべての動産を撤去して事業用賃借物件を明け渡す必要があると考えられます。

もし、保管すべき書類・動産を保管せずに処分した場合、処分すべきものを処分せずに保管費用が増加した場合、疑義が生じる価格で動産を処分した場合等には、申立代理人が財産散逸防止義務違反（Q5参照）に問われるおそれがあると考えられます。また、リース物件を誤って処分した場合は、リース業者から損害賠償請求をされることがあります。

明渡しは完了したものの、原状回復が未了のまま破産手続開始決定を受けた場合、原状回復請求権は破産債権となります。なお、原状回復の範囲については、Q64を参照してください（以上について、日本弁護士連合会倒産法制等検討委員会「中小規模裁判所における法人破産事件処理の在り方」金法1982号（2013年）14頁も参照）。

〔桝田裕之〕

Q 27 　法人破産申立事件における仕掛工事への対応

　　法人の破産申立てに際し、申立代理人は、仕掛り中の建築工事にどう対応すべきでしょうか。①仕掛り中の工事の掌握方法、②工事の保全、③工事続行の是非、④前受金の処理などについて教えてください。

1　工事途中で請負人・注文者が破産した場合の破産管財人の対応

　請負人が工事途中で破産した場合、請負契約の目的である仕事が非代替的な性質のものでない限り、破産法53条が適用され、破産管財人は解除か履行かの選択権を有します（最一小判昭62.11.26民集41巻8号1585頁。解除・履行選択後の法律関係等についてはQ144を参照してください）。

　注文者が工事途中で破産した場合、破産法の特則である民法642条が適用され、破産管財人及び請負人の双方が解除権を有します（解除後の法律関係等についてはQ143を参照してください）。他方、破産管財人と請負人の双方が解除しない場合には、請負人は仕事を完成させる義務を負うことになります。なお、仕事が完成している場合には、請負人に解除権を認める必要がないため、改正債権法642条1項ただし書は、仕事が完成している場合の請負人の解除権を認めないことにしています（改正の経緯については、八木宏「請負契約と破産」自正2018年7月号39頁を参照してください）。

2　工事の掌握方法

　このように、破産管財人は、請負人破産・注文者破産いずれの場合も、履行か解除かを選択しなければなりません。請負人破産の場合、工事の進捗状況、完成までに要する費用、従業員・下請業者の協力の有無等に基づき、工事を完成させることが財団の増殖につながるかを検討します。注文者破産の場合、工事の進捗状況、完成までに要する費用のほかに、仕掛品の状態で引渡しを受けた場合の換価価値、工事を完成させて引渡しを受けた場合の換価価値等を検討します（『法人マニュアル』236頁〔田口靖晃〕参照）。そこで、申立代理人は、破産管財人が速やかに検討できるよう、請負契約書、設計図、工程表、工事日報等の書類、工事担当者からの聴き取りによって、仕掛工事の内容を掌握し、破産管財人に引き継ぐことになります。

3　工事の保全

　事業停止から破産手続開始申立てまで一定の期間を要する場合、注文者破産の場合は請負人によって、請負人破産の場合は下請業者や資材納入業者等によって、資材や設備が現場から搬出されるおそれがあります。この場合、破産管財人による出来高査定等に支障が生じることから、申立代理人は、写真やビデオ撮影により、現場の状態・既施工部分を保全しておく必要があります。また、重機・工事車両等が

58　　[第1章]　破産手続開始申立て

第三者に移動されないよう、保管場所の変更や錠前の追加等を行う必要があります。さらに、事案によっては、注文者と下請業者との直接契約に切り替えてもらう必要がある場合もあります。

4　工事続行の是非

受任から破産手続開始申立てまでに時間を要するケースでは、申立準備中に工事を続行すると、注文者破産の場合は請負人の破産債権を増加させ、請負人破産の場合は下請負業者や資材納入業者の破産債権を増加させるおそれがあります（破産手続開始後に履行が選択された場合でも、通常、請負契約の内容は可分であるため、開始決定時で区切り、開始後の出来高部分の請負代金債権は財団債権となりますが、開始前の出来高部分の請負代金債権は破産債権と解されています。『実践マニュアル』119頁）。他方、工事を中断すると、破産申立予定であることが明らかとなり、現場の混乱を招くことになります。また、いったん工事を中断してしまうと、破産管財人が開始決定後に履行を選択して工事を再開しようとしても下請業者等の協力を得られず再開が困難となる場合が多いと思われます。このように、工事を続行するか中断するかの判断は容易ではないため、申立代理人としては、早めに裁判所に相談をし、破産管財人候補者を決めてもらって協議するのが望ましいといえます。

5　前受金の処理

請負人が注文者から前受金の支払を受けている場合があります。注文者破産の場合、前受金は、請負人の出来高報酬や損害賠償請求権と相殺され、過払いとなっていれば、破産管財人が返還を請求します。請負人破産の場合、出来高報酬が前受金を上回る場合は破産管財人が残報酬を注文者に請求し、前受金が出来高報酬を上回る場合は、注文者が、差額の返還請求権を財団債権として行使します（破54Ⅱ。最一小判昭62.11.26民集41巻8号1585頁）。また、建設業保証会社が保証する場合で、前受金を請負人名義の特定口座で保管しているときは、当該前受金は信託財産となり、破産財団に属さないとされています（最一小判平14.1.17民集56巻1号20頁）。このように、破産手続開始決定後、破産管財人は前受金についての処理が必要となるため、申立代理人は、破産管財人が早期に処理できるよう、前受金の有無・金額、前受金の保管形態、前受金についての保証の有無、前受金と出来高との差額等を整理し、破産管財人に引き継ぐことになります。

〔坂本泰朗〕

Q 28 破産申立前後における事業譲渡

破産手続を利用した事業譲渡としては、どのようなケースが考えられるでしょうか。事業譲渡を実行する時期によって、留意すべき点にも違いが出てくるでしょうか。

1 破産手続を利用した事業譲渡

破産手続は債務者の財産等の清算を目的としている（破1）ことから、破産手続開始決定後は債務者の事業を停止し、個別に資産を換価するのが通常です。しかしながら、債務者の事業内容により、①直ちに事業を廃止することが社会的に許されない場合、②事業の全部又は一部を一体として換価することが可能であり、破産財団の増殖に資する場合には、破産手続を利用した事業譲渡が行われます。

具体的ケースとして、①の点から、病院（『手引』223頁〔土屋毅＝長谷川健太郎〕）、学校（『倒産法の実務』241頁〔富永浩明〕）、調剤薬局（『再生・再編事例集Ⅰ』314頁〔阿部信一郎〕）、ペット関連事業（『倒産法の実務』234頁〔三村藤明〕）、港湾施設運営事業（増田尚「川崎港の第三セクターの倒産と港湾機能の維持」金法1739号（2005年）17頁）、②の点から、商社（本林徹「破産手続における事業譲渡」自正1999年10月号120頁）、ゴルフ場、ホテル、外車輸入販売業（宮川勝之＝永野剛志「破産手続における営業譲渡」『倒産の法システム(2)』122頁以下）の事例が紹介されています。また、リース会社についてリース料の回収を短期かつ確実に行うため事業譲渡を行った事例も紹介されています（三宅省三「資産の一括譲渡方式による破産事件処理」債管86号（1999年）82頁、宮川＝永野・前掲124頁以下）。

なお、再生手続と異なり、債権者の意見聴取や株主保護を必要とせず、裁判所の許可により事業譲渡ができることから、事業再生を目的に破産手続が利用される場合もあります（多比羅誠「破産手続のすすめ」NBL812号（2005年）32頁）。

2 事業譲渡を実行する時期による留意点

(1) 一般的な留意点

会社が破綻した場合、事業は急速に劣化することから、事業譲渡は早期に行うことが必要です。他方、事業譲渡の対価は、債権者への配当原資となるため、その相当性を確保することも肝要です。この点、フィナンシャル・アドバイザーに依頼して入札を行った事例もあります（本林・前掲）が、一般的には、関係者を介して複数候補者を当たり、具体的条件を比較し条件が最も有利な先を譲受先とすることが多いものと思われます。

(2) 申 立 前

申立前に事業譲渡を実行する場合は、破産手続開始後に破産管財人による否認の

おそれがあるため対価の相当性等に配慮が必要です。時間的制約から入札等により対価の相当性を担保することが困難な場合は、事業譲渡契約を締結し、双方未履行のまま破産管財人に引き継ぐなど、破産管財人に実行の判断を委ねることが相当です。また、事業譲渡により譲受先が一部債務のみ債務引受をする場合は譲渡人の責任財産を減少させるものとして否認の可能性があるので（破160Ⅰ①。Q116参照）、事前に債務引受けがされない債権者の理解を得るよう十分な調整が必要です。

(3) 保全管理命令発令後、破産手続開始前

保全管理命令発令後（破91）、保全管理人が事業譲渡を実行する場合として、破産手続開始により許認可等が取り消され事業価値が毀損する場合（東京都中央卸売市場の仲卸業者の事例として『破産民再実務（破産）』86頁。なお、各種業法では破産手続開始が許認可の取消事由とされる場合が大半です）、債務者が事業継続を望まれる公共性の高い事業を行っており、破産手続開始決定の弁済禁止効により事業が混乱し社会的影響を生じる場合があります（増田・前掲）。債務者がこれらの事業を営む場合は、破産手続の進行につき申立前に裁判所等と協議する必要があります。

保全管理人が事業譲渡を行う場合は、裁判所の許可が必要となり、許可に際しては、労働組合等の意見聴取が必要です（破93Ⅲ、78Ⅱ③・Ⅳ）。なお、破産手続開始後と異なり、開始前に必要な通常の手続（株式会社の株主総会特別決議等）も必要となることに留意が必要です（『一問一答』142頁）。

(4) 破産手続開始後

破産手続開始後、破産管財人が事業譲渡をする場合は、事業譲渡実行までの間、破産管財人が裁判所の許可を得て事業を継続します（破36）。この場合、特に破産手続開始により急速に事業価値が劣化するため、早期の事業譲渡が必要です。また、事業継続により破産財団が減少しないよう日々の事業収支、資金繰りなどを確認することが肝要です。さらに、事業継続のためには取引先、従業員の協力も不可欠ですので取引債務の現金払いや、給与の前払い等の検討も必要です。加えて、事案により事業価値維持のため申立前の取引債務の弁済を検討する場合もあります。

破産手続開始後の事業譲渡には裁判所の許可が必要であり（破78Ⅱ③）、許可に際しては、労働組合等の意見聴取が必要です（破78Ⅳ）。株主総会の決議等の開始前に通常必要とされる機関決定等は不要と解されます（『条解』632頁）。

(5) 牽連破産の場合

再生手続が廃止された場合は、債務者が法人であれば、通常、廃止決定確定まで保全管理命令により財産を保全し、確定後、破産手続開始決定がなされます。

牽連破産の場合でも、破産財団の増殖や事業停止による社会的影響等を勘案し、事業譲渡を選択すべき事案があります。ただ、一般的に、会社再建に期待していた債務者や従業員の協力が得られにくく、破産管財人への引き継ぎに支障が生じる場合もあることから、債務者代理人及び破産管財人は事業譲渡による雇用確保、事業継続のメリットを説明し、債務者や従業員の協力を得ることが必要です。〔浅沼雅人〕

Q 29 申立代理人と破産管財人との協働・連携

　最近、「申立代理人と破産管財人の協働・連携」という言葉をよく耳にするのですが、自己破産の申立代理人としては具体的にどのようなことを意識すればよいのでしょうか。

1　申立代理人の役割

　自己破産の申立代理人の主な役割は、個人破産も法人破産も破産手続開始決定を得ることですが、破産管財人が管財業務を円滑に着手できるようにすること、個人破産では免責決定を得られるよう行動することもその役割に含まれます。

　この役割の根拠は、申立代理人は破産手続開始後も説明義務（破40Ⅰ②、83Ⅰ）を負うからということにとどまらず、破産管財人と協働・連携することによって破産者の利害及び権利関係を調整し、破産者の経済生活の再生を実現することにつながるからと考えるのが適切です。これらを含めた申立代理人の役割を申立代理人が弁護士であることに基づく法的義務というべきとする考えもあります（『手引』14～15頁〔樋口正樹〕）が、その考えへの評価は分かれます。議論の詳細は**Q 5**及び『地位と責任』4頁〔中井康之〕などをご覧ください。

2　法人破産の場合

(1)　申立代理人から破産管財人へのバトンリレー

　法人破産において申立代理人と破産管財人とが協働・連携する目的は、破産管財人が的確な初動を行うことにあります。陸上競技のバトンリレーのように、破産手続開始直後から破産管財人がトップスピードで走り出せることをイメージするのが分かりやすいでしょう（『実践フォーラム』201頁〔久米知之発言〕）。

　これを実践するには「自分が破産管財人ならどう行動するか」という観点を意識することが必要です（『法人マニュアル』15頁〔野村剛司〕）。破産の申立書類が破産管財人の選任及び破産管財人の初動の指標として機能することを意識して（『実践マニュアル』129頁）、申立書を作成し、添付書類を選択してください。破産管財人として処理するべき課題や順序をまとめた引継書やチェックリスト（ToDoリスト）を申立代理人が作っておけば、破産管財人は初動で迷うことが少なくなります（『実践フォーラム』66頁以下）。申立代理人は、自分が破産管財人だったら欲しいと思う資料を作成して、破産管財人へ説明することを心がけてください（このことは「破産申立代理人の心構え十箇条」（野村剛司『倒産法を知ろう』291頁（青林書院、2015年））にも含まれています）。

(2)　破産手続開始前の協働・連携

　協働・連携は破産手続開始前から始まります。特に事業を継続したまま破産申立

62　　［第1章　破産手続開始申立て

準備をしている法人では、破産手続開始に伴う混乱を避けるため、裁判所が選任する予定の破産管財人候補者との事前打ち合わせが必要になる場合もあります。

具体的には、破産申立直後に行う定型的な引継業務（『法人マニュアル』243頁〔西原文子〕）にとどまらず、①従業員を即時解雇するか、予告解雇とするか、②法人の資産を保全する手段の選択、③破産手続開始決定を得る日時などを相談することなどがあります（**Q45**、『手引』25頁〔中山孝雄〕）。

(3) 破産手続開始直後の協働・連携

申立代理人の仕事は破産手続開始決定で終了するわけではありません。破産管財人が早期に着手するべき事項を整理し、破産管財人へ示すことも協働・連携のひとつです。破産管財人が破産手続開始直後に行うことは類型的に決まっていますが（例えば『実践マニュアル』75頁以下）、個々の事件によって優先するべき順序は変わります。在庫商品に生鮮食料品が含まれている場合や、多数の問い合わせや苦情が殺到すると予想される場合など様々です。これらは、申立代理人が破産管財人へ説明し、必要があれば現地を案内して、今後の管財業務の作業手順を協議することが望ましい場合もあります。

(4) 参考文献

これらの詳細については日本弁護士連合会倒産法制等検討委員会「適正かつ迅速な法人破産申立て・開始決定の実践」金法2114号（2019年）20頁もご覧ください。

3 個人破産の場合

法人破産と同じことが、個人事業者の場合にも当てはまります。そのほかに、個人破産に特有の申立代理人の役割として、免責不許可事由に関する破産者の主張を的確に破産管財人へ伝えることがあげられます（『基礎』52頁〔上拂大作〕）。

管財事件の場合、免責不許可事由の調査は破産管財人が行います（破250Ⅰ）。免責不許可事由の存在がうかがわれる破産者の場合は、その調査を破産管財人任せにするのではなく、申立代理人が破産者の主張を聴き取って的確に書面化し、必要な資料を添えて破産管財人へ提出することを心がけてください。その方が、破産者の主張が破産管財人へ伝わりやすくなり、破産者の利益を守ることにつながります。

同様に、破産申立書に記載されていない財産や債権者が破産手続開始後に見つかった場合にその理由や経緯を説明する書面を作って提出したり、破産者が居住する不動産を破産管財人が任意売却する場合に買い手や転居先を探したりすることも、結果として破産者の利益を守ることにつながります（『実践フォーラム』204頁〔久米発言ほか〕）。

〔桶谷和人〕

Q 30 生活保護受給者の破産申立て

生活保護を受給している個人債務者の破産申立てに際し、どのような点に留意すべきか教えてください。

1 手続の選択について

生活保護の程度及び基準は、生活保護受給者が「最低限度の生活の需要を満たすに十分なものであつて、且つ、これをこえないものでなければならない」（生保8Ⅱ）とされており、生活扶助、教育扶助などの種類ごとに金額が算定され（生保11～18）、既存債務の返済を目的とした支給はされませんので、生活保護法は保護費を借入れなどの既存債務の返済に充てることを予定していません。したがって、生活保護受給者の債務整理については、過払金を回収して支払原資を賄えるような場合を除き、自己破産手続による解決を図る例が多いと思われます。

なお、生活保護受給者が得た過払金については、弁護士が一括して債務整理をした場合には、他の債務の弁済額が差し引かれた額から8000円（臨時的収入については世帯合算8000円（月額）を超える額を収入として認定することとされています。『生活保護手帳2018年度版』368頁（中央法規出版、2018年））を控除し、さらに弁護士費用を必要経費として控除した金額が収入認定されることになります（『生活保護手帳別冊問答集2018』311～312頁（中央法規出版、2018年））。

2 法テラスの活用

生活保護受給者が日本司法支援センター（法テラス）の民事法律扶助を受ける場合には、原則として、生活保護の受給を証明すれば資力要件を充たすものとして扱われ、法テラスの立替金（代理援助着手金・実費）について、償還猶予を受ける（免責決定の確定後に償還免除を受ける）ことができ、破産管財人選任のための予納金も「20万円＋官報公告費」を上限として実費の追加支出を受けることができます（Q14参照）。

そのため、生活保護受給者の破産申立ての場合は、法テラスの民事法律扶助を受けて手続費用を賄うのが適切です。ただし、手続費用を賄うことができる過払金がある場合には、過払金で賄うことも考えられます。

3 生活保護法63条の費用返還義務

生活保護法63条は、「被保護者が、急迫の場合等において資力があるにもかかわらず、保護を受けたときは、保護に要する費用を支弁した都道府県又は市町村に対して、すみやかに、その受けた保護金品に相当する金額の範囲内において保護の実施機関の定める額を返還しなければならない」と定めており、生活保護を受給する時点で解約返戻金が発生する保険契約を有していた、過払金が生じていたなど「資

力の発生時点」が生活保護の受給開始前の場合には、同条に基づく費用返還義務が発生し、それらの換価後に費用返還請求を受ける場合があります。

　2018年10月1日施行の生活保護法の改正（平成30年法律第44号）前においては、同法63条の費用返還請求債権は、租税等の請求権（破97④）に該当せず、一般破産債権として取り扱われ、免責の対象となっていました（『本書旧版』Q10〔八木宏〕）。

　しかしながら、上記改正後においては、「保護の実施機関の責めに帰すべき事由によって、保護金品を交付すべきでないにもかかわらず、保護金品の交付が行われたために、被保護者が資力を有することとなったとき」（生活保護法施行規則22の3）を除き、国税徴収の例により徴収することができる（生保77の2②）ため、財団債権として扱われ、免責の対象になりません。なお、上記改正法は、2018年10月以降に支弁された費用に係る徴収金に適用されます（同法附則4）。

　例外的なケースではありますが、生活保護受給開始前に有していた資産の換価により破産財団が形成された場合には、新たな費用返還請求の問題が生じ得るので、注意が必要です（川瀬典弘＝日髙正人「生活保護法63条返還債権の財団債権化・非免責化による破産手続への影響」債管163号（2018年）73〜75頁参照）。具体的には、生活保護受給前の交通事故の損害賠償金を受領した場合、未支給年金が確認されて支給された場合、互助会等の解約返戻金が判明した場合などが考えられます。

　なお、不実の申請その他不正な手段により保護を受けた場合の生活保護法78条の徴収金については、国税徴収の例によるものとされており（生保78Ⅳ）、上記法改正以前から財団債権と扱われています。

〔八木　宏〕

Q 31　外国籍の自然人の破産申立て

① 日本在住の外国籍の個人債務者が自己破産（同時廃止）を希望した場合に注意すべき点について教えてください。
② 日本で得た収入から本国の家族に仕送りをしている場合には、どのような点に留意すべきでしょうか。

1　はじめに

2019年6月末現在における中長期在留者及び特別永住者を合わせた在留外国人数は282万9416人となり過去最高となりました（速報値。2019年10月25日法務省出入国在留管理庁発表）。また、2019年4月から、人材不足が深刻な建設や農業など14業種で就労を認める新たな在留資格「特定技能」が導入されました。5年間で最大約34万5000人の受入れが見込まれるとの報道もされています。多文化共生社会が進む今日、日本を生活の拠点として経済活動を営む外国籍の自然人は増え続けており、住宅ローン、学資ローンなどの負債の重さから倒産法制に基づいて経済的に再出発を図ることが余儀なくされるケースも増加が見込まれるでしょう。

2　設問①について

(1)　利用可能性

まず、前提として、日本国内に営業所、住所、居所又は財産を有する外国人は、日本において破産手続開始の申立てをすることができ、破産手続及び免責手続において日本人と同一の地位を有します（破3、4Ⅰ）。

(2)　住民票（住民基本台帳法30条の45参照）

破産申立てに当たっては、人物の特定や管轄決定等に関する疎明資料として住民票を添付します。外国籍であっても日本の市町村に住所を有する者については、各自治体から住民票が発行されますので、入手は容易です（住所地、国籍、外国人住民となった年月日等が記載されています）。

(3)　資産目録に関する疎明資料収集

破産法は、「破産者が破産手続開始の時において有する一切の財産（日本国内にあるかどうかを問わない。）は、破産財団とする」と規定しています（普及主義。破34Ⅰ）。外国籍の自然人の場合には、母国など日本国外にも破産財団所属財産が存在する可能性がありますから、この点についての調査が必要になるでしょう。

外国銀行の預金については、インターネット上で取引履歴を確認できることが通常ですから疎明資料の入手は容易です。ただし、略語や送金表示等が外国語ですから訳文を添付してください（破規12、民訴規138）。

在外不動産については、各国の不動産登記制度に即した資料収集ができれば入手

した上で訳文を添付します。当事者からの事情聴取（在外不動産の有無）が前提になりますから、財産の隠匿行為が免責不許可事由になり得ること（破252Ⅰ①）を十分に説明し、理解を求めることが不可欠でしょう。その上で、不存在等につき代理人弁護士による報告書を添付資料とすることも多いと思われます。客観的な裏付資料の添付のほか、通訳人が同席して事情聴取をしたこと、記載内容につき通訳人を介して読み聞かせを行ったことなど、証明力を高める工夫も必要でしょう。なお、在外不動産が存在する場合、その経済的価値についての疎明も為替レートなどとともに行うことになります（管財事件となる場合、当該不動産の調査費用（交通費等）を含めて予納金を求められることがありますので注意を要します）。

3　設問②について

　外国籍の自然人の場合、母国地等に別居する家族に仕送りをしているケースが珍しくありませんから、家計の状況表の支出欄にはこの送金事実を記載することになるでしょう。一般に送金額は相応に高額ですから、当該送金が財産隠匿目的や偏頗弁済等免責不許可事由に該当しないことの疎明資料の添付が必要です。

　例えば、国外に別居する家族が扶養家族に当たる場合、源泉徴収票の記載が参考になるでしょう（国外居住親族に係る扶養控除、配偶者控除等の適用には、「親族関係書類」や「送金関係書類」を源泉徴収義務者に提出する扱いです。国税庁ウェブサイト「国外居住親族に係る扶養控除等の適用について」参照）。これを前提に、源泉徴収票の扶養家族欄の記載事項と送金先を照合できる資料を添付し、送金額や送金先が判明する資料も添付することになるでしょう。また、医療費や学費など臨時のやむを得ない出費としての送金がある場合には、疎明資料を添付するほか、為替レートに関する資料や出身国の一般的な収入水準、医療制度の違い、教育制度の違いなどに関する資料も入手し、破産裁判所の理解が得られる工夫をすることとなります。

4　おわりに

　これらの資料準備には一定の時間を要することもありますが、近時においては日本人であっても在外財産調査が必要となる場合もあるため、特別な準備とはいえなくなってきている側面があります。また、破産手続開始決定時に審問を要する場合も考えられますので、申立代理人としては適切な通訳人を同行する必要が生じます。この場合、破産裁判所からの質問について、説明を拒んだり、虚偽の説明をしたりした場合に不利益を受けるおそれがあること（破252Ⅰ⑧参照）は十分に理解してもらわなければならないでしょう。

　なお、同時廃止手続で問題となることはありませんが、普及主義との関係で、最後配当手続に関するホッチポット・ルール（弁済調整制度。破201Ⅳ、109。『条解』739頁参照）が採用されていますので留意してください。

〔吉野　晶〕

Q 32 DV・ストーカー被害者等の破産申立て・手続進行に当たっての留意点

① DV被害を受け自宅を出て、現在住所を秘匿して生活している被害者が破産申立てをする場合、加害者側に現在の住所を知られずに破産手続を行うことができますか。
② 破産者がDVやストーカー被害等を受けていて、債権者や関係者に住所を秘匿しなければならない事情がある場合、手続進行に当たってどのような点に留意すべきでしょうか。

1 申立書の記載事項

　破産法20条1項、破産規則13条1項2号・3号は、申立書に申立人・債務者の「住所」を記載する必要があるとしています。破産法は民事訴訟法を準用しており（破13）、同法上の住所は民法上の住所と同義と解されていますので、基本的には各人の生活の本拠（民22）、すなわち現住所を記載する必要があります。ところが、破産手続開始決定の主文が官報で公告されることから（破32Ⅰ①、10Ⅰ）、申立書に記載した住所が破産手続開始決定書に記載されて官報に掲載されることにより、DV被害者である破産者が、現住所を加害者に知られて生命・身体等に重大な危険を生じるおそれが危惧されるところです。

　破産法32条1項が公告を必要とした趣旨は、関係人に破産者について破産手続開始の決定がされた事実を知らしめ権利行使の機会を与えて、第三者が不測の損害を受けることを防止するためですから（『条解』276頁）、このような趣旨からすると、住所は破産者個人を特定するのに必要な情報といえますので、官報に住所を掲載しないという方法をとることは困難なようにも思われます。

　しかし、これらの規定は、申立書への現住所の記載を原則とするものの、一切の例外を許容しないという趣旨ではないものと解されます。最高裁判所事務総局第二課長・同家庭局第一課長・同総務局第一課長「訴状等における当事者の住所の記載の取扱について」（2005年11月8日）では、「これまでも、訴状等における当事者の記載については、原告の実際の居住地が被告や第三者に知られることにより、原告の生命又は身体に危害が加えられることが予想される場合など、実際の居住地を記載しないことにつき、やむを得ない理由がある場合で、その場所に連絡すれば、原告への連絡がつく場所等の相当と認められる場所が記載されているときには、原告の実際の居住地を記載することを厳格には求めないなどの柔軟な取扱いがなされてきた」「各庁における事件の受付等の手続に際しても、犯罪被害者等から、加害者等に実際の居住地を知られると危害を加えられるおそれがあるなど、実際の居住地を記載しないことにつき、やむを得ない理由がある旨の申出がされた場合には、訴

68　［第1章］　破産手続開始申立て

状等に実際の居住地を記載することを厳格に求めることはせずに、これを受け付けることが相当と考えられます」とされています。このような考えは破産手続にも妥当するものと思われます。

このように、破産事件を通じた情報流出が生じると生身の破産者や関係者の生命・身体に重大な危険を及ぼすこともあり得ますから、DVが絡む破産事件への対応を検討し、申立代理人用に住所秘匿上申書の書式や留意点を情報提供している裁判所もあります。そこで、申立てをする裁判所に、秘匿等の必要性や合理性を説明して、申立書の記載について事前に協議しておくとよいでしょう。あくまで裁判所による事案ごとの判断にはなりますが、生活実態や債権者による債務者特定への支障などを考慮した上で、現居所ではなく住民票上の住所を記載することが認められることもあるようです。

2 手続進行に当たっての留意点

DV加害者が利害関係人である場合には、裁判所へ提出されたり、裁判所が作成したりした文書の閲覧・謄写ができてしまいます（破11）。閲覧・謄写の制限について、破産法12条は条文上、申立ての主体を破産管財人又は保全管理人に限っており、その対象となる範囲も破産財団の管理又は換価に著しい支障を生じるおそれのあることが疎明された部分に限定していますが、民事訴訟法92条1項1号の準用により閲覧等の制限を申し立てることを可能とする考え方も有力ですので（『条解』99頁、『伊藤』247頁）、申立代理人としては、事前に裁判所と事案に応じた適切な対処策について相談し、必要な措置を講じておくべきでしょう。

具体的には、閲覧・謄写されると生命・身体に重大な危険を及ぼす部分について閲覧・謄写の制限を求めたり、当該部分にマスキングをした書面を提出したりすることなどが考えられます。注意が必要なのは、申立書や委任状だけではなく大量の疎明資料についても現住所の手がかりとなる情報が含まれているおそれがあることです。また管財事件の場合には、交付要求や債権届出書添付書類などに現住所が記載されていることもあります。裁判所だけでなく破産管財人との間でも、こういった書類や回送郵便物の扱いなど情報の管理について協議しておくべきでしょう。

また、DV加害者が債権者集会に出席するおそれがある場合には、債権者集会での対応について裁判所と事前に協議したり、適切な配慮を裁判所に求めたりといった方策を実施しておくことが望ましいと思われます。

なお、上升栄治＝竹村一成「DV被害者等の破産における住所秘匿」（債管163号（2018年）68頁）もご参照ください。

〔竹村一成＝上升栄治〕

Q 33 代表者が失踪している場合の法人破産申立て／申立後の代表者の死亡と手続の帰趨

① 法人破産申立てで、代表者が所在不明であるなど法人自身が申立人となることができない場合、どのような方法をとればよいでしょうか。留意点と併せて教えてください。

② 法人と代表者の破産を申し立てる予定なのですが、申立後に代表者が亡くなった場合、法人の手続はどうなるのでしょうか。特別代理人を選任する必要はありますか。

1 設問①について

(1) 代表者不在の場合の破産申立て

法人が自己破産をする場合、法人としての意思決定に基づき代表者が申立てをしなければなりません。法人の代表者が所在不明の場合（死亡の場合について『法人マニュアル』287頁以下〔津田一史〕参照）、当該代表者以外に取締役、理事等がいれば、まずその残った取締役、理事等で、法令・定款に適合した決議要件の下で、新たな代表者を選任することが考えられます。所在不明の代表者が唯一の取締役・理事である場合は、株主総会・社員総会を開いて新たに取締役・理事を選任する必要がある場合もあるでしょう。当該代表者が全株を保有する株主であるため株主総会の開催もできないような場合には、一時代表取締役（会351Ⅱ）や一時代表理事（一般法人79）を選任する制度もありますが、時間も費用もかかることから、破産申立てのためだけに選任するのは、あまり現実的ではありません。

ア 準自己破産の申立て

直ちに新代表者を選任することが困難であっても、他に取締役、理事又は業務執行社員がいる場合には、その者が個人として、その法人の破産を申し立てることができます（破19Ⅰ）。法人が、法人としての意思決定に基づいて申し立てる「自己破産」との対比で「準自己破産」と呼ばれる方法です。

準自己破産の場合、破産手続開始の原因となる事実の疎明が求められていること（破19Ⅲ）、形式的な点ですが、申立書における当事者の表示や申立ての趣旨等の記載において法人は「被申立人」となること、申立代理人に対する委任状の作成名義人は申立人個人となる点などに留意が必要です。また予納金を会社（被申立人）財産から支出することは許容されています（『運用と書式』40頁）が、申立代理人の報酬を法人から支出できるかどうかという点は、個別事案に応じた解決が図られているようです。

準自己破産手続においては、申立人となる取締役等が会社の経営をよく把握しており、自己破産と同様の説明義務を果たせる場合はよいですが、申立人が、いわゆ

70 ［第1章］ 破産手続開始申立て

る名目取締役で会社の内容をよく把握していない場合は、破産管財人の調査等の負担を考慮して、自己破産の場合より予納金が高めとなることもあるようです。申立代理人は、裁判所に十分事情を伝えるように配慮すべきです。

　　イ　債権者申立て

　代表者の選任ができない、あるいは準自己破産の申立人となるものがいないというときに破産手続をとる方法としては、会社に対し貸付金や未払給料など債権を有している親族、従業員に債権者申立てをしてもらうことも考えられます（**Q34**参照）。ただしこの場合、予納金が高額となることや、弁護士が会社側の相談に乗ってきた場合、利益相反となることから申立代理人となることはできないなどの問題があります。

(2)　特別代理人選任の要否

　代表者不在のまま準自己破産や債権者破産の申立てがなされた場合、法人を代表する者がいませんので、法人の開始決定に対する即時抗告権を確保する必要などから、特別代理人を選任して開始決定がなされることになります。この点、準自己破産申立ての場合、実際に特別代理人が選任されるかどうかはケース・バイ・ケースであるようです。代表者が所在不明あるいは欠けている場合であっても、他の取締役等が同意書を提出し、法人として破産を申し立てることに異存がないと判断されれば、当該法人に即時抗告権を認める実質的必要性がないからです。このため準自己破産の場合、運用上特別代理人の選任は不要としている裁判所が多いようです。

　法人破産の申立代理人としても、特別代理人の選任が必要となれば、さらに費用も時間もかかりますし、破産管財人の選任後は特別代理人が法人を代理すべき事項は限られますので、選任を要しないとされた方が便宜であると思われます。申立てに当たっては、破産することについて当該法人自身が反対するような事情がないことを、裁判所に十分に説明する必要があるでしょう。

2　設問②について

　法人と代表者の破産申立後開始決定前に代表者が亡くなった場合、原則として代表者個人についての破産手続は終了しますが、相続債権者等から続行の申立て（破226Ⅰ①）があれば相続財産について破産手続が続行します（『条解』1490頁以下、『注釈下』516頁以下〔渡辺裕介〕参照。**Q102**参照）。

　では法人の手続はどうなるのでしょうか。建前からすると、設問①のように残った取締役・理事等で新たな代表者を選任することができる場合は、新たな代表者を選任し、それが困難である場合には特別代理人を選任することになります。しかし法人が自己破産によってすでに破産申立てをしており、その後に代表者が亡くなったような場合には申立てについて異議がないことが明らかです。特別代理人を選任する実益はなく、選任が必要とされることはないでしょう。

〔福田佐知子〕

Q 34　債権者申立事件における留意点

債権者から委任を受け、債務者に対する破産申立てを検討していますが、どのような点に注意して申立てをする必要がありますか。

1　債権者申立事件とは何か

破産手続開始の申立ては、債権者も行うことができます（破18Ⅰ）。債権者申立てによる破産は、破産手続開始の原因（支払不能、債務超過）がある債務者が財産隠匿や不当な財産処分、偏頗弁済等を行っている疑いが強い場合に、その是正を図る手段として申立てが検討されます（『実践フォーラム』289頁参照）。

債権者申立事件は、総債権者の利益を図るための手続であり、申立債権者が債務者に偏頗的な弁済を求めるための手段として手続を濫用することは許されません。

2　債権者申立事件の申立権者

債権者申立事件の申立権は、破産手続開始前の原因に基づき生じた財産上の請求権（破2Ⅴ）を有する者（破産債権者となるべき者）であれば認められ、将来の請求権や非金銭債権であってもよく、債務名義も不要です（『条解』133頁）。債権額にも制限はありません（民事再生、会社更生との比較については、民再21Ⅱ、会更17Ⅱ①参照）。これに対し、財団債権者は、破産手続外で随時弁済を受けることができるため、申立権はないと解されています（『大コンメ』73頁以下〔世森亮次〕）。

3　債権回収が奏功しない上に予納金回収不能リスクがあること

債権者申立事件の申立てを行う場合、申立債権者は、他の破産債権者と平等に破産配当を受けるため、自己の債権回収としては奏功しないおそれが相当にあります。

また、申立債権者は、破産手続開始が決定される時までに予納金を納付しなければなりません（破30Ⅰ①）。債権者申立事件の予納金の額は自己破産の場合よりも高額になるのが通常です。予納金（郵券代替分を除く）の最低額で比較すると、①自己破産では、東京地裁・大阪地裁ともに自然人20万円、法人20万円、②債権者申立事件では、東京地裁が自然人50万円、法人70万円、大阪地裁が自然人50万円、法人100万円とされています。裁判所の基準額は目安に過ぎないため、事案ごとに裁判所に予納金の額を事前確認すべきです。申立債権者が支出した予納金は、破産管財人報酬に次いで第2順位の財団債権となるため（破148Ⅰ①）、一定規模以上の破産財団が形成されれば返還されますが（『手引』364頁〔国分史子〕）、財産の換価・回収が奏功しなければ返還されず、回収不能になります。

4　債権の存在及び破産原因の疎明を要すること

申立債権者は、自己の債権の存在及び破産原因となる事実を疎明しなければなり

ません（破18Ⅱ、15Ⅰ、16Ⅰ）。合名・合資会社以外の法人の破産原因は支払不能又は債務超過ですが、自然人の破産原因は支払不能のみです。

債権の存在は契約書や請求書等の資料によって疎明し、破産原因は不渡手形や債務者の直近期の決算報告書等によって疎明します。しかし、決算報告書等の内部資料は、債務者のメインバンク等でなければ持っていないのが通常です。したがって、それ以外の債権者が破産原因を疎明することは容易ではありません。

5　手続上注意を要すること

実務上、自己破産の場合、債務者の審尋が実施されず書面審査によって破産手続開始の是非が決定されることが多いのに対し、債権者申立事件の場合、手続保障の観点から債務者の審尋が実施されるのが通常です。債権者から申立てがあると、受理裁判所から債務者に対し、破産申立書と審尋期日呼出状が送達され、申立債権者と債務者との間で、債権の存否及び破産原因の有無をめぐる書面の応酬が行われます。最後に、受理裁判所が破産手続開始の是非を決定します。

受理裁判所の決定に対しては、申立債権者及び債務者のいずれからも、即時抗告の申立てができます（破33Ⅰ）。そのため、破産手続開始決定が出ても、自己破産の場合とは異なり、債務者からの即時抗告の申立てにより抗告審が係属し、当該決定の確定までに時間を要する場合があります。

申立債権者は、債務者による財産の管理等が失当であり、破産手続開始決定の確定時までに債務者が不当な財産処分に及ぶおそれがある場合や、破産管財人による否認権行使の実効性を確保する必要がある場合等には、債務者から財産の管理処分権を剥奪し、債務者の財産を確保するために、破産手続開始の申立てとあわせて、保全処分等の申立て（破28Ⅰ、171Ⅰ等）や保全管理命令の申立て（破91。**Q98参照**）を行うかどうかを検討すべきです。ただし、保全管理命令は、債務者が法人である場合にしか発令されないことに留意する必要があります。

申立債権者による破産申立ての取下げは、破産手続開始の決定前までに行わなければなりません。また、保全処分や保全管理命令等がすでになされている場合には、取下げについて受理裁判所から許可を得る必要があります（破29）。

債務者が行方不明のために破産手続開始決定書の送達ができない場合、特別代理人選任や公示送達による送達を検討すべきです（民訴35、110Ⅰ、破13）。

債権者申立事件の場合、債務者が破産管財人の調査や換価業務に非協力的である場合が多いため、申立債権者から破産管財人に対し、財産隠匿や否認対象行為に関する情報提供を積極的に行うことが重要です。

債権者は、以上の注意点を踏まえ、手続が奏功する見込みや予納金が回収不能になるリスクなどを総合し、申立てを行うかどうかを判断すべきです。

〔小関伸吾〕

Q35 マンション管理費支払の可否

破産申立予定の個人債務者が、居住している区分所有マンションの管理費を滞納しています。この管理費は支払ってもかまいませんか。また、管理費滞納のままマンションを任意売却したり、競売手続によって区分所有権が第三者に移転したりした場合、滞納マンション管理費はどうなりますか。

1 マンション管理費の法的性質

マンション管理費（管理費）とは、いわゆる管理費、修繕積立金、組合運営費などのことで、「規約若しくは集会の決議に基づき他の区分所有者に対して有する債権」に該当します（区分所有7Ⅰ）。

そして、管理費については、当該債務者の区分所有権（共用部分に関する権利及び敷地利用権を含みます）及び当該建物に備え付けた動産の上に先取特権を有するとされています（区分所有7Ⅰ）。前者については不動産の先取特権、後者については動産の先取特権とされ、特別の先取特権と解されますが、優先権の順位及び効力については、共益費用の先取特権（民306①）とされています（区分所有7Ⅱ）。

破産法上、特別の先取特権は別除権とされますので（破2Ⅸ）、破産手続開始決定前に生じた管理費は、別除権付破産債権になると解されます。なお、破産手続開始決定後に生じた管理費は、財団債権であるとされています（破148Ⅰ②又は④）。

2 滞納管理費支払の可否・要否

では、当該債務者が支払停止後に滞納管理費を支払うことには問題があるのでしょうか。

管理費は、そのマンションの共有部分を利用することの対価的性質を有するものであることから、電気や水道等の光熱費の支払と同様に考えることもできますので、当該債務者が居住しているなどの事情があるときは、破産申立てまでに管理費を支払うことは、偏頗行為否認（破162）の対象にならないと考えられます。

しかしながら、当該債務者が免責決定を得た場合、破産手続開始決定前の滞納管理費は免責されますので、当該債務者がこれを支払うことに経済的な利点はなく、あえて支払う必要はないといえます。

3 任意売却・競売手続による取扱い

滞納管理費が発生している状況で区分所有権が譲渡された場合には、譲受人（特定承継人）にも滞納管理費を弁済する義務が生じます（区分所有8）。そして、当該債務者の債務と特定承継人の債務との関係は不真正連帯債務と解されており、特定承継の原因についての限定もありませんので、任意売却であっても競売手続であっても、特定承継人（新区分所有者）は、当該債務者（旧区分所有者）の滞納管理費を

支払う義務を負うことになります。

　実務的には、任意売却においては滞納管理費が売買代金に反映され、売買代金のなかから、あるいは売買代金とは別枠で返済時に完済されることになり、競売手続においては、滞納管理費が評価額に反映され、落札者が後日滞納管理費を支払うことになります。

(1)　破産手続開始決定前の任意売却・競売手続による取扱い

　破産手続開始決定前に、滞納管理費のあるマンションが任意売却され、又は競売で落札された場合、特定承継人が弁済した滞納マンション管理費について、当該債務者に対して求償権が発生しますが、当該債務者が免責決定を得た場合、免責されます。

(2)　破産手続開始決定後の任意売却・競売手続による取扱い

　では、当該債務者が破産手続開始決定を受けた後に、破産債権となる滞納管理費のあるマンションが任意売却され、又は競売で落札された場合、その特定承継人は、建物の区分所有等に関する法律（区分所有法）8条により、破産債権となる滞納管理費を支払う義務を負うのでしょうか。

　この点、特定承継人は滞納管理費を支払う義務を負わないとする見解もありますが、区分所有法8条の趣旨が、管理費が費消された結果はマンション全体に化体され、費消されていない場合は団体的に帰属する財産を構成していることから、その利益を享受する特定承継人にも承継した区分所有権に関する滞納管理費を支払わせるのが公平であるということにあるので、特定承継人は、破産債権となる滞納管理費を支払う義務を負うと解するのが妥当です。

　この場合、当該債務者は免責決定を得れば、特定承継人が弁済した滞納管理費の求償権のうち、破産手続開始決定前に発生した管理費相当分については免責の対象とはなりますが、破産手続開始決定後に発生した管理費相当分については、破産手続開始決定後に新たに負担した債務として免責の対象にならないと解されます。

　したがって、当該債務者がオーバーローンのマンションを所有したまま同時廃止申立てを行う代理人としては、破産手続開始決定後の特定承継人から、破産手続開始決定後に発生した管理費相当分について求償されるおそれがある旨を説明しておく必要があります。

　なお、破産管財手続において、滞納管理費のあるマンションが破産財団から放棄され、その後の特定承継人が滞納管理費を支払った場合、放棄後の管理費相当分については、当該債務者は特定承継人から求償されるおそれがあるので（東京高判平23.11.16判時2135号56頁参照）、注意が必要です。

〔宮﨑純一〕

第**2**章

自由財産拡張

Q 36　本来的自由財産

本来的自由財産とはどのようなものですか。小規模企業共済や簡易生命保険、民間の年金保険、技術者等の業務上必要な器具類、高額療養費の支給はこれに該当するでしょうか。また、差押禁止財産は自由財産の場面でどのように考慮されますか。預金は自由財産拡張でどのように扱われるのでしょうか。破産申立後 開始決定までに年金が預金口座に入金された場合はどうですか。

1　本来的自由財産とは

自由財産とは、破産手続開始決定時の破産者の財産のうち、破産財団に属さず、破産者において自由に管理処分できる財産で、①民事執行法上の差押禁止金銭の1.5倍相当額である99万円以下の現金（破34Ⅲ①、民執131③、民執令1）、②民事執行法その他の特別法に基づく差押禁止財産、③権利の性質上差押えの対象とならない財産、④裁判所が自由財産として拡張を認めた財産（破34Ⅳ）、⑤破産管財人が財産から放棄した財産（破78Ⅱ⑫）の5種類があります。

このうち①〜③を、④・⑤と区別をして「本来的自由財産」と呼んでいます。

2　各種の差押禁止財産

(1)　民事執行法上の差押禁止財産

差押禁止動産（民執131）と差押禁止債権（同152）があります。

差押禁止動産には、生活に欠くことができない衣服、寝具、家具、台所用具、畳及び建具（民執131①）、1か月間の生活に必要な食料・燃料（同②）、技術者、職人等がその業務に欠くことができない器具（大工道具、理容器具等。同⑥）等があります。なお、破産手続開始決定前に個別執行において差押えが許されていた動産（民執132）等については本来的自由財産には含まれません（破34Ⅲ②ただし書）。差押禁止債権には給料・退職手当（民執152Ⅰ②・Ⅱ）、私的年金（民執152Ⅰ①）等があります（いずれも原則4分の3相当部分）。

(2)　特別法における差押禁止財産

上記(1)以外にも、各種社会政策的理由により特別法によって規定されているものがあります（『執行実務（債権）上』221頁参照）。

まず小規模企業共済（小規模企業共済法15）、中小企業退職金共済（中退共。中小企業退職金共済法20）、建設業退職金共済（建退共）などがあります。他方、中小企業倒産防止共済や特定退職金共済（特退共）は差押禁止財産ではありません。

1991年3月31日以前に効力発生している簡易生命保険金の保険金、還付金請求権（解約返戻金。同年改正前の旧簡易生命保険法50）、同年4月1日以降に効力が発生している簡易生命保険金の死亡保険金等（改正後の旧簡易生命保険法81Ⅰ）も差押禁止

78　［第2章］　自由財産拡張

です。ただし、契約者配当金、還付される保険料（未経過保険料等）は差押禁止ではありません。

このほかにも、高額療養費を含む保険給付受給権（健保52、61、国保67）、生活保護受給権（生活58）、失業等給付の受給権（雇用11）、労働者の補償請求権（労基83Ⅱ）、交通事故の被害者の直接請求権（自賠16Ⅰ、18。**Q56**参照）などは差押禁止です。

3　差押禁止財産の自由財産拡張の場面での考慮

本来的自由財産は、原則として破産者においてすべて保有でき自由に管理処分することができますが、自由財産拡張の判断に際しては、本来的自由財産の「種類及び額」が考慮されることになります（破34Ⅳ）。例えば、小規模企業共済金が150万円ある場合、預金や保険解約返戻金等（99万円以下）について自由財産拡張を求めたとしても、小規模企業共済金がない場合と比べ、拡張の必要性はないと判断されやすいことになります。自由財産拡張における差押禁止財産の考慮に関し統一的な運用はありませんが、個々のケースごとに破産管財人が拡張の必要性の一事情として考慮していると考えられます。

4　預金の取扱い：普通預金の現金同視化

預金は本来的自由財産ではありませんが、普通預金は給料の振込先や光熱費等の支払の振替ないし引落しに利用されるなど、財布代わりといえる実態に照らすと、現金とほぼ同視することができます。このため、例えば大阪地裁では、普通預金を現金に準じて取り扱っています（『運用と書式』70頁、72頁）。なお、定期預金については、その利用実態からして現金と同視することは困難であり、他の拡張適格財産とともに自由財産拡張の対象となっています。

5　破産申立後開始決定までに入金された年金の取扱い

年金は通常、偶数月の15日に入金されるところ、この入金日前に破産申立てをした場合、入金直後に破産手続開始決定となることがあります。各種年金受給権は差押禁止債権ですが（国年24、厚年41、国家公務員共済組合法48）、振り込まれて預金債権に転化した後は、差押禁止債権の属性は承継せず、預金債権として差押可能とされています（最三小判平10.2.10金法1535号64頁。なお、非常に例外的な場面ですが、児童手当の振込直後の預金債権について実質的に差押禁止債権の差押えに当たり違法と判断した例として広島高松江支判平25.11.27金判1432号8頁参照）。

したがって、年金相当額の預金債権については本来的自由財産には当たらず、「預金」として自由財産拡張にて処理することになります。具体的には、大阪地裁であれば、年金入金後の預貯金額を含む拡張適格財産の合計が99万円以下であれば拡張が認められます。他方、年金入金額を含めると預貯金額が99万円を超えるような場合は、破産者の今後の生活に必要不可欠であるかどうか（不可欠性の要件）の問題となります（**Q39**参照）。なお、同様の問題は、民事執行においては差押禁止債権の範囲の変更（拡張）申立てによって債務者の救済が図られています（民執153）。

〔田中智晴〕

Q 37　自由財産拡張制度

自由財産拡張制度とは、どのようなものでしょうか。同時廃止事件の場合には、自由財産の拡張は認められないのでしょうか。

1　自由財産拡張制度の意義・概要

　自由財産拡張（自由財産の範囲の拡張）制度とは、破産手続開始時における自然人たる破産者の財産のうち、本来的自由財産（Q36参照）に該当しない財産についても、破産者の申立て又は裁判所の職権で、自由財産として取り扱うことを決定することができるというものです（破34Ⅳ、破規21）。

　具体的な拡張の範囲や内容については、破産者の生活の状況、破産手続開始時における本来的自由財産の種類及び額、破産者が収入を得る見込みその他の事情を考慮して、裁判所の裁量によって決定されることになります。もっとも、多くの裁判所では、あらかじめ一定の拡張基準や処理方法を定めた上で運用をしており、一定の予見可能性や公平性の確保が図られています（Q38～Q42参照）。

　そのため、申立代理人としては、事前に当該裁判所の拡張基準や実際の運用方法を十分に検討した上で、破産者の経済的更正を図る観点から、適時に的確な申立てを行うとともに、例外的な取扱いを希望する場合であれば、できる限りの資料を収集して説明を尽くすことが肝要です（『実践フォーラム』198頁〔石川貴康発言〕）。

　また、拡張の申立てが却下された場合には、破産者は、即時抗告を行うことができます（破34Ⅵ）が、破産債権者が拡張決定に対して即時抗告を行うことは認められないと解されています（破9。福岡高決平18. 5 .18判タ1223号298頁）。

2　同時廃止事件における自由財産拡張の可否

(1)　現在の運用

　同時廃止事件の場合において、自由財産拡張が認められるか否かという点については、現在の運用上、全国の裁判所において認められていないようです（『条解』316頁、『手引』145頁〔土屋毅＝長谷川健太郎〕、『運用と書式』82頁、『はい6民』42頁、『実践フォーラム』241頁〔野村剛司発言〕）。

　その理由としては、裁判所が自由財産拡張の決定をするに当たっては、破産管財人の意見を聴かなければならないとされているところ（破34Ⅴ）、自由財産拡張の決定に対して破産債権者は即時抗告を行うことができないため、その利益を不当に害することがないように、破産債権者の利益を代弁するものとして破産管財人に意見を述べさせることが必要不可欠な手続であると捉えていることにあります。

　すなわち、同時廃止事件では、破産管財人が選任されずその意見を聴取しようがないことから、拡張決定を行うことは、法が予定していないということです。

80　　［第2章］　自由財産拡張

(2) 自由財産拡張を認める余地があるとする見解

　他方、このような一律に自由財産拡張を認めないという現在の運用については、疑問を呈する見解もあります。

　その論拠としては、①破産者の経済的更生という自由財産拡張の制度趣旨は、本来、破産管財人の存否と関係がなく、破産財団をもって破産手続の費用すら支弁するのに不足する同時廃止事件こそ妥当するといえること、②同時廃止事件の場合に自由財産拡張制度の適用を否定する条文がないこと（破34、216）、③拡張の可否については、基本的には破産者の事情を考慮して決定される（破34Ⅳ）ことから、破産管財人の意見もこの観点から述べられるべきであり、破産債権者の利益を代弁するという側面を強調することは妥当ではないこと、④破産法34条5項は、破産管財人が選任されている場合に、その意見聴取を必要としたものであり、破産管財人が選任されない同時廃止事件の場合には、同条項の適用なくして、拡張決定を行うことができると見ることも十分可能であることなどが指摘されています（『本書旧版』Q32〔松尾吉洋〕）。

　実際に想定される事案で検討してみると、大阪地裁の運用基準では、例えば、現金5万円、解約返戻金の見込額が30万円である保険契約を締結しているものの、他に見るべき資産がない申立人について、直前に当該保険を解約して現金35万円のみであるとして申し立てた場合には、裁判所による書面又は口頭による審査によって、他に管財事件へ移行させるべき事情がうかがわれない限り、同時廃止事件としての処理が許容されることになります（『はい6民』45頁）。

　もっとも、この申立人が、すでに疾病に罹患しており新たに保険契約を締結することが難しいことなどを理由に解約せず維持することを希望する場合には、その実質的価値が30万円であることから、同時廃止事件での処理は認められず、管財事件へ移行されることになります（同時廃止事件と破産管財事件との振分基準や直前現金化の取扱いに関する運用変更については、Q11、Q42を参照してください）。そうすると、申立人は予納金（官報公告費用を除き最低20万5000円）を工面することを余儀なくされますが、拡張基準上は、原則として当該保険契約の拡張が認められますので、結局、当該保険を事前に解約するか否かだけで予納金や破産管財事件の負担を強いられるという事態が生じ得ます。保険契約を維持する場合であっても、裁判所による書面又は口頭による審査において、チェック機能を働かせることは十分可能であり、直前現金化した場合との取扱いの大きな差異に合理的な理由はなく、上記見解も傾聴に値するように思われます。

　このような事態については、同時廃止事件においても自由財産拡張を認めるという観点だけでなく、管財事件への振分基準の変更という観点からの対応も考えられるところであり、いずれにしても、同時廃止事件と自由財産拡張制度との関係については、今後とも議論を続けていく必要性が指摘されています（『実践マニュアル』303頁、『実践フォーラム』245頁〔野村発言〕）。

〔相沢祐太〕

Q 38 自由財産拡張基準

　自由財産拡張の一般的な基準と運用状況はどのようなものですか。また、例えば浪費などの免責不許可事由のある破産者が自由財産拡張申立てを行った場合、自由財産拡張を認めるか否かの判断を破産管財人が行うに際して、免責不許可事由があることが破産者に不利に考慮されることはありますか。否認対象行為がある場合はどうでしょうか。

１　自由財産拡張（自由財産の範囲の拡張）の一般的な基準と運用状況

　各地の実情により違いはありますが、一般的に、①財産の内容が破産者の経済的再生のために必要か（拡張適格財産性の審査）、②財産の総額が自由財産と許容できる範囲内か（99万円枠の審査）の２つの枠組みで、自由財産の範囲を拡張するための運用基準が定められています。

(1)　拡張適格財産性の審査

　各地で定型的拡張適格財産と認められる主なものは、①預貯金、②保険解約返戻金、③自動車、④敷金・保証金返還請求権、⑤退職金債権、⑥電話加入権、です。さらに大阪地裁等では、⑦一定の過払金返還請求権も拡張適格財産とされています（**Q12**、**Q40**参照）。

　これらの定型的拡張適格財産に含まれない財産は、原則として拡張適格財産性が認められませんが、大阪地裁では、破産者の生活状況や今後の収入見込み、拡張を求める財産の種類等に照らして、破産者の経済的再生に必要かつ相当であるという事情が認められる場合には、拡張相当とする（相当性の要件）との審査基準が定められており（『運用と書式』70頁、『はい６民』169頁）、各地でも同様の運用が行われています（『実践マニュアル』281頁）。

　換価基準として上記の定型的拡張適格財産毎に20万円以下の枠を設け、その枠内のみ換価不要（自動的に拡張相当）との運用基準を採用する裁判所でも、相当と認められる財産には、自由財産拡張を認める取扱いがされています（『手引』139頁〔土屋毅＝長谷川健太郎〕、『個人の破産・再生』62頁〔髙橋和宏〕）。

　定型的拡張適格財産以外の財産には、不動産、株式、売掛金・請負代金、在庫商品などがあります。定型的拡張適格財産以外の財産に拡張適格財産性が認めうるかどうかは、当該財産の性質・価額、定型的拡張適格財産との類似性、当該財産をそのまま保有するのか、換価して有用の資に充てるのかなど、個別具体的事情に基づき、相当性の要件を充たすかによって判断します（『はい６民』175頁）。

　なお、手続開始時に財産目録に記載のない財産は、原則として拡張適格財産とは認められませんが、やむを得ない事情が認められれば、上記の基準に従って、拡張

82　　［第２章］　自由財産拡張

適格財産性を判断できます（『はい6民』176、179頁）。

(2)　99万円枠の審査

　99万円以下の現金が本来的自由財産として当然に破産財団に属さないとされることとの均衡等から、現金及び拡張適格財産の合計額が99万円以下の場合には、原則として拡張申立てを認めるという審査基準ないし運用が広く浸透しています（『はい6民』170頁、『実践フォーラム』251頁以下〔野村剛司発言ほか〕。財産の評価等はQ40を参照してください）。さらに、99万円超過部分に相当する現金を破産財団に組み入れることにより、財産の評価額を組入れ額分減少させ、実質的に拡張を求める額を99万円以下として拡張を認める運用も、広く認められています（Q39参照）。

　それに対し、合計額が99万円を超える場合は、慎重な判断が必要です。大阪地裁では、破産者の生活状況や今後の収入見込み、拡張を求める財産の種類・金額、その他の個別的な事情に照らして、99万円超過部分の財産が破産者の経済的再生に必要不可欠であるという特段の事情が認められる場合には、例外的に自由財産拡張相当とする（不可欠性の要件）との運用基準です（『はい6民』170、177頁）。

2　自由財産拡張申立てと免責不許可事由との関係

　自由財産拡張制度と免責制度は趣旨が異なる別個の制度なので、これらを連動させるのは妥当でなく、破産法34条4項は、破産手続開始後の破産者の経済的再生の観点からの考慮要素を定めており（Q37参照）、同項の「収入を得る見込みその他の事情」には、破産に至った事情（免責不許可事由）は含まれないと解されます。そこで、破産者に浪費等の免責不許可事由があることは、自由財産拡張を認めるか否かの判断において、不利に考慮すべき事情に当たりません（『はい6民』185頁、『実践マニュアル』278頁、『実践フォーラム』259頁〔石川貴康発言〕）。なお、免責不許可事由該当行為の程度が極めて悪質で、裁量免責事情の補完のために一定額の積立てを要する場合には、破産者に財団組入れを求めることがあり、拡張が認められた自由財産が組入れの原資となることはあり得ますが、これは結果的に財団に戻ってきたように評価できるだけで、両者を連動させたわけではありません。

　自由財産拡張申立てに関しては、免責不許可事由の有無にかかわりなく、あくまで運用基準に従って判断し、裁量免責のための積立ては、これとは別途に、破産者の新得財産ないし自由財産からの積立てを指示することになります（『運用と書式』69頁、『管財BASIC』56頁、『実践マニュアル』496頁。Q211参照）。

3　自由財産拡張申立てと否認対象行為

　前記2と同様、両者は趣旨が異なる別個の制度であり、否認対象行為があったことは破産手続開始後の破産者の経済的再生に関わる事柄ではないので、破産法34条4項の「その他の事情」に、否認対象行為があったとの事情は含まれないと解されます。そこで、自由財産拡張については、否認対象行為の有無にかかわらず、上記の運用基準に従って拡張の範囲を判断し、否認対象行為についてはそれとは別途に、否認の問題として対処することになります（『運用と書式』69頁）。　　〔團　潤子〕

> **Q 39** 99万円以下の財産の拡張と
> 99万円を超える財産の拡張
>
> 　現金10万円、預金20万円、信用金庫の出資金1万円、保険解約返戻金30万円、自動車10万円以外に、保険解約返戻金が1口で150万円ありますが、高齢で病気の治療を受けており、保険に再加入することが困難です。自由財産の拡張は認められますか。99万円を超える財産の拡張が認められた例にはどのようなものがありますか。

1　拡張適格財産性：財産の種別による基準

　まず、99万円以下の現金は本来的自由財産ですので自由財産拡張の対象とはなりませんが、後で述べる99万円基準に現金も含めて計算します（Q36参照）。預金・保険解約返戻金と自動車は定型的拡張適格財産とされています（Q38参照）。また、信用金庫の出資金は実質的に預金と変わりはないため、普通預金以外の預金に準じて取り扱われています。よって、設問においては、現金10万円は本来的自由財産であり、その他はすべて拡張適格財産となります。

2　99万円基準：財産の金額による基準

(1)　原　　則

　現金の自由財産の範囲が99万円までであること（破34Ⅲ①、民執131③、民執令1）との均衡などから、大阪地裁等では、原則として現金も含めて総額99万円の範囲で自由財産の拡張を認める運用が行われています。現金と拡張適格財産の合計額が99万円以下の場合は原則として拡張相当となりますが、99万円を超える場合には原則として超過部分については拡張不相当となります（Q38参照）。

　設問の場合、現金、預金、出資金、30万円の解約返戻金、自動車までであれば99万円内に収まりますが、150万円の解約返戻金も拡張申立てをするとなると99万円を超えてしまいます。

(2)　99万円超過部分を財団組入することによる自由財産拡張

　大阪地裁等では、現金と拡張適格財産の合計額が99万円を超える場合であっても、99万円超過部分に相当する現金を破産者が破産財団に組み入れることにより超過部分についても拡張相当と認める運用が行われています。破産者に99万円を超える財産があり、それらすべての自由財産拡張までは認められそうにない場合、特に事実上換価が困難な財産（退職金等）があり、その評価額が99万円を超える場合などに有効です。財団組入をする現金は、もともと破産者が保有していた現金を組み入れてもよいですし、破産手続開始決定後の新得財産から組み入れても構いません。

84　　[第2章]　自由財産拡張

⑶　99万円を超える自由財産拡張申立て

　99万円相当分の財産を破産者の手元に残しただけでは破産者の経済的更生が図れない場合も考えられます。大阪地裁等では、99万円を超える自由財産拡張が相当とされる要件として、破産者の個別の事情を考慮の上、当該財産が破産者の経済的更生に必要不可欠であるという特段の事情（不可欠性の要件）を必要としています（Q38参照）。また、東京地裁等でも、このような自由財産拡張はより慎重に判断する運用を行っています（『手引』147頁〔土屋毅＝長谷川健太郎〕）。

　99万円を超える拡張が認められた具体例としては、①破産者が寝たきり入院中で社会復帰が絶望的、破産手続開始前に不動産を約440万円で売却し、生活費等として約110万円が使われ約330万円が残っているという事案につき、今後未払医療費、病院の保証金等に約210万円が必要ということで同額が拡張された例、②破産者及びその夫による同時申立てで、同一の破産管財人が選任され、破産者自身に保険解約返戻金が約500万円と約300万円の2本が、破産者の夫にも保険解約返戻金が約300万円あり、81歳の同居の母親が認知症で要介護の認定を受けていて、親族以外の者での介護ではパニックを起こすため破産者及びその夫は就労困難という事情がある事案につき、今後の生活費等に充てる資金として破産者の約300万円の保険解約返戻金が拡張された例、③法人の代表者で、妻と2人の世帯収入が月額約29万円、本人がアルバイトで稼働形態が不安定、10年近く前から発作性心房細動の病気があって通院中のため入院特約付きの生命保険を維持する必要性が高く、病状に照らして同種保険への再加入が困難、他に手元現金等が少なく、負債総額が約14億円にのぼり生命保険を換価しても配当率は極めて小さい等の事情に鑑み、生命保険の解約返戻金205万円が拡張された例、などがあります（松井洋「東京地方裁判所における破産事件の運用状況」金法1793号（2007年）23頁、『破産民再実務（破産）』381頁、『手引』149頁〔土屋＝長谷川〕参照）。また、④破産者が高齢で成年後見開始審判を受けていて福祉施設への入所が避けがたいという事案で、施設への入所一時金に相当額が必要ということで、預貯金約200万円が拡張されたという事案もあるようです。

　99万円を超える拡張が認められた破産者に共通する事情としては、①高齢である、②収入の途がないか極めて乏しい状況である、③破産者自身が病気や障害を抱えているかその親族に要介護者がいて就労が困難であり経済的負担が多い、④入退院を繰り返していて高額の医療費がかかる、⑤保険の再加入が認められないなどの事情があげられます。

　設問の場合、破産者は高齢で病気の治療を受けていて生活が困窮していること、今後の収入増加も見込めないこと、しかも保険の再加入が困難であるといった事情を具体的に疎明すれば、破産者の経済的更生に必要不可欠であるということで99万円を超える自由財産の拡張が認められる可能性があります。

〔中野星知〕

Q 40 自由財産拡張のための判断基準・基礎資料

自由財産拡張の可否を判断するために各財産の評価額を知る必要があります が、どのような基準で評価すればよいでしょうか。金額の基礎となる預金 や保険解約返戻金の額は、いつの時点を基準とするのでしょうか。そのため の資料は破産管財人が収集する必要があるのでしょうか。

1 各財産の評価額の基準

裁判所により取扱いは異なりますが、自由財産拡張の判断に当たって、自由財産 拡張が原則的に認められる拡張適格財産（**Q38**参照）は、それぞれ以下の基準で評 価されます（『運用と書式』73頁以下、『はい6民』140頁以下参照）。

(1) 預貯金・積立金、保険解約返戻金

預貯金・積立金残高、保険解約返戻金額（契約者貸付の利用がある場合は、貸付残 額控除後の金額）が評価額となります。なお、大阪地裁などでは、同時廃止事件と 破産管財事件との振分けにおける財産の評価方法では、普通預金は現金に準じて取 り扱う運用ですが、財産上の性質はあくまでも預金であるため、自由財産拡張の場 面では拡張申立てが必要です。

(2) 自動車

基本的には査定評価額が評価額となります。なお、大阪地裁では、普通自動車で 初年度登録から7年、軽自動車・商用普通自動車で5年以上を経過し、新車時の車 両本体価格が300万円未満であって外車でない場合は、損傷状況等から無価値と判 断できる限り、査定評価なしに「0円」と評価できる運用がなされています。

(3) 敷金・保証金返還請求権

契約上の敷金返還額をそのまま評価額としたり、破産者が居住する賃借物件につ いては、契約上の返還金から、滞納賃料のほか明渡費用等を考慮して60万円（見積 等によりそれ以上要すると認められる場合は、その額）を控除した金額をもって評価額 としたり（大阪地裁）、金額にかかわらず原則拡張相当としたり（東京地裁。『手引』 138頁〔土屋毅＝長谷川健太郎〕）するなど、裁判所により取扱いに違いがあります。 したがって、各裁判所の運用を正確に把握することが必要です。

(4) 退職金債権

破産手続開始決定の時点で退職した場合に支給される退職金の4分の3の部分は 差押禁止であり（民執152Ⅱ）、本来的に自由財産です。そして、退職金は、将来の 退職までの間に会社の倒産や懲戒解雇などにより受給できなくなるリスクも存しま す。このようなリスクを考慮し、支給見込額の8分の1相当額をもって評価額とす るという運用が全国的に行われています。ただし、例えば、退職金支給が近々に行

われる（例えば、半年以内に定年を迎える）場合には、支給見込額の４分の１あるいはそれに近い額を評価額とするなど、事案に応じた評価も行われています（『実践マニュアル』148頁、『手引』142頁〔土屋＝長谷川〕参照）。

退職金の評価は、自己都合による場合の退職金とし、会社から発行された退職金証明、その入手が困難な場合は退職金規程と計算式等により判断されます。

(5) 電話加入権

評価額を「０円」とする（大阪地裁）、１本については換価を要しない（広島地裁）、本数にかかわらず換価を要さずすべて拡張相当とする（東京地裁など）など、裁判所により取扱いは異なります。電話加入権の現在の相場や換価時に必要な手数料を考慮すると、評価するとしてもせいぜい数千円程度で十分と思われます。

(6) 過 払 金

大阪地裁、仙台地裁及び広島地裁では、一定の要件を充たす過払金も拡張適格財産となることを明確にしています（『運用と書式』75頁、齊藤研一郎「仙台地方裁判所における破産事件の運用状況」金法2110号（2019年）16頁、伊藤昌代「広島地方裁判所における破産事件の運用状況」同号48頁。Q38参照）。その場合の評価額は、回収済みの過払金額、確定判決主文の額面額又は申立てまでに返還額及び返還時期についての合意を行った場合の当該返還合意額から、いずれも（弁護士報酬相当額も含む）回収費用を控除した金額となります（Q12参照）。

なお、過払金について自由財産拡張基準や換価基準を明確に定めていない裁判所においても、事案ごとの判断や、おおむね大阪地裁と同様の運用がなされています。

2 基 準 時

自由財産拡張における財産の評価は、破産手続開始決定時が基準となります。

評価は、第一次的には、破産者又は申立代理人から提出された破産申立書添付資料又は破産管財人が直接引き継ぎを受けた関係資料をもとに行います。しかし、預金は、申立てから破産手続開始決定までの間に給料や年金の振込みがあるなどして変動が生じることがあるため、開始決定時の残高を確認する必要があります。また、保険解約返戻金等の資料の入手時期が、開始決定から相当以前のものであるなど、当該資料が時価を証明するものとして不十分と認められたときは、新たに資料を入手する必要があります。

3 資料収集の主体

自由財産拡張のための資料収集は、基本的には自由財産拡張を申し立てる破産者又は申立代理人において行うべきです。破産管財人から金融機関等に問い合わせをすると、金融機関等から後に拡張に係る決定書等の提出を求められるなど、対応事務が繁雑になることも予想されます。預貯金の開始決定時の記帳についても、財団を形成しない預貯金について破産管財人が金融機関に赴いて行うというのは妥当でなく、基本的には破産者又は申立代理人において行うべきです。

〔松尾吉洋〕

Q41 自由財産拡張の決定方法と判断の時期

　自由財産拡張が基準上相当な場合、破産管財人としては、どのような処理を行えばよいでしょうか。拡張決定はいつ、どのようなかたちでなされますか。また、拡張の可否の判断に時間がかかる場合はいつまでに判断すべきですか。

1　自由財産拡張対象財産の返還時期と決定の方式について

　自由財産拡張決定は、破産管財人の意見を聴いた上で、破産手続開始の決定のあった時から破産決定確定日以後1か月以内に行うとされており、破産手続開始決定後は自由財産拡張の決定が可能になります（破34Ⅳ・Ⅴ）。

　自由財産拡張制度は、破産者の経済的更生のために認められたものであり、不変期間ではないとはいえ、速やかに破産者本人が利用できる状況にするのが望ましいことなどから、破産法は、破産決定確定日以後1か月以内に拡張決定すべきとしています（『一問一答』67頁）。

　自由財産拡張に関しては、ほとんどの裁判所があらかじめ運用基準を定めています（Q37参照）。

　そのあらかじめ定められた運用基準等から破産管財人により、自由財産拡張財産とすべきと判断された場合には、破産者の経済的更生との観点からすれば、その判断した時点で黙示による拡張決定がなされたものと扱い、できる限り早期に、破産管財人が、破産者本人に当該財産の管理処分を許すのが相当です。

　実務上も、多くの裁判所においてこのような考え方を採用し、破産管財人が自由財産拡張の運用基準に適合したものとして破産者の処分を許した時点で、黙示の拡張決定があったものとして、速やかに破産者に預金通帳、保険証券、自動車の鍵などを返還するもしくはそもそも引き継がないといった取扱いがなされています（『運用と書式』83、86頁等参照）。

　ただし、一部ですが、黙示の拡張決定という方法によらず、全件自由財産拡張決定書を作成して明示の決定を行う運用をする裁判所もあるようです。なお、自動車については、自由財産拡張を認めた後に発生した交通事故によって破産管財人に運行供用者責任が発生しないことを明確にするために、自由財産拡張を認めて自動車の処分を破産者に許すに当たって、大阪地裁では自由財産拡張の結果として破産者に自動車を引き渡した旨を書面にて明確にすることを推奨していますし（『運用と書式』86頁）、東京地裁では書面で破産財団からの放棄の許可申立てをすることが必要などとされています（『手引』141頁〔土屋毅＝長谷川健太郎〕）。

　黙示の決定を行った場合、多くの裁判所では、破産管財人は、換価状況などの管

88　　［第2章］　自由財産拡張

財業務の報告の際に、財産目録に自由財産拡張が認められた旨を記載するなどの方法により裁判所に報告するとされています（なお、東京地裁など、換価基準により原則として換価しないとされている一部財産については、財産目録、収支計算書にも記載する必要がないとしている裁判所もあります。『手引』146頁〔土屋＝長谷川〕）。

2 判断に時間がかかる場合：判断期間の延長

　自由財産拡張の判断の過程では、一般的に、まず、破産管財人と申立代理人との間で、拡張の可否や範囲について必要に応じて協議がなされます。その協議を経た上で、破産管財人の判断と申立代理人の判断が一致した場合には、その内容に従って、拡張が認められます。

　これに対し、両者の意見が一致しなかった場合には、（多くは財産状況報告集会までに）破産管財人は自らの意見を裁判所に提出し裁判所が最終的に明示の判断をすることになります。

　このように破産管財人の判断が、自由財産拡張の是非を判断する過程で不可欠になりますが、前記の破産者の経済的更生との見地からは、破産管財人は、できるだけ早期に自由財産拡張の可否やその範囲についての判断をすべきです。

　ただ、当該財産を拡張対象とすることの可否について破産管財人が判断するために時間がかかってしまう場合も考えられます。特に、一般的に拡張を認める対象とされていない種類の財産（例えば不動産、売掛金など）が拡張対象とされたり、99万円を超える金額が拡張対象として申し立てられたりしているケースなどでは、破産管財人はその必要性について意見を述べるために破産者の生活状況など必要性の判断の基礎となる事実を把握することが必要です。そのため、開始決定確定日以後1か月以内では、その可否を容易に判断できないこともあるでしょう。

　実務上、このような場合には、破産法34条4項により定められた自由財産拡張決定の判断期間は、期間の伸長ができない不変期間ではないと解されているため、明示又は黙示により自由財産拡張の決定が可能となる時期まで、その判断期間が伸長されたとして取り扱われています。よって、自由財産拡張の判断に時間がかかる場合、破産管財人としては、拡張申立ての内容や判断に時間がかかる事情を裁判所に報告するなどした上で、なるべく速やかに自由財産拡張の可否に関する判断をすればよいものと思われます。

　なお、破産管財人と破産者・申立代理人との協議が不調に終わった場合は、破産管財人は自由財産拡張を不相当とする財産とその理由を記載した意見書を裁判所に提出します。これをもとに、裁判所は、明示の決定を行い、決定書を破産者及び破産管財人に送達します。例外的に明示の決定を行うのは、破産管財人において換価する範囲を明確にするとともに、決定に不服な場合に破産者の即時抗告の機会を確保する必要があるからです（破34Ⅶ）。

〔髙橋敏信〕

Q 42　直前現金化と自由財産拡張の関係

申立代理人の受任後に、売掛金、在庫商品、不動産といった自由財産拡張基準において原則拡張不相当とされている財産を換価し現金化している場合、自由財産性の判断において、どのように考慮したらよいですか。

1　問題の所在

99万円までの現金については、本来的自由財産とされ、拡張を待たずに自由財産となります（破34Ⅲ①。Q36参照）。そのため、申立代理人が受任した後のような危機時期において、売掛金を回収したり在庫商品や不動産を売却したりして財産を現金化したときに、自由財産性を判断するに当たって、現金として判断すべきか、現金化前の財産の種類に応じて取り扱われるべきかが問題となります。

なお、大阪地裁では、普通預金も現金と同様に扱うこととなっていますので（Q39参照）、直前預金化にも直前現金化と同様の問題が生じることとなります。

2　考え方

破産手続開始決定時に、すでに現金となっている以上、本来現金として取り扱うべきと考えます。現実には現金のかたちで99万円を所持する家庭がほとんどないとの状況下において、破産手続開始決定後の生活確保のために破産法により99万円の現金が自由財産として認められたのであり、これは破産者の権利とも考えられますし、原則として破産財団の範囲は破産手続開始決定時に決するべきこととされており、この原則が否定されるのは否認権行使の結果によるべきものと考えられるからです（『基本構造』505頁〔松下淳一発言〕参照）。

しかしながら東京地裁や大阪地裁等の多くの裁判所では、危機時期における直前現金化は、現金化前の状態のままであれば破産財団となるべきものが現金化によって自由財産になることによる債権者の不利益等を理由に、自由財産該当性や自由財産拡張の判断に当たっては、原則として現金化前の財産として取り扱われるべきとの考えに従った運用がなされてきました（例えば『運用と書式』72頁）。

ただ、現金化前の財産に対して債権者が有している期待は、債務者により当該財産が現金化され自由財産になってしまうことにより失われるとの限度で存在するに過ぎず、債権者は99万円までは自由財産となり得ることを覚悟すべきともいえます（『基本構造』505頁〔松下発言〕）。また否認の対象とならない直前現金化について現金化前の財産として自由財産としないのは、理論上の根拠に乏しいと思われます。

3　同時廃止と管財事件との振分け基準における運用変化とその影響

同時廃止と管財事件との振分けの基準における直前現金化の取扱いについて、従前は、現金化前の財産として扱うとの運用が多くの裁判所で行われていましたが、

近時、多くの裁判所において、直前現金化された場合も現金として扱うとの運用に変更されました（**Q11**参照）。

これに伴って、直前現金化について、自由財産拡張の場面においても「あくまで現金として扱う」との運用に変更する裁判所が現れており、今後の各地の裁判所での運用について注視が必要です。

4　「有用の資」への利用の許容

たとえ直前現金化した財産を本来的自由財産と扱うことを否定する運用をする裁判所でも、有用の資に利用することは否定していないことに注意が必要です。

つまり、現金化した財産を、相当な範囲で破産申立費用（予納金・弁護士費用等）、生活費、医療費、転居費用、葬儀費用、学費及び公租公課等のいわゆる「有用の資」に充てるという場合には、費消した部分は破産財団を構成しないものとして扱い、その部分を除いた残額部分について現金化前の財産として評価して自由財産拡張の判断をすることになります（『運用と書式』72頁参照）。

なお、この有用の資への利用について、破産手続開始決定時にすでに費消していることを厳格に求めるかですが、現金であることを否定する点につき前記の根強い批判があり、99万円の現金等が自由財産として認められたのは、破産手続開始決定時以降の生活の確保を念頭に置いたものであることも考えれば、破産手続開始決定までの費消に厳密に限らず、破産手続開始決定後間もなく有用の資に充てるといったことが具体的に認められる場合も、開始前に有用の資へ利用したのと同様の評価をし、自由財産拡張の判断をすべきではないかと考えます。

5　実務上の処理について

危機時期に現金化した場合に、自由財産拡張の場面において現金化前の財産として扱うとの運用がなされている裁判所では、現金化された後に当該現金が利用された場合、その利用を有用の資への利用と評価できるかを判断します。

その上で、有用の資への利用と評価されない場合には全額、有用の資への利用と評価できる場合にはその利用と評価された分を除いた残金について、現金化される前の財産、本問であれば不動産等の基準上原則拡張不相当とされている財産として、自由財産拡張の可否をそれぞれの基準に従って判断することになるでしょう。

例えば、在庫商品を100万円で売却し、弁護士費用や予納金に50万円、生活費に10万円の支出がなされた場合、残額40万円は現金ではなく、原則、在庫商品として評価して各裁判所の基準に従って検討することになります。

一方、直前現金化について、自由財産拡張の場面においても、その現金性を肯定する運用とされている場合は、あくまで99万円までの部分は本来的自由財産として扱い、99万円を超える部分（1万円）が破産財団を構成することになります。

なお、当該直前現金化が、適正価格でない低廉な価格であったといった事情がある場合には、直前現金化と自由財産拡張上の判断との問題とは別途の問題として、否認権の行使の是非を検討すべきことはいうまでもありません。　　　〔髙橋敏信〕

第 **3** 章

換価・
破産管財人の
職務

第 **1** 節 　破産管財人の職務・初動

Q 43 破産手続開始決定直後の破産管財人の対応 ①
——個人債務者の破産

　事業者ではない個人の破産手続開始決定直後、破産管財人としてはどのような点に留意して破産管財業務に取り組むべきでしょうか。

1 　資産の管理・換価

⑴ 　自 動 車

　管理に注意を要する資産として、まず自動車があげられます。

　破産財団に自動車がある場合、破産管財人としては、交通事故による運行供用者責任（自賠3）のリスクを考えなければなりません。

　運行供用者責任は、破産管財人が当該車両の管理処分権を取得したとき、すなわち破産手続開始決定時に生じますので、開始決定後に管理・処分の方針を検討し始めたのでは遅過ぎます。破産手続開始決定前の段階で、申立代理人と連絡をとり、破産者サイドの意向も確認した上で、あらかじめ当該車両の管理・処分の方針を定めておくとよいでしょう。

　処分の類型としては、①自由財産拡張決定、②財団放棄（放棄の条件として破産者サイドが一定の金額を破産財団に組み入れる場合もあります）、③中古車買取業者への売却などがあります。

　①自由財産拡張決定、及び②財団放棄による場合は、管理上のリスクを回避するために、破産手続開始決定後速やかに処分が完了するように段取りを整えておくことが望ましいといえます。③中古車買取業者へ売却する場合は、鍵や車検証を預かるなどして、破産者による運転を防止する措置を講じます。

⑵ 　過払金返還請求権

　債権者一覧表に貸金業者が含まれている場合や、破産者が過去に貸金業者と金銭消費貸借取引をした形跡がある場合は、過払金の有無について調査します。

⑶ 　保険解約返戻金、保険金請求権

　破産者が保険契約者である場合、保険解約返戻金は破産財団に帰属します。

　保険契約によっては、保険契約者が保険料の払込みをしないと、自動振替貸付（保険料の立替え）が適用されるものがあります。立て替えられた保険料は、解約の際に解約返戻金から差し引かれ、その分資産が目減りします。

　破産財団に解約返戻金がある場合には、破産者に自由財産拡張を申し立てる意思があるかどうかを至急確認し、申し立てる意思がないときは速やかに解約手続をします。解約返戻金相当額の破産財団組入れと引換えに破産財団から放棄する方法もあります。

　なお、掛け捨ての保険であっても、受取人が破産者とされている場合には破産手

94　　［第3章］ 換価・破産管財人の職務

続開始決定によって（抽象的）保険金請求権が破産財団に帰属することになります。破産者の親族等が保険契約者であり、受取人が破産者とされている場合も同様です（最一小判平28. 4 .28民集70巻 4 号1099頁。Q59参照）。現実には、破産手続中に保険事故が発生し、保険金請求権が具体化した場合に問題となります。この点をうっかり失念して自由財産拡張申立てをしていないケースが見受けられますので、破産者や申立代理人に確認しておくとよいでしょう。

(4) 給与明細書の確認

破産者が給与所得者である場合、資産形成等の目的で給与から様々な費目が天引きされていることがあります（従業員持株会など）。給与明細書の控除項目は必ず確認し、不明な点があったら、破産者自身から聴取します。

(5) 破産者の居宅

破産者の居宅を売却する場合、破産者の親族が買受人となる例を除いて、明渡しが前提となります。そこで、親族以外の第三者に売却する可能性があるときは、早い段階で破産者にその旨を伝え、転居の見通しを確認しておく必要があります。

2 否認対象行為の有無の確認

破産者の詐害行為や偏頗行為によって、本来、破産財団に帰属すべき資産が逸失している場合、破産管財人は、直ちに着手しないと、当該資産の転売・費消などによって回復が困難になってしまうおそれがあります。破産者の資産処分歴など調査して、否認の対象となり得る行為を発見した場合、至急対応する必要があります。

3 回送郵便物の返却方法

破産手続開始決定により破産者宛郵便物の回送が開始されますので、破産手続開始決定後速やかに回送郵便物の返却方法について破産者と取り決める必要があります（Q51参照）。実際には、①破産者が定期的に破産管財人事務所に受取りに来る方法、②破産管財人から同居の家族宛てに返送する方法、③封筒の表面に「破産管財人の発送によるため転送不要」と朱筆して破産者本人宛てに返送する方法などが多くとられているようです。

4 破産者の制限・義務の告知

破産者の財産管理処分権の制限・破産者の説明義務（破40）、居住制限（破37）などについて、破産者が理解していない場合がまれにあります。破産者の理解の程度について確認し、不十分と認められる場合は、改めて告知します。居住制限については、引越し（転居）のみならず、長期の国内旅行や海外旅行も含みますので（『条解』324頁）、破産者に注意喚起をしておく方がよいでしょう。

5 破産者の連絡先聴取

破産者から携帯電話番号を申告してもらい、いつでも連絡をとれる状態を作っておきます。形式的事実の確認や連絡事項の伝達などは、申立代理人を通さずに、破産者・破産管財人間で直接やりとりすることが多いと思いますが、申立代理人には、その旨の断りを入れておくことが好ましいでしょう。 〔飯島章弘〕

Q 44 破産手続開始決定直後の破産管財人の対応 ②
——個人事業者の破産

個人事業者の破産では、破産管財人としてはどのような点に留意して破産管財業務に取り組むべきでしょうか。

1 事業継続をする場合

⑴ 事業継続の必要性

個人事業者の破産においては、破産手続開始決定後も破産者が同一事業の継続を希望する場合があります（『実践フォーラム』235頁以下参照）。破産者の年齢や雇用環境等の理由により他への転職が困難で、生活のために同一事業を今後も継続するほかないものの、従前の累積した債務が免責になれば現在の売上状況でも生計維持が可能な場合です。飲食店や一人親方などの場合に経験するところです。破産者の経済的更生を考えると、この場合には事業継続の必要性に疑いはありません。

⑵ 事業継続の可否

開始決定が下されている状況で、個人事業者本人が事業を継続することはできるのでしょうか。破産法36条の存在や事実上の債権者による反発が問題となります。

結論として、事業の継続自体は可能と考えられます。破産法36条は、破産管財人が事業を継続する場合には、裁判所の許可が必要と規定します。この規定は、破産管財人が財団帰属財産を利用しつつ事業を継続する場合を想定しています。しかし、ここでの問題は、個人事業者本人が財団帰属財産を利用せずに、事業を継続する場合なので、破産法36条が規律する場面ではありません。固定主義からすると、財団帰属外の財産を用いてのことであれば、個人事業者が事業継続することに問題はないはずです。

また、事業継続に対する債権者の感情は、使用財産の評価、使用財産と破産財団との区分を明確に行い、事業継続は法的に問題がなく、債権者を害さないことを破産管財人が説明することで対応します。

⑶ 事業に使用する財産

破産者たる個人事業者は、破産管財人が管理処分権限を有する破産財団帰属の財産をそのまま使用することはできません。したがって、個人事業者が使用する資産につき、自由財産か、破産財団帰属財産かの区分が重要となります。

ア 換価価値が認められる財産であっても差押禁止動産（民執131）であれば自由財産となります（破34Ⅲ②）。民事執行法131条6号は、技術者、職人、労務者その他の主として自己の知的又は肉体的な労働により職業又は営業に従事する者のその業務に欠くことができない器具その他のものを差し押さえてはならないとしています。大工の道具類、理容師の理容器具類などは、これに当たります。開業医の治

療機器については、価格や業務不可欠性の程度を考慮して判断することになります（東京地八王子支決昭55.12.5判時999号86頁、東京地決平10.4.13判時1640号147頁参照）。対象動産が差押禁止財産か否か、吟味することが必要です。

イ　次に、差押禁止財産に該当せず破産財団に属するとしても、①その価値を評価し、無価値であることが認められるものであれば、破産管財人が財団から放棄することによって使用を継続できます。長期使用の機械類などはこれに当たる場合があります。また、②対象物件に相応の換価価値が認められるとしても、自由財産の拡張をすることにより使用継続が認められる場合も考えられます。

ウ　破産財団に属し、換価価値が認められ、自由財産の拡張対象にもならない物件であっても、破産管財人が親族に売却して親族から破産者が借り受けたり、破産者が自由財産から代金相当額を破産財団に組み入れることを条件に破産管財人が放棄したりすれば、利用を継続することが可能です。いずれにせよ、対象動産の時価評価は重要ですから、業者から見積りを得るなど、慎重な対応が求められます。

(4)　債権・債務の区分

事業継続する場合には、債権・債務の切り分けを明確に行うことも重要です。

開始決定時を基準に、既発生債権が破産財団に帰属し、その後の債権は新得財産となります。債務も決定時を基準に、既発生債務が破産債権、その後の原因に基づく債権が新債権となります。新得財産は、新債権の引当てとなります。

(5)　事業価値

なお、事業継続する場合、財団帰属の個別財産の価値総額を上回る価値（事業価値）を観念することも、理論上は可能です。

ただし、破産に至った個人事業では、事業主（及びその家族）の労働の対価と見合う程度の利益しか見込めないことがほとんどでしょう。このような場合には独自の事業価値までは認められません。事業価値は皆無又は僅少であるため個別資産の時価総額をもって評価するのが相当、と判断してよいと考えます。

2　事業継続をしない場合

事業継続をしない場合は、自由財産の範囲に留意しながら換価回収することになります。個人事業者には前述のように差押禁止動産が認められていますが、事業を継続しないのであれば、破産者の了解の上で、破産管財人が換価し、代金を破産財団に組み入れます。

また、売掛金債権や請負代金債権については、法人破産と同様、回収することとなりますが、破産者の生活実態も勘案して、自由財産拡張の対象とする場合も考えられます。破産手続開始決定後に支払われる請負代金20万円が、当月の破産者家族の全収入というような場合です。自由財産拡張の対象とした場合、回収行為は破産者が行い、破産管財人が行う必要はなくなります。

なお、事業者、非事業者共通の留意点については**Q43**を参照してください。

〔小野正毅〕

Q 45 破産手続開始決定直後の破産管財人の対応 ③
—— 法人の破産

　法人の破産申立てに関して、破産管財人候補者は破産手続開始決定前にどのような準備をしておくべきでしょうか。
　また、開始決定後、どのような点に留意して破産管財業務に取り組むべきでしょうか。

1 破産手続開始決定前に準備しておくべきこと

(1) 申立書副本等の精読

　申立書副本、添付書類やインターネット等を通じて取得できる破産者に関する情報等から、対応を要する破産管財業務の内容、優先順位を整理し、破産手続開始と同時に効率的に管財業務に着手・遂行できるよう計画を立てます。破産手続開始前後に行われる破産者代表者等、申立代理人との面談（以下「三者打合せ」といいます。東京地裁では、破産管財人候補者内定後直ちに行うことが励行されています）で確認する事項も整理し、場合によっては三者打合せに先立って申立代理人から説明や情報提供を受けます。破産手続開始後の管財業務の量と時間的集中度に応じ、破産管財人代理を選任する必要がある場合には、その候補者を確保します。

(2) 三者打合せ

ア 総 論

　三者打合せでは、破産者代表者に対し、破産者の説明義務（破40Ⅰ①）や重要財産開示義務（破41）等の破産法上の注意事項を説明し、貴重品・重要書類等（確定申告書の控え、預金通帳、当座勘定照合表、代表印、銀行印、社印、キャッシュカード、総勘定元帳等の主要簿、現金出納帳、当座預金出納帳、売掛金元帳、買掛金元帳等の補助簿等）の引き継ぎ（所在場所確認を含みます）を受けるとともに、上記(1)の申立書副本等の精読等を通じて整理した情報を踏まえ、補充情報を聴取したり、資料提供を受けたりします。直近の決算書の勘定科目内訳明細書や減価償却の明細書と申立書添付の財産目録を対照し、差異があれば、帳簿類の確認や事情聴取等でその経緯を確認します。預金通帳や当座勘定照合表の入出金履歴から売掛先、貸付先、保険、各種会員権、最近では暗号資産（仮装通貨）等を発見することもあります。事業廃止前後に銀行預金から多額の現金の引出しがあれば、破産者の代表者等による流用や一部債権者への偏頗弁済を疑う必要があります。事業所だけでなく、破産者の役員・従業員用の借上げ住宅や駐車場の賃貸借契約の有無等の確認（破産手続開始後の賃料は財団債権となります。Q161参照）、自動車の有無や保管場所、鍵・車検証の所在の確認（運行供用者責任を意識します。Q87参照）、とりわけ、事業廃止日から破産手続開始の申立てまでの期間が長い場合には、代表者の費消を含む財産の散逸、

98 　［第3章］ 換価・破産管財人の職務

偏頗弁済等の否認事由の手がかりとなる情報の収集、売掛金等の債権の消滅時効完成の時期等の確認が必要です。また、直近の決算期から破産手続開始までの基礎的な会計処理がされているか、されていない場合は行える者の確認も行います。

イ　業務継続中又はこれに準ずる場合

破産手続開始の申立ての相当前に事業活動を停止し、従業員の解雇関連手続、事業所の明渡しなども済み、収集できる財団も限られているような事案の場合は別として、解雇未了で事業継続中のような事案の場合は、事業継続（受注した未履行双務契約の履行の選択を含みます）の要否、事業譲渡の可能性（**Q28**参照）について、発注元の意向、想定される事業譲渡先、採算や従業員の協力の可能性等を中心に聴取・検討します。これらが不可能な場合は、破産手続開始に先立って従業員を即時解雇するか、解雇予告にとどめるかの協議・検討をします（**Q25**参照）。破産手続開始に伴い事業停止したとしても、後述のとおり様々な業務が残り、業務を熟知した従業員に担当してもらうことが合理的ですが、即時解雇すると補助者給与と解雇予告手当の二重取りとなる問題がある一方、解雇予告にとどめた場合には従業員によって業務量が極端に偏らざるを得ませんし、未消化有給休暇を消化したいという希望が出るなど、いずれにしても不公平感があって一長一短があります。

債権者等の第三者の出入りが可能な場所に破産者の換価性のある資産が存在する場合には（建築現場等）、財産の持ち去りや現場の混乱を防止するための現場保全をする必要があります。そのような場合、申立代理人側の弁護士等、破産管財人・管財人代理等、破産者の役員・従業員等の人材資源、現場の数、重要度を考慮して人員配置を検討します。現場保全をする一方で、事案によっては、破産手続であっても任意の債権者説明会を開催し、一律の説明をしてきちんとした対応を示すことで、抜け駆け的な対応の防止に資する場合もあります。消費者被害のあるような事案の場合、一般顧客に対する説明会を開催することが有用な場合もあります。こういったことも含めて、事案の特性を考慮しつつ、三者打合せで対応を検討します。

2　破産手続開始決定後に留意すべきこと

(1)　破産手続開始決定直後の対応

ア　現場における事情聴取

破産管財人は、破産開始後直ちに破産者の事業所に赴き、三者打合せで引き継げなかった貴重品、重要書類等があればこれらを引き継ぐ（所在場所確認を含みます）とともに、申立書副本及び添付書類、追加提供を受けた資料、三者打合せで得た情報等に基づいて、破産者代表者、総務・人事・経理担当者（必要に応じ仕入れ・営業担当者）から、管財業務遂行上必要な情報の現場における追加説明を受けます。

破産法40条所定の者には説明義務があるものの、時間の経過に従って記憶が不確かになったり、関連資料の元々配置されていた場所からの移動、データが保存されていたはずのパソコン、サーバー等の処分等により資料にアクセスできなくなったり、それぞれの新たな生活が始まることで、事実上協力することが困難になってく

ることがあるので、破産手続開始直後の事情聴取は極めて重要です。

　イ　（元）従業員に行ってもらうべき業務

　①総務担当者に対してはリース・所有権留保対象物の確認手続等、②人事担当者に対しては退職にまつわる諸手続や労働者健康安全機構による未払給与・退職金の立替払請求の手続の遂行等、③経理担当者に対しては破産手続開始決定までの決算の確定手続等を行ってもらいます。④売掛先等に対する請求書の作成、発送手続については経理担当者や営業担当者に、⑤債権者及び債権額の確定（債権認否）手続については総務、仕入担当者や経理担当者に行ってもらうのが合理的です。

　これらの業務は、破産管財人自身が従前のフローを聴き取った上で、破産手続を前提とした方法や期限等について具体的に随時指示し、最終決裁をします。

　ウ　従業員に関連する事項

　破産手続における従業員をめぐる法律関係の処理は重要であるとともに事務量もあり、次の点については、三者打合せ段階で確認・指示が必要となります。

　即時解雇された元従業員に補助者として管財業務に協力してもらう場合のアルバイト代については従前の給与を参照して時給等を設定しますが、財団の状況、事業の規模や特殊性、業務内容等を踏まえ、個別に協議の上で合意します。従業員兼務役員は、従前の給与等のうち役員報酬部分を除いた従業員給与部分の額を参照し、元従業員と同様の方法で決定することがあります。社長、専務、常務等の破産者の実質的経営権を有していた旧役員は、原則として実費を除いて無報酬としますが、担当する業務の性質、量、従事する時間及び期間等を考慮して、裁判所と協議の上で従業員兼務役員ないし従業員の額と対比しつつ決定することがあります。

　解雇された元従業員を補助者として一時雇用する場合には、雇用保険（基本手当）の不正受給に注意が必要です。雇用保険法上、基本手当受給中の労働は禁止されていませんが、就職したとみなす基準の設定・運用については公共職業安定所ごとに裁量があるようですので、事前に確認し、失業認定申告書に就労の事実及び収入の内容等を適正に記載して申告する必要があることを告知します。

　退職に伴う諸手続には、源泉徴収票の交付・税務署への提出、住民税の普通徴収への切替え、離職票の交付、社会保険の手続（国民健康保険への切替えか健康保険の任意継続か）、未払賃金の確認、解雇予告手当の確認等がありますので、上記イの担当者の協力を得て速やかにこれらを行う必要があります。未払給与・退職金については、労働者健康安全機構の立替払制度があります（Q183参照）。

(2)　事業所の明渡し

　事業所が賃借物件の場合、開始後の賃料は財団債権となるので、上記(1)イ・ウの業務の収束時期を見計らって、早期明渡しに関する交渉を賃貸人との間で行う必要があります。原状回復義務の取扱い、残存する敷金（質権設定の有無も含みます）との関係、契約上の予告期間との関係等に配慮が必要です（Q135、Q136参照）。

〔田川淳一〕

Q 46 破産手続開始決定直後の破産管財人の対応 ④
——破産財団に属する財産等への対応

破産手続開始決定直後、破産管財人は、破産財団に属する財産について、どのような対応をする必要があるのでしょうか。

1 開始決定直後の対応の重要性

破産手続開始決定があった場合、破産財団に属する財産の管理処分権は破産管財人に専属し（破78Ⅰ）、破産管財人は就職の後直ちに破産財団に属する財産の管理に着手しなければならない（破79）ものとされています。

現実の管財業務においては、開始決定直後2週間程度の対応いかんで、その後の管財業務、換価回収の帰趨が決まるといっても過言ではありません。特に、多数の従業員を補助者として確保する必要がある場合、債権者申立事件等破産者側が敵対的な場合、事業継続・事業譲渡等が必要な場合等には、即時の対応が必要になります。

そこで、可能な限り開始決定までに、①破産に至った経緯・開始決定直前の状況、②破産財団に属する財産の内容・担保設定の有無（譲渡担保は要注意です）、③補助者として従業員を使用することの要否・可否、④事業所継続使用の要否・可否等を把握・判断し、優先順位をつけて迅速に処理を進める必要があります。

2 開始決定直後の破産財団に属する財産に関する対応

(1) 事務所、店舗、工場等事業所の占有取得、現場保全、維持管理

破産に伴う混乱により物品の盗難等が起きやすいため、破産管財人は、開始決定後直ちに破産者の事業所に赴き、出入口に告示書を貼り、鍵をすべて取得して施錠するなどの対応を行う必要があります。破産者の役職員を連れて行き、説明を受けつつ、金庫を解錠させて貴重品を引き上げることも必要となります。また、事業所の継続使用（賃貸借契約の継続）の要否のほか、電気・ガス・水道等の継続の要否も速やかに判断する必要があります。冷蔵庫や冷凍庫に生鮮食料品、揮発性の高い薬品等が入っていることもあり、電気については特に注意が必要です。

従業員を補助者として事業所を使用させる場合、責任者を決めて鍵の管理について指示をするなど十分な指示・説明も必要となります。また、抵抗を受けた場合には警察の協力を得ること（破84）、封印執行を行うこと（破155Ⅰ）も検討が必要となります。

(2) 現金、預金、有価証券、手形・小切手等の占有取得

申立代理人が破産者から預かって破産管財人に交付するのが原則ですが、①小口を含む現金、②預金通帳・キャッシュカード・EBサービス用トークン、③株券、印紙、切手等の有価証券、④受取手形・小切手、⑤クレジットカード、⑥保険証

券、保証金の預り証等は、不正に使用されないよう直ちに提出させ、あるいは事務所から引き揚げる必要があります。

(3) 印鑑、会計帳簿、手形帳・小切手帳、契約書類等の確保

印鑑の占有を直ちに取得しないとバックデートで契約書等を偽造されるおそれがあり、会計帳簿や契約書の確保ができないと資産の把握が困難になります。そこで、これらも直ちに占有を取得する必要があります。会計帳簿については、最終記帳時点、未記帳分の伝票等の所在、税理士との関係、コンピュータ管理の場合のソフト・使用方法・サーバーの所在（クラウド等外部の場合は契約関係）等も確認する必要があります。税理士を補助者として使用する場合、早期にデータを引き継がせることも必要です。

(4) 売掛金、保証金、貸付金等の債権

売掛金については、開始決定後直ちに破産管財人名のレターと従前の要式の請求書を同封して、金額を明記した請求を行うことが満額回収につながります。その際、回答書を提出させておけば、後日、支払を拒んだ場合も訴訟での立証が容易になります。一方で、このような請求に時間がかかる場合、売掛先が第三者に支払うことがないように、金額を記載しないまでも開始決定通知と請求書を送っておくことが必要になります。その他の債権については、優先順位をつけて対応します。

(5) 在庫、仕掛品、原材料

受注済みの在庫は支払条件変更、瑕疵担保責任免責等を約束させた上で発注先に売却することが高額での処分につながりますし、原材料は仕入先に相殺禁止・現金払いを約束させて買い戻させる以外の処分は難しいことが多いです。在庫、原材料共に、このような処分には早期の対応が必要であり、速やかに在庫リストを作成させて従業員から十分な事情聴取をする必要があります。一方で、仕掛品については、完成させるための費用と回収額の見込みを慎重に検討する必要があります。

(6) 車両の鍵の取得・占有確保

車両については、事故、盗難、所在不明等を避けるため、直ちに鍵を預かって使用させないのが原則です。駐車場代の負担が生じる場合、早期処分ないしリース会社・留保所有権者への早期返還も必要になります。

3 ToDoリストの作成と共有

当然のことながら、以上の対応は即時にすべて行えるものではありません。

そのため、ToDoリストを作成して、行うべき作業を整理し、状況を踏まえて優先順位とタイムリミットを決め、管財人団を組成している場合は分担も決めて共有し、進捗に応じてアップデートしていくことが有効です。

〔金山伸宏〕

Q 47 債権者申立事件における破産管財人の留意点

債権者申立事件では、破産管財人はどのような点に留意して破産管財業務に取り組むべきなのでしょうか。

1 自己破産事件との違い

自己破産事件とは異なり、債権者申立事件の場合は破産者が破産することを望んでいません。そのため、申立書類だけでは情報が極めて不十分であることが通常であり、しかも破産者が破産管財人に協力しないばかりか、財産を隠匿する危険すらあります。債権者申立事件では、このような点を十分に意識して、迅速に破産管財業務に着手する必要があります。（福田大介「債権者申立ての破産事件に関連する諸問題」自正2010年8月号43頁以下参照）。

2 財産の保全

このように、債権者申立事件の場合には、破産者による財産隠匿の危険性が高いのですが、破産者が非協力的で、かつ財産の散逸の危険が高いと破産管財人が判断した場合には、執行機関による封印執行（破155Ⅰ）や裁判所書記官による帳簿閉鎖（破155Ⅱ）を検討すべきです。破産者が財産を任意に引き渡さない場合には、引渡命令（破156）も検討すべきでしょう。なお、破産者が個人で不動産が存在する場合には、当該不動産が処分されないように、破産裁判所に破産登記の上申を行い、速やかに嘱託登記してもらうことが必要です。

3 財産の調査

財産調査において、破産者からの聴き取りは最も重要かつ効果的な方法です。そこで、非協力的な破産者に対しては、破産者には説明義務（破40Ⅰ①）や重要な財産の開示義務（破41）があること、これらの義務に違反した場合には免責不許可（破252Ⅰ⑪）や処罰（破268Ⅰ①、269）の対象になる場合があることを説明して、協力するように働きかけることが重要です。なお、破産者以外に経理担当者等の従業員がいる場合には、従業員からの聴き取りも必須です。

一方、帳簿類の精査も不可欠です。破産者が法人の場合には税務申告書を税務署で閲覧することができます。また、申告を行った税理士と早急に面談をして過去数年分の税務申告書、関連資料その他必要な情報の提供を求めてください。税務申告書には債権者の記載もありますから、債権者からも情報を収集し、その結果、財産の存在が疑われる場合には、積極的に照会をしてその有無を確定させてください。

財産調査における工夫として、まず郵便物回送嘱託を自宅や本店所在地だけではなく支店、営業所、居所などにも広げてください。また、市役所等に対して固定資産税の課税の有無を照会することで不動産を発見したり、水道事業者等に供給契約

の有無を照会することで営業所等の存在が判明したりすることもあります。

4 散逸した財産の回収

調査の結果、財産の散逸が判明した場合、否認権を行使して散逸財産を取り戻すことになります。債権者申立事件の場合、債務者（破産者）が破産申立ての事実を知りながら詐害行為や偏頗行為に及ぶおそれが高いといえますので、3で述べた財産調査は、詐害行為や偏頗行為があることを念頭に慎重に行う必要があります。

5 その他の留意点

(1) 即時抗告への対応

債権者申立事件では、破産手続開始決定に対して破産者が即時抗告（破33Ⅰ）をすることがあります。即時抗告には破産手続開始決定に対する執行停止の効力は認められません（大判昭8.7.24民集12巻2264頁）ので、即時抗告がなされても破産管財人は管財業務を中断する必要はありませんが、即時抗告の結果破産手続開始決定が取り消されることもありますから（破33Ⅲ）、ご注意ください。

(2) 申立予納金の取扱い

債権者申立事件の場合、申立予納金は財団債権になります（破148Ⅰ①）。しかも、他の財団債権に優先するものですから（破152Ⅱ）、可能な限り早く弁済するなどして、取扱いにはくれぐれも注意してください。

(3) 債権者の把握

申立書類が不十分なため、申立書類だけで債権者を把握することは困難です。破産者や経理担当者などの従業員からの聴き取り、回送郵便物のチェックは当然ですが、前述のように税務申告書から債権者を把握することも可能です。

(4) 債権者集会での心構え

債権者も重要な情報提供者となります。管財業務の迅速な遂行も重要ですが、拙速に事件を終結させることは避けるべきです。債権者集会は、債権者から情報や問題点を指摘してもらう場であるとの意識をもちましょう。

(5) 免責申立て

債権者申立事件の場合、破産申立てと同時に免責許可の申立てをしたとはみなされません（破248Ⅳ）。破産者が免責を希望する場合には、破産手続開始決定が確定した日から1か月以内に破産者が免責許可の申立てをする必要がありますので（破248Ⅰ）、破産管財人は、破産者に免責許可申立ての意思があるかを確認し、意思がある場合には免責許可申立てをするように促すべきです。

(6) 自由財産拡張申立て

自由財産拡張の決定は職権で行うことができますが（破34Ⅳ）、実務上は、破産者の申立てに基づき、破産管財人が意見を述べた上で裁判所が決定するという扱いが大半です。ですから、破産者が自由財産拡張の意思を有しているか否かを確認し、意思を有している場合には自由財産拡張申立てを促すべきでしょう。

〔中西達也〕

Q 48 リース物件への対応

リース物件である電話機、パソコン、FAX・コピー複合機については、残務処理に必要な一定期間だけ使用を継続したいと考えています。

この場合、破産管財人はリース会社との間でどのように交渉すればよいのでしょうか。

1 破産法53条の適用がない場合

(1) リース物件を継続使用する方法

リース契約で一般的なファイナンスリース契約の場合、リース契約締結後リース物件がすでに引き渡されていれば、破産法53条の適用はなく、破産管財人は履行選択も解除もすることもできず、リース債権者は別除権者として扱われ、別除権の行使としてリース物件を取戻し、残リース料を精算することになります（Q141参照。なおフルペイアウト方式でない場合には、破53の適用の有無につき議論があります）。そのため破産管財人がリース物件を使用することは原則としてできません。

破産管財人が事業所を継続使用し、パソコン等のリース物件を利用することが必要な場合には、リース債権者と、リース物件を継続して利用する方法について協議する必要があります。具体的な方法としては、①引揚げを事実上猶予してもらう方法、②引揚げの猶予を受ける代わりに使用料を払う旨合意する方法、③リース物件を買い取る方法、④別除権を放棄してもらう方法が考えられます。

いずれの方法もリース債権者との新たな合意に基づくものであり、②の使用料の支払は、リース物件の引揚げの猶予を求めるための和解契約によるという意味で「破産財団に関し破産管財人がした行為によって生じた請求権」（破148Ⅰ④）であり、財団債権の支払になります。

(2) リース物件を継続使用する方法を選択する場合の考慮要素

リース物件を継続使用するためには、使用期間、処分費用、換価価値等を踏まえ、①〜④のうち財団にとって最も有利な方法から交渉していくことになります。

ごく短期間の使用であれば①・②が、逆に長期間使用する予定であれば③・④が適していると思われます。もっとも、高額な処分費用が見込まれる場合には、③・④を選択することには注意が必要です。また、換価価値が高い場合には、高額な買取り額を提示されて③を諦めざるを得ない場合や、リース債権者から早期の引揚げを要求されて①・②を拒否される場合もあるでしょう。

いずれにせよ、これらはリース債権者との新たな合意に基づくものですから、リース債権者の意向も重要です。結果的には②を選択することが、破産管財人とリース債権者双方の意向に沿う場合が多いのではないでしょうか。

⑶　リース物件を継続使用するために②を選択した場合の引揚費用

　リース物件を継続使用する方法として③・④を選択する場合には問題になりませんが、②を選択する場合には、必要使用期間を終えた後のリース物件の引揚費用を、リース債権者と破産管財人のどちらが負担するか問題となります。

　破産法53条の適用がない場合、リース債権者は別除権者であり、リース物件の引揚費用の法的性質は担保権の実行費用ないし取戻権の行使費用となります。そのため、リース債権者が債務者にリース物件の引揚費用を請求し得る根拠はリース契約におけるその旨の約定であり、リース物件の引揚費用は「破産手続開始前の原因に基づいて生じた財産上の請求権」（破２Ⅴ）として破産債権と解されます。

　したがって、破産管財人としては、リース債権者に対して、リース引揚費用もリース残債権とともに破産債権となることを説明して破産債権の届出を促し、その後に引揚費用が届け出られればリース契約の内容等を含めて債権調査を行い、破産債権として認めるかどうかを判断することになります。

　②を選択した場合でも、必要使用期間を終えた後のリース物件引揚費用は未履行の双務契約の解約があった場合の請求権（破148Ⅰ⑧）ではなく、別除権行使のための費用であることに変わりはありませんから、破産債権となります。そのため、②を選択する場合には、リース債権者に誤解を与えないよう、リース債権者に対して、未履行双務契約の履行ではないこと、引揚費用が破産債権となることを十分に説明すべきでしょう。

2　破産法53条が適用される場合

　これに対し、メンテナンスリース契約等について破産法53条の適用が認められると解する場合（Q141参照）には、破産管財人は履行を選択するか契約の解除を選択できるため（破53Ⅰ）、破産管財人が履行を選択することによって、リース物件を継続使用することができます。

　数か月後にリース契約期間の満了を控えており、それまで利用すれば十分な場合であれば、履行を選択することも考えられます。ただ、一度履行を選択してしまうと、契約内容によってはその後の解除に多額の損害金が必要となる場合もありますし、また未払リース料が財団債権となるデメリット（破産手続開始前の未払リース料も財団債権となるかについては争いがあります。なお、賃貸借契約における破産手続開始前の賃料については否定説（破産債権説）が有力です。『注釈上』385頁〔辺見紀男〕）もありますので、履行を選択するか否かは、慎重に判断すべきでしょう。

〔吉野建三郎〕

Q 49 財団帰属財産に対する執行・保全手続への対応

破産手続開始決定時点において、破産債権に基づく差押えや仮差押えの手続が係属中の場合、破産管財人としては、どのように対応すればよいでしょうか。

① 預金・売掛金等の債権に対する差押えや仮差押えがなされていた場合
② 不動産に対する差押えや仮差押えがなされていた場合

1 破産手続開始決定の効力（強制執行等の失効）

破産手続開始決定があった場合、破産債権に基づいて破産財団に属する財産に対して個別の強制執行、仮差押え、仮処分（以下「強制執行等」といいます）をすることが禁止されるだけでなく（破42Ⅰ）、破産財団に属する財産に対してすでにされている強制執行等は、破産財団に対してその効力を失います（破42Ⅱ本文）。破産手続は、すべての破産債権者に対して比例的・平等的満足を与えることを目的とする制度ですから、個別の債権者に満足を与えることを目的とする強制執行等は禁止され、失効するとされているのです。

そして、本条でいう「効力を失う」とは、特別の手続を要しないで、強制執行等の効力が失われることであり、破産管財人は、既往の強制執行等がないものとして、管理処分権を行使することができます。

ただし、強制執行については、破産管財人においてすでになされている手続を続行する方が有利・便宜であると判断した場合には、既往の手続を続行することもできます（相対的無効。破42Ⅱただし書）。

このように、すでになされている強制執行等は、破産財団に対して効力が失われますが、形式的に残存する強制執行等について、破産手続遂行の支障となることがありますので、破産管財人としては、後述のような処理をしてこれを除去し、破産財団に属する財産の換価・回収をする必要があります。

なお、上記と異なり、同時破産廃止（破216Ⅰ）の場合にはこのような強制執行等の失効の効力は生じませんが、破産申立てと同時に免責許可の申立てをしていれば、破産債権に基づく強制執行で破産者の財産に対してすでにされているものは「中止」します（破249Ⅰ）。そして、免責許可の決定が確定したときに、「中止」した強制執行が「失効」することになります（破249Ⅱ）。

2 債権に対する強制執行等がなされている場合（設問①）

⑴ 債権差押えがなされている場合

売掛金や預金に対する差押えがなされている場合、実務においては、破産管財人が、「破産手続開始決定の正本」と「破産管財人の資格証明書」とを添付して、執

行裁判所宛てに債権執行取消しの上申（大阪地裁では、執行「終了」の上申となります）をすると、執行裁判所において、職権で、執行命令の取消をする運用がなされています（ただし、運用には各地で相違があることがありますので、実際の手続については各裁判所に確認をすべきでしょう。この点は、以下の実務運用に関する記載についても同様です）。そこで、破産管財人としては、速やかに執行取消しの上申書を提出して、第三債務者に対して直接支払を求めることになります。

特に、破産財団を構成しない破産手続開始決定後の部分も含めて給与債権の差押えがなされている場合、さらに供託がなされている場合には、破産者の生活の糧になるものですので、直ちに執行取消しの手続等を行うべきでしょう（『手引』113頁〔草野克也〕参照）。

他方、第三債務者が供託をしている場合、破産管財人は供託金の交付を受けることになりますが、破産管財人は、執行裁判所宛てに供託金交付の上申書を提出し、執行裁判所から払渡額証明書の交付を受けます。そして、供託所に対し、交付を受けた払渡額証明書に、破産管財人資格証明書と破産管財人個人の印鑑証明書を添付して、供託金の払渡請求をする運用となっています（『手引』111頁〔草野〕参照）。

⑵　債権の仮差押えがなされている場合

一方、仮差押えがなされている場合には、実務運用上、職権による保全執行取消決定はされません。そこで、破産管財人は、債権者に対し、破産手続開始決定によって仮差押えの効力が失効していることを理由として担保取消しの同意と引き換えに保全命令の申立てを取り下げるよう交渉しています。債権者としても、担保取消しの同意を得ることにより、担保金の還付を得ることができますので、これに協力することも多いと思われます。なお、担保額が100万円を超える場合には、担保取消しの同意について裁判所の許可が必要になりますので、注意してください（Q92参照）。

ただし、破産管財人よる依頼にもかかわらず債権者が保全命令の取下げをしない場合には、保全事件の担当部（以下「保全部」といいます）に対して失効通知の上申書を提出すると、保全部から第三債務者に及び債権者に仮差押えが失効している旨の通知がなされますので、破産管財人としては、第三債務者にこの通知の内容を説明して支払を求めることになります。

他方、第三債務者による供託がなされている場合には、破産管財人は、保全部に対して、仮差押失効の証明申請書を提出して、その証明を受け、供託金の還付を受けることとなります（『手引』112頁〔草野〕参照）。

3　不動産に対する強制執行等がなされている場合（設問②）

⑴　不動産差押えがなされている場合

破産債権に基づく不動産の強制競売がなされている場合、実務運用上、破産手続開始決定のみでは、不動産の差押えは取り消されません。破産管財人が破産手続開始決定の正本及び破産管財人の資格証明書を添付して強制執行停止の上申書を提出

することにより、執行手続が停止されるにとどまる扱いです。この点において、債権差押えの場合とは取扱いが異なります。

差押登記は、破産管財人が当該不動産を任意売却し、所有権移転登記の完了後に所有権移転登記の記載のある不動産登記事項証明書等を添付して、上申書が提出された場合に、抹消登記の嘱託が行われ、抹消されます。このように、差押登記の抹消は任意売却手続の完了後（売買代金の支払後）になされることになりますので、破産管財人としては、差押えのある不動産を任意売却する場合には、買主に対し、差押債権者による任意の取下げがなされない限り、このような登記抹消の手続となることについて十分に説明をし、理解を得ておく必要があります。

この場合、破産管財人において、係属中の強制競売手続をそのまま利用することもでき、手続の続行を求める上申書を提出すれば、破産管財人を当事者として手続きが進行します。その場合の換価代金は、差押え債権者には配当されず、執行費用と別除権者に対して配当をした後の残金が破産管財人に交付されます（『手引』113頁〔草野〕参照）。

(2) 不動産仮差押えがなされている場合

不動産仮差押えがなされている場合も、保全部では、破産手続開始決定があっても、仮差押え登記を抹消しません。差押えの場合と同様、当該不動産が任意売却された場合に限り、所有権移転登記の完了後に、破産管財人からの上申書の提出がなされれば、仮差押登記の抹消嘱託をする扱いです。したがって、この場合も、買主に対して十分に説明をしておくことが必要となります。

なお、当該不動産に破産の登記がされている場合には、東京地裁においては、上申書の提出先は、保全部（民事第9部）ではなく破産再生部（民事第20部）となります（『手引』114頁〔草野〕参照）。

〔三枝知央〕

Q 50 引渡命令、
説明義務・重要財産開示義務

① 破産管財人は、破産会社の代表者に対して、破産会社のものと思われる
宝石の引渡しを求めていますが、代表者は「これは私個人のものだ」と主
張して引き渡しません。破産管財人はどう対処すべきでしょうか。
② 破産会社の帳簿の記載が明確でなく、どのような財産があるのか判然と
しません。破産者にはどのような義務があり、それに違反した場合には、
どうなるのでしょうか。

1 破産財団に属する財産の引渡命令（設問①）

(1) 帳簿等の調査

まず、宝石が破産会社の所有物であるか否かを確認する必要があります。そのた
めには、破産会社の帳簿その他の書類を調べることが先決です。

破産申立時に疎明資料として帳簿等が提出されていない場合、破産管財人には、
破産財団に関する帳簿、書類その他の物件を検査する権限がありますので（破83
①）、破産会社の事業所や倉庫等に保管されている帳簿類等を調べることになりま
す。また、事業所や倉庫等に保管されている帳簿類が第三者によって占有されたり
持ち去られたりするおそれがある場合には、裁判所書記官、執行官又は公証人に申
し立てて封印執行をすることも考えられます（破155①。**Q46**参照）。

このように帳簿類等を確保した上で調査を行い、宝石が破産会社の所有物である
か否かを調査することになります。

(2) 引渡命令

宝石が破産会社の所有物であることが判明したにもかかわらず、それでも破産会
社の代表者が任意に引き渡さない場合、破産法では引渡命令の制度が設けられてい
ます。すなわち、破産手続を円滑に進めるため、裁判所は、破産管財人の申立てに
より、破産者（法人の場合その代表者）を審尋した後に、決定で、個別の財産を特定
した後に、破産者に対して破産財団に属する財産を破産管財人に引き渡すべき旨を
命ずることができます（破156）。

そこで、破産管財人としては、代表者に対する審尋において、代表者が宝石を個
人の所有物として占有しているのではなく、破産会社の占有補助者として占有して
いると主張して引渡しを求めることになります。審尋の結果、代表者が破産会社の
占有補助者として宝石を占有していると認められた場合には、破産会社を名宛人と
する引渡命令を得て、これを債務名義として、占有補助者である代表者に対して強
制執行をすることができます。しかし、代表者が破産会社の占有補助者として宝石
を占有しているとは認められず、代表者個人が宝石を占有していると認められる場
合には、破産管財人としては、代表者個人を相手とする通常の訴訟手続等により債

110　　［第3章］ 換価・破産管財人の職務

務名義を得て、代表者個人に対して強制執行をすることになります。

2 破産者等の説明義務、重要財産開示義務（設問②）

(1) 説明義務

破産会社の帳簿が明確ではなく、どのような財産があるのか判然としない場合、破産管財人としては、破産会社の関係者から事情を聴取することで、書類の不備を補い、破産財団に属する財産の調査を行うことになります。

しかし、破産手続開始決定後に、破産会社の関係者が破産管財人に協力しないことも考えられます。その場合、破産法では、破産手続の実効性を確保するために、一定の者に対して破産管財人に対する説明義務を課し、これに従わない場合には刑事罰の制裁を設けています。具体的には、①破産者、②破産者の代理人、③破産者が法人である場合に はその理事、取締役、執行役、監事、監査役及び清算人、④前記③に準ずる者、⑤破産者の従業者（ただし、②に掲げる者を除きます）、⑥前記②〜⑤であった者（以下「破産者等」といいます）が、破産管財人に対して、破産に関し必要な説明をする義務を負うものとされています（破40Ⅰ・Ⅱ）。

破産者等が、この説明義務に反して説明を拒んだり虚偽の説明をしたりした場合には、3年以下の懲役もしくは300万円以下の罰金又はこれの併科という刑事罰を受けることになります（破268Ⅰ・Ⅱ）。また、行為者だけでなく法人も処罰されます（両罰規定。破277）。

破産管財人は、破産者等に対して、このような説明義務があることを説明して協力を求めていくことになります。

もっとも、従業者については、破産手続開始前に破産会社との雇用関係が解消され、あるいは破産手続開始後にも雇用関係が継続している場合であっても破産手続終結までの間には雇用関係が解消されることになりますので、刑事罰の制裁の下に説明義務の履行を求めることが酷な場合も考えられます。そこで、従業者を保護するため、破産管財人が従業者に対して説明を求めるときは、裁判所の許可を要することになっています（破40Ⅰただし書）。

(2) 重要財産開示義務

また、破産法は、破産手続開始決定後、就任間もない破産管財人が管財業務を円滑に行うためには、破産者が有する重要財産に関する情報を早期に把握する必要があることから、破産者に対し重要財産開示義務を負わせています（破41）。すなわち、破産者は、破産手続開始決定後遅滞なく、その所有する不動産、現金、有価証券、預貯金その他裁判所が指定する財産の内容を記載した書面を裁判所に提出しなければならないとされています。

そして、破産者がこの重要財産開示義務に反して書面を提出しない場合や故意に虚偽の記載をした場合には、破産者は3年以下の懲役もしくは300万円以下の罰金又はこれの併科という刑事罰を受けます（破269）。

破産管財人は、破産者に対し、このような重要財産開示義務を果たすことを求めることで、調査を行うことになります。

〔関端広輝〕

Q 51 破産管財人が
破産者の回送郵便物を管理する上での留意点

破産管財人が破産者の回送郵便物を管理するに際して、どのような点に留意すればよいでしょうか。

1 郵便回送嘱託

裁判所は、破産管財人の職務の遂行のために必要があると認めるときは、信書の送達の事業を行う者に対し、破産者宛ての郵便物、信書便物（以下「郵便物等」といいます）を破産管財人に配達すべき旨を嘱託することができます（破81Ⅰ）。

通信の秘密は憲法上の権利ですが、破産財団に属する財産の発見や破産者による財産の隠蔽防止等の必要から、この権利に制限を加えたものです。規定上、嘱託は任意的です。東京地裁や大阪地裁では原則として全件郵便物の回送嘱託を行っていますが、信書便物については行っていません（『条解』650頁）。

2 管理の重要性

破産管財人は、受け取った破産者宛ての郵便物等を開いて見ることができます（破82Ⅰ）。回送郵便物等の開披点検は下記のような様々な発見の端緒となり得るなど大変重要であることから、破産管財人自ら回送郵便物等に目を通し、調査が必要と思われた場合には関係者に対し照会を行うべきです。ただし、破産会社の従業員等の個人宛ての私信等が回送されることもあるので、開披の際には宛名を十分確認し、破産者宛てではない郵便物を誤って開披しないよう注意が必要です。また、会社のみが破産したにもかかわらず、代表者個人宛ての郵便物が誤って回送されることもありますので、この点にも注意が必要です。

(1) 債権者や契約関係の発見

請求書・領収書等は契約関係の発見の端緒となります。特に法人の場合、携帯電話やインターネット等の細々とした契約について申立段階の処理漏れが多いことから、注意して点検することが必要です。

(2) 財産の発見や財産処分状況の判明

固定資産税・自動車税等の通知書から不動産や車両の所有・売却の事実が、銀行、証券会社や保険会社等からの通知書から口座、金融商品、保険契約等の存在・解約の事実が、ゴルフ場やリゾートクラブ等の年会費引落通知書や会員権売却の勧誘書面からこれらの会員権存在の事実等が判明することがあります。

また、公共料金やクレジットカード等の引落通知書に、申立書に記載のない銀行口座が記載されていることなどもありますので、既知の事実に関する郵便物であったとしてもよく点検する必要があります。

112 ［第3章］ 換価・破産管財人の職務

⑶　破産申立てに至った事情や免責不許可事由の発見

パチンコ等ギャンブル関係のダイレクトメール、ブランドショップや高級飲食店からのお得意様宛ての手紙、クレジットカードの利用明細等からは破産申立てに至った事情を知ることができます。また、一見破産手続とは無関係と思える親族・友人等からの手紙に、破産者からの金品の贈与に対するお礼の文面が記載されていたため否認対象行為の存在が判明した、ということもあります。

3　回送嘱託先追加の上申

裁判所は、法人破産の場合は本店・支店所在地につき、個人の場合は住所・居所につき、回送嘱託を行うことが多いようです（東京地裁の運用につき『手引』130頁〔伊藤孝至〕）。登記簿上記載のない営業拠点については、必要に応じ回送嘱託の追加を上申するとよいでしょう。また、個人の破産者が住所・居所以外で営業等を行っていた場合にはその場所宛ての郵便物につき、屋号・通称名等を用いている場合には屋号・通称名宛ての郵便物につき、追加の必要性を検討すべきでしょう。

開始決定前後に個人の破産者が転居した場合には、必要に応じて新旧住所宛ての郵便物について追加上申を行います。

4　破産者への郵便物の返還

⑴　返還の必要性

個人破産の場合、調査等の必要のないことが判明した郵便物は適宜の方法で破産者に返還するのが通常です。特に公共料金の請求書、求職中の破産者の採用（不採用）通知、個人事業を継続している破産者の取引関係の通知等、破産者の生活に影響のあるものについては可能な範囲で返還を急ぐべきでしょう。

なお、破産者は、破産管財人が受け取った破産者に宛てた郵便物等のすべてについて閲覧を求めることができ、上記郵便物等で破産財団に関しないものの交付を求めることができます（破82Ⅱ）。

⑵　返還の方法

破産手続開始直後の面接時において、回送郵便物の返還方法（破産者に取りに来てもらう、一定間隔でまとめて破産者宛に郵送するなど）について破産者と打ち合わせておくのがよいでしょう。郵送費用は財団・破産者いずれの負担でもよいですが、特に財団に最低予納金しかない場合には、破産者から宛先を記入した封筒と切手をあらかじめ受領しておくと便利です。また、ダイレクトメールについて破産者が返還を不要とすれば、返還の手間やコストが省けますし、浪費癖のある破産者については経済的更生に資する結果ともなるでしょう。

郵送で返還する際には、破産管財人発信の旨を封筒に朱書したり、破産者の了解を受けて破産者の同居家族宛てに発送したりして、再度の回送を防ぎます。

5　回送嘱託の終期

回送嘱託には、財産状況報告集会までなどの一定の期限を定めている場合もあります。その場合、必要に応じて、回送嘱託延長の上申をします。　　　〔永嶋久美子〕

Q 52 訴訟等への対応

　破産手続開始決定時に破産者・破産会社が訴訟や労働審判の当事者となっていました。このような場合の破産管財人の初動としては、どのような点に留意すればよいですか。

1　訴訟について

(1)　破産手続開始決定と係属中の訴訟の帰趨

　破産手続開始の決定があったときは、破産者を当事者とする破産財団に関する訴訟手続は中断します（破44 I）。破産財団に関する訴訟手続には、破産財団に属する金銭債権について破産者が原告となって給付訴訟を提起している場合や、破産者が原告又は被告となって破産財団に属する物の所有権を争っている場合のほか、破産財団を引当てとする破産債権・財団債権に関する訴訟手続も含まれます。訴訟代理人がいても中断は妨げられません。訴訟手続が中断するのは、「破産手続開始の決定があったとき」ですが、その効力は決定の時から生じるため（破30 II）、開始決定の確定を待たずに決定の時点で訴訟手続は中断すると解されています。しかし、破産手続が開始された事実について、破産裁判所や破産管財人が受訴裁判所に通知しなければならないという規定はありませんので、通常は、従前の訴訟当事者が受訴裁判所に対して連絡をすることで、受訴裁判所は中断の事実を確知し、受継があるまで訴訟手続の進行を止めることになります。訴訟手続がいかなる段階にあっても中断し、上告審であっても同様です（最二小判昭61.4.11民集40巻3号558頁）。なお、口頭弁論終結後の中断の場合判決の言渡しは許されます（民訴132 I）。

　破産者が個人の場合の人格権、身分上の権利に関する訴訟手続、帰属上の一身専属権の行使側に関する訴訟手続、差押禁止財産に関する訴訟手続や、破産者が法人の場合の組織法的な法律関係（設立・組織変更・会社分割・役員の選任解任など）に関する訴訟等破産財団に関しない訴訟については中断せず、破産者・破産会社が訴訟追行を継続することになります。

(2)　破産債権に関しない訴訟の受継

　破産管財人は、中断した訴訟手続のうち破産債権に関しないものをいつでも受継することができます（破44 II前段）。相手方も受継の申立てをすることができ（破44 II後段）、この場合、破産管財人は受継を拒絶することができません。

　破産管財人が当該訴訟を受継することは義務ではありませんが、破産管財人と相手方の双方が受継の申立てをしない場合、訴訟手続の中断が長く続くことになるため、破産財団に積極的な利益をもたらさない場合であっても、破産管財人が自ら受継した上で適切なかたち（取下げ、請求の放棄・認諾など）で訴訟を終結させることが相当な場合もあります（『条解』363頁）。なお、例えば破産者が被告となった建物

114　［第3章］　換価・破産管財人の職務

明渡請求訴訟の付帯請求として賃料相当損害金が請求されている場合に、破産手続開始決定後に発生したものと決定前に発生したもののように、ひとつの訴訟手続のなかで財団債権に関するもの（破産債権に関しないもの）と破産債権に関するものが含まれる場合があり、その場合は前者についてのみ受継が可能となります。

⑶　破産債権に関する訴訟の受継

破産債権について、債権者が原告となっている給付訴訟や、破産者が原告となる債務不存在確認訴訟等の破産債権に関する訴訟については、中断した上で破産債権の届出・調査の過程で異議がなければ内容が確定されます（破124Ⅰ）が、異議があった場合には、法定の期間内に破産債権者が異議者等の全員を相手方として、当該訴訟の受継の申立てをすることになります（破127、125Ⅱ。Q160参照）。破産債権の届出をしなかった場合や期間内に受継の申立てをしなかった場合は、破産手続終了後に破産者が当然受継すると解されています（破44Ⅵ。『条解』900、904頁）。

⑷　詐害行為取消訴訟及び債権者代位訴訟

債権者が提起していた詐害行為取消訴訟については、破産者は当事者となっていませんが、中断し（破45Ⅰ）、破産管財人が受継することができ、相手方も受継の申立てをすることができます（破45Ⅱ）。債権者代位訴訟も同様です（破45Ⅰ）。破産管財人が受継した場合は、詐害行為取消訴訟では「詐害行為の取消し」を「否認」へ、債権者代位訴訟では「債権者への支払・引渡し」を「破産管財人への支払・引渡し」へと、請求の趣旨を必要に応じて変更することになります。

2　労働審判について

労働審判については、非訟事件手続法36条が準用されていることから（労働審判法29Ⅰ）、手続は中断せず、破産管財人が管理処分権を有する範囲で手続を当然に受継することになります（『条解』360頁）。

⑴　労働者につき破産手続開始決定があった場合

ア　地位確認請求

雇用契約は破産管財人の管理処分権が及ばず、破産者たる労働者の管理処分権に服すると解するのが通説であり、労働契約上の地位確認請求を破産管財人が受継する余地はありません。

イ　未払給料請求

破産手続開始の前日までの未払給料のうち4分の3に相当する部分は自由財産となり、残る4分の1の限度で破産財団を構成するため、その限度で、破産管財人は労働審判手続を受継することになります。もっとも、未払給料の4分の1相当額の金額によっては、破産法34条4項の自由財産の範囲の拡張により自由財産とされることがあり、その場合には破産管財人は管理処分権を失うため、破産管財人が受継する余地はありません。

ウ　付加金請求

付加金については、裁判所の判決によって命じられるものであり（労基114）、労働審判においては命ずることができないと解されていますが、除斥期間の関係で労

働審判においても申し立てられることが一般的です。しかし、付加金請求権は裁判所の判決の確定によって初めて発生するものであって、判決確定前には支払義務が存在しないこと（最二小判昭35.3.11民集14巻3号403頁等）、付加金請求権を将来の請求権（破34Ⅱ）と解するには疑問があることから、付加金請求権は破産財団を構成せず、付加金請求に係る労働審判手続を破産管財人が受継することはないと解すべきと思われます（島岡大雄「非訟事件の当事者につき倒産手続が開始された場合の非訟事件の帰趨」『倒産と訴訟』191頁）。

(2) 使用者につき破産手続開始決定があった場合

ア 地位確認請求

破産管財人は、労働契約について管理処分権を有するため、労働審判手続のうち労働契約上の地位確認請求の部分を受継することになります。もっとも、仮に解雇が無効であるとしても、破産管財人は民法631条により労働契約を解約することができ、労働者がこれを争うことはほとんど想定されないため、破産管財人が裁判所に対し、仮に解雇が無効であるとしても民法631条により解約した旨の上申書を提出して、申立人に地位確認請求に係る申立部分を取り下げてもらうよう働きかけることが考えられます。

イ 未払給料請求

破産手続開始決定前の給料のうち破産手続開始前3か月間の給料は財団債権となります（破149Ⅰ）が、それ以外のものは優先的破産債権（破98Ⅰ、民306②、308）として扱われます。使用者が破産手続開始決定を受けた場合、未払給料請求のうち財団債権に当たる部分を破産管財人が受継することになります。

これに対して、優先的破産債権に当たる部分については、破産法127条1項の「訴訟」に該当するとして労働審判の受継の申立てにより、異議があった場合に労働審判の手続中で優先的破産債権の存否及び額の確定を求めるべきとの見解もあります（川畑正文「非訟事件手続における民事訴訟法等の規定の類推適用について」判タ1251号（2007年）70頁）が、実務上は破産管財人が財団債権に該当する部分に限って受継を認め、優先的破産債権に該当する部分は申立人に対して労働審判手続の申立ての取下げを促し、取下げに応じない場合には、労働審判法24条により労働審判手続を終了させ、訴えの提起があったものと擬制し、その訴訟手続が中断するという取扱いがなされているようです。

ウ 付加金請求

上記の付加金請求権の性質から、付加金請求権は破産手続開始決定時までに付加金の支払を命ずる判決が確定していない限り、そもそも私法上の債権自体が存在しないことから破産財団に関する訴えには含まれず、したがって労働審判手続においても、破産管財人が受継することはないと解するのが相当と思われます（島岡・前掲195頁。なお、『条解』646頁は、付加金請求を求める訴訟手続について、破産財団に関する訴えに含まれるとした上で、破産債権の調査・確定手続のなかで裁判所が付加金の支払を命じることができるかについては見解が分かれるとしています）。　　　　　〔木下清午〕

Q 53　管財業務に不要な契約への対応

　破産手続開始決定までに、携帯電話やインターネットの契約が解除されていない場合も多いと聞きます。不要な契約がそのままになっていた場合にもその利用料等は財団債権になるのでしょうか。また、個人債務者が継続して使用している場合は、どのように対応すればよいでしょうか。

1　法人債務者の場合

　破産管財人は、管財業務に不要な契約は対価発生を回避するため選任後速やかに双方未履行双務契約の規定（破53Ⅰ）により解除すべきです。解除により、開始前の給付の対価である未払代金や、解除に基づく損害賠償請求権が破産債権となります（破54Ⅰ）。

　一方で、携帯電話やインターネットのような継続的供給契約については、破産申立後開始決定前の給付についての請求権は財団債権になり、さらに一定期間ごとに債権額を算定すべき継続的給付については、申立日の属する期間内の給付についての請求権を財団債権とする規定があります（破55Ⅱ）。この破産法55条2項に関しては、①破産管財人が契約を解除した場合も財団債権化を認める見解と（『大コンメ』227頁〔松下淳一〕）、②履行選択をした場合にだけ適用されるという見解があります（『手引』282頁〔石渡圭〕）。

　上記②の立場では、契約の速やかな解除により財団債権の発生を防止できます。他方、上記①の立場では、一定期間ごとに代金計算される月払いの継続的供給契約は、申立日の属する期間内の給付に対応する請求権がすべて財団債権となります（破55Ⅱ）。月払いの携帯電話やインターネット等の利用料は申立前の分を含めて1か月分が財団債権となり、利用状況によっては高額になるので注意が必要です。

　債権者が破産法55条2項の適用により高額の財団債権を主張するような場合、破産財団の状況や他の債権者との衡平にも配慮しつつ、上記②の見解を援用したり、当該契約が典型的な継続的供給契約（電気、ガス、電話等）と異なる内容や条件を含むようなときはそれが「継続的供給契約」に該当するかどうかなどの検討を踏まえて（継続的供給契約でなければ破55Ⅱは適用されません）、債権者に減額を求めたりすることが必要な場合もあるでしょう。

2　個人債務者の場合

　債務者が個人の場合は携帯電話やインターネットを継続利用したいと希望するケースが多いと思われます。管財業務には不要ですので利用料を財団債権として破産財団から支弁することはできませんが、契約を継続したままにして破産者に利用料を負担してもらう対応が考えられます（『実践マニュアル』86頁）。　　　〔近藤直生〕

第2節　破産財団の範囲・管理

Q 54　破産者名義の財産の財団帰属性

　破産者の夫が、破産者たる妻の名義で預金していた場合、当該預金は破産財団を構成しますか。また、破産者の夫が、破産者たる妻名義で保険契約をしていた場合の解約返戻金は破産財団を構成しますか。

1　預金の場合

　名義上の預金者と預金の出捐者が異なる場合、預金者の認定については誰が預金契約の当事者であるのかという事実認定の問題とされています。この点については、いわゆる客観説（特段の事情がない限り、自己の出捐で自己の預金とする意思で本人又は使者・代理人を通じて預金した者を預金者とする見解）、主観説及び折衷説の3説がありますが、最高裁は定期預金について客観説をとったと考えられています（最一小判昭32.12.19民集11巻13号2278頁やその後の最高裁判決参照）。

　しかし、普通預金の帰属に関し、最高裁判決（最二小判平15.2.21民集57巻2号95頁、最一小判平15.6.12民集57巻6号563頁）は、預金の出捐者が誰かという事実のみならず、口座の開設者・開設経緯、預金通帳及び届出印の管理、預金の出入れ等の様々な事実関係を総合考慮した上で預金者（預金債権の帰属）を認定しました。そこで、預金の種別等に留意しつつ、出捐者のみならず諸事情を総合考慮した上で預金者を認定することになるでしょう（さいたま地判平19.11.16判時2007号79頁参照）。

　破産の場面でも、預金に関する様々な事実関係から預金者の認定すなわち破産財団帰属性の有無を判断することになります。例えば、破産者名義であっても破産者の親族等が出捐していたときには、口座開設に係る経緯や預金管理状況等の事実関係によっては出捐者が預金者であって当該預金は破産財団を構成しないと認められる場合もあります。もっとも、このような場合でも破産管財人の第三者的地位により民法94条2項（通謀がない場合は類推）によって破産管財人の管理処分権が原則として当該預金に及ぶと考えられますから、管財事件では留意が必要です。

　他方、出捐者が破産者に預金債権を帰属させる意思がある場合には破産者を預金者と認定すべき事実関係が多く存在するでしょう。

2　保険の場合

　名義上の保険契約者と保険料の出捐者が異なる場合も、預金と同じく保険契約者の当事者の確定という事実認定の問題になります。保険以外の金融商品についても、その法的性質や特性を考慮しながら同様の認定をすることになるでしょう。

　保険契約の場合、形式説（預金の主観説と同じく名義人を契約者とする見解）と実質説（預金の客観説と同じく出捐者を契約者とする見解）があり、明確な判断を示した最高裁判例はありませんし（東京高判平24.11.14判時2171号48頁参照）、各説に立脚する

下級審判例もそれぞれ多数ありますが、やはり個別具体的な事実関係を総合考慮して結論が導かれる傾向にあると思われます。

保険やその他金融商品（投資信託や株式・債券等）の場合、保険会社等や販売会社が定期・不定期に顧客に文書送付・連絡をすることが通常であり、預金以上に契約当事者の認定に際して考慮すべき個別具体的な事実関係・背景事情が存在することが多いと思われます。保険であれば、契約名義人・保険料出捐者のみならず、多くの事実関係から保険当事者を認定することになります（具体的な判断材料は『はい6民』40頁を参照してください）。

なお、資金洗浄等の対策を目的とする犯罪による収益の移転防止に関する法律（2008年3月1日の全面施行前の名称は「金融機関等による顧客等の本人確認等に関する法律」）により、預金や保険等は契約に本人確認が義務化され、その後の改正により厳格さが増しています。そのため、新しい契約ほど契約当事者の認定が困難なケースは少ないと思われますが、古い契約については留意が必要となります。

3 申立代理人や破産管財人の対処方法・留意点等

破産財団に帰属するかどうか不明な財産がある場合、それが同時廃止・破産管財の振分基準額以上の価額であるならば資産調査型の破産管財事件となることが一般的です。振分基準や自由財産拡張基準の運用は各地で差異がありますが、申立代理人としては、破産者（委任者）の意向等を確認しながら、破産者名義の預金・保険が出捐者たる夫に帰属するとして同時廃止事件処理を目指すことや、管財事件の場合の財団帰属性又は自由財産拡張に関する活動が期待されるでしょう。財団帰属性や民法94条2項（類推）適用を争う場合は客観的な資料・報告の準備が必要となります。例えば、第三者が出捐したことについては当該出捐者の預金通帳等の客観的資料により出捐の事実を証明する必要があります。破産者（申立代理人）と破産管財人との見解が対立する場合、個別具体的な事情をピックアップして裁判所とも協議しながら妥当な解決を図ることが望ましいでしょう。

出捐者が夫等の第三者であっても破産者名義の預金や保険が存在する以上は申立添付資料に記載することが必要です。記載のないものが後に発覚すると自由財産拡張や免責で不利な事情となるおそれがあります（『手引』358頁以下〔伊藤拳至〕、Q210参照）。特に申立後に裁判所や破産管財人から破産者名義の財産の存在を指摘されることは極力避けるべきです（Q20参照）。また受任時の依頼者への説明や委任契約書に特記事項を記載することなどにより、無用なトラブル回避も望まれます。

管財事件においては、破産者名義の預金や保険が破産財団に帰属すると認定された場合には、自由財産拡張や換価方法が問題となります（Q36以下参照）。他方、破産者名義でありながら破産財団に帰属しないと認定して換価しない場合、破産管財人は破産債権者に対する説得的説明ができるだけの合理的理由なり法的根拠を用意すべきです。もとより、破産管財人による預金者・保険契約者の認定はその調査権限に属し（破83）、破産者等も説明義務（破40）を負います。　　〔安田孝一〕

Q 55　破産管財人の第三者性

破産管財人には様々な立場があり、「第三者性が認められる」といわれますが、第三者性とはどのようなことをいうのでしょうか。また、破産管財人の第三者性には、どのような場面で注意すればよいでしょうか。

1　破産管財人の第三者性

破産手続開始決定があった場合には、破産財団に属する財産の管理処分権は破産管財人に専属します（破78Ⅰ）。このことから、当該財産は、破産管財人によって実質的に包括的な差押えを受けたのと同様の状況になるといえ、破産管財人は、当該財産に対し、差押債権者と類似の法律上の地位が認められているといえます（『伊藤』351頁）。

そこで、破産管財人が当該財産に対して管理処分権を行使し管財業務を遂行するに当たり、破産者や利害関係人と実体法上どのような関係に立つと解すべきかが、破産管財人の第三者性と呼ばれる問題です（『注釈上』514頁以下〔佐藤昌巳〕）。

2　破産管財人の第三者性に注意すべき場面

(1)　対抗問題

破産管財人の第三者性は、まず、破産管財人が権利変動に関し対抗要件なくしては対抗できない「第三者」に該当するか否かという場面で問題となります。

この点、判例は、民法177条や467条に関し、破産管財人も対抗要件を備えなければ物権変動や債権譲渡の効力を対抗することができない「第三者」に該当すると解しているようであり（最二小判昭46.7.16民集25巻5号779頁、最三小判昭58.3.22判時1134号75頁など）、民法178条についても同様と解されます（『注釈上』516頁〔佐藤〕）。特に、所有権留保との関係で、自動車の登録や登録のない軽自動車の占有改定の有無には注意する必要があります（前者につき最一小判平29.12.7民集71巻10号1925頁、後者につき名古屋地判平27.2.17金法2028号89頁参照）。なお、この結果、破産法49条1項本文の場面では、破産管財人は登記・登録の前提となった物権変動がないことを前提とした主張ができることになります（『注釈上』338頁〔金山信宏〕）。

また、破産管財人は、対抗要件を備えなければ借地権を対抗できない借地借家法10条にいう「第三者」に該当すると解され（旧建物保護ニ関スル法律1条に係る最二小判昭48.2.16金法678号21頁参照）、別除権者や取戻権者が破産財団帰属財産について当該各権利を破産管財人に主張するに当たっても対抗要件の具備が必要と解されます（再生手続に関する最二小判平22.6.4民集64巻4号1107頁参照）。

(2)　第三者保護規定

次に、取引安全等の見地から第三者を保護する規定が定められている場合に、破

120　　［第3章］　換価・破産管財人の職務

産管財人がこの「第三者」に該当するか否かという場面で問題となります。

この点、判例は、破産管財人が民法94条2項の「第三者」に該当すると解しています（最一小判昭37.12.13判タ140号124頁）が、善意又は悪意の判断がなされるべき主体については争いがありますし、破産管財人が民法96条3項、545条1項の「第三者」に該当するか否かにも争いがあります（『注釈上』518頁〔佐藤〕参照。なお改正民95との関係でも同様の問題があります。『基礎』113頁〔小西慶一〕参照）。

3 その他破産管財人の法律関係

以上のほか、必ずしも「破産管財人の第三者性」の問題として位置付けられませんが、類似の問題として、破産管財人が破産者と同視されるのか否か、という問題点がありますので留意が必要です。

まず、同視されなかった事例として、①破産管財人が、破産者が雇用していた元従業員の退職手当等の債権に対する配当について源泉徴収義務を負わないとされた事例（最二小判平23.1.14民集65巻1号1頁）、②破産管財人が公序良俗違反により給付された金銭の返還を求めることができるとされた事例（最三小判平26.10.28民集68巻8号1325頁）があります。

一方、同視された事例として、③破産管財人が融通手形の抗弁を受けるとされた事例（最三小判昭46.2.23判タ260号208頁）、④破産開始決定が民法304条1項の「払渡し又は引渡し」に該当しないとされた事例（最一小判昭59.2.2民集38巻3号431頁）、⑤破産管財人が、建物賃貸借契約において、質権設定者（賃借人・破産者）が質権者に対して負う義務を承継するとされた事例（最一小判平18.12.21民集60巻10号3964頁。ただし、この判決は理由として、質権は別除権として破産手続により影響を受けないものとされているとした上で「他に質権設定者と質権者との間の法律関係が破産管財人に承継されないと解すべき法律上の根拠もないから」としか判示しておらず、必ずしも説得的と思えません。また、関連して、破産開始後に担保権設定契約上のコベナンツ違反があった場合の取扱いも問題となります。山本和彦「判批」金法1812（金融判研17）号（2007年）52頁参照）、⑥破産管財人が破産者の代理人だった認定司法書士の弁護士法72条違反を理由とする和解無効を主張できないとされた事例（争点ではなかったものの最一小判平29.7.24民集71巻6号969頁参照）があります。

4 まとめ

以上のように、破産管財人の第三者性をはじめとした破産管財人の法律関係については、必ずしも一律に結論が導かれるものではありません。

結局、破産管財人が破産者に代わって管理処分権を行使する側面と、管理処分権の行使を破産債権者の利益を実現するために行う側面の双方を考慮し（『伊藤』352頁）、また、当該利害関係人の権利に関する倒産実体法上の規定や理論により、当該利害関係人の権利が破産手続上尊重されるべきか否かを検討する（『注釈上』515頁〔佐藤〕）ことになると思われます。

〔今井丈雄〕

Q 56 交通事故の被害者の破産と損害賠償請求権

　破産手続開始前に交通事故に遭い、手続開始後に損害保険金が支給されることになりました。この保険金は破産財団に帰属しますか、それとも破産者の自由財産となりますか。入院や通院の治療費、労働能力の喪失についての逸失利益、傷害慰謝料や後遺障害慰謝料についてはどうでしょうか。

1 問題の所在

　破産者が破産手続開始の時において有する一切の財産は破産財団となるところ（破34Ⅰ）、破産手続開始前に交通事故に遭った場合、加害者に対する損害賠償請求権は破産財団に帰属するでしょうか（なお、破産手続開始後に交通事故が起こった場合、損害賠償請求権は破産者の自由財産となります）。

　不法行為に基づく身体傷害を理由とする財産上及び精神上の損害は、弁護士費用を含めて1個の請求権として不法行為時に発生し、発生と同時に遅滞に陥ると解されます（最一小判昭48.4.5民集27巻3号419頁等）。そこで、破産手続開始前の交通事故に基づく損害賠償請求権は、差押禁止財産に該当しなければ（破34Ⅲ②）、破産財団に帰属することになると考えられます。

　しかし、交通事故の損害は、被害者の生存や一身専属権に関わる側面、被害者の将来に渡る自由財産に影響する問題があり、損害の内容に即した個別の検討が必要となります。特に被害者である破産者が交通事故によって重度の後遺障害を負った場合などでは、損害賠償の全額が破産財団に帰属するとすれば破産者の経済生活の再生が困難になる一方で、破産債権者に対して合理的な期待を超えた利益を与えることになりかねません。

2 財産的損害

　治療費は、保険会社が一括対応している場合には医療機関に直接支払われるため、破産管財人が破産財団に取り込む事例はほとんどないでしょう。そうでない場合も、治療は生命及び健康の維持回復という被害者の生存を保障し、再起更生に不可欠なものであって、自由財産ないし自由財産拡張の対象になる（破34Ⅲ、Ⅳ）と考えます。介護費用や入院雑費についても、被害者の治療に密接に関連する費用ということで、治療費と同様に自由財産ないし自由財産拡張の対象になると考えます。

　休業補償や逸失利益は、明文上差押え禁止財産にはなっておらず、金銭債権として破産財団に帰属します。しかし、これらは破産者の将来の自由財産の減少分を補填するという意味があり、その全部ないし一部について自由財産の拡張が柔軟に認められるべきで、個別事件ごとに具体的な金額が判断されると考えます（柔軟に自

122　［第3章］　換価・破産管財人の職務

由財産拡張が認められたケースとして、萩原経＝塩野大介「交通事故被害者の破産」債管163号（2019年）78頁等）。この点、自由財産拡張の考慮要素は、破産者の生活の状況、破産手続開始時に破産者が有していた財産の種類及び数、破産者が収入を得る見込み、その他の事情（拡張の対象とする財産の種類・額、債権者の具体的な対応状況、配当見込みの有無等）とされますが、その他の事情として、「実務上みられる例としては、交通事故等による破産者の身体侵害に対する損害賠償請求権（一部ないし全部）」との指摘があります（『破産法大系(3)』129頁〔山﨑栄一郎〕）。

　なお、車両の破損のような物損の賠償請求権は破産財団に帰属します。破損しなければ当該資産は破産財団を構成したはずで、その損害を補塡するものだからです。

3　慰　謝　料

　傷害慰謝料や後遺障害慰謝料は、被害者が受けた精神的苦痛を金銭に見積もって加害者に請求するものです。明文上は差押禁止財産にはなっていませんが、請求するか否かは被害者の意思によるという行使上の一身専属性の問題があります（行使上の一身専属性の意義についてはQ62、Q63も参照してください）。判例は、名誉侵害を理由とする慰謝料請求権は、「加害者が被害者に対し一定額の慰藉料を支払うことを内容とする合意又はかかる支払を命ずる債務名義が成立したなど、具体的な金額の慰藉料請求権が当事者間において客観的に確定したとき」又は「被害者がそれ以前の段階で死亡したとき」は、行使上の一身専属性を失うことを明らかにしています（最一小判昭58.10.6民集37巻8号1041頁）。金額の確定した慰謝料請求権は債務の履行を残すだけとなり、また、金額確定前に被害者が死亡した場合も慰謝料請求権を相続した相続人に行使上の一身専属性を認める必要はないことになります。一身専属性を失った慰謝料請求権は破産財団に帰属します。とはいえ、慰謝料は、被害者の人格的価値の毀損に対する損害の補塡であることから、そのすべてを破産財団に帰属させることは妥当ではなく、かなりの割合で自由財産の拡張が認められるべきと考えます。

　この点については、個人の生命、身体、又は名誉侵害などに起因する慰謝料請求権については、その金額が確定しても行使上の一身専属性を失わず、破産財団に帰属しないとする見解（『伊藤』260頁）、慰謝料請求権の実質に照らすと破産手続開始決定時に行使上の一身専属性があった場合、開始決定後にその喪失事由が生じても差押可能性を否定できるのではないかとの考え（小野瀬昭「交通事故の当事者につき破産手続開始決定がされた場合の問題点について」判タ1326号（2010年）54頁）、損害を破産手続開始の前後で区分し、開始後に相当する部分の損害は慰謝料についても破産者の自由財産とする考え（『個人の破産・再生』83頁〔山田尚武〕）や、逆に、事故の発生が破産手続開始決定前である以上は（金額が確定しているかどうかにかかわらず）破産財団に帰属するとする見解（『基礎』99頁〔橋本政和〕）などが提唱されています。

4 示談交渉等

破産手続開始時において、損害保険金額が確定している場合、破産管財人として
は、上述した点を考慮して、財団帰属性や自由財産拡張の範囲について、破産裁判
所ないし申立代理人らと協議しながら回収を図ることになるでしょう。

破産手続開始時において、損害保険金額が確定していない場合には、破産管財人
が、加害者や加害者が加入する損害保険会社と示談交渉を行うことが考えられま
す。その際、慰謝料には行使上の一身専属性が認められると考えられますし、保険
金額がいくらになるかは破産者の自由財産にも影響し得ることから、破産者や申立
代理人らと連絡を密にしながら交渉を進めることになるでしょう。示談交渉等に消
極的な破産者に対しては、示談が成立すると慰謝料に関して行使上の一身専属性が
失われることになるものの、説明義務（破40）の存在や自由財産拡張について説明
をするなどしながら協力を促すことが考えられます。

5 自動車損害賠償保障法に基づく保険金請求権

自動車損害賠償保障法は、被害者から保険会社に対して直接、保険金額の限度に
おいて損害賠償額の支払請求を可能とし（自賠16）、この請求権は差押えが禁止さ
れています（自賠18）。

しかし、この保険会社に対する直接請求権は、被害者の損害賠償請求権の行使を
円滑かつ確実にするために損害賠償請求権行使の補助的手段として認められるもの
であり、被害者が保有者に対して損害賠償請求権を有することが前提です。そのた
め、最高裁は、被害者の損害賠償請求権が第三者に転付された場合には、被害者
は、転付された債権額の限度において上記直接請求権を失うと判示しており（最一
小判平12.3.9民集54巻3号960頁）、差押禁止の趣旨が貫徹されていないとの指摘も
あるところです。

そうだとすれば、自動車損害賠償保障法16条1項に基づく保険金は、支給対象と
なる損害内容ごとに、すなわち被害者が有する損害賠償請求権の費目ごとに1～
3で述べたような破産財団の帰属性を検討する必要があり、財団に帰属する部分
は、破産者が権利行使することはできないと考えられます（破78Ⅰ）。

この問題について、本体である損害賠償請求権は破産財団に帰属し、補助手段で
ある直接請求権は差押禁止財産として破産者の自由財産となり、破産管財人と破産
者との間で双方の請求権の調整が必要になるとする考えもあります（芳仲美惠子
「被害者の破産と損害賠償請求権」法律のひろば2005年7月号45頁）。

〔中村　崇〕

Q 57　交通事故の加害者の破産と自動車保険

　破産者が破産手続開始決定前に交通事故を起こし、被害者に重傷を負わせていました。破産者は任意の自動車保険（対人・対物賠償保険）に加入しており、破産手続開始決定後、破産手続中に被害者の症状が固定しました。この場合、被害者は、保険会社から直接支払ってもらうことができるでしょうか。

1　問題の所在

　加害者が任意の自動車保険に加入していた場合であっても、保険給付請求権は、加害者である被保険者に帰属するのが原則です。したがって、保険給付請求権は、被保険者たる破産者の破産財団に帰属し、総債権者の配当原資となり、被害者は他の一般債権者と同様に債権届出を行って配当による按分弁済を受けるしかないことになってしまいそうです。しかし、自動車保険における対人・対物賠償保険は責任保険の一種であり、責任保険契約の趣旨が被害者の損害を塡補するために被保険者に保険給付を行う点にあることに照らすと（保険17Ⅱ参照）、これを破産者の総債権者の配当原資とすることは、被害者保護の趣旨にそぐわないものと考えられます。

2　被害者の先取特権

　そこで、保険法は、責任保険契約に基づく保険給付請求権について、被害者に特別の先取特権を認めました（保険22Ⅰ）。これは別除権ですから、被害者は、他の債権者に優先して、責任保険契約に基づく保険給付から弁済を受けることができます。実際には、被害者としては、法定の先取特権の実行手続によらず、先取特権を有することを根拠に、保険会社に任意の弁済を交渉することになると考えられます。

　被保険者が保険会社に対して保険給付請求権を行使することができるのは、被害者に対して自ら弁済した額又は被害者の承諾額のみに限定されています（保険22Ⅱ）。これは、被害者に対する弁済や被害者の承諾なくして被保険者が保険給付を受領することがないようにし、被害者が保険給付からの弁済を受けられるようにする趣旨によるものです。したがって、被保険者（加害者）の破産管財人は、保険会社に指図して、被害者に対して直接保険金を支払ってもらうことができます。

　被害者は、保険会社からその任意の弁済を受けることができない場合、先取特権を実行することになります。その実行は、金銭債権を目的とする担保権の実行手続によります。すなわち、被害者が、裁判所に「担保権の存在を証する文書」を提出して保険給付請求権の差押命令の申立てを行い（民執193Ⅰ、143）、差押命令が被保険者に送達された日から1週間が経過したときに保険給付請求権の取立権を取得し

（民執193Ⅱ、155）、その取立権を行使することになります。「担保権の存在を証する文書」としては、被保険者に対し損害賠償請求権を有することを示す文書を要し、その証明の程度も高度の蓋然性の立証を要すると解されています。したがって、被害者にとって、実行は必ずしも容易ではないものと想定されます。

3 被害者の直接請求権

以上のとおり、被害者には法定担保物権として先取特権が認められましたが、被害者には、自動車損害賠償保障法16条1項に基づく直接請求権も認められますし、被保険者が加入していた自動車保険約款に保険会社に対する以下のような直接請求権の規定があれば、約款に基づく直接請求権を行使することもできます。

すなわち、自動車保険約款においては、①法律上の損害賠償責任を負担すべきすべての被保険者が破産した場合、②被保険者が負担する法律上の損害賠償責任の額につき被保険者と損害賠償請求権者との間で書面による合意（示談）が成立した場合、③被保険者が負担する法律上の損害賠償責任の額につき被保険者と損害賠償請求権者との間で判決が確定した場合又は裁判上の和解もしくは調停が成立した場合などにおいて、被害者の保険会社に対する直接請求権を認めている場合が多いものとみられます（「自動車保険の解説」編集委員会編『自動車保険の解説2017』56、65頁（保険毎日新聞社、2017年）参照。なお同書12頁によれば、自家用自動車総合保険（SAP）としての損害保険料率算出機構の標準的な約款は現在では作成されておらず、各保険会社の約款を確認する必要があります）。

したがって、破産管財人としては、被害者にこれらの直接請求権の行使を促すことが考えられます。

4 その他

以上によっても被害者の損害の塡補が難しい場合、破産管財人としては、裁判所の許可を得て、和解等の構成を工夫することにより、財団債権として被害者の救済を図る余地もあると考えられます（破78Ⅱ⑪、148Ⅰ④参照）。もっとも、保険法上の先取特権が認められたことにも照らすと、基本的には例外的な措置と考えられます。

また、加害者に免責許可の決定がなされ、これが確定したときは、加害者に交通事故の発生につき故意又は重大な過失が認められる場合（非免責債権となる場合）でない限り、責任を免れることになります（破253Ⅰ③）。加害車両が自転車等であり、加害者が賠償責任保険に加入していなかったために直接請求権も認められない場合には、保険法上の先取特権も直接請求権も認められないことになります。被害者の救済が最も必要とされるはずであり（小野瀬昭「交通事故の当事者につき破産手続開始決定がされた場合の問題点について」判タ1326号（2010年）62頁）、このような場合の被害者の保護が実務上の課題であると考えられます。

〔粟田口太郎〕

Q 58 賠償責任保険による保険給付金の財団帰属性

建設現場でオペレーターの不注意からクレーンが倒壊し、付近を通行中の歩行者が負傷しました。建設会社が被害者からの損害賠償請求訴訟係属中に資金繰りに窮して破産した場合、破産した建設会社が契約していた賠償責任保険に基づいて支払われる保険給付金は、破産財団を構成することになるのでしょうか。

1 賠償責任保険に基づく保険給付金の位置付け

賠償責任保険とは、損害保険契約のうち、被保険者が損害賠償の責任を負うことによって生ずることのある損害を補填する責任保険契約（保険17Ⅱ）の一種であり、その保険給付請求権を有する被保険者は加害者であることから、加害者が破産した場合、保険給付請求権は破産財団に帰属します（破34Ⅰ・Ⅱ）。

もっとも、責任保険契約に基づく保険給付請求権は、被害者が損害を受けることによって発生するものであり、その保険給付は、本来被害者に対する損害賠償に充てられるべきものであることから、被保険者の破産によって被害者が十分な被害回復を受けられなくなる一方で、他の債権者が保険給付から弁済を受けることは不合理といえます（なお、自動車保険契約以外の責任保険契約においては直接請求の制度は認められていません）。

そこで保険法は、責任保険契約に基づく保険給付請求権について被害者に特別の先取特権を認めることにより法律上の優先権を付与し（保険22Ⅰ）、その実効性を担保するため、被保険者は、被害者に損害賠償債務を弁済した金額又は被害者の承諾があった金額の限度で保険者に対して保険給付請求権を行使できるとし（保険22Ⅱ）、また責任保険契約における保険給付請求権の譲渡、質権設定や差押えを原則として禁じています（保険22Ⅲ）。これらの規定は強行規定とされています。

2 被害者の権利行使方法

被害者が建設会社に対して有する損害賠償請求権は、賠償責任保険の保険給付請求権に特別の先取特権（保険22Ⅰ）を有する、別除権付破産債権（破2Ⅸ）となります。

よって、被害者は、保険給付請求権上の先取特権を破産手続外で行使することができ（破65Ⅰ）、その行使により弁済を受けることができない部分についてのみ、破産債権者として破産手続において権利行使できます（破108Ⅰ本文。なお別除権についても債権届出が必要です。破111Ⅱ）。

3 保険給付請求権上の先取特権の実行方法

被害者が保険給付請求権上の先取特権を実行するためには、「担保権の存在を証

する文書」を裁判所に提出し（民執193 I）、保険給付請求権に対する差押命令を得て、取り立てることになります。

この点、「担保権の存在を証する文書」とは、実務上、文書の数、種類、内容等を問わず、具体的事案において裁判官の自由な心証によって担保権の存在が証明されるものであれば足りる（書証説）とされているため、被害者は、損害賠償請求権の存在及びその額を具体的に証明する必要があり、また先取特権の行使に対して、保険会社は、加害者に対して対抗できる全ての抗弁を被害者に対抗できるため、損害賠償請求権の存在及びその額についても争うことができます。

そこで、保険会社の承諾なく加害者と被害者の間で示談した場合や、被害者が加害者に対する訴訟を提起して確定判決を得ても、保険会社に対する訴訟告知（民訴53、46）をしていない場合は、保険会社はこれを争うことができます。

よって、被害者が先取特権を実行するためには、結局のところ、保険会社が関与する訴訟における損害賠償請求権を認容する確定判決や和解調書が必要とされています（山下友信＝永沢徹編著『論点体系保険法(1)』207頁以下〔中出哲〕（第一法規、2014年））。

4 被害者の救済方法

本件では建設会社の破産手続開始前に損害賠償請求訴訟が係属していますが、破産手続開始により当該訴訟は当然に中断します（破44 I）。当該訴訟は「破産債権に関する訴訟」であるため、破産管財人は直ちに受継することはできず（破44 II 参照）、被害者の債権届出に対し、債権調査において破産管財人が認めず、被害者において債権調査期日から1か月の不変期間内に受継の申立てを行い（破127、125 II）、破産債権確定訴訟として係属することになります（『実践マニュアル』92頁以下。Q160参照）。

もっとも、配当が見込めない場合は、実務上、債権調査が行われないため、受継申立ての機会がなく、訴訟手続に戻れないことになります。そこで、このような場合でも、破産管財人にあえて債権調査（当該債権のみの部分的な虫食い認否）を実施してもらう、又は債権調査は実施しないものの便宜的に破産手続において破産管財人が破産裁判所に受継の許可をしてもらうことによって、訴訟を受継する方法が考えられるとされています（野村剛司「医療機関の破産・民事再生時における医療過誤被害者の処遇と債権回収」『木内古稀』553頁）。

また、被害者が先取特権を実行しなくても、破産管財人、被害者及び保険会社の三者間で損害の内容、過失相殺等保険金額算定に必要な事項について協議し、保険給付金を直接被害者に支払う内容で破産裁判所の許可を得て和解できれば、訴訟手続を経る場合に比して、簡易迅速に被害の回復が図られ適切といえます。

〔松尾幸太郎〕

Q 59 破産手続開始後に生じた保険事故による
保険給付金の財団帰属性

　破産手続開始決定時点で解約返戻金が30万円ほどある傷害保険（契約者、被保険者、保険金受取人はいずれも破産者です）の解約返戻金について、破産者から自由財産範囲拡張の申立てがあり、拡張が認められました。その後、破産手続中に破産者に保険事故が発生して、300万円の保険給付金が支払われることになりました。この保険給付金は破産財団に属することになるのでしょうか。

1　開始決定後に生じた保険事故による保険金請求権の破産財団帰属性

　保険金受取人に対する破産手続開始決定後に保険事故が発生した場合、その保険金請求権は破産財団に属するのでしょうか。ここでは、「破産手続開始前に生じた原因に基づいて行うことがある将来の請求権」（破34Ⅱ）をどのように解するかが問題となります。

　この問題について、学説上は、①保険契約の締結を「原因」と考え、抽象的保険金請求権は保険事故を停止条件とする債権として同条項の「将来の請求権」に当たり破産財団に属すると考える保険契約成立説（『条解』308頁）と、②保険事故の発生を「原因」と考え、保険事故が開始決定前に発生していなければ同条項の適用はなく、開始決定後の保険事故の発生により生じた保険金請求権は自由財産となると考える保険事故発生説（遠山優治「生命保険金請求権と保険金受取人の破産」文研論集123号（1998年）211頁）が対立しています。

　また、最一小判平28.4.28（民集70巻4号1099頁）は、破産手続開始前に第三者のためにする生命保険契約が成立し、保険金受取人たる破産者について破産手続開始の決定がされた後に保険事故が発生した場合、当該保険契約に基づく死亡保険金請求権が、破産法34条2項にいう「将来の請求権」として、当該破産者の破産財団に属することを判示しており、基本的には保険契約成立説と同じ結論をとったものと考えられます。そして、定額保険に係る保険金請求権については、契約者と保険金受取人が同一人の場合であるか否かを問わず上記判例の射程が及ぶと解されています（飛澤知行「判解」『最判解民［平成28年度］』327頁）。

　上記最高裁判決に従えば、本問でも、保険事故発生前に抽象的保険金請求権について自由財産範囲拡張ないし破産財団からの放棄がなされていない限り、保険給付金300万円は破産財団に属することになると考えられます。

2　解約返戻金と抽象的保険金請求権の関係

(1)　問題の所在

　では破産手続開始決定後、破産者を契約者兼保険金受取人とする傷害保険の解約

返戻金について自由財産範囲拡張の決定がなされた場合、当該契約に基づく抽象的保険金請求権は破産財団に属するのでしょうか（なお、問題状況は共済契約についても同様です）。

(2) 札幌地裁平成24年3月29日判決の検討

この問題に関し検討すべき裁判例として、札幌地判平24.3.29（判時2152号58頁）があります。

同判決は、破産者が共済契約者兼共済金受取人で、解約返戻金のない共済契約において、開始決定後も破産者が共済掛金を支払っていた事案について、開始決定後の保険事故に基づく共済金請求権を破産財団に属するものと判示しました。開始決定後の共済掛金を破産者が支払っていたことからすると、当該事案の破産管財人は、共済契約者たる地位および解約返戻金請求権が破産財団に属しないものとして取り扱っていたと推測されます。それにもかかわらず保険金請求権の破産財団帰属性を肯定していることから、この判決は、保険金請求権について、保険契約者たる地位及び解約返戻金請求権とは別個の処置が必要であったことを示唆しているともいえそうです（神原千郷ほか「倒産手続と保険契約に基づく請求権の帰趨」「現代型契約と倒産法」実務研究会編『現代型契約と倒産法』279頁（商事法務、2015年））。

しかし、同判決の事案は、掛け捨て型の共済契約であったことから、保険事故発生時には、特段、解約返戻金等について自由財産範囲拡張の決定が出されていなかったと考えられます。そのため、保険事故発生前に明示的に拡張の判断がされている本問とは前提事実を異にしていると思われます。

(3) 解約返戻金のある保険に関し拡張申立てをする破産者の意図等

保険契約は双務契約であることから、保険料支払債務が未履行の場合、破産管財人は、破産法53条以下の規定に従い、契約解除か保険料を払って保険契約を継続するかを判断することになると考えられます（なお、破産管財人が保険法27条に基づく約定解除権を行使するかどうかの問題とも考えられます）。そして、解約返戻金について拡張が認められたなどの場合には、破産財団において当該保険の保険料を負担することは考えられず、以後の保険料は破産者が負担しているはずです。

この点、法律上はともかく、一般的には、契約者と保険金受取人が同一人に帰属する場合には、保険料の負担をしていること（保険契約者たる地位を有していること）と、保険金受取人たる地位を有していることは一体と考えることが多いと思われます。そうだとすれば、破産財団による保険料負担がなくなった時点で、当該保険契約者及び保険金受取人たる地位はいずれも破産者に移転すると考えるのが相当です。また、解約返戻金について拡張を申し立てた破産者の意思は、その時点で解約返戻金相当額の金銭を受領したいということではなく、将来の保険事故に備えて当該保険契約そのものを継続したいという点にあることがほとんどだと考えられ、破産管財人は、その点も考慮の上、解約返戻金の拡張申立てに対する意見を述べているものと思われます。

加えて、保険事故発生前の抽象的な保険金請求権を金銭評価することは困難であることから、破産債権者もこれを債権の引当てとして期待しているとは考えづらいところです。

　そもそも、多くの裁判所の定型書式では、解約返戻金の拡張を求めるものとされていますが、「解約返戻金」と記載するのは、保険事故が発生するまでの保険契約の価値が解約返戻金に化体されているからに過ぎないとの指摘もあります（『実践マニュアル』294頁）。そうだとすれば、解約返戻金について拡張が認められた時点で、当該保険契約自体が自由財産関係になるものと解され、抽象的保険金請求権も同時点から破産財団に属しない財産になると考えられます（生命保険契約について、同旨『倒産法概説』205頁、238頁〔沖野眞已〕）。

　そのため、開始決定後、破産者を契約者兼保険金受取人とする傷害保険の解約返戻金について拡張決定がなされた本問の場合、当該保険契約自体が自由財産関係となり、300万円の保険金請求権も破産財団に属しないものになると考えられます。

(4)　黙示の拡張の場合

　なお、裁判所が定める基準額以下の一定類型の財産については、破産管財人から別の意見がない限り自由財産の範囲を黙示に拡張するものとして取り扱う運用をする裁判所もあります。設問とは異なり、そのような取扱いの対象となる保険（解約返戻金及び抽象的保険金請求権）の場合には、黙示の拡張がどの時期に行われたかが重要な問題となり得ますので留意が必要です。

〔富永高朗＝塩野大介〕

Q 60 遺産分割協議への破産管財人の参加の可否

　破産手続開始決定前に相続が発生したものの破産手続開始決定時に遺産分割が済んでいなかった場合、相続人の破産管財人は遺産分割協議に加わることができますか。また、このような場合に、破産管財人として実務上留意すべき点はどのようなものがあるでしょうか。

1　破産管財人の当事者性

　相続は被相続人の死亡によって開始し（民882）、相続人はその時から被相続人の財産に属した一切の権利義務を承継して（民896）、共同相続人がある場合に遺産の分割がなされると相続開始の時に遡ってその効力を生じます（民909）。そして、遺産の分割は、遺産に属する物又は権利の種類及び性質、各相続人の年齢、職業、心身の状態及び生活の状況その他一切の事情を考慮してこれをする（民906）とされています。このため、相続人の属人的な要素を否定することもできず、相続人の債権者は遺産分割の当事者になる必要はない（『新版注釈民法(27)』350頁〔伊藤昌司〕）とされており、遺産分割調停に破産管財人を当事者として参加させない扱いもありました。

　しかし近時、そのような考え方に対し、相続債権者が債務者に代位して遺産の分割を申し立て、それに利害関係人として参加するなかで債権の回収をすることを肯定する考え方が示されています（『新版注釈民法(27)〔補正版〕』340頁〔伊藤昌司〕）。さらに従前から、遺産の分割はその性質上財産権を目的とする法律行為であり（後掲最判参照）、また相続人の債権者は遺産の分割前に各相続人が個々の相続財産上に有する相続持分につき執行することができることや破産法238条2項等を理由として破産管財人の当事者性を肯定する考え方がありました。

2　実務運用及び登記先例

　この点、破産管財人は「相続人」の資格で遺産分割の審判につき即時抗告ができるとされ（金子修編著『一問一答　家事事件手続法』205頁（商事法務、2013年））、実務上も、破産管財人に遺産分割調停等の当事者としての資格を認めるのが相当とされています（片岡武＝菅野眞一編著『家庭裁判所における遺産分割・遺留分の実務〔第3版〕』12頁（日本加除出版、2017年））。

　また、登記先例（平22.8.24法務省民二第2077号）も、破産者である相続人が当事者とならず破産管財人が当事者となった遺産分割に関する調停が成立し、又は審判がなされた場合及び当該相続人が当事者とならず破産管財人が当事者となって成立した遺産分割協議について、一般的な相続を証する情報のほか、調停調書等の添付による破産管財人の登記申請を肯定しています。

132　［第3章］　換価・破産管財人の職務

なお、破産者である相続人自身の当事者性については、破産管財人が遺産分割協議の当事者となる根拠は破産管財人が破産者の財産である相続財産について管理処分権限を取得したためと理解できますから、開始決定後には当該相続人は遺産分割協議の当事者になり得ず、当該財産が財団より放棄された場合を除き、破産管財人のみが当事者になると考えるべきと思われます。

3 すでになされた遺産分割協議の効力

ところで、上記に関連して、開始決定前に破産者である相続人が当事者となって成立した遺産分割協議ではあるものの、遺産分割協議書が作成されていなかった場合の破産管財人の対応が問題となります。

遺産分割は遺産分割協議書によって効力が生じる要式行為ではなく、協議成立の時点で分割が完了していると考えることも可能と思われます。しかし、実際の遺産分割のためには遺産分割協議書の作成その他の行為が必要で、これらは破産管財人の管理処分権限の問題とも考えられます。したがって、開始決定時に遺産分割協議書が作成されていない場合には、破産管財人と相続人とで事実上再度遺産分割を行う必要があると思われます。また現在、破産の登記は開始決定時には行わない運用が一般的であるため、破産者である相続人が、開始決定がなされていることを秘して相続登記を行うおそれもなくはありません。この場合、破産者が相続によって取得可能であった権利を否認権の行使等によって回復する必要があります。

なお、遺産分割協議が否認の対象となるかどうかについて、最二小判平11.6.11（民集53巻5号898頁）が遺産分割協議は詐害行為取消しの対象となり得るものと解するのが相当であるとしています（ただし、その範囲や要件は今後の議論の進展が期待されるとされています。佐久間邦夫「判解」『最判解民［平成11年度・上］』481頁以下）。したがって、破産手続開始決定前に破産者に不利益な遺産分割協議がなされた場合には、破産管財人は否認権を行使することが可能と思われます（遺産分割協議が（無償）否認の対象となることを前提とした下級審裁判例として東京高判平27.11.9金判1482号22頁）。なお、この最高裁判例については、相続放棄や不相当に過大であるという特段の事情がない財産分与は詐害行為取消しの対象とならないとする判例との関係が問題とされますが、遺産分割協議は、相続放棄や財産分与とは債務者の一般財産減少の有無の点で法的性質が異なり、両判例とは矛盾しないとされています（佐久間・前掲479頁）。

4 遺産分割未了の不動産の処理

最後に、遺産分割未了の不動産がある場合、破産管財人としては可能な限り換価するという点から、また、爾後に破産者である相続人が遺産分割協議による利益を得ることがないようにするため、単に財団から放棄することではなく、相続分相当の価額を破産財団に組み入れて財団放棄（自由財産拡張処理）することや当該不動産の持分や相続分について他の相続人への有償での譲渡を優先的に検討することなどが適当と考えられます。

〔蓬田勝美〕

Q 61 遺留分侵害額請求訴訟、遺言無効確認訴訟における
破産管財人の当事者適格

「遺産をすべてほかの兄弟に相続させる」という内容の破産者の亡父の遺言について、破産した相続人の破産管財人が遺留分侵害額請求権を行使できるのでしょうか。破産者が遺留分侵害額請求訴訟や遺言無効確認訴訟を行っていた場合、破産管財人は訴訟を受継できるのでしょうか。

1 破産財団に属しない権利と訴訟受継

破産手続開始決定があると、破産財団に属する財産の管理・処分権は破産管財人に専属し（破78Ⅰ）、破産者を当事者とする破産財団に関する訴訟手続は中断して（破44Ⅰ）、破産管財人は中断した訴訟手続を受継することができます（破44Ⅱ）。一方、破産者の権利であっても、自由財産や差押禁止財産は破産財団に属しませんから（破34Ⅲ）、破産管財人はこれらの権利についての管理・処分権を有しませんし、訴訟も中断しません。破産管財人が受継することもできないことになります。この差押禁止財産には、一身専属的権利など性質上差押えが禁止されるものも含まれ（『条解』312頁）、破産財団に属しないこととなります。

2 破産管財人による遺留分侵害額請求権の行使の可否

2018年の相続法改正により遺留分「減殺」請求権は遺留分「侵害額」請求権となりました。改正前の遺留分減殺請求権について、判例は、債権者による代位行使の目的とすることの可否が争点となった事案において「侵害された遺留分を回復するかどうかを、専ら遺留分権利者の自律的決定にゆだねた」ものとして「特段の事情がある場合を除き、行使上の一身専属性を有すると解するのが相当」としました（最一小判平13.11.22民集55巻6号1033頁）。

遺留分減殺請求権と遺留分侵害額請求権は、その行使によって、物権的に目的物が遺留分権利者に帰属するか、遺留分侵害額相当額の金銭債権を行使できるかの違いはありますが、遺留分回復について遺留分権利者の自律的決定に委ねる点で変わりないと解されます。そのため、遺留分侵害額請求権も行使上の一身専属性を有すると解され、原則として破産財団には属せず、破産管財人はこれを行使することはできないことになるでしょう（遺留分減殺請求権について『条解』644頁）。

3 遺留分侵害額請求訴訟の受継の可否

相続法改正前の遺留分減殺請求権は、その性質は形成権であり、いったん意思表示された以上、法律上当然に減殺の効力が生じるとされています（最一小判昭41.7.14民集20巻6号1183頁）。また、前掲最一小判平13.11.22は、遺留分権利者が権利行使の確定的意思を有することを外部に表明した場合には、債権者代位の目的とすることができるとしており、これにより発生する具体的な登記請求権や金銭返

134　［第3章］　換価・破産管財人の職務

還請求権は一身専属性を有さないと解されます。

改正後の遺留分侵害額請求権も形成権とされており（法制審議会『民法（相続関係）等の改正に関する要綱』15頁）、遺留分権利者が、その意思表示をすることで、権利行使の確定的意思が外部に表明されるため、これにより発生する具体的な金銭債権に一身専属性はなく、破産財団に属すると解されます。

したがって、破産者が遺留分侵害額請求の意思表示をした上で遺留分侵害額請求訴訟を行っていた場合には、遺留分侵害額請求訴訟の訴訟物である具体的な金銭債権は一身専属性を有さず、破産財団に属しますので（遺留分減殺請求権について『条解』644頁）、破産管財人が受継することができると解されます。

4 遺言無効確認請求訴訟の受継の可否

(1) 遺産分割請求権が破産財団に属するか

遺産分割請求権については、裁判例において、①一身専属権とはみられず、債権者代位の目的とすることができるとされていること（名古屋高判昭43.1.30判タ233号213頁）、②遺産分割協議が詐害行為取消権行使の対象となり得るとされること（最二小判平11.6.11民集53巻5号898頁）、③未分割の遺産の共有は、基本的には民法249条以下に規定する共有と性質を異にするものではないので、共同相続人が取得する遺産の共有持分権は実体上の権利であって、遺産分割の対象になるとされていること（最三小決平17.10.11民集59巻8号2243頁）を踏まえると、行使上の一身専属権ではなく、破産財団に属する財産に該当すると解されます（『条解』644頁）。また、破産法238条以下の規定は、破産手続開始前に破産者が相続した未分割の遺産が破産財団に属することを当然の前提にしていると解されます。ただ、審判手続における主張立証には破産者本人の参加が必要不可欠と思われますので、破産者本人を手続に利害関係人として参加させることが相当です（『条解』644頁）。

(2) 遺言無効確認訴訟の当事者適格

以上から、遺言無効確認訴訟は破産財団に関する訴訟と解され、破産手続開始によって当然に中断し、破産管財人はこれを受継することができると解されます。

なお、従前破産管財人は、遺産分割協議の当事者になれないという実務例が支配的であり、この点から破産管財人には遺言無効確認訴訟の当事者適格がないとされる余地もありました。しかし、最近では破産管財人が当事者として遺産分割調停を行った例も少なからず報告されており、また破産管財人が当事者となった調停、審判もしくは遺産分割協議について、破産管財人による登記申請が認められる扱いになりました（Q60参照）。したがって、このような懸念は払拭されたといえます。そこで、遺言無効確認請求訴訟の係属が判明した場合は、破産管財人は受訴裁判所に破産手続開始を上申するとともに、受継の要否を判断すべきです。また、訴訟の係属がない場合でも、有効性に疑義のある遺言については無効確認請求訴訟の提起の要否を検討します。

〔猿谷直樹〕

Q 62　離婚後の破産

　　Ａ（夫）とＢ（妻）の夫婦は離婚し、ＡはＢに対して財産分与、慰謝料、養育費の一括前払いとして財産の相当部分を支払っていました。その後まもなくＡ又はＢが破産した場合、破産管財人は何に注意すべきでしょうか。

1　Ａ（夫・支払者）の破産

　破産申立てに近い時期など、実質的危機時期（債務超過）や支払不能後になされた支払については、破産管財人としては否認権の行使を検討することになります。

2　破産者が行った財産分与

　財産分与と詐害行為取消権の関係については、最二小判昭58.12.19（民集37巻10号1532頁。以下「昭和58年最判」といいます）及び最一小判平12.3.9（民集54巻3号1013頁。以下「平成12年最判」といいます）が「離婚に伴う財産分与は、民法766条3項の規定の趣旨に反して不相当に過大であり、財産分与に仮託してされた財産処分であると認められるに足りるような特段の事情がない限り、詐害行為とはならない」と判示しています。昭和58年最判は、清算的財産分与につき財産分与として相当であり詐害行為に当たらないとした事案であり、平成12年最判は、再婚まで月10万円支払うとの扶養的財産分与の合意が不相当に過大であるとした事案です。

　分与者が破産し、財産分与が否認権の対象となるかについても、これら最判は当てはまると解されますが、昭和58年最判が、「分与者が既に債務超過であって当該財産分与によって一般債権者に対する共同担保を減少させる結果になるとしても」不相当に過大で財産分与に仮託してなされたものでない限り詐害行為取消しの対象とならないとしていることは、破産における否認の問題としてはどう理解できるかが問題となります。

　昭和58最判の事案は、離婚の約1か月前に事業が倒産して債務超過かつ支払不能となった夫が実質的に唯一の不動産に近いものを妻に財産分与として移転したというものであり、財産分与として相当な範囲であって義務履行としての本旨弁済として考えても、偏頗行為否認の要件に該当し得るものです。妻は支払不能及び支払停止があったことを知っていたと推定されます（破162Ⅱ①）から、危機時期の財産分与の多くは偏頗行為否認が認められる可能性があります。しかし、昭和58年最判は「財産分与は、…離婚後における相手方の生活の維持に資する」ものであり、「一般債権者に対する共同担保を減少させる結果になるとしても」不相当に過大でない限り、詐害行為取消しの対象とならないとし、具体的には、分与されたほとんど唯一の不動産が、相手方が「これを生活の基礎としなければ今後の生活設計の見通しが立て難い」などの事情を考慮して、相手方の取得を認めたものです。この昭和58年

136　［第3章］　換価・破産管財人の職務

最判の趣旨に照らすと、不相当に過大でない限り、偏頗行為否認の対象となることも否定し、他の債権者に対する優先性を認めなければ、離婚後における相手方の生活の維持に資するという財産分与の役割が損なわれることになります。

なぜ、偏頗行為否認の対象にもならないのか、という理由付けとしては、結局のところ、財産分与は財産行為であっても離婚という身分行為に伴うという特殊性があるというほかないと思われますが、これは、個々の否認要件のなかに埋没しそうになっている「不当性」という否認の一般要件を生き残らせる必要が感じられる一場面といえます。

昭和58年最判及び平成12年最判は「不相当に過大」「財産分与に仮託」という2つの要素をあげていますが、平成12年最判の事案が、一審が通謀虚偽表示とし、二審が通謀虚偽表示ではないものの不相当に過大で仮託したものとし、その判断を最判が是認しているように、この「仮託」とは、虚偽表示というまでではないものの不相当に過大な部分は本来の財産分与といえない、という趣旨であって、重点は「不相当に過大」にあると解すべきでしょう。平成12年最判が、取消しの範囲は「不相当に過大」である限度としたのも、そのように理解できます。

3　破産者が行った慰謝料の支払

平成12年最判は「離婚に伴う慰謝料を支払う旨の合意は、…発生した損害賠償債務の存在を確認し、賠償額を確定してその支払を約する行為であって、新たに創設的に債務を負担するものとはいえないから、詐害行為とはならない。しかしながら…負担すべき損害賠償債務の額を超えた部分については、慰謝料支払の名を借りた金銭の贈与契約ないし対価を欠いた新たな債務負担行為というべきであるから、詐害行為取消権の対象となり得る」としています。これを否認に当てはめると、破産者との慰謝料支払の合意は、破産者が本来負担すべき損害賠償債務の額の範囲であれば、詐害行為否認（破160）の対象とならず、その範囲を超えた部分は詐害行為否認の対象となることになります。

実際に支払われた慰謝料については、本来負担すべき損害賠償債務の額の範囲であっても、本旨弁済に対する偏頗行為（破162）として否認権行使の対象となると解されます。財産分与と異なり、離婚に伴う慰謝料は義務者の故意又は過失を要件とする不法行為による損害賠償請求権にほかならず、離婚という身分行為に伴うという特殊性は薄く、本旨弁済否認の対象外として一般債権者に優先することを認める必要性に乏しいといえます。

4　破産者が行った養育費の一括前払い

過去の養育費の支払は、破産手続開始の申立てないし支払不能の後になされたものであっても、不相当に多額であったり累積して巨額になっていたりしない限り、偏頗行為否認（破162）の対象にはならないと解されます。ここも「不当性」という否認の一般要件の適用場面です。

逆に、養育費の一括前払いは「養育費が要扶養状態の存在により日々発生する権

利であり、破産手続開始決定後に発生する部分は手続額債権であり、それは、将来の養育費の額が、審判等で決定されていても同様である」（『大阪再生物語』220頁）以上、本来破産者の新得財産から支払うべきものを開始決定前に支払ったものであって、詐害行為否認の対象となると考えられます。

　ただ、当該案件で財産分与として支払われた額との合計額が財産分与としての相当額の範囲内であれば、支払名目にかかわらず、養育費の前払いの趣旨を含む財産分与として相当性が認められますので、否認対象とする必要はないと解されます。

5　B（妻・受領者）の破産

　慰謝料は、Bが受け取る前にBが破産したのであっても、合意や判決等によってその額が確定していれば、行使上の一身専属性は失われ、破産財団に属するというのが判例（最一小判昭58.10.6民集37巻8号1041頁）です。財産分与請求権の具体的な確定後、受領前にBが破産した場合も、同様と解されます（財産分与を求める裁判の途中のBの破産については、**Q63**参照）。一括前払いの養育費も、養育費債権といい得るかどうかは別として、合意が成立している以上、破産財団に属します。

　金額が確定すると行使上の一身専属性が失われるとの点については、生命、身体、名誉など本来的に金銭的交換価値をもたない保護法益に起因する慰謝料請求権については、金額が確定しても行使上の一身専属性を失わず、破産財団に帰属しないとの有力な反対説があります（『伊藤』261頁、『条解』313頁ほか）。ここでいう行使上の一身専属性とは、権利帰属者に権利行使を強制することができず、権利帰属者以外の者がその権利を行使することを許さないこと（権利者が行使するか否かの自由の尊重）をいうのではなく、権利帰属者が権利を行使して実現した成果を債権者の共同担保とせず（破産財団に帰属するものとせず）、自ら取得することが許されるか否かの問題です。権利者が行使するか否かの自由を尊重する意味では、離婚に伴う慰謝料請求権も、生命、身体、名誉などに起因する慰謝料請求権も同じですが、破産財団に帰属するか否かについても同じとはいえません。生命、身体、名誉などに起因する慰謝料請求権が「人格的価値を毀損せられたことによる損害の回復」（最一小判昭和58.10.6民集37巻8号1041頁）であり、離婚に伴う慰謝料請求権とは法益を異にすることを考えると、離婚に伴う慰謝料請求権は金額が確定すれば破産財団に帰属するとの解釈、さらに請求する意思を外部に表明した時点で一身専属性を失うとの解釈も、十分に可能と思われます。

　それぞれ受領後の破産であれば、開始決定の時点で残ったもの（預金等になっていると思われます）が自由財産と認められるか否かの問題となります。

　財産分与、慰謝料が振り込まれた預金は、振込前の請求権としても、金額の確定により一身専属性が失われていますから、差押禁止債権の性質の承継を問題とするまでもなく、本来的自由財産とはならず、自由財産拡張が認められない限り、破産財団に属することになります。一括前払いの養育費が振り込まれた預金も同様です。

〔木内道祥〕

Q 63 財産分与の審判中・離婚訴訟中の破産

　A（個人）の破産管財人となりましたが、破産手続開始決定の時点で、Aは、Bとの間の離婚訴訟の途中でした。破産管財人は、この訴訟について、どう対処すればよいでしょうか。

　Aがすでに離婚しており、財産分与を求める審判の途中の破産である場合はどうでしょうか。

1　財産分与の審判の途中の破産

(1)　権利者の破産

　まず、すでに離婚は成立しており、財産分与の審判の途中で、申立人（分与権利者）が破産した場合を検討します。

　最二小判昭55.7.11（民集34巻4号628頁。以下「昭和55年最判」といいます）は、協議離婚した元夫が、離婚の半月前に元妻名義の不動産が元妻の父に移転登記されていたことにつき、移転登記の抹消登記手続を求めて、元妻とその父を被告として提訴したものであり、抹消登記手続請求は、元夫の元妻に対する財産分与請求権を保全するために元妻の登記請求権を代位行使するものです。債権者代位は「離婚によって生ずることのあるべき財産分与請求権は、一個の私権たる性格を有するものではあるが、協議あるいは審判等によって具体的内容が形成されるまでは、その範囲及び内容が不確定・不明確であるから、かかる財産分与請求権を保全するために債権者代位権を行使することはできない」として、認められませんでした。

　この判決は、財産分与請求権について段階的形成権説（抽象的な財産分与請求権が協議あるいは審判等によって段階的に具体的な財産分与請求権として形成されるとする説）を採用したと解されています。段階的形成権説は、「一切の事情を考慮して」（民768Ⅲ）裁量的に定められるという財産分与の性質や実務感覚に沿ったものであり、それ自体は相当と思われますが、この事案で財産分与請求権が問題となったのは、債権者代位によって保全されるべき権利としてであり、代位行使の対象となる権利としてではありません。判示が「範囲及び内容が不確定・不明確である」ことを理由に債権者代位権の行使を認めなかったのは、被保全権利としての具体性という要件についてのものであり、財産分与請求権が協議・審判等により具体的内容が形成・確定されるまでは代位行使の対象とならない（財産分与権利者の債権者が財産分与請求権を行使することができない）と判示したものではありません。

(2)　一身専属性が失われる時期：財産分与請求権はどの段階から破産財団に帰属するか

　財産分与請求権が段階的形成のどの時点で代位行使の対象となるかは、行使上の

一身専属性を有するとされる財産分与請求権がいつ一身専属性を失うか、という問題です。一身専属性を失った財産分与請求権は、債権者代位の対象となり、差押えの対象となり、破産財団に属することになります。

名誉毀損による慰謝料請求権について最一小判昭58.10. 6 （民集37巻 8 号1041頁。以下「昭和58年最判」といいます）は金額の確定をもって一身専属性を失うとし、遺留分減殺請求権について、最一小判平13.11.22（民集55巻 6 号1033頁。以下「平成13年最判」といいます）は権利行使の確定的意思を有することを外部に表明したときに一身専属性を失うとしています。前者は、行使する意思を表示しても具体的な金額が確定しない間は「被害者がなおその請求意思を貫くかどうかをその自律的判断に委ねるのが相当」とし、後者は、権利行使の確定的意思を外部に表明すれば「これに対する債権者代位を認めても遺留分権利者の自律的意思に介入するものといえない」（瀬戸口壮夫「判解」『最判解民［平成13年度・下］』661頁）という趣旨と解されます。一身専属性を失う時期について矛盾した判示であるかのようですが、この違いは、名誉毀損による慰謝料請求権と遺留分減殺請求権では債権者の共同担保の目的とすることの相当性が異なることに由来すると考えられます。

行使上の一身専属性があるという場合、行使するか否かが権利者の意思のみに委ねられることは間違いありませんが、行使して実現した権利を債権者の共同担保から除外して自分が保有することまでが当然に「一身専属性」に含まれるものではありません。昭和58年最判は、金額が確定するまでは権利者がなおその請求意思を貫くかどうかをその自律的判断に委ねるのが相当と判示しますが、請求意思を貫かない、すなわち請求意思を撤回する可能性を認めることがねらいではなく、また、確定した慰謝料請求権を破産財団帰属させることもねらいではなく、この事案はすでに一審係属中に破産終結決定がなされていますから、一身専属性の喪失時期を金額確定時とすることによって慰謝料請求権が権利者自身に保持される（破産財団に属さない）ことを導くためのものではないでしょうか。生命、身体、名誉などに起因する慰謝料請求権が「人格的価値を毀損せられたことによる損害の回復」（昭和58年最判）であるから、およそ債権者の共同担保の目的とするのが相当でないのであれば、有力説（『伊藤』261頁、『条解』313頁ほか）のように、金額が確定しても（確定と破産手続終結の前後を問わず）一身専属性を失わないと解するべきことになります。これに対し、財産分与請求権の中心は夫婦共同生活で形成した財産の清算であり、行使された以上、債権者の共同担保の目的から除外する理由に乏しいといえます。

このように債権者の共同担保の目的とすることの相当性の観点からいえば、財産分与請求権は、行使するか否かが権利者の意思のみに委ねられることでは同じであるとしても、権利行使の確定的意思の外部への表明があれば一身専属性を失い、その後の撤回を認める必要はなく、さらに、行使により確定した権利を債権者の共同担保から除外して自分が保有することを認める必要はないと解するのが相当と思わ

れます。したがって、この時点以降は、財産分与請求権は破産財団に帰属し、調停・審判の手続は破産管財人が受継することになります。

　なお、一身専属性の喪失時期については、意思表明時点で一身専属性が失われるとの考えが相当程度に合理的であるとする意見（山本克己「家事審判手続と破産手続の開始」ケース研究328号（2016年）12頁）、権利が確定して初めて一身専属性を失うとする意見（森宏司「家事調停・審判手続中の当事者破産」『伊藤古稀』1177頁、『倒産と訴訟』200頁〔島岡大雄〕）があります。

(3)　義務者の破産

　審判の相手方（義務者）が破産した場合、権利者の財産分与請求権は破産債権となります（最一小判平2.9.27判時1363号89頁）から、審判の申立人（権利者）は、破産債権者として債権届を行うことになります。債権調査手続で破産管財人等から異議等が述べられた場合の債権確定をいかにして行うかについては各説がありますが、調停・審判を破産管財人が受継し、それによって債権確定を行うことが最も合理的です。もっとも、異議等に対してとるべき手続に1か月という期限がある（破125Ⅱ、127Ⅱ）ことを考えると、届出債権者としては、査定申立てと調停・審判の受継申立ての双方を期限内に行うのが賢明です（『個人の破産・再生』104頁〔木内道祥〕参照）。

2　離婚訴訟の途中の破産

(1)　破産が影響する事項と影響しない事項

　離婚訴訟で審理対象となる事項としては、離婚、親権者、養育費、財産分与、年金分割、慰謝料があります。

　離婚と親権者については、妻と夫のいずれが破産した場合であっても、破産手続の開始は離婚訴訟に影響しません。養育費も、離婚までの養育費を離婚訴訟の付帯請求とすることを最一小判平9.4.10（民集51巻4号1972頁）が認めているものの、通常、離婚までの養育費は婚姻費用に含めて審判等で定められており、実際上問題となるのは離婚後の養育費です。養育費は要扶養状態の存在により日々発生する権利であり、離婚後の養育費は破産手続開始決定後に発生するものであって手続外債権ですので、いずれの当事者の破産でも訴訟に影響しません。年金分割も、対象となる年金は差押禁止とされており自由財産ですので、同様に破産は訴訟に影響しません。

　したがって、破産手続の開始が離婚訴訟に影響し得るのは、慰謝料と財産分与となります。

(2)　慰謝料請求権

　昭和58年最判は、名誉毀損による慰謝料請求権について金額の確定をもって一身専属性を失うとしています。離婚による慰謝料請求権も同様であると解すると、存否、額が争われている限り一身専属性が維持されますので、権利者の破産であれば慰謝料請求権は破産財団に属せず、破産は訴訟に影響しません。なお、名誉毀損に

よる慰謝料請求権と離婚に伴う慰謝料請求権とは保護法益を異にすることを考えると、請求する意思を外部に表明した時点で一身専属性を失うとの解釈もあり得ることはQ62のとおりです。こう解した場合には、慰謝料請求権は破産財団に属することとなり、訴訟は中断し（破44Ⅰ）、破産管財人が受継する（破44Ⅱ）ことになります。

　義務者の破産であれば、慰謝料請求権は破産債権ですので、訴訟は中断し（破44Ⅰ）、破産管財人は受継できず（破44Ⅱ）、債権届を行い、それに対する認否で認められないと受継申立て（破127）という債権確定手続になります。

⑶　財産分与請求権

ア　離婚が成立していない段階での財産分与請求権と期待権

　離婚が成立していない段階での財産分与請求権の法的性質については、権利者の破産について「財産分与請求権が発生するのは離婚判決確定時であるから、その時点までに財産分与に関して申立人が有する権利として観念できるのは、財産分与の期待権に止まる（このような期待権は、進行中の離婚協議や係属中の離婚訴訟の有無にかかわらず、婚姻中のあらゆる者が有していることに注意が必要である）。しかし、このような期待権は財産権としての内容があまりに希薄であり、その一身専属性の有無を検討するまでもなく、金銭執行における差押えの対象財産にならないと考えられる。したがって、かかる期待権は破産財団を構成する財産となり得ないと解するべきである」とし、義務者の破産について「相手方についての破産手続開始時に離婚は成立していないので、申立人が破産手続開始時において有するのは、原則として財産分与の期待権に過ぎない。かかる期待権は権利としての実質が希薄であるので、破産債権として認めることはできない」とする意見があります（山本克己「人事訴訟手続（離婚事件）と破産手続の開始」徳田和幸先生古稀祝賀論文集『民事手続法の現代的課題と理論的解明』720、727頁（弘文堂、2017年）。同旨のものとして森・前掲書1165、1175頁）。

　しかし、権利として未発生であるがゆえに差押えの対象財産にならないとはいえません。「いわゆる将来請求権も、発生の基礎となる法律関係が既に存在し、近い将来の発生が相当の蓋然性をもって見込まれるため財産価値を有するものであれば、その請求権の特定識別が可能な範囲で（債権額の確定は不要）、執行対象となる」とするのが通説であり（中野貞一郎＝下村正明『民事執行法』669頁（青林書院、2016年））、「このような場合は、差押え時に存在する債務者の期待権的財産価値が責任財産を構成していることみることができ、実務上の取扱いも通説的見解によっている」（『執行実務（債権）上』148頁）ことからすれば、離婚訴訟に付帯して審理されている財産分与請求権は、すでに財産分与請求をする意思は確定的に表明されており、基礎となる法律関係が存在し、近い将来の発生が相当の蓋然性をもって見込まれるということができます。

　なお、離婚前の財産分与請求権を請求債権とする民事保全法による仮差押え等が

人事訴訟法の制定前後を通じて一般的に認められている（小野瀬厚＝岡健太郎編著『一問一答 新しい人事訴訟制度』117頁（商事法務、2004年））ことも、必ずしも「権利としての実質が希薄」とはいえないことのひとつの裏付けとなります。

民法128条は「条件が成就した場合にその法律行為から生ずべき相手方の利益」が法律上保護されることを定め、民法129条はそういう利益（条件の成就が未定である間における当事者の権利義務）は、一般の規定に従い、処分、相続等ができるとしており、これが期待権と呼ばれています。

このような期待権については、破産財団に含むとしたのが破産法34条2項であり、「一定の未発生の権利も期待権として配当財源とするのが相当であるので（民129参照）、本法は、固定主義の趣旨を明確にするために、これらの請求権の破産財団への帰属を確認した」（『条解』306頁）と解されています。

受継されない訴訟手続に係る訴訟費用請求権の法的性質については、停止条件付債権と解する説と期待権ないし期待利益と解する説があり、後者が有力ですが、最二小判平25.11.13（民集67巻8号1483頁）は、「手続開始前にその訴訟費用が生じていれば、当該請求権の発生の基礎となる事実関係はその更生手続開始前に発生しているということができる。そうすると、当該請求権は「更生手続開始前の原因に基づいて生じた財産上の請求権（…）」に当たる」として、請求権の法的性質に言及することなく更生債権に当たるとしました。「期待権と解しても、被担保債権にも、譲受又は差押の目的にも、仮差押の被保全債権にもなりうる」（菊井維大＝村松俊夫『全訂民事訴訟法(1)〔補訂版〕』514頁（日本評論社、1993年））のですから、期待権であるからといって、義務者の破産では破産債権となり、権利者の破産では破産財団に属することを否定することにはなりません。

イ　離婚訴訟での財産分与請求の実際

離婚訴訟には、離婚そのものには争いがなく、それ以外の親権者や附帯請求事項（人訴32）が争いの対象であることが、しばしばあります。離婚を認容する判決に対する上訴では、親権者や附帯請求事項のみに不服を申し立てることも、しばしばあります。そのような上訴であれば離婚を認容する部分が変更される可能性はないものの、事件全体が移審するため、判決の離婚認容の部分のみが確定することはありません。離婚訴訟の途中で協議離婚等により婚姻が終了して付帯処分についてのみ審理・裁判が行われる（人訴36）場合と争いの内実は変わりませんが、訴訟による離婚の確定がない限り、婚姻費用分担義務は継続し、父母のいずれが親権者は定まらず、財産分与も確定しないため、離婚訴訟は控訴のみならず上告（ないし上告受理申立て）がなされることがめずらしくないのです。

そのような場合も含めて考えると、離婚訴訟の付帯請求として行使されている財産分与請求権を法律上ゼロのものとして扱うことが相当であるとは思われません。

ウ　財産分与請求権の段階的形成

昭和55年最判は段階的形成権説を採用したと解されていますが、この最判の判例

解説（篠田省二「判解」『最判解民［昭和55年度］』253頁）は、「本判決の問題点は、協議・調停・審判・判決によって具体的内容が形成される前の抽象的な財産分与請求権を被保全権利として債権者代位権を行使することができるか否か、である」とし、「判決による具体的形成」を含めて、具体化、形成化の観点からの段階的の形成権説ほかの各説を検討しています。離婚成立後の財産分与請求と離婚訴訟に付帯する財産分与請求を区別していないのです。

　もし、協議（調停を含みます）・審判のみについて財産分与請求権が段階的に形成されるというのであれば、離婚訴訟の付帯請求として財産分与請求がなされ、判決の確定によって財産分与請求権が確定するという場合には、段階的形成はなされないのでしょうか。そうではなく、訴訟における審理によって段階的形成がされているはずです。離婚という法律効果が発生するまでは財産分与請求権はまったくのゼロであり、判決の確定によって、突然に具体的で確定した権利義務が生ずると解することはできません。したがって、財産分与請求権の具体化、形成化を検討する場合、付帯請求としての財産分与請求権の判決による具体化、形成化をも含めて考えることがむしろ当然と思われます。昭和55年最判の「協議あるいは審判等によって具体的内容が形成されるまでは」との判示でいう「等」には判決も含むと解することは十分に可能なのです。

　エ　離婚訴訟の付帯請求である財産分与請求権をどう解するか

　民法128条、129条は（法律行為に付された）条件の成就が未定の間の条件が成就した場合にその法律行為から生ずべき利益をどう取り扱うかを定めているのであり、権利としての発生を要件としているのではありません。法定条件についても、民法128条、129条が類推適用されることは認められていますから、離婚訴訟の付帯請求である財産分与請求権についても、財産分与請求という法律行為に、判決による離婚の認容と財産分与の具体化という法定停止条件が付されており（民128）、その条件の成就が未定の間の当事者の権利（民129）であるから、一般の規定に従い扱われるとして、義務者破産の場合には破産債権として破産手続への参加が可能であり、権利者破産の場合には（一身専属性が失われることを前提として）破産財団に帰属することになるということができると思われます。

　オ　財産分与請求権の一身専属性

　財産分与請求権について、権利行使の確定的意思の外部への表明があれば一身専属性は失われると解すべきことは1(2)で述べたとおりであり、離婚訴訟の付帯請求としての財産分与請求も、権利行使の確定的意思の外部への表明であることに変わりはありません。そうすると、財産分与請求権の一身専属性はすでに失われており、権利者の破産では訴訟手続が中断して破産管財人が受継し、義務者の破産では、破産債権としての届出、債権調査がなされるというのが相当な手続であることになります。

〔木内道祥〕

Q 64 破産管財人が賃貸借契約を解約する場合の留意点

破産手続開始後に破産会社が賃借していたオフィスビルを解約して明け渡すことになりました。破産管財人はどのような点に留意すべきですか。

1 明渡し時期について

(1) 破産手続開始後、明渡しまでの賃料（相当損害金）の性質

破産手続開始時において、賃貸借契約が存続している場合、破産手続開始後、契約終了時までの賃料は財団債権となり（破148Ⅰ⑧）、契約終了後明渡しまでに生じた賃料相当損害金も財団債権になると解されます（破148Ⅰ④。最一小判昭43.6.13民集22巻6号1149頁）。破産管財人としては、工事出来高の査定や在庫売却など管財事務のため一定期間オフィスを使用せざるを得ない場合もありますが、財団の負担を軽減すべく、できるだけ速やかな明渡しを目指すことになります。

(2) 明渡しまでに実施すべき作業

オフィス内に存する動産、什器備品、資料等には、管財人事務所又は倉庫に搬出すべきもの（会計帳簿類、総勘定元帳、現金出納帳、売掛金台帳、未回収売掛金の請求書、伝票、従業員名簿、賃金台帳、タイムカード等）、第三者に引き揚げさせるべきもの（リース物件、所有権留保動産、賃借動産、預かり品等）、第三者への売却を目指すべきもの（破産者所有の什器備品、在庫商品など）、その他廃棄処分すべきものなどが混在していますので、適切に区別して処理する必要があります。業務関係の資料（図面、営業日報、カタログ、サンプル品、荷送り伝票、納品書等）が大量に保管されている場合、どの範囲で搬出・廃棄するかは悩ましいところですが、売掛金の請求・債権調査等の管財業務で用いるかの観点から、保管費用や破産財団の規模を踏まえて、検討することになります（破産手続終了後における商業帳簿等の書類保管については、Q104を参照してください）。個人情報や営業秘密を含む書類を廃棄する場合、溶解処理を検討し、少なくとも廃棄業者から処理の証明書を受領すべきです。

後述の原状回復工事を実施する場合などは、賃貸人側の立会いの下、工事内容の確認、見積りの取得、必要に応じて相見積りの取得等を行いますが、一定の時間を要するため、効率的なスケジュール調整が必要です。なお、事務所が全国に多数点在する場合など、破産管財人又は管財人代理が立ち会うことが困難である場合には、やむを得ず元従業員に立会い確認を委ねることもあり得ますが、明渡し前後の状況を写真撮影するなど、明渡しの状況を客観的に明らかにしておくべきです。

(3) 財団が不足する場合

賃借物件内に、管財業務に不要又は換価困難な破産者所有の什器備品、不良在庫及び資料等の動産があり、破産財団から廃棄費用を拠出できない場合があります。

Q64 破産管財人が賃貸借契約を解約する場合の留意点　　145

この場合、営業秘密及び個人情報が含まれる資料や破産者所有のパソコン等を破産財団の負担で廃棄し、その余は財団から放棄して、現状有姿での明渡しを目指して賃貸人と交渉することもありますが、不法投棄されることを避けるべく、賃貸人との間で、法令を遵守して処分するなど明確に合意しておくべきです。

2 解除の根拠

破産手続開始時に賃貸借契約が存続している場合、双方未履行双務契約に該当し、賃借人たる破産管財人は解除か履行請求を選択することができます（破53Ⅰ。解除についてはQ135を参照してください）。

3 原状回復と通常損耗

(1) 原状回復義務の性質

Q65のとおり、原状回復請求権が財団債権か破産債権であるかは議論があり、原状回復費用が敷金額を上回る場合、財団債権説によれば超過分を財団から支出するため、交渉により相当な内容での和解を目指すことが考えられます。なお、破産者において原状を特定し得る資料が保管されていない場合、原状の立証責任は賃貸人が負うと解し得ますので、資料の提出を求めるべきです。

(2) 通常損耗について

通常の使用及び収益によって生じた賃借物の損耗並びに賃借物の経年変化（以下「通常損耗」といいます）は、当事者間に特段の合意がない限り、原状回復の範囲に含まれません（最二小判平17.12.16判時1921号61頁。改正民621条本文で明文化）。当事者間で特段の合意がある場合には通常損耗部分の原状回復義務が生じるとして、当該義務は破産手続開始に先立つ合意により発生するため、原状回復義務自体を破産債権とする説であればもちろんのこと、財団債権とする説に立つとしても、通常損耗部分の原状回復義務については破産債権であるとして交渉するべきです。

4 敷引き特約、違約金、解約予告期間条項

(1) 敷引き特約について

契約終了時に敷金の一定割合を控除する敷引き特約は、自然損耗料、空室損料及び礼金等様々な性質がありますが（河邊義典「判解」『最判解民［平成10年度・下］』772頁参照）、自然損耗料である場合、中途解約時に敷引き可能なのは経過期間相当分に限られます（東京地判平4.7.23判時1459号137頁）。明らかに礼金的な性質の場合には別としても、特約の性質に関する立証責任は賃貸人が負うと解し得るため、破産管財人としては自然損耗の性質であるとして交渉するべきでしょう。

(2) 違約金、解約予告期間条項について

賃貸借契約において、違約金条項又は解約予告期間条項等、契約解除に関する特約を定める場合において、当該特約が破産管財人による解除（破53Ⅰ）の場合にも適用されるかについて、議論がありますが（Q135参照）、破産管財人としては適用されないとして交渉するべきでしょう。

〔志甫治宣〕

Q 65　破産手続における原状回復義務の法的性質

　ゴルフ場会社の破産管財人です。破産会社は、地主からゴルフ場予定地として山林や畑を賃借して土地の造成を開始したものの、その完成前に経営が破綻し、破産手続開始決定を受けました。このゴルフ場予定地は、その工事が初期の段階で中断しているため、今後の工事費用を考えると引受先を見つけるのは困難だと思われます。
　破産管財人としては、どのように対処すればよいでしょうか。

1　原状回復義務の内容

　賃貸借契約が終了した場合には、賃借人は目的物を返還する義務を負い、その際に附属させた物を収去し、原状に復さなければなりません（民616、597①、598）。その原状回復義務の内容についてですが、賃借目的物を改造することが賃貸借契約の内容になっている場合には、特約がない限り、賃借人はその改造部分につき原状回復義務を負わないと解される場合があります（最三小判昭29. 2. 2民集 8 巻 2 号321頁は、賃借目的物たる家屋を工場に改造することが賃貸借契約の内容になっているときは、特約なき限り、賃借人には改造家屋につき原状回復義務はないとしています）。ただし、賃貸借契約が許容する範囲を超える造成をした場合、造成や使用収益の過程で土壌汚染等通常の範囲を超える価値の減少が生じた場合、又は許容された造成工事が途中で頓挫し、目的物をそのままの状態で賃貸人に返還することが社会的に相当ではないと判断される場合には、賃借人は目的物の変更状態や価値減少を回復し、目的物の正常な使用・収益ができる状態に回復する義務を負うと解されます。

2　原状回復義務の破産手続における性質

　賃借人が破産した場合に、破産者が賃貸借契約上負担する原状回復義務（又は賃貸人が実施した場合の原状回復費用請求権）の法的性質について、通説は、破産開始前に賃貸借契約が終了していた場合には破産開始前の原因によって発生したものとして破産債権であるものの（破 2 Ⅴ）、破産開始後に賃貸借契約が終了した場合には、破産開始後に発生したものとして財団債権であるとしています（破産管財人が合意解除した場合は破148Ⅰ④、双方未履行双務契約として解除した場合は破148Ⅰ⑧）。
　しかし、賃貸借契約の終了が破産手続開始決定前か後かで取扱いが異なるのは合理的な根拠がないとして、賃貸借契約が手続開始後に終了した場合であっても、原状回復の対象となる変更行為が手続開始前になされたのであれば、手続開始前の原因によって発生した債権として破産債権とすべきであるとの見解もあり、大阪地裁ではこのような見解に沿った運用を行っています（『運用と書式』115頁、『はい 6 民』272頁以下）。この見解は、原状回復義務の発生原因の基本的要素は変更行為で

Q65　破産手続における原状回復義務の法的性質　147

あるところ、それは破産管財人の行為によるものではなく手続開始前に生じており、賃貸借契約の終了は期限又は条件に過ぎないものであると主張しています（『論点解説上』111頁〔小林信明〕、富永浩明「各種の契約の整理(2)」『新・実務大系』215頁）。このように原状回復請求権につき破産債権説をとった場合、目的物返還請求権との関係が問題となります。返還請求権は財団債権と考えられますが、それをもって破産債権たる原状回復請求権が財団債権に格上げされることは相当ではありません。この場合、破産管財人が破産債権たる原状回復義務以外の引渡しを実行した（賃貸人に対し目的物の現実の占有を移した）場合には、財団債権たる目的物返還義務はなされたものと解されます（『はい6民』273頁。また、原状回復をせずに明け渡すことを認めた裁判例として東京高判平12.12.27判タ1095号176頁参照）。

　もっとも、土地の造成工事の未了などによって、土砂崩れなど社会的な損害を生じさせるおそれがある場合には、破産管財人としては、原状回復義務が財団債権としての性質を有しているか否かにかかわらず、適切な処理をする社会的な職責を負っていると解されることには注意を要します。

3　破産管財人の対処

　土地賃貸借契約がゴルフ場の建設を目的としていた場合には、そのような目的に従った土地の造成工事は当然のこととして許容されており、それらの変更状態は原状回復義務の範囲外であると考えられる場合があります。また、特約で契約締結時の原状を回復するとの定めがあったとしても、①造成工事によって賃借目的物の価値が増加していた場合には、そもそも有益費償還請求権（民608Ⅱ。ただし、契約上放棄されている場合が多いようです）の対象ともなり得るものであること、②契約締結時の状態に戻すためには巨額の費用がかかること、からすればそのような特約は無効（大阪高判昭63.9.14判タ683号152頁参照）であるとの解釈もあり得ると思われます。もっとも、設問のように造成工事が途中で頓挫しており、そのような状態で目的物を賃貸人に返還することが社会的に相当ではないと考えられる場合には、賃借人には契約締結時の状態に戻すか、又は造成を続行して契約で予定されていたような土地の形状にする義務があるとも考えられます。

　以上を踏まえると、設問における破産管財人の実務的対処としては、まずゴルフ場事業の引受先を見つけ、賃貸人の承諾を得て賃貸借契約上の地位を譲渡することが考えられますが、なかなか引受先を見出すのは困難であると予想されます。その場合、破産管財人としては賃貸借契約を双方未履行双務契約として解除するとともに目的物を賃貸人に返還することになりますが、その際には、①賃借人が負担する原状回復義務の内容、②その義務の法的性質（財団債権か、破産債権か）、③原状回復に要する費用額、④破産財団の現状、などについて賃貸人に説明・交渉し、相当な内容での和解を目指すことが考えられます。

〔小林信明〕

Q 66　産業廃棄物の処理

破産財団に産業廃棄物が含まれています。破産管財人はこれを処理するに当たってどのような点に留意すべきですか。

1　廃棄物が放置されている場合

破産者に工場などが存在する場合、使い残しの原料や資材、燃料や薬品類などが残っていたり、納品されなかった製品などの破棄物がたまっていたりすることがあります。本来は専門業者に処理を委託しなければならないような廃棄物であるのに、倒産時の混乱や廃棄のための費用負担ができなかったために、適切に処理されていない場合も予想されます。

2　廃棄物の定義

廃棄物とは、ごみ、粗大ごみ、燃え殻、汚泥、ふん尿、廃油、廃酸、廃アルカリ、動物の死体その他の汚物又は不要物であって、固形状又は液状のものをいいます（廃掃2Ⅰ）。廃棄物は、さらに一般廃棄物と産業廃棄物に分かれますが、産業廃棄物は、事業活動に伴って生じた廃棄物のうち燃え殻、汚泥、廃油、廃酸、廃アルカリ、廃プラスチック類その他政令で定める廃棄物（20種類）及び輸入された廃棄物であるとされ（廃掃2Ⅳ）、事業者が自らの責任において適正に処理しなければならないと排出事業者に処理責任が課されています（廃掃3Ⅰ、11Ⅰ）。

なお産業廃棄物のうち、爆発性、毒性、感染性その他の人の健康又は生活環境に係る被害を生ずるおそれがある性状を有するものとして政令で定めるものが特別管理産業廃棄物として区別されています（廃掃2Ⅴ）。具体的には、燃えやすい揮発油類の廃油、一定のpH値以下の酸性廃液や一定のpH値以上のアルカリ性廃液、感染性病原体を含むか、そのおそれのある産業廃棄物（血液の付着した注射針、採血管）などがあり、またそのうちの特定有害産業廃棄物としては、廃PCB、PCB汚染物、PCB処理物、廃石綿等、廃水銀、カドミウム、鉛、六価クロム、砒素、シアン、トリクロロエチレンなど、又はそれらの化合物、ダイオキシン類が基準値を超えて含まれる汚泥、鉱さい、ばいじん等があげられています（廃掃令2の4⑤）。

3　産業廃棄物の処理方法

事業者が産業廃棄物を処理するには、市町村の一般廃棄物用の処理施設での処理・処分をすることはできず、自ら産業廃棄物処理基準に従って処理・処分をするか（廃掃12Ⅰ～Ⅳ）、又は産業廃棄物を処理・処分できる許可を受けた産業廃棄物処理事業者に処理・処分の委託をしなければなりません（廃掃12Ⅴ～Ⅶ）。委託をするには、必ず書面（産業廃棄物処理委託契約書）を取り交わして契約をしなければならず（廃掃12Ⅵ、廃掃令6の2④）、これに違反すると委託基準違反として刑事罰が科

されます（廃掃26①）。

　契約は、収集運搬業者、処分業者とそれぞれに締結する必要があり、契約書への記載内容は、産業廃棄物の種類、数量、性状、荷姿、委託契約の期間、料金等、政令・施行規則により極めて詳細に規定されています。また契約書には契約内容に該当する許可証、再生利用認定証等の写しの添付が必要であり、契約終了から5年間の保存義務も課されています（廃掃令6の2⑤、廃掃規8の4の3）。

　さらに排出事業者には、産業廃棄物管理票（マニフェスト）を作成して、委託した産業廃棄物が適正に処理されたか否かを確認する義務も課されています（廃掃12の3）。マニフェストは複写式で「排出事業者→収集運搬業者→中間処理業者→収集運搬業者→最終処分業者」と廃棄物が運搬、処理されるととともにこの書面もやりとりされ、段階ごとに各産業廃棄物処理事業者が控えとして一部を保管するとともに排出事業者に一部を返送することによって、各段階で処理が適正に行われたことを確認できるようになっています（廃掃規8の20〜8の30の2）。

4　破産管財人と廃棄物処理の方法

　破産管財人が管財業務として破産会社の産業廃棄物の処分を無許可業者に委託したことについて、県が廃棄物の処理及び清掃に関する法律に違反するとして刑事告発をし、記者会見でこの事実を公表したことにつき、破産管財人の県に対する国家賠償請求が認められた裁判例（岐阜地判平24.2.1判時2143号113頁。県が無許可業者に産業廃棄物であるタイルの処分を委託した破産管財人を刑事告発し、その事実を報道機関に公表したことによって名誉が毀損されたとする損害賠償請求事件。破産管財人は不起訴処分になったため刑事事件としての判断ではありません）があります。この事件で裁判所は、破産管財人の行為が同法違反の罪の構成要件に該当するとした判断は慎重さを欠き、故意に関して十分な調査・手続を尽くしていないことなどから、県の告発を違法として損害賠償請求を一部認容しました。

　反面、判決の認定によれば、当該破産管財人は、処理業者と契約するに際して許可証の提示を求めたり許可番号の確認をしたりするなど産業廃棄物処理業の許可を有しているか確認を怠ったこと、委託契約が同法の定める要件を充たしたものではなかったこと、マニフェストも交付していなかったことなど、産業廃棄物の処分を委託するに際して法が求める手続を、破産管財人が履践していなかったことが指摘されています。

　破産管財人の社会的責務、管財業務の公益性、そして破産管財人以外に処理すべき者がいないという実際上の要請からは、当該破産財団が負担できる費用とのかねあいという制約もありますが、破産管財人は、残された廃棄物を調査し、処分方法や処分の制約等を確認した上で資格を有した適正な処分業者を選定し、委託契約書の作成、マニフェストの交付等の適法な手続を履践することで、社会的な悪影響が発生しないように努力すべきと考えられます。

〔長島良成〕

Q 67　PCBの処理

破産者の所有する不動産内にPCBが使用されているコンデンサ等があることが判明しました。破産管財人はどのように対処したらよいでしょうか。

1　PCBに対する法規制

　PCBは、ポリクロロビフェニル（ポリ塩化ビフェニル）の略で、熱安定性・電気絶縁性・対薬品性に優れていることから、変圧器・コンデンサといった電気機器の絶縁油、加熱・冷却用の熱媒体などに非常に幅広く使われてきました。しかし、生体に対する毒性が高く、脂肪組織に蓄積しやすく、発ガン性があり、皮膚障害、内臓障害、ホルモン異常を引き起こすことが分かっています。

　2001年5月、PCBを2028年までに全廃することなどを内容とする「残留性有機汚染物質に関するストックホルム条約」が調印され、これを受けて、廃棄物の処理及び清掃に関する法律の特別法として、ポリ塩化ビフェニル廃棄物の適正な処理の推進に関する特別措置法（以下「法」といいます）が制定されました。

　自己の事業活動に伴ってPCB廃棄物（法2Ⅰ・Ⅱ、同法施行令1～3、同法施行規則2～4）を保管する事業者は、自己の責任において保管に係るPCB廃棄物を処分する義務を負い（保管処分義務。法3、10、14）、毎年、保管・処分及び承継の状況を都道府県知事等に届け出ることが義務付けられ（届出義務。法8、15～16）、PCB廃棄物の譲渡・譲受けは、地方公共団体に対する場合等のほかは禁止されています（譲渡・譲受けの原則禁止。法17、同法施行規則7）。届出義務や譲渡・譲受けの原則禁止に違反したときの罰則規定も設けられています（法33～36）。また、高濃度PCB使用製品（法2Ⅳ、同法施行令4、同法施行規則6～7）を所有する事業者は、処分期間内にこれを廃棄する義務を負い（法18）、PCB廃棄物の保管事業者と同様の届出義務（法19。罰則については法34～36）を負います。

2　PCB廃棄物処理計画

　法は、都道府県又は政令指定都市が、国のPCB廃棄物の処理基本計画に従ってその区域内におけるPCB廃棄物処理計画を定めることとしています（法7）。法2条5項の「保管事業者」（その事業活動に伴ってPCB廃棄物を保管する事業者）及び同条6項の「所有事業者」（PCB使用製品を所有する事業者）は、PCBを使用しているコンデンサ等を保管して、これがPCB廃棄物又は高濃度PCB使用製品に該当する場合、PCB廃棄物処理施設において処理することが可能となるまでの間、自らPCBを保管・届出する必要があります。また、PCB廃棄物の処理には廃棄物処理法の特別管理産業廃棄物処理基準によるので（法1Ⅱ）、PCB廃棄物の保管費用や最終処分費用は相当高額になります。そこで、破産管財人が「事業者」等に該当するか、該

当しないとしても管財業務上どのような点に気を付けるべきかが問題となります。

3 破産管財人の「事業者」等該当性

(1) 法2条の「事業者」

法が事業者に処分義務等を負わせたのは、排出者に廃棄物処理責任を負わせるのが公平であるという排出者責任の原則に基づくものです（廃掃3参照）。この点、破産管財人の行う管財業務〔破産財団の管理・換価〕は破産者の財産関係の清算と債権者に対する配当を目的としたものであり、事業活動ではないので、法2条5項の「保管事業者」及び同条6項の「所有事業者」には該当しないと解すべきです。

(2) 法16条1項所定の承継人

次に、法16条1項は、保管事業者について相続、合併又は分割があった場合、相続人や合併・分割後の法人は保管事業者の地位を承継する旨を定めているので、破産管財人がこの承継人に該当するかも問題になります。

法16条1項の趣旨は、保管事業者の死亡や合併等の事情で責任を負担する者が不存在又は不明になって、PCB廃棄物が放置される事態を生じないようにする点にありますが、同条項が排出者以外の者に責任を承継させるという特別の定めであって、承継人に該当する者が限定的に列挙されていることからすると、破産管財人がこの「承継人」に該当すると解することは困難です。また、自然人の破産の場合、責任主体としての保管事業者本人は破産管財人とは別に存在していますし、法人破産の場合についても、差押対象外の財産など破産管財人の管理処分権の及ばない事項については清算法人が責任を負うことになるので、責任を負担する者が不存在又は不明になることも想定しにくいといえます。よって、承継人には該当しないと解されます。法16条1項は所有事業者の承継人に準用されており、破産管財人が所有事業者の承継人に当たらないことにつき同様に考えられます（法19）。

結局、処分義務等を直接に負担するのは、破産管財人ではなく、破産者本人（自然人の場合）又は清算法人の清算人ということになります。

4 PCBに関する破産管財人としての具体的対応

(1) 初期対応としての保管・調査

破産者自身が直接の処分義務等の負担者であるとしても、無資力であるのが通常ですから、PCB廃棄物が適正に保管されていない場合に、破産者が費用を負担して調査や措置を行うことを期待するのは困難です。また法の定めるPCB廃棄物に該当するかどうかが分からないため、その調査に費用を要する場合もあります。

破産管財人は、PCB廃棄物の処分義務等を負担しないとしても、破産財団に帰属する不動産上にPCB廃棄物が存在し又は存在するおそれがあり、破産者による適正な措置が期待できない場合には、これによって当該不動産が汚染され、周辺住民や不動産の買受人等の生命・身体に被害を及ぼすことがないよう、破産管財人の善管注意義務（破85Ⅰ）、財団帰属財産の管理義務（破79）の一環として、財団の許す限り必要な調査や措置を行うべきです。

⑵　PCB廃棄物等に該当する物があるか否かの確認

　破産管財人としては、まず、不動産内に法の定めるPCB廃棄物等に該当する物があるかを確認する必要があります。高濃度PCB廃棄物（法2Ⅱ）に該当すれば中間貯蔵・環境安全事業株式会社（JESCO）による処理が必要となり、低濃度PCB廃棄物（高濃度PCB廃棄物以外のPCB廃棄物）に該当すれば環境大臣が個別に認定する無害化処理認定事業者又は都道府県市の長からPCB廃棄物に係る特別管理産業廃棄物の処分業許可を得た事業者による処理が必要となります。PCB廃棄物等の該当性については、JESCOや一般社団法人日本電機工業会（JEMA）、製造事業者のウェブサイト等で公表されている情報と、機器の銘板等に記載されている情報とを照合して確認する必要があります。低濃度PCB廃棄物かどうかを判別するために製造事業者へ問い合わせた結果、出荷時のPCB不含有を証明できないと回答された場合等には、絶縁油中のPCB濃度を分析測定して確認する必要があります。

⑶　処分としての任意売却・財団放棄

　不動産の任意売却が可能な場合には、担保権者の協力を得て、不動産の任意売却時にPCB廃棄物の保管措置や汚染除去措置のための費用を支出してもらうという方法もあります。この場合、買主に対して十分な情報開示を行うことが必要です。汚染物質について十分な調査及び措置を行わずに、又は買主への十分な情報開示を行わずに任意売却した場合には、買主から損害賠償や契約解除を主張されるおそれがあるので、注意を要します。

　また、破産財団が破産管財人報酬さえ十分に賄うことができないような場合で、かつすでに汚染が広がっており不動産を任意売却することができず、汚染物質のこぼれている機器を移動することも容易ではないといったケースでは、所轄の行政庁に相談し、十分に引き継ぎを行った上で不動産を放棄する場合もあるでしょう。

　東京地裁では、PCB廃棄物が放置されていた不動産につき任意売却に成功した事例、また同様の不動産を破産財団から放棄するに当たって被害防止のために行政官庁に対して詳細に事前の情報提供をした事例などがあるようです（『手引』169頁〔土屋毅＝長谷川健太郎〕）。

　破産管財人としては、裁判所と相談しながら、所轄官庁との間でPCB廃棄物の引取りや早期処理への協力について交渉しつつ、必要に応じて財団の許す限り調査等を行い、任意売却処分や処理施設での処理を検討することが必要です（『運用と書式』139頁）。処理費用については、中小企業者等費用軽減制度を申請することにより、その70％又は95％の軽減を受けることができる場合があります。

⑷　JESCOについて

　JESCOは、中間貯蔵・環境安全事業株式会社法に基づき2004年に100％政府出資で設立された法人です。同社のウェブサイトには処理申込み、PCB汚染物の（予備）登録や必要書類のひな形、処理の流れ、料金、微量PCB汚染廃電気機器等の別異取扱い、各種問い合わせ先などが掲載されており、有用です。　　〔進士　肇〕

Q 68　有害物質を含む財産の処理

　破産財団に製造業の工場などが含まれている場合、破産管財人はどのような点に留意すべきですか。また、破産財団を構成する建物の建築資材にアスベストが使用されていたおそれがある場合には、どのように対処すればよいでしょうか。

1　破産管財人としての対応

　破産財団に産業廃棄物処理場などが含まれ、汚水流出による公害等が発生している場合、毒物・劇物等が保管され散乱しているような工場がある場合、その他危険性のある土地・建物が存する場合に、破産管財人が安易にそれらを財団から放棄すると、管理者不在となってさらに危険が高まり、周辺住民に多大な危害をもたらすおそれがあります。そのような場合には、問題の重要性、公益性、また公害の防止・除去が第一次的には事業者負担とされていることに照らして（廃掃３Ⅰ、公害防止事業費事業者負担法２の２）、破産管財人は事業者に該当しないものの、その社会的責任等に配慮し、汚染物質・危険物質を可能な限り除去するよう検討する必要があります。破産管財人としては、裁判所と協議して、破産管財人報酬を除いた破産財団のすべてを投入してでも、危険物質や土壌汚染の調査、除去に努めなければならない場合もあるかもしれません。除去費用を財団で負担できない場合は、所轄官庁、地方自治体、近隣住民に必要な措置をとるように協力を求めた上で、当該不動産を財団から放棄せざるを得ないこととなります（**Q67**。なお、「特集　破産手続における放棄に関わる諸問題」債管151号（2016年）45頁以下参照）。

2　任意売却の場合の注意事項

　明らかに公害が発生しているのではなく、また汚染がそれほどひどくない場合には、破産管財人としては、工場跡地を任意売却することを検討することとなりますが、そのときには以下の事項に留意しなければなりません。

(1)　土壌汚染・地下水汚染

　土壌汚染・地下水汚染とは、製造工場等で使用された化学物質が、地表面から土壌に浸透し、地下水を通じて広域拡散する危険性のある問題です。土壌汚染対策法によれば、「特定有害物質」とは、鉛、砒素、トリクロロエチレンその他の物質（放射性物質を除きます）であって、それが土壌に含まれることに起因して人の健康に係る被害を生ずるおそれがあるものとして政令で定めるものをいうと定義されています（土対２Ⅰ）。この「人の健康に係る被害を生ずるおそれがあるもの」とは、①特定有害物質が含まれる汚染土壌を直接摂取することによるリスクと、②特定有害物質が含まれる汚染土壌からの特定有害物質の溶出に起因する汚染地下水等

154　　［第３章］　換価・破産管財人の職務

の摂取によるリスクの２種類のリスクから選定されています。そして①のリスクに係る基準が表層土壌中に高濃度で蓄積し得る重金属等の「土地含有量基準」、②の地下水等の摂取によるリスクに係る基準が「土壌溶出量基準」として定められています。また水質汚濁防止法に定める特定施設であって、有害物質を製造・使用・処理していた工場等の使用が廃止された場合には、それらの施設、敷地の所有者、占有者等に調査・報告義務が生じます（土対３）。

　また、2019年１月28日の省令の改正により、土地の形質の変更の届出の対象となる土地の面積の基準が、一定の場合において3000㎡から900㎡へと強化されました（土対４Ⅰ、同法施行規則22）。都道府県知事は、届出に基づいて汚染のおそれの判定を行い、おそれがあると判定された場合には調査の実施報告を命じることができます（土対４Ⅲ）。なお調査を実施し、有害物質による土壌汚染基準超過が確認された場合は、「汚染の除去等の措置を講ずることが必要な区域」に指定され、都道府県知事が健康被害のおそれがあると判定した場合には、除染除去等の措置が命ぜられます（土対６、７）。

(2) 条例・要綱による規制

　対策法とは別途、多くの地方自治体は条例や要綱、指導指針等を制定しています。例えば東京都では「都民の健康と安全を確保する環境に関する条例」において、有害物質取扱事業者だけではなく、3000㎡以上（ただし、土対４Ⅰの適用を受ける土地にあっては900㎡以上。都条例117、同規則57）の敷地内において土地の切盛り、堀削等土地の改変を行う者に対しても、対象地内の有害物質の取扱事業所の設置状況、土地利用の履歴、有害物質の使用、排出の状況を踏まえ、土地の汚染状況の概況調査（表層土壌調査等）及び詳細調査（ボーリング調査等）を行う義務が課せられる場合があり、汚染調査の結果によっては、汚染処理又は汚染拡散防止の区域を設定し、掘削除去、原位置封じ込め、原位置浄化などの手法により、汚染処理計画又は汚染拡張防止計画を策定し、対策を実施することを求められることとなります。

　また汚染物質として、ガソリン・重油・潤滑油等の油分、ダイオキシン類、特定有害物質以外の化学物質で特に規制されている物質、その他臭気や色のある物質等、汚染リスクとして注意を要し、対策が必要となるものもあります。

(3) 買主からの要望

　法令、条例、要綱等による義務や要請に加えて、物件が元工場であったり一定以上の大規模なものであったりする場合には、買主から土壌汚染の有無、開発に際しての法令適合性等が問題とされることが予想されます。買主としては、将来その土地を譲渡するに際して重要事項説明書において明確に説明できるように、あるいは建築工事に当たって工場跡地であることを理由に土壌汚染対策に絡んで反対運動が起きたような場合に的確に対処するためにも、破産管財人に対して、信頼できる土壌汚染調査結果を求めるものと考えられます。また後日土壌汚染が判明した場合には、原状回復や対策に要する費用が膨大になるおそれがあることから、瑕疵担保責

任が問題とされることが必定です。破産管財人としては担保責任を免除する特約を付して不動産を売却することが通例ですが、その場合には後日のトラブルを防止する観点から、たとえ土壌汚染が発見されても責任を負わない旨を明示しておくことが必要になるでしょう。しかし、そのような条件を付して売却する場合には、買主としては土壌汚染が存するか否かが不明であり、また汚染が存した場合の原状回復費用を事前に予想できないので、売買価格は大幅に低くなってしまうおそれがあります。また、上記特約は消費者契約法との関係で有効性に議論があるところなので、個人への売却についてはこのリスクも考慮する必要があります（Q70参照）。

(4) 小　　括

以上、破産管財人としては、対象不動産の利用履歴に照らして汚染の危険性がある場合や一定規模以上の物件である場合には、不動産処分に際して、当該破産財団が負担できる費用との兼ね合いという制約もありますが、事前に専門家に依頼して、土壌汚染等に関する調査を行うことが望ましいと思われます。担保権者の協力を得て費用の一部を支出してもらうという方法もあります。信頼のおける土壌汚染の調査結果によって問題となる汚染がないことを証明するか、万一土壌汚染が存した場合でも、どれほどの費用をかければ原状回復や対策をすることによって通常の取引対象の物件とすることができるのかを示さなければ、合理的な買主に対して正当な評価額で処分することはできないからです。

なお、調査対策専門業者のなかには、調査を請け負って原状回復費用を提示した後に、実際の原状回復工事を行った結果、調査段階では判明しなかった汚染が発見された場合でも、新たに判明した汚染の対策費用は請求しないで完全な除去を行う旨の契約に応じる者もあります。これによれば、破産管財人は買主に対して当初見積もった費用の範囲で汚染を完全に除去できることを提案できるので、これに反して原状回復工事の必要が生じた際のリスクを考慮に入れずに売買価格を確定させ、原状回復工事を待たずに決済できるメリットがあります。

3　アスベストの処理

アスベストは、その多くが建材として建物に使用されており、使用された建物の老朽化による解体工事の増加に伴って解体工事に従事する人のアスベストによる健康被害の発生が懸念されています。これを規制する法令は、労働安全衛生法、石綿障害予防規則、大気汚染防止法などです。これらは解体作業に際しての調査、届出、教育、保護具・器具等の指定、作業内容等を規定するものです。破産管財人が工場建屋を取り壊す場合には、法律に従って取り壊されるように工程を管理することが必要です。また、アスベスト使用の事実が建物処分に当たっての減価要因になる可能性もあります。

これらの場合も上記のとおり、当該破産財団が負担できる費用とのかねあいという制約もありますが、調査専門業者から評価を取得して正当な評価額にて手続を進めるべきです。　　　　　　　　　　　　　　　　　　　　　　　　　〔長島良成〕

第3節 破産財団の換価・回収、放棄

Q69 不動産任意売却における一般的注意点

破産管財人が破産財団に属する不動産を売却する場合、破産管財人として注意すべき点には、どのようなものがあるのでしょうか。

1 売却活動の初動：不動産書類一式の確保、現況の確認、仲介業者の選定

はじめに、登記事項証明書、公図、所在地図、登記済証、建物図面、測量図面、境界立会書、確認済証、検査済証、鍵等を入手し、物件の概要を確認します。

原則として当該不動産の現状を破産管財人が直接確認することが望ましく、特に破産前に事務所や工場その他事業所に供されていた物件であれば、破産財団を構成する資産、リース物件等の第三者所有物、危険物、第三者の個人情報や秘密情報等が残置されているおそれもあるので、現地確認は必須です。

売却先の探索や迅速な売却手続を進めるため不動産業者を選定する場合は、実績や信頼性を考慮した上で、特別の事情がない限り一般媒介契約を締結することになります。オーバーローン不動産の場合、仲介手数料は売主側（破産財団）から現実に拠出するのではなく、別除権者らの了解の下で不動産売却代金のなかから捻出し、その分別除権者への弁済額を減少させることとするのが一般です。

2 売出価格及び売却方法等の決定

(1) 売出価格について

相場動向、需給状況、不動産の所在・形状・利用状況等、境界紛争や土壌汚染の有無、別除権者らの想定価格、破産者や不動産業者らの意見等を参考に決定します。なお、別除権者等（特に金融機関）の想定価格は、自身の貸付金の貸倒引当状況をもとに提示されることもあり、当該不動産の実勢価格から乖離がある場合も多いので、これを過大視することは無用に売却を遅らせる要因となることがあります。

(2) 売却方法等について

売却先の探索に当たっては、不動産業者、破産者、申立代理人、別除権者等、幅広く情報の提供・収集を行うことが、売却価格の適正性担保の一要素となります。相続不動産に多い共有持分や用途の限られる特殊な不動産については、破産者の関係者である他の共有持分者や破産者の同業他社を紹介してもらうことがよい場合もあります。売却活動期間については、第1回債権者集会までに売却を完了するか、又は同期日までに売却の可否や売却時期等について目処をつけておくのが望ましく、あまり長期にわたる売却活動期間は確保できないと考えておくべきです。具体的売却方法は、いわゆる相対取引により売却することが一般的ですが、多くの申込

みが見込める物件では、入札形式を採用することが望ましい場合もあります。

⑶　私的入札方式を採用する場合の注意点

　短期間に多数の買手の登場が予想されるような不動産の場合、より高額での売却を目指して私的入札方式を採用することがあります。入札手続の透明性を意識するとともに、入札要項等に予定される売買契約条項の明示（後記4参照）、破産管財人による情報開示義務の限定、売却先や売却条件決定が破産管財人の完全裁量によることとこれに対する異議申立てや損害賠償請求を受け付けないことの確認、仲介手数料の事前の取決め等を記載し、これに対する事前の了承を入札参加の条件とすることとします。物件の規模や利害関係人の多寡によっては特定の不動産業者に入札幹事を依頼する場合もあります（Q99参照）。

3　売却実現に向けての別除権者等利害関係人との交渉

　別除権者や滞納処分権者との交渉のポイントは、売却価格の了解と売却代金から控除する費用等（印紙等の経費、仲介手数料、売主負担の担保権登記等抹消手続費用、売主負担の固定資産税等、後順位別除権者の抹消料、滞納処分中の滞納租税公課分、測量費用、残置物の廃棄費用、マンション等のリフォーム費用、財団組入金額等々）の確認です。売却価格の妥当性は、評価額の相当性を示す情報（路線価、公示価格、不動産業者の査定書等）、複数の売却ルートを通じて売却活動を行ったこと（特に入札手続をとったこと）、競売手続による場合の見通し、財団放棄の可能性、原則として別除権の行使によって弁済を受けることができない債権額を証明しなければ配当参加ができないこと（なお破196Ⅲ、198Ⅳ参照）などの事実を示しながら交渉します。別除権者らの当初の想定価格と乖離がある場合は、とりあえず別除権者らが想定する価格で一定期間売り出しを進め、需要がないことが確認されたところで引き下げるという段取りを踏むことで、売却価格の了解を得やすくすることもあります。

　財団への組入額については、当該不動産の売却の難易度、買受人探索に当たっての破産管財人側の関与度合い、利害関係人（後順位別除権者等）との交渉の難易度、売却手続や決済手続における事務負担の程度、競売見込額との比較等を材料に別除権者と交渉を行います。実際には、売却価格の3〜10％、多くは5％程度となることが多いといわれています。

4　売買契約書作成に当たっての注意点

　破産管財人が作成する売買契約においては財団増殖と売却後のトラブル発生の防止の観点から、①公簿売買、②境界非明示、現状有姿引渡し（測量図や境界立会書がない場合）、③土壌汚染・地中埋設物を含む一切の瑕疵担保責任の免除、④手付金授受なしの一括決済（又は手付金放棄による無条件解除条項。なお契約締結日と決済日が別期日となる場合は、別除権者や滞納処分権者の担保権抹消等の了解を停止条件とする等の配慮が必要な場合もあります）、⑤買手が反社会的勢力であった場合の無条件解除等があります。なお、③と消費者契約法との関係についてはQ70を、財団からの放棄についてはQ96を参照してください。　　　　　　　　　　　〔御山義明〕

158　　［第3章］　換価・破産管財人の職務

Q 70 破産管財人による不動産任意売却と消費者契約法

破産管財人が破産財団に帰属する不動産を個人である買主に売却する場合、消費者契約法の適用を受けますか。

1 問題の所在

破産管財人が売主となる任意売却の売買契約書においては、瑕疵担保責任を全部免除する特約を付すのが通常です。これは、破産管財人が形成された破産財団を超えて瑕疵担保責任を負うことが現実的に不可能であるとともに、仮に責任を負うとすると、任意売却により換価が終了しても長期間破産手続が終了できないことになり、極めて不都合であるとの理由によります。ところが、破産管財人が消費者たる個人を買主として不動産の任意売却をする場合、「目的物に隠れた瑕疵があるときに…責任の全部を免除する条項」を無効とする消費者契約法8条1項5号が適用され、特約が無効となるため、破産管財人が瑕疵担保責任を負うのではないかが問題となります。

2 破産管財人の事業者性

そもそも、消費者契約法は、「消費者」と「事業者」との間で締結される消費者契約について適用されますが、破産管財人は「事業者」に該当するでしょうか。

この点、本来、消費者契約法が予定している「事業者」は、反復継続的な活動を予定している者であり、同法の趣旨からすれば、破産管財人のように一時的な清算手続を行うに過ぎない者は「事業者」に該当しない等の見解もあり得るところです（石田憲一＝松山ゆかり「企業倒産（破産・民事再生）をめぐる諸問題」NBL939号（2010年）19頁）。

ただ、一般的には、破産管財事件における任意売却はすべて弁護士業務として行われるところ、弁護士自身が「事業者」に該当することから、すべての破産管財人が「事業者」に該当するとの見解が強いようです（『財産換価』136頁〔清水祐介＝三枝知央〕）。

3 破産管財人による任意売却と「隠れた瑕疵」

では、破産管財人が「事業者」に該当するとすれば、売主の瑕疵担保責任を全部免除する特約は無効となるのでしょうか。

この点、破産管財人が売主となる不動産売買において、破産管財人が、その業務の性質上、瑕疵担保責任を負うことはできないことを買主に十分説明した上で買主が価格決定をした場合には、後に物件の不具合が判明しても、当該買主にとっては消費者契約法8条1項5号にいう「隠れた瑕疵」には該当せず、瑕疵担保責任免除の特約は有効であるという見解もあります。しかし、この見解に対しては、消費者

契約法の解釈として無理があるとの批判もあります。

4 破産管財人として注意すべきこと

　以上のとおり、破産管財人の事業者性及び瑕疵担保責任免除特約の有効性については意見が分かれますが、破産管財人が消費者契約法上の瑕疵担保責任を免れないと考える場合でも、現実問題として、買主が破産管財人に対し、形成された破産財団を超えて瑕疵担保責任を追及できないこと、最後配当の配当額の通知を発した時に破産管財人に知れていない財団債権者は弁済を受けることができないため（破203）、瑕疵担保責任を追及しようにも実効性がないことは変わりません。

　したがって、破産管財人としては、万が一不動産の任意売却後に隠れた瑕疵が判明し、破産管財人に対する責任追及がなされたとしても、善管注意義務違反が認定される事態とならないよう、契約の際に、買主に対して破産手続の特殊性を十分説明しておくことが極めて重要となります。

　すなわち、任意売却の際の売買契約書には、瑕疵担保責任の全部免除を記載した上で、売却物件に瑕疵があるリスク、破産手続終了後に破産管財人が瑕疵担保責任を負うことが実質的に不可能であることなどについて、できるだけ丁寧に買主に説明し、十分に理解を得るようにしてください。そうすることで、多くの場合には買主による責任追及自体を避けることができるでしょうし、少なくとも、破産管財人の善管注意義務が認定されるおそれは、ほとんどなくなるはずです（『手引』157頁〔土屋毅〕、『財産換価』136頁〔清水＝三枝〕）。

5 民法（債権法）及び消費者契約法の改正による影響

　瑕疵担保責任については、改正債権法において、特定物と不特定物とを区別することなく、売主は売買契約の内容に適合した目的物を引き渡す債務を負い、引き渡された目的物が契約の内容に適合しない場合には債務は未履行であるとの契約責任説の立場が採用されました。改正債権法において、現行の瑕疵担保責任は、売主に債務不履行があった場合における買主にとっての各救済手段（追完請求権、代金減額請求権、損害賠償請求権、解除権）として再構成されています（改正民562～564）。

　また、民法改正に伴い消費者契約法も改正され、破産管財人を売主とする売買契約において責任免除を規定する場合に問題となる条文も、「事業者の債務不履行により消費者に生じた損害を賠償する責任の全部を免除」する条項の無効を定める同法8条1項1号に変わることになります。

　法改正後における売買契約書の契約条項は当然改正法に沿ったものにすべきですし、現行法下の「隠れた瑕疵」であるか否かの論点がなくなり売買契約の内容に適合するかという問題に変容するなど、影響がないわけではありません。

　しかし、問題の所在や破産管財人として注意すべきことには特に変わりがありませんので、現行法下と同様の考え方で対応することになると思われます。

〔柴田眞里〕

Q71 不動産任意売却と明渡しの実現

　破産管財人として、破産財団に帰属する不動産を任意売却しようと考えています。
① この不動産は土地建物で、現在破産者が家族と居住しています。今般、好条件での買手が見つかりましたが、破産者から「転居費用がないため明渡しを猶予してほしい」との申出がありました。どのように対処すればよいでしょうか。
② この不動産は第三者に賃貸中の建物で、賃借人を退去させることができれば好条件で売却できる見通しです。賃借人は「いまのところ退去するつもりはない」といっていますが、条件次第ではその用意があるとも思えます。どのように対処すればよいでしょうか。

1　破産者自宅不動産の明渡し（設問①）

(1)　引渡命令

　破産手続開始決定によって破産財団帰属財産の管理処分権は破産管財人に専属します（破78Ⅰ）が、通常、自宅について破産者自身やその家族が賃借権など設定していることは考えられません。破産管財人は、就任直後の破産者との面談において、（破産者親族などが適正な価格で購入できるなどの事情がない限り）当該土地建物は第三者に売却されること、その場合は速やかに立ち退かなければならないことを説明しておき、任意売却活動で具体的な買手が見つかった時点で、予想される明渡時までに任意に明け渡すよう求めることとなります。

　破産管財人の説得にもかかわらず破産者が自宅の明渡しに応じない場合、破産管財人は、裁判所に引渡命令の申立てを行い、これを得て、明渡執行を行うことが考えられます（破156Ⅰ、民執22Ⅲ）。破産者の家族は破産者の占有補助者と考えられますので、引渡命令の対象となります。ただし、引渡命令は破産者の審尋が必要的であること（破156Ⅱ）、即時抗告が許されるところ確定しなければ効力が生じないこと（破156Ⅲ・Ⅴ）から、ある程度の時間を要することが見込まれます。

　破産管財人としては、破産者や申立代理人に対し、このような引渡命令の制度があることや、明渡拒絶が破産財団の価値減少行為に当たり免責不許可事由となるおそれもあることについて説明し、速やかな明渡しに応じてもらうよう努めることとなります。

(2)　転居費用の負担

　破産財団に属する自宅の明渡し（転居）は破産者の義務ですので、転居に要する費用は、破産者が負担することが基本といえます。他方、真に破産者に転居に充て

る資力がない場合、転居が経済的に不可能という事態もあり得ます。そこで、転居費用の支出によって有利な条件での早期売却が可能となり財団の増殖につながることを勘案し、転居費用は売却に要する必要経費の一部として扱うことも考えられます。自宅に担保権が設定されておりオーバーローンになっている場合は、転居費用の支出分だけ担保権者への受戻額が減少することとなりますが、担保権者に対しては、競売によるよりも早期の任意売却による回収見込額の方が有利であることを提示し、説得に努めることとなります。

また、担保権者が転居費用を売却代金から支出することに応じない場合には、現状の買受申込みの金額その他売買の条件、財団組入予定額、必要な転居費用額、引渡時期に関する買手の意向、管財事件全体の進行等の事情を斟酌し、必要かつ相当と認められるときには、破産財団から捻出することも許容されると思われます。

2　賃借人の退去（設問②）

(1)　退去交渉

建物賃借人は、通常、賃借権の対抗要件（借地借家31Ⅰ）を具備していますので、破産管財人は双方未履行双務契約の解除はできません（破53、56Ⅰ）。したがって、当該建物については賃貸建物として売却するか、賃借人との間で賃貸借契約を合意解約して明渡しを受けた上で売却するかのいずれかとなります。

設問のように、賃貸借の負担のない建物として売却した方が有利に売却できる見込みである場合、まずは賃借人と交渉し、合意解約、任意の明渡しを目指すこととなります。この場合、有利であるかどうかを判断するため、賃貸借付物件としての見込価格と明渡後の見込価格について、簡易な不動産鑑定や不動産業者からの評価書（意見書）を取得して、その差額を把握しておくことになります。

賃借人との交渉においては、差額の範囲内で、賃借人の差し入れている敷金相当額や一定の引越費用等を支出することで、賃貸借契約の終了及び明渡しを交渉することとなります。賃借人との間で合意に達すれば、和解によるものとしてこれら費用等を支払うこととなります。

(2)　費用の負担

この明渡費用は、物件の売却価格を引き上げるためのコストですから、物件価格上昇による利益を受ける者が負担すべきものです。物件に担保が設定されておりオーバーローン状態にある場合には、任意売却による物件売却代金は主として被担保債権への弁済に充当されることとなりますので（破78Ⅱ⑭）、明渡費用は担保権者が負担すべきといえます。売却代金の分配の際に抹消登記費用、不動産仲介手数料（売主側）、財団拠出金などとともに、明渡費用も売却代金の控除費目として計算することが妥当です。賃借人との解約合意（和解）と物件の売却及び担保権者への弁済（受戻し）が異なった時期に行われる場合には、解約に要する金額を売却諸費用として扱う点について担保権者の同意を、あらかじめ何らかのかたちで得ておくことが望ましいといえます。

〔錦織秀臣〕

162　〔第3章〕　換価・破産管財人の職務

Q 72 税務署が差押登記のある不動産の任意売却に
非協力的な場合の対応

　破産管財人として、破産財団所属のオーバーローンとなっている不動産を
任意売却しようとしています。当該不動産に抵当権を設定している金融機関
は任意売却に協力的で、一定額の財団組入れも承諾してくれています。とこ
ろが、この不動産には抵当権に劣後する税務署の差押登記があり、税務署は
「滞納額を全額支払わない限り差押えの解除に協力しない」と強硬な姿勢を
示しています。どのように対処すればよいでしょうか。

1　抵当権と租税債権の優劣関係

　国税徴収法 8 条は国税優先の原則を、地方税法14条は地方税優先の原則をそれぞ
れ定めています。また、国民年金や厚生年金、健康保険等の社会保険料についても
国税、地方税に次ぐ優先権がある旨の規定を設けています（例えば、厚年88）。この
ように租税等請求権は、原則として他の一般債権に優先する取扱となっています。

　もっとも、不動産の抵当権者などの担保権者との関係では、担保権者が把握した
担保価値を不当に毀損されることがないよう、租税債権優先原則が修正されていま
す。すなわち、①抵当権が租税債権の法定納期限以前に設定されている場合（国徴
16）、②納税者が財産を譲り受け、当該財産に質権又は抵当権が設定されている場
合（国徴17）には、租税債権は抵当権者などの担保権者に劣後することになりま
す。

　実務で遭遇する多くのケースは、任意売却の対象不動産に租税債権の差押登記が
経由されているものの、抵当権設定登記以後に租税債権の法定納期限が到来する結
果、租税債権者は抵当権者に劣後するというものです。このような場合、対象不動
産は抵当権者の被担保債権のみでオーバーローンとなっていることがほとんどです
が、租税債権者は滞納している租税債権を完済しない限り差押えを解除しない旨強
行に主張し、任意売却に支障を来すことがままあります。

　対象不動産が換価不可であれば、対象不動産を破産財団から放棄するとするのが
通常でしょうが、破産財団からの放棄との判断の前に、破産管財人が租税債権者と
交渉等を行う余地はないでしょうか。以下、この点を検討します。

2　無益な差押えの禁止

　まず、オーバーローンとなっている不動産を差し押さえることは無益な差押えを
禁止する国税徴収法48条 2 項に違反するとして、当該差押自体を違法と主張するこ
とが考えられます。しかし、実務上は差押処分時において無益といえなければ違法
とならないとされています（上野隆司監修『任意売却の法律と実務［第 3 版］』238頁
〔村山真一〕（金融財政事情研究会、2013年））。

3 差押えの解除

もっとも、国税徴収法79条1項2号は、差押後、当該差押えが無益になった場合、徴税職員（税務署長等）が差押えを解除しなければならない旨規定しています。そこで破産管財人は、租税債権者に対し、この規定に基づき、任意売却対象不動産になされている差押えが無益であることを理由として差押えの解除を要求する方法を検討することになります。

(1) 解除申請

差押えの解除を要求する方法としては、まず、租税債権者の職権発動を促すため、破産管財人が租税債権者に対し、差押えの解除申請することになります。

この解除申請について定型様式はありませんので（橘素子『租税公課徴収実務のポイント300全訂版』712頁（大蔵財務協会、2011年））、口頭でも可能と解されますが、破産管財人において当該差押えが無益なものであることを疎明したのち、租税債権者が対象不動産の評価に着手することになるので、解除申請書などの書面によることが相当でしょう。解除申請書には、①対象不動産売却に伴う租税債権者への弁済額、②差押解除を求める財産の明細、③任意売却の理由、④売却予定価格、⑤売却予定年月日、⑥譲受人、仲介人の住所、氏名等、⑦売却代金の使途明細などを記載します（黒木正人『担保不動産の任意売却マニュアル［新訂第2版］』90頁（商事法務、2013年））。疎明資料としては、公示価格、売買事例、宅建価格等対象不動産の時価を証する資料とともに、抵当権被担保債権の残高証明書、不動産登記事項証明書及び共同担保目録等を解除申請書に添付することになります（上野監修・前掲書239頁〔村山〕）。

(2) 不服申立て

解除申請を受けても租税債権者が対象不動産に対する差押えを解除しない場合には、破産管財人は無益な差押えの解除義務（国徴79 I ②）を負う行政庁である租税債権者の不作為に対する不服申立手続である再調査の請求又は審査請求を検討することになります（国徴75 I ①。中山裕嗣『租税徴収処分と不服申立ての実務［2訂版］』22頁（大蔵財務協会、2015年））。

破産管財人が税務署長に対して再調査の請求をしたにもかかわらず、税務署長が対象不動産の差押えを解除しない場合には、破産管財人としては国税不服審判所に対する審査請求や行政訴訟（義務付けの訴え）、さらには国家賠償訴訟の提起を検討することもできます。しかし、差押えが解除される見込みや解除された場合に財団形成に寄与する程度、事件の進行状況等によっては、破産管財人が換価不能として対象不動産を放棄することもやむを得ないといえるでしょう。

〔野口祐郁〕

Q73 農地・リゾートマンションを売却する際の留意点

破産財団に農地とリゾートマンションがあります。破産管財人としてこれら売却する場合の工夫や注意点がありますか。

1 農地の売買

農地の売買には、①農地を農地のまま売買する場合と、②転用を前提として売買する場合がありますが、本件では前者について論じます（農地法の権利移転や転用の許可基準については宮﨑直己『農地法の実務解説［三訂版］』（新日本法規出版、2018年）、楠田克爾＝草薙一郎編『農地MEMO』（新日本法規出版、2010年）参照）。

⑴ 許可申請

農地法3条は、農地等について所有権を移転する場合には当事者は農業委員会（又は都道府県知事）の許可を受ける必要があることを定めていますので、破産管財人が売主として農地等を売却する場合もこの許可を受ける必要があります。無許可の売買は効力が生じないばかりか（農地3Ⅶ）、罰則もあります（農地64）。

⑵ 農地法3条の許可基準

農地法3条2項1号は「権利を取得しようとする者（又はその世帯員）が取得後において耕作に供すべき農地の全てを効率的に利用して耕作を行うと認められない場合」、4号は「権利を取得しようとする者（又はその世帯員）が農業経営に必要な農作業に常時従事すると認められない場合」は、許可できない旨を定めています。

農地法3条の許可基準については地域ごとに事務指針が定められていることが通常です。また、3条2項の不許可事由に直接該当しなくても農地法全体の趣旨を踏まえて許可しない決定をすることも可能であると解されているので、農地を売却する際は事前に農業委員会と相談や協議をした方がよいでしょう。

⑶ 農地法3条の許可申請手続

不動産売買についての裁判所の売却許可書の写しと破産管財人及び印鑑証明書を添付し、破産管財人と買受人との連名で農業委員会へ許可申請書を提出します（許可権限庁が都道府県知事の場合も許可申請書は農業委員会に提出します。農業委員会から都道府県知事に進達されます）。なお、添付書類については農業委員会ごとに異なる運用をしていることがありますので、事前に確認するとよいでしょう。

⑷ 買受人を探す工夫

農地についてはいわゆる農家資格（農業資格）のない者が許可を得るのは難しいと考えられます。そこで、近隣で農家資格を有して農業を営んでいる人に買ってもらうことが考えられます。破産者に面識があれば、紹介を受けて打診してもよいですし、仲介業者を使って探すことが考えられます。筆者は、破産者が加入していた

土地改良組合や水利組合等にお願いして、農家資格のある買受人となってくれそうな人を探してもらったことがあります。

　農家資格は世帯単位で判断しますので、破産者が資格を有していれば、同一世帯の親族も資格を有していると判断され、許可が受けられることが多い（農作業に常時従事すると認められない場合は許可されません）ので、これらの親族に買ってもらうこともひとつの方法です（『実践フォーラム』348頁〔久米知之発言ほか〕参照）。

2　リゾートマンションの売買

(1)　リゾートマンションの特殊性

　リゾートマンションは通常のマンションと同様に区分所有建物として専有部分が分譲されているものが多いですが、なかには会員制のものもあります。会員制のなかでも所有権を共有している場合や所有権（共有持分）ではなく、利用権のみが認められているもの、預託金を納めている場合などもあります。会員制の場合は譲渡について契約や規約で条件が付されていることもあります。まずは当該リゾートマンションがどの形態であるのか把握します。

　リゾートマンションも区分所有建物として専有部分が分譲されているものは通常のマンションと同様に売却すればよいことになります。

　もっとも、通常のマンションと異なる点として、①遠方のリゾート地にあることが多い、②季節によって物件の流動性に違いがある（スキー場の近くであれば冬場は物件が動きますが夏場は動きが鈍いといえます。海辺であればその逆です）、③リゾートマンションは温泉施設等を併設していることが多く、管理費等が一般的に高い、といった特徴があります。

(2)　滞納管理費の減免

　区分所有のリゾートマンションでは、滞納管理費の金額が多額に及ぶことがありますが、この滞納管理費は新所有者に引き継がれます（区分所有7、8。**Q35**参照）ので、物件価値を下げる要素となります。加えて、リゾートマンションは専有面積が小さい物件（ワンルーム）が多く、そもそもの物件価値が低いことから、買受人を探すことが難しくなります。この場合、管理組合に対して滞納管理費を減免してもらうことを依頼することが考えられます。

　なお、管理費を減免するには総会の決議が必要ですから、この決議をしてもらうように早めに依頼しておきます。

(3)　買受人を探す工夫

　リゾートマンションに強い大手や地元の仲介業者に依頼することが考えられます。管理組合の役員や管理会社であれば、過去に仲介をしたことのある業者を知っていることが多いので確認してみるとよいでしょう。

　共有持分であれば他の共有者に買い取ってもらうことも考えられます。売却が困難であれば管理費等の負担を免れるために最終的には放棄することも検討します。

〔石川貴康〕

Q 74 工場抵当権実行中の工場建物内の機械を
処分する際の留意点

　工場抵当に入っている閉鎖中の工場について、担保不動産競売の手続が進行中です。中古機械を買い受けたいという業者が見つかったので、破産管財人として裁判所に動産売却の許可申請をしたのですが、「機械には抵当権の効力が及ぶので、売却はできないのではないか」との指摘を受けました。
　財団増殖のためにも動産処分を進めたいと考えていますが、どのような点に留意すればよいでしょうか。

1 工場抵当法における定め

　工場抵当法2条は、1項で「工場ノ所有者カ工場ニ属スル土地ノ上ニ設定シタル抵当権ハ建物ヲ除クノ外其ノ土地ニ附加シテ之ト一体ヲ成シタル物及其ノ土地ニ備附ケタル機械、器具其ノ他工場ノ用ニ供スル物ニ及フ」、2項で「前項ノ規定ハ工場ノ所有者カ工場ニ属スル建物ノ上ニ設定シタル抵当権ニ之ヲ準用ス」として、工場の土地・建物に設定された工場抵当権の効力が、土地・建物に備え付けられた機械等にも及ぶとしています。一方、同法3条1項は、「…土地又ハ建物ニ備付ケタル機械、器具ソノ他工場ノ用ニ供スル物ニシテ前条ノ規定ニ依リ抵当権ノ目的タルモノヲ抵当権ノ登記ノ登記事項トス」、2項は「登記官ハ前項ニ規定スル登記事項ヲ明カニスル為法務省令ノ定ムルトコロニ依リ之ヲ記録シタル目録ヲ作成スルコトヲ得」として、工場抵当の目的となる機械等が、抵当権登記の登記事項となり目録によって記録されること、また3項では「第1項ノ抵当権ヲ設定スル登記ヲ申請スル場合ニ於テハ其ノ申請情報ト併セテ前項ノ目録ニ記載スヘキ情報ヲ提供スヘシ」として、抵当権設定登記申請の際に、目録の情報が所有者から提供されることを定めています。

2 工場抵当法3条目録の記載の第三者対抗要件性

　土地建物の抵当権設定登記の対抗力は設定当時の従物にも及ぶとされる判例（最二小判昭44．3．28民集23巻3号699頁）が存在するなか、工場抵当権の場合も、工場抵当法3条2項に定める目録（平成16年法第124号による改正前の工場抵当法3Ⅰに定める目録。以下「3条目録」といいます）の記載がなくても従物に工場抵当権の効力が及ぶのか（第三者対抗要件否定説）、それとも工場抵当権の効力を第三者に対抗するには3条目録の記載が必要なのか（第三者対抗要件肯定説）について議論がありました。この点につき、最一小判平6．7．14（民集48巻5号1126頁）は、「供用物件のうち、右土地又は建物の従物に当たるものについて3条目録の記載を要しないとすれば、抵当権設定の当事者ないし第三者は、特定の供用物件が従物に当たるかどうかという実際上困難な判断を強いられ、また、抵当権の実行手続において、執行裁判

所もまた同様の判断を余儀なくされることとなる」として否定説の根拠を否定するとともに、「工場抵当権者が供用物件につき第三者に対してその抵当権の効力を対抗するには、３条目録に右物件が記載されていることを要するもの、言い換えれば、３条目録の記載は第三者に対する対抗要件であると解するのが相当である」として、３条目録の記載が第三者対抗要件であることを明確に肯定しました。

この最高裁判決の結果を受け、2004年の不動産登記法改正の際に、工場抵当法も改正され（平成16年法律第124号（整備法）７条）、機械等の抵当権目的物は抵当権登記の登記事項となること（工場抵当法３Ⅰ）が明記されるとともに、同時に制定された工場抵当登記規則では、工場抵当法３条３項の登記申請時に同法３条（２項）目録の作成が義務付けられた上（工場抵当登記規則２）、３条目録及びこれに記録すべき情報の内容の詳細が定められました（工場抵当登記規則３、８、17、25）。

3　破産管財人としての対応方法

破産管財人には破産手続開始時を基準とした差押債権者の地位が認められるというのが判例・通説の立場ですが、これを前提にしますと、破産管財人は工場の土地建物に関する工場抵当権者と対抗関係にあると考えられます。そうすると、工場建物内の機械等について、工場抵当権者が破産管財人に抵当権の効力を主張するには、第三者対抗要件である３条目録が作成され、そこに当該機械等が記録されていることが必要となると考えられます。

したがって、工場抵当権が設定された工場内にある機械等で時価が100万円を超えるものを売却しようとする破産管財人としては、①工場財団登記簿に３条目録が作成されているか、②作成された３条目録に売却予定の機械等が含まれているかを確認した上で、そのいずれかに該当しないようであれば、工場財団登記簿を添付して、当該機械等が工場抵当の目的物に含まれないことを疎明し、動産売却の許可を申請することとなります。

なお、並行する担保不動産競売手続のなかで、３条目録の作成・記載がないにもかかわらず工場建物内の機械等を競売対象に含めて売却許可決定が下されるおそれも否定できません。その場合、破産管財人としては、トラブルを未然に防ぐため、機械等の売却に先立ち、執行裁判所に連絡を取り、当該機械が工場抵当権の競売対象外であることを周知・確認し、競売手続の進行状況や必要に応じて、執行停止（民執183Ⅰ）や執行取消し（民執183Ⅱ）を求めていくことになります。（『執行実務（不動産）下』352～355頁、360～361頁）

〔山宮慎一郎〕

Q 75 補助金が交付された（補助金により導入された）資産を換価する際の留意点

① 国の補助金を受けて建設した建物を任意売却しようと考えています。その際にはどのような点に留意すればよいでしょうか。

② 実際に任意売却を行ったところ、補助金の一部について返納命令が出されました。この返納請求権はどの様な性質の債権であると考えればよいでしょうか。

1 補助金対象資産の任意売却と補助金返還請求権（設問①）

破産管財人が補助金対象資産の任意売却を行う際には、補助金返還事由に該当しないか、特に補助金等に係る予算の執行の適正化に関する法律（補助金適正化法）に抵触しないかどうかを確認する必要があります。すなわち、補助金適正化法22条において「補助事業者等は、補助事業等により取得し、又は効用の増加した政令で定める財産を、各省各庁の長の承認を受けないで、補助金等の交付の目的に反して使用し、譲渡し、交換し、貸し付け、又は担保に供してはならない。ただし、政令で定める場合は、この限りでない」と規定されており、補助事業者等が行う任意売却は原則として禁止されています。そこで（破産管財人がこの規律に服するか議論がありますが）実務的には、任意売却を行う際、各省各庁の承認等を得られるよう十分に協議を行う必要があります（破産管財人に規律が及ぶかどうかについては、例えば富永浩明「破産手続における財団債権に関する実務上の問題点」『木内古稀』538頁）。

この承認に際して行政は、補助金の全部又は一部に相当する金額を国に納付することなどの条件を付すことができます（この場合の請求は「返納請求権」と表記されることがあり、本問もその例に依ります。本間法之「破産管財人の財産処分と国庫補助金による取得財産の処分制限」桃山法学3号（2004年）9頁、小滝敏之『補助金適正化法解説〔全訂新版・増補第2版〕』164頁（全国会計職員組合、2016年））。また行政は、補助金受給者に義務違反がある場合には、補助金交付決定の取消しに基づく補助金の返還を命ずることができます（補助金適正化18。この場合の請求は「返還請求権」と表記されることがあり、本問もその例に依ります）。

なお、経済産業省大臣官房会計課「補助事業等により取得し又は効用の増加した財産の処分等の取扱いについて」（平成16年6月10日会課第5号）には補助金対象資産の処分に関する留意点が記載されています。また、各省庁の長が定める期間を経過した場合には承認は不要です（補助金適正化22ただし書、同法施行令14②）。

2 補助金返納請求権の法的性質（設問②）

⑴ 前 提

設問②では破産手続開始決定後に返納命令が出された場合の返納請求権の法的性格が問われています。この問題を論じるには、①国ではなく地方公共団体の補助金

はどう取り扱われるか、②補助金交付決定（以下「交付決定」といいます）が取り消された上で開始決定前に発生した返還請求権の法的性格は何か、③（上記②でいう）交付決定取消しが開始決定後になされた場合とで結論を異にするのか、④上記を踏まえ返還請求権と返納請求権とで結論は異なるのか、との観点から検討する必要があるように思われますので、以下その順に検討を行います。

補助金には、国による補助金と地方公共団体による補助金が存在しますが、いずれについても、補助金適正化法21条1項に相当する規定が存在しない限りは、補助金は負担付贈与に類するため（本間・前掲16頁参照）、補助金交付の取消しは解除特約に基づく解除権の行使に過ぎず、その法的性格は通常の私法上の債権と同様と解される余地があります。

⑵ 交付決定取消しにより開始決定前に発生した返還請求権の法的性格

これに対し、国が補助金適正化法に基づき返還を命ずる場合には行政処分として行われ、国税徴収の例によって徴収できるため（補助金適正化21Ⅰ）、取消決定（補助金適正化17Ⅰ）が破産手続開始決定前になされている場合、返還請求権（補助金適正化18Ⅰ）は財団債権に該当する（破148Ⅰ②）と解されます。

⑶ 交付決定取消しが開始決定後になされた場合の返還請求権の法的性格

この場合でも、実態としては開始決定前に発生した債権として破産法148条1項3号に該当するか（財団債権性）が問題となります。

この点、実務的には「破産手続開始決定前」の発生とは、①開始決定前に交付決定の取消しに基づく補助金返還命令が出されている場合に限らず、②（財団債権であろうと、破産債権であろうと）債権発生の基本的な法律関係の大部分が開始決定前に生じている場合を含むとするのが通説・判例です。例えば、名古屋高判平5.2.23（判タ859号260頁）は、（開始決定前に交付決定が取り消され得る状態に至った上で、債務者の経営を慮って取消決定をしない状態で破産開始がなされた場合）返還請求権の前提となる交付決定の取消自体は開始決定後でも、財団債権として処理しています。本件は行政が債務者を慮っていたとのことですし、また多くの事案では取消事由は開始決定前に生じていると考えられるために、この考えに依拠すれば財団債権となることが多いと考えられます。

これに対し、通説の射程を解釈論によって限定する見解も存在します。例えば本間・前掲書は、①開始決定前に交付決定の取消しに基づく補助金返還命令が出されているときには財団債権性を認めるものの、②開始決定前に交付決定の取消しがなされていない場合は（返還請求権に財団債権性を認めて）破産債権者の犠牲の上に破産管財人は国に対して優先弁済を行うべきでなく、破産債権（破97④によると思われます）として処理することを相当としています（また返還請求権を条件付債権と考える場合には破103Ⅳに基づき破産債権となる可能性があります）。

なお、③開始決定後にはそもそも補助金返還請求は生じ（るべきで）ないとする見解については、小滝・前掲書303頁を参照してください。

⑷　返納請求の法的性質

　では、破産管財人が国と協議の上で任意処分を行う際に、交付決定を取り消すことなく返納請求がなされた場合はどうでしょうか。この問題は、返還請求権と返納請求権に差異を認めるかどうかによって結論が変わるように思われます。

　差異を認めない場合には、開始決定前に発生した返納請求権は補助金適正化法21条1項に基づき財団債権（破148Ⅰ③）であり、開始決定後に発生した返納請求権は破産法97条4号又は103条4項に基づき破産債権と考えるか、148条1項4号に基づく財団債権と考えることになりそうです。一方、補助金適正化法21条1項は「返還を求めた補助金」に関する規定で、文言上、返納請求権には適用されないとの考えもあり得ます。これによれば、開始決定前に発生した返納請求権には補助金適正化法の適用がないので通常の破産債権、開始決定後に発生した返納請求権は破産法148条1項4号が適用されるかどうかによって結論が変わるものと思われます。

　財産債権性を否定する考え方の背景には、①返納請求の場合についてまで財団債権性を認めることは破産財団を減少させる結果になるので、これを回避すべき必要性がある、②財団増殖に寄与しないにもかかわらず、破産管財人に補助金対象財産を売却する義務を負わせることは負担を加重させ過ぎる、との価値判断が存在するものと考えられます。現に福岡地小倉支判平16.12.2（公刊物未登載。法務省『法務年鑑［平成16年］』150頁）は、開始決定後の返納請求について財団債権性を否定する点について同様の結論を導いています。詳細は判決文をご覧いただきたいですが、概略を述べると、①返納請求権は承認申請に局長が付款を付すことによって発生したものであるがこのような付款を付すことが法律上定められているわけではないこと、②承認申請をする際に破産管財人においてかかる付款に基づく債務を負担することが当然に予測されるようなものではないこと、③付款は、公益を図るためとはいえ、実質的にはすでに交付した補助金の一部を事後的に回収するために付されるものであるから、これを公平の見地から破産債権者が共同負担すべき請求権であると解することは困難であること、④補助金返納請求権は、破産管財人の諾否にかかわりなく発生するから、付款を付した承認を一定額の納付の申込みと解することはできないし、付款が付されていることを認識しながら本件建物を換価したとしても、それによって破産管財人が補助金債権者のいう申込みを承諾したと見ることはできないこと、をあげています。この裁判例について前掲『法務年鑑』150頁は「同判決では、補助対象物件に対する根抵当権の設定等を理由に破産宣告後に補助金交付決定を取り消したのに対し、本件は、破産宣告後、補助金交付行政庁が交付決定を取り消すことなく破産管財人の譲渡申請に対して補助金相当額の一部返納という付款を付して承認をしたという点が異なっている」と紹介しています（ある意味、返還請求と返納請求の区別に着目しているともいえます）。もっとも、上記事件の高裁では、破産管財人と補助金債権者の間で和解が成立しています。

　これらを踏まえると、実務的には、破産管財人は行政当局と丁寧に交渉し、合意によって処理方法を決めることが穏当なように思われます。　　　　　〔柴原　多〕

Q 76 担保権消滅許可の申立て

破産管財人は担保権消滅請求制度をどのような場合に利用しているのでしょうか。実例を教えてください。

1 実績件数など

担保権消滅許可の申立て（破186）の事例は多くありません。東京地裁の場合、2005年1月～2018年12月の申立件数は40件（2018年は1件）であり、大阪地裁では「年間でせいぜい一桁」、仙台地裁では2015年以降の例がないと報告されています（蛭川明彦「東京地方裁判所における破産事件の運用状況」金法2110号（2019年）19頁、尾河吉久「大阪地方裁判所における破産事件の運用状況」同34頁、斉藤研一郎「仙台地方裁判所における破産事件の運用状況」同12頁）。

申立事例の終局事由としては、担保権消滅許可決定（破189）がなされ、配当に至る場合のほか、担保権者が任意に担保権抹消に応じたため破産管財人が申立てを取り下げる場合、担保権者が担保実行に踏み切り、担保権実行の申立て（破187）をしたことを証する書面が提出されたため不許可又は取下げとなる場合があります。

2 現実の利用例

利用類型は、第1に配当見込みのない後順位担保権者が高額な「ハンコ代」を要求するなどの場合、第2に売却額や財団組入額が合意できない場合です。

第1類型が典型事例です。第1及び第2類型の複合事例として、「危機時期に駆け込み的に根抵当権設定仮登記を設定した十数社に対し、一律に抹消料3万円を提案したが拒絶又は無回答」であり、「先順位担保権者（金融機関）が財団組入れ5％に応じず、滞納処分解除に係る公租公課納付（本税のみ）についても減額を求めて納得しない」場合に担保権消滅許可を申し立て、後順位担保権者への配当はゼロとなり、先順位担保権者は事実上納得して担保権実行申立て（破187）も買受申出（破188）もなく許可（破189）、配当（破191）に至った成功事例があります（進士肇「破産法上の担保権消滅許可申立手続を利用した実例の報告」債管121号（2008年）102頁。金銭納付（破190）に際して買主のローン利用につき融資実行金融機関と連携した工夫の紹介など、実務上参考となります）。

その他に「売却困難な担保不動産について、唯一の購入希望者の希望価格（180万円）の倍額程度の評価を担保権者が主張して譲らなかったものの、破産管財人が担保権消滅許可申立てをしたところ（裁判所納付額170万円・財団組入10万円）、担保権者が断念し、当初主張の半額以下（170万円）で任意に担保抹消に応じ、破産管財人が申立てを取り下げた」事例、「売却価格（1352万円）について担保権者との間

172　［第3章］ 換価・破産管財人の職務

に争いはなかったが、破産管財人が受戻額（元本の約98％相当）を呈示したところ、担保権者は納得せず（元本の約102％相当の受戻しを要求）、破産管財人が担保権消滅許可申立てをなしたところ（財団組入約9％）、担保権者が断念して任意売却に応じたため、申立てを取り下げた」事例などがあります。

3　本制度が、破産管財人と担保権者との合意形成促進に資すること

　現実の申立てに至らずとも、本制度を背景に担保権者と交渉し、任意売却の合意形成、受戻しに役立ちます。制度創設前は、たとえ配当見込のない後順位担保権者であっても、その者の同意ない限り任意売却が成立しないため、交渉が困難であり、ひいて不当に高額な「ハンコ代」を要求される事例が見られました。

　しかし、本制度によれば、当該後順位担保権者の同意がなくとも裁判所の許可を得て任意売却を成立させることができ、後順位担保権者は配当を受け得ないこととなります。後順位担保権者が不当な要求をしても無駄であり、制度創設前と比較して、相当低額な抹消料でも担保抹消に応じざるを得ない状況になりました。

　不当に高額な抹消料の主張に対しては、破産管財人が本制度の利用を示唆することにより、配当見込みのない後順位担保権者があきらめて、合理的な抹消料で応じることも期待できます。結果的に担保権消滅許可の申立てをしなくても、本制度を用いたとほぼ同様の効果が得られたことになります。

　現実に、抹消料は新法施行前より下がっています。申立件数としては少数であっても、破産管財人の適切な対応を通じて、本制度は存在意義を発揮しています。

4　利用に際しての注意点

　本制度は、担保権者の優先弁済権と一般債権者の利益を調和させる手続であり、担保権消滅許可の申立てから配当終了に至るまで、3か月程度の期間を要します。熟慮期間内に担保権実行申立てがあり不許可となる場合、又は買受申出があり買受人との間で売買契約が成立する場合は、財団組入金は確保できません。本制度の利用には見極めが必要です。

5　否認権の利用

　支払停止等の危機時期以降に根抵当権設定仮登記等を駆け込み的に設定し、高額の「ハンコ代」を要求するケースが見られます。このような場合、対抗要件否認など否認権行使の要件を充たしていることも多いので、まず否認請求（破173Ⅰ、174）による簡便な解決が図れないか検討することになります。

〔清水祐介〕

Q 77 売掛金回収における解除・返品特約や
委託販売の主張への対応

　アパレルメーカーの破産管財人として、取引先の百貨店等に対して出荷済み商品の売掛金の支払を求めたところ、多くの取引先から「これまでの商慣習や特約に基づいて解除・返品してほしい」「そもそも委託販売であって売買は成立していない」といった主張を受けました。どのように対処すればよいでしょうか。

1　買主側が売掛金の支払を拒む背景事情

　メーカー等の破産管財人が、百貨店や小売店等の買主に対して、出荷済みの商品についての売掛金を請求すると、商慣習や特約に基づく解除・返品を主張されたり、委託販売であって売買が成立していないと主張されたりして、売掛金の支払を拒まれることがしばしばあります。なかには、破産管財人宛てにいきなり商品を返送してくるような強引な買主さえいることがあります。

　一般的に、破産会社の商品については、破産会社による継続的供給が途絶えて品揃えを確保できないこと、商品の種類によってはブランドイメージが大きく下落することもあること、破産会社がもはや品質保証・代品との交換・損害賠償等のアフターサービスを行うことができないこと、及び破産管財人が在庫商品の早期処分を図り特価で販売すれば流通価格への影響を避けることが難しいことなどから、従前どおりの価格で販売を続けることが困難となることが多いといえます。

　買主側が、返品や売買の不成立等を主張して売掛金の支払を拒もうとするのには、このような背景があります。

2　破産管財人としてどのように対処すべきか

(1)　破産管財人の基本姿勢

　仮に、買主側の返品や売買の不成立の主張が認められると、破産管財人としては売掛金の支払を受けられず、代わりに商品が戻ってくることになりますが、これを破産管財人が従前のような価格で販売することは極めて困難です。まして、破産事件においては、従業員を解雇済みでもはや販売のための人手がなかったり、事務所・倉庫等を閉鎖済みでそもそも返された商品を受領することすら困難であったりすることも珍しくありません。

　安易に売掛金の回収をあきらめては破産財団の増殖につながりませんので、破産管財人としては、買主側の主張に理由があるか否かを厳しく検証する必要があります。まずは、取引基本契約その他の契約書類や納品書等をもとに、本当に買主側の主張するような約定になっているかを確認したり、買主側に特約が存在すると主張する根拠を示させたりすることが出発点となります。

174　［第3章］　換価・破産管財人の職務

(2) 商慣習の主張への対応

委託販売の主張については契約書・伝票等の資料等からその成否が判断できる場合が多いと思われますが、解除や返品については、買主側より「契約書等に明示の特約がなくてもそのような商慣習が存在する」という主張がなされることがあります。このような主張に関しては、例えば適正価格での売却ができなくなった玩具の返品を認める商慣習の存在を否定した裁判例として東京地判昭61.3.28（金判762号35頁）などがあり、参考になると思われます。

また、通常の取引時においては返品の商慣習の存在が認められるとしても、それが売主の破産時にまで射程が及ぶとは限らないことに留意が必要です。例えば、アパレルメーカーと百貨店の取引において、百貨店が長期間売れ残った商品の返品を求めた場合にはメーカー側は原則として受け入れるという取引実態が見られることがありますが、これには返品された商品に代えて百貨店が新たな別の売れ筋商品を仕入れて空いた棚を埋めるという理由があるのであって、取引の継続を前提として双方のメリットがあるために成立しているものにほかなりません。よって、このような商慣習は売主の破産時にまで射程が及ぶものではないと考えられます。

(3) 特約の存在が認められる場合

それでは、契約書に明示されているなどして解除や返品の特約の存在が認められる場合には、破産管財人は常に売掛金の回収を断念せざるを得ないのでしょうか。

このような特約が設定される買主側の背景に1で記載したような事情があるとしても、そのような現象は倒産に不可避のものですし、一企業の倒産は関係取引先に対して多かれ少なかれ有形無形の迷惑を及ぼすものといえますので、破産管財人としては、当該特約に他の破産債権者の負担によって買主を保護すべきほどの合理性が認められるか否か、債権者の実質的平等の観点から検討しながら、その有効性を見極めることが必要です。

この点、返品の特約については、一定の場合には不公正な取引方法（優越的地位の濫用。独禁2Ⅸ⑤ハ）に該当することになりますので、そのような場合には破産管財人として特約の有効性を争うことが考えられます。

また、この点について参考になる裁判例に、東京地判平10.12.8（判タ1011号284頁）があります。この判決は、取引基本契約において倒産時における解除特約がある場合において、これを売主の倒産により買主に生じる商品の値崩れ損を売主に転嫁する目的で締結されたものと認定した上で、このような特約は無効であると判示しました。この判決の趣旨は、解除と同様の効果を狙った返品特約についても妥当するものと考えられますから、その論理に従えば、解除や返品の特約の存在自体は認められる場合であっても、破産管財人としてその有効性を争う余地がなお十分にあると考えることができます。

〔縣　俊介〕

Q 78 集合債権譲渡担保の実行と対象債権の回収

　破産会社Ａ社はＢ社に対して、Ｂ社からの借入金債務を担保するために、2020年６月１日、Ａ社が有するＣ社及びＤ社に対する現在及び将来の売掛債権について集合債権譲渡担保を設定し、動産・債権譲渡特例法（特例法）４条１項に基づく債権譲渡登記を経由しました。なお、Ａ社とＤ社との継続的売買基本契約には、債権譲渡禁止特約の合意がありました。譲渡担保設定契約では、被担保債権について期限の利益を喪失するまでＡ社に売掛債権の取立てが認められています。Ａ社は７月10日に手形不渡りを出して破産を申し立て、同日期限の利益を喪失し、同月13日に破産手続が開始し破産管財人が選任されました。Ｂ社は同月15日にＣ社及びＤ社に特例法４条２項に基づく通知を行い、担保実行をしました。

① 　Ｃ社及びＤ社が以下の日にＡ社又は破産管財人に売掛金を支払った場合、当該回収金はどのように取り扱うべきでしょうか。

　　　　ⅰ…７月９日　　ⅱ…７月11日　　ⅲ…７月14日　　ⅳ…７月16日

② 　Ｂ社が破産管財人に対して、期限の利益喪失時又は破産手続開始時における譲渡対象債権の明細及びそれを証する証拠書類（注文書・納品書等）について情報の提供を求めてきました。破産管財人はどのように対応すればよいでしょうか。

1 集合債権譲渡担保の効力

　集合債権譲渡担保は、担保設定者（債務者）が事業を継続する過程で将来発生する売掛債権等を担保目的で債権者に譲渡するもので、通常、被担保債権について期限の利益の喪失その他担保設定契約で定めた事由が発生するまでの間は、担保設定者は対象債権を取り立てて、これを運転資金等に利用することができます（循環型）。

　期限の利益の喪失等により取立権限を失うと、担保設定者は対象債権の取立てができません。それにもかかわらず担保設定者が対象債権を取り立てて回収した場合（第三債務者から担保設定者の指定口座に振込みがなされた場合も含みます）、担保設定者は担保設定契約に基づき回収金を担保権者に返還すべきことになります。

　なお、2020年４月１日に改正債権法が施行されますので、Ｄ社に対する売掛金債権に付された譲渡禁止特約についてＢ社が悪意又は善意重過失でも、Ｂ社に対する売掛金債権の譲渡は有効です（改正民466Ⅱ）。

2 集合債権譲渡担保と破産手続

　集合債権譲渡担保は、破産手続上、別除権として処遇されます（破65Ⅰ）。

　破産手続開始前に特例法４条１項に基づく債権譲渡登記を経た譲渡担保権者は、期限の利益の喪失等の事由が発生したときは、破産手続開始の前後を問わず、特例

176　　［第３章］　換価・破産管財人の職務

法4条2項に基づく債務者対抗要件を具備して譲渡担保権を実行し、対象債権を取り立てて回収金を被担保債権に充当することができます。対象債権の第三債務者は譲渡担保権者から実行通知を受けるまでは、破産手続開始前は担保設定者、開始後は破産管財人に弁済すれば免責されます（特例法4Ⅲ）。

3　回収金の取扱い（設問①）

⑴　7月9日の場合…ケースⅰ

C社及びD社が7月9日にA社に支払った場合、A社には取立権限がありますので、A社は回収金を運転資金等に利用することができ、その後破産手続が開始すれば、その回収金は破産財団に帰属します。

⑵　7月11日の場合…ケースⅱ

C社が7月11日にA社に支払った場合、A社は10日に期限の利益を喪失し取立権限を失っていますので、本来譲渡担保権者であるB社にその回収金を返還する必要があります。しかし、その返還をしない間にA社に破産手続が開始した場合、回収金は破産管財人に引き継がれ、破産財団を構成することになります。これに対し、B社は、譲渡担保権者としてA社に対してその回収金について不当利得返還請求権を有しますが、それと同額の被担保債権が存在しますので、被担保債権と不当利得返還請求権を二重に行使できるわけではなく、開始時点における被担保債権の範囲で破産手続に参加できるに止まります。なお、A社が11日に支払を受けた回収金を開始決定までにB社に返還した場合、それは譲渡担保権者の把握していた担保目的物の変形物の交付に過ぎず一般債権者を害しないとして偏頗弁済にならないとする見解（後掲東京高判によれば、譲渡担保権の効力として回収金の引渡請求権が認められそうです）と、回収金は担保目的物の変形物とはいえ不当利得返還債務の履行に過ぎないとして偏頗弁済になるとする見解があり得ます。D社がA社に弁済した場合も同様です。

⑶　7月14日の場合…ケースⅲ

B社は、破産手続開始前に特例法4条1項に基づく債権譲渡登記を経由していますから、債権の譲受けを破産管財人に対抗できます。したがって、破産管財人が自ら取り立てて回収した場合や、C社がA社（A社破産管財人）に支払った場合、対象債権はB社との関係では破産財団に帰属しませんので、B社は破産管財人（破産財団）に対して回収金を不当利得として返還請求でき、これは財団債権となります（破148Ⅰ④又は⑤）。このとき、B社はC社に対していまだ債務者対抗要件を具備していませんから、C社は破産管財人に弁済することで免責されます（特例法4Ⅲ）。D社が破産管財人に弁済した場合も同様です。

⑷　7月16日の場合…ケースⅳ

C社は、15日に特例法4条2項に基づく通知を受けていますから、対象債権はB社に支払う義務があります。したがって、破産管財人に支払っても有効な弁済とはなりませんから、B社はC社に対象債権を請求でき、破産管財人は受領済みの金員

をC社に返還することになります。ただし、実務的には、破産管財人が同金員をB社に交付することにより簡便に精算してもよいでしょう。

なお、担保設定者が第三債務者から譲渡対象債権の支払のために手形を受領したものの、いまだ譲渡担保権者に当該手形を交付していない間に破産手続が開始し、破産管財人が当該手形を取り立てたとき、譲渡担保権者はもともと譲渡担保権の効力として手形の交付請求権を有するから、その取立金についても財団債権として破産管財人に不当利得返還請求ができるとした裁判例がありますので注意を要します（東京高判平20. 9 .11金法1877号37頁。上告棄却・不受理）。

D社は、通知を受けても破産管財人に弁済できます（改正民466③）。その場合、B社は、破産管財人に対し、受領済みの金員について財団債権として請求できます。また、D社は権利供託ができますし（改正民466の2）、B社から供託を求められた場合は供託義務が生じます（改正民466の3）。D社が供託したとき、供託金還付請求権はB社に帰属します（改正民466の2Ⅲ）。このように、改正債権法のもとでは、譲渡禁止特約付債権が譲渡担保に供されても、譲渡制限のない債権とほぼ同様の結果となります。

4 譲渡対象債権に関する情報の提供（設問②）

破産者の売掛金等に対して循環型の集合債権譲渡担保が設定されている場合、通常、破産手続開始時には取立権限を喪失していますので、破産管財人は対象債権を取り立てることができませんし、取り立てたとしても回収金は担保権者に返還することになります。したがって、対象債権の回収見込額が被担保債権額を上回るような場合を除いて、破産管財人としては譲渡担保の対象債権を積極的に管理するメリットはありません。

他方、B社が担保実行をする場合、売掛金の明細や注文書・納品書等の証拠書類が必要となるため、担保設定契約では、通常、対象債権の明細等について情報提供義務を担保設定者に課しています。

問題は、破産管財人に、担保設定者と同様に対象債権の明細やその証拠書類等を担保権者に情報提供する義務があるかどうかです。譲渡担保権に付随する義務としてこれを肯定する見解もあり得ますが、担保設定者と同様の義務を破産管財人が当然に負うと解することは困難と思われます。実際、破産手続開始前後における対象債権の管理が十分でない場合も多く、破産管財人が対象債権に関する情報を提供することは容易ではなく、調査確認に時間的にも労力的にも相当のコストを要することが少なくないからです。他方で、破産管財人の情報提供により担保権者が対象債権から高額の回収をすればそれだけ不足額（破産債権額）が減少し、一般債権者の利益にもなります。そこで、回収金の一部を財団に組み入れるなど、破産管財人のコストを譲渡担保権者が適正に負担することを前提に、譲渡担保権者が対象債権から迅速かつ高額の回収ができるよう、破産管財人として可能な範囲で対象債権の明細やその証拠書類等を提供するなどの協力をするのが相当でしょう。　〔中井康之〕

Q 79 請負代金債権と
瑕疵修補に代わる損害賠償請求権との相殺

　注文者Ｂが請負人Ａに建物建築を発注し、完成引渡しを受けましたが、請
負代金1000万円を支払わないでいました。その後、Ａが破産手続開始決定を
受けて破産管財人が選任されました。Ｂは、破産手続開始決定後に発見され
た瑕疵を理由として、その損害賠償請求権（200万円）との相殺を主張して
います。この相殺は認められるでしょうか。また、この相殺が認められると
すれば、破産管財人は、瑕疵保証期間中はいつまでも瑕疵修補又はそれに代
わる損害賠償請求権との相殺を受けるおそれがあることになりますが、そう
すると請負代金の処理ができず、その期間中は破産手続を終結できないとい
うことになってしまうのでしょうか。

1　瑕疵修補に代わる損害賠償請求権との相殺

(1)　相殺権の適用範囲と瑕疵修補に代わる損害賠償請求権の破産債権性

　破産法は、相殺の担保的効力の発露として、破産手続開始時において破産者に債
務を負担する破産債権者に破産手続によらない相殺を認めています（破67Ⅰ）。そ
して、破産手続開始前の原因に基づいて生じた財産上の請求権を有する者を破産債
権者としています（破2Ⅴ・Ⅵ）。「破産手続前の原因に基づいて生じた」といえる
ためには、破産債権の発生原因の全部が開始決定前に備わっている必要はなく、主
たる発生原因が備わっていれば足ります（一部具備説。『条解』34頁）。

　瑕疵修補に代わる損害賠償請求権は、瑕疵の発見が破産手続開始決定後であった
としても、工事に起因する当該瑕疵が破産手続開始前の目的物引渡時には存在して
いたものと考えられますので、破産債権と認められます（大阪地判平13.6.29判タ
1095号284頁）。

(2)　相殺禁止規定の適用範囲

　次に、破産法72条の相殺禁止に該当しないかを検討します。①瑕疵修補に代わる
損害賠償請求権は、注文者が目的物の引渡しを受けたときに発生すると解されてお
り（最三小判昭54.3.20判時927号184頁）、破産法72条1項各号のいずれにも該当せ
ず、また②瑕疵修補に代わる損害賠償請求権は、請負契約に基づく責任である以
上、破産法上相殺禁止が解除され（破72Ⅱ④）ており、相殺禁止には該当しないと
考えられます。

(3)　結　　論

　以上より、注文者から破産管財人に対する瑕疵修補に代わる損害賠償請求権を自
働債権とし請負代金債権を受働債権とする相殺は、瑕疵が破産手続開始決定後に発
見された場合でも認められるものと考えます。本件におけるＢは、破産管財人に対

して800万円の支払をすれば足りることになります。

2　相殺を主張された破産管財人の対応

　ところで、このような相殺が認められるとすると、破産管財人は、請負代金の請求に対し、瑕疵担保責任を負う期間中はいつまでも瑕疵修補に代わる損害賠償請求権の相殺の主張を受けることになりそうです。

　もっとも、このような相殺の主張が認められるのは工事の目的物に瑕疵があるときに限られますので（民634 I）、注文者は将来発生するおそれのある瑕疵を理由として支払を拒否することはできません。また、注文者は目的物に損傷が存在すること（欠陥現象）のみならず、その発生原因を具体的に主張する必要があります（東京地判平2.2.9判時1365号17頁）。

　なお、注文者は請負代金を支払うに当たり、潜在的な瑕疵の存在を理由とする瑕疵修補に代わる損害賠償請求権を将来の請求権として、弁済額の寄託請求（破70）をすることは可能ですが、寄託請求の前提として債務を弁済することが求められますので、注文者は請負代金の支払を拒否できるわけではありません。仮に、破産管財人が寄託請求を受けたとしても、最後配当の除斥期間内に瑕疵修補に代わる損害賠償請求権が具体化しなければ、寄託金を配当原資に加えて、他の破産債権者に配当することができます（破201 II。『条解』1357頁）。

　破産管財人としては、注文者から瑕疵に関わる主張がなされた場合、瑕疵が現実に発生していることの立証を促し、確認の結果、現実化していると認められない場合は代金全額の請求を行います。

　瑕疵が発生しているが損害が発生しているか不明な場合や、損害額に争いがある場合は、相手方の主張や請求内容を把握し、粘り強く交渉を行って、和解や催告（破73 I）などの適宜の措置を選択しながら、早期の回収を目指すべきであると思われます。

3　債権法改正の影響

　改正債権法の施行により、請負の担保責任を定めた従前の民法634条、635条は削除され、売買における売主の契約不適合責任に関する規定に従って処理されます。

　具体的には、改正債権法下では、仕事の目的物が契約内容に適合しなかった場合、注文者は、修補（履行の追完）請求（改正民559、562）、報酬減額請求（改正民559、563）、損害賠償請求（改正民559、564、415）、契約の解除（改正民559、564、541、542）をすることができます。

　なお、注文者の責めに帰することができない事由によって仕事を完成することができなくなったときや、請負が仕事の完成前に解除されたときにおいて、請負人がすでにした仕事の結果のうち可分な部分の給付によって注文者が利益を受けるときは、その部分は仕事の完成とみなされることとなり、請負人は、注文者が受ける利益の割合に応じて報酬を請求することができる旨が明文化された点にも注意を要します（改正民634）。

〔小木正和＝川瀬典宏〕

Q 80 サービサーへの債権の売却

　破産管財人が債権をサービサー（債権回収会社）に売却するに際して、注意すべき事項はどのようなことですか。

1　債権売却の有用性

　多くの破産管財案件では、破産財団に売掛債権、貸金債権等の債権が帰属しています。破産管財人の業務の中心は、財団に帰属する財産を換価することですから、財団に帰属する債権の回収は重要な職務です。

　もっとも、ひとくちに債権といっても、容易に回収できる債権もあれば回収が困難な債権もありますし、期限が到来している債権もあれば債務者に長期の期限の利益が付与されている債権もあります。破産財団帰属債権は破産債権と異なり現在化されないため、債務者に長期の期限の利益が付与されている債権が財団に帰属している場合、約定どおりの回収を漫然と行うだけでは、いつまで経っても破産手続を終結させることができません。

　回収困難な債権や長期の期限の利益が付されている債権を換価処分する手法として一般的なのは、訴訟や債務者との和解、破産財団からの放棄ですが、破産財団帰属債権は、債権管理回収業に関する特別措置法による法務大臣の許可を受けた債権回収会社（債権管理回収業に関する特別措置法3。以下「サービサー法」といい、同法の許可を受けた債権回収会社を「サービサー」といいます）が管理及び回収を行うことができる特定金銭債権に該当し（サービサー法2Ⅰ⑯）、サービサーへの売却が可能とされていますから、サービサーへの債権売却も破産管財人の債権の換価処分手法のひとつです。

　サービサーへの債権売却には、破産手続の迅速化に資するという側面もありますが、和解や財団の放棄に拠る場合と比較してより多くの財団を形成でき、管財業務の公正性及び公平性に資するという側面も存在します。したがって、破産管財人としては、債権を換価処分する際には、サービサーへの債権売却による換価も常に意識しておく必要があると思われます。

2　債権をサービサーに売却することが相当な場合

⑴　長期の分割弁済の約定になっており、破産手続中に回収が完了する見込みがない場合

　この場合、債務者と和解することもあり得る選択肢ですが、サービサーに売却する方が財団増殖に資する場合があります。そのような場合には、サービサーへの売却を検討すべきだと考えられます。

　また、サービサーから売買代金の見積りを受領した上で、その価額を、債務者と

の間で和解する基準額として用いるのもひとつの考え方だと思います。サービサーに対する売買代金は一括で支払われるのが通常ですので、債務者との間でいわゆるDiscount Pay-Off（DPO）、すなわち債務者から一定金額を支払ってもらうことを条件に残額を免除する旨の和解を行おうとする場合に、債務者の支払額を決めるひとつの基準として売却した場合に一括して支払われるサービサーの見積額を利用することは、破産管財人の善管注意義務（破85）を尽くすという観点からも極めて有益であると思います。近時、消費者金融会社に対する過払金返還請求権の回収が長期化するとともに和解金額も低く抑えられる傾向にあるようですが、このような環境下において、消費者金融会社と和解を行わざるを得ないことの妥当性の根拠として、サービサーに買取りの可否及び見積金額をヒアリングすることは有用であると考えられます。

(2) 債務者の資力に問題があり債権の回収が困難である場合

財団から放棄することもひとつの選択肢ですが、サービサーに売却することで少しでも財団を増殖できる可能性があるのであれば、その途を模索すべき場合です。長期分割弁済の和解を行った後、売却する等、和解と併用することも考えられます。

(3) 債務者に法的整理が開始され、回収に時間を要することとなった場合

これらの場合、計画により長期分割弁済になったり、配当に至るまでにある程度の期間を要したりする例が多いことから、サービサーへの売却に適しているといえます。

(4) 破産者が小売業やノンバンク等の、一般消費者向けの少額の債権を大量に有しているような業を営んでいた場合

回収に要する人的・物的コストを踏まえると、同種の債権を一度に売却した方が財団の増殖に資する場合があります。このような場合には、サービサーに一括して売却するという方法を検討する価値があります。

(5) 財団から当該債権を放棄することが社会的に好ましくない場合

債務者が債務を負担するに至った過程や破産者と債務者との関係等から考えると、財団から放棄して破産者に管理処分権が戻ったり（個人のケース）、事実上その債権を行使する主体がなくなったり（法人のケース）することが、社会的に好ましくない場合が一定程度存在します。サービサーに債権を売却することで、このような社会的に好ましくない状況を回避できる場合には、たとえ売却代金が極めて僅少であったとしても、積極的にサービサーへの売却を検討すべきでしょう。

3 売却するに際して注意すべき事項

(1) 売却までに破産管財人として努力できることを怠らないこと

例えば、破産者に大量の売掛金が帰属している場合であっても、破産管財人としてそれほど人的・物的コストを要さずに回収できることが明らかな場合には、善管注意義務を負う破産管財人としては、安易に債権売却を選択するのではなく、可能

な限り回収努力を行うことが必要です。このような場合には、回収活動を行った上で、どうしても回収困難な債権のみを売却するという方策をとるべきでしょう。

また、債務者が延滞している債権であっても、そのままの状態で債権を売却するのではなく、債務者との間で分割弁済等の合意をした上で、合意後の債権を売却するなどの工夫が必要な場合もあります。債権の発生原因自体に争いがあったり、債権の存在に関わる法律関係に争いがあったりする場合にも、そのままの状態で債権を売却するのではなく、それらの争いを解決後売却するよう努力すべきです。

さらに、債務者と連絡がつかない場合であっても、安易に放棄するのではなく、訴訟を提起し欠席判決を得て債務名義を取得することが容易な場合で、かつ債務名義を取得することにより売却が可能になったり売却代金がかなり増額されたりるのであれば、このような努力を行い債権の価値を高めた上で売却することも必要だと思われます。

(2) 契約上の留意点

破産財団帰属債権の売買契約における最も重要な留意点としては、いわゆる現状有姿売買とし、売却する債権に対する表明保証は行わず、瑕疵担保責任を負わない形にする点があげられます。また、債権譲渡実行後の解除は認めないこと、（債権の性質にもよりますが）対抗要件具備の責任を長期間負うような契約をしないこと、サービサーに適切な秘密保持や個人情報保護等の義務を負わせること、手形貸付等で手形が存在する債権の場合には無担保裏書で譲渡することなどにも留意すべきでしょう。

(3) そ の 他

サービサーには、破産財団帰属債権の取扱い一般に手慣れたところとそうではないところ、小口の債権に強みのあるところ、金融債権に強みをもっているところなど、それぞれ特色がありますので、それらに関する情報を得て適切なサービサーを選択することも破産管財人のスキルであると考えます。

なお、売却に当たっては、複数のサービサーに算定してもらうことが望ましいですが、相対取引で売却することが悪いということはありません。債権の内容や性質、破産手続の状況等を踏まえて、入札を行わずまた複数のサービサーから提示価格を募らないことが破産管財人の善管注意義務に反するか否か、という観点から破産管財人が判断すべき事項だと考えます。

〔南　賢一〕

Q 81 債務超過の非公開会社の株式を処分する際の
留意点

　破産者が、同族会社の株式（非公開）を有しています。この同族会社は、破産者の父と弟が経営しており破産者はまったく関与していません。会社は債務超過状態にあるものの、今後も事業は継続していくとのことです。
　①　破産管財人がこの株式を処分する場合、処分方法にはどのようなものがあるでしょうか。また、このような株式は、どのように評価するのでしょうか。
　②　この株式が、実際には父が出資しているものであった場合でも、破産財団に属する株式と考えてよいのでしょうか。

1　株式の処分

　非公開会社の株式譲渡は、譲渡当事者間では有効ですが、株式譲受人が当該会社に株主であることを対抗するためには会社の承認が必要です（会2⑤・⑰、130、136、137、139Ⅰ）。非公開会社が同族会社であることからすれば、同族以外の者が株式譲受人になることについて、会社の承認は得られない可能性が高いと思われます。会社法では譲渡承認が受けられない場合の株式の処分に関し、会社又は指定買取人による株式の買取りの規定（会140）がありますが、破産管財人としては、当該会社の経営者、株主に株式を売却することが実際的な方法と考えられます。本件では、会社を経営する破産者の父や弟に売却を打診するか、あるいは譲受人の紹介を受けることが実際的な処理方法と考えられます。その際、破産管財人は、父親らに対し、会社支配に関する問題等（第三者が株主になることなど）の早期解決のメリットを説明した上で、買取交渉を進めるのがよいと思われます。

2　株式の評価（設問①）

　その場合、株式の売買価格が問題となります。非公開会社の株式の評価方法については、配当還元方式、収益還元方式、類似会社比準方式、取引先例価格方式、純資産額方式、各方式の併用などの種々の方法がありますが、いずれの評価方法を採用するかは、ケースバイケースというのが現状です（逆にいえば、理論的に正しい評価方法は定まってはいないということです）。非公開会社の株式の売買価格については、会社法の売買価格決定の規定が参考になります（会144）。会社法においては、会社が株式を買い取らなければならない場合の売買価格について、①会社あるいは譲渡等承認請求者が裁判所に売買価格の決定を求めた場合には、裁判所は非訟事件として、譲渡等の承認請求時における株式会社の資産状態その他一切の事情を考慮して決定すべきこと（会144Ⅲ・Ⅳ・Ⅶ、868Ⅰ、870Ⅱ③）、②裁判所に売買価格の決定を求めない場合には1株当たり純資産額を売買価格としています（会144Ⅴ）。裁

184　　[第3章]　換価・破産管財人の職務

判所における株式売買価格決定事件では、これまで事件ごとに種々の評価方法を採用して価格の決定がなされているのが実情であり、特定の評価方法が定まっているわけではありません（東京地裁商事研究会編『商事非訟・保全の実務』80頁（判例時報社、1991年）、川畑正文「株式の評価」門口正人編『新・裁判実務大系(11)〈会社訴訟・商事仮処分・商事非訟〉』307頁（青林書院、2001年））。

　設問①については、破産事件の非公開株式の処分に関し、会社法の規定に照らしてみると、費用対効果の観点から裁判所に売買価格の決定を求めるべき場合（上記①）には当たりませんから、筆者としては、会社法144条5項に基づいて、非公開会社の株式の評価は1株当たりの純資産額を基準にすべきように思います。また、本件のように債務超過会社では純資産額方式では株式評価額は「0円」となってしまいますが、そのような場合にはいわゆる配当還元方式による株式評価を検討してもよいと思われます。実務的な処理方法としては、買主候補者（本件では破産者の父や兄など）から希望する価格を聴いた上で、それが適正か否かを破産管財人が検討することになります。破産管財人は当該会社の直近の決算書や税務申告書（株主構成が記載されています）を入手して、純資産額方式や配当還元方式等により売買金額の相当性を検討することになりますが、破産会社の税務申告のために公認会計士や税理士を補助者としている破産事件では、これらの資料を提供して専門家からの意見を聴くことが実際的な処理と考えられます。破産管財人が会社法上の株式譲渡承認等の手続を利用して非公開株式の株式処分をするか否かは、費用対効果の観点から判断するのがよいでしょう。株式に財産的価値がまったくない場合や買主候補者がまったくない場合には、破産財団からの放棄（破78Ⅱ⑫）もやむを得ないと思います。

3　株式の帰属（設問②）

　設問②については株式の帰属が問題となりますが、株式の帰属は株式の実質的な引受人が株主となります（最二小判昭42.11.17民集21巻9号2448頁）。

　本件では、父親が破産者名義株式の出資をしていることから、父親が株主となる可能性はあります。しかし、父親が出資金を支出したとしても破産者名義にした理由によっては、株式や株式取得資金の贈与という構成も考えられます。破産管財人としては、株式の名義が破産者である以上、父親によって実質的な所有者であることが証明されない限り、破産者が株式を所有するものとして扱い、父親に対して株式買取りを求めていくべきものと思われます。

〔加々美博久〕

Q 82　破産財団帰属の株式の株券喪失時の対応

　破産財団帰属の株式について株券が喪失となっています。株券喪失登録をして、株券の再発行を受けての換価をすると、何か月も時間がかかってしまいます。何かよい処理方法はないでしょうか。

1　株券の発行

　2009年1月5日より、社債、株式等の振替にする法律に基づき、上場会社の株式等に係る株券はすべて廃止され、上場会社の株券は電子化され、証券保管振替機構によって管理されることとなりました。

　また、2006年5月1日に施行された会社法により、同法施行後に設立された会社は原則として株券を発行しないものとし、定款に株式発行を定めた場合に限って株券を発行することとなりました（会214）。

　したがって、設問のような株券喪失は、株券を発行している非上場会社についてのみ問題となります。

2　株券の失効制度

　株券発行会社の株式の譲渡は、株券の交付をしなければその効力が生じないと規定されており（会128Ⅰ）、その株式の譲渡は譲受人の住所・氏名を株主名簿に記載又は記録しなければ、株式会社その他の第三者に対抗できません（会130Ⅰ）。

　破産手続開始決定後直ちに破産管財人として株券喪失登録の手続を行っても、喪失株券は、登録日の翌日から1年を経過した日まで無効とならず（会228Ⅰ）、その後でなければ株券発行会社に対し株券再発行の請求ができません（会228Ⅱ）。つまり、喪失登録から1年を経過しないと、株券を伴った株式の譲渡を行うことができません。

　したがって、破産手続の進行状況・他の資産の処分状況と当該株式の価格からみて、1年を待つことが破産財団にとって利益になるか否かによって、株券の再発行を受けて譲渡をするか、破産財団から放棄をするかを判断するというのが原則的な処理とならざるを得ません。

　破産管財人が当該株式を破産財団から放棄した場合、破産者が法人の場合には、株式は破産会社に帰属することとなりますから、利害関係人が清算人の選任を裁判所に申し立て、清算人が株券喪失登録を行うこととなります。破産者が個人の場合には、株式は破産者に帰属します。

3　株券喪失登録手続中の当該株式の譲渡

(1)　破産者が個人の場合

　破産者が個人の場合、破産者に相当価格の財団組入れをさせて、これと引換えに

当該株式を破産財団から放棄することにより、早期解決を図るのが適切であると考えます。価格は、株券発行会社の１株当たりの純資産額を基準としつつも、非上場会社であることから今後の会社の見通し・状況等を考慮して割り引いても公平さを害することはないといえます。

　なお、株券喪失登録の請求権者は、株券を喪失したことを法定の資料により疎明できる者ですから（会223、会社法施行規則47Ⅲ）、破産者に財団組入れの資金がない場合には第三者からの資金援助を受けて破産者による財団組入れ・放棄のスキームを維持すべきでしょう。

　また、当該株式の価値が低額の場合（例えば20万円以下の場合）には、状況によっては、自由財産の拡張の制度を利用して、換価しないという扱いをすることも考えられます。東京地裁の場合、残高20万円以下の預貯金及び見込額が20万円以下の生命保険契約解約返戻金等については、自由財産拡張の裁判（破34Ⅳ）があったものとして扱い、換価等をしない扱いとなっています。

(2)　破産者が法人の場合

　破産管財人が株券喪失登録請求を行い、株券喪失登録中の権利を第三者に譲渡することが考えられます。

　株式譲渡の際の株券の交付は、譲渡の効力要件であって対抗要件ではないと解されていますから、株券が交付されない限り譲渡の効力は生じません。そのため、破産管財人である譲渡人と譲受人との間で、当該株式の譲渡契約を締結し、株券喪失登録請求者たる地位を譲受人に譲渡することが考えられます。譲受人は、１年後にこの譲り受けた地位に基づいて、株券の再発行を請求することとなります。

　しかし、株券喪失登録がなされた株券を所持する者が１年の経過前に会社に対し当該株券喪失登録の抹消を請求した場合には、株券喪失登録は抹消されますから（会225Ⅰ）、譲受人は無権利となるリスクがあります。したがって、株券喪失状況が明確な場合を除き、この危険性を考慮して、譲渡価格は相当低くならざるを得ないものと思われます。

　また、株券発行会社が個人企業等で会社の協力を得ることができる場合に、破産管財人・譲受人・会社の三者合意で株式譲渡についての契約を行うことも可能です。

〔桑島英美〕

Q83 在庫商品のバーゲンセール、早期処分

破産管財人が、破産財団に属する在庫商品等を処分するためにバーゲンセールやネット通販を行うに際してのポイント、留意すべき点について教えてください。

1 バーゲンセール・ネット通販の対象商品

在庫商品の換価に際しては、破産管財人がエンドユーザーである消費者向けに直接バーゲンセールやネット通販（以下「バーゲンセール等」といいます）を実施することで、財団の最大化に資する場合があります。ただし、迅速な処分が要求される食料品や、コスト倒れになるおそれがある低価格の商品等は、バーゲンセール等になじまない場合があります。他方、貴金属品や高級衣料品等の高価品で値引きにより需要が大きく増加する商品は、バーゲンセール等になじみやすいといえます。なお、消費者向けの販売では、瑕疵担保等に関する責任全部の免除条項は無効となるリスクもあります（消契8Ⅰ）ので、商品の欠陥等により高額の賠償義務が生じ得る商品については、消費者への直接販売は慎重な判断を要します（Q70参照）。

2 バーゲンセール

(1) 実施会場

破産者が小売業の場合、従前の店舗設備を利用し既存の商圏を活かしつつバーゲンセールを実施することができます（賃貸物件の場合は賃料負担の考慮を要します）。店舗が全国に拡散していたり、従前の店舗では商圏が小さ過ぎたりする場合には、商圏の大きな地域で集中的にバーゲンセールを実施することも考えられます。

破産者が製造業又は卸売業等の場合、既存の販売店舗が存在しないため実施会場を新たに選定する必要があります。その際、商品の移動費用、賃料、補助者等のコストのほかに、当該ブランド・商品の知名度が高い地域や顧客のアクセス容易性等を勘案することになります。なお、既存の店舗がなくても、本社建物や在庫商品が存在する倉庫を利用し、バーゲンセールを実施できる場合もあります。

実施に当たっては駐車場・駐輪場の確保等近隣への配慮も忘れてはなりません。

(2) バーゲンセールの補助者、集客方法等

顧客への販売に際しては、商品に関する専門知識や、売れ筋等を考慮した価格設定が必要になりますので、有用な従業員が新たな雇用先で就業を始める前にバーゲンセールを実施したいところです。なお集客方法としては、実施会場付近を対象とした新聞の折込チラシ（複数回実施する場合には新たな需要を掘り起こすべくチラシを折り込む新聞や配布エリアを変更するのが効果的です）や、信頼できる団体への案内（メーリングリストなども含まれます）のほか、知人を介した口コミ等も有用です。

188 ［第3章］ 換価・破産管財人の職務

3　ネット通販

　ネット通販は、バーゲンセールと比較して、対象地域や実施期間上の制約が少ないなどのメリットがあります。また電子メールを含むインターネットでの受注に限定すれば、アルバイト等の非常駐スタッフで対応できる場合もあります。

　破産者が従前からネット通販を実施している場合、ウェブサイトを含め従前のプラットフォームを利用することが考えられます（事業継続の許可を要する場合があります。破36）。ただし、破産管財人自身が販売主体となるため、販売業者の氏名等ウェブサイト上の記載内容の変更を要します。なお、宅配業者等の協力会社が破産債権者となる場合、円滑なサービス提供に支障が生じないよう対処します。

　破産管財人がネット通販を開始する場合、次のような点に留意を要します。

(1)　特定商取引法との関係

　ネット通販は特定商取引法に関する法律2条2項の「通信販売」に該当します。そのためネット通販に当たっては、ウェブサイト上に販売業者の氏名や対価の支払方法等、同法11条ならびに同法施行規則8条及び9条等の規定に従い各事項を表示する必要があります。またウェブサイト上に解約返品不可等の返品特約の記載をしていない場合、購入者は、商品の引渡しを受けた日から8日間は、売買契約の申込みの撤回又はその売買契約の解除ができること（特商15の3）に留意が必要です。なお、当該返品特約を表示する際は、顧客にとって見やすい箇所に明瞭に判読できるような表示方法その他顧客にとって容易に認識することができるような表示方法を用いなければならない（特定商取引に関する法律施行規則16条の2）とされています。具体的な表示方法については、消費者庁「通信販売における返品特約の表示についてのガイドライン」等が参考になります。

(2)　決済方法

　事実上カード決済は難しいため、破産管財人口座への直接振込みや、宅配会社の代金引換サービスの利用（この場合、宅配会社から法定記載事項を含んだウェブサイトの内容を事前に確認される場合があります）が考えられます。なお、顧客に代金の先払いを求める場合、遅滞なく商品を送付しない限り、消費者から申込み及び代金支払があれば、遅滞なくその申込みを承諾する旨又は承諾しない旨等を原則として書面で通知しなければならないとされています（特商13Ⅰ）。

(3)　そ の 他

　ネット通販において個人情報を取り扱う場合、個人情報の保護に関する法律に基づき、個人情報の利用目的の特定等の義務を負うため注意を要します。

　その他破産管財人において新規にネット通販を開始することで販売先を無制限に広げた場合、支払が滞ったり、返品不可としていても些細な理由で返品を求められたりするなどのトラブルが増え、想定外の業務が増えるおそれがあります。無用なトラブルの事前予防の観点から、受注に際しては、紹介者を記載してもらうなどの措置を講じることも検討に値します。

〔和田　正〕

Q 84 商事留置権への対応

　破産会社は在庫商品を倉庫業者に預けて保管しています。破産管財人としてはこれを換価したいのですが、倉庫料の未払いがあるため倉庫業者から引渡しを拒まれています。どのように対処すればよいでしょうか。

1　留置権の成否

　商人間の留置権（商521）の成立要件は、①商人間であること、②双方のために商行為となる行為によって生じた債権であること、③債権の弁済期が到来していること、④債権者が債務者の所有物等を占有すること、⑤当該占有が債務者との間における商行為によって取得したものであることです。

　設問では、倉庫業者には商事留置権が生じていると考えられます。

　設問とは異なり、破産会社が倉庫を賃借しているに過ぎない場合は、直接占有者が債務者であることから、留置権は生じないと考えられます。この場合は不動産賃貸の先取特権（民312）等を検討する必要があります。

2　破産手続における留置権の効力

　民法上の留置権は、破産手続において効力を失う（破66Ⅲ）とされていますが、商事留置権は、特別の先取特権とみなされ（破66Ⅰ）、別除権となり（破2Ⅸ）、他の特別先取特権に後れますが（破66Ⅱ）、留置的効力は存続するとされています（最三小判平成10.7.14民集52巻5号1261頁。『財産換価』359頁〔蓑毛良和＝志甫治宣〕）。商事留置権者は、形式競売を申し立てることができる（民執195）ほか、約定により法定の方法によらず留置目的物を処分する権利が与えられている場合（破185Ⅰ参照）には、当該約定によって権利を実行することができます。

　商事留置権者への法的な対応策としては、商事留置権の消滅請求（破192）があり、所定の要件の下において、裁判所の許可を得て、当該財産の商事留置権者に対して、当該留置権者にその財産の価額に相当する金銭を弁済することで、当該留置権の消滅請求をして、当該財産を現有財団に回復することができます。

　また、商事留置権も担保権消滅制度（破186）の対象となる担保権であるため、所定の要件の下において、商事留置権者の同意を得ることなく目的財産の任意売却を実行することができます。さらに、破産管財人は、商事留置権者が権利を行使しない場合には、民事執行法等に従って留置目的物を換価することができます（破184Ⅱ、『はい6民』286頁）。

3　現実的な対応

　このように、留置権者、破産管財人ともに競売によって換価することができますが、通常の流通価格と比較して低く競落される懸念もありますので（『はい6民』

190　［第3章］　換価・破産管財人の職務

287頁）、破産管財人が破産者の代表者や従業員の協力を得て売却先を探す方が早期かつ高額な換価につながり得ます（『財産換価』361頁〔蓑毛＝志甫〕）。

そこで、動産の任意売却と併せて、商事留置権者に相当な対価を支払い、商事留置権（別除権）を受け戻すこと（破78Ⅱ⑭）を検討することになります。留置目的物の価値が被担保債権額を下回る場合でも、商事留置権者が売却先を探すことが困難なときは交渉次第で任意売却可能なこともあります。また、他の商品等と一括して換価した方がはるかに高額で売却できるとか、当該在庫商品が部品等であり、他の仕掛品等の完成に不可欠である場合等には商事留置権の消滅請求を検討することもあり得ます（『運用と書式』131頁、『財産換価』360頁〔蓑毛＝志甫〕）。任意売却等が困難な場合は留置目的物を破産財団から放棄することを検討することになりますが、この場合も、交渉によって所有権を放棄した上で倉庫料を免除してもらうことができる場合もあります。

方針を検討するには、被担保債権額とのかねあいで検討する必要がありますので、既発生の未払倉庫料や今後発生する倉庫料の額を確認することが重要です。

4 設問について

まずは留置目的物の任意売却を目指すことになります。その際には、倉庫業者に対しては、留置目的物を競売した場合の価額等を前提として受戻しの金額を交渉し、他方で留置目的物を納入業者・販売業者等に対し、なるべく高額で任意売却することで、破産財団の増殖に努めることになります（『はい6民』287頁）。

任意売却が困難な場合には、商事留置権の消滅請求や財団からの放棄を検討することになります。

5 その他の留意点

留置中の保管料について、破産管財人への返還を留置権者が拒んだ場合、留置権者は自らの権利行使のために目的物を占有しているに過ぎず、その後の倉庫料又は相当損害金は発生しないとの見解もありますが、これとは見解を異にする古い判例（大判昭9.6.27民集13巻1186頁）もあります（『財産換価』360頁〔蓑毛＝志甫〕）。また、対象動産に所有権留保が付されている場合や動産譲渡担保の対象となっている場合については商事留置権の成立が否定されることがあります（『財産換価』360頁〔蓑毛＝志甫〕）。このように、商事留置権は未解決の問題が多い分野であり、対応に苦慮することもありますが（『はい6民』288頁）、工夫次第で合理的な解決を導くことも可能です。

〔岡田雄一郎〕

Q 85 動産譲渡担保・動産売買先取特権の
対象物件の売却

　破産会社には業者から購入した機械が保管されています。破産管財人とし
てはこれを換価したいのですが、この機械に動産譲渡担保を設定していると
主張する債権者から「売却しないで返還するように」との内容証明郵便が送
られてきました。どのように対処すればよいでしょうか。この機械を納入し
た業者から、動産売買先取特権に基づいて同様の主張がなされた場合はどう
でしょうか。

1　動産譲渡担保の主張への対応（設問前段）

⑴　結　　論

　破産管財人としては、対抗要件の有無及び清算金額を確認し、被担保債権と目的
物件の価額の差によって、処分清算の場合には目的物を受け戻すか否か、帰属清算
型の場合には目的物の引渡しを拒否するか否かを検討することになります。

⑵　検　　討

ア　譲渡担保の意義・法的性質

　譲渡担保は、債権担保のために必要な範囲内で目的物件の所有権移転の効力が生
じ（最三小判昭57.9.28判時1062号81頁）、譲渡担保権者には所有権形式の担保権が、
設定者には設定者留保権が帰属するものです（『伊藤』489頁）。動産譲渡担保の対抗
要件は引渡し（民178。占有改定も含みます）で、設定者に債務不履行があった場合
には担保権者が目的物を自己に帰属させた上でその価額と被担保債権の清算（清算
金の支払）を行うかたちで債権回収を図る「帰属清算型」と、担保権者が目的物を
処分した上で同様に清算を行う「処分清算型」とに分類されます。

　このように、譲渡担保権は一種の担保権とされ、会社更生では取戻権ではなく更
生担保権（最一小判昭41.4.28民集20巻4号900頁）、民事再生では別除権（最一小判平
18.7.20民集60巻6号2499頁）、破産でも取戻権ではなく別除権（破2Ⅸ）として扱わ
れています（『伊藤』490頁、『条解』512頁）。

イ　譲渡担保設定者破産時における譲渡担保権の実行方法

　譲渡担保権者は、別除権の実行方法として目的物の取戻しが認められていますの
で、帰属清算型でも処分清算型でも破産管財人に対して目的財産の引渡しを請求す
ることができます。逆に破産管財人は、帰属清算型であっても処分清算型であって
も、債権者に対して清算金の交付を請求することができます。

ウ　破産管財人の対応

　まず、破産管財人は目的物の所在・現況や設定契約の内容、対抗要件の具備の有
無を確認する必要があります（『破産民再実務（破産）』353頁参照）。

192　　［第3章］　換価・破産管財人の職務

処分清算型の場合であれば、破産管財人は譲渡担保権者に対し清算金の支払請求権を有し、譲渡担保権者が目的物を換価処分するまでの間、被担保債権を弁済して目的物を受け戻すことができます（破78Ⅱ⑭）。したがって、破産管財人は、被担保債権額と目的物の売却可能価額等を考慮して、もし売却可能金額の方が高ければ目的物を受け戻すというような対応を検討することになります。

一方、帰属清算型の場合、譲渡担保権者の破産管財人に対する目的物引渡請求権と破産管財人の譲渡担保権者に対する清算金支払請求権とは同時履行の関係に立ち、譲渡担保権者に清算金額を提示させた結果、清算金額が不当に低い場合には目的物の引渡しを拒否することになります。譲渡担保権者が清算金を支払うまでは被担保債権を弁済して目的物を受け戻せることは、処分清算型の場合と同様です。

2　動産売買先取特権の主張に対する対応について（設問後段）

⑴　結　　論

原則として目的物を売却して換価し、代金を現金で回収することが適当です。

⑵　検　　討

ア　動産売買先取特権の意義・法的性質

動産売買先取特権（民311⑤）とは、動産の販売者が、動産の代金と利息について他の債権者に優先して弁済を受けることができる担保権で（民303、321）、対抗要件は必要なく、破産法上、特別の先取特権として別除権の対象とされます（破2Ⅸ、65Ⅰ）。

イ　動産売買先取特権者の実行方法

破産管財人は目的物の第三取得者とはみなされませんので（民333参照）、債務者において破産手続開始決定後であっても、破産管財人を相手方として、執行裁判所の動産競売許可決定を得て担保権の実行としての動産競売の方法（民執190）によってこれを行使することができます（『条解』506頁）。

ウ　破産管財人の対応

動産売買先取特権には目的物を直接支配する権利はなく、破産管財人は目的動産の引渡義務や差押承諾義務を負っていると解することはできません。また、破産管財人が先取特権を主張されている動産を任意売却した事案でも、先取特権者の担保権の実行を積極的に妨げる意図の下に行われるものでない限り、不法行為の成立は否定されています（東京地判平3．2．13判時1407号83頁など）。したがって、破産管財人は在庫商品などに対して先取特権の主張がなされた場合にも、執行官による目的動産の差押えに至るまでは、換価を行い、売却代金の全額を破産財団に組み入れることができるのが原則です。もっとも、転売代金債権に対しては物上代位権の行使が認められるため（最一小判昭59．2．2民集38巻3号431頁）、売却代金は現金で回収するよう留意すべきです。特に、2003年の民事執行法改正によって動産売買先取特権の行使が容易になったことから、破産管財人には速やかな換価が期待されます。

〔三村藤明〕

Q 86　処分に当たり法令上の規制を受ける商品と対処方法

　破産管財人が破産財団に属する在庫商品等の動産類を処分するに当たって、法令上の規制を受けるものにはどのようなものがありますか。また、処分するに当たっては、どのように対処すればよいでしょうか。

1　在庫商品等の換価に当たっての注意

　在庫商品等は減価や保管コストの問題があるため、早期に換価することが望ましいのですが、販売するために免許等が必要な物などがありますので、それらの点についての留意が必要です。

2　酒　類

　酒類を継続的に販売するには販売場ごとに所轄税務署長による販売業免許が必要です。免許なくして販売業を営んだ者は1年以下の懲役又は50万円以下の罰金に処せられます（酒税法9、56Ⅰ①）。この酒類販売業免許には卸売免許と小売免許があり、卸売免許は対象とする酒類によって免許の種類が区分されており、小売業免許も一般酒類、通信販売等に分かれています。したがって、在庫商品等に酒類がある場合はその換価に注意が必要です。

(1)　破産者が酒類販売業免許を有している場合

　破産者が法人であれば、免許が取り消されていない限り、破産者の免許による販売が可能です。しかし、小売業免許しか有していない場合、卸売に該当する他の小売業者に対する販売はできません。この場合、小売りをするか、納入した卸業者に返品処理をすることになると思われます。小売りを行った場合、酒類の販売数量等報告書などの提出が必要となりますので、所轄税務署に相談しながら売却するのが望ましいと思われます。また、換価終了後は免許の取消申請を行います。

　破産者が個人の場合、免許を有しているのはあくまで破産者個人であるため、破産管財人が販売を行うことはできません。換価方法としては納入業者に返品処理をするか、便宜上、破産財団から放棄することと引き換えに、免許を有している破産者に換価してもらい、その代金を財団に組み入れる方法が考えられます。

(2)　破産者が販売業免許を有していない場合

　破産者が飲食店等で仕入れた酒類が残っている場合もあります。このような場合、残っている酒類の数量は多くないのが通常であり、反復継続性の要件を欠き、販売業には該当しないから換価には免許は不要と考えることもできます。ただ、数量等も個別のケースにより異なるため、所轄税務署と相談されるとよいでしょう。

3　た　ば　こ

　たばこについても、たばこ事業法において小売販売業を営む場合は営業所ごとに

194　［第3章］　換価・破産管財人の職務

財務大臣の許可を受けなければならないとされており、これに反する場合の処罰規定も設けられています（たばこ事業法22Ⅰ、49）。基本的には酒類の場合と同じように考えることができますが、たばこにおいては、破産手続開始決定が許可の取消事由となっています（たばこ事業法36）。裁量的取消事由ではあるのですが、実際、破産手続開始決定が出たことが判明すればほとんどの場合取り消されるようです。そのため、法人の場合でも許可取消しにより売却ができなくなるおそれがあります。実際には、日本たばこ産業や外国たばこの配送会社に対して、返品処理の依頼をする場合が多いと思われます（手数料を支払うことにより返品できる有料返品制度があります）。

4 医薬品等

医薬品等の販売についても法令上の規制があります。医薬品、医療機器等の品質、有効性及び安全性の確保等に関する法律（薬機法。旧薬事法）による規制が主たるものですが、同法以外にも麻薬及び向精神薬取締法違反等による規制があります。これらの規制はかなり複雑である上に違反した場合に罰則が設けられていることが多く、換価に当たっては極めて慎重な対応が求められます。

最も注意すべきは、薬機法による規制の対象は医薬品だけでなく、医薬部外品、化粧品及び医療機器にも及んでいることです（薬機法2）。また、販売に必要な許可の種類は調剤の有無、販売対象となる商品や販売形態等によって細分化されています（薬機法4～40の7）。法人である破産者が許可を有していても、その許可の種類に留意すべきです。加えて、店舗の管理の在り方等についても規制があります。

このほか、指定薬物（薬機法2ⅩⅤ）とされている医薬品や指定薬物より危険性が高く麻薬及び向精神薬取締法等の適用対象とされる薬物の取扱いには細心の注意が必要です。これらについては廃棄せざるを得ない場合もあると思われますが、法令の定めに従った処分を要します（例えば、麻薬及び向精神薬取締法29）。それゆえ、在庫商品に医薬品等が含まれる場合は監督官庁（厚生労働大臣、都道府県知事等）及び薬機法等に精通している元従業員等に相談をしながら対応するのが望ましいと考えます。

5 その他

以上に述べた以外にも、中古品を販売する場合の古物商許可（古物営業法）、哺乳類等のペット販売の場合の動物取扱業者登録（動物の愛護及び管理に関する法律）、乳類、食肉、魚介類を販売する場合の営業許可（食品衛生法、各条例）等にも注意が必要です。

また、違法コピーDVD等の販売は著作権侵害となり、差止請求、損害賠償請求、不当利得返還請求のみならず、刑事罰の対象になることもあります（著作権法119等）。海賊版ブランド商品の販売も商標法による処罰規定を含んだ規制（商標法78等）がありますので、これらの販売に先立ち、代表者等に十分な確認を行い、販売できない場合は市場に出回らないよう廃棄をすべきです。　　　　〔竹下育男〕

Q 87　所在不明の自動車

　名義が破産者のままになっている所在不明の自動車があります。所在調査の方法にはどのようなものがありますか。また、見つからない場合には、どのような手続が必要ですか。

1　所在調査等の必要性

　破産者名義の所在不明の自動車がそのまま放置されている場合、破産財団を構成すべき財産の換価が困難となるだけでなく、自動車税が課税されることにより財団の減少につながってしまうばかりか、万が一、第三者が自動車を運転して人身事故を起こしたときには、破産管財人が自動車損害賠償保障法3条に基づく運行供用者責任を負い、破産財団から財団債権（破148Ⅰ④）として損害賠償金の支払を余儀なくされることになるおそれがあります。そこで、所在不明の自動車については速やかに所在調査を行い、見つからない場合には財団の負担を避けるための手続をとるなどの対処が必要となります。

2　所在調査の方法

　まずは、所在調査の手がかりを掴むために、自動車検査証（車検証）等の関係資料を確認し、破産者（破産法人代表者）などの関係者から所在不明となった経緯等の事情を聴取することになります。

　その際、決算書上償却資産として自動車名しか記載がなく、代表者も非協力的なために、自動車がある（あった）ことは分かるものの、他に車検証等の資料がなく登録番号・車両番号すら分からない場合があります。

　このような場合には、①自動車税・軽自動車税を担当する都道府県ないし市町村税事務所に照会、②自動車販売会社・掛け取引のあるガソリンスタンドその他車検を依頼した業者などに照会、③損害保険会社に照会して、車検証の写しを入手したり登録番号等の情報を得たりすることが考えられます。

　登録番号及び車台番号が判明した場合には、改めて運輸支局等で登録事項等証明書の発行を受けたり、自動車検査登録情報協会による自動車検査登録情報提供サービスを利用したりして、自動車登録ファイルの記載を確認することで、所在判明に至ることもあり（『管財実務』203頁〔野島達也〕）、自動車リサイクルシステムのウェブサイトから使用済み自動車の処理状況を検索することで、廃車済みであることが分かることもあります（『管財PRACTICE』156頁）。

　興信所等を利用して所在調査をするかどうかについては、費用はもちろんのこと、事情聴取の結果を踏まえた所在判明の可能性や自動車の換価価値等の諸事情を考慮して決することになりますが、いたずらに時間をかけるのではなく速やかな決

196　［第3章］　換価・破産管財人の職務

断が必要となることが多いものと思われます。

　なお、普通自動車の場合、自動車の占有者が車検を更新しようとするときには未納自動車税の全額を支払わなければ手続ができないので、車検が切れる時期が迫っている場合には、課税当局に相談の上、継続検査用納税証明書発行事前連絡依頼書を提出しておくと、占有者が車検の更新手続をとろうとした際に課税庁からその旨の連絡を受けることができる場合があり、自動車の占有者及びその所在を確認する一助となることがあるとされています（『運用と書式』142頁）。

3　どうしても見つからない場合の手続等

　所在調査を行った結果、どうしても自動車が見つからない場合には、自動車税や損害賠償を免れるために、破産者が個人の場合には財団からの放棄を、破産者が法人の場合には廃車手続（抹消登録申請）を、速やかに行う必要があります。

　抹消登録申請には、原則として車検証やナンバープレート等が必要となりますが、所在不明の場合はこれらが手元にないことになりますから、盗難の疑いがある場合には、警察署に盗難届を提出した上、その受理証明の発行を受け、それを添付して陸運局に廃車の申請をします（『運用と書式』142頁、『はい６民』236頁、『管財BASIC』121頁）。また、災害により車両の所在が不明の場合には市町村の発行する罹災証明書を添付して廃車の申請をすることになります。なお、抹消登録申請は、原則として自動車の登録上の所有者からしかできませんので、破産者が使用者として登録されているに過ぎない場合には、登録上の所有者に抹消登録申請をするよう促すことになります（『はい６民』237頁）。

　例えば債権者が代物弁済として持ち去ったなど、盗難の疑いがあるとはいえないような場合には、警察署が盗難届を受理しないことも多く、その場合には上記の方法で廃車手続ができませんので、破産者が法人であっても財団から放棄をすることになります。なお、『破産民裁実務（破産）』214頁によると、さらに、財団からの放棄許可の証明書だけで廃車手続ができるように担当者と協議する必要があるとされています。

　また、行方不明の自動車の場合でも車検が切れるまでは自動車税が課税されますが、破産管財人が課税当局に相談の上、自動車税報告書を提出することで、車検切れ後の課税の留保を受けることもできる場合もあります（『運用と書式』142頁）。

〔渡辺耕太〕

Q 88 所有権留保付自動車 ①
──普通乗用自動車

破産者が使用していた普通乗用自動車について所有権留保をしているとして、販売会社や信販会社が破産管財人に自動車の返還を求めてきました。売買契約上は所有権留保が明記され、代金もほとんど未払いのままです。販売会社や信販会社の主張が認められる余地はあるのでしょうか。

本件では、破産管財人に対して、所有権留保が主張できるかが問題となります。

1 所有権留保の法的性質

所有権留保の法的性質については、最一小判平29.12.7（民集71巻10号1925頁。以下「平成29年最判」といいます）も、実質は債権担保として、破産手続に関し「留保された所有権を別除権として行使することができる」としています。また、近時の多くの学説も、所有権留保については、実質は債権担保であるとして担保的に構成し、破産手続においては別除権となると考えています（『伊藤』484頁）。

2 所有権留保と破産管財人に対する行使：第三者対抗要件の具備

(1) 対抗要件具備の必要性

所有権留保について担保的構成をとる場合には、「所有権留保は、一旦、売買契約によって所有権が買主に移転した目的物について、買主が再び売主のために代金債権を被担保債権とする譲渡担保権を設定したのと同じ法律関係」と考えられます（東條敬「判解」『最判解民［昭和49年度］』78頁）。そして判例は、倒産手続において破産管財人に対する別除権の行使が認められるためには、原則として手続開始の時点で当該特定の担保権につき対抗要件を具備している必要があるとしています（最二小判平22.6.4民集64巻4号1107頁（以下「平成22年最判」といいます）。最二小判昭46.7.16民集25巻5号779頁）。対抗要件を必要とする理由については、破産管財人や再生債務者を対抗要件の欠缺を主張し得る第三者に該当するものとして説明するのが一般ですが、権利保護要件とする考え方もあります。

(2) 自動車の第三者対抗要件

登録を受けた自動車（軽自動車、小型特殊自動車及び二輪の小型自動車を除きます）の所有権の得喪は、登録を受けなければ第三者に対抗することができない（道路運送車両5、4）とされています。また判例も「道路運送車両法による登録を受けている自動車については、登録が所有権の得喪並びに抵当権の得喪及び変更の公示方法」としています（最二小判昭62.4.24判時1423号24頁）。したがって、登録を受けた普通乗用自動車については、自動車登録ファイルに所有者として登録されることが対抗要件になります（登録不要の軽自動車等の場合について、Q89参照）。

このように、販売会社や信販会社が、破産管財人に対して所有権留保をしている

として自動車の返還を求めるには、留保所有権について対抗要件を備えていること（自動車登録ファイルに所有者として登録されること）が必要となります。

3 信販会社に債権が移転する場合と所有権留保

自動車の所有権留保売買では、代金債権が販売会社から信販会社に移転されることがあります。代金債権の移転に伴って、信販会社が自動車登録ファイルに所有者として登録されれば、信販会社が留保所有権を別除権として行使できることになります。しかし、自動車登録ファイルには販売会社が所有者として登録された状態のままの場合、信販会社が留保所有権を行使できるかどうかが問題となります。

(1) 代金債権が販売会社から信販会社に移転される方式

代金債権が販売会社から信販会社に移転される方式には、①破産者の委託を受けた信販会社が販売会社に対して立替払いをする「立替払方式」、②破産者の委託を受けた信販会社が販売会社に対して保証をし、破産者に債務不履行が生じたときに、保証履行（弁済）する「保証委託方式」、③販売会社から信販会社に対して債権譲渡がなされ、破産者が異議なく承諾する「債権譲渡方式」などがあります。

(2) 各方式の検討

ア 立替払方式

立替払方式の場合、信販会社は破産者に対して履行引受義務を負うため、立替払いについて「弁済をするについて正当な利益を有する者」（民500）に該当し、「弁済によって当然に債権者に代位する」（法定代位）と考えられます。そのため、信販会社が販売会社に対して立替払いをした場合には、販売会社の有する破産者に対する代金債権は代位弁済者である信販会社に移転し、代金債権についての各種の担保も代金債権に随伴して移転します。この場合、信販会社は、販売会社が担保権（留保所有権）について対抗要件を備えていれば、信販会社としては担保権について対抗要件を備えなくとも、代金債権に随伴して移転を受けた担保権を破産管財人に対して行使することができるとされています（潮見佳男『新債権総論(2)』135頁（信山社、2017年）、大阪地判平29.1.13金法2061号80頁）。

イ 保証委託方式

保証委託方式の場合も、信販会社は「弁済をするについて正当な利益を有する者」に該当し（大判明30.12.16民録3輯11巻55頁）、「弁済によって当然に債権者に代位する」ことになります。したがって、立替払方式と同様、保証履行した代位弁済者である信販会社は、販売会社が担保権について対抗要件を備えていれば、信販会社としては担保権について対抗要件を備えなくとも、代金債権に随伴して移転を受けた担保権を破産管財人に対して行使できるとされています（平成29年最判）。

ウ 債権譲渡方式

債権譲渡方式の場合は、「人的・物的担保の付いた債権が譲渡された場合には、人的・物的担保も、債権に随伴して移転する（随伴性）」（潮見・前掲書354頁）ことになります。そのため、「債権譲渡について対抗要件を具備すれば債権譲受人は抵

当権を行使できる」「債権譲受人は、このように移転の付記登記なくして抵当権を所有者に主張できる」（伊藤眞ほか編著『担保・執行・倒産の現在』83〜84頁〔中井康之〕（有斐閣、2014年））とされています。したがって、債権の譲受人である信販会社は、債権譲渡についての第三者対抗要件を具備すれば、留保所有権についての対抗要件を具備しなくとも、留保所有権を破産管財人に対抗できると考えられます。なお、販売会社から信販会社に対する債権譲渡の第三者対抗要件は、通常は（集合債権譲渡の）債権譲渡登記によって行われます。

(3) 留保所有権についての対抗要件に関する 2 つの最高裁判例

所有権留保と対抗要件に関しては、平成22年最判と平成29年最判が重要です。

ア　争　点

両判例とも、債務者側（再生債務者・破産管財人）は、信販会社の対抗要件の欠缺を主張し、自動車の所有者として登録されているのは販売会社であり、（弁済をした）信販会社は、自動車について留保した所有権につき登録（対抗要件）を得ていないから、別除権の行使は許されないと主張しました。これに対して、信販会社は法定代位を主張し、信販会社が販売会社に立替払い（保証履行）することによって弁済による代位が生じ、販売会社が留保した所有権が信販会社に移転するのであり、留保所有権について販売会社が対抗要件を具備している以上、信販会社は自ら対抗要件を具備することを要しないと反論しました。

イ　平成22年最判

平成22年最判は、信販会社の法定代位の主張を認めず、「再生手続が開始した場合において再生債務者の財産について特定の担保権を有する者の別除権の行使が認められるためには、…原則として再生手続開始の時点で当該特定の担保権につき登記、登録等を具備している必要がある」「本件自動車につき、再生手続開始の時点で被上告人（信販会社）を所有者とする登録がされていない限り、販売会社を所有者とする登録がされていても、被上告人（信販会社）が、本件立替金等債権を担保するために本件三者契約に基づき留保した所有権を別除権として行使することは許されない」としました。

ウ　平成29年最判

これに対し、平成29年最判は、信販会社（保証人）の法定代位の主張を認め、「売買代金債務の保証人が販売会社に対し保証債務の履行として売買代金残額を支払った後、購入者の破産手続が開始した場合において、その開始の時点で当該自動車につき販売会社を所有者とする登録がされているときは、保証人は、上記合意に基づき留保された所有権を別除権として行使することができる」「保証人は、自動車につき保証人を所有者とする登録なくして、販売会社から法定代位により取得した留保所有権を別除権として行使することができる」としています。

エ　平成22年最判と平成29年最判の比較

平成22年最判では、信販会社の留保所有権の被担保債権（立替金等債権）に自動

車の残代金相当額にとどまらず手数料額をも含むことなどから、信販会社について、販売会社の有する留保所有権の代位による移転が否定されました。これに対して平成29年最判では、留保所有権の被担保債権は自動車の売買代金残額だけであったことから、信販会社（保証人）について、販売会社の有する留保所有権の代位による法律上当然の取得が認められました。

平成29年最判の背景には、平成22年最判で法定代位の主張が排斥されたことから、信販会社が契約内容を改め、留保した所有権の被担保債権には手数料等を含めず代金債権のみとするなど、弁済による法定代位に沿うかたちにしたことがあげられます。

(4) 実務の検討事項

以上より、販売会社を所有者とする登録があり信販会社を所有者とする登録がない自動車について、信販会社による留保所有権に基づく返還請求が認められるかどうかを検討するに当たっては、立替払方式や保証委託方式の場合には、破産者と販売会社及び信販会社（保証人）との契約内容が立替払いや保証人による代位弁済ならびに法定代位を合意したものと認められるかどうか、留保所有権の被担保債権について自動車の売買代金（残額）以外のものが含まれていないかどうか、信販会社による支払が立替払いや保証債務の履行として支払であるのかなどを検討することが必要になると考えられます。また、債権譲渡方式の場合には、真実に債権譲渡がなされているのかどうか、債権譲渡について対抗要件が具備されているかなどを検討することが必要になると考えられます。

4 自由財産拡張や財団放棄、破産手続開始前の場合

対抗問題となるのは、上記のように、破産管財人の第三者性からと考えるのが一般的です。そのため、破産管財人との関係では、対抗要件を具備しているか、法定代位が生じているかが、問題となります。

これに対して、所有権留保された自動車について自由財産の拡張が認められ又は破産財団から放棄され、管理処分権が破産管財人から破産者に戻った場合は、対抗問題とならず、販売会社や信販会社が対抗要件を具備していなくても自動車を引き揚げられるおそれもあります。そのような場合には、自由財産の拡張や放棄によらず、破産管財人から破産者の親族等が購入するといった対応も考えられます。

また、破産手続開始決定前に返還を請求された場合も対抗問題とならないことになります。この場合には、申立代理人弁護士には「可及的速やかに破産申立てを行うことが求められ、また、破産管財人に引き継がれるまで債務者の財産が散逸することのないよう措置することが求められる」（東京地判平22.10.14判タ1340号83頁）ことに鑑みて、早期の破産手続開始決定を得るよう最大限の努力をすることになると考えられます。なお、破産手続開始決定前に引き揚げられた場合、破産管財人としては否認権行使も検討することになると考えられます。

〔富永浩明〕

Q 89　所有権留保付自動車 ②
──軽自動車、重機等

　Q88の設例において、所有権留保の対象が軽自動車や重機などの登録を要しない物件であった場合は、どのように対処すればよいのでしょうか。

1　軽自動車や重機などの第三者対抗要件

　登録を要しない軽自動車や重機などの場合（道路運送車両3～5）には、ディーラー等が別除権としての所有権留保を破産管財人に対して対抗できるかは、動産の対抗問題になります。

　そして、動産の物権譲渡の対抗要件は引渡しであり（民178）、引渡しには占有改定（民183）が含まれますので、破産者が軽自動車や重機などを使用してきて破産開始決定後は破産管財人が保管しているとしても、ディーラー等が占有改定により軽自動車や重機などの占有を有している場合には、破産管財人は、ディーラー等からの所有権留保に基づく返還を拒むことができないことになります。

2　占有改定の判断

　破産管財人としては、売買契約書の条項を確認するなど、ディーラー等の対抗要件（占有改定）の具備を検討することになります。

　この点、軽自動車に関する名古屋地判平27.2.17（金法2028号89頁）は、「占有改定の合意があったか否かについても、単に契約書の条項にその旨の明示の規定が定められていたか否かではなく、当該契約書の条項全体及び当該契約を行った当時の状況等を当事者の達成しようとする目的に照らして、総合的に考察して判断すべきものというべきである〔なお、最高裁判所も、譲渡担保（売渡担保）設定の合意後も設定者が引き続き当該担保動産を占有している場合において、当該事実関係においては担保権者のために占有改定がされたものとして担保権者に第三者に対する対抗要件を認める判断をしている（最一小判昭30.6.2（…））〕」と判示しています。

　この判示からすると、軽自動車のクレジット販売契約書に占有改定の明示規定がある場合には、ディーラー等に占有改定による引渡しが認められると考えます。

　その一方で、占有改定の明示規定がない場合には、判示にあるように、諸々の事情を総合的に判断することになるわけですが、前掲名古屋地判27.2.17は、所有権を留保している間の買主の善管注意義務や転売・貸与・改造等の禁止といった契約条項から、クレジット会社に占有改定による占有を認定しています。

　また、重機（ブルドーザー・破砕機）に関して、同じく占有改定の明示規定なくとも、契約規定や所有権留保のステッカーの貼付による管理などをもとに、割賦販売会社に占有改定による占有を認定した裁判例として、東京地判平27.3.4（判時2268号61頁）があります。

〔洲崎達也〕

202　［第3章］　換価・破産管財人の職務

Q90 集合動産譲渡担保、動産売買先取特権、所有権留保の関係

破産会社Ｂ社は、Ａ社から継続的に購入しＢ社倉庫内で保管している在庫商品について、Ｃ銀行を担保権者とする集合動産譲渡担保権を設定していました（譲渡担保権に係る動産譲渡登記済みです）。以下の権利行使を受けた場合、破産管財人としてどのように対応したらよいですか。

① Ａ社が動産売買先取特権に基づき動産競売開始許可の申立てを行い、Ｂ社倉庫内の代金未払いとなっている在庫商品を差し押さえてきた場合

② 在庫商品につき代金債権を被担保債権とするＡ社の所有権留保がなされていた場合（Ａ社には占有改定による引渡しがなされています）において、Ｃ銀行が譲渡担保権に基づき在庫商品の引揚げを要求してきた場合

1 集合動産譲渡担保の法的性質

集合動産譲渡担保は、構成部分の変動する集合動産を担保の目的とすることから、担保の客体に特定性が認められ有効といえるかが問題となるところ、目的物の種類、所在場所及び量的範囲を指定するなどの方法によって目的物の範囲が特定される場合には、一個の集合物として譲渡担保の目的となり得ると解されており（最一小判昭54.2.15民集33巻1号51頁）、そのような方法で目的物の範囲が特定されている場合には有効に成立します。

破産手続上、譲渡担保権は別除権として扱われており（Q85参照）、破産管財人に対抗するには対抗要件の具備が必要となるところ、占有改定（最三小判昭62.11.10民集41巻8号1559頁）や動産譲渡登記（動産・債権譲渡特例法3Ⅰ）により対抗要件を具備することができ、そして、譲渡担保権設定時に対抗要件が具備されると、集合物としての同一性が損なわれない限り、事後的にその構成部分となった動産についても対抗要件具備の効力が及びます（前掲最三小判昭62.11.10）。

そのため、在庫商品等に集合動産譲渡担保が設定されている場合、破産管財人としては、設定契約書、目的物の所在・状況、動産譲渡登記の内容等を調査し、その有効性及び対抗要件具備の有無を確認する必要があります。以下では、Ｃ銀行の集合動産譲渡担保の有効性や対抗要件に問題がないことを前提として、検討します。

2 集合動産譲渡担保と動産売買先取特権との関係（設問①）

(1) 問題の所在

Ａ社の動産売買先取特権も別除権と扱われ（破2Ⅸ、65Ⅰ）、Ｃ銀行の譲渡担保権と目的物を同一とすることから、いずれが優先するのかが問題となります。

(2) 検　　討

動産売買先取特権の付着した動産が、集合動産譲渡担保の構成部分となった場合

の動産売買先取特権と譲渡担保権の関係について、前掲最三小判昭62.11.20は、譲渡担保権設定時に占有改定による引渡しを受けて集合動産譲渡担保の対抗要件が具備されると、事後的に構成部分となった動産についても引渡しがあったとして対抗要件具備の効力が及び、第三者に対しても譲渡担保権を主張し得ることになる一方、動産売買先取特権は第三取得者たる譲渡担保権者への引渡しによって消滅する（民333）ため、譲渡担保権者のみが権利行使できるとしました。

この判例を前提とすると、B社の在庫商品に対してはC銀行のみが譲渡担保権を行使できると解されます。破産管財人としては、C銀行に対し第三者異議の訴え（民執38）を提起するなどの機会を与えるために、A社による差押えの事実を知らせた方が望ましいと思われます。さらには、B社のC銀行に対する担保価値維持義務を承継していると主張される可能性等を考慮し、まずは、A社に対してC銀行の譲渡担保権の存在を説明して動産競売申立ての取下げを促し、それが奏功しない場合には、A社の動産競売開始許可申立ての裁判に対して執行抗告（民執190Ⅳ）を行うことも考えられます。

なお、実務においては、破産管財人には動産売買先取特権に基づく差押えをされないよう早期に在庫商品処分を図ることが期待されており、在庫商品を目的とする集合動産譲渡担保権の有効な成立及び対抗要件具備を確認した場合は、速やかに譲渡担保権者に連絡をとり、売却価額の破産財団への組入率の交渉を含め売却方法等について協議をして、早期に在庫商品を処分することが望ましいと思われます。

3 集合動産譲渡担保と所有権留保との関係（設問②）

(1) 問題の所在

A社の所有権留保も破産手続上別除権として扱われ（Q88参照）、C銀行の譲渡担保権と目的物を同一とすることから、いずれが優先するのかが問題となります。

(2) 検 討

所有権留保がなされている動産につき集合動産譲渡担保の設定を受けた場合について、最二小判平30.12.7（民集72巻6号1044頁）は、動産の所有権はその売買代金が完済されるまでは買主に移転せず、譲渡担保権者は譲渡担保権を主張できないとしました。

この判例を前提とすると、在庫商品の所有権はB社に移転しておらず、C銀行は譲渡担保権を主張できないと解されるため、破産管財人としてはC銀行に対してA社の留保所有権の存在を説明し、在庫商品の引揚げを拒否することになります。

なお、実務においては、在庫商品に集合動産譲渡担保が設定されている場合は、在庫商品の取引に関する契約書や被担保債権額、在庫商品の所在・状況等を調査して、優先する所有権留保の有無・対象範囲についても確認の上、在庫商品に対する権利関係を正確に把握し、優先する所有権留保の対象となる在庫商品については留保所有権者と売却価額の破産財団への組入率の交渉を含めた売却方法等を協議し、早期に在庫商品を処分することが望ましいと思われます。　　　　　　　〔小出智加〕

Q 91　パソコンの売却とソフトウェアの使用許諾

　破産管財人として、破産財団に属するパソコンの売却や処分を検討しています。どのような点に留意すべきでしょうか。

1　パソコン内の個人情報のデータ流出に関する問題

(1)　善管注意義務等

　破産会社所有のパソコンの売却を検討する場合、パソコンに保存されている個人情報や第三者の機密情報の流出には、特に注意をする必要があります。

　破産管財人は、管財業務を遂行する上で善管注意義務を負っており（破85Ⅰ）、パソコンの売却により当事者や第三者の個人情報、機密情報を流出させた場合には、善管注意義務違反となり損害賠償義務を負うおそれがあります（破85Ⅱ）。

　また、破産管財人が事業を継続する場合（破36）であれば、パソコン内の個人情報を事業のために利用する場合が想定できます。このような場合には、「個人情報データベース等を事業の用に供している者」として「個人情報取扱事業者」に該当し得る（個人情報の保護に関する法律2Ⅴ）と解されますので、個人情報保護に関する規定にも注意をする必要があります。

(2)　個人情報、第三者の機密情報の内容

　破産会社の業種によっては顧客の個人情報を記録していることがあり得ます。

　当該個人情報が重要であり保護すべきものであるほど、パソコンを売却する際の個人情報流出への対策を講じる必要性が増すことになります。

　例えば、クレジットカード情報やID・パスワード、個人の住所・メールアドレス、思想信条や疾病の内容といったセンシティブ情報などについては特に保護の必要性が高い情報であると考えられます。

　さらに、破産会社が専門技術を保有する企業等の場合には、自社や取引先の技術情報といった機密情報をパソコン内に記録していることもあります。

　破産管財人としては、機密情報の内容等を確認して、情報流出の防止に配慮するべきです。

(3)　具体的に破産管財人が行うべき対応

　まず重要なのは、破産会社のパソコンにどのような情報が保存されているかを関係者からの聴き取りなどによって把握することです。また破産会社の事業内容から、どのような個人情報等を取得している可能性があるか見当を付けることも重要です。個人情報等の存否、情報の種類、分量、記録媒体、保管状況などを調査します。

　また、パソコンを売却する際には、売却先に個人情報等が流出してしまうことを

Q91　パソコンの売却とソフトウェアの使用許諾　　205

避けるため、専門業者にデータ消去の依頼をするべきです。

　もっとも、データ削除に多大なコストがかかる場合には、データの削除をしないまま譲渡を検討することも想定できます。しかし、情報の重要度が低い場合でも、少なくとも、例えば売却先において購入後にパソコン内のデータを消去して使用・処分することを契約書等に記載して誓約させ、さらにデータ消去を行ったことの証明書を交付させるといった対応をとることが考えられます。他方で、個人情報等の重要度が高い場合には、やはり破産財団から費用を支出して十分なデータ消去を実施した上で売却先に引き渡すべきです。

　なお、パソコンを廃棄する場合には、ハードディスクを物理的に壊すなどのデータ流出防止措置を講じた上でパソコンを廃棄すべきといえます。

2　ソフトウェアの使用許諾

　パソコンには、OS（Windowsなど）のほか、各種アプリケーション（ワープロ、表計算、ウイルス対策ソフトなど）がインストールされています。

　これらのソフトウェアは、最初からパソコンにインストールされている場合もありますが、後からインストールしている場合もあります。後からソフトウェアをインストールするには、パッケージを購入する方法と、インターネットを通じて入手する方法がありますが、いずれの場合も「使用許諾契約書」や「利用規約」などに「ユーザーが第三者にソフトウェアを譲渡する場合はソフトウェア会社の承諾を要する」旨の記載が存することがあります。そこで、破産管財人が破産会社のパソコンを第三者に譲渡する場合、ソフトウェア会社の承諾を得る必要があるのかが問題となります。

　CD-ROMなど物理的媒体によって流通する著作物については、ソフトウェア会社の譲渡権（著作権法26の2Ⅰ）は消尽し、著作権の効力は第三者に再譲渡する行為には及ばないと解されていますので、破産管財人がソフトウェア会社の承諾を得る必要はないと考えられます（著作権法26の2Ⅱ。この規定は強行法規と解されています）。他方で、物理的媒体を伴わないインターネットを通じたソフトウェアのインストールの場合に消尽（いわゆる「デジタル消尽」）が認められるのかについては、定説がない状況です。

　破産管財人からすれば、破産会社のパソコンにどのようなソフトウェアがインストールされているか、どのようにインストールされたものかを把握することは困難な場合も想定できますので、売却前に破産管財人がソフトウェアを消去するか、少なくとも売却先においてパソコン内のソフトウェアを消去して使用・処分することを求めるといった対応をすべきと考えられます。

〔松村　譲＝貞松宏輔〕

Q 92　裁判所の許可の要否に係る「100万円基準」

① 100万円以下の動産の任意売却や債権の譲渡、訴えの提起、和解などの行為については裁判所の許可は不要ですが、例えば裁判所の許可を得て200万円の損害賠償請求訴訟を提起し、訴訟中に95万円で和解することとなった場合に、和解の許可は不要と考えてよいのでしょうか。

② 100万円を超える自動車を売却し、移転登録申請を行う際、裁判所の売却許可書の提出が必要でしょうか。

③ 価額が100万円以下でも許可申請等を行う運用がなされている場合があるでしょうか。

1　裁判所の許可の要否にかかる100万円の判断基準

　破産法は、100万円以下の動産の任意売却などにつき許可を不要としています（破78Ⅲ①、破規25）。これは、管財業務の適正さの確保と円滑な管財業務の遂行との調和を図ったものです（『条解』631頁）。ただし、100万円の判断基準については規定がないため解釈により、裁判所によって、額面や簿価、評価額、時価など、判断基準が異なる実情にあります（『書記官事務』130頁）。

　この点、基準の明確性を重視するならば、額面や簿価を基準とすることになると思われます。逆に、実際の換価行為により破産財団に与える影響の大きいほど裁判所の監督を及ぼす必要性が高いことを重視するならば、時価を基準に判断することが合理的と思われます（『手引』123頁〔伊藤孝至〕など）。なお、時価により判断する場合、破産開始時から財産の価額は変動し得るため、財産処分時点を基準にすべきと考えられます。

　いずれにしても、上述のとおり、裁判所によって判断基準が異なる実情にありますので、事件の係属する破産裁判所に評価基準を確認することが必要です。さらに、財産によっては時価などの算定が難しい場合もあり得ますので、100万円を超えるか判然としない場合などに、念のため許可を取得することも考えられます。

2　和解について（設問①）

　和解については、和解の前提となった請求額を基準に100万円を超えるかどうかを判断すべきと考えられます（山本克己ほか編『新破産法の理論と実務』390頁〔中山孝雄〕（判例タイムズ社、2008年））。したがって、設問①のように訴額が100万円を超える訴訟で和解を行う場合、和解額が100万円以下であっても、許可が必要となります。

3 自動車の移転登録申請における許可書提出の要否（設問②）

(1) 一般的な運用

　自動車の売却に当たっては、所有権移転の対抗要件として、運輸支局等に移転登録申請を行う必要があります。そして、この移転登録申請の際には、原則として、100万円を超える自動車であれば、破産管財人資格証明書・印鑑証明書などと併せて売却許可書を提出することが必要となります。ただし、破産法78条2項の規定に該当し許可を得ていることを記載した破産管財人申立書を提出すれば、売却許可書の提出が不要となります。

　なお、100万円以下の自動車であれば、売却許可書の代わりに、価額が100万円以下であることが分かる査定書か、破産法78条3項の規定に該当することを記載した破産管財人申立書を提出することになります。

　破産管財人申立書の書式は、運輸支局等で受領できますし、また例えば関東運輸局ではウェブサイトで書式を公表しています。

(2) 大阪地裁及び大阪運輸支局管内における運用

　他方、大阪地裁では、自動車の任意売却について一般的に許可不要行為とする旨の決定を行っています（破78Ⅲ②）。これを受けて大阪運輸支局等では、当該破産事件の係属する破産裁判所で許可不要行為とされている場合には、移転登録手続に際して自動車の価額の多寡を問わず許可書の提出を不要とする運用としています。

4 100万円以下でも許可申請等を行う運用がなされている場合

(1) 自動車の放棄

　東京地裁では、自動車の放棄について、自動車税の課税や交通事故による運行供用者責任の基準日（放棄日）を明確にするため、価額が100万円以下であっても許可を要する取扱いとしています（『手引』124頁〔伊藤〕）。名古屋地裁でも同様に許可の取得が望ましいとされ、許可申請を行わない場合は「自動車放棄報告書」を提出することとされています。

(2) 裁判所の事前相談

　東京地裁では、訴えの提起や双方未履行双務契約の履行請求について、価額が100万円以下であれば許可は不要ですが、破産手続の進行に関わる重要な事項であるため、必ず事前に裁判所と協議することを求めています。反訴提起、訴訟参加、支払督促、調停、借地費消、民事保全法等に基づく保全処分の申立て、訴訟上の和解や訴えの取下げなども同様です（『手引』124頁〔伊藤〕）。

〔大石健太郎〕

Q 93 暗号資産（仮想通貨）の取扱い

　暗号資産（仮想通貨）は、破産手続において、どのように評価・換価されるのでしょうか。また、自由財産の拡張の対象となるのでしょうか。

1　暗号資産の概要

　暗号資産（2019年 5 月の資金決済に関する法律の改正によって、従来の「仮想通貨」から呼称が変わりました）とは、不特定の者に対して代価の弁済等に使用でき、かつ不特定の者との間で売買又は交換を行うことができる財産的価値であって、電子的に記録され移転できるもの（法定通貨及び通貨建資産は除く）、と定義されています（資金決済法 2 Ⅴ参照）。以下では、暗号資産の代表例であるビットコインを前提に説明しますが、他の暗号資産も基本的には同じ取扱いになるものと思われます。

　暗号資産は、暗号資産ネットワークにおける「ブロックチェーン」と呼ばれる分散型台帳により過去の全取引が記録されており、暗号資産ネットワーク参加者の暗号資産の保有数量は、ブロックチェーンにおける取引記録を加除計算することによって分かるようになっています（その計算を自動的に行い、保有数量が分かるソフトウェアが広く出回っています）。

　暗号資産ネットワーク参加者は、ブロックチェーン上、アドレスとそれに対応する秘密鍵（いずれもアルファベットと数字が羅列された情報）によって、特定の数量の暗号資産を排他的に管理することができます（ブロックチェーン上、真実の保有者が誰かは知ることはできません）。秘密鍵を使用することにより暗号資産を他のアドレスへ移転することが可能となるため、暗号資産を管理する際は、秘密鍵を厳重に保管することが極めて重要となります。

2　暗号資産をめぐる権利関係

　破産者が暗号資産を保有し、直接管理している場合（秘密鍵を管理している場合がこれに当たると思われます）、当該暗号資産は破産財団に帰属し、破産管財人が管理処分権を有することになります。

　破産者が暗号資産交換業者（資金決済法 2 Ⅶ⑧参照。以下「交換業者」といいます）に暗号資産の管理を委託していた場合には、破産者は当該暗号資産の所有権を有するものではなく、その移転を目的とする債権を有することになります。暗号資産は有体物ではなく所有権の客体にはならない（民85、206）と解されるからです（交換業者が破産し、顧客の暗号資産に対する取戻権が否定された事例として、東京地判平27. 8 . 5 公刊物未登載）。したがって、この場合、暗号資産自体ではなく、上記債権が破産財団に帰属し、破産管財人はその管理処分権を有することになります。

　なお、交換業者が破産した場合、暗号資産の管理を委託した顧客の当該交換業者

Q93　暗号資産（仮想通貨）の取扱い　209

に対する権利は前述のとおり破産債権となりますが、交換業者は、顧客の暗号資産を自己の暗号資産と分別して管理する義務を負い（資金決済法63の11）、顧客は当該交換業者が分別管理する資産について優先弁済権を有することになります（資金決済法63の19の２等。2019年５月の法改正により新設）。

3　暗号資産の評価及び換価

一般に、暗号資産は、交換業者を利用して取引されることが多くなっています。そして、交換業者の多くが、そのウェブサイトにおいて暗号資産の取引価格を公表しています。そこで、破産管財人は、これらの取引価格を参考に暗号資産の時価を評価することが考えられます。

暗号資産は、破産者自ら交換業者以外の買手を探して売却することも可能ですが、手続の簡便さを考慮すれば、基本的には、交換業者を利用して暗号資産を換価することが相当と判断されるケースが多いと考えられます。これは、破産者が交換業者に暗号資産の管理を委託している場合はもとより、破産者自身が暗号資産を管理している場合も同様です。

暗号資産の評価及び換価に関して主に留意すべき点は以下のとおりです。

まず、暗号資産の換価に当たり、暗号資産を他のアドレスに移転する場合は、秘密鍵を使用することになります。したがって、秘密鍵の漏洩を防止する十分なセキュリティ対策を講じる必要があります（もっとも、交換業者に管理を委託している場合には、秘密鍵は当該交換業者が保管しています）。

次に、近年、暗号資産の取引価格は大きく変動する傾向にありますので、想定した取引価格で換価できないリスクがあります。

さらに、「ハードフォーク」と呼ばれるブロックチェーンの分岐現象により、暗号資産が分裂して新たな暗号資産が誕生することがあります（例えば、2017年８月には、ハードフォークによりビットコインが分裂し、ビットコインキャッシュが誕生しました）。破産者自らが暗号資産を管理している場合には、当該暗号資産から分裂した暗号資産は、破産財団に属すると考えられます。他方、交換業者に暗号資産の管理を委託している場合には、交換業者との間の契約内容によってその取扱いが決まると思われます

4　自由財産の拡張の対象となるか

破産者自身が暗号資産を保有・管理している場合、当該暗号資産は法的通貨ではないので、破産法34条３項１号の適用はありませんが、同条４項の自由財産の拡張の対象になり得ます。また、破産者が交換業者に暗号資産の管理を委託している場合の破産者が有する債権も同様です。しかし、暗号資産は、前述のとおり取引価格の変動が大きいことから、どの程度の数量の暗号資産（又はその移転を求める債権）を自由財産拡張とするべきかの判断が難しいと思われます。そこで、暗号資産を換価し、対価として取得した金銭又は金銭債権を対象に自由財産の拡張の可否を検討することが考えられます。　　　　　　　　　　　　　　　　　〔小林信明＝青柳　徹〕

Q 94 知的財産権の換価等

知的財産権を換価する場合のポイント、留意すべき点について教えてください。

1 「知的財産権」とその特徴

一般的に「知的財産権」と呼ばれるものには、それぞれの根拠となる法律に基づき、特許権、実用新案権、意匠権、商標権、著作権など、多種多様なものがあります。紙幅の関係上、各権利の特徴を踏まえた個別の論点を詳述することは難しいので、ここではすべての、あるいは多くの知的財産権に共通する特徴を踏まえ、その換価におけるポイント・留意点を解説します（知的財産権の換価については、『財産換価』426〜455頁〔柴田義人ほか〕が各権利固有の論点も踏まえて詳細に検討しており、大変参考になります）。

知的財産権共通の大きな特徴は「権利の個性が強い無形の資産であること」といえるでしょう。この特徴が、権利の実態把握や価値算定の難しさといった側面で、有形資産や債権とは異なる留意を要することを、まず頭に入れておく必要があります。

2 知的財産権の存在の把握

破産管財人としては、その初動として、破産者の資産の全容を把握する必要がありますが、無形資産である知的財産権は、目視ではその存在を確認できません。また、自らの研究開発により取得した知的財産権については、研究開発費、出願料、登録料として費用処理されていることが多く、破産者の貸借対照表上からその存在を把握することが困難な場合も多いと思われます。

そのため、破産管財人としては、破産者本人又は破産会社の役職員からの関連資料や情報の取得がまず重要になります。また、特許権、実用新案権、意匠権及び商標権については、「特許情報プラットフォーム」（通称「J-PlatPat」）の検索システムを利用して、権利の存在や状況を確認することも必要な対応といえるでしょう。

3 知的財産権の換価のポイント・留意点

(1) 売却可能性・売却方法・売却先の速やかな見極め

破産管財人は、破産債権者への弁済原資の極大化を目指すべき一方で、破産手続の早期終結という要請にも応えなければなりません。知的財産権には、権利としては存在しているものの実質的な価値が認められないものや、破産者の事業の一部として機能しており当該知的財産権のみを換価対象にすることが難しいもの（知的財産権を利用した機械設備やそれを開発・運用する人員が揃ってはじめて価値を有するもの）なども多いことから、破産管財人としては、破産財団中に知的財産権の存在を

Q94 知的財産権の換価等 　211

認識した場合、①そもそも換価可能か、②換価可能としてどのような売り方をすべきか（知的財産権単独で売れるのか、事業譲渡あるいは実質的にそれに近い形での資産譲渡を指向すべきかなど）、③誰に対しどのような売却アプローチをすべきか（入札的な方法によるか否かを含みます）といった点を、速やかに検討する必要があります。特に③については、当該知的財産権やこれに基づいて製造・創作されたプロダクトがなければ困る先がいるか、当該知的財産権を利用して新たな事業展開を考えられる先がいるか、逆に当該知的財産権を取得してそれ以上の開発・製造を止めること（換言すれば、当該知的財産権を死蔵化させること）で自己のビジネスを防衛することなどにメリットを感じる者がいるか、当該知的財産権について共有者がいるか、といった視点が重要となりますが、これらの情報は、破産者本人や破産会社の役職員がよく知るところかと思われます。破産管財人としては、これらの者と連携を取りつつ、適切な売却先・売却方法を探すことも重要です。なお、知的財産権の侵害を主張して企業等からライセンス料や巨額の賠償金・和解金を取得することのみを目的として知的財産権を取得・保持する、いわゆる「パテント・トロール」に対して知的財産権を譲渡することは、適法性・妥当性・社会的相当性の面から問題になるおそれがありますので、慎重な検討・対応が必要です。

　このような検討を踏まえ、換価が困難という判断に至れば、破産管財人としては、当該知的財産権の破産財団からの放棄を行うこともやむを得ないでしょう。

(2)　知的財産権の価値評価：特に、担保対象の場合

　権利の個性が強い知的財産権には、不動産などのように他の取引事例との比較で価値を評価することが難しい側面があります。知的財産権の売却に際しては、弁理士の助力を得て価値算定を行うこともあるようですし（『実践マニュアル』165頁）、インカムアプローチやコストアプローチなどの方法も存在するようですが（これらの手法を紹介するものとして『財産換価』428頁〔柴田義人＝玉城光博〕）、複数の買受候補者がいるような場合には、入札手続等によって競争環境を作り出し、そこで得られた価格を適正価格と整理することが最も現実的な価値評価の方法であると思われます（『財産換価』429頁〔柴田＝玉城〕も、実務的にはこのような方法によることが現実的であるとしています）。

　この点、売却する知的財産権が別除権の対象である場合、破産管財人は、売却相手との価格交渉に加え、別除権者との受戻交渉も視野に入れ、価値評価を考えなければなりません。特に、知的財産権を他の資産等と一緒に事業譲渡（又は資産譲渡）するかたちで売却する場合には、売却代金の配分（すなわち、売却代金全体のうち、いくらを担保対象たる知的財産権の価値に割り付けるのか）において、別除権者との間で利害対立が先鋭化します。破産管財人としては、知的財産権と有機的一体となって価値を生み出している従業員や製造設備の存在及びその価値や、当該知的財産権の残存続期間など、説得的な情報・資料を取得・提供しつつ、適切なバランス配分を考え、別除権者との交渉に望むことが求められます。

⑶　契約上の留意点

　知的財産権には、特許権、実用新案権、意匠権及び商標権等のように、登録が権利移転の効力発生要件となっているものと（特許法98Ⅰ①、実用新案法26、意匠法36、商標法35等参照）、著作権のように、あくまで登録は対抗要件に過ぎないもの（著作権法77①参照）がありますので、契約書作成やクロージングの際には留意が必要です。なお、著作権に関して、翻訳・翻案権（著作権法27）や二次的著作物の利用に関する権利（著作権法28）については、契約上でそれらを譲渡する旨を特掲しない場合、これら権利は譲渡者に留保されたものと推定されますので（著作権法61Ⅱ）、後日の紛争防止の観点からは、契約書上もその取扱いを明記しておくことが望ましいと考えられます。このほか、無形の資産である知的財産権は事後的に無効・取消しとなったり、権利の帰属をめぐって第三者と紛争になったりするなどの目に見えないリスクが存在しますので、契約書作成に際しては、破産管財人の瑕疵担保免責の条項を入れておく必要があるでしょう。

⑷　知的財産権の共有の場合

　知的財産権が共有となっている場合、当該共有持分権を譲渡するには他の共有持分権者の同意が必要となります（特許法73Ⅰ、実用新案法26、意匠法36、商標法35、著作権法65Ⅰ等参照）。この場合、他の共有持分権者が有力な譲渡先候補者となる場合も多いと思われますが、①３名以上の共有持分権者が存在する場合や、②共有持分権者以外の者に対して譲渡しようとする場合には、共有持分権者からの同意取得が問題になり得ます。場合によっては、同意取得に際しての同意料（いわゆるハンコ代）が必要になることもありますが、破産管財人としては、当該共有持分権の売却価格、同意料、財団組入額の合理性・バランスを見ながら、売却相手との交渉と並行して、共有持分権者との間で協議を行うことも必要です。

⑸　知的財産権が開発契約等に紐付いている場合

　知的財産権に関しては、破産者が他者との間で共同開発等の契約を締結している場合があり、当該契約のなかで、破産者の破産手続開始申立てや開始決定等が知的財産権に係る権利変動事由となっていることがあります（当該他者による知的財産権の強制取得事由の発生や、共有の場合の破産者の共有持分の消滅事由などが、その一例です）。このような場合の破産管財人の対応には、破産管財人の第三者性に基づきこれら権利変動について否定したり、倒産申立特約の無効を主張して対抗したりすることが考えられますが、法的なロジックはともかく、破産管財人としては、相手方の事情（当該知的財産権を取得・保持すること自体に利益があるわけではなく、そこから発生する金銭的利益を実質的な目的にしている場合などもあり得ます）を速やかに把握した上で、破産財団と相手方が双方メリットを享受できるかたちでの合理的な解決が図れるような処分を、相手方とも協議・交渉しつつ模索することも重要でしょう。

〔横山兼太郎〕

Q95 海外資産の換価等

破産者が海外に資産を有している場合、この資産は破産財団を構成するのでしょうか。また、破産管財人として子会社である現地法人の株式や不動産等の在外資産を換価するに際しては、どのような点に留意すればよいでしょうか。

1 海外資産の破産財団帰属性

破産者が破産手続開始時点において所有する資産は、それが国内・国外のいずれにあるかを問わず破産財団を構成します（普及主義。破34Ⅰ）。そのため、破産管財人は、破産者が破産手続開始時点において日本国外に有する資産（海外資産）に対しても管理処分権を有し、かつこれらの資産を適切に保全し換価する善管注意義務を負うことになります（破78Ⅰ、79、85）。

もっとも、破産管財人が、海外資産の所在する外国において、当該管理処分権を行使できるか否かは、当該外国の法律により決まります。例えば、日本においても、外国で破産手続が開始し、外国の法制度の下で選任された管財人が日本に所在する破産者の財産を処分するためには、外国倒産処理手続の承認援助に関する法律に基づく管理命令を申し立て、かつ外国管財人自身が承継管財人に選任されることが必要とされています。倒産手続を承認する手続を有する外国においても同様の立場をとっていることがありますので、日本の破産管財人が、外国において当然に海外資産に対する管理処分権を行使できるものではありません。したがって、外国における資産処分の際に、その外国において日本の破産管財人に資産処分の権限がないと取り扱われたり、日本の破産手続につき承認手続を経ることが求められたりすることがある可能性がある点には注意が必要です。

2 承認手続

日本の倒産手続の効果等が外国において認められるか否かは、前述のとおり外国の法制度によることになりますが、一般論としては、多くの国では、外国倒産手続について裁判所における承認手続を経ることにより、外国倒産手続の効力を自国内において一定の範囲で認める制度を採用しています。

国連の下に設置されたUNCITRALは、1997年に、UNCITRAL Model Law on Cross-Border Insolvency（以下「UNCITRALモデル倒産法」といいます）を制定しました。UNCITRALモデル倒産法は45の法域（日本、米国、英国、カナダ、オーストラリア、シンガポール、韓国等）で採用され、これらの国ではUNCITRALモデル倒産法をベースとした外国倒産処理手続の承認援助制度が存在します。UNCITRALモデル倒産法に沿った国際倒産法制を整備している国であれば、日本の破産管財人

214　［第3章］ 換価・破産管財人の職務

は、その国において承認手続を申し立てれば、一定の範囲で当該国に存在する財産につき管理処分権、あるいはその他適切な救済が与えられることになります。

もっとも、海外資産が所在する国がUNCITRALモデル倒産法に沿った法律を制定しているとは限らず、仮にそのような法律が整備されている国であっても、必ずしも日本の倒産手続が承認されるとは限らない点には注意が必要です。

また、承認手続を申し立てるためには現地弁護士への依頼が必要となり、弁護士費用が発生することになりますので、仮に承認手続が整備されている国であっても、特に承認手続を経ずに海外財産を処分することもあります。

3 換価上の留意点

一般論として、破産管財人による海外資産の管理・処分は、国内資産の管理・処分よりも容易ではなく、時間も費用もかかる傾向にあります。海外資産を効率的に処分するためには、①任意の回収を図る方法、②外国における日本の破産手続の承認を受ける方法、③外国の法的手続を利用する方法などがありますが、そのなかで最も適切な方法を選択することが重要です。なお、コスト等も勘案して海外資産を放棄することなども検討する必要があります。

まず、海外の資産の有無を調査するに当たっては、国内の資産に関する調査と同様、まずは申立書類の精査と申立人のヒアリングが重要です。破産者が法人である場合には、資産管理を担当していた従業員へのヒアリングや計算書類に係る附属明細書、固定資産台帳等の精査は最低限必要と考えられます。当該法人の会計や税務を担当していた公認会計士や税理士がいる場合には、それらの専門家から情報を得られることもあります。

次に、破産者が海外資産を有している場合には、その正確な権利関係や換価可能性を把握する必要があります。海外資産の権利関係や換価可能性は、当該資産の所在国の法制によって権利の性質や手続が異なることから、現地の法制について調査し、状況に応じて現地の調査会社や弁護士等の専門家に調査を依頼する必要が生じることもあります。もっとも、現地の専門家等に依頼すると高額の費用がかかることもあり、当該海外資産の換価価値や換価見込みが低い場合には採算がとれないこともあるため、資産の価値や換価見込み等について事前に得られる情報から十分な検討を行う必要があるでしょう。破産者が海外子会社を有している場合には、当該海外子会社の経営陣や従業員にコンタクトをとり、事情を聴くことも有用です。

そして、そのような検討に基づいて、破産管財人として効率的かつ適切に財産の換価処分を行うための方針を決定することが求められます。

4 海外子会社の株式を有している場合

破産者が海外子会社を有する場合には、海外子会社も経営悪化しており、資金不足のため、親会社である債務者の破産手続開始に伴って、あるいはそれ以前にすでに事業を停止していることも多いです。そのような場合は、株式は無価値であると考えられ、買手がつかないことも想定されます。事業の状況や会計帳簿を確認した

Q95 海外資産の換価等　215

上で無価値であると判断されるときは、破産財団から放棄することや破産者の関係者に備忘価格で売却することがひとつの方法です。海外子会社を清算したり破産させたりすることも考えられますが、特にアジアの国々では清算・破産制度が整備されておらず費用や時間がかかることが多いため、現実的な選択肢でないこともあります。もちろん、海外子会社に買手がつくと想定され、かなりの売却金額が見込まれるのであれば、買手を募って売却することが考えられます。なお、海外子会社の株式を第三者に売却する際に、当該国の行政官庁から許認可が必要な場合がありますので、海外子会社株式の処分の際にはあらかじめ現地の法律・手続を調査しておく必要がある点に留意する必要があります。

海外子会社が合弁会社であるなど、他に株主がいる場合には、その株主に買い取ってもらうことが第一の選択肢となります。

5 不動産の場合

不動産は、一般的に登録制度が設けられていることから、その処分に当たって売主に処分権限があることを証明する文書の提出が求められることがある点と、日本に向けた送金手続ができるかという点について留意する必要があります。

例えば、米国においては、破産管財人が不動産売却をするに当たって、破産管財人の管理処分権を行使するために連邦倒産法15章（Chapter 15）の申立てをすることが求められた事例があります。

また、中国においては、破産管財人が不動産売却をするに当たって日本の破産手続の効力が及ばないと解されて、破産管財人の現地での処分権限を否定されるおそれがあります。そこで、中国国内においては、日本における破産者が依然として破産財団に属する不動産を売却するための権限を有しているとの立場をとって、破産者自身が破産管財人の指示の下で売却手続を行い、売却代金を破産管財人口座に送金するという手法も考えられます。なお、中国から日本への送金は破産管財人名義ではできず、対象不動産の購入者名義で行う必要があります。また送金時、当該譲渡に係る中国国内にて納付すべき税金に係る税務届出手続を事前にしておく必要があります。

〔福岡真之介〕

Q 96 破産財団からの放棄の際の留意点

賃貸ビルを所有している会社が破産しました。このビルには、抵当権が設定され、余剰価値はなく、かつ抵当権に基づいて賃料に物上代位による差押えがされています。破産管財人としては、任意売却を検討しましたが、抵当権者との間で売却希望価格の点で折り合いがつきそうもありません。また、賃借人からは、管理をよくしてほしいとの要望が出されています。

そこで、破産管財人としては同物件を破産財団から放棄しようと考えていますが、財産を放棄する際に注意すべき点はどういう点でしょうか。また、破産者が個人である場合と違いはあるのでしょうか。

1 破産管財人は任意売却の努力を

破産財団に不動産があるとき、これに抵当権が設定され、しかもオーバーローンで余剰価値がないことはよくありますが、破産管財人としてはできるだけ高く任意売却する努力をしなければなりません。破産法においては、任意売却が原則となっており（破78Ⅱ①）、任意売却ができない場合に形式的競売を行うことになっています（破184Ⅰ）。任意売却する場合には、裁判所の許可が必要で（破78Ⅱ柱書）、担保権者と交渉して売却価格の一部（実務上は5～10％の範囲とされることが多いです）を組み入れてもらうことにより、財団を増殖させることになります。

破産管財人としては、不動産仲介業者に任せるだけではなく、元従業員から不動産購入の経緯等をヒアリングするなり、近隣不動産の所有者の購入希望を当たるなどして、積極的に高く換価できるよう努力することによって、担保権者が担保権受戻しに同意しやすくするとともに、財団組入額を増やすことにより少しでも財団を増殖するように努力しなければなりません。

2 賃借人との権利関係の調整

不動産が賃貸ビルの場合、担保権者との利害関係の調整の問題だけではなく、賃借人との利害関係の調整の問題が出てきます。賃借人がいた方が当該不動産の収益力が上がるために任意売却価格の上昇が見込める場合にはそのまま売却先を探すことになりますが、賃借人がいない方が任意売却価格が上昇するようであれば、賃貸借契約の解除事由があれば解除をして明渡しをさせるなり、合意解除をするなりして、退居してもらうような努力が必要です（Q71参照）。未履行双務契約に基づく解除（破53Ⅰ）は、賃借人が登記その他の対抗要件を備えている場合にはできません（破56）。なお、敷金返還債務については、任意売却により賃貸人たる地位が買主に移転すれば当然に買主に移転することになります（最一小判平11.3.25判時1674号61頁）。

3 破産財団からの放棄

設問の場合、破産管財人が任意売却の努力をしたようですが抵当権者と売却希望価格が折り合わないとのことです。抵当権者は物上代位により賃料を差し押さえていますので、賃料も入ってこないために財団の増殖もなく、管理費や修繕費等の管理コストはかさんでいきますので、そのままでは破産財団が減少し、一般債権者の犠牲の下に担保権者の利益を図っていることになります。

したがって、任意売却ができないのであれば早急に裁判所の許可を得て破産財団から放棄する必要があります（破78Ⅱ⑫）。特に、固定資産税は毎年1月1日の所有名義人に課税されますので、財団から放棄するのであれば、それ以前にしなければなりません。また、破産者が法人の場合、競売手続により建物が売却されると、破産財団の増殖とは無関係に消費税が付加される場合がありますので（消税2、4、5①）、そのような場合には、余剰金交付の可能性がないことを確認の上、買受人の代金納付前に破産財団から放棄しなければなりません（『手引』164頁以下〔土屋毅＝長谷川健太郎〕）。なお、権利の放棄には、実体法上の権利の絶対的放棄と、破産財団から権利を除外するという意味での相対的放棄がありますが、いわゆる「財団からの放棄」というのは後者の意味です。

4 破産財団から放棄する場合の注意点

破産財団から放棄する場合には、抵当権者に対し速やかな競売申立てを促すことになります。

破産者が個人の場合は、賃貸ビルの管理処分権は破産者に再び帰属することになり、放棄後の賃貸ビルの管理は破産者が行うことになるため、抵当権者が抵当権を実行したり抵当権を放棄したりする場合は、破産者を所有者として行うことになります。これに対し、破産者が法人の場合は、会社は破産手続開始決定により解散し（会471⑤、641⑥）、賃貸ビルは財団から放棄されれば清算法人に帰属することになりますが、会社と取締役の関係は委任関係であり（会330）、委任関係は委任者又は受任者が破産手続開始決定を受けたことにより当然に終了しますから（民653②）、清算会社を代表する者がいなくなり、利害関係人が清算人の選任手続をしなければならなくなります（会478②、最二小判昭43.3.15民集22巻3号625頁。**Q105**参照）。したがって、破産管財人は、破産者が法人である場合には、賃貸ビルを財団から放棄をしようとするときは、放棄の2週間前までに抵当権者に対してその旨を通知しなければなりません（破規56後段）。抵当権者は、突然財団から放棄されると、競売申立てをするために特別代理人を選任してもらわなければならず（民執20、民訴35、37）、配当を受けるために抵当権を放棄する必要がある場合にも面倒な処理をしなければならないため（**Q105**参照）、財団から放棄する前に抵当権者にその機会を与えるためです。また、賃借人に対しても、財団から放棄すれば賃貸ビルを管理する者がいなくなるため、放棄前に賃借人に事情を説明して自ら管理をさせるとか、旧代表者に管理を引き継がせるとかの手当てをする必要があります。　　〔綾　克己〕

Q 97 危険な建物の処理

　破産管財人として管理している建物が老朽化し、倒壊する危険性があります。倒壊した場合、周囲の建物に被害を与えるおそれが高い状態です。このような場合、破産管財人はどのように対処すればよいでしょうか。

1 　倒壊する危険がある建物が破産財団に帰属する場合の初動

　破産管財人は、破産財団に属する財産の管理及び処分する権限を有し（破78Ⅰ）、就任後速やかに破産財団に属する財産の管理に着手する必要があります（破79）。また、破産者が老朽化し、倒壊する危険のある建物（以下「危険建物」といいます）を所有しているときに、破産管財人が危険建物を漫然と放置して第三者に損害を発生させた場合には、土地の工作物等の責任（民717Ⅰ）に基づく損害賠償債務を破産財団が負担するおそれがある点に留意する必要があります。そこで、破産管財人としては、まず費用を抑えた上で、専門業者や建築士等を利用するなどして建物の状況や倒壊リスクが現実化するおそれがどの程度あるのかを確認・調査するとともに、仮に倒壊した場合に周囲の建物や歩行者等への影響などについて、現地を見て調査する必要があります。

2 　危険建物の処理

(1)　任意売却

　破産管財人は、土地工作物責任によって破産財団が毀損するリスクや善管注意義務違反（破85）を問われるリスクがありますし、仮に安易に危険建物を破産財団から放棄しますと、将来に倒壊リスクが顕在化し第三者が損害を被るおそれもありますので、できる限り迅速に任意売却を目指すこととなります。一方で、破産財団が僅少な場合も多いでしょうから、破産管財人は次のような工夫をして任意売却することが考えられます。

　設問のように具体的危険が現実化するおそれが高い場合、破産管財人としては、破産財団の規模と危険防止措置費用の額を勘案しながら必要最小限度の修繕等を行い、具体的危険の現実化を防止した上で、任意売却活動を行うのが望ましいといえます。また、危険建物に担保権が設定されている場合、破産管財人は具体的危険の現実化の防止が任意売却に必要不可欠であることなどを担保権者に説明・情報提供し、担保権者の協力を得て、不動産の任意売却のための費用の一部として修繕費用を売却代金のなかから拠出する工夫も必要です。

(2)　破産財団からの放棄

　危険建物の任意売却が困難な場合には、財団からの放棄（破78Ⅱ⑫）を検討することとなります。

危険建物を財団から放棄した場合、破産管財人は当該建物の管理処分権を失うため、その管理者としての責任も免れると解されます（『条解』636頁）。もっとも、破産管財人の社会的責任や職務の公益性（永石一郎「破産管財人とCSR」一橋法学4巻（2005年）2号343頁、伊藤眞「破産管財人の職務再考」判タ1183号（2005年）35頁）を踏まえるならば、安易に危険建物を放棄してはなりません（『条解』636頁、『財産換価』221頁〔田川淳一〕など）し、また放棄の時期や方法が不適切であったために近隣住民等に損害を与えた場合には、破産管財人が善管注意義務違反等の法的責任を追及されるおそれもあります。さらに、危険建物が空家である場合、空家等対策の推進に関する特別措置法（空家法）により、空家等の所有者・管理者は、周辺の生活環境に悪影響を及ぼさないよう空家等の適切な管理に努めるものとされ（空家法3）、市町村長の除却・修繕等の措置命令に違反した場合には、50万円以下の過料にも処せられるとされている（空家法16Ⅰ）点にも注意し、慎重に放棄の可否及びその方法を検討する必要があります。

　そこで、破産管財人は、破産財団の収集額、危険の程度及び現実化のおそれ、危険防止措置費用の額、財団から放棄した後の管理者の有無などを勘案し、破産裁判所に相談の上で、危険建物に起因する被害が生じないように、できる限りの危険防止措置をとる必要があります。

　もっとも、破産財団が僅少であり、危険防止措置が不十分になることもあるでしょう。その場合でも、破産管財人は、あらかじめ危険建物が損壊することにより影響を受ける近隣住民に費用負担の打診をしたり、地方自治体に対して修繕等の支援や放棄後の管理への協力を求めたりするなど、財団から放棄する危険建物による影響を最小限にするための努力も必要です。また、危険建物が空家である場合には、修繕費用に関して補助金を交付する地方自治体もありますし、危険切迫の場合など一定の要件が充足する場合には行政代執行（空家法14Ⅸ）が行われることもありますから、地方自治体と協議・連携するのが肝要です。

　破産管財人が危険防止措置をとった場合、当該費用分だけ他の破産債権者に対する配当額又は財団債権者に対する弁済額が少なくなります。この点に関する正当化根拠としては、危険防止措置費用をかけざるを得ない財産の評価については、ゼロではなくマイナスであって、破産債権者又は財団債権者は、そのマイナス分を控除した範囲でしか弁済又は配当期待を有していないと考える見解や、破産手続の完結性、すなわち法人の社会的活動の結果として生じた負の遺産についても、破産手続のなかで完了することが求められており、その処理費用を破産財団から拠出することも正当化されるとする見解などがあります（沖野眞已「所有権放棄の限界」債管151号（2016年）15頁）。

〔小田切豪〕

第 **4** 節　その他実務上の留意点

Q 98　保全管理命令

経営破綻している会社が、その所有している不動産名義を関連会社に移しているという情報があります。そのため、債権者は破産手続開始申立てとともに、保全管理命令発令の申立てをしました。保全管理命令の効力を発生させるための送達はどのように行うのでしょうか。また、保全管理人としては、どのような点に留意すればよいでしょうか。

1　保全管理命令の効力発生時点

破産手続開始決定は、その決定の時から効力を生じます（破30Ⅱ）。これに対し、保全管理命令にはこの規定が準用されておらず、また公告による告知擬制の規定も適用されませんので（破10Ⅳ、92Ⅲ）、保全管理命令は、債務者を含む当事者に送達されることによって、その効力が発生します。

2　保全管理命令の送達方法

保全管理人がその任務に着手するためには、保全管理命令が債務者に送達されている必要がありますので、保全管理命令を申し立てた債権者は、保全管理命令が確実に債務者に送達されるよう、保全管理命令の受送達者、送達の場所、送達可能な日時及び方法につき、十分に検討し、裁判所・保全管理人候補者との間で協議をしておく必要があります。

法人の場合、代表者が保全管理命令の受送達者であるため（民訴37、102Ⅰ）、債務者の代表者に対し、保全管理命令を直接交付することが原則となります（交付送達。民訴101）。実務上、まず、債務者の営業所又は事務所を送達場所として送達を試み（民訴103Ⅰただし書）、これが奏功しなかったときに、当該債務者の代表者の住所等を送達場所として送達を試みることになります（民訴103Ⅰ本文）。

このため、債権者は、債務者の法人登記事項証明書や代表者の住民票を取得したり、債務者の営業所や代表者の住所の現場調査を行ったりするなどの方法で、債務者の営業所等や代表者の住所等を十分に調査し、受送達者である代表者の所在地及び送達可能な日時について、把握しておく必要があります。

また、債権者は、代表者が保全管理命令送達予定日時に送達予定場所に不在であった場合に備え、送達予定場所以外の送達場所への送達方法についても、あらかじめ検討しておく必要があります。

受送達者である代表者に出会わない場合には、債務者の従業員、代表者の同居家族等の補充送達受領資格者に対し、保全管理命令の送達を試みることになります（補充送達。民訴106Ⅰ）。受送達者又は補充送達受領資格者が正当な理由なく保全管理命令の受領を拒んだ場合には、送達をすべき場所に保全管理命令を差し置くこと

によって送達を試みることになります（差置送達。民訴106Ⅲ）。

このため、債権者は、債務者の本店や代表者の住所のみならず、債務者の支店・営業所等や代表者の居所等及び代表者の同居者をあらかじめ十分に調査し、債務者の従業員や代表者の同居家族等の補充送達受領資格者について、把握しておく必要があります。

交付送達が奏功せず、補充送達及び差置送達の方法による送達を試みる必要がある場合に備え、実務上、保全管理命令の送達は付郵便送達ではなく、執行官送達（民訴99Ⅰ）によることが通常です。また、送達及びその後の手続を円滑に進めるため、裁判官が裁判所書記官とともに送達場所に立ち会う場合もあります。

3 保全管理人として留意すべき事項

保全管理人は、債務者が保全管理人による財産の管理を免れるために財産を処分・隠匿したり帳簿を持ち出したりするなどの行為を防ぐため、保全管理人選任後直ちに、債務者から、現金・預金通帳、会計帳簿及び印鑑等の引き継ぎを受けるなど、債務者に属する財産の管理に着手しなければなりません（破96Ⅰ、79）。保全管理人候補者は、保全管理人の任務に着手する日時、場所及び直ちに行うべき保全管理業務について、申立人・裁判所との間で協議をしておく必要があります。

債務者の本店・支店、代表者の住所、帳簿や重要情報の保管場所など、複数の場所で保全管理業務に着手することが必要な場合において、各場所における保全管理業務の着手にタイムラグが生じた場合、従業員などを通じて代表者に連絡がとられてしまい、システムを遠隔操作するなどの行為により、債務者の財産が散逸したり、パソコンに入力されていた重要な情報が消去されたり、帳簿が持ち出されたりしてしまうなどの危険性があります。保全管理人は、これらの危険を防ぐため、保全管理命令送達後直ちに各場所において同時に保全管理業務に着手する必要があります。このため、保全管理人候補者は、保全管理人代理や補助者を選任することの要否及びその人数について、あらかじめ裁判所と協議しておく必要があります。さらに、保全管理人候補者は保全管理命令送達実施時に保全管理場所で待機する保全管理人代理や補助者に対し、裁判所からの連絡事項や保全管理業務に必要な指示・命令事項を迅速に伝えられるよう、情報の伝達システムを構築しておく必要があります。

このような事前準備により、保全管理人は、保全管理命令が送達されたことを確認次第、直ちに裁判所の許可を得て保全管理人代理を選任し（破95）、保全管理人代理に対して行うべき保全管理業務を指示することで、各場所において同時に保全管理業務に着手することが可能となります。

〔富岡武彦〕

Q99 管財業務における専門家・補助者の活用

破産管財業務を円滑に行うために活用できる専門家や補助者にはどのような人がいますか。また、依頼するに当たって注意すべき点はありますか。

1 専門家や補助者のネットワークの重要性

管財業務は幅が広く、信頼でき、かつ倒産の場面に詳しい専門家や補助者（専門の事業者）に依頼すれば、業務を円滑に進めることができます。そのため、日頃からネットワークを作っておくことが大切です。（『実践マニュアル』57頁以下も参照）。

2 専門家の活用例

⑴ 税理士・公認会計士

簡易な方法による清算事業年度の法人税の申告（Q204参照）程度であれば破産管財人自身で行えますが、基本的には税理士に依頼することが賢明です。

破産会社の顧問税理士に依頼することも考えられますが、倒産企業は顧問税理士への支払を滞納しがちであることや、倒産処理に精通しているのが望ましいことなどから、倒産処理に詳しい税理士を見つけておくことは重要になります。

また、粉飾決算等を行っており、還付金（『財産換価』538頁参照〔谷津朋美〕）の有無を確認したい場合は税理士や公認会計士に依頼するとよいでしょう。

なお、申告しても、還付や納税が困難と見込まれる場合もあるので、税理士や公認会計士への依頼は、費用対効果を考慮して決めることが多いと考えられます。

⑵ 社会保険労務士

雇用保険の受給に必要な離職票の発行や健康保険の切替えなど、（元）従業員の雇用・社会保険関係等の処理が必要な場合に依頼することが考えられます。

⑶ 司法書士

不動産を売却する際、通常は買主側で選任することが多いと考えられますが、破産者の親族等に売却する場合には買主側から紹介を依頼されることがあります。

また、破産管財人として否認の登記等の不動産登記訴訟を提起することがありますが、判決の主文では法務局で登記が受け付けられない事態もあり得ますから、事前に請求の趣旨の記載について相談や確認をしてもらうことが考えられます。

⑷ 土地家屋調査士

不動産の表示に関する登記に必要な調査、測量、申請手続を行います。

筆者らの経験では、①分筆、②地目変更登記、③土地上の未登記建物を登記してから売却するとき、④登記簿上存在する土地について公図にはないという事案において売却の前提として公図の訂正、⑤隣地所有者から境界確定のための立会い依頼を受けたとき、などで依頼をしたことがあります。

(5) 不動産鑑定士

通常は、簡易な査定（市場価額）は仲介業者へ依頼することが多いと思いますが、大型物件や無担保物件、その他売却価格の相当性が特に問題となり、客観的・専門的な査定が求められる場合は、依頼することが考えられます。

3 補助者（専門の事業者）の活用例

(1) 仲介業者（不動産会社）

不動産の換価は破産管財人の重要な任務です。情報の一元管理の面から信頼できる特定の業者に依頼すること（専任媒介）もありますが、事案に応じて複数の業者に依頼すること（一般媒介）も考えられます。

また、破産財団に収益物件（賃貸マンションやアパート）がある場合にはその物件管理を依頼したり、多数の買受希望者がいる場合に入札の幹事的役割を依頼したりすることが考えられます。内覧の立会いなども依頼することができます。

不動産の簡単な査定書を作ってもらうこともあります。

(2) 自動車関係業者

適正価額で行ってくれることは当然として、名義変更や廃車手続を迅速に行い、かつ必要な証明書をきちんと交付してくれる事業者に依頼することが大切です。

車両が放置されており、破産者や関係者において保管場所を確保することが困難な場合に保管を依頼することもできます。

(3) 引越業者や鍵屋、処分業者等

荷物を搬出する場合や、物件が施錠されている場合に依頼することが考えられます。また、会計書類等機密文書がある場合には、専門の処分業者や引越業者等が提供している溶解処理サービスを利用することも考えます。

(4) 土壌汚染やPCBの調査をする事業者

破産財団を構成する不動産に土壌汚染のおそれがあったり、敷地や建物内にコンデンサーやトランス等が置かれておりPCB使用のおそれがあったりする場合に調査を依頼することが考えられます。このような調査結果は当該物件をPCB廃棄物として処理委託する場合にも有用です（**Q67**参照）。

(5) そ の 他

割れたガラスの交換や不法投棄を防止するための柵を作ることを工務店に依頼したことがあります。また、破産財団の管理する土地の雑草処理（草刈り）をシルバー人材センターに依頼したことがあります。

4 紹介料等の受領の禁止

不動産業者等の補助者のなかには、紹介対価として金員を支払う旨を案内する者もいます。しかし、名目のいかんを問わず、破産管財業務においてこの種の対価を受領する行為は、収賄罪（破273）の構成要件に該当するおそれがあり、また、弁護士職務基本規程13条2項との関係でも問題となりますので、これに応じてはいけません。

〔野田泰彦＝小野塚直毅〕

Q 100　役員責任の追及

　破産手続開始に至った事情や破産者・破産財団に関する経過を調査したところ、破産手続開始決定前に粉飾が行われ、違法配当がなされていたことが判明しました。破産管財人が取締役の責任を追及するためにはどのような手続がありますか。また、取締役の責任を追及するかどうかの判断要素にはどのようなものがありますか。

1　検討すべき手続

　設問のケースでは、破産管財人は、取締役等に対して会社法462条に基づく請求してその責任を追及し、破産財団を増殖すべきことになります。

　責任のある取締役との交渉の結果、任意での返還が得られればよいですが、それが期待できない場合、具体的にはどのような手続をとるべきでしょうか。

⑴　役員責任査定の申立て

　破産法には、他の倒産手続と同様、責任のある取締役の責任を追及するため、通常の民事訴訟より簡易迅速に債務名義を取得できる「役員責任査定」という手続があります。査定手続について、会社法423条の任務懈怠責任のほか、違法配当責任等の会社法が定める特別の責任が対象になるかについては否定する見解もありますが、いずれも実質は損害賠償責任であり、法定責任で予測可能であることから積極説が相当とされています（『条解』1187頁以下）。

　なお、責任のある取締役との交渉で任意の返還が得られない場合でも、役員責任査定手続のなかで和解が成立することもあるので、それも視野に入れて申立てがなされることもあります。

　役員責任査定は、破産管財人が破産事件を担当している裁判所に対する申立て又は裁判所の職権により手続が開始され、簡易迅速な決定手続により損害賠償請求権の存否及びその額が判断されます（破178Ⅰ）。破産管財人の立証は疎明で足ります（破178Ⅱ）が、役員について必ず審尋を行う必要があります（破179Ⅱ）。

　役員責任査定の申立ては、時効中断との関係では裁判上の請求があっともものとみなされ（破178Ⅳ）、申立手数料は不要です。ただし、仮執行宣言を付すことはできません（民訴259）。

　役員責任査定決定の内容に不服がある場合には、送達を受けた日から1か月の不変期間内に、破産裁判所（破産事件が係属している地方裁判所）に対して、異議の訴えを提起することができます（破180Ⅰ・Ⅱ）。

　役員責任査定は、すでに査定決定があったものを除き、破産手続自体が終了した場合には併せて終了します（破178Ⅴ）。

(2) 特別の保全処分

責任のある役員が、資産を隠匿したり、費消したりしたおそれがあるときには、破産法上の保全処分を検討することになります（破177）。

破産管財人の申立て又は裁判所の職権によりなされ（破177Ⅰ）、担保も必要とされていませんので、破産財団が構成されていない段階でも申立てが可能です。緊急の必要があると認められるときは、債務者（保全管理人が選任されている場合は保全管理人）も申し立てることが可能です（破177Ⅱ）

不服の申立ては民事保全法上の保全異議の申立てではなく、即時抗告の申立てにより行われますが（破177Ⅳ）、即時抗告には執行停止の効力は認められません（破177Ⅴ）。

(3) 通常の民事訴訟による損害賠償請求

役員責任査定の申立てを検討する際、高額の賠償額が見込まれるなどの事情から役員側も争う姿勢が明確であり、役員責任査定の手続のなかでの和解や、査定決定に対する不服申立てがなされる可能性が高い場合は、役員責任査定を経ずに、はじめから通常の民事訴訟により損害賠償請求を求めることもあります（『手引』235頁以下〔土屋毅＝長谷川健太郎〕）。

2 取締役の責任を追及するかどうかの判断要素

破産管財人の調査の結果、損害賠償請求の原因となる事実が認められる場合、その事実を立証が可能かどうかが、責任追及の可否の判断要素となります（『手引』234頁以下〔土屋＝長谷川〕）。

他方、破産管財人には、破産手続の迅速処理の要請もありますので、責任追及の実効性も重要な判断要素となり、取締役に見るべき財産がなく、破産財団を増殖する可能性がない場合、役員責任の追及の判断には消極に働くことになります。ただし、取締役に見るべき財産がないような場合でも、当該取締役が破産債権や財団債権に仮託して当該破産者から何らかの給付を得ようとしているときなどには、役員責任査定を申し立てて対応することが有用な場合もあります。

役員責任査定の東京地裁での申立件数は、2005～18年に81件、2018年は10件（蛭川明彦「東京地方裁判所における破産事件の運用状況」金法2110号（2019年）25頁）であり、申し立てられた破産事件自体に比べるとわずかな件数のようです。これは、破産した法人の役員（特に代表者）などが、同時に破産の申立てを行っていることが多いことも原因と考えられます。

この傾向は全国的にも同様であり、例えば仙台地裁では近年では2014年と2016年に各1件、名古屋地裁では2008年1件、2011年2件、2014年5件、2016年1件、2017年4件、2018年には0件、大阪地裁でも年間でせいぜい一ケタ、福岡地裁では2012年2件、2014年1件、2018年1件との報告がなされています（「特集 平成30年の破産事件概況」金法2110号6頁以下）。

〔髙田千早〕

Q 101 外国裁判（仲裁）の取扱い（仲裁合意の効力を含む）

破産手続において、外国での裁判や仲裁合意の効力はどのように考えられていますか。

1 問題の所在

外国債権者と破産管財人の間で破産債権の存否又は額について争いがある場合において、当該破産債権について外国で係属している訴訟・仲裁手続（以下「訴訟等」といいます）もしくは外国裁判所の判決や外国仲裁人の仲裁（以下「外国判決等」といいます）が存在し、又は当該破産債権にかかる破産債権者と破産者の契約に外国を仲裁地とする仲裁条項（仲裁契約）があるときは、破産法が定める債権確定の手続と、当該訴訟等、当該外国判決等、及び当該仲裁契約の関係が問題になります。

2 外国で係属している訴訟等

(1) 債権届出がある場合

外国で係属中の訴訟等が進行中の場合、当該訴訟等が日本の破産法における債権確定手続（破125以下）とどのような関係になるか、現行法上は必ずしも明らかではありません。また、実務的な解決方法が定着しているわけでもありません。

外国債権者により破産債権の届出がなされ、当該届出の内容を破産管財人が認めなかった場合、以降の債権確定手続はどのように進行するでしょうか。まず、外国債権者が破産債権の確実な確定を企図するなどして日本で債権査定手続を申し立てた場合は（破125Ⅰ本文）、内国の債権者と同様に債権査定決定（破125Ⅲ）、そして異議の訴え（破126）と進めば足りると解されます。条文上は、仮に外国で係属する訴訟が破産法127条1項の「訴訟」であるとすれば、受継の申立てによらなければなりませんが（破125Ⅰただし書）、当該破産債権者と異議者（通常は破産管財人）が債権査定手続で処理することで明示的又は黙示的に合意していれば、特段これを否定する必要はないと思われます。

問題は、当事者の一方又は双方が外国で係属している訴訟等を債権確定のために用いることを希望（又は主張）した場合です。法が「訴訟」の受継（破127Ⅰ）を認める趣旨は受継を認めた方が訴訟経済に資するという点にあるので（『条解』896頁）、訴訟等が外国で係属している場合であっても、準拠法、争点の内容、証拠の所在・内容や言語、手続の進行の程度、事件が係属している外国裁判所等が受継を認めるか、及び当事者の意見等に鑑み、外国の訴訟等によることが訴訟経済に照らして合理的と見られる場合には、外国での訴訟等を債権確定のために利用することも考えられます。しかし、外国で係属している訴訟等の結論が出た場合に、これを

いかに日本の破産手続に取り込むかについて日本の法令は規定を欠いているので、別途検討を要します（実務的な選択肢については、『債権調査・配当』540頁〔柴田義人〕を参照してください）。

(2) 債権届出がない場合

債権届出がない破産債権を訴訟物とする訴訟は、受継対象にはなりません（『倒産と訴訟』149頁〔住友隆行〕）。これは訴訟等が外国で係属している場合も同様です。しかし、外国において手続が進行してしまい、その結果、少なくとも当該管轄では執行力のある債務名義が取得されて破産財団に帰属する資産に対して強制執行がなされてしまうこともあり得ます。したがって、破産管財人としては、外国倒産処理手続の承認援助に関する法律に相当する当該国の法令を活用するなどして、日本の破産手続と無関係に破産財団に帰属する資産（特に在外資産）に対する個別執行がなされることがないよう努めるほかありません。

3 外国裁判所の判決等

確定判決等、破産債権について執行力のある債務名義又は終局判決（有名義債権）がある場合、当該債権の存否・内容に争いがあれば、異議者等（通常は破産管財人）に起訴責任があります（破129 I）。では、外国裁判所による確定判決や外国仲裁人による仲裁判断であって日本における執行判決（民執24 I）を経ていないものがある場合、そのような破産債権は有名義債権といえるでしょうか。

学説は肯定説（『伊藤』684頁等多数説とされます。『条解』911頁）と否定説（『新基本法コンメ』285頁〔栗田隆〕、『債権調査・配当』541頁以下〔柴田〕等）に分かれていますが、確立した判例や実務慣行は存在しません。

破産管財人としては、配当の適法性をめぐる紛争回避のため、保守的に肯定説を前提とする対応（債務不存在確認の訴えの提起等）をすることも考えられます。

4 仲裁契約

破産者と破産債権者との間で、破産債権に係る紛争について破産手続開始決定に先立って仲裁契約が成立している場合がありますが、このような仲裁契約は当然に失効し、破産管財人は拘束されないと考えられます（『条解』885頁）。ただし、拘束されるとする見解（『伊藤』688頁、『倒産と訴訟』484頁〔山本和彦〕）や双方未履行双務契約として破産管財人による解除権の対象となるとする見解（『注解下』533頁〔中島弘雅〕）もあります。

5 関連する論点

上記のほか、外国債権者については、外国債権者への通知、外国語又は外国通貨による債権届出の取扱い、外国通貨建債権の扱い、外国での債権回収があった場合の扱い、及び在外資産上の担保権の扱いなどの論点があるので、注意を要します（『債権調査・配当』535頁以下〔柴田〕等参照）。

〔柴田義人〕

Q 102 相続財産の破産と破産者（債務者）の死亡

相続財産の破産とはどのような手続ですか。破産者（債務者）が破産申立後開始決定前に死亡した場合と開始決定後に死亡した場合のそれぞれについて、破産手続はどうなりますか。また、その場合、免責手続はどうなるのでしょうか。

1 相続財産の破産

破産法は、相続人個人の破産及び相続財産法人（民951）の破産と区別して、権利義務の帰属主体とはならない相続財産にも特別に破産能力を認めています（破222以下）。相続財産破産の「破産者」が誰かについては議論がありますが、通説は相続財産それ自体が破産者であると解しています（『伊藤』90頁）。

相続財産破産の件数はそれほど多くなく、東京地裁では年間10件前後にとどまっているようです（『破産民事実務（破産）』588頁、『条解』1473頁）。しかし、例えば、法人につき事業再生を進めており、事業用の不動産を代表者個人が所有していたところ債務超過となっている代表者が途中で死亡した場合に、当該不動産を速やかに譲渡したいケースでは、相続財産の破産手続を利用することが考えられます。また、債務者が死亡して、相続人が限定承認の手続を行っていたところ、否認権を行使しなければならないような事情が明らかとなった場合に、相続財産破産を申し立てて破産手続に移行させることが考えられます。

相続財産破産の申立権者は、相続債権者、受遺者、相続人、相続財産の管理人又は相続財産の管理に必要な行為をする権利を有する遺言執行者です（破224Ⅰ）。相続人が相続財産破産の申立てをすることは単純承認事由（民921）には当たらず、相続財産の破産申立後、相続放棄をすることは許されると解されています（『注釈下』512頁〔下山和也〕）。

なお、相続財産の破産申立てには期間制限があること（破225）と、破産手続開始原因が債務超過に限定されていること（破223）に留意が必要です。

2 債務者が破産申立後開始決定前に死亡した場合

破産申立後、開始決定前に破産者（債務者）が死亡した場合、相続債権者や相続人など相続財産の破産申立てをすることができる者の申立てに基づき、裁判所は、相続財産について破産手続を続行する旨の決定をすることができます（破226）。

続行の申立ては、相続開始から1か月以内に行わなければなりません（破226Ⅱ）。続行の申立てがないときは1か月の期間経過時に特段の裁判等を経ることなく、破産手続は当然に終了します。続行の申立てがあった場合で、それを却下する裁判が確定したときもその時点で破産手続は終了します（破226Ⅲ）。

続行の決定がなされた場合には、裁判所が債務超過であると認めた場合に限って（破223）破産手続開始決定が出されることになります。

3 破産手続開始決定後に破産者が死亡した場合

破産手続開始決定後に破産者が死亡した場合、破産手続の中断をともなうことなく、当然に相続財産について破産手続が続行されます。この場合、従前の破産手続開始決定の時点でいったん破産者の破産財団及び破産債権の範囲は確定していることから、通説は続行後の手続においても、その範囲に変動はないと解しています（『条解』1495頁）。

4 免責手続の帰趨

相続財産の破産が行われる場合、前記1のとおり相続財産自体が破産者となるため、破産者でない相続人が免責の申立てをすることはできないものと解されています（高松高決平8.5.15判時1586号79頁）。

また、免責申立後に債務者（破産者）が死亡した場合、相続人が免責手続の受継をすることはできないものと解されています（『はい6民』112頁）。この場合、破産手続の続行の有無にかかわらず、債務者（破産者）の死亡により免責手続は当然に終了します（『はい6民』111頁、『書記官事務』47頁）。

5 相続財産の破産の効果

通説・裁判例（大阪高判昭63.7.29判タ680号206頁）は、相続財産の破産に限定承認と同様の効果を認めておらず（『条解』1496頁）、上記のとおり免責も認められていないことから、破産手続が終結しても満足を得られなかった破産債権は、相続債務として残ることになります。

そのため、相続債権者に対する責任を免れようとする相続人は、別途、相続放棄や限定承認の手続をとる必要がありますし、相続人の固有の財産から優先的に弁済を受けようとする相続人の債権者は、（第2種）財産分離の請求をする必要があります。

限定承認又は財産分離の手続との関係では、相続財産破産と競合した場合、相続財産破産の方がより厳格な手続と解されていることから、限定承認等の手続は破産手続終結の決定等があるまで中止するとされています（破228ただし書）。

〔菅野昭弘〕

Q 103 破産手続終了後に
申立代理人・破産管財人が行うべき業務

破産手続終了後、申立代理人や破産管財人が行うべき業務にはどのような
ものがあるでしょうか。

1 申立代理人が行うべき業務

破産手続終了後においても、債権者等から申立代理人に対して各種の照会がなされることがありますが、管財業務に関するものについては、破産管財人の連絡先等を伝えて破産管財人に引き継ぐことで足りると思われます。

申立代理人が回答すべき（回答の要否を検討すべき）ものとしては、個人破産の場合の免責に関する事項があります。金融機関等は債権管理の必要から免責決定の写しの交付を求めてくることもありますが、破産者の了解を得られる場合には写しを交付して対応することになります。信用情報機関のなかには免責決定を確認した旨の会員会社によるコメントが登録された報告日から5年で情報を抹消するところもあるので、積極的に通知すべきといえます。

2 破産管財人として行う業務

破産手続終了後も、破産法上破産管財人の管理処分権限が規定されている事項については、該当事由があれば当然に対応することになります。急迫の事情のある場合の必要な処分（破90Ⅰ）、財団債権の弁済（争いがある場合の供託。破90Ⅱ）、破産債権査定決定に係る異議訴訟の遂行（破133）などがあげられます。

破産手続終了後に換価可能な資産が発見される場合もあります。容易に換価可能な財産の場合には、破産管財人の管理処分権限が残っているものとして破産管財人の立場で換価することもあります（『手引』355頁〔伊藤孝至〕。なお、換価後の追加配当についてはQ199を参照してください）。まずは裁判所と相談すべきです。

3 元破産管財人として行う業務

まれに、破産手続終了後も破産者（個人）宛ての郵便物が回送されてくることがあります。これを放置すると回送が継続するおそれが高いので、直ちに管轄の郵便局に連絡して回送解除の手続をとる必要があります。回送郵便物は過誤配達ともいえますので、郵便局の負担で再配達を要請することになります。なお、当然のことながら、終了後に回送された郵便物を開披することは許されません。

債権者等から廃止・終結決定の交付を求められることがあり、債権者であることが確認できれば交付します。「配当がないことの証明」を求める債権者もいますが、異時廃止決定を送付して文書の趣旨を説明すれば足ります。債権者集会の配布資料等を交付して破産財団の状況を改めて説明することもあります。

破産者が商人である場合、破産手続終了後も破産管財人が帳簿を保管する場合が

あります。帳簿の保管・廃棄の費用等について合理的に見積もって破産財団の負担で処理するのが通常です（Q104参照）。

会員組織がある運営会社等の破産（ゴルフ場やスポーツクラブなど）で、元会員から会員権の処遇等について問い合わせがなされることがあります。これらの案件では、別の会社が破産者から資産等を譲り受けて同種事業を同じ場所で営業していることがありますが、当該会社が旧会員を受け入れている場合などは、当該会社の担当部署に引き継ぐことになります。

特殊な例で、病院等が破産した場合、破産管財人がカルテ等を保管することがあります。この場合、破産手続終了後も、継続的に患者・保険会社等からカルテの開示請求がなされますが、本人確認を厳密に行った上で、開示請求者の費用負担により開示に応じることがあります（Q104参照）。

法人の破産事件において、財団から放棄した不動産が手続終了後に任意売却されることもあります。その場合には清算人の選任が必要になりますが、従前の破産管財人が選任される場合もあります（競売では一般的には抵当権者の費用と責任において特別代理人が選任されています。『手引』163頁以下〔土屋毅＝長谷川健太郎〕、『実践マニュアル』213頁以下、486頁以下。Q105参照）。

4 自動車検査証（車検証）の名義変更

破産手続終了後に、車検証の名義変更のために破産管財人の資格証明・印鑑証明が必要になることがあります。例えば中古車販売業者の破産で、手続終了後に顧客がローンを完済し名義変更が必要になるケースなどです。

前記3の放棄不動産の例と同じく清算人を選任して名義変更を行うことになりますが、清算人に破産会社の元代表者を選任した例、申立代理人が清算人となった例、破産管財人が清算人となった例などが報告されています。顧客側に名義変更請求訴訟を提起してもらった上で、特別代理人を選任するという方法も考えられますが、顧客に訴訟提起の負担を強いることになる点が問題となります。

なお、破産管財人の管理処分権が残っている資産の換価においては、終結後であっても破産管財人の資格証明・印鑑証明が交付される例もありますので（東京地裁の運用として『手引』355頁〔伊藤〕）、終結後に資格証明・印鑑証明の交付を受けて名義変更を行うことが可能ですし、そのような実例も報告されています（『管財PRACTICE』242頁）。裁判所と相談して対応を検討すべきものといえます。

5 破産財団から放棄された不動産の管理等

管財業務のなかで不動産が財団から放棄された場合には、破産手続終了後であっても申立代理人が事実上継続して事務を処理せざるを得ないがあります。

放棄された不動産が建物の場合、鍵の管理が問題となります。破産者が個人の場合には破産者に鍵を返却することになりますが、法人破産では、担保不動産の場合には担保権者に物件の管理と併せて鍵の保管も要請する、元代表者に事実上管理してもらうなどの配慮は必要になると思われます。

〔小島伸夫〕

Q 104　破産管財人の書類保管期間

　現在、破産管財人をしている事件には、商業帳簿や労務関係の書類が膨大にあります。商人は、帳簿閉鎖のときから10年間、その商業帳簿及びその営業に関する重要な資料を保存しなければならないとされています（商19Ⅲ、株式会社の場合は会432Ⅱ）が、この規定は破産管財人にも適用されるのでしょうか。また医療法人が破産した場合、その診療録等の扱いについて破産管財人として、どのようなことに注意すべきですか。

　マイナンバー・個人情報を取り扱う際の留意点についても教えてください。

1　破産手続終了後の帳簿保存義務

　破産管財人は、破産手続において破産財団に属する財産の管理及び処分をする権限を有する（破2Ⅻ）ことから、この権限に基づいて商業帳簿を保管することになりますが、破産手続の終了が確定するとこの権限は失われますので、それとともに商法・会社法による商業帳簿等の保存義務も破産者に復すると解されます。

　したがって、破産手続の終了が確定した場合には、商業帳簿等は、原則として、破産者（破産者が法人である場合にはその代表者）に引き渡すことになります。

2　破産管財人が事実上保管する場合

　破産者が受領を拒むなどの事情により引き渡すことができず、破産管財人が破産手続終了後も引き続き事実上保管する場合、東京地裁の運用では、重要でないものは廃棄し、重要なものも破産管財人において3年間保存すればその後は廃棄して差し支えないとされています（『手引』354頁〔伊藤孝至〕）。

　保管に当たっては、重要でない書類を廃棄し、重要なものだけを保管することになりますが、分量が多いなどの事情により倉庫業者等に保管を委託する場合には、保管費用及び保管期間経過後の処分費用まで一括して見積もり、あらかじめ破産財団から支出します。この場合、必要に応じて裁判所の許可を得ます（破78Ⅱ⑬）。

3　医療法人の破産事件における診療録の取扱い

⑴　医療法人が破産した場合における診療録の管理責任

　病院又は診療所（以下「病院等」といいます）において記載された診療録は、その病院等の管理者において、5年間これを保存しなければなりません（医師法24Ⅱ）。

　医療法人の破産により管理者が欠けた場合についての一般的規定は見当たらず、その破産管財人が管理者としての権利義務を一般的に引き継ぐか否かは明らかではありませんが、委任契約が終了し以後の報酬や費用の支払われる見込みがない元管理者が、労力や費用を要する診療録の管理処分について引き続き管理者としての責任を果たすことは期待できず、他方これが破産管財人の管理処分権に服さないとな

ると、通常これが保管されている病院等の建物の処分にも支障を来します。そこで、これらの診療録は、破産財団に属する財産（動産）として破産管財人の管理処分権に服するものとして取り扱うのが相当です。

(2) 診療録の保管に際しての注意点

破産管財人が診療録を保管する場合、損害保険金の請求手続等の目的による患者からの問い合わせが頻繁に寄せられるため、これに対応することが必要となります。そのため、保管に際してはどの箱に誰の記録が入っているかを整理してリスト化した上で、倉庫業者との間で箱を特定して受渡しについてあらかじめ条件を定めて契約することが必要です。また、患者との関係でも問い合わせの手順について、実費負担を求めるか否かを含めてルールを設けることを検討すべきでしょう。

(3) 診療録を転医先に引き渡す場合

医療法人は破産手続開始決定により解散しており（医療法55Ⅰ⑥・Ⅲ②）、医業継続は困難です（医業継続の可否・当否の判断について、永島正春「特殊な債権者を擁する破産事件(6)」『新・実務大系』381頁以下参照）。

したがって、破産した医療法人の入通院患者は、同一診療科目を有する近隣の病院等に転医させるのが原則となります。これに伴い、転医させる患者の診療録を転医先の病院等に引き渡し、以後その病院等の管理者において保管することとした例もあります。病院等の管理者が保存義務を負うという医師法の趣旨からすると、診療録の原本を患者に交付するのは相当でないと考えられます。

あるいは、診療録をそのまま引き渡すのではなく、重要事項を要約した引継資料（診療情報提供書）を作成してそれのみを転医先の病院等に引き渡すという方法もあります。この場合、診療録自体は破産管財人において保管を継続します。

4 マイナンバー（個人番号）・個人情報を取り扱う際の留意点

(1) 個人情報

破産管財業務においては、従業員をはじめとする多くの個人情報を取り扱います。破産管財人の過失によりこれらの個人情報が流出し、本人に損害を与えた場合には、不法行為責任を負うリスクがあるので、個人情報の取扱いには注意する必要があります。具体的には、法人破産事件において個人情報を含む紙の資料がある場合には、破産管財業務に必要なもの以外は裁断又は溶解の方法により処分します。また、パソコンを処分する際にはデータを消去します。

(2) マイナンバー（個人番号）

法人破産事件において破産法人がマイナンバーを保有していた場合、破産管財人が引き継ぐことがあります。行政手続における特定の個人を識別するための番号の利用等に関する法律では、何人も、同法19条各号のいずれかに該当する場合を除き、他人のマイナンバーを含む特定個人情報を収集し、又は保管してはならないとされているため、破産管財人は、同法19条各号のいずれかに該当するか否かを判別し、該当事由のない特定個人情報があれば、速やかに消去します。　〔鶴巻　暁〕

234　〔第3章〕　換価・破産管財人の職務

Q 105　財団から放棄された不動産の売却のための清算人の選任

　破産管財人が放棄した建物の任意売却のために清算人に選任されたいわゆる「スポット清算人」の業務の留意点や実務上の工夫を教えてください。また、破産管財人とスポット清算人が併存する場合の建物消費税の申告方法を教えてください。

1　スポット清算人とは

　破産手続開始後、破産管財人が破産会社の不動産を破産財団から放棄すると、当該不動産は破産会社の管理下に移ります（『条解』1171頁）が、破産手続開始は解散事由になる（会471⑤）ことから、当該不動産の換価には別途清算手続が必要になります。清算手続を行う清算人の選任方法は会社法478条によりますが、破産手続開始前の取締役との委任関係（会330）が破産手続開始によって終了する（民653②）ことから、同条1項1号により従前の取締役が清算人になるとは解されず、同条2項により、利害関係人の申立てにより裁判所が清算人を選任するものと考えられます（最二小判昭43.3.15民集22巻3号625頁参照）。

　したがって、担保権者や株主等の利害関係人が裁判所に対し清算人選任の申立てをすることになりますが、通常、破産会社の事情を知っている従前の破産管財人が当該不動産の売却のためだけに清算人として選任され、売却と代金の処理を終了した段階で、清算人の選任決定が取り消されています。このような運用を、「スポット清算人」と呼んでいます（『実践マニュアル』487頁参照）。

2　スポット清算人の留意点や実務上の工夫

(1)　任意売却手続が成立しなかったとき

　スポット清算人が選任されても、結果的に不動産の売買が成立しなかった場合には新たな不動産の売却先を探索するまでの義務は想定されていませんので、スポット清算人は、裁判所に対し清算人選任決定取消しの上申書を提出し、裁判所から清算人選任の取消決定を得て、その任を解いてもらう必要があります。

(2)　清算人の登記

　清算人の住所は登記事項になります（会928Ⅲ）が、スポット清算人のプライバシー保護の観点から、清算人個人の住所の登記を回避することが要請されます。

　この点、不動産の移転登記をする場合、登記義務者である清算人の資格証明書と印鑑証明書が必要になりますが、裁判所から選任された清算人の場合、選任決定正本（又は謄本）を資格証明書として利用でき、また、当該決定には清算人の住所が記載されていることから、当該住所の記載された清算人個人の印鑑証明書を提出することで、不動産の移転登記をすることが可能です。したがって、実務上、スポッ

ト清算人の住所を登記しない運用が可能です。

(3) 印 紙 税

不動産売買代金の受取書には印紙税がかかりますが（印紙税法2、別表第一6項第17号）、受け取った金銭がその受取人にとって営業に関しないものである場合には非課税となります。印紙税法上、一般に弁護士等の行為に関して作成される受取書は営業に関しないものと取り扱われており（印紙税法基本通達別表第一第17号文書26）、裁判所から選任された弁護士が破産管財人名義で作成する受取書は非課税文書になると解釈されていますので、弁護士がスポット清算人に選任された場合も同様の扱いが受けられると考えられます。

3 破産手続係属中にスポット清算人が選任された場合の税務

(1) 破産手続係属中のスポット清算人の選任

破産管財人が破産財団から放棄した資産について、破産手続係属中に買手がつくことがあります。破産手続の法的安定性確保の観点等から、破産管財人が財団放棄の意思表示を撤回することはできないと考えられているので、売却を実現するために、破産手続中にスポット清算人が選任される場合があります。

(2) 固定資産税の日割精算分の処理

スポット清算人の不動産売却年度の固定資産税が、破産法148条1項3号の財団債権（破産手続開始年の場合）又は同項2号の財団債権（破産手続開始年の翌年以降の場合）になる場合、特段の事情がない限り、不動産売却時に買主から受領した固定資産税の日割精算分は破産管財人に交付するべきであると考えます。

(3) 建物消費税の処理

破産会社に、スポット清算人と破産管財人という2人の申告義務者が併存している場合、スポット清算人は破産管財人に建物消費税を交付して、できるだけ破産管財人に申告してもらうべきであると考えます。

スポット清算人の任務終了前に、破産管財人の清算確定申告が終了しているような場合、すでに破産管財人が行った破産会社の清算確定申告に、スポット清算人が行った建物売却に関する預かり消費税の申告漏れがあることになりますので、原則として、スポット清算人が清算確定申告の修正申告をすることになります。

もっとも実務においては、破産管財人の行った清算確定申告を取り下げ、清算人としての清算確定申告をした事例もあります。当該事例では、破産管財人が清算確定申告において消費税の還付を受けていたため、本来であれば、当該還付金をいったん国庫に戻す必要があることになりますが、税務署に事案を説明して、スポット清算人の清算申告における還付金額と破産管財人が還付を受けた金額との差額（おおむね建物の預かり消費税額）を納付することで、破産管財人の受けた還付金を返金しないでよい扱いになりました。このような事例を参考に、具体的な手続を税務署とよく相談する必要があります。

〔谷津朋美〕

第4章

破産実体法

第 **1** 節　**否認権**

Q **106**　否認権行使に当たっての調査・確認事項

　破産管財人が、次の各場合に否認権行使を検討するに際しては、どのような調査・確認を行うべきでしょうか。

① 破産会社が代表取締役の親戚からの借入金に対して、破産手続開始申立直前に弁済をしていた場合

② 破産者が破産手続開始申立直前に甲の乙に対する債務の保証人となっていた場合

③ 支払不能となった時期と否認対象行為の先後関係を受益者に争われそうな場合

1　破産法における否認権

　破産法における否認権とは、破産手続開始決定前になされた債権者を害する行為の効力を否定して、債務者の財産を原状に復させる権限をいいます。

　否認対象行為について破産法は、財団となるべき財産を直接減少させて債権者すべてを害する詐害行為（破160）と特定の債権者が優先的に弁済等を受けることで債権者平等を害する偏頗行為（破162）に大きく二分して扱いを定め、要件を明らかにしています。

2　否認対象行為の調査、相手方との交渉、保全処分

　破産管財人が否認権を適切に行使すべきことは、その善管注意義務の範囲に属します。したがって、着任後直ちに申立書類、帳簿その他の関係書類、関係者の事情聴取・情報提供等を通じて、否認対象行為がないか調査・確認しなければなりません。

　否認対象行為が発見された場合、まずは相手方と交渉して早期に和解的解決を図ることも検討すべきです。結果的に和解に至らなくても、交渉の過程で事実関係や相手方の現状・対応等に関する情報が得られ、今後の手続選択の判断に資することがあります。

　また、破産管財人に内定された段階で得た情報によって否認権の行使が予想される場合には、開始決定前に利害関係人の申立てにより又は職権で保全処分を発令することができますので（破171）、申立代理人等を通じてその申立てを促すなどの措置を講じることが有益な場合があります。開始決定後、破産管財人はこの保全処分手続を続行することができます（破172）。

3　偏頗行為の否認・非義務行為の否認（設問①）

　設問①の場合、偏頗行為の否認（破162）、又は非義務行為の否認（破162 I ②）が問題となります。

238　［第4章］破産実体法

(1) 偏頗行為否認

　偏頗行為の否認は、支払不能（又は破産手続開始の申立て）後には破産手続による平等弁済を強制することが妥当だという考えに基づくもので（「破産手続開始の効果の前倒し」であるとも説明されます。岡正晶「否認権(3)」『新・実務大系』482頁）、支払不能（又は破産手続開始の申立て）後の弁済行為のうち、債権者が支払不能等の事実を知っていた場合には否認できるとするものです。設問①では、破産手続開始申立前なので支払不能後の弁済か、被弁済者がこれを知っていたかを調査することになります。

(2) 非義務行為の否認

　破産者の義務（時期も含みます）に属さない行為については、支払不能前であっても、その30日以内の行為は例外的に否認できることとして、否認の対象範囲を拡張しています（ただし債権者が行為当時、他の破産債権者を害する事実を知らなかった場合を除きます）。したがって、設問が弁済期前の弁済（非義務行為）であれば、これらの要件を調査することとなります。

　なお、弁済の相方が、代表取締役の親戚である点で破産者の親族（破162Ⅱ①）に該当するか問題となりますが、該当しないとしても、親戚であれば支払不能や破産債権者を害する事実を知っている場合が多いと考えられます。

(3) 借入資金による弁済

　設問で、第三者から新たに借り入れた資金によって弁済したという場合には、いったん債務者の手元に資金が入る一方、直ちに弁済すれば債権者が入れ替わっただけとも見得ることから、否認の対象になるかについては争いがあります。

　この点、「借入当時から特定の債務の弁済に充てることが確実に予想され、それ以外の使途に用いるのであれば借り入れることができなかったものであって、破産債権者の共同担保となるのであれば破産者に帰属し得なかったはずの財産」である場合には、否認対象とならない旨判示した判決があります（最二小判平 5.1.25民集47巻1号344頁。**Q114**参照）。

4 無償行為の否認（設問②）

　設問②では、詐害行為のうち無償行為の否認（破160Ⅲ）が問題となります。これは、支払停止（又は破産手続開始申立て）後、またはその前6か月以内にした無償行為（及びこれと同視すべき有償行為）を否認するものです。破産者や相方の主観的要件は必要ありません。また、無償行為時に債務超過であることやその無償行為により債務超過になることは要件とされません（再生事件に関する最一小判平29.11.16民集71巻9号1745頁）。

　設問の場合、破産者が甲から保証料等を得ていない限り無償と見てよいでしょう。この点、破産者は求償権を取得することや乙が融資行為を行っていることなどから無償性を否定する見解もありますが、求償権は保証の対価性を有さず、また受益者にとっての無償性は補強的なものに過ぎないことから、無償性は否定されない

と考えられます（大判昭11.8.10民集15巻1680頁、『条解』1079頁）。

5 支払不能の時期（設問③）

　支払不能は、支払能力を欠くために、弁済期にある債務を一般的かつ継続的に弁済できない状態であることが必要です（破2 XI）。そこで、破産者が、弁済期に債務を履行し外形上事業を継続していた場合に、破産管財人が否認権を行使しようとする際、受益者から、破産者が支払不能となった時期と否認対象とされる行為の時期の先後関係について争われるケースが考えられます。

　この点、欺罔により融資を受けるなど無理算段をして支払を継続していた場合（高松高判平26.5.23判時2275号49頁）や返済見込みのない借入れにより債務を弁済して事業継続していた場合（広島高判平29.3.15金判1516号31頁）に支払不能を認めた裁判例があります。そこで、支払不能の判断に当たっては、弁済期が到来した債務の履行や事業継続の外形的事実だけでなく、支払能力等の実情の調査・確認が必要な場合もあるといえます（加瀬野忠吉（司会）ほか「《パネルディスカッション》否認における支払不能の意義と機能」債管160号（2018年）15頁以下参照）。

〔辺見紀男〕

Q 107 否認の訴えと否認の請求における請求の趣旨の記載

　次のような否認の請求又は否認訴訟を提起する場合、請求の趣旨をどのように記載すべきでしょうか。
　①　動産の処分に対する否認権行使の場合
　②　不動産の処分に対する否認権行使の場合
　③　不動産の移転登記に対する否認権行使の場合
　④　債権譲渡に対する否認権行使の場合

1　否認の請求又は否認の訴えの法的性質

　否認の請求又は否認の訴え（以下「否認請求等」といいます）の請求の趣旨の記載について、過去の判例は、否認請求等の法的性質を形成訴訟と解して請求の趣旨には否認の宣言を記載すべきとしていました。しかし、近時の判例・通説は、否認請求等の法的性質を給付・確認訴訟と解し、請求の趣旨には否認の宣言を不要として、物の引渡しや金銭の支払など否認権行使の結果として生じる相手方の義務を記載すれば足りるとの立場をとっています。

2　動産の処分に対する否認権行使（設問①）

　破産者が動産に関して行った偏頗行為（支払不能後の代物弁済など。破162）や詐害行為（破産手続開始決定前6か月以内の無償譲渡など。破160Ⅲ）に対し否認権を行使する場合、破産管財人としてはその後に当該動産を現実に管理処分を行う必要があることから、請求の趣旨として当該動産の引渡しを求めるのが通常です。この場合の請求の趣旨は——

> 　相手方（被告）は、請求人（原告）に対し、別紙動産目録記載の動産を引き渡せ。

となります。
　また、動産の引渡しではなく処分行為の無効の確認を求める場合も考えられます。例えば、破産者が支払不能後にある動産に対し譲渡担保権を設定し、譲渡担保権者は占有改定により対抗要件を具備していたところ、破産者は破産管財人に対し破産手続開始後にその動産の占有をそのまま引き継いだという場合です。この場合には、破産管財人が当該動産を現実に占有していますので、請求の趣旨に動産の引渡しを含める必要はなく、単に処分行為（譲渡担保権の設定行為）が無効であることを確認すれば足りることとなります。そこで、請求の趣旨は——

Q107　否認の訴えと否認の請求における請求の趣旨の記載　　241

> 　請求人（原告）と相手方（被告）との間において、別紙動産目録記載の動産について、相手方（被告）が譲渡担保権を有しないことを確認する。

となります。

3　不動産の処分行為に対する否認権行使（設問②）

　破産者が不動産に関して詐害行為（破160）や偏頗行為（破162）を行った場合、破産管財人は不動産登記の原因行為（売買契約や抵当権設定契約）を否認することができます。この場合に、破産管財人は上記原因行為に基づいて行われた登記の抹消登記手続ではなく、否認の登記手続（破260）を求めることとなります（最一小判昭49.6.27民集28巻5号641頁）。

　請求の趣旨の記載は、例えば抵当権設定契約を否認した場合には――

> 　相手方（被告）は、請求人（原告）に対し、別紙物件目録記載の土地について＊＊法務局平成＊＊年＊＊月＊＊日受付第＊＊＊号抵当権設定<u>登記原因</u>の破産法による否認登記手続をせよ。

となります。対抗要件の否認の場合と区別するために<u>下線部</u>のように原因行為を否認する旨を明示します。

4　不動産の移転登記に対する否認権行使（設問③）

　上記3は不動産登記の原因行為を否認した場合ですが、登記の具備行為が対抗要件否認（破164）の要件を充たす場合には、破産管財人は登記具備行為自体を否認することも可能です。対抗要件としての抵当権設定登記を否認する場合の請求の趣旨は――

> 　相手方（被告）は、請求人（原告）に対し、別紙物件目録記載の土地について＊＊法務局令和＊＊年＊＊月＊＊日受付第＊＊＊号抵当権設定<u>登記</u>の破産法による否認登記手続をせよ。

となります。

　なお、動産や知的財産権のうち権利の得喪、変動に登録が必要な財産権（自動車や船舶など）については否認の登記の規定が準用されています（破262、260）ので、請求の趣旨の記載方法については上記の記載例を参考にしてください。

5　債権譲渡に対する否認権行使（設問④）

　破産者が債権譲渡を通じて詐害行為や偏頗行為を行った場合の請求の趣旨の記載方法は、第三債務者がすでに弁済等をしているかによって変わります。

⑴　第三債務者が支払を留保している場合

　破産管財人は対象債権を破産財団に復帰させる必要がありますので、請求の趣旨

には──

> 請求人（原告）と相手方（被告）との間において、請求人（原告）が別紙債権目録
> 記載の債権を有することを確認する。
> 　相手方（被告）は、別紙債権目録記載の債権の債務者に対し、同債権が否認権行使
> の結果、破産者＊＊の破産財団に復帰したことを通知せよ。

というように、債権譲渡通知を求める旨を記載することになります（福岡高判昭
32.11.26下民集 8 巻11号2191頁）。

　もっとも、後者に関しては、否認権行使後も第三債務者が通知の不存在を理由に
支払を拒んだり、否認権が行使された後に相手方が第三者に債権を譲渡したりする
おそれのない場合には省略してもかまわない（『はい 6 民』299頁）、又は記載しない
のが一般的である（『手引』231頁〔土屋毅＝長谷川健太郎〕）との実務上の運用がなさ
れています。

(2)　第三債務者が供託している場合

　この場合の請求の趣旨は──

> 請求人（原告）と相手方（被告）との間において、請求人（原告）が別紙供託金目
> 録記載の供託金について還付請求権を有することを確認する。

となります。

(3)　第三債務者が債務を弁済し終えている場合

　対象となる債権を破産財団に復帰させることができませんので、破産管財人は価
額償還請求を行うことになります。この場合の請求の趣旨は──

> 相手方（被告）は、請求人（原告）に対し、金＊＊円及びこれに対する本件否認の
> 請求書（本訴状）送達の日の翌日から支払済みまで年 3 分の割合による金員を支払
> え。

となります。遅延利息の起算日は否認権行使時（相手方に否認の請求書又は訴状が到
達した日）と解されています。なお、この場合を偏頗弁済が行われた場合と同様に
考えて、遅延損害金の起算日を金銭受領日とする考え方もあるようです。

〔岩知道真吾〕

Q 108 否認の要件 ①
──詐害行為否認

　Ａ社はＢ社の100％子会社です。Ａ社は、破産手続開始申立ての２年前に、Ｂ社の債務を担保するために、その唯一の資産である不動産をＢ社の債権者に対して担保提供し（担保権者：Ｂ社債権者、主債務者：Ｂ社、担保設定者：Ａ社）、当該担保提供によってＡ社の債務・責任の総額がその積極財産を上回る結果となりました（なお、Ａ社が支払不能・支払停止に陥ったのは破産申立ての１年半前より後であるものとします）。この場合、当該担保提供は否認の対象となるでしょうか。

　また、Ａ社が信用力不足のために第三者から直接に融資を受けることができず、上述した担保提供（担保権者：Ｂ社債権者、主債務者：Ｂ社、担保設定者：Ａ社）と同時に親会社であるＢ社から当該不動産の適正価額相当の融資を受けていた場合には、当該担保提供は否認の対象となるでしょうか。

1　第三者のための担保提供と否認（設問前段）

　設問で問題となる担保提供行為は、提供者Ａ社が破産申立てを行う２年前になされており、当時Ａ社は支払不能・支払停止ではなかったことから、偏頗行為否認の対象とはなりません。そこで以下では専ら詐害行為否認の該当性について検討することになります。ここで、破産法160条１項柱書では「担保の供与」行為を適用対象外と規定しますが、これは、計数上は資産の減少と負債の減少が同額だけ生ずるため（『注釈下』100頁〔上野保〕）であるところ、本件の担保提供はＡ社自らの債務のためのものではなく、Ｂ社という第三者のための行為であり、上記柱書の趣旨が妥当しないものと解されます。担保提供者であるＡ社はＢ社の100％子会社ですが、事実上Ａ社がＢ社の一部署に過ぎないなど、Ａ社に対して法人格否認の法理が適用されるような特段の事情がなければ、上記柱書の適用はなく、本件担保提供につき詐害行為否認の該当性を検討するに支障はないものと解されます。

　なお、Ａ社が支払停止に陥ったのは破産申立ての１年半前より後とのことであり、本件担保提供が破産申立ての２年前に行われていることから、支払停止の後又は支払停止の前６か月間に行為が行われたことを要件とする無償行為否認（破160Ⅲ）は検討の余地がありません。また、本件担保提供は支払停止・破産申立てより前に行われていることから破産法160条１項２号も適用の余地がなく、結局、同条同項１号の該当性を検討することになります。

2　第三者の既存債務に対する担保提供と否認可能性

　ところで、第三者への担保提供行為について、判例は一貫してこれを無償行為と捉え、破産法160条３項の要件を充たすものは無償行為否認の対象となるとしてい

ます（最二小判昭62.7.3民集41巻5号1068頁、大阪高判平22.2.18判時2109号89頁等）。この点、当該担保提供によってＡ社がＢ社に対して取得する求償権等を当該行為の対価と見て、その無償行為性を否定する考え方もありますが、担保提供によって当該不動産の交換価値を受益者であるＢ社の債権者に把握されてしまうこと、上記のとおり、提供者自身の債務ではない第三者の債務のための担保提供であることなどを考えると、これを無償行為と見るのが合理的といえましょう。そして、当該担保提供によりＡ社は債務超過になり、実質的危機時期に陥ったとも考えられ得ることなどを踏まえると、本件無償行為である担保提供行為により、単純に不動産の交換価値相当分が外部に流出したことで、Ａ社の債権者に対する詐害性を帯びるものと考えられますから、Ａ社がこのような詐害の事実を認識し、かつ受益者であるＢ社の債権者が詐害の事実を知っていた場合には、破産法160条1項1号に基づき、当該担保提供は、否認の対象となり得るものと解されます。

設問では、受益者であるＢ社の債権者は、Ｂ社を通じてＡ社の資産状態に関する情報（とりわけＡ社の唯一の資産の交換価値が、自社によって把握されること）を入手し得ることから、その悪意が認められやすいと見ることも可能でしょう。ちなみに、このような否認権行使を争う立場からは、Ａ社は、当該担保提供の結果なされたＢ社への融資によって与信上の効果等、一定の利益を享受できるように至ったものとして、そもそも、当該担保提供行為の有害性を争う可能性もあると考えられます。

3 救済融資に伴う担保設定と否認・同時交換的行為と否認（設問後段）

設問後段では、Ａ社が行った担保提供は、Ａ社自身の信用力が不足していることから、100％親会社であるＢ社の信用を利用して第三者から金融を得るという、救済融資を行うことを目的としています。

救済融資では、融資行為と担保設定行為を同時又は後者を先行させて行われることが多い（これを「同時交換的行為」と呼びます）のですが、担保提供とこれに伴う融資を別個の行為と見て、一般的な既存の債務に対する担保設定行為と同様、否認の可能性につき、行為ごとに検討することは妥当とはいえません。この点を配慮して、破産法は、同時交換的行為の場合には、否認対象となる偏頗行為には当たらないものとして、金融機関による緊急融資の妨げにならないように配慮しています（破162Ⅰ柱書）。

設問では、Ａ社の担保提供により、Ｂ社を通じてＡ社には融資金が調達されていますので、まさに上記の同時交換的な行為の場面といえ、また、上述したとおり偏頗行為否認は検討の余地がありませんが、別途、詐害行為否認については検討の余地があります。すなわち、当該担保提供により、一般債権者に対する共同担保は融資額分増額する代わり、提供された担保物件分目減りすることになりますし、担保提供行為を経済的に見れば、担保物件を売却して資金調達した場合と同様の実体が

あるといえますから、仮に、担保提供の結果、適正価額相当の融資を受けていたとしても、適正価額による不動産物件の売却の場合（破161）に準じ、同条の類推適用を考えることが可能です。ちなみに、不動産所有者が直接借入を受けた債権者のために譲渡担保を設定した事案で、本設例とは場面が異なりますが、判例にも「〔引用者注：旧〕破産法72条1号に基づく否認権の行使を否定するためには、特別の事情のないかぎり、譲渡担保の目的物件の価額とその被担保債権額との間に合理的均衡の存することを要する」と判示しているものがあります（最二小判昭43.2.2民集22巻2号85頁）。

　設問でも、当該担保設定により、融資額と担保物件の価額の間に合理的な均衡が存する場合には、161条1項2号の類推適用により、当該破産者において、融資金につき隠匿等の処分の意思を有しており、しかも設定を受けた相手方がそのような破産者の意思を知っていたなどの事情がない限り、否認の対象にはならないといえます。

　なお、設問後段のようなケースでは、B社自身の当該第三者から受けた従前の固有借入分についても、その被担保債権に合算するかたちでA社が担保提供する場合もしばしば想定されますが、この場合も上記の合理的均衡が求められることになるでしょう。

〔樋口　收〕

Q 109　否認の要件 ②
——適正価格売買の否認

　A社は破産直前にその所有する不動産をB社に売却して相当の対価を得ました。破産法は相当の対価を得てした財産処分行為を否認するには「破産者が隠匿等をする意思」を有していたことを要件としていますが、A社がその対価を次のように用いた場合、財産隠匿の意思をどのように考えればよいでしょうか。
　①　A社の使用人らの給与の支払に充てた場合
　②　無資力のC社に対する無担保融資に充てた場合
　③　相当対価の半分を使用人らの給与に支払に充て、残り半分を上記のC社に対する無担保融資に充てた場合

1　適正価格売買の否認

　不動産を適正価格により売却する行為が否認の対象となるか否かについては、旧法下において議論がありましたが、現行法は161条に「相当対価を得てした財産の処分行為の否認」を規定し、適正価格による不動産等の処分については原則として否認の対象とならないものとしつつ（破161Ⅰ柱書）、例外的に否認の対象となる場合の要件を明確に規定しています（破161Ⅰ①～③）。

2　否認権行使の要件

　適正価格による不動産等の処分についての否認権行使の要件（破161Ⅰ）は、①当該行為が、不動産の金銭への換価その他の当該処分による財産の種類の変更により、破産者において隠匿、無償の供与その他の破産債権者を害する処分（「隠匿等の処分」）をするおそれを現に生じさせるものであること（客観的要件）、②破産者が、当該行為の当時、対価として取得した金銭その他の財産について、隠匿等の処分をする意思を有していたこと（破産者の主観的要件）、③相手方が、当該行為の当時、破産者が隠匿等の処分をする意思を有していたことを知っていたこと（相手方の主観的要件）の3つです。

　設問では、処分対価の使途が問題とされています。この点、いかなる使途が「隠匿等の処分」に該当するかについては解釈の余地がありますが、破産法が破産債権者を害する処分の例示として「隠匿」と「無償の供与」をあげていることからすると、これらと同視できるような使途に限定されるものと考えられます。

3　設問の検討

(1)　設例①について

　A社の使用人らへの給与の支払は事業継続のために必要不可欠ですし、「隠匿」や「無償の供与」と同視できる使途であるとはいえませんので、隠匿等の処分をす

Q109　否認の要件 ②　　247

る意思を有していたとは認められないと考えます。なお、判例は、詐害行為取消訴訟に関して、「有用の資」に充てるための売却については、それが適正な価格である限りは詐害行為にならないとしており（大判大6.6.7民録23輯932頁）、生活費に充てた事案（前掲大判大6.6.7）、子女の学費に充てた事案（最一小判昭42.11.9民集21巻9号2323頁）について、「有用の資」に充てた場合に当たるとしています。このような従前の判例の考え方からしても、使用人らへの給与の支払に充てる場合は、「有用の資」に充てた場合に当たり、隠匿等の処分をする意思を有していたとは認められないと考えられます。

(2) 設例②について

A社から無資力のC社に対する無担保による融資は、実質的に「無償の供与」と同視できるものといえますので、隠匿等の処分をする意思を有していたと認められると考えます。したがって、破産管財人において相手方の主観的要件を立証できた場合には、否認権の行使が認められるものと考えます。

(3) 設例③について

設例①、設例②のとおり、使用人らへの給与の支払については隠匿等の処分をする意思を有していたとは認められず、他方、C社に対する無担保融資については隠匿等の処分をする意思を有していたと認められ得ると考えます。

ところで、このように処分対価の一部の使途について隠匿等の処分をする意思を有していたと認められる場合、処分行為全体について否認権を行使できるか否かが問題となり得ます。この点、私見では、処分対価の一部について隠匿等の処分をする意思を有していたと認められる場合も、相手方が悪意である場合には、処分行為全体について否認権を行使できるものと考えます。特に、設例③では、処分対価の半分もの金銭が無担保融資に充てられていますので、処分行為全体について否認権の行使が認められるべきでしょう。

設例③とは異なりますが、例えば処分対価のほとんどが使用人への給与支払に充てられ、わずかの金額が無担保融資に充てられた場合は、隠匿等の処分の意思を有していなかったと評価され得るものと考えます。なお、ある行為の一部について詐害行為性が認められる場合にその行為全体を否認できるか否かという問題については、更生手続における根抵当権設定契約の否認に関する事案において、第一審判決（東京地判平15.9.29判タ1181号140頁）が否認の対象範囲を他の債権者を害する範囲に限定したのに対し、第二審（東京高判平16.10.13判タ1181号132頁）と最高裁（最三小判平17.11.8民集59巻9号2333頁）が根抵当権設定契約の全体について否認することを認めた事例があります。

否認を認めた場合、B社の反対給付の価額償還請求権については、C社に対する無担保融資相当額を破産債権として、使用人らへの給付相当額を財団債権として取り扱うことが考えられます（破168Ⅱ③。『伊藤』638頁）。

〔加藤寛史〕

Q110 否認の要件 ③
―― 偏頗行為否認

A社の債権者B社は、現在より相当前、A社の財務状況が健全であったときに、A社の有する債権について「A社が支払停止に至ったこと」などを停止条件とする債権譲渡担保契約を締結していました（債権譲渡登記は具備していません）。その後A社が支払を停止したため、債権者B社は直ちに、その契約の約定によりA社に代わって債権譲渡の通知をし、その債権の債務者から弁済金を回収しました。

その後、破産手続開始決定がなされましたが、この停止条件付債権譲渡行為を否認できるでしょうか。

1 停止条件付債権譲渡担保契約が利用された背景

債務者の行う商取引において発生する売掛金債権等を担保とする債権譲渡担保は、不動産等の適当な担保提供資産を持たない事業者が資金調達を行うための手段として広く利用され、現在及び将来の債権を包括的に譲渡する、いわゆる集合債権譲渡担保も、譲渡対象となる債権が他の債権から識別できる程度に特定されている限り、その担保としての有効性に争いはありません（最三小判平11.1.29民集53巻1号151頁、最二小判平12.4.21民集54巻4号1562頁）。

しかし、当該債権譲渡を受けた債権者が第三者対抗要件を具備するためには多数の第三債務者に対して通知等を行う必要がある一方で、通知等を行った場合に債務者の信用不安を招くおそれがあることや多数の通知等を行うこと自体の煩雑さなどを理由として、実務的には、当該債権譲渡時（担保設定時）に通知等を行うことは敬遠され、実際に担保を実行するときに初めて通知等を行って対抗要件を具備する方式が多く利用されてきました（通知留保型）。さらに、単なる通知留保型によると債務者が法的倒産手続に入ったときに対抗要件具備行為を否認されるおそれがあることから、集合債権譲渡担保の法的構成に技巧的な工夫が重ねられ、担保設定時には譲渡予約のみを行い、支払停止等の事由が発生した時点で債権者が予約完結権を行使する方式（予約型）や、担保設定時には債権譲渡の効力を発生させず、債務者の支払停止等の事由が発生した時点でこれを停止条件とする債権譲渡の効力が発生する方式（条件型）も考案されました（飯島敬子「集合債権譲渡担保契約の否認」判タ1108号（2003年）20頁）。設問のような停止条件付譲渡担保契約は、このような背景のなかで登場した債権譲渡担保のひとつの類型です。

2 停止条件付債権譲渡契約と否認をめぐる法的構成と最高裁判例の判旨

設問の場合に否認対象として考え得るのは、①平常時になされた停止条件付債権

譲渡担保契約の締結、②停止条件成就による危機時期における債権譲渡、及び③当該債権譲渡に係る債権譲渡通知です。

設問のような場合に旧破産法72条2号によって否認を認める判例（最二小判平16.7.16民集58巻5号1744頁、最三小判平16.9.14金法1728号60頁）が現れる以前は、否認を否定する見解とともに、主に、①・②の債権譲渡自体を否認制度の潜脱であるとして旧法72条1号又は2号による否認を認める見解や、①の契約締結を旧法74条における起算点として同条の対抗要件否認を認める見解等が有力に唱えられていました（山本和彦「停止条件付債権譲渡と否認権」NBL794号（2004年）40頁）。

判例（前掲最二小判平16.7.16）は、問題となった停止条件付債権譲渡契約について「その契約締結行為自体は危機時期前に行われるものであるが、契約当事者は、その契約に基づく債権譲渡の効力の発生を債務者の支払停止等の危機時期の到来にかからしめ、これを停止条件とすることにより、危機時期に至るまで債務者の責任財産に属していた債権を債務者の危機時期が到来するや直ちに当該債権者に帰属させることによって、これを責任財産から逸出させることをあらかじめ意図し、これを目的として、当該契約を締結している」と評価し、これを旧「破産法72条2号の規定の趣旨に反し、その実効性を失わせるものであって、その契約内容を実質的にみれば、上記契約に係る債権譲渡は、債務者に支払停止等の危機時期が到来した後に行われた債権譲渡と同視すべきものであり、上記規定に基づく否認権行使の対象となると解するのが相当である」と結論付け、停止条件付集合債権譲渡契約について、実質的にこれが旧法72条2号の規定の趣旨に反するものであるとして、当該契約に基づいて危機時期になされた債権譲渡（前述の②）を同項の否認対象となるものと判示しました。また、このような場合に対抗要件否認を認めるか否か、この判例では明示されていないものの、これを否定するものではないと考えられます。

これは旧法下の事件ですが、現行法の下でも支払停止を停止条件とする債権譲渡担保契約が偏頗行為否認（破162）の規定の趣旨に反することに変わりはなく、否認対象になり得ると考えられます。

3 結 語

以上より、設問の事案においては、まずは停止条件付債権譲渡担保契約に基づく債権譲渡を偏頗行為として否認すべきです（破162Ⅰ①）。

なお、設問は停止条件付債権譲渡契約（条件型）の事案ですが、上述した予約型の債権譲渡担保契約においても、この判例の趣旨は妥当すると考えられます（東京地判平22.11.12判時2109号70頁）。

〔佐々木英人〕

Q111 否認の要件 ④
―― 偏頗行為否認における支払不能要件

相手方が破産者の支払不能を了知していた疑いがある行為について、否認権行使を検討しています。どのような調査・確認を行うべきでしょうか。また、支払不能を判断し、相手方が了知していたことを立証するための具体的な手法には、どのようなものがありますか。

1 破産法における「支払不能」の意義と機能

破産法における「支払不能」とは、債務者が、支払能力を欠くために、その債務のうち弁済期にあるものにつき、一般的かつ継続的に弁済することができない状態をいいます（破 2 XI）。破産法上、破産手続開始原因（破15 I）や相殺禁止（破71 I ②等）、偏頗行為否認（破162 I ①等）の要件事実として定められており、平時における債務者の自由な財産処分権や個々の債権者が有する債権の強制履行を求める権利の制限が開始される基準として機能します（『条解』40～41頁）。

2 管財業務で問題となる場面及び検討の視点

管財業務では、相殺禁止や否認権の場面で、かつ支払停止（破71 I ③、162 I イ後段等）前の行為や、支払停止後の行為であっても除斥期間の制限にかかった行為（破166）について特に問題となります。

支払不能は裁判官による評価を必要とするいわゆる規範的要件と考えられます。そこで、立証に必要となる重要な事実（評価根拠事実や評価障害事実）の存否を、実体法的観点のみならず訴訟法的観点（立証可能性）から検討することが不可欠です（『実践マニュアル』255頁）。このことは、主観要件である受益者の悪意についても同様です。

加えて、否認権行使等が破産財団の増殖及び破産債権者に対する配当の増加を目的とする以上、「当該事案の処理として、当該行為の否認権や相殺禁止を主張することが必要かつ相当か」という機能的観点からの分析も必要です。

3 実体法上の問題点（債務不履行の要否）

(1) 債務不履行の要否

従来、債務不履行が現にひとつでも発生していることを要するとする見解（必要説）が有力でした。近時は、間近い時期に債務不履行が生じることが確実な場合や、粉飾や無理算段による資金調達により支払能力が糊塗されたに過ぎない場合には不要とする見解（いわゆる無理算段説）も有力です（『条解』41～43頁、『大コンメ』21～22頁〔小川秀樹〕、『注釈下』131頁〔髙井章光〕。高松高判平26.5.23判時2275号49頁は無理算段説を採用しているとされます）。

⑵ 私的整理の申入れ

再建計画の実施により、大口債権者からの支払猶予やスポンサーによる支援を得て、支払能力が回復する可能性が生じることもあります。しかし、提案された再建計画がまったく合理性を欠くような濫用的事例では、そのような効果を認めるべきではないでしょう（全国銀行協会「新破産法において否認権及び相殺禁止規定に導入された「支払不能」基準の検証事項について（平16.12.6全業会第78号）」金法1728号49頁にも同様の言及があります）。

なお、結果として私的整理が実現せずに最終的に破産に至った場合には、私的整理を申し込んだ当初から支払不能状態が継続していたものとすべきとする見解（『大コンメ』653頁〔山本和彦〕、加瀬野忠吉（司会）ほか「《パネルディスカッション》否認における支払不能の意義と機能」債管160号（2018年）32頁〔松井健二発言〕）も提唱されています。

4 訴訟法上の問題点（立証活動）

⑴ 債務者の客観的支払能力

債務者の具体的な資金繰りの検討は不可欠で、債権・債務の相手方、金額及び弁済期等を具体的に特定した上で、客観的な支払能力が不足していたことを立証する必要があります。近時の裁判例に従って、債務不履行前の無理算段を原因とする支払不能を主張する場合には、特に詳細な分析が不可欠です（無理算段の具体的な評価根拠事実は、加瀬野（司会）ほか・前掲パネルディスカッション20頁以下に詳述されています）。

総勘定元帳や当時の資金繰り表は極めて有力な資料となりますが、倒産直前の混乱により資料の散逸や事実との離齬があることはままあるため、通帳等の客観的資料を確認することに加えて、破産者や当時の会計担当者から実情を聴取することを怠らないようにしましょう。

受益者から「債務者の将来収入や信用による補填の可能性はあった」との反論がなされることは多いので、あらかじめ受益者側の弁解を確認しておくのが一般です。逆に、大口取引先からの取引打ち切りや、重要設備の損壊、原材料の調達困難や不能、経営に重要な人物の就労不能等の事情により事業の遂行や労務の提供が不能となっている場合には、債務者の将来収入や信用が極端に低下することとなります。このような事情がある場合には、欠かさず主張します。

⑵ 受益者の悪意

法人内部者や親族等、債務者との関係性が密である場合には、悪意推定規定（破162Ⅱ①、161Ⅱ）が適用されます。

それ以外の第三者については、個別の事情をもとに悪意を立証する必要があります。特に相手方が銀行等の金融機関や重要な取引先であれば、決算書のみならず資金繰り表等の詳細な財務情報が提供されている場合がありますので、債務者の経理担当者に直接確認します。

逆に、それ以外の取引先や個人は、債務者の支払能力を知り得る特殊な関係（代表者から告知を受けた、外形上知り得る特殊な事情があったなど）がない限り、立証は容易でないことが多いところです。

　なお、受益者の債権回収行為に先立ち、仮差押えの申立てがなされている場合には、保全の必要性として、申立人たる受益者が債務者の支払不能に関連する事情を疎明していることが考えられます。申立書や受益者の陳述書に受益者が債務者の支払不能を認識していたことが端的に示されていることもあります。裁判記録を謄写することで効果的な立証が可能になる場合もあります。

(3)　行為時の認識と評価の齟齬

　否認権の成否につき受益者の悪意が争点となる事案では、受益者の認識していた事実の有無が争われている場合（事実存否型）と、受益者が認識していた事実には争いはないものの、その事実を認識した結果、破産者の「支払不能」を知っていたといえるかという評価の争いがある場合（評価の争い型）があります。

　後者の場合、仮に行為の当時受益者側が「支払不能」でないと判断していたとしても、事後的に「「支払不能」を基礎付ける事実」を認識しているがゆえに受益者が悪意と判断される場合があります。受益者が容易に理解し難い構造であることから、任意の交渉の段階では、受益者に対する説明の方法を工夫するなどの対応が必要となる場合があります。

　また、否認請求や否認訴訟の段階では、申立書等を当該事件の争点が事実存否型か評価の争い型かを留意しながら作成するなどして、適切な争点形成を心がけることが、早期解決や実効的な解決に有用であるように思います。

〔上升栄治＝入坂剛太〕

Q 112 否認権行使の効果
——債権の復活と届出

① 破産直前に銀行に対して破産者がした弁済を破産管財人が偏頗行為として否認し、弁済した金員の返還を受ける場合、遅延利息はどのように扱うべきでしょうか。

② 破産管財人が破産者の銀行に対する貸付金の弁済を偏頗行為として否認した場合、相手方が破産者に対して有する債権はどの時点で復活するのでしょうか。また、否認権行使の結果、相手方の債権が復活する場合、この相手方は債権届出をする必要はありますか。すでに一般調査期日が終了していた場合、相手方は債権届出をすることができるのでしょうか。

1 否認権行使の効果

破産者のした弁済が否認された場合、破産管財人は、相手方に対し、弁済によって受領した金員の返還を請求することができます。否認権が行使されると、当該行為は破産財団との関係で相対的に無効となり、破産財団は原状に復します（破167Ⅰ）。否認権の法的性質についての議論に基づいて、否認権行使の効果に関しても議論があります。例えば、否認権が破産管財人によって行使されると、破産者から受益者などに移転した財産権は当然に破産財団に復帰するが、この復帰は観念的な権利の移転を意味するので、実際に破産管財人がその財産権を管理処分するためには、相手方から任意に目的物の返還を受けるとか、引渡しなどを求める強制執行をするなどの具体的行為が必要になると説かれています（『伊藤』628頁）。

このような考え方からすると、否認権の行使により破産財団は観念的に原状に復しますが（破167Ⅰ）、破産管財人が現実に財団を回復するためには目的物の占有の移転を求めることになり、また、設問のような弁済否認の場合には、弁済金相当額の金員の返還請求をすることになります。

2 遅延した場合の利息の利率

このように、弁済否認の場合、相手方は破産者から受領したのと同額の金銭の返還義務を負いますが、その場合、受領日から起算した法定利息を支払う義務を負います（『伊藤』628頁、『条解』1131頁、『破産法大系(2)』〔佐藤鉄男〕584頁。最一小判昭41.4.14民集20巻4号611頁も、代物弁済を否認した事例ですが、目的物に代わる価格とともに代物弁済日からの法定利息を返還すべきものとしています。『手引』232頁〔土屋毅＝長谷川健太郎〕、『注釈下』158頁〔髙木裕康〕は、「遅延損害金」と表現しています。なお、詐害行為取消権に関しては法定利息ではなく遅延損害金が請求された事案として、最二小判平30.12.14民集72巻6号1101頁参照）。

この場合の利率について、否認対象行為が商人間の行為である場合につき通説は

254 ［第4章］ 破産実体法

商事法定利率説をとり（『伊藤』628頁、『条解』1076頁）、判例も商人間の行為である事例において「否認の相手方が取得した金銭が商行為に利用されるものと認められる場合」には利率は年6分（最一小判昭40.4.22民集19巻3号689頁。前掲最二小判平30.12.14も同旨）としますが、弁済された否認対象債務が商行為によるときは商事、そうでないときは民事法定利率とする見解もあります（『条解』1093頁注2）。

　もっとも、民法債権関係の改正に伴い、商事法定利率を定める商法514条は削除されたので、その施行後は遅延損害金の率は民法の定める法定利率によることになります。そして改正債権法は、法定利率について変動利率性を採用し、金銭債権の不履行による損害賠償の額は「債務者が遅滞の責任を負った最初の時点における法定利率によって定める」としています（改正民419）。この起算点について、『伊藤』628頁注351は、基準の明確性の観点から、「否認対象行為のとき」としています。

3　債権の復活

　ところで、破産法169条は、偏頗弁済が否認された場合、相手方がその受けた給付を返還したときは、相手方の債権が復活すると定めています。相手方の返還義務が先履行義務として存し、これが果たされたとき、すなわち破産管財人に返還されたときに相手方の債権が復活するとするものです。相手方の返還義務と債権復活の間に同時履行の関係はなく、相殺することもできません（『伊藤』644頁、『論点解説上』253頁〔石井教文〕）。相手方が一部の給付を返還した場合には、その割合に応じて債権も復活します。なお、相手方の債権の復活に伴い、そこに付されていた物的担保や人的担保も復活すると解されています。

4　債権届出について

　復活した債権につき破産手続において権利行使するには、破産債権届出が必要です（破111）。債権者の責めに帰すべき事由がない場合を除いて、一般調査期間の経過又は一般調査期日の終了までに債権届出をしないと、破産手続において権利を行使することができません。そこで、上記のように債権が復活したのが、一般調査期間の経過又は一般調査期日の終了よりも前の時点であれば、債権者はそれ以前に債権届出をすべきことになります。事件の進行状況によっては、一般調査期日が続行され債権調査が済んでいない事例も多いと思われます。その場合には急ぎ届出をすべきですし、破産管財人も、事実上届出を促すことになりましょう。

　これに対して、すでに一般調査期間が経過し、あるいは一般調査期日が終了している場合には、破産管財人の否認権行使によって債権が後日復活するに至ったものですから、債権者の責めに帰し得ない事由によって届出ができなかったものと解してよいと考えられます（『条解』1093頁）。また、この場合、届出期間経過後に生じた債権と考える見解もあります（『論点解説上』253頁〔石井〕及び同書引用文献）。いずれの考え方でも、債権復活後1か月の不変期間内に届出をすれば足りると解されます。なお、否認権の行使を受けた場合、債権が復活する場合に備えて予備的届出をしておくという方策も考えられます（『条解』1093頁）。　　　　〔伊藤　尚〕

Q 113　否認の訴えと否認の請求の異同等

　　否認の訴え（否認訴訟）を提起すべきか、否認の請求によるべきかで迷っています。
　　否認訴訟と否認の請求の手続の違いや、否認の請求における立証上の留意点や審理に要する期間、実務的なノウハウなどについて教えてください。

1　否認の訴えと否認の請求の異同

　否認権は、訴え、否認の請求又は抗弁によって、破産管財人が行使するものと定められています（破173Ⅰ）。

　否認の訴えや否認の請求事件は、破産裁判所の専属管轄です（破173Ⅱ）。ここにいう破産裁判所とは、破産事件が係属している官署としての地方裁判所のことを意味します（破2Ⅲ）が、東京地裁の場合、事務分配上、否認の訴えは通常部で審理するのに対して、否認の請求は破産再生部で審理することになっています（『手引』229頁〔土屋毅＝長谷川健太郎〕）。また、大阪地裁でも、否認訴訟は通常部に配てんされるのに対し、否認の請求は当該破産事件を担当している裁判官が審理を行うのが原則となっています（『はい6民』294頁）。

　否認の訴えでは訴額に応じた手数料（印紙）の納付が必要ですが、否認の請求では手数料（印紙）を納める必要はありません。

　否認の請求をするときには、破産管財人は、その原因となる事実を疎明しなければなりません（破174Ⅰ）。疎明は、即時に取り調べることのできる証拠によらなければなりません（民訴188）ので、ある事実を疎明するために第三者を証人として呼び出さなければならないのであれば、疎明になじみません。このように証拠方法に制限があることも、否認の訴えとの大きな違いです。他方で、否認の訴えでは、争いのある事実は「証明」する必要がありますが、否認の請求では、「疎明」で足りますので、疎明資料に基づき一応確からしいとの程度の心証を裁判官に与えればよく、この点においても否認の訴えとは異なっています。ただし、否認の請求では、相手方又は転得者の審尋が必須とされています（破174Ⅲ）ので、無審尋で決定が得られるわけではありません。

　否認の訴えは判決手続で処理されますので、判決が確定するまでに最低でも数か月かかることが予想されます。これに対して、否認の請求は決定手続で迅速に処理されますので、決定の送達から確定までに1か月を要する（破175Ⅰ）ことを加味しても、否認の請求の方が時間の節約ができる可能性が高いといえます。ちなみに東京地裁破産再生部では、否認の請求があった場合、おおむね2週間程度先に審尋期日を指定し、原則として1回で審尋期日を終了させ、できる限り速やかに判断す

256　　［第4章］　破産実体法

るという運用がなされています（『手引』229頁〔土屋＝長谷川〕）。

　否認の請求を認容する決定に不服がある者は、決定の送達を受けた日から1か月以内に異議の訴えを提起することができます（破175Ⅰ）。他方で、否認の請求に対して、破産管財人が棄却又は却下決定を受けたとしても、破産管財人は異議の訴えを提起することはできません。否認請求の棄却又は却下決定には既判力がありませんので、別途、否認の訴えを提起することが理論上は可能ですが、疎明に成功せず請求認容の決定が得られなかったにもかかわらず否認の訴えを提起するのでは、迅速な解決手段を与えるという制度趣旨に反することになりますので、例外的な場合に限られると考えられます（『はい6民』292頁）。

　異議の訴えが提起された場合には、否認の訴えと同様に、判決手続によって判断がなされることになります。この訴えも破産裁判所の専属管轄です（破175Ⅱ）が、東京地裁の場合、事務分配により通常部で審理されます。異議の訴えの全部又は一部に理由がある場合には、判決で、否認の決定を取り消し又は変更することとなりますが、異議の訴えに理由のない場合には、判決で否認の決定を認可することとなります（破175Ⅲ）。

2　手続の選択

　立証に人証が必要な場合には否認の訴えを提起するほかありません。このような問題がなければいずれの手続も選択できますが、相手方が強く争う意思を表明しており決定に対して異議の訴えが提起されることが当初から予測される場合には、否認の請求に要した時間が無駄になりますので、否認の訴えを提起すべきです。

　これに対して、相手方が強く争うか否かが必ずしも明確ではなく、疎明上の問題もない事案においては、争点が複雑で決定手続になじまない事案を除き、まずは否認の請求を申し立てることを主眼に検討すべきでしょう。なぜなら、否認の請求の手続の方が、否認の訴えに比べて期間とコストの点において有利な上に、否認の請求の手続途中に話し合いができる可能性もあり、さらに、話し合いがまとまらず決定に至った場合でも、裁判所の公的な判断があることで相手方にも一定の納得感が生まれ異議の申立てなく決定が確定する可能性も高いものと考えられるからです。

　なお、否認の訴え提起（破78Ⅱ⑩）と異なり、否認の請求の申立ては破産裁判所の許可事項となっていませんが、破産事件の帰趨に大きな影響を与えますので、申立てに当たっては当該破産事件を担当する裁判所（裁判体）との事前の協議が必要です（『手引』229頁〔土屋＝長谷川〕）。疎明資料の有無や必要性の問題も含めて裁判所と協議の上、手続を選択する必要があります。

〔佐長　功〕

Q114 否認対象である弁済の
当事者双方の破産管財人となっている場合の処理

　私は、Ａ社と、その代表者であるＢの双方の破産管財人です。Ａ社は破産
直前に、Ｂに対して借入金の本旨弁済をし、Ｂはその資金をそのまま即日、
債権者Ｃに対して本旨弁済しました。Ａ社とＢは同日に破産しています。
　債権者Ｃへの本旨弁済は、否認の要件充足に争いがあるため、和解をして
弁済金のうち一部の返還を受けようと思いますが、Ａ社・Ｂの双方の破産管
財人である私は、その資金をＡ社、Ｂのどちらの破産財団に帰属させるべき
でしょうか。なお、Ａ社・Ｂ間の弁済は、否認の要件を充たしています。

1 問題の所在

　Ａの破産管財人が弁済を否認する場合に、その弁済の相手方Ｂも破産している場
合、否認の結果Ｂに対して行使する請求権は、破産債権か否か、さらに、ＢがＡ社
から得た資金をそのままＣへ移転している点は、どのように評価されるか（特に、
借入金による弁済事案に関する判例がどのように考慮されるべきか）などが問題になり
ます。

　まず、Ａ社からＢに対する借入金の弁済、及びＢからその債権者Ｃに対する弁済
のそれぞれが否認できるとすると、どのような処理をするべきか検討してみます。

　この両方の弁済の否認が可能だとしても、Ｂも破産しているので、否認の結果Ｂ
に対して行使する請求権は、破産債権となるのが原則です。とすると、Ｂの破産手
続の配当率にもよりますが、Ｃから取り戻した資金は、そのほとんどがＢの債権者
の満足のために使われ、Ａの債権者の満足のために寄与する割合は限られたものと
なってしまいます。

　このような処理が常に妥当といえるか、いえないとすれば、別の処理を考えるこ
とができるのかが、ここでの問題点として検討されるべきです。

2 転得者に対する否認

　破産手続において、否認権の行使は、否認の対象となる行為をした者（受益者）
を相手方とするのが原則ですが、破産法170条は、一定の要件の下に、否認の対象
となる行為によって移転した財産を受益者からさらに移転を受けた者（転得者）に
対しても否認権を行使できると定めています。

　設問では、Ｂの破産管財人として債権者Ｃに対し否認請求をして和解することを
考えているようですが、まず、Ａの破産管財人として転得者Ｃに対する否認請求を
することが考えられます。

　この場合、転得者Ｃに移転した財産が、動産や不動産であれば、その特定性は問
題がないでしょうが、本件のような金銭である場合に、特定性があるのかというこ

258　[第4章]　破産実体法

とが問題となります。

　この点については議論が存するところで、学説的には、破産者から逸失した財産が金銭である場合については、否認権行使を否定するべきだという考えも強いようです。ただ、例外的に否認権行使を認めた裁判例もあります。東京地判平 7 . 5 .29（判時1561号71頁）は、転得者が破産会社の親会社であり、親会社として破産会社に行わせていた事業の業績が思わしくなく、かつその身売先も見つからなかったことから、転得者である破産会社の親会社が、破産会社の当時の代表者に破産会社の株式を引き取らせた上で新出資者を探すこととし、その代金の一部を破産会社から当時の代表者に貸し付けさせ、その資金を代表者から転得者に支払わせていたという事案で、破産会社からの代表者に対する貸付金と代表者から転得者に対する株式売買代金の支払は、破産会社が銀行から借り入れた金員を同銀行における破産会社の口座から転得者の指定した口座に直接送金したものであり、代表者の一般財産を構成することなく、その特定性を有したまま、転得者に取得されたものであるとして、転得者に対する否認を認めています。

3　借入金による弁済事案に関する判例

　さらに、似たような考え方をとっているものとして、借入金による弁済事案に関する判例も、検討に値すると考えられます。

　最二小判平 5 . 1 .25（民集47巻 1 号344頁）は、破産者が、特定の債務の弁済に充てる約定の下に借入れを行い、この約定に従って弁済をなした事案において、この弁済は否認の対象とはならないと判示しました。この事案は、貸主は、破産者が特定の債務の弁済に充てることを約さなければ貸付けを行わなかったし、破産者の借入債務は、弁済された債務と比較して利率等その条件は厳しくなかったという事案ですが、最高裁は、借入当時から特定の債務の弁済に充てることが確実に予定され、それ以外の使途に用いるとすれば借り入れることができなかった金員は、破産債権者の共同担保となるのであれば破産者には帰属しなかった財産といえるから、このような金員をもって借入先との約定どおりに弁済をなしたとしても、その弁済は破産債権者の共同担保を減損するものではなく、否認の対象とはならないと判示しました（Q106参照）。

4　本件の解決方法

　本件は、債権者Cへの弁済は否認の要件充足が微妙であるという事案であり、Aの破産管財人として転得者Cに対し直接否認請求ができたかどうかは議論のある事案であったかもしれません。

　Bの破産管財人として和解金を受領した場合、これをBの破産財団に帰属させるのか、Aの破産財団に帰属させるのかは、弁済のなされた具体的事情を勘案して、全体的な公平性から結論を出すべきものと考えます。事情によっては、上記判例等を参考にしつつ、その全額をAの破産財団に帰属させるのが妥当な場合もあると考えられます。

〔佐藤順哉〕

Q 115 濫用的会社分割と否認権行使

　債務超過会社である分割会社Ａ社が新設分割により優良な事業部門に関する権利義務のみを新設会社Ｂ社に承継し、分割の対価であるＢ社株式を取得して直ちにＣ社に譲渡した後、Ａ社が破産申立てをしました。
　Ａ社の破産管財人は会社分割について否認権を行使することができるでしょうか。Ａ社が分割の対価であるＢ社株式を保有したままの状態であった場合はどうでしょうか。

1　組織法上の行為と否認権行使の可否

　新設分割（会2③）には、事業に関して有する権利義務の全部又は一部の承継という財産上の行為とともに新設会社の設立という組織法上の行為を含むことから、破産法上の否認権の対象となるかが問題となります。

　この点について、①組織法上の行為とは会社法上の説明概念にとどまること、②新設分割について詐害行為取消や否認権の適用を否定する明文の規定はないこと、③会社分割無効の訴えと否認権とは要件も効果も異なる制度であることなどに鑑みれば、積極に解することが妥当であり、裁判例や学説も積極説を採用しています。

2　否認の類型についての議論

　本件のような濫用的会社分割に対して破産法上の否認権を行使する場合、その根拠を破産法160～162条のいずれに求めるべきかをめぐって議論があります。

　会社分割の本質が資産・債務の一体的移転であり、その対価として新設会社の純資産ないし承継事業価値を表章する新設会社株式が交付されることに着目すれば、相当対価否認（破161）の問題として構成することが可能です。また、新設会社の承継債権者と分割会社の残存債権者間での弁済条件の著しい差異に着目し、偏頗行為（破162）の問題とする見解も主張されています。しかし、法主体の異なる分割会社と新設会社間での弁済条件の差異を偏頗行為として構成することへの疑問や、否認の相手方を承継債権者として支払不能に関する相手方悪意の立証が困難であるといった問題が残ります。さらに、承継債務の実質的価値（分割前の責任財産割合での債務価額）が移転資産の価額を下回れば破産法160条の詐害行為否認が成立するとする見解もありますが、現行破産法が債権実価について破産法162条の問題とし、詐害性判断において債務の実価を考慮しない現行法160条2項を重視する立場からの批判があります。

　いずれの見解も濫用的会社分割の特徴を捉えており支配的な見解は定立されていませんが、裁判例の集積をにらみながら個別案件に応じて破産管財人とすれば法的構成を検討すべきと思います。

3 裁判例

　いわゆる濫用的会社分割の事案において民法上の詐害行為取消権の対象となるかについては、これを是認した東京地判平22.5.27（判時2083号148頁）がリーディングケースとされ、名古屋高判平24.2.7（判タ1369号231頁）及び最二小判平24.10.12（民集66巻10号3311頁）が、新設会社に債務承継されない分割会社に対する債権者は、民法424条の詐害行為取消権を行使して債権保全に必要な限度で新設分割を取り消すことができる旨判示したことにより、この点実務上異論はないものとされています。また、破産管財人による否認権行使の可否についても、多くの地裁判例と同じく東京高判平24.6.20（判タ1388号366頁）がこれを肯定したことで、実務上決着はついたものと解されます。

　この東京高判は、事業継続に必要な一切の資産を新設会社に移転し、新設会社が取引債務のみ重畳的債務引受をした事案で債務総額に変動なく資産のみが流出したことで分割会社の責任財産が減少したことを理由に破産法160条1項1号の詐害行為否認の成立を認め価額償還請求（破168Ⅳ）を命じるとともに、詐害性ある会社分割を指導したコンサルタントへの支払指導料の返還を命じた第一審判決を支持しました。「重畳的債務引受の法形式をとっていても当事者間では分割会社から承継債務者への弁済は予定されていないから新設会社へ資産のみ流出したとはいえない」との控訴人主張は理由がないとされ、分割会社に交付された新設会社株式について資産性は認められないとの第一審判決を是認したことが注目されます。

　新設会社が承継した債務を分割会社が重畳的に債務引受した事案において、福岡地判平22.9.30（金法1911号71頁。移転不動産の一部についての所有権移転登記抹消請求を認容）は、重畳的債務引受が形式的なもので分割会社の純資産に変動がないとしても、会社分割により当該土地を新設会社株式に変更することが破産債権者を害する処分をするおそれに当たるとして、破産法161条の相当対価否認の成立を認めています。詐害性について単に計数上の財産の増減によらず、会社の状況や対価たる株式の保全、換価等の困難性を考慮し判断している点で詐害行為取消権に関する上記東京地判平22.5.27（金判1345号26頁）と同じ考えをとっています。

　適正な事業譲渡代金を原資として譲渡会社（後に破産会社）が事業譲渡の対象事業に係る債権者に対し本旨弁済を行った事案で、東京高判平25.12.5（金判1433号16頁）は、「相当の対価を得てした財産の処分行為については破産法161条1項1号から3号までに掲げる要件のいずれにも該当する場合に限り否認することができる旨を定め、否認することができる場合を明確に限定しているから、同項1号にいう「その他の破産債権者を害する処分」とは、当該処分により破産者の責任財産が「隠匿、無償の供与」に準じて事実上又は法律上減少するものに限られると解するのが相当である」とした上で、本旨弁済は同条1項1号の他の破産債権者を害する処分には当たらないと判示しました。

4 本件への当てはめ

B社株式を分割会社A社が分割直後にC社に譲渡していた場合には、その譲渡対価が適正であったか否かが問題となります。

適正価額を下回る廉価譲渡があれば、A社破産管財人はC社を相手方として破産法160条1項の詐害行為否認権を行使し、B社株式を破産財団に取り戻して別の第三者に対して適正価額での売却を行うことで、破産財団の維持増殖を図ることができます。又は新設会社B社を相手方とし、会社分割自体の対価たるB社株式は廉価譲渡価格の価値しかなくB社に移転した資産債務の総体の価値を下回ることを理由として新設分割自体について破産法160条の詐害行為否認権を行使し、移転資産の原状回復か、これに代わる価額償還を請求することもできると考えます（破167Ⅰ参照）。

A社がB社株式を保有したままの状態であれば、破産管財人は株式の適正価額で第三者に売却するか、B社に対して否認権行使するか、いずれかの方法で破産財団の増殖を検討することになります。

前述の裁判例によると、新設分割によってB社に移転した債務につきA社が重畳的債務引受を行っていた場合は、A社の負担債務は会社分割の前後を通じ変動はなく、会社分割により資産のみがB社に移転したことを理由にB社を相手とし詐害行為否認権（破160Ⅰ）を行使することができます。これに対し、B社が免責的債務引受をしている場合は、A社に残存した債権者とB社に債務引き受けされた債権者の間で著しい不均衡が生じることが問題となります。この点、承継債務の実価を基準に詐害性を問題にする見解をとることで、B社への承継債務の実価が移転資産価額を下回れば、責任財産の減少があったものとして詐害行為否認（破160Ⅰ）の構成をとることが検討されるべきと考えます。また、新設分割直後に第三者割当増資によりA社保有のB社株式が希釈化されたなどの特別事情がある事案であれば、相当対価否認（破161）の成立を検討することもできるものと考えます。

5 詐害的会社分割に関する会社法改正

2014年の会社法改正により「詐害的な会社分割等における債権者の保護」のひとつとして、承継されない残存債権者から分割会社に対する直接請求権の制度が創設されました（会764Ⅳ）。分割会社が承継会社等（新設分割では新設分割設立会社）に承継されない債務の債権者を害することを知って会社分割をした場合には、残存債権者は、承継会社等に対して、承継した財産の価額を限度として当該債務の履行を請求することができるとされています。

ただし、この請求権は分割会社につき破産手続開始の決定、再生手続開始の決定又は更生手続開始の決定がされたときは行使できないものとされています（会764Ⅶ）。

〔服部明人〕

Q 116　事業譲渡と否認権行使

① 債務超過状態にあったＡ社が申立直前にＢ社との間で事業譲渡契約を締結し、事業譲渡を実行した後に自己破産申立てを行いました。破産管財人はどのような点を調査し、どのような対応をとることが考えられますか。
② 債務超過状態にあったＡ社が100％子会社Ｂ社に対して健全な事業部門に関する権利義務のみを事業譲渡し、自己破産申立てを行って、残されたＢ社が事業を運営しています。Ａ社の破産管財人がＡ社の破産財団の維持・回復を図るにはどのような方法が考えられますか。Ｂ社がＡ社から譲り受けた事業に関する債務について重畳的債務引受をした場合、Ａ社の破産管財人は否認権行使をすることができるでしょうか。

1　破産管財人の調査と対応（設問①）

(1)　否認権行使の対象

破産法160条１項１号本文は、「破産者が破産債権者を害することを知ってした行為」について、破産管財人は破産手続開始後、破産財団のために否認することができると規定しています。債務超過状態にあったＡ社が破産申立ての直前にＢ社との間で事業譲渡契約を締結し事業譲渡を実行した行為はこれに該当し、Ａ社の破産管財人による否認権行使の対象となる可能性があるといえます。

(2)　詐害行為性の有無の調査

設問①におけるＡ社の破産管財人は、Ｂ社に対して相当な譲渡対価との差額の追加支払を求めるとともに、破産手続開始決定直前の事業譲渡が破産法160条１項１号の要件を充足するか、具体的には、破産債権者を害する行為（詐害行為）の有無、破産者の詐害意思の有無について調査する必要があります。

破産手続開始決定直前の事業譲渡は、譲渡に際して入札等の手続が実施されずに秘密裏に行われ、譲渡先や譲渡金額が決定されているケースが多いといえます。Ａ社の破産管財人は、破産者の責任財産を絶対的に減少させる行為である詐害行為といえるかに関して公認会計士と協働するなどして調査し、当該事業譲渡が適正な対価で行われたか、当該事業譲渡によって他の債権者への弁済率が当該事業譲渡を行わなかった場合に比して低下するか、破産申立て前に当該事業譲渡を行う必要性が認められるかといった観点から詐害行為性の有無について総合的に検討することになるでしょう（中原健夫「事業譲渡先行型の事業再生の留意点」野村剛司編集代表『多様化する事業再生』171頁（商事法務、2017年））。

(3)　受益者の悪意の有無の調査

また、破産法160条１項１号ただし書は、取引安全の観点から、受益者が行為の

Q116　事業譲渡と否認権行使　　263

当時に破産債権者を害することを知らなかったときは除外する旨規定しています。本来、受益者が善意であることは、受益者側が証明責任を負うと解されますが、破産管財人は、否認請求や否認訴訟を提起するか否かを判断する際の考慮要素として、受益者の悪意の有無について調査する必要があるといえます。この点、東京地決平22.11.30（金判1368号54頁。以下「東京地裁22年決定」といいます）は、事業譲渡当時破産会社の代表者と相手方の代表者が同一人であったことから相手方の詐害意思を認定した上で、破産会社の破産管財人による否認請求を認めています。

(4) 財産処分行為と相当の対価性の有無等の調査

次に、破産者が事業譲渡につき相当の対価を得ていた場合には、破産法161条1項各号所定の要件を調査する必要があります。具体的には、財産処分行為と相当の対価性の有無、隠匿等の処分のおそれを現に生じさせるものであったか否か、相手方が行為の当時、破産者の隠匿等処分意思についての悪意、すなわち、破産者が隠匿等処分意思をもって事業譲渡を行ったことを相手方が知っていたか否かといった各要件の有無を調査し、これらの要件を充足する場合は、破産管財人は否認請求ないし否認の訴えの提起を検討すべきであるといえます。

(5) 価額償還請求権の行政の検討

破産管財人としては、以上に加え、受益者に対し価額償還請求権（破168Ⅳ）を行使すべきかについて検討します。

なお、事業譲渡が「無償行為」（破160Ⅲ）に該当するとした上で、譲受会社と取引先との間の取引関係がすでに構築され、事業自体を返還することが不可能又は困難であることを理由として、破産管財人による価額償還請求（破168Ⅳ）を認め、鑑定の上、事業価値の算定を行った事案として、大阪高判平30.12.20（判タ1459号64頁）があります。

2 100％子会社に対する事業譲渡と重畳的債務引受（設問②）

(1) 破産財団の維持・回復を図るための方法

設問②では、債務超過状態にあるＡ社が100％子会社であるＢ社に対してＡ社の健全な事業部門に関する権利義務のみを事業譲渡しており、Ａ社からＢ社に対する事業譲渡は否認権行使が認められる可能性が高いといえます。また、100％子会社であるＢ社の株式をＡ社が保有している場合、株主権を行使したり、Ａ社の破産管財人がＢ社の株式を第三者に売却したりすることによって破産財団の維持・回復を図ることも考えられます。

これに対して、Ｂ社の株式に市場価値がなく第三者に売却することが困難な場合など、事業譲渡に対して否認権を行使した方が破産財団の維持・回復に資する場合には、事業譲渡に対する否認権行使を検討する必要があるといえます。事業譲渡の場合、譲受会社と取引先との間の取引関係がすでに構築され、否認対象そのものの破産財団への回復が不可能又は困難となり、価額賠償請求（破168Ⅳ）の問題となると解されます（前掲大阪高判平30.12.20）。

264　［第4章］破産実体法

(2) 重畳的債務引受がなされた場合の否認権行使

では、B社がA社から譲り受けた事業に関する負債について重畳的債務引受をした場合、A社の破産債権者を害する行為といえるでしょうか。

この問題に関連して東京地裁22年決定は、事業譲渡に際して譲受会社が破産会社の一部の債権者に対して重畳的債務引受をした事案で、重畳的債務引受をしなかった債務にかかる破産会社の債権者にとっては、破産会社の責任財産の引当てが減少することになることからすれば、破産債権者を害する行為に該当するとして当該事業譲渡は詐害行為否認の対象となるとしています。またB社が重畳的債務引受を行い、その債権者に対して一定の弁済をしていた場合は、破産会社の負債を弁済したことになり、否認権行使が認められたとしても破産財団に返還すべき価額は減少するかという点が問題となりますが、東京地裁22年決定はこれを否定しています。

(3) 破産手続開始決定前に直接履行請求がなされた場合の対応

仮に、破産手続開始決定前にA社の残存債権者がB社に対する直接履行請求権（会23の2）を行使して自己の債権を回収していた場合、A社の破産管財人は否認権の行使によって当該債権者が回収した金銭の返還を請求することができるでしょうか。

この問題については、濫用的な事業譲渡によりB社に移転した財産は潜在的にはA社の責任財産を構成し、A社の残存債権者に対する返還請求を肯定すべきという見解もあり得ると考えます。しかし、あくまでもA社の残存債権者は、A社と法主体を異にするB社から回収したものであり、事業譲渡によりB社に移転した財産はA社の責任財産を構成しないと考えるべきといえます。また、A社の破産管財人による否認権行使等による巻戻しを認めると、平時におけるA社の残存債権者による直接履行請求権行使のインセンティブが希薄化してしまいかねません。さらに、詐害行為取消権者には、自らが回収した金銭について事実上の優先弁済権が認められていること（大判大10. 6 .18民録27輯1168頁、改正民424条の9）との均衡から、直接履行請求権による債権回収も許容されるべきといえます。また、否認権の対象という点からは、事業譲渡の譲渡会社（破産者）であるA社の残存債権者が譲受会社であるB社に対する直接履行請求によって債権を回収した場合、B社からの支払は破産者であるA社の行為によるものとはいえず、直接的には否認権の対象とならないと解されます。

よって、A社の破産管財人は、否認権行使等により、A社の残存債権者に対して、その者が破産手続開始決定前に会社法上の直接履行請求権によって回収した金銭の返還を請求することはできないと考えます。

次に、A社の債権者間の平等を図るため、B社から直接履行請求権に基づき債権を回収したA社の残存債権者とA社の他の残存債権者との間で、配当額を調整することの要否が問題となります。

この点、A社の残存債権者は、A社の破産手続開始前の事業譲渡が否認された場

合に、直接履行請求権を行使して破産債権となるべき債権について弁済を受けたときでも、その弁済を受ける前の債権の額について破産手続に参加することができ、当該Ａ社の残存債権者は、他の同順位の破産債権者が自己の受けた弁済と同一の割合の配当を受けるまでは最後配当を受けることができないこととするといった、民事再生法89条が定めるホッチポット・ルールの規律を参考に配当調整を行い、債権者間の平等を確保すべきとの指摘もあります（三森仁「会社分割に関する規定の整備」倒産実務研究会編『倒産法改正への30講』186頁（民事法研究会、2013年）。ホッチポット・ルールの内容につき、『伊藤』909頁）。

　Ａ社の債権者間の平等を確保する要請は否定できないものの、立法論としてはともかく、現行破産法がこのような場合の配当調整に関する規定を設けていない以上、Ａ社の破産管財人としては配当調整を特段行わないという対応をせざるを得ないと考えます。

〔岡　伸浩〕

Q 117 申立代理人の報酬と否認権行使

　Aの破産事件の申立代理人が過大な弁護士報酬を受け取っていると考えられる場合、Aの破産管財人は、どのような点に留意して調査を行い、どのような対応をとるべきでしょうか。

1　多くの事案は適正かつ妥当な報酬

　多くの事案では、申立代理人は適正かつ妥当な弁護士報酬を受け取り、申立準備、申立て、破産管財人への引き継ぎ、その後の説明等の対応、自然人の事案では免責許可決定を受けるまでの対応をしているといえるでしょう。

　破産事件は債務者の限られた財産を適切に分配する手続ですが、法的整理である破産手続を選択し、速やかに破産手続が開始できるよう申立業務を行うことは、債権者や利害関係人全体の利益に適うことになりますので、適正かつ妥当な弁護士報酬は、共益的な費用と考えられ、その意味では否認等の問題とはなりません。

2　過大な弁護士報酬が疑われる場合

　ところが、申立代理人が弁護士報酬を取り過ぎているのではないかと疑われる事案が見受けられることがあります。そのきっかけは、申立代理人がその役割を適切に果たしていないのではないかと破産管財人が感じる場合にあると思われます。端的にいえば、この程度の仕事、又は破産財団の保全等で重大なミスをしているのに、この報酬額は適当であるのか、というところにあるのではないでしょうか。

　単純に破産手続開始申立ての弁護士報酬が高い場合のほか、容易に回収できる売掛金等の回収業務の報酬も受けている場合、過払金回収の報酬が高い場合（例えば、回収額からの報酬が高く、減額報酬も受け取っている場合）、途中で申立代理人を解任等され、申立代理人としての業務が終わった場合の出来高報酬的な場合など、様々な場面があります。

　弁護士は、申立代理人の立場にも破産管財人の立場にもなる可能性がありますので、破産手続に対する信頼の面を考慮する必要があるでしょう。

3　適正かつ妥当な弁護士報酬とは

　破産申立てを行う債務者（申立人）と申立代理人との契約は委任契約で、弁護士報酬規程が廃止された後は、ある意味で自由に報酬額を定められるようにも思われますが、適正かつ妥当な報酬額である必要があります（弁護士職務基本規程24。申立代理人の立場での留意点はQ15、『倒産処理と弁護士倫理』27頁〔富永浩明〕、『実践フォーラム』226頁以下を参照してください）。

　下級審裁判例ですが、神戸地伊丹支決平19.11.28（判タ1284号328頁）は、「その金額が役務の提供と合理的均衡を失する場合、合理的均衡を失する部分の支払行為

は、破産債権者の利益を害する行為として否認の対象となりうる」「本件のような報酬支払行為の否認事件においては、弁護士と依頼者の意思にかかわらず、他の破産債権者を害する限り報酬金等の支払いを相当と認めることはできないのであるから、弁護士報酬の相当額を判断するにあたっては、弁護士が依頼者を相手方とする弁護士報酬請求事件において当事者の意思が報酬額算定における重要な要素の一つとなるのと異なり、客観的な相当額を算出する必要がある」「受任した事件について着手金及び報酬金等の相当額を、事件の難易、弁護士が費やした労力及び時間、その成果等の諸般の事情を総合考慮し、さらに廃止前の報酬規程や弁護士会の報酬規定も参照した上で算出し、それを基準として、否認権行使の対象となるかどうかを判断する」としています。東京地判平21.2.13（判時2036号43頁）、東京地判平22.10.14（判タ1340号83頁）も参考になります（他の裁判例について、『法人マニュアル』295頁以下〔赤木翔一〕、『地位と責任』に掲載のものを参照してください）。

4 破産管財人の調査

調査を要する場合、申立代理人が受け取った弁護士報酬額を確認することになります。この点は、破産管財人への引継現金や引継予納金額の報告のなかで明らかになっていることが多いでしょう。明らかでない場合は、申立代理人に確認することになります（別途報酬額を予定している場合はその額も確認します）。

次に、破産管財人としては、その弁護士報酬額が適正かつ妥当なものであるかの検討を行います。「客観的な相当額」は、明確にこの金額であると決まるものではなく、幅のあるところですので、少々高額ではないかという程度の場合、5の最終的な解決との関係でどこまでの対応が可能か慎重に検討する必要があります。

過去には、廃止前の報酬規程と予納金の基準（経済的利益を考慮したもの）を加味していたと思われますが、現在の予納金の基準では、少額管財等の予納金が最低20万円となっていますので、そのまま適用できるわけではないことになります。

5 解決に向けた対応

まずは、話し合いでの解決を目指します。破産管財人としての見解をまとめ、申立代理人に対して任意に返還を求めます。当該破産事件の担当裁判官に相談し、申立代理人との面談の機会を設けてもらい、和解交渉を行う場合もあります。

また、弁護士会の紛議調停やADRを利用することも考えられます。同業者による仲裁的な解決を模索するわけです。

このような話し合いでの解決が難しい場合には、否認権行使となります（『実践マニュアル』254頁参照）。その場合、詐害行為否認（破160Ⅰ①）、又はもともと支払義務がない場合には無償行為否認（破160Ⅲ）となります。行使方法としては、否認の請求、否認訴訟があります。その行使に当たっては、事前に担当裁判官によく相談した方がよいでしょう。否認の請求、否認訴訟いずれの場面でも、その係属中に和解による解決が図られることもあります。

〔野村剛司〕

Q 118 第三者名義の預金債権への質権設定に対する否認権行使

破産会社Ａの債権者であるＢ銀行が、Ａとは別の法人であるＣ名義のＢ銀行に対する定期預金債権に対してした質権設定について、破産会社Ａの破産管財人が否認権を行使できるのは、どのような場合でしょうか。

1 担保提供と否認類型

既存債務について担保権を設定した場合について、破産法は「担保の供与又は債務の消滅に関する行為は除く」（破160Ⅰ柱書かっこ書）として、担保権の設定行為は、詐害行為否認の対象とはならないことを明文化しています。そして、破産者が特定の債権者に対して負担する「既存の債務」についてした「担保の供与」を一定の要件の下に偏頗行為否認の対象としています。すなわち、破産法162条1項1号は、①破産者が「支払不能」（破2Ⅺ）になった後にした行為について、②破産者が「破産手続開始の申立て」があった後にした行為について、相手方である債権者の主観を要件として、原則として、偏頗行為否認の対象となるとしています。また、偏頗行為のうち、支払不能後の非義務行為については相手方である債権者が知っていたものと推定し（破162Ⅱ②）、支払不能前の非義務行為については否認の対象を拡大しています（破162Ⅰ②）。

2 第三者名義の定期貯金債権に対する質権設定行為が否認対象行為となるか

設問では、破産会社Ａ名義ではなく、第三者Ｃ名義の定期預金債権に対して質権が設定されています。そこで、このような行為が、否認対象行為となるかを検討します。

この点、旧破産法下において、第三者名義の定期貯金が実質的に破産者に帰属するものであったとして当該預金債権への質権設定行為が旧破産法72条1号の故意否認の対象となるとされた事案があります（旧破産法72条1号では担保設定行為についても故意否認の対象から除外されていませんでした。東京高判平21.1.29金法1878号51頁）。

当該事案は、破産した会社に対し投資資金等を融資していた銀行が、当該投資による収益を管理していた破産会社（甲社）の完全子会社（乙社）から破産会社代表者が全出資を保有する有限会社（丙社）に送金された金員を預金とした定期預金について、質権の設定を受けた行為が否認権行使の対象となるか否かが争われた事案です。

(1) 預金債権の帰属

設問においては定期預金が第三者名義でなされていますので、否認権を行使する

ためには、破産会社Ａの破産財団に属する財産に対する担保設定行為と認められる
必要があります。預金の帰属については、預入行為者が特に他人のために預金をす
る旨を明らかにしていない限り、預入行為者が預金者であるとする主観説と出捐者
をもって預金者とする客観説の争いがありますが、判例は客観説を採用していると
されており（無記名定期預金について最一小判昭32.12.19民集11巻13号2278頁、記名式定
期預金について最二小判昭52．8．9民集31巻４号742頁。なお、普通預金については客観説
的なアプローチをとっているか否かは明確ではないとされています。最二小判平15．2．21
民集57巻２号95頁）、出捐者をもって預金者とする判例の立場からすると、預金の出
捐者が誰かについての検討が必要となります。

　上記判例の事案では、資金の流れに沿って２段階の検討がなされ、第１段階とし
て、預金の原資は乙社が出捐者であるものの、第２段階として乙社は甲社の完全子
会社であり、乙社の財産は甲社が管理していたことをあげて、預金債権は実質的に
甲社に帰属するとの結論を導いています。また、段階ごとの検討に加え、取引の経
緯、当事者の関係、当事者の認識等を考慮した場合、取引全体を総合的に検討し
て、預金債権の原資の実質的帰属者が破産会社甲であるとして、預金の出捐者を破
産会社甲であると認定しているものと考えられます。

（2）　否認権の対象となるのは破産者の行為のみか第三者の行為も含むか

　現行法下においても、否認権の対象となるのは破産者の行為のみか、第三者の行
為も含むのかについては明文で手当てがなされることなく解釈に委ねられています
（『倒産法概説』282頁以下〔沖野眞已〕）。詐害行為否認のうち破産者の害意を要件と
する場合には、これを認定するための資料としても破産者自身の行為もしくは破産
者の加功行為又はそれと同視される第三者の行為が要求されると考えられるもの
の、偏頗行為否認の場合には、破産者の詐害意思にかかわりなく、破産債権者に
とって有害なものとして否認の対象とされますので、たとえ第三者の行為であって
も、その効果において破産者の行為と同視されるものと認められれば、否認の成立
が認められると考えられています（『条解』1066頁）。

3　否認権行使の要件

　設問については、第三者名義の定期預金が破産会社Ａに帰属し、この定期預金の
担保供与行為がその効果において破産会社Ａの行為と同視されると認められる場合
には、担保の供与が、既存の債務についてなされたものとして破産法162条１項１
号の要件該当性を検討することになります。また、単に債務が存在するだけでは、
担保供与義務があるとは認められず（『伊藤』577頁以下）、破産会社Ａの破産管財人
が、非義務偏頗行為であるとして否認権を行使できる否かは、破産者と債権者との
間に担保を供与する旨の特約が存するか否かによることになります。

　ただし、破産法は、融資と担保権の設定が同時になされた場合等のいわゆる同時
交換的行為を偏頗弁済の対象から除外しています（破162①柱書かっこ書）。この問
題についてはQ108を参照してください。　　　　　　　　　　　　　　〔浅野貴志〕

270　　［第４章］　破産実体法

Q 119 三者間合意による相殺と否認権行使

　A社に勤務する従業員Bが、A社に属する従業員で構成するC組合から金銭の借入れを受けるに際して、A社に対する借入時の退職金債権相当額を担保とした上で、毎月の給料から一定金額を借入金債務と相殺することを合意して、金銭の借入れを受けました。

　A社が、この相殺合意に基づいて毎月の従業員Bに対する給与から3万円を控除した上で給与の支払を行い、その後Bが破産手続開始決定前に退職するに当たって借入れ残金について退職金から控除した場合、Bの破産管財人は給料からの控除や退職金からの控除に対して否認権を行使することはできるでしょうか。なお、本件合意締結時点においては、Bは支払不能の状態ではありませんでした。

1　賃金全額払いの原則との関係

　労働基準法24条1項は、賃金の支払について、通貨払い、直接払い、全額払いの各原則を定めており、この規定は、賃金債権については使用者が労働者に対して有する反対債権をもって相殺することを禁止する趣旨も含むと解されています。

　もっとも、労働者の賃金債権等と使用者の労働者に対する債権との相殺合意の効力については、当該合意が労働者の自由な意思に基づいてされたものであると認めるに足りる合理的な理由が客観的に存在するときは、労働基準法24条1項本文に違反しないとされています（最二小判平2 .11.26民集44巻8号1085頁）。

2　相殺に対する否認権の行使

　破産法上、相殺適状が債務者の危機時期に作出されるなど、その相殺を許すと債権者間の公平を害すると見られる一定の範囲の相殺は禁止されます（破71、72）。しかし、相殺禁止規定には触れないものの他の債権者を害する相殺行為に関しては相殺濫用論や相殺に対する否認権行使の可否が論じられてきました。そして、相殺は債権者の一方的行為であり破産者の行為を含まないことを理由に相殺に対する否認権行使を否定する見解が通説・判例とされています（最一小判昭40 .4 .22判時410号32頁、前掲最二小判41 .4 .8、前掲最二小判平2 .11.26など）。

　もっとも、本件に類似する事案で、ある県の公立学校共済組合Yが公立高校の教員甲に対して貸金債権を有しており、甲の退職後に給与支給機関である県知事Zが地方公務員等共済組合法115条2項に基づき甲に代わって退職手当金をYに支払った行為につき、甲の破産管財人Xが破産法72条2号によりZの弁済行為を否認し、退職手当金相当額の支払をYに対して求めた事件について、Zの弁済は甲自身の手により行われたものではないものの、法律上は甲が退職手当金を現実に受領してY

Q119　三者間合意による相殺と否認権行使　　271

に支払った行為と同視できるとして、否認の対象とした裁判例があります（福岡高判昭62．2．25判タ641号210頁）。

3 差押禁止規定の効力が及ぶ範囲

　民法は、差押禁止債権の相殺を禁止しており（民510）、民事執行法は、給与、退職手当及びその性質を有する給与に係る債権については、その給付の4分の3に相当する部分の差押えを禁止しています（民執152Ⅰ②、152Ⅱ、Ⅲ）。

　当該債権が弁済等により存在のかたちを変えた場合に差押禁止規定の効力が及ぶ範囲については、差押禁止は法律に掲げられた債権そのものに限られ、当該債権以外の債権や現金等の変形物については、有体動産の差押禁止規定に触れない限りは原則として何らの差押制限に服することはないとする説が多数説とされています。前掲福岡高判昭62．2．25も、破産宣告（現在は破産手続開始決定）前に退職手当金が退職者に支払われてしまえば、その金員は特段の事情のない限り混合によって退職者の一般財産に帰属し、民事執行法152条2項の適用はなくなり、その後に退職者が破産宣告を受ければ破産財団となるべきものであって、自由財産とはならず否認権の対象になる旨判示しています。

　したがって、Bが破産手続開始決定前に退職し、退職金の支払も終えていると見られる設問のケースでは、差押禁止規定の適用は問題にならないと考えられます。

4 三者間相殺の可否

　設問では、A社、C組合及び破産者Bの三者間で相殺合意がなされています。このように形式的に見れば債権債務の対立のない三者間合意に基づく相殺は、破産手続上、破産管財人や他の債権者との関係で有効なものと認められるでしょうか。

　三者間相殺の倒産局面における有効性については、従前から学説・裁判例ともに見解が分かれていましたが、最二小判平28．7．8（民集70巻6号1611頁）は、リーマン・ブラザーズ証券の破綻に伴う国内法人の再生手続において、再生債務者に対して債務を負担する者（別の証券会社）が、その兄弟会社（親会社を同じくする複数の株式会社）が再生債務者に対して有する再生債権を自働債権としてする相殺は、あらかじめ三者間相殺の合意がなされていたとしても認められないと判示しました。これは民事再生法の規定の文言及び再生債権者間の公平・平等を重視し、相殺当事者の合理的期待を理由に相殺を認めることを排斥したものといえます（『伊藤』501頁注96参照）。

　もっとも、この判決を前提としても、二者間の相殺適状と同視できる場合には三者間相殺が認められる余地があるとの指摘もあります。設問でも、前掲福岡高判昭62．2．25の見解を前提として、A社による貸付債権と給与・退職金との相殺を、法律上従業員B自身の行為と同視して相殺合意自体は認めたとしても、さらに破産管財人として否認権を行使する構成は考えられるでしょう。

〔森　直樹〕

Q 120 執行行為に基づく取立てに対する否認権行使の受益者の善意・悪意の基準時

債権者ＹがＡを債務者、Ａの勤務先Ｂを第三債務者として給与等の債権の差押命令を申し立てました。上記差押命令申立後、Ａの代理人が支払停止をＹに通知し、ＹはＢに対して給与債権の取立てを行いました。

その後、Ａが破産した場合、Ａの破産管財人Ｘは否認権を行使することは可能でしょうか。

1 問題の所在

差押債権者が取立てを行い第三債務者から支払を受けたときは、支払を受けた額の限度で弁済されたものとみなされます（民執155Ⅱ）。そこで、Ｘが否認権を行使するためには、偏頗行為否認（破162）の要件を主張立証する必要があります。

設問では、受益者Ｙは、債権差押命令の申立てをした時点では支払停止につき善意でしたが、債権の取立てをした時点では支払停止につき悪意となっていました。

そこで、受益者であるＹの支払停止等に関する善意・悪意の基準時は、債権差押命令申立時か、取立時かが問題となります。

2 債権差押命令申立時とする見解

この点、この問題を「否認しようとする行為が執行行為に基づくものであるとき」（破165後段）の否認の問題であると位置づけ、受益者の支払停止等の善意・悪意の基準時は、債権差押命令申立時とすべきであるという見解もあります。破産法165条後段は、受益者が執行行為に基づいて権利を実現したときでも私法上の効果としてはそれが任意に実現されたときと同じであることから、否認の要件を具備している限り、これを否認できることを注意的に規定したものです（『大コンメ』671頁〔三木浩一〕）。そして「執行行為」とは、執行機関の行為又は執行機関としての行為をいい、「否認しようとする行為」とは執行機関の行為を通じて実現された弁済や権利移転などの法律効果自体であると解されています（『大コンメ』673頁〔三木〕）。

破産法165条後段の否認は、執行行為に基づく債権者の満足を否認の対象とする場合（例えば、支払不能後に不動産に対する強制執行により債権を回収した債権者に対して、当該債権回収を偏頗行為として否認する場合）と、執行行為により生ずる権利移転等を否認する場合（例えば、不動産の競売が廉価である場合に競売による所有権の移転を否認する場合や、転付命令による被転付債権の移転を否認する場合）の２つに分類されます（『倒産法概説』311頁〔沖野眞已〕）。

執行行為により生ずる権利移転等を否認する場合は、否認の対象となるのは執行機関の執行行為ではなく、効果においてこれと同視される破産者等の行為であるこ

とから、否認の要件、例えば支払停止後の行為に当たるか否かは、転付命令申立て（民執159Ⅰ）や強制競売申立て（民執45参照）等の執行機関への執行申立行為を基準として決定すべきであるとする見解（『伊藤』609頁）があります。

なお、執行行為は執行機関が行うものであることから、執行行為の否認の際に破産者の行為が必要であるかも問題となりますが、偏頗行為否認については破産者の行為は必要でないことにほとんど争いはありません（『伊藤』610頁）。最三小判平29.12.19（判時2370号28頁）も、執行力のある債務名義に基づいてされた行為であっても、破産者の財産をもって債務を消滅させる効果を生じさせるものであれば、破産法162条1項の「債務の消滅に関する行為」に含まれると判示しています。

3　取立時とする見解

設問での債権者の満足は、債権者が取立てをすることで第三債務者から支払を受けることにより得たものです。債権者は、債権差押命令が発令されただけでは満足を受けることができず、取立てをしてはじめて満足を受けることができます。また、債権差押命令には、債務者に対して債権の取立てその他の処分を禁止する効力や第三債務者に対して債務者への弁済を禁止する効力はあります（民執145Ⅰ）が、転付命令（民執159、160）と異なり、債権を移転する効力はありません。

設問で否認の対象とすべきは、債権差押命令により生じた効果ではなく、債権者が取立てにより第三債務者から支払を受けることによって生じた弁済の効果であると考えられます。差押債権者は執行機関（民執2）ではなく、差押債権者の取立ては執行行為とはいえませんので、設問は「否認しようとする行為が執行行為に基づくものであるとき」（破165後段）には該当しないと解されます。

設問は、むしろ「否認しようとする行為について執行力ある債務名義があるとき」（破165前段）の否認の問題です。否認の対象は、債権者（受益者）が取立てにより第三債務者から支払を受けることによって生じた弁済の効果ですので、支払停止等に関する受益者の善意・悪意の基準時は、取立時（弁済時）と解すべきです（『伊藤』608頁も、差押命令に基づく取立てを否認の対象としています）。

なお、中尾彰「支払不能前の債権差押えと執行行為の否認について」判タ1342号（2011年）28頁は、執行行為が介在している場合の否認の要件の判断基準時は、債権者の執行機関への執行行為申立時ではなく、債権者が実際に満足を得た時点（取立時、配当又は弁済金受領時、転付時）とすべきであるとしています（山本克己編著『破産法・民事再生法概論』259頁〔畑瑞穂〕（商事法務、2012年）も同旨です）。

4　結　　論

Yは取立時にAの支払停止につき悪意であることから、Xは、否認権を行使してYが受領した給与相当額の返還を受けることができると解されます。

〔佐藤　潤〕

Q121　準則型再建型私的整理手続中の弁済と偏頗行為否認

① 準則型再建型私的整理を試みたのですが成立せず、破産手続開始決定を受けました。私的整理手続中になされた非対象債権に対する弁済、対象債権に対する弁済・担保提供は否認権行使の対象となりますか。

② 準則型再建型私的整理が成立した後に破産手続開始決定を受けた場合、私的整理において成立した再建計画に基づく弁済は否認権行使の対象となりますか。

1　準則型再建型私的整理手続

　事業の再建を目的に、法的倒産手続によることなく債権者との合意により債務整理を行うことを再建型私的整理といい、そのうち公表されている準則（私的整理ガイドラインや事業再生ADR、中小企業再生支援協議会等）に基づいて行われるものを準則型再建型私的整理といいます。

　準則型再建型私的整理においては、整理の対象とする債権者を金融債権者に限定するのが通例であり、手続に入る際に対象債権者に対し回収行為や担保取得行為を行わないよう要請（これを「一時停止の通知」と呼びます）する一方、それ以外の債権者は整理の対象とされず、弁済も継続されることになります。私的整理が成立すると、再建計画に基づいて対象債権者に対して弁済がなされます。

2　準則型再建型私的整理手続中の弁済等と偏頗行為否認

　債務者が、再建を目指して準則型再建型私的整理手続（以下、単に「私的整理」といいます）を試みたものの成立せず、破産に至る場合があります。この場合、手続に入った後の非対象債権者に対する弁済や、一時停止の要請にもかかわらず行われた対象債権者に対する弁済・担保提供（以下「弁済等」といいます）は、否認権行使の対象となるでしょうか。

　この点、債務者が支払不能となっていた場合、支払不能の間になされた弁済等は破産法162条の否認権行使の対象となることがあります。支払不能とは、「債務者が支払能力を欠くために弁済期の到来した債務を一般的かつ継続的に弁済することができない客観的状況」をいいます（破2 XI）。

　私的整理に入る際になされた一時停止の通知を対象債権者が許容すれば、債務の期限が許与されたと考えることができ、大多数の債権者がこれを許容している場合、支払不能に当たらないことが多いと考えられます。一方で、許容しない債権者が相当数いる場合には、支払不能に当たる場合も多いと考えられます。

(1)　非対象債権者への弁済

　債務者が支払不能に陥っていた場合、その後の非対象債権者への弁済は、非対象

債権者が支払不能もしくは支払停止（以下「支払不能等」といいます）につき悪意であった場合は否認対象行為に当たることになります（破162Ⅰ①イ）。通常、私的整理は非対象債権者に知らせることなく行われますから、非対象債権者は債務者の支払不能等につき善意であり、多くの場合には否認対象行為とならないものと考えられます。非対象債権者が悪意となり否認対象行為となるのは、債務者が私的整理に入ったことを公表し、かつ相当数の債権者が一時停止の通知を許容せず、これが報道された場合など、例外的な場合に限られると考えられます。

(2) 対象債権者への弁済・担保提供

相当数の債権者が一時停止の通知を許容しない場合、その後の一部の対象債権者への弁済等、特に一時停止の通知を許容しなかった対象債権者や許容していない債権者がいることについて悪意の対象債権者に対する弁済等は、破産法162条の否認権行使の対象となると考えられます。一時停止の通知を大多数の債権者が許容している場合は支払不能にはならないため、原則として一部の対象債権者への弁済等も否認権行使の対象とならないと考えられます。ただし、私的整理が頓挫した場合はその時点で支払不能となったと考えられる場合もあり、また、弁済等が非義務行為に当たる場合は、支払不能前30日以内にされた行為も否認権行使の対象となり得ます（破162Ⅰ②）。対象債権者による支払不能等でないことの主張は、信義則違反により許されないと考える見解もあります（『伊藤』575頁注242参照）。

(3) 対象債権者の対抗要件具備行為

一時停止の通知後に、対象債権者が登記留保されていた担保権について対抗要件具備行為を行った場合、支払停止後の対抗要件具備であるとして対抗要件否認（破164Ⅰ）の対象となるかが問題となります。支払停止とは、「支払不能の旨を外部に表示する債務者の行為」とされており、一般に債権者に対して期限猶予や債務一部免除等を要請することは、それ自体が支払停止に当たる場合が多いと考えられます（最二小判平24.10.19判時2169号9頁）。ただし、私的整理における一時停止の通知は、合理性のある再建方針や再建計画が主要な債権者に示され、受け入れられる蓋然性がある場合には、支払停止に該当しないとして、対抗要件否認の成立を否定した裁判例があります（東京地決平23.8.15判タ1382号349頁、東京地決平23.11.24金法1940号148頁）。加瀬野忠吉（司会）ほか「《パネルディスカッション》否認における支払不能の意義と機能」債管160号（2018年）34頁以下も参照してください。

3 再建計画に基づく弁済と偏頗行為否認

私的整理に入る前に支払不能の状態にあったとしても、私的整理が成立した場合には、これによって債務の期限が許与され支払不能は解消していると考えられることから、再建計画に基づく弁済は否認権行使の対象となりません。ただし、その後に再建計画の履行が困難となり改めて支払不能に陥ったにもかかわらず、支払不能につき悪意の対象債権者に対し再建計画に基づく弁済を継続した場合は、否認対象行為に当たることになります。

〔上田　慎〕

第**2**節 相殺権と相殺禁止

Q 122 停止条件付債務との相殺

　破産債権者である信用金庫から、「破産法人は破産手続開始決定時に法定脱退し、その後の信用金庫の決算日である2019年3月末日付けで出資金払戻債務が額面どおりと確定したので、本日（2019年4月3日）相殺する」旨の通知が破産管財人に届きました。この相殺は有効でしょうか。

1　設問の提起する論点

　設問は多くの法人破産事件において直面する問題であり、相殺に関する理論的問題を含む事案です。論点は、①信用金庫法18条1項に基づく出資金払戻請求権の法的性質、②破産債権者が破産手続開始決定後に停止条件が成就した債権を受働債権として相殺することの可否、の2つです。

2　信用金庫法に基づく出資金払戻請求権の法的性質

　信用金庫の会員が破産手続開始決定を受けたことは法定脱退事由とされ（信用金庫法17Ⅰ③）、定款の定めるところにより、その持分の全部又は一部の払戻しを請求することができます（信用金庫法18Ⅰ）。具体的持分については、脱退した事業年度の終期における金庫の財産によって定められることになります（信用金庫法18Ⅱ）。

　この持分払戻請求権の法的性質については争いがあり、自由脱退における持分譲受請求権（信用金庫法16Ⅰ）の場合と同様に形成権と解する見解があります。法定脱退の場合も持分の払戻請求権の行使によって売買契約が成立し、その時点で具体的な債権債務が発生すると解する見解です。しかし、裁判例は、この持分払戻請求権の法的性質を停止条件付債権と解しています（東京地判平15.5.26金判1181号52頁、福岡高判昭45.5.28金法591号34頁）。すなわち、会員が持分を取得したときからその持分に内在する停止条件付の債権として持分払戻請求権が存在し、会員の法定脱退後に、脱退した事業年度の終わりに信用金庫の正味財産の存在を条件として具体的に発生することになります。

3　破産手続開始後に停止条件が成就した債権を受働債権とする相殺

(1)　問題の所在

　出資金払戻請求権の法的性質が停止条件付債権であるとすると、破産手続開始時に停止条件付債権である債権を受働債権とする相殺の可否が問題となります。

　破産債権者が停止条件付債権を受働債権として相殺を行う方法には、①条件成就の利益を放棄して破産開始後直ちに相殺を行う場合、②破産開始後に到来する条件成就を待って、その時点で相殺を行う場合、の2つがあります。

　①の場合は破産法67条2項により相殺が認められることに争いはありません。こ

れに対し、②の場合は、破産手続開始後に負担した債務との相殺を禁止する破産法71条1項1号との関係が問題となります。この点については、次のとおり見解の対立がありました（『伊藤』510頁、杉山悦子「判批」『倒産百選』128頁）。

ⅰ　破産手続では相殺の時期が制限されていない以上、破産債権者は破産法67条2項により、停止条件成就の機会を放棄して直ちに相殺することもできるし、破産債権の届出後に条件成就を待って相殺することもできる。

ⅱ　破産手続開始決定時に停止条件付債務を負担している破産債権者の相殺への期待は無条件の債務負担者に比べ低いことから、破産法67条2項による相殺は認められるが、条件成就により相殺権の行使が完全に破産債権者に有利になった段階での相殺は不当であり、破産法71条1項1号に抵触し認められない。

(2)　最高裁判決と射程範囲

このようななか、最二小判平17.1.17（民集59巻1号1頁）は、次のとおり判示し、停止条件成就後の債務を受働債権とする相殺を認めました。「旧破産法99条後段〔引用者注：現破産法67条2項〕の趣旨は、破産債権者が停止条件付債務に対応する債権を受働債権とし、破産債権を自働債権とする相殺の担保的機能に対して有する期待を保護しようとする点にあるものと解され、相殺権の行使に何らの限定も加えられていない。そして、破産手続においては、破産債権者による相殺権の行使時期について制限が設けられていない。したがって、破産債権者は、その債務が破産宣告の時において期限付である場合には、特段の事情のない限り、期限の利益を放棄したときだけでなく、破産宣告後にその期限が到来したときにも、法99条後段の規定により、その債務に対応する債権を受働債権とし、破産債権を自働債権として相殺をすることができる。また、その債務が破産宣告の時において停止条件付である場合には、停止条件不成就の利益を放棄したときだけでなく、破産宣告後に停止条件が成就したときにも、同様に相殺をすることができる」。

本判決は旧破産法が適用された事案ですが、旧破産法99条は現行破産法67条2項に、旧破産法104条1項は現行破産法71条1項1号に改正なく引き継がれているため、この判示は現行法下においても妥当するものと考えられます。また、現行法は、相殺権行使の時期に関して破産管財人の相殺催告権（破73Ⅰ本文）の制度を創設し、破産債権者の相殺権行使に関し一定の制限を設けましたが、この催告権は、破産債権者の受働債権が弁済期にあることが要件とされているため（破73Ⅰただし書）、停止条件が成就するまでの間に相殺権の行使が制限されることはありません。したがって、破産法の改正による本判示への影響はないものと考えます。

4　結　論

以上から、破産債権者である信用金庫からの本相殺の意思表示は、停止条件成就後の債権を受働債権とする相殺として有効となります。ただし、相殺権の濫用と認められるような事由が存在する場合には、上記最判が判示した「特段の事由」に当たる場合も考えられますので、この点の検討が必要となるでしょう。　〔小畑英一〕

Q123 第三者からの振込送金に係る 預金返還債務との相殺

破産申立代理人名義の債務整理受任通知が銀行に到達した日と、破産者の銀行預金口座に取引先から振り込まれた日が同じだった場合、銀行は貸金債権とこの振込金に係る預金返還債務とを相殺することはできるでしょうか。

1 問題の所在

破産法71条1項2～4号は、破産開始決定時点では相殺適状にあるものの、破産者に対する債務負担が危機時期になされている場合について、無条件に相殺を認めると破産債権者間の平等を害するおそれがあることから、相殺禁止の対象となる一定の要件を定めています。

設問では、債務整理受任通知の到達日に銀行預金口座に入金があった場合、当該預金が相殺禁止の対象となるか、すなわち「支払の停止があった後に破産者に対して債務を負担した場合であって、その負担の当時、支払の停止があったことを知っていたとき」（破71Ⅰ③）に該当するかが問題となります。

2 「支払停止があった後に債務を負担した場合」

支払停止とは、「弁済能力の欠乏のために弁済期の到来した債務を一般的、かつ、継続的に弁済することができない旨を外部に表示する債務者の行為」をいい（『伊藤』117頁）、債務整理受任通知は支払停止事由に当たると解されています（否認権行使につき、最二小判平24.10.19判時2169号9頁）。

次に、支払停止があった後に破産者に対して債務を負担したか否かは、債務整理受任通知が銀行に到達した時刻と当該預金口座に入金された時刻との前後関係により判断されます。ですから、同じ日に受任通知到達と預金口座入金があった場合でも、その時刻の前後によって相殺の可否が決まることとなります。

到達時刻と入金時刻の前後関係が不明である場合には、「支払の停止があった後に破産者に対して債務を負担した場合」に当たると認定することはできません。そこで、破産法71条1項3号所定の「支払停止後の債務負担の事実」、及び「支払停止についての悪意」の主張立証責任を、銀行と破産管財人のどちらが負担するかが重要となります。

これらの事実は、相殺禁止を基礎付ける事実であることから、その主張立証責任は、相殺禁止を主張する破産管財人にあると解されています（『伊藤』521頁、『倒産と訴訟』83頁〔明石法彦〕ほか）。

したがって、破産管財人は、債務整理受任通知の到達時刻が預金口座への入金時刻より前であることを主張立証しなければならず、この前後関係が立証できない場合、相殺禁止を基礎付ける事実の証明がないものとして、相殺は有効となります。

Q123　第三者からの振込送金に係る預金返還債務との相殺　279

3 参考裁判例

受任通知が銀行の休日に投函された場合において、翌営業日の午前9時04分までに振込入金された預金について銀行が行った相殺が、相殺禁止（破71Ⅰ③）に当たらず、有効であるとされた裁判例があります（大阪地判平30.11.15金判1557号52頁）。通常は、受任通知の受領により支払停止を知っていたことになると解されます（東京高判平28.7.6金判1534号21頁ほか）が、この事例では郵便受けへの投函が銀行の休日であったことから、いつの時点で破産債権者が悪意になったといえるかが問題となったものです。

大阪地裁は、土曜日に銀行の郵便受けに投函された受任通知につき、銀行の処理態勢から見て、郵便物の受領、開封等の業務を一次的に担当する行員でさえ、月曜日の預金の振込時刻までにその存在と内容を認識したとは認め難いことや、銀行のこの処理態勢が特に不自然、不合理といえないことなどの事情の下では、銀行は支払停止を知っていたとはいえないし、民法97条1項は相手方が悪意となったことまで擬制することを認めた規定とはいえない、などとして、銀行の行った相殺を有効と判断しています。

4 設問の場合の考え方

設問の場合、債務整理受任通知の到達と預金口座への入金が同日であることから、直ちに相殺の有効性を判断することはできず、到達時刻と入金時刻の前後関係を明らかにする必要があります。

預金口座への入金時刻は銀行の記録から特定することができますが、債務整理受任通知が郵送されていた場合には、到達時刻を特定することは容易ではありません。

債務整理受任通知の到達時刻の特定ができない場合には、預金口座への入金時刻との前後関係が不明となり、破産管財人の相殺禁止の主張は認められません。

相殺が予想される金融機関への債務整理受任通知は、後の紛争を未然に防止する意味でも、郵送とともに日時の特定が可能なFAX送信等を併用すべきでしょう（なお、法人の受任通知についてはQ18を参照してください）。

なお、通常は、受任通知の受領により支払停止を知っていたことになると解されていますが（前掲東京高判平28.7.6ほか）、前掲大阪地判平30.11.15では例外的に、債務整理受任通知の到達時刻のみならず破産債権者が悪意になった時点の特定まで必要とされました。この事例でも、受任通知をFAX送信していれば、たとえ休日の送信であっても、預金口座への入金時刻の前に破産債権者が悪意になったとして、相殺禁止が認められた可能性はあるものと考えられます。

〔野田聖子〕

Q 124 支払不能後の振込みに係る
預金返還債務との相殺

　破産者が支払不能に陥った後、破産者の取引先から破産者のメインバンクの口座に入金がなされました。メインバンクは、支払不能後に入金された破産者に対する預金返還請求権を受働債権、メインバンクから破産者に対する貸付金債権を自働債権として対当額で相殺する旨を主張しています。このような場合、破産管財人はどのような点に留意して対応すべきでしょうか。

1　支払不能後の振込に係る預金との相殺の可否

　破産法71条1項2号は、破産者が支払不能に陥った後に破産債権者が破産者に対し債務を負担した場合の相殺の可否について定めています。すなわち、破産債権者の債務負担が、①専ら破産債権をもって相殺に供する目的で破産者の財産の処分を内容とする契約を破産者と締結したことによる場合、又は②破産者に対して債務を負担する者の債務を引き受けることを内容とする契約を締結したことによる場合には、破産債権者は当該債務を受働債権として相殺することができないとしています。したがって、メインバンクの預金返還債務に係る債務負担がこのいずれかに該当する場合には、メインバンクは破産者に対する貸付金債権と預金返還請求権とを相殺することはできず、破産管財人は預金の払戻しを請求できることになります。

　設問では②が問題となることから、以下、具体的に検討します。

2　破産法71条1項2号の要件の検討

　破産法71条1項2号は、専ら破産債権をもって相殺に供する目的のあること、破産者の財産の処分を内容とする契約を破産者と締結したことを要件としています。

　ここで、破産者自らがメインバンクの口座に金銭を預け入れることは、破産者の金銭を預金契約により処分するものであり、財産の処分を内容とする契約に当たるものと考えられます。また、破産者が預け入れ当時すでに支払不能に陥っており、メインバンクもそれを知りながら破産者に預金の預入れを求めたような場合には、メインバンクには専ら相殺に供する目的があるものといえます。

　では、設問のように、第三者である取引先から破産者の預金口座に入金がなされた場合はどうでしょうか。

　この場合、取引先の破産者への口座への入金が、破産者と取引先、メインバンクの三者間の合意によりなされた場合（いわゆる「強い振込指定」）には、破産者の取引先に対する債権を処分するに等しく、破産者の財産の処分を内容とする契約に当たるといえます。また、メインバンクがこのような三者間合意を破産者の支払不能を知りつつ行った場合には、専ら相殺に供する目的をもって契約を締結したといえるでしょう。これに対し、このような三者間合意ではなく、破産者が取引先に振込

先を指定したことによりメインバンクの口座に入金がなされた場合はどうでしょうか。この点については争いのあるところですが、破産者が取引先に指示をして特定の口座に振り込ませる行為も破産者の財産の処分に当たる可能性があり（『基本構造』472頁〔伊藤眞発言ほか〕、『伊藤』519頁）、その振込みにかかる預金契約に着目すれば、破産者とメインバンクとの間の財産処分契約を肯定する余地はあるものと思われます。また、メインバンクが支払不能の事実を知りながら破産者の預金口座の払戻しを事実上拒否した上で、取引先からの入金が集まったところで相殺を行うことは、実質的には支払不能後に担保を取得し続けているようなものであり、支払不能後の担保取得が偏頗行為否認の対象とされていることとのバランスにおいても、相殺を禁止すべきものと思われます。

　したがって、以上のような事情が認められるときは、支払不能後の入金に係る預金契約について、実質的には、破産者の財産を処分するものであるとして、相殺が許されないことを主張すべきです（『基本構造』475頁〔田原睦夫発言ほか〕）。

　なお、専ら相殺に供する目的との関連においては、破産者が従前から設定している預金口座に通常の入金がなされている限りは、破産者のキャッシュフローに対する相殺の合理的な期待があるものとして、「専ら」の要件は充たさないと思われます。これに対し、特段の理由がないにもかかわらず従来の預金取引とは金額・時期等において異質な振込入金がなされていたり、本来可能であるはずの普通預金の払戻しに応じなかったりした場合には、相殺に対する合理的な期待はなく、これを保護すべき理由はないものとして、専ら相殺に供する目的があるものといえます。

3　破産法71条2項2号の要件の検討

　破産法71条2項2号は、破産債権者の債務負担が破産者の支払不能を知ったときより前に生じた原因に基づくときは、相殺禁止規定を適用しないものとしています。三者間の合意による強い振込指定は、前述のとおり破産者の財産の処分を内容とする契約に当たりますが、このような合意が破産者の支払不能を知ったときより前にされていれば、「前に生じた原因」に当たるものとして、破産法71条2項2号によりメインバンクの行う相殺は許されます。

4　ま と め

　以上により、破産管財人は、破産者が支払不能に陥った時期を確認した上で、その後に破産者の預金口座に入金がなされているか否か、なされているとして、それはどのような経緯に基づくものかを調査し、メインバンクの相殺主張の当否を判断することになります。

　なお、支払停止があった後に入金があり破産者に対して銀行が債務を負担した場合は、破産法71条1項3号の問題となります。この点に関しては、Q123を参照してください。

〔本山正人〕

Q 125 連帯保証人が破産手続開始後に全額弁済して取得した求償権との相殺

　A社は、B社から原材料を購入して製品を製造し、これをY社に対して販売していました。この取引に関し、Y社はA社の委託に基づき、B社に対してA社のB社に対する原材料の売買代金債務を連帯保証していました。今般、A社が破産手続開始決定を受けXが破産管財人に就任し、Y社に対して上記取引にかかる製品売買代金を請求したところ、Y社からB社に対し、Aの破産手続開始決定後に「連帯保証債務を履行しこれにより発生したAに対する求償権と相殺するので支払えない」との主張を受けました。Y社による相殺は認められるでしょうか。Y社のB社に対する連帯保証がAの委託に基づかなかった場合はどうですか。

1　相　殺　権

(1)　破産債権者による相殺権

　破産法は、破産債権者が、破産手続開始時に破産者に対して債務を負担するときは、破産手続によらないで相殺をすることができるとし（破67 I）、破産債権者による相殺権の行使を原則的に許容しています。ただし、破産法67条以下の規定が対象とする相殺は、破産債権（破2 V）を自働債権とするものです。破産者に対し破産手続開始後の原因に基づいて発生した債権（非破産債権）は、破産財団から満足を受ける資格を持たず、管理処分権の帰属から見ても二当事者間に債権債務の対立がないため、非破産債権を自働債権とし、破産財団所属の債権を受働債権とする相殺は許されないと解されています（『伊藤』504頁）。後述のとおり、主債務者の委託に基づかない保証の場合の求償権は非破産債権であるとする考え方もあることから、設問におけるY社の相殺権の行使が認められる前提として、Y社が取得した求償権が破産債権であるか否かが問題になります。

(2)　相殺権の制限

　相殺権者である破産債権者は、実質的価値の低下した自働債権（破産債権）と受働債権を対当額で消滅させることにより、事実上、受働債権を自働債権の担保にとっていたのと同一の効果を得ます（相殺の担保的機能）。本来はすべての破産債権者に対する配当原資となるべき受働債権を自働債権の優先的満足に充てることが正当化されるのは、破産手続開始時に相殺の合理的期待が認められるからであり、法は、債権者平等の理念に反する場合など相殺権保障の前提を欠く場合に相殺を禁止しています（破71、72）。

　設問におけるY社は、当初からA社に対する製品売買代金債務（受働債権）を負担し、破産手続開始後に連帯保証債務を全額履行してA社に対する求償権（自働債

権）を取得しています。そこで、Y社による相殺権行使の可否の検討に当たっては、もともと債務を負担していた者が破産手続開始後に破産債権を取得した場合に関する破産法72条1項1号が適用（類推適用）されるか否かが問題になります。

2 求償権の破産債権性

破産債権は、破産手続開始前の原因に基づいて生じた財産上の請求権です（破2Ⅴ）。求償権の発生原因としては、債権者・保証人間の保証契約、保証人・主債務者間の保証委託契約、保証人の弁済などが考えられますが、従前から主債務者の委託を受けた保証の求償権は、弁済を停止条件とする条件付債権（将来の請求権）であり、破産手続開始前に保証契約ないし保証委託契約が締結されていれば、手続開始後の弁済によって取得される求償権も破産債権であると解されてきました。

他方、主債務者の委託に基づかない保証（無委託保証）の求償権については争いがあり、保証契約が破産手続開始前にあれば破産債権であるとする考え方と、求償権は事務管理の費用償還請求権の性質を有するところ、事務管理行為は無委託保証人の弁済であると解されるため非破産債権であるとする考え方が対立していました。この問題について、最二小判平24.5.28（民集66巻7号3123頁。以下「平成24年最判」といいます）は、委託保証と同様に無委託保証の場合であっても、保証契約が求償権発生の原因であるとし、保証契約が主債務者の破産手続開始前に締結されていれば、保証人が取得する求償権は破産債権である旨を判示しました。

3 破産法72条1項1号の適用又は類推適用

保証人が破産手続開始後の弁済によって取得する求償権は、代位弁済者たる保証人自身の権利であり、代位取得される原債権（民501条）とは異なることから、文言上は「他人の破産債権」ではなく、破産法72条1項1号に抵触しません（『伊藤』527頁）。そして、委託保証の場合の保証人には、求償権を自働債権として行う合理的な相殺期待が認められると解するのが多数説であり、平成24年最判も相殺が許されることを前提とした説示をしています。

これに対して、無委託保証の場合は相殺への合理的期待がなく、同号を類推適用して相殺を禁止すべきとする考え方も有力に唱えられていました。この点に関して、平成24年最判は、無委託保証の場合に求償権を自働債権とする相殺を認めることは、破産者の意思や法定の原因とは無関係に破産手続において優先的に取り扱われる債権が作出されることを認めるに等しく、破産者の意思に基づくことなく破産手続上破産債権を行使する者が入れ替わった結果相殺適状が生ずる点において、法72条1項1号が規定するのと類似した状況にあるとし、同号を類推適用して相殺は許されない旨を判示しました。

4 設問の検討

設問におけるY社の相殺の主張は、委託保証の場合には認められますが、無委託保証の場合には破産法72条1項1号が類推適用され、認められないという結論になります。

〔高木洋平〕

Q 126 元請事業者が下請事業者の破産手続開始後に孫請事業者に第三者弁済して取得した求償権との相殺

　ゼネコンであるＢ社は、Ａ社を下請けとして使っていました。Ａ社が破産手続開始決定を受けたので、Ｂ社は請負契約約款等に基づき、Ａ社の下請け数社（Ｂ社から見れば孫請け）に対してＡ社の負債を立替払い（直接払い）して、工事を続行してもらいました。Ｂ社は、この破産手続開始後の弁済に基づくＡ社に対する求償権と、Ａ社に対する工事代金支払債務とを相殺できるでしょうか。

1　問題の所在

　ゼネコンである元請会社と下請会社との請負契約約款には、下請会社が労賃・材料代金や孫請会社に対する支払を怠ったときは元請会社がこれらを立て替えて支払うことができる旨の条項と、元請会社が立替金その他一切の下請会社に対する債権と、（その弁済期が到来しているかを問わず）下請会社に対する債務とを相殺することができる趣旨の定めが置かれていることが一般的です。

　下請会社が倒産した場合、孫請会社や材料供給業者は資金繰りが厳しくなり、場合によっては連鎖倒産のリスクを負うことから、元請会社に対し立替払いを求めることがあります。元請会社としても工事が中断してしまうと納期までに工事を完成させる責任を果たすことができなくなるため、立替払いに応じることがあります。

　この場合に、元請会社が立替払いを行ったことにより取得した下請会社に対する求償金請求権を自働債権とし、元請会社が下請会社に対して負担する工事代金支払債務を受働債権とした相殺ができるかどうかが問題となります。

2　破産手続開始決定後の立替払いと相殺

　破産法72条1項1号は、破産者に対して債務を負担する者が、破産手続開始後に他人の破産債権を取得した場合の相殺を禁止しています。

　設問において立替払いを行った元請会社は、下請会社に対して、原債権者である孫請会社に代位して原債権を行使することも、自ら取得した求償権を行使することも可能ですが、代位に基づく原債権の行使については実体法上債権の移転とみなされることから、破産法72条1項1号により禁止されます。

　もっとも、元請会社が立替払いを行ったことにより取得した求償権を行使する場合、求償権は原債権とは別個の権利であり、「他人の破産債権」を行使するわけではないことから、直接には破産法72条1項1号の適用はありません。

　この点、主債務者から委託を受けた保証人の求償権による相殺は、破産手続開始決定後に代位弁済がされたものであっても、将来の請求権（破104Ⅲ）が現実化したものとして有効に行うことができると解されています。

他方で、まったくの第三者が破産手続開始決定後に代位弁済を行った場合には、その求償権は保証人の求償権と異なり破産手続開始後に発生するものに過ぎませんので、原債権に由来するものとして、求償権の取得を他人の債権の取得と同視して破産法72条1項1号が類推適用され、相殺は禁止されると解されます（第三者弁済に基づく求償権は破産債権に該当しないことを理由に同様の結論をとる見解もあります）。

本件は、保証人でもまったくの第三者でもなく、下請会社との間で立替払いを可能とする契約を締結していた元請会社による代位弁済ですが、元請会社にとって立替払いは義務ではなく、実施するか否か、実施する場合の範囲・金額等の判断は元請会社の任意ですから、この代位弁済は第三者弁済の性質を有すると解さざるを得ません。したがって、B社のA社に対する求償権とA社に対する工事代金支払債務との相殺は、破産法72条1項1号の類推適用により禁止されると解されます。

3 危機時期の立替払いと相殺

設問とは異なり、元請会社による立替払いが下請会社の危機時期後、破産手続開始決定前になされたものであった場合、どう考えるべきでしょうか。

この場合、求償権の取得は破産手続開始決定前ですが、立替払いを行う元請会社は下請会社が危機時期にあることを知っているでしょうから、破産法72条1項2～4号により相殺禁止の対象となります。ただし、破産法72条2項2号は、破産債権の取得が、破産者が危機時期にあることを知った時より前に生じた原因による場合の相殺を許容していることから、請負契約約款における立替払い及び相殺に関する定めが、この「前に生じた原因」に当たるかが問題となります。

この点、東京高判平17.10.5（判タ1226号342頁）は、下請会社が再生手続を申し立てた後に、元請業者が孫請業者に対して立替払いを行い、これによって取得した求償権を自動債権として下請業者に対する請負代金債務を受働債権として行った相殺について、下請業者の危機時期における元請業者による孫請業者に対する立替払いについては、施主に対する請負義務を履行する責任上、相当強い必要性があること及び請負契約約款の定めについて相応の合理性があることを認め、求償権の取得が「前に生じた原因」に基づくものとしてこれを許容しました。

ただし、この裁判例は、工事が完成してもはや孫請業者による続行工事の必要性が残っていないような場合の立替払いに基づく相殺については、原則として相殺権の濫用になる旨の言及もしており、請負契約約款に立替払い及び相殺に関する定めがあればいつでも相殺が有効になるわけではなく、個々の事例における相殺の期待の程度を検討しなければならない点には留意が必要です。

なお、破産でも、破産手続開始決定前の立替払いに基づく相殺は、実価の下落した債権による相殺で自己の債務を有利に免れるようなものではないことなどから、求償権の取得は「前に生じた原因」に基づくものであり相殺は許される、との裁判所の見解が示された和解事案があります（東京地裁平10.11.9判タ988号300頁）。

〔髙尾和一郎〕

Q 127 債務者の信用不安情報を得て同社に対するグループ会社の債権を保全すべく急遽譲り受けた債権との相殺

　B社は、継続的取引によりA社に対し常に債務を負っている会社です。B社の法務担当者が、ある日の朝刊で、A社の大口取引先が突然再生手続開始の申立てをしたことを知り、A社も連鎖倒産するおそれがあると考えて、急いでB社のグループ会社のなかにA社に対して売掛金を持っているところはないか調べたところ、C社が手形債権を有していました。そこでB社は、その日のうちにC社から手形の裏書譲渡を受けました。この間あえてA社に関する状況調査はしていません。

　A社は1週間後に破産申立てをしました。B社はこの譲渡を受けた手形債権とA社に対する取引上の債務とを相殺することができますか。

1　危機時期における債権の取得と相殺制限

　破産法は、相殺禁止の制度を設け、破産者が危機に陥ったときにそれを知る債権者は、当該債権につき、破産者の財産を構成する財産から優先的満足を受ける権利を取得することはできないものとして、債権者間の平等を図っています（破72以下）。そして、破産者に対して債務を負担する者が、支払不能となった後に破産債権を取得した場合であって、その者が、取得の当時支払不能であったことを知っていたときは、その者が行う相殺は禁止されます（破72Ⅰ②）。破産者が支払不能であったこと及び破産者に対して債務を負担する者が当該事実知っていたことについては破産管財人が立証責任を負うものとされています。

　本件事案では、A社の大口取引先が再生手続開始の申立てを行ったことを知って、B社がC社のA社に対する手形債権の裏書譲渡を受けたことが、支払不能になった後に、支払不能であったことを知って破産債権を取得した場合に当たるかが問題となります。

2　支払不能の意義とその認識

　破産法上の支払不能は、債務者が、支払能力を欠くために債務のうち弁済期にあるものにつき、一般的かつ継続的に弁済することができない状態と定義されます（破2ⅩⅠ）。支払不能の状況下では、現在弁済期にある債務でさえも債務者の自力による弁済は不可能な状態になっており、経済的には完全に破綻しているものといえ、破産等法的倒産手続開始後と同様、債権者を平等に取り扱う必要があります。よって、この時期になされた債務消滅行為は、弁済期にある債務を全般的に支払うことができない状態にあるにもかかわらず、特定の債権者のみに満足を得させたという点において債権者間の平等を害するものなので、法的倒産手続開始の効果の前倒しを認めるべきであり、これが相殺禁止制度の根底にある考え方といわれていま

す。

　ところで、支払不能の概念の捉え方について、立案担当者は「弁済期未到来の債務を将来弁済できないことが確実に予想されても、弁済期の到来している債務を現在支払っている限りは、支払不能ではありません」とし、「表面的には弁済能力を維持しているようにみえる場合であっても、客観的に弁済能力が欠けていれば」支払不能に当たると説明しています（『一問一答』31頁）。これに対し、学説上は、弁済期未到来の債務について弁済できないことについての確実性が、債務者側の客観的な事情で説明できた場合にも支払不能を認める見解があります。

　近時の裁判例において、否認権の行使の可否について問題になった事案ではありますが、支払不能に関し、あくまでも弁済期が到来した債務に関して判断するものとしながらも、返済の見込みの立たない借入れや商品の投げ売り等によって延命を図っているように債務者が無理算段をしているような場合（高松高判平26.5.23判時2275号49頁、札幌地判平28.10.19公刊物未登載［裁判所ウェブサイト］）や、再建計画が明らかに合理性を欠き、支払不能の時期を先送りにする目的で弁済期にある債務につき期限の猶予を得たような場合（広島高判平29.3.15金判1516号31頁）は、支払不能に該当するとしたものがあります。

　本件のA社は、大口取引先の再生手続開始の申立てのわずか1週間後には、自らが破産手続開始の申立てを余儀なくされています。A社の事業規模や財務状況などは、設問からは必ずしも明らかではありませんが、1週間後という短時日の破綻という事実から考えれば、A社の日常の運転資金等が、当該大口取引先からの入金に大きく依拠していたことは間違いなく、A社の大口取引先の再生手続開始の申立てが、A社破綻の直接的な原因となっていたものと認めることができるでしょう。しかし、このことからは、単にA社の財務内容への多大な悪影響があったことが傍証されているにとどまり、上記の支払不能概念のいずれの考え方によっても、いまだ支払不能であるとはいえないものと考えられます。さらに、本件事案で、B社側はA社に関する状況調査を行っていませんから、実際に今後弁済期が到来する債務に対して、A社が実質かつ客観的に支払能力を有しているかどうか定かでなく、それゆえB社において、A社の支払不能の認識もないものといわざるを得ませんから、結局、本件事案でB社は、C社から譲り受けた手形債権を自働債権として、相殺することは許されると考えざるを得ません。

　ただし、B社においてA社が破綻に至ることを容易に知り得たといえる特段の事情がある場合や、C社からの債権の譲受けに実体が認め難い場合（相殺が有効にならない場合には譲渡を撤回する特約があるような場合など）は、相殺権の濫用として、効力を否定される場合もあり得るでしょう。

〔渡邊賢作〕

Q 128　連帯保証人の預金との相殺と破産債権の額
—— 破産債権者が破産手続開始後に連帯保証人の預金を相殺した場合

　A社につき破産手続が開始されました。B銀行はA社に対し1000万円の融資残高があり、C社はその連帯保証人です。A社に対する融資は、A社とB銀行の融資契約の期限の利益の喪失条項に基づき破産手続開始の申立てにより弁済期が到来しましたが、この時点でC社はB行に200万円の普通預金をしていました。

　B行は1000万円の破産債権届出をした後に、Cの普通預金200万円を相殺しました。この相殺後の債権調査手続において、破産管財人は、相殺された200万円部分につきどのように取り扱うべきですか。

1　破産債権の開始時現存額主義と相殺による債権消滅との関係

　主たる債務者につき破産手続が開始され、債権者が破産手続開始の時の債権全額につき破産債権届出をした場合には、連帯保証人は破産手続に参加することはできず（破104Ⅲ）、保証債務を履行したとしても債権者の債権全額を消滅させない限り、債権者の有した権利を破産債権者として行使することはできません（破104Ⅳ）。設問で、B銀行がA社の破産手続開始後に、C社から保証債務の履行として200万円の弁済を受けた場合、B銀行は破産手続開始の時の融資残高1000万円全額につき破産債権としての権利行使が認められます（開始時現存額主義）。

　相殺の場合、相殺の意思表示は双方の債務が互いに相殺に適するようになった時に遡ってその効力を生じます（相殺の遡及効。民506Ⅱ）。普通預金は預金成立と同時に弁済期にあり、A社に対する融資は破産申立てにより期限の利益を喪失し、連帯保証債務の弁済期も到来しました。B銀行は、破産債権届出後に相殺の意思表示をしていますが、その効力は破産手続開始の申立時にさかのぼって生じます。

　相殺による消滅の場合、破産手続との関係で、相殺の遡及効は、債権者が破産手続開始の時に有する債権額に影響するのでしょうか。

2　遡及効肯定説

⑴　遡及効肯定説の原則的な結論

　相殺の遡及効を重視し、開始決定前に相殺適状にあった場合は、相殺の限度で破産債権額は減少するという見解です。この遡及効肯定説が通説であり、実務・裁判例も当然の前提としていると思われます（『手引』271頁〔石渡圭〕、『大コンメ』442頁〔堂薗幹一郎〕、『伊藤』307頁注105、『条解』765頁、『破産民再実務（破産）』422頁）。破産管財人に相殺が判明した場合には200万円については認めない旨の認否をする（異議通知を出す）ことになります。

　なお、B銀行は相殺前に1000万円の破産債権届出をしているので、相殺の意思表

示がなされるまでは連帯保証人Ｃ社は破産手続に参加できません（破104Ⅲただし書）。相殺の効力は申立時に遡及しますが、Ｃ社が破産手続に参加できるようになるのは相殺の意思表示後です。Ｃ社が破産手続に参加できる見込みはないと考えて債権届出期間に届出をしていなかった場合、Ｂ銀行に200万円の部分につきＣ社への債権承継手続を促すことになります。Ｂ銀行が債権承継手続に応じない場合、Ｃ社が新たな届出をすることになりますが、それが一般調査期日後になった場合でも、相殺により破産手続に参加できることを予想すべきであったとして責めに帰すことができない事由とは認められないとするのは酷であり、相殺の意思表示を受けてから1カ月以内であれば届出を認める（破112、119Ⅱ）余地もあると考えます。

(2) 銀行取引基本契約との関係：遡及効制限特約がある場合

　Ｂ銀行とＡ社の銀行取引基本契約に、相殺の際の債権債務の利息・損害金等の計算については相殺の意思表示時もしくは計算実行時とする特約条項が入っていた場合はどうでしょうか。なお、このような特約には相殺の遡及効を制限する合意も含むと考えます（神戸地尼崎支判平28.7.20金法2056号85頁。反対、岡山地判平30.1.18金法2088号82頁、『条解』765頁注3）。

　破産債権者たる銀行が破産者の預金と相殺する場合は、上記特約は、本来劣後債権となる破産手続開始後の利息損害金について破産債権と同様の扱いを認めることになる等の理由で破産管財人には対抗できないとするのが実務（最高裁判所事務総局編『破産事件執務資料』93～94頁（法曹会、1991年）、東京地判昭47.6.28金法660号27頁等）ですが、連帯保証人との関係で特約の効力を否定する理由はなく、実質的にも連帯保証人との相殺は破産財団を減少させず破産債権の総額にも影響しません。

　したがって、上記特約がある場合は相殺の効力は債権届出後に生じますので、債権調査では届出債権1000万円全額を認めることになると考えます（山本和彦「相殺と開始時現存額主義」『木内古稀』401頁以下。反対、『伊藤』307頁注105第2段落）。

3　遡及効否定説の可能性

　上述のとおり遡及効肯定説が通説ですが、相殺の遡及効については、両債権の差引計算の基準となるべき時点を示すことに主要な意味があり、遡及効をもってしても相殺の意思表示前に生じた事実を覆すことはできないと解されており（『注釈民法(12)』418頁〔乾昭三〕）、この限度で相殺の遡及効は制限されています。Ｂ銀行が届出時に有する1000万円全額を届け出たことによりＣ社は破産手続に参加できない状態になりました。よって、上記2(2)で述べたような特約がない場合であっても、債権者が全額の満足を得ない限り他の全部の履行をする義務を負う者は破産手続に参加できないと破産法104条が明文で定めた趣旨等を重視すると、債権届出後に相殺の意思表示がなされたとしても、遡及効を否定し、すでに生じているこのような事実は覆せないという見解も成り立ち得ると考えます。この見解に立つ場合、1000万円全額を認めることになります。

〔和智洋子〕

Q 129 破産管財人からの相殺

　破産者であるＡ社がＢ社に対して500万円の仕入代金債務を負っている一方で、200万円の売掛金を有しています。売掛金の支払期日は１か月後、財産状況報告集会及び債権調査期日は支払期日の２週間後です。Ｂ社は仕入代金500万円の破産債権の届出をしたものの、相殺の意思表示はしていません。
　①　Ｂ社からの債権届出に対して破産管財人はどのように対応すべきでしょうか。
　②　Ｂ社に対する200万円の売掛債権以外にＡ社に資産がなく相殺されれば異時廃止となる見込みである場合、Ａ社の破産管財人はどのような点に留意して対応すべきでしょうか。
　③　Ｂ社が連鎖倒産したものの、法的な倒産手続はとられておらず、その見込みもなさそうな場合はどうでしょうか。

1　破産管財人による催告権

　破産者が破産債権者に対して債権を有している場合、破産管財人は破産債権の認否と財産換価の観点から相殺に関心を抱きます。もっとも、公平な配当を実現するために、破産管財人は自由に相殺できませんので（破102）、破産債権者による相殺の影響を受けます。そのため、破産債権者による相殺が速やかになされないと、破産管財人は債権の回収に着手すべきかどうか即断できません。破産債権を確定することもできませんので、破産管財業務の円滑な遂行に支障を生じます。

　そこで、破産法は破産管財人による催告権（破73Ⅰ）を定めています。

　この催告は、破産管財人が、相殺することができる破産債権者に対して、自働債権である破産債権を特定した上で、債権調査期間を経過した後又は債権調査期日が終了した後に、１か月以上の期間を定めて相殺するかどうかを確答すべきことを求めるものです。催告に当たっては破産財団に属する債権（受働債権）が弁済期にあることが必要です（破73Ⅰただし書）。破産債権者は、催告の期間内に「相殺をする」又は「相殺をしない」という確答をしない場合、破産手続の関係においては当該破産債権についての相殺の効力を主張できません（破73Ⅱ）。期限付きや条件付きの相殺の意思表示は「確答」に当たりません（『一問一答』121頁）。

2　破産管財人の対応（設問①）

　設問の場合、破産管財人は債権調査期日の終了後に催告することができます。催告前の債権調査期日では、破産管財人は相殺が見込まれる200万円の範囲で認めない旨の認否をすべきです（『債権調査・配当』235頁〔安田真道〕、『倒産債権マニュアル』255頁〔関端広輝〕）。催告期間内にＢ社から確答がなければ、回収が見込める限

り破産管財人は認否を変更してB社の破産債権をすべて認め、速やかに売掛金を回収します。

ところで、破産管財人としては財産状況報告集会前に売掛金を回収したいところです。しかし、回収に手間や時間を掛けた後にB社から相殺を主張されれば、無駄な業務になります。破産管財人は催告制度（破73Ⅰ）を利用できますが、主体的な対応として当該制度のみを利用できるとはいい難いと思います。管財業務をより円滑に進めるために、破産管財人がB社の弁済意思を確認した上で催告前に同社に相殺を促すことも許容されるでしょう。その際、B社に疑義を与えないよう、注文書や納品書等同社の債務の根拠資料を示すことが肝要です。相殺による破産手続の早期終了の見込みや相殺権の失権を伴う催告制度の説明も有用でしょう。なお、B社が相殺した場合、対当額の範囲で届け出た破産債権を取り下げてもらいます。

3　相殺によって異時廃止となる見込みである場合（設問②）

B社が以後の相殺を理由に売掛金を弁済しない場合、破産管財人としてはそれ以上の回収行為をためらいます。もっとも、B社が相殺権を行使しなければ、異時廃止が見込まれるにもかかわらず、いたずらに時間を経過させてしまいます。

破産管財人は、このような状況下でも、裁判所の許可を得て相殺することができれば、破産手続を終えることができます。破産管財人の相殺は、「破産債権者の一般の利益に適合する」ことを要します（破102）。典型例は、破産債権者も破産し、破産財団に属する債権の実価が破産債権の実価よりも低下している場合ですが、円滑な管財業務の遂行は催告制度によるべきで、これを理由とする相殺は許されないとするのが通説です（『一問一答』150頁、『大コンメ』427頁〔堂薗幹一郎〕）。

ところで、破産財団に帰属する売掛金の実価は、債務者財産状況だけでなく、実際の回収に要するコストも考慮して判断すべきです（『条解』534頁）。回収の手間や時間は財団債権である破産管財人の報酬額に影響します。そこで、このような事情も「コスト」に含めることができれば、ある程度柔軟に破産管財人による相殺を許容でき、結果的に破産手続を早期に終了させることができます。

4　破産財団に帰属する債権の実価の裏付け（設問③）

設問③ではB社が連鎖倒産しています。このような事案では、多くの場合、破産財団に帰属する売掛金の実価が相当程度低下しています。

破産管財人による相殺が認められる典型的な場合ですが、裁判所に相殺許可の申立てを行う場合には、B社に対する売掛金の実価の低下を明らかにして、「相殺することが破産債権者の一般の利益に適合する」ことを疎明する必要があります。

法的倒産手続に至っていない場合には、廃業の通知や直近の決算書等を入手して、B社の営業実態や資産状況を調査する必要します。回収「コスト」として考慮し得る回収に要する手間や時間に関する客観的資料（宛所に尋ね当たらないとして返還された代表者宛ての郵便物等）も収集すべきです。また、催告（破73Ⅰ）も行う方が円滑な管財業務に資するでしょう。　　　　　　　　　　　　　　〔神原千郷〕

Q 130 破産手続開始後の取立委任手形の取立てと弁済充当の可否

　Ｙ社から約束手形の取立委任を受けていたＸ銀行が、Ｙ社の破産手続開始決定後、各手形を取り立てました。その後、Ｘ銀行は取立金をＹ社に対する貸付金債権に弁済充当し、その旨をＹ社に通知しました。この弁済充当は認められますか。

1　取立委任手形に対する権利関係

(1)　破産手続における商事留置権

　手形の取立委任契約は準委任契約であり、委任者が破産手続開始決定を受けることによって終了しますが（民656、653②）、銀行が破産者に対して弁済期の到来した貸付金債権を有している場合、銀行には当該貸付金債権を被担保債権として当該手形につき商事留置権（商521）が認められます。そして、この商事留置権は、破産手続においては「特別の先取特権」とみなされ（破66Ⅰ）、銀行は別除権者として破産手続によらないで権利を行使することができます（破2Ⅸ、65Ⅰ）。なお、信用金庫は商法上の商人には当たらないため、商事留置権は成立しないとされています（最三小判昭63.10.18民集42巻8号575頁）。

(2)　手形に対する留置権能

　なお、このように商事留置権が破産手続において特別の先取特権とみなされ優先弁済権が認められることによって、留置権が本来有する留置権能はどうなるのかという問題がありますが、最三小判平10.7.14（民集52巻5号1261頁）は留置権能の存続を認め、銀行は取立委任手形を引き続き留置することができるとしました。

2　銀行による手形の取立てと弁済充当の可否

(1)　銀行取引約定書

　破産により取立委任契約が終了するとしても、銀行と破産者との間には銀行取引約定が締結されており、この約定書には「銀行は、担保について、法定の手続も含めて一般に適当と認められる方法、時期、価格等により銀行において取立または処分のうえ、その取得金から諸費用を差し引いた残額を法定の順序にかかわらず債務の弁済に充当できる」という内容の担保処分及び弁済充当に関する規定（以下「本件約定」といいます）が置かれているのが一般的です。それでは、破産手続開始後も取立委任手形について上述したような権利を有する銀行は、本件約定に基づいて当該手形を自ら取り立て、貸付金債権に弁済充当することができるのでしょうか。

(2)　約定に基づく取立てと弁済充当

　この点について前掲最三小判平10.7.14は、一律に本件約定を根拠として法定の方法によらずに担保の処分等を行うことは認められないものの、本件約定は、銀行

が支払期日未到来の手形につき適法な占有権限を有し、かつ特別の先取特権に基づく優先弁済権を有する場合において、取立てをする者の裁量等の介在する余地のない適正妥当な方法と認められる手形交換制度によって当該手形を銀行自らが取り立てて弁済に充当し得るという趣旨の約定として合理性があり、優先する他の特別の先取特権のない限り（破66Ⅱ）、その効力を認めても特段の弊害はないとした上、当該事案のように取立日には被担保債権の履行期が到来しており、その額も手形金額を超えているとの事情の下では、銀行は、本件約定に基づき手形交換制度によって手形を取り立てて弁済充当することができると判示しました。そして、その後も、小切手の一種であるクリーンビルについて銀行に取立委任をした債務者につき破産手続が開始したケースで、上記最判とほぼ同様の理由で銀行による取立てと弁済充当を認めた裁判例（東京高判平21．2．24金法1875号88頁）があります。

(3) 設問のケース

この判例の考え方については、破産債権の弁済禁止効（破100Ⅰ）との関係など問題点はなお残りますが、この判例を前提にする限り、設問のX銀行による手形取立金の弁済充当は認められるということになります。

3 再生手続における取立委任手形

なお、破産手続と異なり、商事留置権に優先弁済権を認めていない再生手続における取立委任手形の取扱いについても、最一小判平23.12.15（民集65巻9号3511頁）は、銀行による手形取立金の留置を認めた上、本件約定は「別除権の行使に付随する合意」として再生手続上も効力が認められ、銀行は本件約定に基づき手形取立金を弁済に充当することができると判示しました。そして、その後に出された東京高判平24．3．14（金法1943号119頁）も同様の判断をしています。

これらは、優先弁済権のない商事留置権に実質的に優先弁済権を認めるのと同様の結論を容認するものですが、その理由付けにおいては柔軟かつ実質的な利益衡量を先行させている印象を否めず、金銭の所有権と占有に関する従来の判例理論との整合性のほか、再生債権の弁済禁止効（民再85Ⅰ）、別除権の受戻し（民再41Ⅰ⑨）や担保権消滅請求（民再148）の各制度との関係など、理論的な説明が必ずしも十分ではないと考えられ、実務における射程範囲等については今後も注視していく必要があると思われます（評釈については、伊藤眞「判批」金法1942号（2012年）22頁、中井康之「判批」ジュリ1438号（2012年）74頁等参照）。

4 実務上の留意点

以上のとおり、破産手続でも再生手続でも、手続開始時点で借入先の銀行に取立委任手形が残っている場合は取立金が弁済充当されてしまう可能性がありますので、債務者側としては、財団の増殖、運転資金の確保などといった観点から、申立前に手形の依頼返却をかけるなど、適切な配慮・工夫が必要な場合もあろうかと思われます。

〔中森　亘〕

Q 131 投資信託と相殺

A会社は、投資信託の販売会社であるＹ銀行から投資信託を購入していました。Ａ会社の破産後、破産管財人ＸはＹ銀行に投資信託の解約実行請求をし、投資信託会社から銀行に支払われた解約金の支払を求めたところ、Ｙ銀行はＡ会社に対する貸付金を自働債権として相殺を主張しました。この相殺は認められますか。

1 問題の所在

破産会社が自社の取引銀行などに勧められて証券投資信託を購入し、これを保有したまま破産することがまま見られます。こうした破産会社の破産管財人となった場合には、開始決定後に投資信託契約を解約して、解約金を財団に組み入れる手続を進めようとしますが、販売を行った取引銀行は、自己の貸付金との相殺を主張する場合もあり、その場合の対応が問題となります。

2 証券投資信託に関する法律関係

まず、証券投資信託を購入する際の各当事者間の法律関係を整理します。

投資信託とは、投資信託委託会社を委託者、信託銀行等の投資信託会社を受託者、購入者を受益者とする信託契約に基づき設定される信託受益権を指します。銀行等の販売会社は、上記信託契約の当事者ではありませんが、投資信託委託会社との間で募集販売委託契約を締結し、同権利の募集や販売を行います。また、販売会社である銀行は、顧客との間で投資信託管理委託契約を締結し、いわゆる投信口座と呼ばれる指定預金口座を開設します。

また、投資信託管理委託契約では、販売会社である銀行が信託受益権の購入、解約の申込みを受け付け、解約手続については同銀行における所定の方法により申し込むものとし、解約金は同銀行において開設した投信口座に振り込むことにより支払われることなどが定められています。

破産管財人が、投資信託を解約・換金するには、破産管財人が、販売会社である銀行に対して保有する投資信託の解約手続を行うよう申し込み、解約金が銀行の口座に振り込まれた後にその返金を請求することになりますが、この段階に至った時点で、銀行側は相殺を主張してくる場合があります。

3 最高裁判決

(1) 相殺肯定説と相殺否定説

販売会社である銀行等（破産債権者）の顧客（破産者）に対する解約金支払債務は、販売会社である銀行等（破産債権者）が解約金の交付を受けることを条件として生じる債務であり停止条件付債務といえます。停止条件付債務において、破産法

71条1項3号（民再93 I ③）における「債務を負担した場合」とは、条件成就時を指すと解すべきとされており（最一小判昭47.7.13民集26巻6号1151頁）、販売会社である銀行等（破産債権者）が債務を負担した時とは、投資信託契約が解約され、解約金が投信口座に振り込まれる時、すなわち停止条件が成就し、顧客（債務者）に対して現実に解約金支払債務を負担した時、ということになります。

そうすると、顧客（債務者）の支払停止を知った後であることは明らかですので、同条の適用を受け、原則として相殺は禁止されることになります。

しかし、同解約金支払債務の負担が、支払不能等を販売会社である銀行等（破産債権者）が知った時よりも「前に生じた原因」に基づく場合には、破産法71条2項2号（民事再生法では93条2項2号）の適用を受けると解されれば、相殺が許されることになります。

この適用の有無をめぐって、学説・裁判例において、適用説（相殺肯定説）と非適用説（相殺否定説）が二分されていました。

(2) 本判決の要旨

最一小判平26.6.5（民集68巻5号462頁）は、投資信託の購入者が再生債務者であり、再生手続開始前（ただし、支払停止後）に解約実行請求をした事案において、次の①・②の事情の下では、販売会社（再生債権者）において、信託受益権の解約金支払債務に関して、相殺の担保的機能に対する合理的な期待があったとはいえず、解約金支払債務の負担は、「支払の停止があったことを再生債務者が知った時より前に生じた原因」に基づくものとはいえず（民再93 I ③の適用を否定し）、相殺は許されないと判断しました。

① 投資信託管理委託契約では、顧客（債務者）は、原則、自由に（販売会社であった銀行（再生債権者）以外の）他の振替先口座への振替が可能であった。

② 販売会社であった銀行（再生債権者）において、自ら信託契約を解約請求ができる内容にはなっておらず、これを解約するには他の債権者と同様、債権者代位権に基づく解約請求をするほかなかった。

4 本判決の射程

本判決は、再生事件における判断であり、停止条件の成就時も手続開始決定前ですが、破産のケースにおいても、投資信託管理契約の規定について同一の事情を有する場合には、その判断の射程は及び、破産管財人としては投資信託の販売会社が破産債権者であったとしても、その解約金を請求することが可能と考えられます。

もっとも、投資信託管理委託契約等において、他の振替先口座への振替を許容しない内容となっていたり、支払停止等が生じた際に販売会社である銀行等が自ら解約請求権を行使して、自行に開設した口座へ解約金を振り替えるような内容となっていたりする場合も考えられます。その場合、本判決の判断の前提事実とは異なり同様の結論とはならないおそれがあることも否定できないため、対応方針を決める上では、関係契約等の十分な確認が必要であるといえるでしょう。　　〔山形康郎〕

第3節 契約関係の処理

Q 132 倒産解除条項の有効性

破産会社が取引先と締結していた基本取引約定には、「一方当事者が破産申立てをした場合に相手方当事者は契約を解除できる」旨の規定があり、破産手続開始決定後当該条項に基づく解除を理由として代金未払の在庫商品を引き渡すように請求されました。

破産管財人としては、どのように対処すればよいでしょうか。

1 倒産解除条項の有効性

(1) 倒産解除条項の意義

倒産解除条項とは、契約の一方当事者について倒産手続の開始申立てや支払停止などが生じた場合に、相手方当事者が契約を解除することができる特約(以下、単に「特約」といいます)をいいます。

(2) 裁判例の動向

裁判例上、特約の効力が争われた事例には様々な類型がありますが、大別して、①所有権留保付売買やファイナンスリースのような非典型担保の実行手段、②賃貸借契約のような継続的契約や双方未履行の売買契約などにおいて、契約の拘束力から免れる手段、③一方既履行の売買契約などにおいて、既履行の債権債務関係を履滅させて目的物を取り戻したり(買主破産の事案で、売主が売買契約を解除して目的物を取り戻す)、未払代金債務を免れたり(売主破産の事案で、買主が売買契約を解除して減価した目的物を売主に返還し未払代金を免れる)するための手段として機能する場合に整理することができます(垣内秀介「倒産解除特約の破産手続上の効力」『財産換価』705頁)。

①の類型で再建型手続の場合については特約の効力を否定する最高裁判例が確立しているのに対し(最三小判昭57.3.30民集36巻3号484頁[会社更生で所有権留保売買の事案]、最三小判平20.12.16民集62巻10号2561頁[民事再生でフルペイアウト方式のファイナンスリースの事案])、①の類型で清算型手続の場合ならびに②の類型及び③の類型については最高裁判例がなく、特約の効力を否定する下級審裁判例が散見されるにとどまります(例えば、②の類型について東京地判平21.1.16金法1892号55頁[建物賃貸借における賃借人破産の事案]、③の類型について東京地決昭55.12.25判時1003号123頁[更生会社に対する売主が特約に基づき売買契約を解除し、納入済商品の取戻しを主張した事案]、東京地判平10.12.8判タ1011号284頁[破産会社から商品を購入した買主が特約に基づき売買契約を解除し、代金支払義務を争った事案])。

(3) 学説の状況

学説では、これまで、必ずしも①〜③の類型を意識した議論がなされてきたわけ

ではありませんが、以下に述べるとおり、当初①の類型における効力が議論され、その後②の類型を念頭においた議論が展開されました。近年では、特約の効力は「倒産法秩序の観点からみて倒産債権者の利益に看過し難い不利益を生じる場合であって、かつ、そのことを契約当事者が合理的に予測できたときには、それは（平時には有効であっても）倒産法的公序に反する」として、その全部又は一部が無効となるとする見解（山本和彦「倒産手続における法律行為の効果の変容」『伊藤古稀』1191頁）が主張されています。この立場によれば、どのような点を公序違反と把握するかによって、特約の有効性の判断が分かれ得ることになります。

　まず、①の類型については、特約に基づく解除を認めると債務者との合意によって本来破産財団に帰属すべき財産が破産財団から逸出する結果になることや、別除権の受戻しにより対象物を破産財団にとどめておくことが不可能になることなどを理由に、特約を無効とする見解（特約無効説。竹下守夫「所有権留保と破産・会社更生」『担保権と民事執行・倒産手続』312頁（有斐閣、1990年））が多数説です。これに対し、所有権留保やファイナンスリースは非典型担保であり、その解除は担保権の実行にほかならず、かつ解除によって直ちに担保権実行が終了することはないとの解釈の下に、このような非典型担保の実行については中止命令等倒産手続における各種の担保規制で対応すれば足りるのであって、特約を無効とする必要はないとの有力説があります（特約有効説。水元宏典「契約の自由と倒産解除特約の効力」熊本法学117号（2009年）3頁）。

　②の類型も、特約無効説が多数説ですが、その論拠は、特約による解除が認められれば破産管財人に履行請求か解除の選択権が認められている破産法53条1項の趣旨が没却されるというものです。これに対し、更生手続及び再生手続の目的である「再建」を倒産法的公序と捉え、特約の効力を、再建型手続（会社更生・民事再生）との関係でのみ否定し、清算型手続である破産手続との関係では肯定する有力説があります（再建型限定特約無効説。岡伸浩「賃借人破産における原状回復請求権の法的性質」『倒産法実務の理論研究』25頁（慶應義塾大学出版会、2015年））。

　③の類型も、特約無効説が多数説ですが、その論拠について、必ずしも①や②の類型との差異を意識して論じられてきたわけではありません。まず、買主が破産して売主が売買目的物を取り戻そうとする事案においては、そもそも破産管財人には第三者性（破産手続開始後の解除であれば民545条1項ただし書、破産手続開始前の解除であれば対抗問題）が認められるので、仮に特約が有効であったとしても売主は破産管財人に対して売買目的物の引渡しを求めることはできず、特約の有効性を論じる必要はないと考えられます。また、売主が破産して買主が未払代金を免れようとする事案においては、特約による解除が認められれば本来破産財団に帰属すべき財産（売買代金債権）が逸出する結果となるので、特約は無効と解すべきです（伊藤眞「片務契約および一方履行済みの双務契約と倒産手続」NBL1057号（2015年）36頁）。

2 改正債権法における新しい解除法制

　以上のような特約の効力に関する議論とは別に、改正債権法における新しい解除法制の下で、設問における売主は、破産会社の破産手続開始後の債務不履行（代金不払い）を理由に、売買契約を解除して在庫商品の引渡しを請求できるかが問題となります。

　すなわち、これまで破産法の通説は、破産手続開始後の破産者の債務不履行を理由に契約を解除することはできないと解してきましたが、その根拠は、破産手続開始後の破産者の債務不履行には「帰責性がない」からであると説明してきました。ところが、改正債権法は債務者の帰責事由を法定解除の要件から除外しました。そこで、新しい解除法制の下では、破産者の契約の相手方は、破産手続開始後の破産者の債務不履行を理由に契約を解除できるのではないか、仮に解除できるとするとその効力はどうなるかが議論されています。

　設問のように、売買契約において売主が目的物を引き渡した後、買主が代金を完済する前に破産した場合に、売主の解除権の行使を肯定する見解もあります（岡正晶「倒産手続開始後の相手方契約当事者の契約解除権と相殺権」『伊藤古稀』777頁、同「倒産手続開始後の相手方契約当事者の契約解除権・再論」『木内古稀』361頁）が、この見解も、破産管財人の第三者性を理由に売主による目的物の取戻しは認めません。

　これに対し、改正債権法における催告は債務者に追完の機会を保障する点にその意義があり、破産手続開始後は、債務者及び破産管財人による追完の可能性が制約を受けるため、相手方は有効に催告をなし得ず、また破産手続開始により破産者の債務が履行不能になることはないとして、解除権の行使を否定する見解があります（加毛明「新しい契約解除法制と倒産手続」事業再生研究機構編『新しい契約解除法制と倒産・再生手続』182頁、特に227～234頁（商事法務、2019年））。また、設問からは外れますが、双方未履行の場合（②の類型）を念頭において、破産管財人の選択権（破53Ⅰ）を根拠として解除権の行使を否定する見解もあります（杉本和士「新しい契約解除法制が倒産法に与える影響」事業再生研究機構編・前掲書274頁、蓑毛良和「加毛報告に対するコメント」同38頁）。

　新しい契約解除法制と倒産手続との関係については、議論が始まったばかりであり、今後の議論の進展に注意する必要があります。

3 設問との関係

　設問は、③の類型で買主が破産して売主が売買目的物の返還を求めている事案です。破産管財人としては、特約は無効であるし、仮に特約に基づく解除が有効であるとしても破産管財人は民法545条1項ただし書又は対抗要件を要する第三者に当たるとして、在庫商品の引渡しを拒むべきです。なお、在庫商品の所有権が売主に留保されている場合には、当該所有権留保特約の有効性、対抗要件の有無（占有改定）等を検討しなければならないことには留意する必要があります。

〔蓑毛良和〕

Q 133 同時履行の抗弁権

　不動産売買の売主Aが買主Bに対し、当該契約が無効との理由で提起した所有権移転登記抹消登記手続請求訴訟について、裁判所はAの請求を認め、Bに対し売買代金の返還を受けるのと引き換えに移転登記の抹消を命ずる判決を言い渡し、確定しました。その後、Aが売買代金を返還する前に破産手続開始決定を受けて破産管財人が選任された場合、Bの売買代金返還請求権と同時履行の抗弁権は、破産手続においてどのように扱われるのでしょうか。

1 問題意識

　設問では、手続開始決定前にA・B間の売買契約が無効との判決が確定しているので、AはBに対する所有権移転登記抹消請求権を、BはAに対する売買代金返還請求権を、おのおの有しており、両者は同時履行の関係にあります（民533）。

　この状態でAに対し破産手続開始決定がなされた場合、Bが有する売買代金返還請求権は手続開始決定前の原因に基づき生じた債権として破産債権に該当し、破産手続において配当を受けるのが原則です。しかし、本来Bには売買代金満額の支払を受けるまでは同時履行の抗弁権が認められているにもかかわらず、破産債権としての行使しか認められないのはおかしいのではないかというのが問題意識です。

2 双方未履行の双務契約との比較

　設問の事例は、既履行の双務契約が無効原因の存在によりお互いに原状回復債務を負担するに至った状況ですので、いわば双方未履行の双務契約を裏返した場合であり、同様の利益状況にあるといえます。

　破産手続における双方未履行の双務契約は、破産管財人が債務の履行を選択し相手方にも債務の履行を請求するか、又は解除権を行使して契約関係を消滅させるか、いずれかを選択することができます（破53Ⅰ）。破産管財人が履行を選択した場合、相手方の請求権は財団債権となります（破148Ⅰ⑦）。他方、解除を選択した場合は相手方の原状回復請求権は取戻権又は財団債権となります（破54Ⅱ）が、損害賠償請求権は破産債権としての行使しか認められません（破54Ⅰ）。

3 破産法53条の趣旨

　設問ではすでに判決で契約の無効が確定しています。したがって、破産管財人としてはBに対し抹消登記手続を請求することとなります。この場合、Bの同時履行の抗弁権が破産手続開始決定によりどのような影響を受けるのか、またBの有する請求権は破産債権なのか、財団債権として扱う余地があるのかは、破産法53条の規定の趣旨をどう解するか（以下の①～④）という問題と関係します。

　①開始決定により同時履行の抗弁権が消滅することを前提としつつも、双務契約

300　　［第4章］　破産実体法

における当事者の義務は同時履行関係で相互に担保視し合っているにもかかわらず、破産管財人が履行を選択した場合に相手方の権利が破産債権となるとその権利の満足が確保されず公平に反するので、53条で特に財団債権へと格上げしたと解する見解が、従来の通説的な考え方です（兼子一監修『条解会社更生法（中）』292〜293頁（弘文堂、1973年））。

②これに対し、開始決定により同時履行の抗弁権が消滅しないことを前提に、相手方の権利は抗弁権付の破産債権となるものの、その権利行使は破産債権としての制約を受けるため、契約関係が「両すくみ」となり清算が必要であるし、仮に履行の選択が破産財団にとって有利な場合には破産管財人は財団拡充のため履行を選択する必要があり、53条はそのための規定と解する見解も有力です（福永有利「破産法第59条の目的と破産管財人の選択権」『倒産法研究』71〜75頁（信山社出版、2004年））。

③また、同時履行の抗弁権は契約関係から派生するもので債権に付着するものではなく、開始決定によって同時履行の抗弁権が消滅しないことを前提に、53条の趣旨は破産管財人に法定の特別の解除権を認める点にあるとし、相手方の権利は契約当事者たる地位に基づくものであるから、取戻権又は財団債権とするのが当然であるという見解も有力です（『伊藤』381頁注57）。

④さらに、取引を同時交換的取引と信用供与型取引とに分け、53条が特別の規律を設けるのは双方未履行双務契約が同時交換的取引に属するからであるとし、破産管財人に解除権が認められる理由は、契約の履行が破産財団にとって不利な場合にその履行を許さないためであるという見解もあります（中西正「賃貸借契約と破産手続」倒産実務交流会編『争点 倒産実務の諸問題』363頁（青林書院、2012年））。

4 結　論

上記①説では、相手方の同時履行の抗弁権は開始決定により消滅し、相手方の代金返還請求権も本来的には破産債権であることの制約から、破産手続における破産債権としての行使のみが許されるということとなると思われます。

これに対し、開始決定によっても消滅しないと解する立場では、相手方の権利を本来的な財団債権とする上記③説はもちろん、破産債権と解するとしても契約関係が「両すくみ」の状態となり清算が必要なことや同時交換的取引であることは同様のため、上記②及び④説でも清算に必要な限度で破産法53条が類推適用され、相手方の権利を財団債権として扱うことも許されるという結論になると思われます。

なお、相手方の同時履行の抗弁権は消滅しないと解するとしても、破産管財人としては、対象不動産の換価価値と返還が命じられた売買代金額とを比較衡量すべきです。仮に不動産の換価価値が当初の売買代金額を相当程度下回ると見込まれる場合には、財団形成に資するとは認められないので、破産裁判所とも協議の上、当該不動産及び所有権移転登記抹消請求権を破産財団から放棄する（放棄によって双方未履行関係を解消する）ことも視野に入れて交渉し、財団形成に資するかたちでの和解を目指すのが現実的・合理的な処理であると考えます。　　　　〔池上哲朗〕

Q 134 継続的供給契約

破産管財人に選任されました。破産者が契約していた電気、ガス、水道の供給契約については、どのような処理をすればよいでしょうか。

1 契約関係

(1) 双方未履行双務契約

電気、ガス、上下水道等の供給契約も双務契約であることから、破産者及びその相手方が共に破産手続開始時点において履行を完了していない部分について、破産管財人は、契約の解除又は履行の選択を行うことができます（破53Ⅰ）。なお、相手方は破産管財人がこの選択をするまで不安定な地位に置かれるため、破産管財人に対してこの選択を行うように催告する権利が認められています（破53Ⅱ）。

実際の管財業務では、売却手続を進めるだけの誰もいなくなった建物などであれば、電気、ガス、上下水道といったライフラインの維持も不要ですので速やかに解除しますが、例えば、工場内の設備を運び出すのに電気が必要といった場合には注意が必要です。完全に契約を解除してしまってよいのか、最低限の基本料金のみの契約を維持しておく必要があるのか、といった点は、今後の換価業務を想定しながら契約関係を処理しなければなりません。個人破産者の自宅など、人が生活している不動産に関しては、通常、解除の選択をすることはないと思われます。

(2) 継続的給付義務を負う双務契約に関する特例

電気、ガス、上下水道といった相手方が継続的給付の義務を負う契約については、契約の相手方は、申立前の給付に係る破産債権についての弁済がないことを理由としては、破産手続開始後、その義務の履行を拒むことはできません（破55Ⅱ）。

なお、この規定の適用を受ける契約は、電気、ガス、上下水道等の独占的公共事業に限定されるものではなく、携帯電話などの通信に係る契約など、当事者間の契約によって継続的供給が義務付けられているものに広く適用されると解されています。ただし、継続的な売買であっても注文のつど、品質や数量等が指定されるような契約は、注文ごとに個別の契約が成立しており、継続的供給契約には該当しないと判断されますので注意が必要です。

2 契約に基づく債権関係

(1) 下水道以外の電気、ガス、上水道の使用料債権

ア 申立前にした給付に係る使用料債権

自然人に対する電気、ガス、上水道の供給は民法306条、310条の日用品の供給に該当することから、破産手続開始決定前6か月間の供給部分に係る使用料債権が一般先取特権の対象となりますので、この部分は優先的破産債権（破98Ⅰ・Ⅲ）、それ

302 ［第4章］ 破産実体法

以外の部分は一般破産債権となります。なお、携帯電話の通信料などは民法310条の日用品の供給には該当しないため、すべて一般破産債権となります。

これと異なり、法人の場合は法人の規模、経営態様等のいかんを問わず、民法310条にいう「債務者」には該当しないと解されているため（最一小判昭46.10.21民集25巻7号969頁）、いずれも一般破産債権となります。

　イ　破産申立後開始決定前にした給付に係る使用料債権

継続的給付の義務を負う契約の相手方には、前記1(2)のような不利益を課す反面、現行法は、相手方が破産手続開始の申立後、破産手続開始前にした給付に係る請求権（一定期間ごとに債権額を算定すべき継続的給付については、申立ての日の属する期間内の給付に係る請求権を含みます）を財団債権としています（破55Ⅱ）。したがって、継続的供給契約に基づく支払が、例えば「月払」となっていれば、申立後、破産手続開始までがたとえ数日であっても、申立ての日の属する月の1か月分が財団債権となり、それ以前は一般破産債権となります。

ただし、このような財団債権化を認めるのは、破産管財人により契約の履行が選択された場合に限るとの立場と、解除が選択された場合をも含むとする立場があります。東京地裁は前者の立場（『手引』282頁〔石渡圭〕）を、大阪地裁は後者の立場（『はい6民』284頁）を採用しています。

　ウ　開始決定後にした給付にかかる使用料債権

破産管財人の管理下において使用された電気、ガス、上水道などの使用料債権は、「破産財団の管理、換価…に関する費用」又は「破産財団に関し破産管財人がした行為」に基づく請求権として財団債権となります（破148Ⅰ②・④）。

これに対し、自然人である破産者が日常生活のために使用した電気、ガス、上水道などの使用料債権については財団債権とはならず、破産者の自由財産上の法律関係に基づくものとして破産者自身が負担すべきものと解されています。

(2)　下水道の使用料債権

下水道の使用料債権は、地方税の滞納処分の例により徴収することができる請求権に当たります（下水道法20、地方自治法231の3Ⅲ、同法附則6Ⅲ）。

したがって、開始決定前の使用料債権のうち、開始当時納期限が到来していないもの、又は納期限から1年を経過していないものが財団債権（破148Ⅰ③）、納期限から1年を経過したものなどが優先的破産債権となります。

また、開始決定後の下水道使用料債権については、電気、ガス、上水道の使用料債権と同じく、破産管財人の管理下において使用されたものについては財団債権（破148Ⅰ②・④）に、自然人である破産者が日常生活のために使用したものについては、破産者自身が負担すべきものと解されています。

〔森　拓也〕

Q 135 賃貸借契約Ⅰ　賃借人の破産 ①
——破産管財人の解除権と特約条項の有効性

賃貸借契約の賃借人が破産し、破産管財人に選任されました。破産者の賃貸借契約の条項に「途中解約には3か月以上前の予告が必要である」とか「3か月分の賃料を一括で払って即時解約ができる」など、途中解約について一定の条件が付されている場合、破産管財人が破産法53条に基づいて解除するときにもこの特約は適用があるのでしょうか。

1 賃貸借契約と破産法53条

賃貸借契約は双方未履行双務契約として破産法53条が適用されるので、賃借人の破産管財人は、賃貸借契約について履行を選択するか、解除権を行使して契約関係を消滅させるかを選択することになります。不要な賃借物件については無駄な支出を抑えるために解除すべきですが、例えば、破産者が所有する借地上の建物について売却見込みがあれば、土地の賃貸借契約の履行を選択し、借地権付建物として売却して財団の充実を図るべきです。

なお、破産法53条による破産管財人の選択権の行使には時間的な制約はなく、相手方にも催告権が与えられているので（破53Ⅱ）、破産管財人が選択権の行使を怠っても直ちに不法行為となるとはいえません。ただし、例えば必要性がないことが明らかなものについて漫然と放置することで破産管財人としての善管注意義務違反等の問題が生じるおそれは否定し切れませんので、注意が必要です。

2 履行を選択した場合

履行が選択された場合、相手方の賃料債権は財団債権となり（破148Ⅰ⑦）、通説はその範囲は開始決定後の賃料に限られ、開始決定前の未払賃料は破産債権となるとします（『大コンメ』204頁〔松下淳一〕。ただし、開始決定前の未払賃料も含めて財団債権となるとする有力説もあります。『伊藤』393頁、『条解』443頁）。

破産管財人がいったん履行を選択した後にそれを撤回して解除することは認められないと解されています。1に記載した例で担保権者が反対して借地上建物の任意売却ができなくても、履行選択の撤回はできません。この場合、財団債権額が増大し続けるため、破産管財人としては担保権消滅制度や財団放棄を検討することになります。放棄は、破産者が個人か法人かで異なる点もあり、担保権者が不測の損害を被らないよう調整しておくべきです（放棄についてはQ96、Q137を参照してください）。

3 解除を選択した場合

破産管財人が解除を選択した場合には、破産者の受けた反対給付について原状回復を求める相手方の権利は、その給付の目的物が破産財団中に現存するかどうかに

304　［第4章］　破産実体法

よって、取戻権又は財団債権として扱われることになります（破54Ⅱ）。

破産管財人が賃貸借契約の解除を選択して物件を明け渡した場合の相手方の原状回復請求権については財団債権とする見解が多いです（ただし、大阪地裁では破産債権と解しています。『運用と書式』115頁以下）。原状回復請求権を財団債権とすれば、敷金返還額が財団に組み入れられる一方で、原状回復のために多額の財団債権を負担することになる場合もあるので注意が必要です（原状回復義務についてはQ64、Q65を参照してください）。

なお、解除に伴う相手方の損害賠償請求権は、破産債権として行使できるにとどまります（破54Ⅰ）。

4　当事者の特約の効力

設問の場合、破産管財人は契約を解除することが財団にとって有利であると考え、破産法53条1項に基づく解除を選択したものと考えられます。

この場合、破産手続開始決定前に当事者間で締結された契約解除に関する特約が破産管財人との関係でも有効かどうかが問題となります。倒産解除条項については、民事再生の場合に所有権留保とセットとなったいわゆる倒産解除条項を無効とした判例（最三小判平20.12.16民集62巻10号2561頁）があります。学説上も、旧破産法59条の解釈として、特約の効力を認めるものがありました（『注解上』292頁〔斎藤秀夫〕）が、破産法53条1項は、法が特に破産管財人に与えた解除権であるとの立場から、当事者の特約に破産管財人の解除権行使を制限するような効力はないとするのが多数説です。よって、破産手続においても倒産解除に関する特約が破産管財人との関係では無効と解することができます（倒産解除特約の有効性についてはQ132を参照してください）。途中解約に伴う違約金条項についても、それが適用されれば法が破産管財人に破産手続遂行のために特別に与えた解除権を不当に制限しかねませんし、そもそも契約上の違約金条項は当事者間の約定解除権と一体のものであって法定解除権たる破産法53条1項に基づく解除には適用されない、と考えることができます。違約金条項の有効性を否定する裁判例、制限する裁判例は数多くある一方で、特約の有効性を無条件に認めた裁判例もありますが、特異であって一般化するべきではないと考えます（『通常再生Q&A』Q122〔小畑英一〕）。

この点に関して大阪地裁は、破産法53条による解除については当事者間の契約に基づく違約金条項の適用はないとの立場をとり、破産法54条1項による損害賠償請求権は、破産法53条による解除に違約金条項の適用がない以上、現に被った損害の範囲（賃料相当額）で成立するに過ぎず、それを超える損害賠償請求権は成立しないと解釈しています（『運用と書式』116頁以下）。

したがって、賃貸人が当事者間の特約を根拠に明渡時までの賃料相当損害額を超える損害額が発生したとして敷金と相殺する旨の主張をしてきたとしても、破産管財人としてはこの解釈を示して、賃料相当額を超える部分については敷金の返還を求めるべきです。

〔野城大介〕

Q 136　賃貸借契約Ⅱ　賃借人の破産 ②
──敷金に質権が設定されている場合

① 　敷金返還請求権に質権が設定されている場合、破産管財人は賃貸借契約
やその賃借物件管理についてどのような点に注意すべきでしょうか。
② 　破産管財人が質権設定者の負担する担保価値維持義務を承継し、質権者
に対し「正当な理由に基づくことなく未払債務を生じさせて敷金返還請求
権の発生を阻害してはならない義務」を負い、破産宣告後の未払賃料等に
ついて敷金充当合意をして敷金返還請求権の発生を阻害したことがこの義
務に違反するとした判例がありますが、判例のいう「正当な理由」の有無
や破産管財人の善管注意義務との関連で留意すべき点を教えてください。

1　基本的な法律関係

　敷金は、賃借人が賃貸借契約に基づいて賃貸人に負うべき債務の担保として、賃
貸人に交付されます。賃借人の敷金返還請求権は、賃貸借契約が終了し、かつ、目
的物の明渡しが完了した後に賃借人の債務を控除し、なお残額があることを条件と
して発生する停止条件付債権であり（最二小判昭48.2.2民集27巻1号80頁等）、賃借
人に破産手続が開始されると破産財団に帰属します（破34Ⅱ）。また、敷金返還請
求権に債権質が設定されて対抗要件が具備されていれば、破産管財人は、質権者を
別除権者として処遇しなければなりません（破2Ⅸ）。

2　賃貸借契約ないし賃借物件の管理についての注意事項

　債権質の設定者は、目的債権の担保価値維持義務を負い、債権の取立て、放棄、
免除、相殺、更改、期限の猶予等の目的債権を消滅・変更する一切の行為を禁止さ
れますが（『新注釈民法(6)』549頁〔直井義典〕）、判例は、質権設定者（賃借人）に破
産手続が開始されると、破産管財人が同義務を承継し、「正当な理由に基づくこと
なく未払債務を生じさせて敷金返還請求権の発生を阻害させてはならない義務」を
負うと判示しています（最一小判平18.12.21民集60巻10号3964頁、同日判時1961号53
頁）。

　一般に敷金によって担保される賃借人の債務には、①破産手続開始前にすでに発
生している未払賃料・共益費、賃料相当損害金等の破産債権に該当するもの、②破
産手続開始後の使用収益に伴う賃料・共益費や賃料相当損害金等の財団債権となる
ものがあります。このうち、①は、破産手続外で弁済することが禁止されるため
（破100Ⅰ）、破産管財人が弁済せずに敷金から充当されても担保価値維持義務に反
しません。これに対し、②は、破産債権に先立って随時弁済すべきため（破151）、
破産管財人がこれらを弁済せずに敷金返還請求権を減少させることは、「正当な理
由」がない限り、担保価値維持義務に反することになります。判例が破産管財人の

306　［第4章］　破産実体法

義務を「未払債務を生じさせ」ない義務とするのは上記のような趣旨であり、また、破産管財人が財団債権を発生させて敷金から充当させた場合、質権者に破産財団に対する不当利得返還請求を認めるのも同じ文脈によるものです。

　以上のほか、判例は、原状回復費については賃貸借契約の終了に伴って賃貸人が原状回復を行ってその費用を敷金から控除することが一般的であるため、質権者もこれを前提に担保価値を把握しているとし、破産管財人がこれを弁済せずに敷金から充当させても担保価値維持義務に反しないとしています。原状回復費用については破産債権説と財団債権説が対立していますが、財団債権説の立場からも、敷金からの充当は担保価値維持義務に反しないことになります。もっとも、破産管財人は、敷金から控除される原状回復費が過分ではないかに注意し、また、破産手続開始後に原状回復費を増大させないよう物件を管理すべきでしょう。

3　担保価値維持義務と善管注意義務

　担保価値維持義務と善管注意義務の関係については諸説ありますが（『伊藤』208頁注19）、前掲判例は、破産管財人が正当な理由なく担保価値維持義務に違反した場合には善管注意義務違反（破85）となり得るとします。具体的には、破産財団に十分な弁済資金がありながら、破産管財人が破産手続開始後に生じた賃料等を敷金から充当する旨を賃貸人と合意して質権者に損害を与えた行為を担保価値維持義務違反としましたが、行為時には上記行為の当否に関する判例・学説が乏しく、かつ破産裁判所の許可を得ていたことを理由に善管注意義務違反を否定し、質権者の破産財団に対する不当利得返還請求のみを認めました。しかし、同様の行為をすれば善管注意義務違反を問われるでしょう。ただし、前掲判例は、財団が乏しく賃料等の支払いができない場合については言及していません。

　正当理由の有無は、①「未払債務」を発生させた事情や②それを未払いにして敷金を減少させた事情、さらに③質権者が把握している担保価値の範囲等を総合的に検討して判断されるものと考えられます。特に①が重要であり、破産管財人は、善管注意義務の観点からも不要な賃貸借契約を速やかに解除して（破53）、早期に明渡しをすべきです。また、管財業務に必要な契約についても、「破産財団の早期清算のため、継続する賃借部分を縮小したり、あるいは賃借部分を賃料の低額な他の物件に移すなどの措置をとる」（前掲判例の才口千晴裁判官補足意見）など、破産管財人には細やかな配慮が求められ、こうした配慮を怠って質権者に損害を与えると、担保価値維持義務や善管注意義務を問われる可能性があるでしょう。

　見解が分かれるところでしょうが、③の観点から、明渡しを要する場合も、これに必要な合理的な期間の賃料等については、質権者は、敷金からの控除を予期して担保価値を把握しているというべきであり、破産管財人がその間の賃料等を弁済せずに敷金が減少しても、担保価値維持義務に反しないと解すべきでしょう。

〔石井教文〕

Q 137 賃貸借契約III　賃貸人の破産 ①
——建物の賃貸人の破産と修繕義務の帰趨、賃貸物件の放棄の可否

① 地主から土地を賃借して建物を所有し、この建物を第三者に賃貸している賃貸人に破産手続が開始されました。この建物には破産手続開始前から修繕を要する箇所があり、賃借人から修繕義務の履行を求められていましたが、賃貸人は未履行のままでした。賃借人は、破産管財人に財団債権として修繕義務の履行を求めることができるのでしょうか。それとも修繕請求権は、破産債権となるのでしょうか。

② 仮に破産債権だとすれば、その金額はどのように評価すべきでしょうか。

③ 破産管財人が借地上の建物管理処分権限を放棄したときは、修繕請求権はどのように扱われるのでしょうか。

1 賃貸目的物が破産手続開始前から修繕を要する状態にある場合

賃貸中の建物の賃貸人が破産した場合、当該建物賃貸借に破産法53条1項の適用はなく、対抗要件を具備した賃借人の使用収益権は財団債権となります（破56 I・II）。

それでは、賃貸目的物が破産手続開始前に要修繕状態にあり、賃借人が賃貸人に対し修繕請求権を有する場合、当該修繕請求権は、破産手続開始決定により破産債権となるのでしょうか。

賃貸人の修繕義務は、賃貸人が賃借人に賃貸物の使用収益をさせる義務を負うことの当然の結果として認められたものと解するのが通説・判例です（『新版注釈民法(15)』209頁〔渡辺洋三＝原田純孝〕、大判大4.12.11民録21輯2058頁）。この修繕義務は賃貸借の全期間に及び、その結果として賃貸人は、引渡しの際に必要となる修繕を加えて使用収益に適当な現状において賃貸物を引き渡す義務があるのみならず、賃貸借の継続中絶えずこの現状を維持するため必要な修繕を加える積極的義務を負担するものと解されます（『新版注釈民法(15)』209頁〔渡辺＝原田〕）。

したがって、議論のあり得るところですが、破産手続開始時において賃貸目的物が要修繕状態にある場合には、賃借人は財団債権として破産管財人に修繕を請求することができ（破148 I ②）、破産管財人は、賃貸目的物を使用収益に適当な現状に置くため必要な修繕を加える義務を負担するものと考えます。また、賃借人は使用収益の不完全な割合に応じて賃料の減額を請求し得ると考えられます（『新版注釈民法(15)』227頁〔渡辺＝原田〕）。

なお、仮に修繕請求権が破産債権に当たるとする場合、その額は、破産手続開始時に修繕費用として必要と見込まれる額であると考えられ、見積書などの資料により評価すべきことになると思われます。ただ、民法上、賃借人は費用支出前にその

償還を請求することはできません（民608Ⅰ）ので、これとの均衡上、条件付債権又は将来の請求権として認否をすべきものと思われます。

これに対し、賃借人がすでに破産手続開始時までに自ら修繕を行って修繕費用を支出したときは、その償還請求権は破産債権となります。

ただ旧破産法では、賃料債権を受働債権とする相殺について、その範囲に制限がありました（旧破産法103Ⅰ前段）が、現行法では旧破産法103条の規律に相当する規定は設けられておらず、これにつき、現行法の立案担当者は「相殺権の行使が広く認められる破産手続において、賃料債権を受働債権とする相殺のみを特別に制限することには、十分な理由を見出し難い」（『一問一答』91頁）と説明しています。この説明に従うならば、賃借人は費用償還請求権を自働債権とし、破産手続開始時に既発生の未払賃料のほか破産手続開始後に発生する賃料をも受働債権として、相殺ができると解してよいのではないかと考えます（破67②後段。『論点解説上』296頁〔多比羅誠＝清水祐介〕）。

2 破産管財人が建物の管理処分権を放棄した場合における修繕請求権の帰趨

上記1のとおり、賃借人の修繕請求権が財団債権と解される場合には、破産管財人は破産者に代わってその履行をしなければならないこととなります。

では、破産管財人は、このような賃貸借の目的である建物の管理処分権を放棄することにより、修繕義務を免れることはできるでしょうか。

この点、大阪高判昭53.12.21（判時926号69頁）は、破産者が確定判決による家屋収去土地明渡債務を負担している家屋につき賃借人があるという事案において、破産管財人は、家屋所有権及び家屋賃貸権について管理処分権を放棄することができるとしています。また東京地裁も、破産財団から放棄しても管理上重大な問題が生じない場合には、賃貸不動産についても管理処分権放棄が可能との見解に立っていると解されます（『手引』160〜162頁、165頁〔土屋毅＝長谷川健太郎〕。『伊藤』398頁も、賃借人ある不動産の管理処分権放棄が可能であることを前提にした記述と解されます）。ただ、これについては、破産管財人は管理処分権を放棄しても契約上の義務を免れないのではないか、との疑義もあります。

破産管財人が賃貸借契約上の地位とともに建物の管理処分権を放棄した場合、修繕義務は、現に賃貸人である者のみが履行できるものなので、異論があり得るところですが、管理処分権放棄の時までに要修繕義務が生じていても、破産管財人はもはや修繕義務を負わないと解するのが妥当であると考えます。もっとも、破産管財人が借地権付建物を放棄し得るとすることについては、これを肯定する見解と、放棄すると土地の所有者に多大な損害を与えることになるため疑問が残るとして否定する見解（三宅省三ほか編『民事弁護と裁判実務(7)』304頁（ぎょうせい、1995年））があります（前掲大阪高判昭53.12.21は、設問と異なり、すでに破産宣告前に借地契約が終了していた事案です）。

〔桐山昌己〕

Q 138 **賃貸借契約Ⅳ　賃貸人の破産 ②**
　　　　——賃料の寄託請求と敷金返還債務

　賃貸人所有の賃貸物件の賃借人が敷金（賃料3か月分）を差し入れていた
ところ、賃貸人が破産し、破産管財人に選任されました。
①　賃貸人が破産開始決定を受けたことを知った賃借人から、賃料支払に
　関して破産法70条の寄託請求がなされました。破産管財人としてどのよ
　うに対応し、賃借人が退去した場合の寄託賃料と敷金をどのように処理
　すべきでしょうか。
②　仮に、賃借人が居住したまま任意売却される場合、敷金返還債務は物
　件の購入者に承継されるのでしょうか。その場合、寄託請求を受けてい
　た賃料はどのように処理すべきでしょうか。

1　敷金を有する賃借人の寄託請求の法的性質

　敷金とは、「いかなる名目によるかを問わず、賃料債務その他の賃貸借に基づい
て生ずる賃借人の賃貸人に対する金銭の給付を目的とする債務を担保する目的で、
賃借人が賃貸人に交付する金銭」（改正民622の2Ⅰ）とされています。

　賃貸人が破産した場合、破産法70条後段は、敷金返還請求権を有する賃借人が賃
料債務を弁済する際に、破産管財人に対して弁済額の寄託を請求することができる
と規定しています。

　賃借人の敷金返還請求権は、判例（最二小判昭48.2.2民集27巻1号80頁）によれ
ば、賃貸借が終了して賃貸目的物が返還された時に発生する停止条件付債権であ
り、敷金を差し入れている賃借人は、賃料の弁済時に破産管財人に対して寄託の請
求をし、将来、賃貸目的物を明け渡して敷金返還請求権発生の停止条件が成就した
後、寄託した賃料相当の弁済金の返還を受けることができます。この賃借人の寄託
請求の法的性質は、賃料債務の弁済を、敷金返還請求権発生の停止条件（賃貸目的
物の明渡し）が成就することを解除条件として行い、賃料債務の弁済額を寄託する
よう請求する意思表示です。

2　寄託された賃料相当額の管理方法

　寄託された賃料は、将来解除条件が成就する可能性がありますので、破産管財人
としては、弁済された賃料相当額を財団債権や配当金の支払の原資としないように
保管することが必要です。分別管理の方法としては、破産財団の保管口座とは別口
の預金口座に預金して管理する方法もあります（『破産民再実務（破産）』241頁）
が、少なくとも寄託相当額が破産財団のなかで確保されていることが明示されるよ
うに管理することが必要です（『基本構造』294頁〔花村良一発言〕。**Q197**参照）。

310　　［第4章］　破産実体法

3 賃借人が退去した場合の対応

賃借人は、最後配当の除斥期間内に賃貸目的物を明け渡して敷金返還請求権の停止条件を成就させれば、寄託額を取り戻すことが可能です。破産法70条は「同様とする」としていますが、敷金返還請求権は、未払賃料等を当然充当した後に具体的に発生すると考えられていますので（『条解』547頁）、改めての相殺の意思表示は不要とされています。

破産管財人としては、最後配当の除斥期間前に賃貸目的物の明渡しが完了した場合には、寄託されていた賃料を返還し同額を未払賃料として敷金から充当することとなります。この場合、充当後に敷金の残額があれば、一般の破産債権となります。

4 敷金返還債務の承継

賃貸建物が第三者に譲渡され所有権が移転した場合には、特段の事情のない限り賃貸人の地位もこれに伴って当然に第三者に移転し、賃借人から交付されていた敷金に関する権利義務関係も当該第三者（新賃貸人）に承継されるとするのが判例（最一小判昭44.7.17民集23巻8号1610頁）であり、今般この判例法理が明文化されています（改正民605の2）。

このような判例法理を前提とすると、賃貸目的物の任意売却の際には、敷金返還債務は賃貸目的物の譲受人（新賃貸人）が承継することとなりますが、目的物の売却代金からは、承継する敷金返還債務相当額が控除されることとなり、実務上も同様に処理されています。

なお、敷金返還債務を承継させると当該不動産の評価額から敷金返還債務が控除されますので、他の債権者への弁済原資が減少することとなり、実質的に債権者平等を害するとの観点から、敷金返還債務の承継を認めない見解があります（山本和彦「倒産手続における敷金の取扱い(1)」NBL831号（2006年）19頁）が、①賃借人は寄託請求をすることにより最終的には敷金相当額の回収が可能な立場にある、②建物の買受人は敷金を承継しない場合、賃借人に再度敷金の差入れを要求することになりますが、賃借人がこれに応じないばかりか賃料も支払わないおそれがあり、このようなリスクを回避するために、敷金を承継した上で売買代金から減額する方が経済合理性がある、といった理由から、敷金返還債務の承継を認める実務の運用が妥当と考えられます。

5 寄託請求を受けていた賃料の処理

賃貸目的物が、賃借人が居住したままで任意売却される場合には、賃貸借契約は終了しておらず、敷金返還請求権は上記のとおり新賃貸人に承継され、旧賃貸人（破産者）に対する敷金返還請求権は消滅します。

この場合、賃借人の賃料債務の弁済の解除条件は成就しませんので、寄託されていた賃料相当分は破産財団に組み入れることとなります。

〔中嶋勝規〕

Q 139 賃貸借契約Ⅴ　賃貸人の破産 ③
——収益執行・差押えと寄託請求の可否

　破産財団に属する財産に賃貸アパートがあり入居者がいます。入居者から
は破産者が敷金を賃料の3か月分預かっています。破産手続開始決定後、当
該アパートに抵当権を設定している別除権者が担保不動産収益執行を申し立
て、開始決定を受けて管理人が当該アパートの賃料を回収しています。
　入居者は管理人に賃料を払い続けていますが、敷金の取扱いはどうなるの
でしょうか。入居者は管理人に対し破産法70条の寄託請求をすることはでき
ないのでしょうか。また、抵当権者が物上代位による差押えをした場合はど
うでしょうか。

1　破産手続における敷金の取扱い

(1)　基本的な法律関係

　建物賃貸借契約の敷金は、賃貸借終了後明渡しまでに賃貸借契約に基づいて賃貸
人が賃借人に対して取得する一切の債権を担保するものであり、敷金返還請求権
は、明渡完了の時までに生じた被担保債権を控除しなお残額があることを停止条件
として発生する債権です（最二小判昭48.2.2民集27巻1号80頁、最一小判平14.3.28
民集56巻3号689頁。**Q138**参照）。

　このような敷金の性質によれば、賃貸人が破産手続開始決定を受けた場合の賃借
人の敷金返還請求権は停止条件付の破産債権に該当し（破2Ⅴ）、除斥期間の満了
前に明渡しを完了して停止条件が成就していないと、中間配当においては配当額が
寄託され（破214Ⅰ④。**Q197**参照）、簡易配当又は最後配当においては配当手続から
除斥されます（破198Ⅱ、205）。

(2)　寄託請求

　賃貸人破産の場合、賃借人は、破産管財人に賃料を支払うに際し、賃料の寄託を
請求することができます（破70後段）。この場合、賃料債務の弁済は、停止条件付
債権である敷金返還請求権の停止条件の成就を解除条件としたものとなり、解除条
件の成就によって弁済がその効力を失うこととなって、それによる弁済金返還請求
権と敷金返還請求権との相殺が可能となると説明されます（『一問一答』92頁）。

2　賃借物件に対する担保不動産収益執行と敷金債権者の寄託請求

(1)　収益執行がされた場合の寄託請求の可否に関する各見解

　ところで、抵当権によって担保不動産収益執行（民執180②）がなされた場合、賃
借人は賃料を収益執行における管理人（民執188、95）へ支払うことが必要ですが、
この場合も、賃借人が寄託請求をすることができるのかどうかについては見解が分
かれます（『条解』548頁以下、『基本構造』287頁以下）。

312　［第4章］　破産実体法

立案担当者は、賃料が破産財団に組み入れられることを念頭に破産法70条後段の制度を設計しており（『一問一答』92頁）、また、寄託請求は、本来的には破産管財人に支払った賃料の分別管理を請求するものですから、賃料が破産管財人の手に渡ることを前提とするものと解するのが素直であるように思われ、そうすると収益執行等がなされて賃料が破産管財人の手に渡らない場合には、寄託請求も認められないこととなります。ただし、寄託請求を否定する見解でも、アパートの賃借人が管理人に家賃を支払う前にアパートを退去した場合には、賃料債権は敷金に当然に充当されて消滅することとなるため、入居者はその限りで敷金の回収をすることができることとなるものと思われます（『実践マニュアル』234頁、物上代位権に関するものとして前掲最一小判平14.3.28参照）。

　これに対して、寄託請求を肯定する見解は、破産法70条後段により保護される敷金債権者の期待は、賃借人とは無関係になされる収益執行により奪われるべきではないことを理由とします（山本和彦「倒産手続における敷金の取扱い(1)」NBL831号（2006年）22頁）。寄託請求を可能とする見解には、賃借人がアパートを退去した後において、賃料を受領した抵当権者ないし管理人が賃借人に対して賃料を敷金の範囲内において返還するべきであるとする見解と、破産管財人が破産財団から賃借人に対して返還するべきであるとする見解があり、有力学説の提唱するところですが、実務上は必ずしも定着したものではないように思われます。

(2) 当面の実務対応

　以上によれば、当面の実務対応としては、入居者は寄託請求を行うことはできないとの立場で対応することが考えられます。もっとも、仮に入居者から寄託請求がなされた場合には、破産管財人としては入居者の寄託請求権の有無について裁判所の確定的な判断が出るまで、さしあたり賃料相当額を留保しておくことも考えられるとの指摘もあります（小林信明「各種契約の整理(1)」『新・実務大系』188頁）。

3　物上代位権が行使された場合

　以上に対して、アパートの抵当権者が物上代位権の行使として家賃を差し押さえた場合はどのように理解するべきでしょうか。

　この場合にも、賃借人は抵当権者に賃料を支払い（民執193、155）、賃料は破産財団には組み入れられないため、やはり破産法70条後段に基づく寄託請求の可否が問題となります。この問題は、基本的に収益執行において検討した問題点と共通するものであると解されます。したがって、収益執行の場合に寄託請求否定説を基本とした対応をする立場を前提とすれば、物上代位の場合も、本件アパートの入居者は、寄託請求をなし得ないとの立場をとることが考えられます。

〔木村真也〕

Q 140 転貸借関係からの離脱

オフィス用ビルの一室を賃借し、それを転貸していた会社が破産しました。破産管財人としてはこの契約関係をどのように処理したらよいでしょうか。特に、転借料が賃借料を下回る、いわゆる「逆ざや」が生じていた場合はどうすればよいでしょうか。

1 はじめに

破産者が賃借人と転貸人の地位を併有していた場合、破産管財人は、相手方である賃貸人及び転借人の双方に目配りしながら契約関係の処理を行う必要があります。賃貸人をA、賃借人兼転貸人をB、転借人をCとして、Cにおいて転借権を対抗できる場合とできない場合に分けて考えます。

2 転借人が転借権を対抗できる場合

CやBにおいて破産手続開始時にいずれも賃料不払等の債務不履行がなかった場合には、CはB破産管財人及びAに対して転借権を対抗できると考えられます。この場合、B破産管財人は対抗力のあるCに対して破産法53条に基づく解除権をもって対抗できない、という制約を負います（破56Ⅰ）。

そこでB破産管財人は、交渉によってAとCとの直接契約を締結して転貸借関係から離脱することが考えられますが、次のとおり賃借料と転借料のいずれが大きいかによって状況が異なると考えられます。

(1) 「賃借料＜転借料」であった場合

この場合は、破産者が「利ざや」を得ていた場合であり、B・C間の転借料をA・C間の新賃借料とすることが考えられます。Cとしては従前どおりの転借料を支払えばよく、AとしてはBが得ていた利ざやの分賃料が増額するので、直接契約の交渉はまとまりやすいと考えられます。この場合、Cの破産者に対する差入敷金・保証金の額がBのAに対する差入敷金・保証金の額を超える部分は破産債権と取り扱うことになるものと思われます。

(2) 「賃借料＞転借料」であった場合

いわゆる「逆ざや」が生じており、従前の条件のままでA・C間の直接契約に切り替えることは難しいと考えられます。そこで、B破産管財人としては、A及びCから譲歩を引き出して従前の条件を変更することに加えて、①BがAに対して差し入れた敷金・保証金をCに対して承継する、②Cに対する一定期間のフリーレント等を活用する、などの方法で直接契約に向けた取組みを行うことが考えられます。

それでもなお直接契約が困難な場合には、各契約を終了させることを検討することになります。B破産管財人としては、①破産法53条1項に基づいてAとの間で賃貸借契約を解除し、これによって反射的に占有権限を喪失したCに対して明渡しを

314　［第4章］　破産実体法

求めるか、②ＣからＡに支払を受けた転借料のみをＡに対して支払い続けるものの、Ａに対する債務は一部不履行となりＡからは債務不履行解除をされるので、その後占有権限を喪失したＣに対して明渡しを求める、という方策が考えられます。Ａに対する未履行双務契約の解除によってＢ破産管財人が当然に契約関係から離脱するという見解（『伊藤』400頁）もありますが、このような方策の有効性や解除の効力についてはなお疑義が残るため（『条解』446頁）、まずは極力交渉によって契約関係の調整を図るべきと考えます（藤原総一郎監修『倒産法全書（上）［第2版］』370頁〔早川学〕（商事法務、2014年））。

　なお、この場合、ＣがＢ破産管財人に対して寄託請求（破70後段）を行うと、Ｂ破産管財人はＡに対する賃料の支払原資を欠くことになってＡに対する債務不履行をせざるを得なくなり、結局はＣが占有権限を失うことにつながりかねない点に留意する必要があります（『実践マニュアル』197頁）。

3　転借人が転借権を対抗できない場合

　Ｂの債務不履行等により賃貸借契約が解除された場合には、Ｃは転借権をＢ破産管財人やＡに対して対抗できないと考えられます。Ｂ破産管財人は、賃貸物件の明渡しに向けてＣ及びＡに対応する必要が生じます。

⑴　転借人への対応

　Ｂ破産管財人は、破産手続開始決定後、直ちにＣを退去させる必要があります。なぜなら、Ｃが退去しない限り、Ｂ破産管財人はＡに対して当該貸室を明け渡すことができず、財団債権とされるＢのＡに対する賃料又は賃料相当損害金が破産手続開始日以降も日々発生することとなって、破産財団がその分減少するからです。

⑵　賃貸人への対応

ア　賃貸借契約が破産手続開始前に解除されていた場合

　破産手続開始後、賃貸目的物の明渡しに至るまでの賃料相当損害金は、破産管財人の占有行為によって発生したものであるとして、財団債権（破148Ⅰ④）と考えられます。したがって、Ｂ破産管財人は、前述のとおり、財団債権ができるかぎり増加しないように、Ｃを速やかに退去させてＡに目的物を明け渡す必要があります。なお、この場合に賃貸借契約終了に伴って発生する原状回復費用請求権は、破産手続開始前に賃貸借契約が終了していることから破産債権となります。

イ　賃貸借契約が破産手続開始時に解除されていなかった場合

　Ｂ破産管財人は、破産手続開始後、直ちにＡ・Ｂ間の賃貸借契約を解除する必要があります（破53Ⅰ）。この場合、破産手続開始前の未払賃料については破産債権となる一方、破産手続開始後の未払賃料及び賃料相当損害金は財団債権となります（破148Ⅰ⑦・⑧）。また、原状回復費用請求権については、破産手続開始後に契約が終了した場合には財団債権とされるのが通説的見解ですが（破148Ⅰ④又は⑦もしくは⑧の類推適用）、これに反対する有力説もあります（『はい6民』272頁。**Q95参照**）。

　いずれにしても、Ｂ破産管財人は原状回復費用が破産財団から支出されることをできるだけ回避するため、速やかに対応する必要があります。　　　　〔大島義孝〕

Q 141 ファイナンスリース契約

　破産者がファイナンスリース契約を締結していた場合、ファイナンスリースについては、双方未履行双務契約として破産法53条の適用があるのでしょうか。それとも、リース債権者は破産法上別除権者として扱われるのでしょうか。それぞれの場合の取扱いの差異について教えてください。

1　ファイナンスリース契約と破産法53条

(1)　ファイナンスリース契約とは

　ファイナンスリース契約は、一般に、リース業者が物品をユーザーに引き渡して一定期間使用・収益させ、ユーザーから購入代金等をリース料として回収する形態の契約として構成されています。リース物件の引渡後にユーザーが破産手続開始決定を受けた場合の取扱いについては、その法律構成と経済的実質とをどのように解釈するかによって、議論があります。

(2)　ファイナンスリース契約の法的性質と破産法53条の関係

　ファイナンスリース契約について、ユーザーのリース業者に対するリース料支払義務とリース業者のユーザーに対する目的物を使用収益させる義務とを対価関係に立つ契約と理解した場合には、ユーザーの破産後、リース業者には目的物を使用収益させるという未履行債務が残るといえるので、破産法53条の適用を肯定できます。しかし、ファイナンスリース契約のなかでも、リース期間満了時にはリース物件に残存価値はないものとして、物件の取得費その他の投下資本を回収できるよう、リース料が算定される、いわゆる「フルペイアウト方式」では、リース物件の使用価値がユーザーによって費消し尽くされることが前提とされており、その経済的実質は、ユーザーがリース物件を入手するための金融上の便宜を得るところにあるといえます。この場合、リース料の支払とリース物件の使用とは対価関係に立たず、したがってリース物件の引渡義務以外にリース業者の義務が存在していない以上、破産法53条の適用は否定されるということになります（民事再生に関する判例として、最三小判平成20.12.16民集62巻10号2561頁）。

　もっとも、リース物件の点検整備や運用支援等、リース物件の引渡後もリース業者の義務が契約の重要な要素として存するようなリース契約では、なおリース業者に未履行債務があるとして、破産法53条の適用があると解する余地があります（『一問一答』94頁。民事再生に関する裁判例として東京地判平21．9．29判タ1319号159頁）。したがって、ファイナンスリース契約であるからといって、直ちに破産法53条の適用を否定すべきではなく、フルペイアウト方式の契約といえるかどうか、リース物件引渡後もリース業者の義務が契約の重要な要素として残存しているかど

316　［第4章］　破産実体法

うかを検討した上で、その適用の可否を判断する必要があります。

2 具体的な処理

(1) ファイナンスリース契約に破産法53条の適用がない場合

フルペイアウト方式のリース契約につき、破産法53条の適用がないと考えた場合、リース業者がユーザーに対して有している残リース料についての債権は破産債権となります。そして通常の場合は目的物件の所有権が留保されているなど、リース契約に基づくリース業者の権利の担保権が認められるので、ここで破産債権を有するリース業者は別除権者として扱われることになり、別除権の行使として、リース物件を取り戻して残リース料金を清算することができます（破65Ⅰ）。そしてなお、リース料債権が残れば、破産債権として行使することが可能です（破108Ⅰ）。この場合、破産管財人としては、必要であれば担保権消滅請求を行うことも可能と解されますが、リース業者が契約を解除してリース物件の返還請求をした後は、もはや消滅請求の余地はなくなるというべきではないかと考えられます（民事再生に関する裁判例として、大阪地決平13.7.19判時1762号148頁）。

(2) ファイナンスリース契約に破産法53条の適用がある場合

リース物件の点検整備や運用支援等、リース物件の引渡後、ユーザーに破産手続開始決定がなされた後にもリース業者に未履行債務があり、破産法53条の適用が認められると解される場合には、ユーザーの破産管財人は、リース契約の解除か履行を選択することとなります（破53Ⅰ）。またリース会社は、相当の期間を定めて破産管財人に対してその選択を求めることができ、期間内に破産管財人が確答しない場合には、破産管財人がリース契約を解除したものとみなされます（破53Ⅱ）。破産管財人が履行を選択した場合には、未払リース料は財団債権となり（破148Ⅰ⑦）、解除を選択した場合、リース業者は破産管財人に対してリース物件の返還を求め（破54Ⅰ）、清算後の残リース料についての債権を破産債権として行使することができます（破2Ⅴ）。

(3) リース物件の処理

破産法53条の適用がない場合や、適用があってもリース業者が取戻権を行使しない場合、破産管財人は直ちにリース物件の返還義務を負うものではありません。しかし、管財業務で使用する必要性がない限り、リース業者の取戻権を承認した上でこれを返還して清算を求めたり、所有権を放棄したりする方が財団の維持形成にとって有益であると思われます（なお、倒産解除条項の有効性についてはQ132を参照してください）。取戻費用は、担保権実行ないし取戻権行使の費用として、破産手続開始決定前の原因に基づいて生じた財産上の請求権に当たり、破産債権となると考えられます。なお、リース物件が返還された場合、リース業者はこれによって弁済を受けることができない債権の額でのみ、破産債権者として権利行使が可能ですから（破108Ⅰ）、破産管財人は債権届について当該物件の清算義務が反映されたかどうかを調査する必要があります。 〔伊山正和〕

Q 142 　個別信用購入あっせん契約

　破産者は、個別信用購入あっせん販売の手法で小売店を営んでいました。破産手続開始決定の時点で、顧客の商品購入代金は信販会社から破産者に全額立替払がなされていましたが、破産者から顧客への商品の引渡しは行われていませんでした。このような状況で、顧客から商品引渡しの要求がありました。商品自体は破産財団が保管しているのですが、破産管財人が顧客に引き渡すことに問題はないでしょうか。また、この場合、信販会社は破産者に対し、どのような権利を有するのでしょうか。

1 　個別信用購入あっせんの契約の形態

　個別信用購入あっせん取引（割賦2Ⅳ）は、購入者が販売会社等から商品の販売又は役務の提供を受けるに当たり、信販会社から信用の供与を受けるという、三者間の複合的な取引であり、購入者と販売会社等の間に販売契約ないし役務提供契約が、販売会社と信販会社との間に加盟店契約が、購入者と信販会社の間に個別信用契約（個別信用購入あっせん関係受領契約）が、それぞれ締結されます。

　個別信用購入あっせんの具体的な取引形態としては、実務上、①立替払方式がとられることが多いですが、ほかにも②信販会社が購入者に貸付けを行う貸付方式、③信販会社が販売会社から代金債権を買い取る債権譲渡方式、④購入者の委託により信販会社が代金債務を保証し、すぐに保証履行をする委託保証方式、⑤信販会社のあっせんで購入者が提携金融機関から借入れをして代金を支払い、信販会社を通じて金融機関に返済を行う提携ローン形式などがあり、これらも割賦販売法2条4項の要件を充足する限り、個別信用購入あっせんに該当することとなります（個別信用購入あっせんの契約方式の詳細は、梶村太市ほか編『新・割賦販売法』12頁〔石田賢一〕（青林書院、2012年）を参照してください）。

　さらに、割賦販売法に規定される典型契約から派生した形態もあります。したがって、割賦販売が問題となる事件では、当然のことではありますが、まずは関連する契約書、覚書、約款等を収集し、それに基づき当該契約関係における当事者間の契約内容と法的構成を精査する必要があります。

2 　破産法上の取扱い

(1) 　一方未履行か双方未履行か：破産法53条類推の可否

　個別信用購入あっせん取引の販売会社が破産した場合の法律関係を検討するに当たっては、そもそも購入者、販売会社、信販会社という三者が関わっている個別信用購入あっせん取引をどのような契約関係であると構成するかが問題となります。この点については多くの見解が唱えられていますが、大別すると、①抗弁の接続を

318 　〔第4章〕　破産実体法

創設規定と解し、三者の契約は別契約であることを基礎とする見解（多数説）、②抗弁の接続の趣旨を割賦購入あっせん契約の本質に求め、一方の契約に生じた事由の他方の契約への影響を広く認める見解に分けられます。判例も、立替払方式の個別信用購入あっせんの事例について、信義則上の特段の事情がない限り、原則として一方に生じた事情が他方に影響を生ずることはなく、そのため、「抗弁の接続」規定は当然のことを確認した規定ではなく、割賦販売法によって創設されたものであるとして①の見解に立っています（最三小判平23.10.25民集65巻7号3114頁。議論の詳細は、福永有利編著『新種・特殊契約と倒産法』45頁〔福永有利＝千葉恵美子〕（商事法務研究会、1988年）を参照してください）。

この判例・多数説の見解からは、設問の場合、販売契約上の代金の支払は信販会社の立替払いによって完了しているため、販売契約は双方未履行の状態にはなく、破産法53条の適用又は類推適用はされないと考えられます。

(2)　顧客の取戻権

信用供与者である信販会社と顧客との間の立替払委託契約の標準的な約款では、通常、売買契約の目的物である商品の所有権は、信販会社が販売会社に立替払いしたことによって、販売会社から信販会社に直接移転し、顧客が立替金を完済するまでは、信販会社がその所有権を留保すると定められています。民事再生に関するものですが、最二小判平22.6.4（民集64巻4号1107頁）は、立替払方式の個別信用購入あっせんの事案において、信販会社の顧客に対する立替金等債権を被担保債権として、信販会社・顧客・販売業者の三者間の合意により信販会社の所有権留保が成立し、直接、販売業者から信販会社に留保所有権が移転する（三者間の特別の合意）との判断を示しました。破産においても実体法解釈の問題ですのでこれと異なることはありません。したがって、立替金の完済まで顧客に所有権は移転しないと考えられます（なお、破産手続開始決定時に目的物の「特定」（民401②）がなされていない場合、顧客に所有権が移転していないことは当然です）。

なお、典型的な個別信用購入あっせんの事例ではありませんが、最一小判平29.12.7（民集71巻10号1925号）は、連帯保証方式であり、購入者が代金の支払を遅滞した場合などには、信販会社が、保証債務の履行として代金残額を販売会社に支払うことができ、民法の規定に基づき代金債権及び留保された所有権を当然に販売会社に代位して行使できるなどの合意がされていれば、信販会社は法定代位（民500、501）によって法律上当然に販売会社の顧客に対する代金債権及び留保所有権を取得して行使することができ、保証人（信販会社）は、自らを所有者とする登録がなくても、留保所有権を別除権として行使することができると判示しています（購入者が破産開始決定を受けた時点で販売会社が自動車の所有者として登録されていました）。

ただし、法定代位が認められるか否かは契約解釈によりますので、事案ごとに契約内容を慎重に検討することが重要です。

設問では、契約内容がこの標準的な立替払委託約款と同様の内容であれば、顧客には所有権が移転していないことから、破産管財人としては、顧客の取戻権を根拠に商品を顧客に引き渡すべきではありません（購入者の商品引渡請求権は破産債権となります）。かえって、留保所有権を有する可能性がある信販会社との間でトラブルを生じるおそれがあります。

(3)　信用供与者の別除権

上述のように、立替払委託契約の標準的な約款には、信販会社の所有権留保が定められています。この所有権留保の倒産法上の性質について、立替払方式の事案に関する前掲最二小判平22.6.4は別除権として扱うことを明らかにし、また当該事案における契約の解釈によって、その被担保債権は信販会社の顧客に対する立替金等債権であるとしました（ただし、販売会社が目的物引渡未了の段階で破産手続開始決定を受けた場合、販売会社と信託会社との間でも商品が特定されておらず、そもそも所有権留保が成立していないことがほとんどです）。

このことからすれば、同様の契約文言が用いられている事案では、信販会社に所有権留保が成立し、かつ動産対抗要件を取得している場合には信販会社の別除権の行使が認められますから、所有権留保の目的物を引き渡すことになりそうです。しかしながら、信販会社がその留保所有権を実行し、目的物を換価して被担保債権に充当できるかは別論です。すなわち、この留保所有権の被担保債権が信販会社の顧客に対する立替金等債権である場合、顧客が販売契約上の目的物の引渡しを受けることができない以上、顧客には抗弁の接続が認められ、立替金支払債務を履行しないことに違法性はなく債務不履行はありません。したがって、販売会社が破産したことにより商品の引渡しが不可能となった場合には、顧客の抗弁が接続される結果、信販会社が顧客の立替金支払債務の不履行を理由として留保所有権を実行し商品を換価できるかは疑問であり、ましてや破産者に対し信販会社が有する債権に充当することは、被担保債権が異なる以上、困難であると考えられます。

結果として、破産者である販売会社、信販会社そして顧客が相互にすくみ合い、実体法上も倒産法上も未解明な問題が生じることになります。実務的な解決方法としては、信販会社が破産管財人に対し、抗弁の接続を解消して立替金等債権を正常化することを目的として、顧客への目的物引渡義務の履行提供を行う意思で、信販会社への留保所有権の目的物の引渡しを求めてきた場合には、顧客の意思を確認して、三者間で和解処理を行うことが現実的な対応かと思われます。

〔渡邊一誠〕

Q 143 請負契約Ⅰ　注文者の破産

　建物の建築請負契約において注文者が破産した場合、請負契約については民法642条が適用され、注文者である破産管財人と請負人の双方に契約の解除権が認められますが、破産管財人が契約解除を選択したところ、請負人から「出来高に応じて、不動産工事の先取特権ないし商事留置権を行使する」旨の主張がなされました。

　破産管財人としては、どのように対処すればよいのでしょうか。

1　債権者が商事留置権を主張することが考えられる場合

⑴　注文者所有の建物を請負人が占有している場合

　商事留置権は、債権者が債務者の所有物を占有している場合に限って成立します（商事留置権の一般的な成立要件や内容については、**Q84**を参照してください）ので、設問においても、注文者所有の建物を請負人が占有している場合、請負人が商事留置権を主張することが考えられます。

　なお、判例上、特約がない限り、請負人が材料の全部又は主要な部分を提供した場合には、請負人が所有権を取得し、引渡しによって注文者に移転するとされています（大判大3.12.26民録20輯1208頁、大判大5.12.13民録22輯2417頁）ので、建物所有権の原始的帰属については、これらの判例を前提に検討を行うことになります。

⑵　請負人が建物を所有している場合

　前述のとおり、商事留置権は債権者が債務者の所有物を占有している場合に限って成立しますので、まだ請負人に建物の所有権が帰属しているといえる場合には商事留置権等の成否は問題にはなりません。ただし、この場合、建物について商事留置権が成立する余地はありませんが、請負人が建物の敷地について商事留置権を有する旨主張することが考えられます。

⑶　不動産工事の先取特権について

　請負人が不動産工事の先取特権を主張することも考えられますが、この先取特権の効力を保存するためには、工事を始める前にその費用の予算額を登記しなければならず（民338①）、実際に問題になる確率は低いといえます。

2　不動産についての商事留置権の成否及び抵当権との関係

⑴　不動産についての商事留置権の成否

　不動産についても商事留置権が認められるかどうかについては、従前判例・学説上争いがありましたが、最一小判平29.12.14（民集71巻10号2184頁）は、不動産は商法521条が商人間の留置権の目的物として定める「物」に当たると判断しました。

　もっとも、不動産につき商事留置権を認める見解に立った場合でも、建物の敷地

Q143　請負契約Ⅰ　注文者の破産　　321

についてまで商事留置権を主張できるかどうかについては争いがあり、現在では否定的な見解が支配的であると思われます（東京高決平 6 .12.19判タ890号254頁、東京高決平11. 7 .23判タ1006号117頁）。

(2)　不動産に設定されている抵当権との関係

商事留置権と対象不動産に設定されている抵当権との優劣については、商事留置権の成立時期と抵当権設定登記の先後により決するものとされています（東京高決平10.11.27判タ1104号265頁）。

また、現在では、商事留置権の留置的効力は破産手続開始決定後も存続すると考えられていますが、抵当権に劣後する場合は、抵当権者及び買受人に留置的効力を主張することはできないと考えられます。

3　破産管財人としての対応

(1)　不動産の任意売却

破産管財人としては、通常、当該不動産の任意売却を試みることになります。すなわち、破産管財人は、請負人と協議交渉の上、裁判所の許可を得て建物及び土地を任意売却して、建物売却代金の一部を請負人に支払い、その余を破産財団に組み入れることになります。

建物を請負人が所有している場合には、建物と土地を同時に売却し、建物売却代金については請負人が取得することになるでしょう。

請負人としても、建物について商事留置権を有するとしても、敷地利用権まで有するとは考え難いため、そのような建物のみを競売に付したとしても高額での売却は期待できない以上、任意売却に応じるのが通常です。

(2)　商事留置権消滅請求

請負人との間で受戻しの条件について合意することができない場合、破産管財人には商事留置権消滅請求という対抗手段があります（破192）。すなわち、破産管財人は、裁判所の許可を得て、留置されている財産の価格に相当する金銭を商事留置権者に弁済することにより、商事留置権を消滅させることができます。ただし、商事留置権の消滅請求を行うことができるのは、①破産手続開始時において商事留置権が存在し、②当該財産の回復が破産財団の価値の維持又は増加に資する場合に限られます（破192Ⅰ）。

(3)　担保権消滅請求

破産管財人としては、任意売却の実施を前提に、担保権消滅請求の制度（破186以下）を利用することも考えられます（『注釈下』336頁〔斉藤芳朗〕）。もっとも、この手続による場合、留置されている不動産に対する執行手続が明確でなく、実効性に疑問があるとの指摘もなされています（『論点解説上』72頁〔宮崎裕二〕）。

〔野澤　健〕

Q 144 請負契約Ⅱ 請負人の破産 ①
——出来高精算・違約金条項の適用の有無

① 建築請負契約において、請負人が仕事を完成させる前に破産しました。破産管財人は破産法53条による解除をして、注文者に報酬請求することができるでしょうか。なお、報酬請求できるとした場合に、その請求金額はどのように算定すべきでしょうか。

② ①に対して、注文者から請負契約に違約金条項が存在するとして違約金請求権との相殺主張がなされた場合、又は損害賠償請求権との相殺主張がなされた場合には、破産管財人はどのように対応すべきでしょうか。

1 設問①について

⑴ 請負人の破産と破産法53条の適用の有無、一部解除の可否

法人である請負人が破産した場合、破産管財人は当該建築請負契約を破産法53条に基づき解除できます。ただし、旧法59条の適用に関し、「仕事が破産者以外では完成できない」場合には破産法53条の適用がないと判示した最高裁判例（最一小判昭62.11.26民集41巻8号1585頁）が存在しますので、工芸作家、大工、庭師など個人の請負人が破産する場合には、破産法53条が適用されないケースも考えられます。慎重に検討してください。

次に、破産法53条に基づき解除できる場合、報酬請求の可否と関連して、未施工部分のみ解除ができるのか問題となります。この点、建築請負契約については、「工事内容が可分であり、しかも当事者が既施工部分の給付に関し利益を有するときは、特段の事情のない限り、既施工部分については契約を解除することができず、ただ未施工部分について契約の一部解除をすることができるにすぎない」とした判例（最三小判昭56.2.17判時996号61頁）があります。建築請負契約は一般的に工事内容が可分であると考えられ、また注文者が既施工部分を受領し残工事を続行する場合には既施工部分の給付に関し利益を有するときに該当するものと認められますので、既施工部分は契約解除の対象とはならず未施工部分のみが解除の対象となると思われます。したがって、破産管財人は既施工部分について「既施工部分の評価額」（以下「出来高」といいます）から前払金などの既払額を控除した差額について、報酬請求することができると考えられます。また、仕事完成前に解除された場合の報酬請求に関しては改正債権法で規定（改正民634）が置かれました（Q79参照）。

⑵ 報酬として請求し得る金額の算定方法

それでは、破産管財人が上記差額分の報酬請求をしようとする場合、出来高の算定はどのような方法でなされるべきでしょうか。

この点、破産管財人としては、破産手続開始決定後早期に客観的に算出し得ること、また多くの場合で投下費用との割合とも合致するという意味で合理的と考えられることから、建築工事の工程上の進捗割合によって出来高を算定すべきと主張することになると思われます。その場合、破産管財人は早期に工事現場の状況を確認するなどして既施工部分を把握した上で、破産会社の工事担当者等の協力を得て、工事代金の内訳書、工程表及び関係資料等を参考に、各工事項目の進捗率に基づき出来高の算定を行うことになります（『手引』204〜205頁〔土屋毅〕、小堀秀行（司会）ほか「《パネルディスカッション》建築請負契約と倒産」債管144号（2014年）119〜120頁〔上野保発言ほか〕）。

注文者の側からは、残工事費用などを勘案して既施工部分の現在価値を出来高とすべきとの主張がなされることがあります。このような主張を認めますと、破産債権となるに過ぎない追加工事費用相当額の損害賠償請求権を相殺的取扱によって優先弁済することと同様の処理となりますし、また、出来高の算定が追加工事完成後まで遅延することにもなりかねず、相当ではありません。

2 設問②について

違約金条項がある場合については、違約金条項の規定内容やその前提となる解除事由の規定内容から、破産管財人による破産法53条に基づく解除がなされた場合については当該違約金条項に該当せず請求できないとした裁判例が複数あります（東京地判平27.6.12金法2039号84頁、札幌高判平25.8.22金法1981号82頁、札幌地判平25.3.27金法1972号104頁、名古屋高判平23.6.2金法1944号127頁）。

そして、契約条項の文言解釈として違約金条項に該当する場合でも、破産法53条1項に基づく解除権は法によって破産管財人に与えられた特別の権能（法定解除権）であり、そもそも違約金条項の適用はないと主張することが考えられます（『条解』414頁、賃貸借契約に関し『はい6民』239頁参照）。

また、過大な違約金が発生する場合には債権者平等の原則を害するなどとして、信義則・権利濫用等を根拠に当該違約金条項は効力を有しないと主張することも考えられます（山野目章夫「判批」『倒産百選』157頁。賃貸借契約に関する論考ではありますが、稲田正毅「契約自由の原則と倒産法における限界」銀法724号（2010年）36頁参照）。

最後に、破産法53条1項による解除によって違約金が発生するとされた場合でも、当該違約金は破産手続開始決定後に発生した破産債権に過ぎませんので（破54Ⅰ）、注文者からの相殺主張は破産法67条1項により認められないとの主張も可能と思われます（前掲札幌地判平25.3.27参照）。また、違約金以外の損害賠償請求権（破54Ⅰ）との相殺が主張された場合でも、破産管財人としては、上記と同様に相殺は認められないと主張することになるでしょう（この点に関し、破72Ⅰ①の類推適用によって相殺が禁止される場合に該当すると判断した裁判例として東京地判平24.3.23判タ1386号372頁があります）。

〔三浦久徳〕

Q 145 請負契約Ⅲ　請負人の破産 ②
　——前払金の取扱い

　請負人が出来高を超過する前払金を受け取って破産しました。注文者の前払金返還請求権は財団債権に当たりますか。また、前払金返還債務を保証していた金融機関が代位弁済し原債権を行使した場合、どのように対応すべきですか。

1　破産法53条に基づく解除

　請負人が破産し、注文者による請負契約の債務不履行解除がなされておらず、仕事の完成と請負代金全額の支払の双方が未履行の場合は、破産管財人は破産法53条1項に基づき、請負契約の解除又は履行の選択を行う必要があります（**Q144**参照）。なお、仕事完成前に請負人が破産した場合に解除の効果が及ぶのは仕事の未履行部分についてのみですので、既履行部分（以下「出来高」といいます）の報酬は請求できるのが原則です（『大コンメ』218頁〔松下淳一〕）。

2　破産管財人が解除を選択した場合等の注文者の前払金返還請求権

　請負人がすでに履行した部分の出来高を査定した結果、注文者が支払っていた前払金が出来高を超過する場合で、破産管財人が請負契約の解除を選択した場合（破53Ⅰ）、又は注文者の催告により解除したものとみなされた場合（破53Ⅱ）には、注文者は前払金の超過部分について返還請求権を有し、その返還請求権は財団債権となります（破54Ⅱ。『条解』421頁）。

　なお、公共工事の請負契約における前払金については、注文者である自治体等が建設業者の倒産等に備え、公共工事の前払金保証事業に関する法律に基づいて設立された保証事業会社の保証を受けています。この場合、保証事業会社の約款により、建設業者は保証事業会社が指定する専用の普通預金口座に前払金を預け入れなければならず、保証事業会社の使途監査を受けなければ預金の払戻しを受けることができないとされていることから、最一小判平14.1.17（民集56巻1号20頁）は、保証事業会社指定の専用口座に入金された前払金について信託の成立を認め、預金口座に残存する前払金は、請負人につき破産手続開始になった場合にも、破産財団には帰属しないとしていますので注意が必要です。

3　前払金返還債務を保証していた金融機関が代位弁済した場合

　請負人の注文者に対する前払金返還債務について金融機関が保証を行う場合、請負人から前払金と同額の預金を預け入れさせ、請負人が倒産して金融機関が保証債務を履行した場合には、預金債務と求償債権を相殺することで求償債権を回収することが実務上多いようです。しかし、破産管財人が請負契約を解除した場合で、このような相殺による回収ができないケース等においては、金融機関が保証債務履行

に基づく代位（民501）により原債権（前払金返還請求権）を行使することも考えられます。

　前記2のとおり、請負人の破産管財人が双方未履行の請負契約の解除を選択すると注文者の前払金返還請求権は財団債権となりますから、金融機関が保証契約に基づく代位により原債権（前払金返還請求権）を行使する場合に、破産管財人はそれを財団債権として扱うべきかについて、金融機関の求償権自体は破産手続開始前の原因に基づく破産債権であることから問題となります。

　この点、最一小判平23.11.24（民集65巻8号3213頁）は、請負契約の注文者の前払金返還請求権を保証した金融機関が、請負人の再生手続開始後、管財人が民事再生法49条1項に基づき解除を選択したことで注文者が取得した前払金返還請求権について保証債務を履行し、弁済による代位により原債権である前払金返還請求権を共益債権として行使することを主張したケースにおいて、弁済による代位の制度趣旨に鑑みれば、弁済による代位により民事再生法上の共益債権を取得した者は、同人が再生債務者に対して取得した求償権が再生債権に過ぎない場合でも、再生手続によらないで上記共益債権を行使することができるとしています。また、最三小判平23.11.22（民集65巻8号3165頁）は、取引先から委託を受けて、取引先の従業員の給与債権を第三者として弁済した者が、その後当該取引先の破産手続が開始した際、従業員の給与債権を弁済による代位により取得したとしてその財団債権性を主張したケースに関し、弁済による代位の制度は、原債権を、求償権を確保するための一種の担保として機能させる趣旨であり、求償権の行使が倒産手続による制約を受けるとしても、当該手続における原債権の行使自体が制約されていない以上、原債権の行使が求償権と同様の制約を受けるものではないとし、弁済による代位により財団債権を取得した者は、同人が破産者に対して取得した求償権が破産債権に過ぎない場合であっても、破産手続によらないで上記財団債権を行使することができるとしています。

　したがって、設問のように、前払金返還債務を保証していた金融機関が代位弁済し、原債権を行使した場合には、原債権である前払返還債務が財団債権となる以上、破産管財人は当該金融機関を財団債権者として扱うべきものと考えられます。

〔小林あや〕

Q 146　破産者が信託契約を締結していた場合の対応

破産者が親族を受託者として信託契約を締結していることが判明しました。破産管財人としてはどのように対応すべきですか。

1　信託契約の内容の把握

　信託契約の内容は様々ですから、まずは破産者や受託者から信託契約書を取り寄せて、信託契約の内容を把握することから始めましょう。

　信託財産のなかに不動産がある場合、信託の登記をしていないとその不動産が信託財産に属することを第三者に対抗することができないため（信託14）、信託の登記がなされている場合が通常です。そこで、その不動産の登記事項証明書を取り寄せることにより、当該信託の①委託者、受託者及び受益者の氏名又は名称及び住所、②信託の目的、③信託財産の管理方法、④信託の終了事由、⑤その他の信託の条項等を把握することが可能です（不登97Ⅰ）。

　また、いわゆる信託口口座（「委託者Ａ受託者Ｂ信託口」といったように、信託財産の対象であることが名義上明らかにされている預金口座）が開設されている場合には、口座開設時に金融機関に対して信託契約書が提出されている場合が通常です。紛失などを理由に破産者や受託者から信託契約書の入手ができない場合や裏付け確認する必要がある場合など、事案によっては金融機関からの取寄せも検討しましょう。

2　受益権の換価

　財産が委託者から受託者に対し信託譲渡された場合、財産管理委任契約や寄託契約と異なり、同財産の所有権は受託者に移転し、当該財産は委託者の責任財産から逸出します（信託財産の独立性）。したがって、信託財産は、委託者の破産財団を構成しません。

　もっとも、信託契約の内容を確認した結果、委託者である破産者が受益者でもある自益信託であった場合には、破産者の有する受益権は破産財団を構成します。したがって、同受益権の換価を試みることとなります。

　信託では、委託者及び受益者はいつでもその合意により、信託を終了させることが可能とされています（信託164Ⅰ。ただし、信託契約において別段の定めがなされている場合を除きます。信託164Ⅲ）。そのため、信託終了時における残余財産の残余財産受益者や帰属権利者（信託182）が破産者となっている場合には、信託法164条1項に基づき、信託を終了させた上、受領する残余財産を換価することも考えられるでしょう。

　これに対し、受益者が破産者以外の第三者である他益信託であった場合、信託財産、受益権のいずれも破産財団を構成しないこととなります。

3 通謀虚偽表示

執行妨害が横行していた一昔前においては、信託に対するなじみのなさを利用して、信託が執行妨害策のひとつとして利用された時期もありました。

信託契約の内容を確認した結果、信託の目的がおよそ不合理である、信託の目的と信託事務及び受益権等の内容がちぐはぐになっている、委託者が受益者とされていないのに委託者が実質的に利益を享受できる仕組みになっているなど、真に信託を設定したものではないと疑われる場合には、通謀虚偽表示により信託契約が無効にならないかも積極的に検討すべきです。

なお、専ら受託者の利益を図る目的といえる場合には、そもそも、信託は成立しません（信託2Ⅰかっこ書参照）。

4 詐害信託の否認

他益信託であっても、支払危機時期になされた詐害的なものと認められる場合には、否認権行使を検討しましょう。

支払停止等があった後又はその前6か月以内に、何ら対価関係なく、信託契約に基づく信託譲渡がなされている場合には、無償否認（破160Ⅲ）することが考えられます（山本克己ほか編『新破産法の理論と実務』52頁注4〔沖野眞己〕参照（判例タイムズ社、2008年））。

また、詐害行為否認（破160Ⅰ）も考えられますが、信託法では、信託財産を破産財団に返還するよう求めるだけでなく、訴えにより受益権を破産財団に返還するよう求める選択肢も認められています（信託12Ⅱ）。

なお、相手方の主観的要件につき、信託では、信託契約の相手方である受託者でなく、受益者が悪意であったか否かが問題となります（信託12Ⅰ）。また、民法（債権法）改正に伴い、立証責任が転換され、破産管財人において受益者の悪意を立証しなければならないこと、また信託契約時でなく受益者として指定を受けたことを知った時（受益権を譲り受けた者にあっては譲受時）が基準時とされていることに留意が必要です。

5 双方未履行双務契約の解除

信託法163条8号は、双方未履行双務契約の解除（破53Ⅰ）を信託の終了事由と規定していることから、信託契約も対象となり得ることを前提としているといえ、双方未履行双務契約として解除を検討することが考えられます。

もっとも、ある信託契約が双方未履行双務契約に該当するかは、委託者及び受託者に未履行債務があるか、当該信託毎に個別具体的に判断されることとなるでしょう（寺本昌弘『逐条解説新しい信託法〔補訂版〕』362頁（商事法務、2008年）参照）。

なお、双方未履行双務契約として解除がなされた場合には、信託が終了し、信託の清算手続に移行することになります（信託175）。信託契約が遡及的に消滅して信託財産が直接破産財団に復することとなるわけではないため、この点にも留意して検討すべきです。

〔平井信二〕

Q147 ライセンス契約の処理

特許権や著作権などの使用を認めるライセンス契約についてライセンサーが破産した場合、破産管財人はライセンシーに対し、どのように対応すべきですか。

1 ライセンス契約

ライセンス契約は、一般的に、知的財産権について、ライセンサーがライセンシーに対し、ライセンサーが有する知的財産の実施・使用を許諾して、その知的財産権を行使しない旨の義務を負担する一方で、ライセンシーがライセンサーに対し、その対価としてロイヤリティを支払う義務を負担するという継続的契約です（その他、それぞれが有する知的財産の実施・使用を相互に許諾するクロスライセンス、ロイヤリティを契約締結時に一括払いする契約等、ライセンス契約には様々な形態がありますが、ここでは最も一般的な上記の内容のライセンス契約について説明します）。

ライセンス契約の処理は、ライセンサーの破産管財人において、当該ライセンス契約の負担の付いた知的財産権の換価方針を定める前提事項となります。

ライセンス契約は、双方未履行の双務契約（破53 I）であることから、破産管財人は、破産法53条1項に基づく解除を検討することになりますが、他方、破産法56条1項は、「賃借権その他の使用及び収益を目的とする権利を設定する契約」について「破産者の相手方が当該権利につき登記、登録その他の第三者に対抗することができる要件を備えている場合」には、破産法53条1項は適用されない旨定めていて、破産管財人の解除権を制限しています。

ライセンス契約は「賃借権その他の使用及び収益を目的とする権利を設定する契約」（破56 I）に該当しますが、知的財産権やライセンス契約の内容によって破産法56条1項の適否が異なってくるので、注意が必要です。

2 特 許 権

(1) 専用実施権が設定登録されている場合の契約処理

特許法は、特許ライセンスについて、専用実施権（特許法77）と通常実施権（特許法78）を定めています。

専用実施権は、契約で定められた範囲内において、業としてその特許発明の実施を専有する権利であり、設定登録がなされることが効力発生要件と定められています（特許法27 I ②、98 I ②）。専用実施権の設定登録がなされていることは、特許登録原簿（特許庁や経済産業局に交付申請するほか、発明協会に取寄せを依頼して入手することができます）によって確認することができます。

ライセンサーが有する特許権につき専用実施権の設定登録がなされている場合

は、「破産者の相手方が当該権利につき登記、登録その他の第三者に対抗することができる権利を備えている場合」（破56Ⅰ）に該当するので、破産法53条1項は適用されず、ライセンサーの破産管財人は、ライセンス契約を解除することができません。

(2) 通常実施権が設定されている場合の契約処理

通常実施権は、契約で定められた範囲内において、業として特許発明の実施をすることができる権利ですが（特許法78Ⅱ）、専用実施権とは異なり、特許発明の実施を専有することはできず、特許権者自らが発明を実施したり、複数の者に対し設定したりすることができる債権的な権利です。なかには、当該実施権者に対してのみ実施を許諾する旨の特約が付されている場合もあり、この場合の通常実施権は、独占的通常実施権といいます。これに対し、このような特約が付されていない場合は、非独占的通常実施権といいます。

2011年に特許法改正がなされるまでは、通常実施権についても登録制度が設けられていましたが、利用が少なかったため、ライセンサーが破産すると、多くの場合破産法56条1項が適用されずにライセンス契約が解除されてしまい、ライセンシーの保護が十分に図られないことが問題とされていました。

そこで、法改正によって通常実施権の登録制度が廃止されるとともに、通常実施権の許諾を受けたライセンシーは特許権の譲渡を受けた者に対し当然に対抗することができるようになりました（当然対抗制度。特許法99。実用新案権や意匠権についても同様の改正がなされています。実用新案法19Ⅲ、意匠法28Ⅲ）。

これにより、ライセンス契約の存続中にライセンサーにつき破産手続開始決定がなされても、破産法56条1項が適用され、破産管財人は破産法53条1項に基づくライセンス契約の解除が制限されることになりました。

(3) 特許権の換価

以上のとおり、特許権について、ライセンシーは、ライセンサーの破産管財人に対し、設定登録がなされた専用実施権、及び通常実施権を対抗することができます。そのため、破産管財人は、当該特許権の換価に当たり、これをライセンシーに対し譲渡するか、あるいはライセンス契約の負担の付いた特許権として第三者に譲渡することを検討することになります。

なお、ライセンス契約には、特許発明の実施許諾と実施料の定め以外にも、実施品の範囲、実施期間、実施地域、独占・非独占、サブライセンス権の有無、最低実施保証の有無、ノウハウ提供義務等の様々な条項が定められているのが通例です。当然対抗制度の下、特許権の譲渡に伴い、当然に、実施許諾以外の他の条項をも含めて契約上の地位が承継されるのか否かについては、見解が分かれており、契約承継の有無・範囲あるいは実施を対抗することができる範囲が問題となります（中山信弘＝小泉直樹編『新・注解特許法（中）［第2版］』1606頁〔林いづみ〕（青林書院、2017年））。そのため、破産管財人が特許権を第三者に譲渡する場合には、契約内容

の承継・変更について疑義・紛争が生じないよう、譲受人、ライセンシーをも含め三者間で合意することが望ましいでしょう。

3 商 標 権

商標権については、専用使用権（商標法30）、通常使用権（商標法31）が定められていますが、2011年改正の際、商標法については、当然対抗制度の導入はなされませんでした。

したがって、専用使用権あるいは通常使用権の設定登録がなされていなければ、破産法56条1項は適用されず、破産管財人は破産法53条1項に基づきライセンス契約を解除することができます。とはいえ、ライセンシーは、当該登録商標の使用の継続を求めるのが一般であり、破産管財人としては、ライセンシーを含め、当該商標権の譲渡先を検討することになります。

他方、専用使用権あるいは通常使用権の設定登録がなされている場合には、破産管財人はライセンス契約を解除することができず、ライセンシーに対し譲渡するか、あるいはライセンス契約の負担の付いた商標権として第三者に譲渡することを検討することになります。

4 著 作 権

著作権法でも登録制度は設けられていますが、実名の登録（著作権法75）、第一発行年月日等の登録（著作権法76）等についてのものであり、利用許諾についての登録制度は設けられていません。

したがって、著作権に関するライセンス契約については、破産法56条1項は適用されず、破産管財人は破産法53条1項に基づきライセンス契約を解除することができます。

破産管財人としては、ライセンス契約を解除することができることを前提として、ライセンシーあるいは第三者に対する譲渡を検討することになります。

〔森本 純〕

第 **5** 章

破産債権・
財団債権

Q 148　債権調査に関する注意事項

債権調査を行うに当たって、どのようなことに注意すべきですか。

1　債権調査の意義

　破産管財人は、届出がなされた破産債権について、その存否、額、優先劣後の順位等について調査・判断し、認否を行います。

　破産管財人が認め、他の債権者からも異議がなければ債権は確定し、確定した破産債権についての破産債権者表の記載は確定判決と同一の効力が認められます（破124Ⅲ、221Ⅰ）。また、配当は確定した債権の金額・順位に基づいてなされるものであるため（破194）、債権調査の結果は、配当額にも直結します。

　そのため、債権調査を迅速かつ正確に行うことは、破産管財人の最も重要な職務のひとつといえます。

2　調査対象となる債権

　調査の対象となるのは、届出のあった破産債権です。

　民事再生等と異なり、届出がない債権について破産管財人が自認することはできません（再生手続との違いについて、民再101Ⅲ）。

　また、公租公課や罰金のうち破産債権に該当するものについては、債権届出がされ、破産債権者表にも記載されますが、破産管財人による認否の対象にはなりません（破117Ⅰ、121Ⅰ。Q168参照）。

　財団債権も、破産債権に先立って随時弁済するものであるため、認否の対象とはなりません（Q161、Q162参照）。

3　債権調査留保型と認否の留保

　債権調査は配当のために行われることから、異時廃止となるおそれがある事案では、破産債権の届出期間及び調査期間（調査期日）を定めないことができるとされており（破31Ⅱ）、「債権調査留保型」あるいは単に「留保型」と呼ばれています。

　もっとも、債権調査留保型を採用した後に予想よりも多くの財団が形成されて配当可能となると、改めて債権届出期間及び調査期日を指定して全債権者に通知する必要が生じ、かえって手続が遅延したり、債権者に無用の混乱を生じたりするおそれがあります。

　そこで実務では、破産手続開始決定時に、一件記録から異時廃止となることが明らかな事案に限って債権調査留保型を採用し、それ以外の配当可能性が不明な事案等では、債権届出期間等を通常どおり指定した上で、調査期日における認否のみを留保し、期日を続行する運用が多く見られます（『書記官事務』37頁）。

　また、換価完了前に債権調査期日を迎えた場合、認否を留保して期日を続行し、

334　［第5章］　破産債権・財団債権

換価が完了して配当手続に移る直前の債権者集会の期日でまとめて認否を行う、「後ろ倒し認否」と呼ばれる運用が広く行われています。さらに、「後ろ倒し認否」を原則としつつ、債権査定申立てが予想される事案では早期に認否を行う（**Q158**参照）など様々な工夫が実践されています（『書記官事務』89頁）。

破産管財人としては、候補者となった段階から当該事案に最適な方法を意識し、必要に応じて裁判所と意見交換することが望ましいでしょう。

4 債権者との連絡・交渉の重要性

(1) 早期の着手

届出がなされた債権の存否や額等について心証が得られない場合があります。このような場合に、漫然と放置して調査期日にとりあえず異議を述べるようなやり方は、手続の円滑かつ迅速な進行を阻害します。

そうではなく、債権届出書を入手したら（事案によってはそれ以前の段階から）速やかに破産債権の検討に着手するとともに、不明な点があればすぐに破産者に確認し、また債権者に問い合わせをすべきです。

債権届出書は貴重な情報源ですから、早期に検討に着手し、調査を尽くすことは極めて重要です（『債権調査・配当』9頁〔進士肇〕）。「後ろ倒し認否」により当面は認否を留保するような事案でも、「検討は前倒し」で進めていく必要があります。

(2) 補正や追完、変更を促す

検討により判明した内容に応じて、債権者に対し補正又は資料の追完、自主的な債権取下げを促すなどして、処理を進めた上で認否を行うことが重要です。

具体的には、①証拠書類が不備なためにそのままでは異議を出さざるを得ない債権には、期限を切って証拠書類の追完を催告し、追完されなければ期日において異議を述べる旨を予告します。また、追完の見込みがない債権には、変更届や取下書の提出を促します。②別除権付債権が別除権のない破産債権として届け出られた場合は、届出債権者に対して別除権を放棄する趣旨かどうか問い合わせた上、放棄の手続が取られた場合には別除権のない破産債権として認否し、別除権を放棄しない場合には別除権の目的及び予定不足額の届出をするよう補正を促します（破112Ⅱ、117Ⅰ④）。③債権届出後に、代位弁済や債権譲渡等によって債権者の変更があったと認められる場合は、新旧債権者の連名で、破産管財人に対し、証拠書類を添付した「破産債権名義変更届出書」の提出を求めます（破113、破規35）。

(3) 予想された届出がない場合の対応

届出が予想された債権者から債権届出書の提出がされない場合、破産手続に参加する意思がないものと扱っても、特段問題ありません。大阪高判平28.11.17（判時2336号41頁）も、破産管財人は、破産債権者に対して破産債権届出期間等の通知が適切にされているかを確認し、債権届出を催促する義務を負うものではないとしました。なお、申立代理人があえて当該債権者を債権者一覧表に記載しなかったことにより、債権者が債権届出の機会を奪われたようなケースでは、当該申立代理人が

責任を問われるおそれがあるので注意が必要です（**Q23**参照）。

　もっとも、このことは破産管財人が必要に応じて知れたる債権者に対して、債権届出書の提出を促すなどの対応をとることを否定するものではありません。現に、債権調査を効率的に行うなどの目的で様々な工夫が実践されています（『注釈上』761頁注１〔宮本圭子〕）。また、労働債権については、破産管財人が情報提供努力義務（破86）を負うことを踏まえた適切な対応が求められます（**Q175**参照）。

5　認否及び異議の方法と変更

(1)　認否及び異議の方法

　債権調査の方式については、現在すべての庁で、期日方式（破121Ⅰ）を原則とする運用がとられていると思われます。

　この方式では、破産管財人が期日に出頭して口頭で認否を行うこととされていますが（破116Ⅱ）、通常は、一般調査期日の１週間前頃に認否（予定）書を裁判所に提出し、これに基づいて調査期日に認否する方法が一般的です。

　期日に異議を述べた債権については、破産管財人がその旨を当該債権者に通知しなければなりません。異議を述べられた債権者が当該認否の内容を知っていることが明らかな場合には異議通知は不要とされていますが（破規43Ⅳただし書）、その判別は明確でないこともあります。そのため、調査期日前に個別に通知を行った場合を除き、当該債権者の調査期日への出頭の有無等にかかわらず、一律に異議通知を行うことが望ましいでしょう。

(2)　認否及び異議の変更

　債権調査後の事情に応じて、認否の内容を「認めない」から「認める」に変更すること（異議の撤回）は可能です。これに対して、いったん「認める」の認否をした債権について「認めない」に変更することはできません。

　代位弁済や債権譲渡等による債権の変動についても、債権認否後であれば、認否自体を変更することはできません。この場合は、「備考欄」に記入する（大阪地裁。『運用と書式』243、264頁）、「債権調査後の債権額等変更一覧表」を提出する（東京地裁。『手引』296頁〔石渡圭〕、501頁）といった方法で、変動内容を反映することになります。

　なお、保証会社等による代位弁済は、債権の一部についてのみなされることもあります。破産後に保証人等が債権の一部を弁済しても、開始時現存額主義により、本来、一部弁済者は破産手続において求償権を行使することができません（破104Ⅱ・Ⅳ）が、実務上は、原債権者と一部弁済者の連署による名義変更届出がなされれば、届出債権者の権利放棄、両当事者を同順位とする合意、又は原債権者が優先権を主張しない届出と解し、一部弁済者への一部の名義変更を認めるのが通例です（**Q156**参照）。

〔森　晋介〕

Q 149 債権調査におけるヒヤリハットと過誤防止

① 債権調査で起きるおそれの高いヒヤリハット事例を教えてください。
② 債権調査で過誤を起こさないためには実務上どのような方策があるのでしょうか。

1 債権調査でのヒヤリハット事例（設問①）

弁護士賠償責任保険が支払われた事例には債権調査・配当に関する過誤が数多くあり、弁護士業務全般のなかでも特にミスが多い分野です。これまで債権調査での過誤が問題となった事例には、次のようなものがあります。

(1) 異議の撤回を失念し配当を終えてしまった事例

届出債権に対し手形の提出がなかったため異議を述べ、その後手形の提出があったため異議を撤回すべきところ、これを失念して配当を終えてしまった事例について、保険金が支払われています（『弁護士賠償責任保険最新事例集（2000年3月）』28頁）。

(2) 届出債権の一部につき債権認否一覧表及び配当表への記載を失念した事例

当初留保型で進行し、第1回集会で債権届出期間等が指定された事件で、3行分の代位弁済を行った信用保証協会が第1回集会前にA銀行への代位弁済分の届出を行い、債権届出期間指定後にB銀行及びC信用金庫への代位弁済分の届出を行ったところ、破産管財人が債権認否一覧表にA銀行への代位弁済分の記載を失念し、配当表にも記載せず、配当表に対する異議期間が満了した事案です。

信用保証協会から破産管財人であった弁護士に対して得られたはずの配当金相当額の損害賠償請求がなされたところ、信用保証協会が発見できた可能性があることも考慮され、5割の限度で損害認定がなされました（『弁護士賠償責任保険の解説と事例〔第5集〕』（2014年11月発行）52頁）。

(3) 交付要求を失念して配当を終えてしまった事例

破産管財人が滞納租税についての適法な交付要求を受けていたのに、これを失念したまま配当を終えてしまった事例で、保険金が支払われています（『弁護士賠償責任保険事例集（1996年2月）』107頁）。

2 債権調査で過誤を起こさないための方策（設問②）

債権調査における過誤は、配当の過誤に直結します。債権調査における個別的な留意点については『実践マニュアル』436頁、また、認否において起こしやすいミスは『書記官事務』92頁、『手引』264頁〔石渡圭〕に記載があります。

以下では、必ずしも善管注意義務違反となるものに限らず、初歩的なミスを防ぐために筆者がとっている方法を紹介します。

Q149 債権調査におけるヒヤリハットと過誤防止　337

(1) 資料の適切な管理

まず、資料の管理を適切に行うことが重要です。債権届出書については、裁判所の進行番号の順にインデックスシールを貼付して綴り、追完資料等、後から提出されたものもすべて債権者ごとに綴って管理しています。（一部）取下書についても、債権届出書の後にファイリングし、（一部）取下げがされたことを債権届出書の１枚目にメモします。また、代位弁済、債権譲渡等がなされた場合も、関連する債権届出書があることを互いの債権届出書の１枚目にメモします。交付要求についても、公租公課庁ごとに資料を整理し、見落としがないようにします。

法人事件の場合には、債権調査のために、破産者の総勘定元帳、買掛帳等、帳簿類の確認が必要になる場合があるので、それらも確保しておきます。

(2) 回送郵便物の取扱い

資産調査だけでなく債権調査の観点からも、回送郵便物を確認して管理することが必要です。取引先からの請求書については、申立書の債権者一覧表と照合し、債権者一覧表に記載がない場合には破産者に照会するなどして債権者であるか否かを確認し、債権者である可能性があれば裁判所に新たな債権者として報告します。

また、回送された督促状等から財団債権が発見されることもありますので、事務所内での回送郵便物についての取扱ルールを定め、見落としを防ぎましょう。

(3) ダブルチェックの励行、余裕をもったスケジューリング

単純な転記ミス、計算ミス等もあり得ます。認否予定書について事務職員がデータを入力したものを弁護士がチェックするなど、ダブルチェックが重要です。

また、できるだけ早めに債権調査の作業に取りかかります。破産管財人は特に初動の段階では積極財産の換価に力点を置きがちですが、こまめに債権届出書を確認し、追完すべき資料の提出の依頼だけでも早い段階で行っておくようにします。

(4) 債権の種類の確認：財団債権等

破産債権として債権届出がなされたもののなかにも財団債権が混在している場合がありますので、必ず確認しましょう。水道利用料については債権の区別なく債権届出がなされることが多く、どの期間に対応するものか確認する必要があります。また、地方自治体の利用料債権については、根拠条例に「国税徴収法の例による」等の記載があり財団債権となる場合があります。国や地方公共団体の補助金返還請求権についても財団債権となることがあります（補助金適正化21。Q75参照）。

(5) 事務局等との連携・情報の共有

債権届出書等の書類の管理や認否予定書等のデータ入力は事務職員が行うことが多く、債権調査は事務職員と弁護士との共同作業になりますので、進捗状況等を常に確認するようにします。また、裁判所との関係でも、裁判所に提出されていない交付要求の写しや債権調査の過程で追完された重要な資料を提出し、情報の共有に努めます。

〔西　達也〕

Q 150 法人・代表者併存型における債権届出

破産会社の破産管財人と破産会社代表者個人の破産管財人を兼務している事案で、破産会社の帳簿上、代表者個人の破産会社に対する貸付債権が計上されています。金銭消費貸借契約書等は作成されていないようです。このような関連当事者の債権は、破産手続上どのように処理すべきでしょうか。

1 破産管財人による債権届出

破産手続開始決定がなされると、破産財団に属する財産の管理処分権は、破産管財人に専属し（破78Ⅰ）、破産者本人は管理処分権を失います。

そのため、破産管財人が管財業務の遂行中、新たに破産財団に属する財産を発見したのであれば、破産財団の極大化を図るべく、自らその財産の換価に必要な作業を行うこととなります。

設問のように、会社と代表者個人の破産管財人を兼務している事案で、代表者の会社に対する貸付債権を発見したのであれば、債権の実在性が確認される限り、代表者個人の破産管財人として会社の破産手続に当該貸付債権の届出を行うのが原則的処理となるでしょう（『倒産債権マニュアル』161頁〔石川貴康〕参照）。

2 貸付債権の実在性の確認

会社とその代表者（その他旧経営陣）との債権債務関係においては、帳簿に記載されている貸付金や借入金が実態を伴っていないことも多く、特に中小零細企業や同族経営企業においては、高額な役員報酬（あるいは未払給与）、不動産賃料、清算困難な経費等を、経理処理上の操作によって、貸付金等として記載している事案も多々見受けられます。

そのため、帳簿上、代表者等からの貸付債権が計上されていても、このような記載を鵜呑みにするのではなく、特に設問のように金銭消費貸借契約書等の作成も確認できないという場合には、代表者本人から貸付けに至った経緯や従前の返済状況等を聴取してその資金の動きを裏付ける証拠書類の有無を確認する、申立代理人から申立時の資産目録には当該貸付債権が計上されていない理由を確認する、といった方法で債権の実在性の判断を慎重に行う必要があります。

また、貸付債権の実在性自体は認められる場合であっても、同債権が長期間未払いとなっている場合は、消滅時効が成立している可能性について検討を要するでしょう。

3 会社と特別の関係を有する者の債権届出・認否

破産会社の旧経営陣、親会社、支配株主等、破産会社と特別の関係を有する者の債権届出については、破綻に至る経営責任や公私混同を追及する観点から債権者間

の実質的平等を考慮する必要があり、破産債権の実在が認められたとしても、債権認否の際にあえて異議を述べること（いわゆる戦略的異議）の当否が議論されています（Q151参照）。

　ただし、設問のように代表者等についても破産手続開始の決定を受けている場合であれば、代表者の会社に対する貸付債権は代表者の破産財団を構成し、代表者の破産事件を通じてその事件の破産債権者に対する配当原資となりますので、債権者間の実質的平等を害さないと考えられます。

　よって、通常は異議を述べる必要はなく、その実在性が認められる限り代表者個人の破産管財人として債権届出を行い、会社の破産管財人として債権の存在を認める旨の認否を行うべきものと考えられます。

4　配当の工夫

　代表者の会社に対する貸付債権が確定し、かつ会社、代表者ともに配当が可能となった場合には、普通に考えれば会社の破産手続で配当を行い、その後代表者の破産手続で配当手続を行うことになります。しかし、このような方法では時間がかかり、また配当時期にずれが生じることによって、破産債権者に不利益を生じさせることも考えられます。

　そこで、配当方法の工夫として、①会社の事件の配当手続を先行させて配当額を決め、代表者の事件では会社の配当額が入金されることを前提として配当原資を確定して配当手続を後追いで進め、両事件の配当期日を同一日とする方法、②会社と代表者との間で予想される配当額を前提に、裁判所の許可を得て和解する方法が提唱されています（『実践マニュアル』467頁参照）。②の方法については、配当金相当額が概算となりますが、配当時期がずれることによる破産債権者の不利益を避けるためにはこのような方法も許されると考えられます。

5　関連当事者相互間の債権の取扱い

　設問において、会社側も代表者に対する債権を有しており、関連当事者間に債権債務の対立関係が存する場合には、それぞれの破産手続において、これらの債権債務をどのように処理すべきか問題となります。

　現行法上、破産債権者の一般の利益に適合するときは、破産管財人が裁判所の許可を得て、破産財団所属債権をもって破産債権と相殺することが認められており（破102）、例えば、「破産債権者側も倒産して、破産財団所属債権の実価が破産債権のそれよりも低下している場合」は、相殺が「破産債権者の一般の利益に適合」する場合の典型例と解されています（『基本構造』484頁〔小川秀樹発言〕）。

　関連当事者の双方が破産し、債権債務の対立関係が存在している場合、通常は、配当率に差異があり、いずれかの当事者の破産財団所属債権の実価が、他方当事者の破産債権の実価よりも低下していると考えられるため、このような場合には、上記条項に基づき、相殺によって利益を受ける側の破産管財人が相殺処理を行うべきと考えられます。

〔勝村真也〕

Q 151　破産法人関係者からの破産債権の届出

　Ａ社（破産会社）の代表取締役ＢからＡ社に対する貸付債権として破産債権の届出がなされました。Ｂは破産していません。債権自体は存在し、破産法99条の劣後的破産債権に該当する事情もなく、Ｂの任務懈怠責任を追及すべき明白な事情までは見当たらないのですが、経営破綻の道義的責任や債権者の感情を考慮すると、そのまま届出債権を認めるのは釈然としません。
　破産管財人としてはどのように対応すべきでしょうか。

1　問題の所在

　破産会社の代表者や子会社の経営に関与してきた親会社など破産会社と密接な関係を有するいわゆる内部者から債権届出があった場合、このような者は会社の破産について一定程度の責任があることから、破産法99条が定める劣後的破産債権には当たらなくても、その届出債権は劣後的に取り扱うべきかという議論があります。

　再生計画や更生計画では、このような内部者債権について衡平を理由に他の一般債権から劣後化することも許されています（民再155Ⅰただし書、会更168Ⅰ柱書ただし書）。しかし、破産手続には内部者債権であることを理由に劣後化する明文規定がありません。現行法立法時もこの点が議論され、実質的妥当性についてはコンセンサスが成立していたものの、立法化は見送られたという経緯があります。

　もっとも、立法化が見送られたのは、劣後化の可否判断は個別事情によらざるを得ないため客観的基準を定めるのは立法技術的に困難との理由であり、信義則による異議権の行使などの解釈による劣後化を肯定する考え方を排除したものではないと考えられています（『倒産と訴訟』125頁〔酒井良介＝上甲悌二〕）。

2　裁判例

　内部者債権の信義則による劣後化について、最近の裁判例として、東京地判平28.2.23（金法2048号75頁）は、「形式的には一般の破産債権に該当すると認められる債権について、債権者間の実質的衡平を根拠として、信義則により破産債権としての行使を制限したり、解釈上の劣後的破産債権として扱うことを許容するには、債権者の不衡平な行為の存在など、届出債権者が他の一般債権者と同一の順位で配当を受けることが信義則に反し許されないと評価されるような事情が存在することが必要である」とし、一般論として信義則による劣後化の可能性は認めました（『伊藤』304頁注101）。ただ、この裁判例は「権利行使等の制限の根拠を上記のように債権者間の実質的衡平を基礎とする信義則に求めることからすれば、上記事情の存在は届出をした債権者について認められることが必要」とも判示し、届出債権の主体も破産してその破産管財人による届出であったことや、破産会社を搾取してい

たとまでは認められないことなどの事情から、結論としてこの事例では信義則違反を認めませんでした（なお、控訴審の東京高判平28.7.13公刊物未登載も控訴を棄却）。

その他、結論として信義則違反を認めた裁判例に、広島地福山支判平10.3.6（判時1660号112頁）があります。この裁判例は、破産会社と親子会社の関係にはないものの、破産会社を自社の専属的下請企業として一定時期以降その経営全般を管理支配する一方で、破産会社の倒産が不可避と認識しながら受注工事の継続という自社の都合から破産会社の延命を図り、外注先に損害を与えた者からの債権届出について「原告が他の一般債権者と同等の立場で配当を受けるべく、本件届出債権を行使することは信義則に反し許されない」と判示しました。

3 信義則による劣後化の考慮要素

このように、裁判例には肯定例も否定例もありますが、信義則違反を認めるべき具体的事情の内容には、①届出債権者が破産会社の代表者などの実質支配者といった内部者であるか、②その内部者が破産原因に強い関与があり、この点に一定の経営責任が認められるか、といった事情があげられています（『債権調査・配当』310頁〔岡伸浩〕）。また、実務的には、この経営責任に関し、経営陣に明確な義務違反は認められないとはいえ、同族企業の倒産事案などで「無能なゆえに過去の遺産を喰い潰して倒産するような事例」もあり、経営者としてやるべきことをやらないという不作為をもって損害賠償責任を問うことは困難であるものの、その経営者の債権を他の一般債権者と同等に配当することは他の債権者からすれば許容し難いとの指摘もあります（田原睦夫「企業グループの倒産処理」『倒産の法システム(3)』108頁）。そのため、ここでいう「経営責任」には、役員の任務懈怠責任のような法的責任であることまでは必要ないとされています（『債権調査・配当』311頁〔岡〕）。なお、届出債権者も破産してその破産管財人から債権届出がされている場合は、その債権の存在自体が認められないなどの場合を除けば、劣後化させる必要はないことが多いでしょう（『倒産債権マニュアル』243頁〔朝田規与至〕。Q150参照）。

4 実務上の対応

実務上、問題のある債権者については、届出しないよう破産管財人から説得することが多く、届出があった場合にも取下げを勧告し、場合によっては戦略的異議を述べて、対抗して損害賠償請求や役員責任査定を行うといった方法で対処しているのが実情です（『債権調査・配当』311頁〔岡〕）。

5 補　足

設問では届出債権自体は存在することを前提としていますが、実務上はそもそも届出債権の存否自体から調査すべき場合もあります（『倒産債権マニュアル』241頁〔朝田〕、『はい6民』327頁。Q150参照）。また、設問では届出債権に破産法99条の劣後的破産債権に該当する事情もないことを前提としましたが、事案により約定劣後破産債権と扱うべき場合もあるでしょう（『伊藤』304頁注101参照。参考裁判例として東京高判平12.3.29判時1705号62頁）。

〔中川　嶺〕

Q 152 破産管財人による消滅時効の援用

届出がされた破産債権について消滅時効期間が経過していることが判明した場合、破産管財人として時効を援用することは可能でしょうか。また、申立書添付の債権者一覧表に記載がある債権者に、裁判所から債権届出を促す通知が送付されていますが、これらは債務の承認に該当するでしょうか。

1　消滅時効が完成している破産債権の認否

債権者が破産債権を届け出て破産手続に参加するまでは、他に時効中断事由（改正民法においては完成猶予事由又は更新事由）がない限り、時効は進行します。そこで、すでに消滅時効が完成している債権について破産債権の届出があった場合、破産者が消滅時効の完成を援用しているか否かを問わず、破産管財人としては、消滅時効の完成を理由に異議を述べることになります。

2　問題の所在と検討

通常、破産の申立書には債権者一覧表が添付されており、また、裁判所からも債権の届出を促す通知がなされますが、これらが債務の承認に当たるのでしょうか。

この点、債務の承認は観念の通知と解されていますが、これは時効の利益を受けるべき当事者から権利を喪失する者に対してなされる必要があります（『注釈民法(5)』120頁〔川井健〕）。

そうすると、当事者ではない裁判所からの通知が債務の承認に当たらないことは明らかですし、申立書添付の債権者一覧表についても、裁判所に対して提出するものであって債権者に対する通知ではありません。したがって、申立書添付の債権者一覧表の記載や、裁判所からの通知は債務の承認には当たらないと解されます。

なお、自己破産の場合には、破産申立てに先立って、申立代理人による債権調査等がなされることが多いですが、債権の存否についての調査であれば、債務の承認には当たらないと解されます（債務の承認には債務の存在の認識が必要であるとされています。『注釈民法(5)』120頁〔川井〕参照）。ただし、債権調査に対する回答が催告に当たる場合はあるでしょうし、債権の存在を前提にして債権調査等がなされている場合には、債務の承認に当たる場合もあるでしょう。

そのため、申立代理人の債権調査等が消滅時効完成後になされた場合には、いわゆる時効完成後の債務承認も問題になりますが、破産管財人としては、申立代理人の債権調査等が債務承認に該当するか否かを慎重に検討すべきでしょう。

3　債権法改正の影響

債権法改正により、債務の承認は時効の「更新」事由となりましたが（改正民152）、現行法の「中断」と、その効果は変わりません。　　　　　　　　〔堀井秀知〕

Q 153 牽連破産における
再生手続開始決定後の損害金の取扱い

　再生手続から破産手続に移行した事案（牽連破産）において、債権者が再生手続開始決定後の損害金を一般の破産債権として届け出ていますが、当該債権は劣後しない破産債権として認めざるを得ないのでしょうか。

1 牽連破産

　牽連破産とは、更生手続、再生手続及び特別清算手続による進行が困難になった場合に、これらの手続に続けて行われる破産手続です。

　牽連破産においても、再生手続開始決定後破産手続開始までの損害金は、破産手続開始前の原因に基づいた債権ですので、債権者は当該損害金を劣後しない破産債権として届け出ることができます。

　また、再生手続から破産手続に移行した事案のうち、再生計画認可決定確定後、再生計画の履行が完了する前に破産手続開始決定がなされた場合、再生計画によって変更された再生債権は、原状に復するとされています（民再190Ⅰ）。したがって、再生計画によって免除等が認められた再生手続開始後の損害金も復活することになりますので、これについても一般の破産債権に該当します。

2 いわゆる「みなし届出決定」

　再生手続から破産手続へ移行した牽連破産の事案において、再生手続開始の時期と破産手続開始の時期とが接着している場合などには、改めて破産債権の届出を必要とするのは煩瑣であり、再生手続における再生債権としての届出を破産債権の届出として利用するのが合理的な場合があります。

　このため、民事再生法252条1項各号又は同条3項に規定される場合で、再生手続廃止決定、再生計画不認可決定、再生計画取消決定等により手続が中途で挫折し、それと連続するかたちで破産手続開始決定があった場合に、裁判所が相当と認めるときは、破産債権であって当該再生手続において再生債権としての届出があったものを有する破産債権者は当該破産債権の届出をすることを要しない旨の決定（いわゆる「みなし届出決定」）をすることができます（民再253Ⅰ）。

　みなし届出決定がなされた場合、前後の再生手続・破産手続を一体として取り扱い、再生債権としての届出をした者が破産法111条1項に規定する債権届出期間の初日に当該債権を破産債権として届け出たものとみなされます（民再253Ⅲ）。

3 みなし届出決定がなされた場合の再生手続開始決定後の損害金の取扱い

　再生手続においては、再生手続開始後の利息や不履行による損害賠償及び違約金の請求権等も再生債権ですが（民再84Ⅱ各号）、これらの債権は、破産手続では劣後

344　　［第5章］破産債権・財団債権

的破産債権に相当するものです（破99Ⅰ①、97①・②・⑦）。

　このため、みなし届出決定がなされた場合、再生手続と破産手続を一体として取り扱うことから、これらの再生債権の届出は、劣後的破産債権である旨の届出とみなされます（民再253Ⅳ③）。

　もっとも、再生債権の基準時と破産債権の基準時との違いから、改めて債権届出をした方が破産債権者にとって有利な場合もあるため、債権者が破産債権の届出をすることも許容されており、債権者が破産債権の届出をした場合は、みなし届出の適用はありません（民再253Ⅵ）。

　そして、破産手続において劣後的破産債権とされるのは、破産手続開始後の利息等の請求権である以上、先行する再生手続開始後、破産手続開始前に発生した債権は、劣後的破産債権には該当しないと解されます。

　したがって、みなし届出決定がなされた場合においても、債権者が再生手続開始後、破産手続開始までの損害金を一般の破産債権として届け出た場合、当該債権は、劣後しない破産債権として認めざるを得ません。

4　実務上の取扱い

　以上のように、破産債権の届出をした債権者とみなし届出の適用を受けた債権者で取扱いを異にする結果となることや、先行事件において代位弁済や債権譲渡により債権者が変更している場合、債権者の確定に手間取ることなどから、実務上、みなし届出決定はほとんど行われていないようです。

5　配当における取扱い

　再生計画の履行完了前に再生債務者について破産手続開始決定がなされた場合、「再生債権であった破産債権」（民再190Ⅲ）については、破産債権の額は従前の再生債権の額から再生計画により弁済を受けた額を控除した額となりますが、破産手続の配当においては、弁済がなかったとして配当計算した配当額からすでに弁済を受けた額が差し引かれます（民再190Ⅲ・Ⅳ）。

　再生手続開始後の損害金も再生債権であり（民再84Ⅱ②）、これが一般の破産債権として届け出られた場合、当該損害金もこの「再生債権であった破産債権」に該当します。

〔奥野修士〕

Q 154 回し手形に係る手形債権が 破産債権として届け出られた場合の認否・配当

回し手形の裏書人が破産手続開始決定を受け、当該手形の所持人が裏書人に対する遡求権を破産債権として届け出てきた場合、破産管財人はどのように認否すべきでしょうか。また、破産手続の最後配当期日において、当該手形の満期が到来していない場合、配当手続をどのように行うべきでしょうか。

1 回し手形の認否方法

「回し手形」というのは、必ずしも定義が明確ではありませんが、一般に、裏書により取得された約束手形のことをいいます。振出人のほかに裏書人という複数の支払義務者がいることから、複名手形とも呼ばれます。

それでは、設問のようなケースで、破産管財人はどのように認否すべきでしょうか。

(1) 手形要件などの確認

手形債権の認否に当たっては、破産管財人は、まず手形要件（手75）、裏書の連続及び手形の所持などを確認することになります。設問のように裏書人の遡求権が届け出られている場合には、白地を補充した適法な支払呈示（手77 I、38）があるのかを確認することも必要です。これらの点に問題がある場合は、補正・追完が可能であれば、これを促します。補正・追完がなされない場合は、手形要件不備として異議を述べます。

手形の所持については、破産債権届出時に手形の写しが添付されますが（破規32 IV①）、すでに手形割引などをしていて届出債権者が実際には手形を所持していないのに、割引先等から受領した写しを添付した事例もあるようです。手形は受戻証券であり、配当の際にはその原本を破産管財人に対して呈示し、破産管財人による奥書がなされるため、その段階で破産管財人は所持の有無を確認できますが、所持人でない者の債権を認めるリスクを考慮すれば、少なくとも手形原本の所持に疑念がある場合には、債権認否に先立って届出債権者から手形の原本の呈示を受け、その所持を確認することが望ましいでしょう。

(2) 満期到来後の遡求権の行使

支払呈示期間内に適法な支払呈示をしたにもかかわらず、支払が拒絶された手形の所持人は、裏書人に対する遡求権の行使として、①手形金額・利息、②満期以後の利息、③拒絶証書作成の費用・通知の費用などの合計額を請求できます（手77 I ④、48 I）。したがって、満期到来後に遡求権の行使として債権届出がなされた場合には、①〜③の総額を破産債権として認めることとなります。

346　　［第5章］　破産債権・財団債権

(3) 満期到来前の遡求権の行使

満期到来前に遡求権の行使として債権届出がなされた場合には、満期における支払拒絶は、遡求権行使のための法定の条件とされています（手77Ⅰ④、43）ので、法定の停止条件に係る債権、すなわち将来の請求権として、条件成就前であっても破産手続に参加することができます（破103Ⅳ）。結論として、破産管財人は、債権調査においては全額を認めることになります。

なお、破産手続開始後1年を超える時期に満期が到来する手形債権については、中間利息部分が劣後的破産債権となり、これを控除した部分が一般の破産債権となります（破99Ⅰ②）。中間利息の控除は、1年未満の端数を切り捨てた年単位で行います。届出債権者にあらかじめ控除させる必要はなく、一般債権として届け出られても破産管財人において中間利息を計算してこれを劣後的破産債権として認否すれば足ります。

2 手形の満期到来前の配当

前記1(3)のとおり、満期到来前の遡求権の行使であっても、破産管財人は破産債権としてこれを認めることになりますが、設問のように、手形の満期到来前に最後配当を実施するに至った場合、配当手続をどのように行うべきでしょうか。

この点、将来の請求権である破産債権については、最後配当に関する除斥期間内に条件が成就していなければならないとされています（打切主義。破198Ⅱ）。したがって、最後配当期日において満期が到来していない設問の場合、最後配当の除斥期間内に遡求権行使のための法定の条件である支払拒絶がないため、配当から除斥することになります。ただし、満期前に手形の振出人が破産した場合（手77Ⅰ④、44Ⅵ）など、満期前遡求の要件を充足する場合は配当の対象に含める必要があります。

なお、実務上は、破産手続の配当段階に至っても満期が未到来であるようなケース、すなわち手形サイトが極めて長期間となるケースは限定的であると思われます。また、仮にそのような状況となることが事前に予想される場合は、認否を留保し、債権調査期日を延期することで、最後配当の除斥期間内に支払拒絶の有無を確定できるようにすることが相当なケースもあり得ると思われます。

〔秋山裕史〕

Q 155 保証人兼物上保証人の破産手続における
保証債務履行請求権の認否

B会社の代表者であるAが破産しましたが、AはB会社のC銀行への借入金債務1億円について保証するとともに、その所有する不動産にB会社のC銀行への当該借入金債務を被担保債務とする抵当権を設定していました。今般、Aの破産手続において、C銀行から別除権付債権として1億円の保証債務履行請求権の届出がなされました。この場合、破産管財人としては、債権調査においてどのように取り扱うべきでしょうか。

1 別除権付債権の該当性

設問では、C銀行の届出債権が別除権付債権か否かが問題となります。

この点、別除権付債権となるのは、①破産財団に属する物件に担保権が設定されている場合で、②その被担保債権が破産債権である場合に限られます。よって、担保に供された物件が破産者以外の第三者所有の物件であったり、破産者が連帯保証人と物上保証人を兼ねたりしている場合は、別除権付債権とはなりません（『手引』265頁〔石渡圭〕、『債権調査・配当』281頁〔玉山直美〕、『はい6民』281頁）。

設問において、A所有の不動産にC銀行が設定を受けている抵当権の被担保債権はBを債務者とする主債務であって、C銀行が破産債権として届け出た保証債務履行請求権とは異なりますから、C銀行の届出債権は別除権付債権とはなりません。

2 保証債務が被担保債務である場合

設問とは異なり、A所有の不動産についてC銀行が設定を受けている抵当権の被担保債権がAに対する保証債務履行請求権である場合には、C銀行の届出債権は別除権付債権になります。なお、被担保債権の範囲を「信用金庫取引による債権」として設定された根抵当権の被担保債権には、信用金庫の根抵当債務者に対する保証債権も含まれるとされています（最三小判平5.1.19民集47巻1号41頁）。

3 被担保債務の内容の確認

よって、破産者が保証と同時に担保提供も行っているケースにおいては、登記簿等によって債務者、被担保債権の内容等の確認を行い、それらを踏まえて届出債権が別除権付債権か否かを検討することが必要となります。

4 届出債権の取扱い

設問のように別除権付債権ではない債権が別除権付債権として届け出られている場合には、破産管財人としては届出債権者に対し別除権のない破産債権として届け出るよう補正を促し、届出債権者が補正に応じなければ、別除権のない破産債権として認否することになるでしょう（『運用と書式』251頁）。

〔兼光弘幸〕

Q 156　物上保証人の弁済と開始時現存額主義

破産手続開始決定後に物上保証人所有の不動産が売却され、破産債権への弁済が行われました。

① 被担保債権である破産債権の元金の一部についてのみ弁済された場合、債権届出の一部取下げをさせるべきでしょうか。

② 被担保債権である破産債権が複数口あり、うち一部の債権のみ完済された場合、開始時現存額主義により、完済された債権も含めて全額について認めるべきでしょうか。

③ 破産手続開始決定前に保証会社から代位弁済が行われたところ、被担保債権である破産債権が保証会社の代位弁済に基づく求償債権であり、ⅰ求償金債権元本、ⅱ損害金、ⅲ延滞保証料について、ⅰは完済されたものの、ⅱ・ⅲは残存している場合、開始時現存額主義により、ⅰ～ⅲの全額について認めるべきでしょうか。

1　開始時現存額主義（設問①）

債権届出の一部取下げをさせる必要はありません。

主債務者の破産手続開始決定後、物上保証人所有の不動産が売却され、被担保債権である破産債権の一部を弁済したに過ぎない場合、債権者は、当該債権について、破産手続開始決定時における債権額全額について破産債権として権利行使することができ、配当額もその債権額全額を基準に計算されることになります（開始時現存額主義。破104Ⅴ、104Ⅱ）。

2　債権が複数口ある場合の開始時現存額主義の適用の有無（設問②）

被担保債権である破産債権が複数口あり、うち一部の債権のみ完済された場合、完済された債権については権利行使することができないとするのが判例（最三小判平22.3.16民集64巻2号523頁）ですので、完済された債権部分については権利行使を認めるべきではありません。

従前、被担保債権である破産債権が複数口あり、うち一部の債権のみ完済された場合、破産法上直接的な規定がないことから、被担保債権である複数の債権を全体と見て開始時現存額主義を適用するのか（総債権説）、個別の債権ごとにこれを適用するのか（口単位説）について争いがありました。

この最判は、実体法上は、弁済等に係る破産債権は、弁済等がなされた範囲で消滅するのが本来原則であるものの、開始時現存額主義は、あくまで弁済等に係る破産債権について、破産債権と実体法上の債権額との乖離を認めるものであり、破産法104条1項、2項の「その債権の全額」も「破産債権者の有する総債権」などと

規定されていない以上、弁済等に係る当該破産債権の全額を意味し債権ごとに考えるべきであり、債権者は、完済された債権については権利を行使することができないとして、口単位説を採用しました。

3 口単位説における元本、利息、損害金の関係（設問③）

完済された求償金債権元本の部分については権利行使を認めるべきではないと考えます。

この点、利息、損害金は元本債権に対する附帯請求として訴求されることが通常であることから、ひとつの貸付けに関して他の全部義務者によって利息や損害金が弁済されたことをもって、債権者が破産手続に参加できる破産債権額の範囲を元本部分に限定することは、責任財産の集積により債権の回収実現性を高めたことへの債権者の期待を保護しようとした開始時現存額主義の趣旨に反するとして、「その債権の全額」とは、「元本、利息、損害金を包含する1口の債権」と捉えるべきとの考え方があります。この考え方によれば、設問では損害金が未払いである以上、完済された求償金債権元本も開始時現存額主義により、権利行使が可能となります。

しかし、少なくとも、主債務者破産の事案に関する限り、すでに具体的に発生した利息や損害金は、支分権として元本から独立した存在になる以上、開始時現存額主義の適用に当たっても、「それぞれ独立した個別の3口の債権」として捉えるべきとの考え方もあり、この見解が有力とされています（『はい6民』333頁以下。松下満俊「破産手続における開始時現存額主義をめぐる諸問題」『ソリューション』123頁以下）。

この有力な見解に従うと、設問③の場合、保証会社は、代位弁済時点における主債務の元本、利息、損害金を代位弁済し、これらの合計額が求償金債権元本となりますが、代位弁済後の損害金はこの求償金債権の履行遅滞に基づく損害賠償請求権として求償金債権元本から独立した存在になることから、求償金債権元本から独立した債権と見るべきであると考えます。

また、延滞保証料は、保証期間の満了日の翌日から借入金債務完済又は代位弁済の日までの延滞期間に対し徴収される特別な信用保証料をいい（関沢正彦『信用保証協会の保証［第5版］』196頁（金融財政事情研究会、2015年））、求償金債権元本とは独立して保証委託契約等に基づき発生するものであるから、独立した債権と見るべきと考えます。

したがって、代位弁済後の損害金や延滞保証料が残存している場合であっても、求償金債権元本の部分は完済された以上、権利を行使することはできないものと考えます。

〔瀬古智昭〕

Q 157 停止条件付債権の認否・査定

債権者から停止条件付でない債権として届け出られた破産債権について、停止条件付債権であることが判明した場合、破産管財人としては、どのような認否をすべきでしょうか。

また、破産管財人の認否に基づいて破産債権者表の備考欄に停止条件付債権である旨を付記する実務運用が見られますが、停止条件の有無が届出債権者と破産管財人の間で争いになった場合、当該事項も破産債権査定申立ての対象になるのでしょうか。

1 停止条件付債権に対する一般的な認否の方法

停止条件付債権を有する破産債権者は、その破産債権をもって破産手続に参加することができますので（破103Ⅳ）、停止条件付債権として破産債権の届出があった場合、当該債権の実在性及び債権額に疑義がなければ届出額の全額を認める旨の認否を行うのが原則です。そして、停止条件付債権は最後配当の除斥期間内に条件が成就しなければ配当から除斥されますから（破198Ⅱ）、停止条件付であることを忘れて条件成就を確認せずに配当してしまう過誤を防止するため、債権認否表（破産債権者表）の備考欄に停止条件付債権である旨を付記し、あるいは債権の「性質」欄の記号の冒頭に「停」の文字を付すといった対応をとるのが一般的です（『手引』202頁〔土屋毅＝長谷川健太郎〕、『運用と書式』456頁）。

なお、破産法の規定に従えば、上記のとおり認否するのが原則ですが、実務的には、配当過誤を防ぐため、届出額の全額について異議を述べ、条件成就時に異議を撤回する方法もあります（『実践マニュアル』444頁参照）。また、例えば、敷金・保証金返還請求権については、目的物の返還の際に被担保権の額を控除した残額について生じるという性質を有しているため、停止条件が成就しない限り具体的な返還額が確定できないとして届出額の全額について異議を述べることも考えられます（『手引』202頁〔土屋＝長谷川〕）。

2 停止条件付でない債権として届出があった場合の認否の在り方

それでは、設問のように、停止条件付でない債権として届出がなされた債権が停止条件付債権であることが判明した場合、破産管財人としては、どのような認否をすべきでしょうか。

債権調査の対象事項は、①破産債権の額、②優先的破産債権であること、③劣後的破産債権又は約定劣後破産債権であること、④予定不足額であり（破117Ⅰ）、停止条件の有無・成就は債権調査の対象事項ではありません。

したがって、停止条件付でない債権として届出がなされた債権が停止条件付債権

Q157 停止条件付債権の認否・査定 351

であることが判明したとしても、当該債権の実在性及び債権額に疑義がなければ、前記1と同様に、届出額の全額を認める旨の認否を行うのが原則です。そして、過誤配当防止のため、債権認否表（破産債権者表）の備考欄に停止条件付債権である旨を付記するといった対応をとる必要があることも同様です。

　なお、届出額の全額を認める旨の認否を行いますので、当該届出債権が停止条件付きであると破産管財人が判断していることを届出債権者に通知する義務はありませんが（破規43Ⅳ参照）、届出債権者と破産管財人の間に停止条件の有無・成就について認識の違いがありますので、破産管財人としては、債権認否表（破産債権者表）の備考欄に停止条件付債権であることを付記するだけでなく、適宜の方法により破産管財人の判断を届出債権者に通知することが望ましいと思われます。

3　停止条件の有無・成就は、破産債権査定申立ての対象になるか

　上記のとおり、停止条件の有無・成就は債権調査の対象事項ではありませんが、それらについて届出債権者と破産管財人の間で争いになった場合、破産債権査定申立ての対象になるのでしょうか。

　破産債権査定申立ての対象になるのは「破産債権の額又は優先的破産債権、劣後的破産債権若しくは約定劣後破産債権であるかどうかの別」（破125Ⅰ）です。その他に、破産債権の額を確定する前提として、届出債権の存否及び届出債権者への帰属、破産債権としての適格性も対象となりますが（『大コンメ』523頁〔橋本都月〕）、停止条件の有無・成就がこれらの対象事項に含まれると解することは困難です。

　したがって、停止条件の有無・成就については破産債権査定申立ての対象にはならないと解されます。破産管財人の認否に基づいて破産債権者表の備考欄に停止条件付債権である旨が付記されている場合、当該記載は、特段の法的効果を有しない、配当の便宜のための備忘的な記載であると理解することになります（『本書旧版』279頁〔堀内克則〕）。

　そのため、停止条件の有無・成就について届出債権者と破産管財人の間で争いになった場合、届出債権者は、配当表に対する異議（破200Ⅰ）を申し立てることにより、破産管財人の判断を争うことになります（『運用と書式』257頁、『破産民再実務（破産）』412頁）。

〔越智顕洋〕

Q 158　破産債権査定申立て

債権の存否や内容について、破産管財人と債権者とで意見が対立している場合、破産債権査定手続はどのような流れで進むのですか。破産債権査定申立後に和解をする方法はありますか。また、破産管財人は破産債権査定手続においてどのような点に留意すべきですか。

1　破産債権査定手続と査定異議の訴え

　破産管財人は、届け出られた破産債権に疑問がある場合、債権調査において異議を述べることになります。異議を述べられた届出債権者は、配当から除斥されないように一定期間内に破産債権査定申立てを行います（破125Ⅰ）。

　ただし、当該債権について訴訟が係属中で破産手続開始決定により中断していた場合には、破産債権者は、当該訴訟手続の受継を申し立てる方法によりますし（破127。Q160参照）、執行力ある債務名義のある破産債権については、破産管財人は、破産者が行い得る訴訟手続によってのみ異議を主張することになります（破129）。

　破産債権査定申立ては、異議等のある破産債権に係る一般調査期間もしくは特別調査期間の末日又は一般調査期日もしくは特別調査期日から1か月の不変期間内に行わなければなりません（破125Ⅱ）。ただし、債権調査期間終了後直ちに配当手続が予定されている場合、上記申立期間内に配当の除斥期間が満了とならないようなスケジュールとするなど、債権者の除斥期間徒過による混乱を避ける工夫をすることが望まれます（破198Ⅰ、205参照。『実践マニュアル』462頁）。

　破産債権査定申立ては、申立書及び証拠書類写しを提出して行います（破規2Ⅰ～Ⅲ）。査定手続では審尋を行いますが（破125Ⅳ）、簡易迅速に判断するため、実務上は原則として審尋期日は開かれず、書面による審尋が行われています。破産管財人としては、速やかに答弁書及び証拠書類写しを提出して、具体的な反論を行わなければなりません。

　このような手続を経て、裁判所は、異議等のある破産債権の存否及び額等を査定する裁判（破産債権査定決定）を行い（破125Ⅲ）、決定書を当事者に送達します（破125Ⅴ）。

　破産債権査定決定に不服がある者は、その送達を受けた日から1か月の不変期間内に、破産債権査定異議の訴えを提起することができます（破126Ⅰ）。破産管財人がこの訴えを提起する場合には、裁判所の許可が必要です（破78Ⅱ⑩）。

　裁判所は、破産債権査定異議の訴えについての判決においては、訴えを不適法として却下する場合を除き、破産債権査定申立てについての決定を認可し、又は変更します（破126Ⅶ）

破産債権査定申立てについても破産債権査定異議の訴えについても、破産債権者の主張は、自らが届け出て破産債権者表に記載された債権の内容に拘束され、これと異なる主張は許されない一方で、異議を述べた破産管財人は主張制限を受けることなく、破産者が有していたすべての抗弁を主張できます（破128）。

これら破産債権の確定手続が係属中であっても、配当手続を行い、破産手続終結決定を行うことは可能です（破133Ⅲ参照）。この場合、破産管財人は、係属中の債権確定手続に対する配当額を供託します（破202Ⅰ、205）。そして、破産債権確定手続の結果、破産債権の額等が認められた場合には、債権者は供託された配当金を受領します。破産債権の額等が認められなかった場合には、追加配当を行います（破215）。ただし、債権確定手続は他の債権者の配当額にも影響するため、実務上は長期化しない程度であれば、債権確定手続の結果を待って配当した方が無難です（『実践マニュアル』467頁）。

2 破産債権査定手続における裁判上の和解

破産債権査定申立後に、届出債権者と破産管財人とで協議を行い、一定額の範囲において破産債権を認める合意に達した場合には、破産管財人は合意額の範囲で異議を撤回し、届出債権者は同額を超える部分について査定申立てを取り下げる、という査定手続外における和解的処理を行うことが考えられます。

破産債権査定手続において裁判上の和解が可能か否かについては議論がありますが、査定手続にも民事訴訟法が準用されており（破13）、査定手続中で和解を行うことができるとの解釈は可能です（再生手続につき、『新注釈民再上』597頁〔島崎邦彦〕）。そこで、実務上は可能説に立ち、実際に一定の範囲において破産債権を認める（給付条項は設けない）などの和解をする例があります。そして、裁判所が和解勧試を行うために審尋期日が開かれることがあります。ただ、査定手続における和解は解釈上も確定していませんので、この和解成立と同時に、破産管財人は異議撤回書を、届出債権者は債権届出（一部）取下書を、裁判所に提出します（再生手続につき『新注釈民再上』597頁〔島崎〕）。

査定手続において裁判上の和解をする場合、査定の裁判所と和解の許否を判断する破産裁判所が同一であるため、裁判所の許可（破78Ⅱ⑪）は不要との取扱いです。

なお、破産債権査定異議の訴えにおいても、同様の趣旨の裁判上の和解を行うことができます（北澤純一「破産債権査定異議の訴えに関する覚書（下）」判タ1293号（2009年）72頁）。

3 破産管財人の留意点

破産管財人には、債権届出に疑問を抱いた場合、債権調査の段階から債権者に連絡を取り債権内容を確認するなどして、無用な査定請求を出されないようにすることや（Q148、Q149参照）、査定申立てがなされても可能な限り和解で解決することなどの対応が期待されており、実情としてもそのような対応が定着しているといえるでしょう。

〔野田隆史〕

Q 159　破産債権の届出と相殺の抗弁

　破産者に対する貸付債権について破産債権の届出をしていたところ、今般、破産管財人から売掛金の支払を求める訴訟が提起されました。当方はその訴訟手続において売掛金の存在を争うとともに、破産債権届出をした貸付債権を自働債権とする相殺の抗弁を予備的に主張したのですが、破産管財人から「民事訴訟法142条の二重起訴禁止に抵触する」との反論がなされました。この相殺の抗弁は二重起訴に触れるのでしょうか。仮に触れるとすれば、どのように対応すればよいのでしょうか。

1　破産債権の届出と相殺の抗弁

(1)　破産債権届出の効力

　債権調査により破産管財人から否認されず、他の破産債権者からも異議がなかった破産債権は確定し（破124Ⅰ）、破産債権者表の記載（破124Ⅱ）が確定判決と同一の効力を有します。確定判決と同一の効力については、破産手続内にとどまらず、破産手続外において、破産債権者間、破産債権者と破産管財人との間についても既判力をもって確定されることを意味すると考えられます。

　破産債権の届出は、破産手続において破産債権者の権能を行使するため、裁判所に対し、破産債権としての確定を求める訴訟行為としての性質を有するものとされています。また、確定後の破産債権について破産管財人が再審の訴えを提起し得るとされています（大判昭16.12.27民集20巻1510頁）。

(2)　破産債権を自働債権とする相殺権の行使

　相殺権の行使は「特別の定め」（破67）により、破産手続外での行使も許容されており、破産債権の届出及び調査・確定を要しないと解されています。

　したがって、破産債権者は受働債権を争わず、破産債権の全額が相殺により回収可能と考える場合、破産債権の届出をせず、破産手続外で相殺権を行使すれば足ります。他方、受働債権又は破産債権について争いがある場合など相殺による破産債権全額の回収が不確実な場合は、破産債権の届出をすることになります。

2　破産債権の届出をした後の破産管財人からの訴訟における相殺の抗弁

　設問のように、破産債権者が破産債権の届出をし、また債権確定前に破産管財人から提起された訴訟でも相殺の抗弁を主張すると、破産管財人の反論のとおり既判力相互の矛盾抵触のおそれが存在しますから、二重起訴の禁止の趣旨（最三小判昭63.3.15民集42巻3号170頁、最三小判平3.12.17民集45巻9号1435頁）に抵触するものと思われます。破産債権者は、①相殺の抗弁を撤回するか（不適法との判断を得る

か）、②届出を取り下げなくてはならないこととなります。

3 相殺の抗弁が封じられることによる破産債権者の不利益

受働債権の存在が認められた場合、破産債権者は相殺による請求棄却を求める機会が失われ、破産債権者は破産管財人から強制執行を受けることとなります。ただ、破産債権者としては、訴訟の口頭弁論終結後に訴訟外で相殺の意思表示をし、破産管財人の強制執行に対する請求異議訴訟を提起して破産債権を相殺に供したことによって債務が消滅したことを主張することが考えられます。もっとも、ここでの相殺の主張も、請求異議訴訟の判断と破産債権届出との併存となり、二重起訴禁止の趣旨に抵触する懸念は残ります。

なお、破産債権がすでに確定している場合には二重起訴の問題は生じませんが、実務上、破産財団の確定と同時期に破産債権を確定させ、配当手続に至ることも多いと思われますし、債権の確定が先行するとは限りません。

4 債権届出を取り下げた場合の破産債権者の不利益

受働債権の存在が否定された場合は全額、破産債権全額の相殺を受けられなかった場合にはその残額について、破産手続で配当を受ける機会が失われます。

この場合、破産債権の届出をすると二重起訴禁止に抵触することが「その責めに帰することができない事由」（破112）に当たり、その事由が消滅した（本訴が確定した）後1か月の期間内に改めて債権届出をすることも考えられます。もっとも、「その責めに帰することができない事由」が認められるかどうかは前例が見当たりませんし、認められたとしても除斥期間内に査定手続などの係属の証明ができなければ、配当から除斥されてしまいます。

5 総　括

(1) 破産債権者が売掛金債権の存在を争わない場合

別訴は、反対債権の明示的一部請求であるときは、その訴訟物は当該一部に限られ、既判力も残額には及ばないので、残額債権をもってする相殺の抗弁の提出は許容されます（最三小判平10.6.30民集52巻4号1225頁）。

破産債権額が売掛金債権額を超える場合は、売掛金債権額と同額部分につき、明示的に債権の届出を取り下げ、取り下げた部分を相殺の抗弁に供することが考えられます。

他方、破産債権額が売掛金債権額を下回る場合は、債権の届出を全部取り下げるべきことになります。

(2) 破産債権者が売掛金債権の存在を争う場合（設問のケース）

売掛金債権が否定される見込みが高い場合には債権の届出を維持して配当を得るべきでしょうし、反対に売掛金債権が肯定される見込みが高い場合には債権の届出の取下げを検討すべきということになります。この場合には、一部取下げにとどめるか否かについても検討すべきかと思います。また、配当実施ならびに配当率の見込みも考慮要素となると思われます。　　　　　　　　　　　　　　〔高野陽太郎〕

Q 160 破産債権に関する訴訟の帰趨

① BがAに対して貸金返還の一部請求訴訟を提起し、第一審が係属中（口頭弁論終結前）なのですが、Aに破産手続が開始され破産管財人が選任されました。係属中の訴訟はどのように扱われるのでしょうか。
② 第一審でBが勝訴（仮執行宣言付）した後、上訴審係属中の段階でAに破産手続が決定された場合はどうでしょうか。

❙ 1 ❙ 第一審係属中の破産手続開始決定（設問①）

(1) 破産手続開始決定時に係属していた訴訟の処理

破産手続開始決定に伴い、破産財団に属する財産の管理処分権は破産管財人に専属します（破78Ⅰ）。その結果、破産財団に関する訴訟の当事者適格も破産管財人に移転し、破産者を当事者とする破産財団に関する訴訟手続は中断することになります（破44Ⅰ）。

中断する訴訟は、「破産財団に関する訴訟」ですから、破産財団とは無関係な訴訟は中断せず、破産者が引き続き訴訟を追行することになります。

「破産財団に関する訴訟」には、①破産財団に属する財産に関する訴訟（例えば、破産者が第三者に対して提起した貸金返還請求訴訟）と、②破産債権に関する訴訟（例えば、第三者が破産者に対して提起した貸金返還請求訴訟）とがあります。一部請求であっても、破産管財人が直ちに受継できるのは前者のみで、後者を直ちに受継することはできません（破44Ⅱ）。

(2) 破産債権に関する訴訟の処理

設問①は、第三者が破産者に対して提起した貸金返還の一部請求ですから、単に破産者の財産を共同満足の対象とする訴訟に過ぎず、「破産債権に関する訴訟」といえます。したがって、訴訟は中断するものの、破産管財人が直ちに受継するわけではありません。というのも、破産債権については、破産手続中に届出・調査・確定の手続が用意されているからです。

そこで、破産債権者Bは当該債権について通常の債権届出をすればよく、一部請求とした理由が印紙代の節約等便宜的なものであれば、破産債権としての届出を行う際には、全部請求として届出を行うことになるでしょう。そして、①当該債権について異議が出なければ債権は届出債権額について確定し、中断した訴訟は当然に終了します（訴訟終了宣言）。一方、②破産管財人又は債権者から異議が出された場合は、債務名義等の有無で処理が異なります。すなわち「無名義債権」の場合は、債権者が債権調査期日から1か月の不変期間内に訴訟受継の申立てを行い（破127、125Ⅱ）、一方「有名義債権」の場合は、上記期間内に破産管財人が受継し

Q160 破産債権に関する訴訟の帰趨 357

て、後は破産債権確定訴訟として訴訟継続することになります（破129Ⅱ）。

　設問①は、無名義債権に該当するので、異議が出れば、破産債権者Ｂは債権調査期日から１か月の不変期間内に訴訟受継の申立てを行う必要があります。その場合、中断していた一部請求訴訟が受継されるものの、破産債権者は受継後の訴訟手続で、破産債権の額及び原因等について破産債権者表に記載された事項以外は主張できないとされています（破128、111Ⅰ①〜③）。そこで、破産債権者Ｂとしては、全請求額について期間内に債権届をしておくことで、将来の不利益を避けるべきでしょう。

　では、債権調査が留保され（留保型）、配当がないまま異時廃止となって破産手続が終了した場合は、どのような処理になるのでしょうか。①破産者Ａが個人である場合は、Ａが当然訴訟を受継しますが（破44Ⅵ）、通常は破産債権者Ｂにおいて訴訟を取り下げると思われます。そうでなければ、破産者Ａは免責許可決定の確定証明を抗弁として提出すればよいでしょう。②破産者Ａが法人の場合も、訴訟手続を受継することになりますが、訴訟追行をすべき代表者が誰かが問題となります。仮に清算人が存在しない場合には、利害関係人の請求により清算人を選任して受継させるとするのが通説です（『大コンメ』185頁〔菅家忠行〕）。

2　上訴審係属中の破産手続開始決定（設問②）

　有名義債権は、執行力ある債務名義又は終局判決のある債権であれば足り、確定判決である必要はありません。訴訟が上訴審係属中の設問②では、判決は確定していないものの、第一審で破産債権者が仮執行宣言付きで勝訴しています。

　それでは、上訴審係属中に破産管財人が届出債権全部に異議を出した場合、どのような処理がなされるのでしょうか。

　一部請求部分については終局判決のある債権を有しているので、破産債権者Ｂの有する請求債権は、有名義債権に該当します。したがって、異議が出された場合には破産管財人が受継して、破産債権確定訴訟として訴訟が係属することになります。そして、第一審係属中の場合と同様、破産債権者は、受継後の訴訟手続においては、破産債権の額及び原因等について破産債権者表に記載された事項以外は主張できないとされています（破129Ⅲ、128、111Ⅰ①〜③）。したがって、破産債権者Ｂは、届出期間内に全請求額について債権届をしておかないと、後に請求を拡張して全部請求をしようとしても許されないおそれがあります。

　これに対して、一部請求の残額部分については、本来無名義債権ですから、単に残債権額について債権届を行っただけでは、設問①と同様、異議が出れば債権者から訴訟受継する必要があります。実務的には、一部請求で勝訴判決を得ていても、債権全額について債権届をした上で請求の拡張手続を行うとともに、残債権額について破産債権査定申立て（破125。**Q158**参照）をしておくべきでしょう。

〔中根弘幸〕

Q 161 財団債権の意義と留意点

① 代表的な財団債権、見落としやすい財団債権について教えてください。また、財団債権の弁済についてはどのような点に留意すべきですか。

② 破産財団が、他の財団債権に先立って弁済すべきとされている破産法148条1項1号及び2号に掲げる財団債権の全額の支払に不足する場合、破産管財人は、そのうち一部のみを支払うことはできるでしょうか。

1 財団債権の意義と特質

財団債権は、破産手続によらないで破産財団から随時弁済を受けることができる債権（破2Ⅶ）で、破産債権に優先して弁済が必要ですが（破151）、破産債権のように届出、調査、確定の手続はありません。さらに財団債権内でも優先順位が定められています（破152Ⅱ）。また、免責の対象にもなりません（破253Ⅰ）。

2 設問①について

(1) 代表的な財団債権・見落としがちな財団債権

代表的な財団債権には、破産管財人の報酬請求権（立替事務費を含みます。最二小判昭45.10.30民集24巻11号1667頁参照。破148Ⅰ②）、租税等の請求権（**Q167**参照）の一部（破148Ⅰ③）、労働債権の一部（破149）、破産管財人が契約等を行った場合の相手方に生じた請求権のような破産財団に関し破産管財人がした行為によって生じた請求権（破148Ⅰ④）などがあります。

なお、下水道使用料、駐車違反の放置違反金、生活保護法63条に基づく返還請求権（2018年10月以降に支弁された保護費に係るもの。**Q30**参照）などは、租税等の請求権です（**Q167**参照）。

見落としがちですが、電気、ガス、電話、上水道は、破産申立後開始決定前までは破産法55条2項の、破産手続開始決定後は、破産法148条1項2号又は4号の財団債権です（**Q134**参照）。なお、マンション管理費・修繕積立金は、破産手続開始前の分は別除権付破産債権となりますが、手続開始後の分は同項2号又は4号の財団債権です（**Q35**参照）。また、債権者申立て又は日本司法支援センター（法テラス）等第三者が立替払いした予納金や官報公告費用等の返還請求権（破148Ⅰ①）は、存在自体を失念しがちなので注意が必要です。

破産者以外の第三者が財団債権を弁済した場合、代位によって原債権を取得して行使できるので、これについては財団債権となります（最三小判平23.11.22民集65巻8号3165頁、最一小判平23.11.24民集65巻8号3213頁。**Q186**参照）。ただし、租税等の請求権についてはこれを否定するのが通説で、下級審には裁判例もあります（東京高判平17.6.30金法1752号54頁。**Q174**参照）。

(2) 財団債権の弁済における留意点

ア 財団債権の確認

財団債権は破産債権に優先して弁済しなければならず、配当可能事案となるのかどうかを見極めるためにも、財団債権の存在や額について十分に確認する必要があります。例えば、租税等の請求権は交付要求がなされていなくとも、その発生を認識した場合は交付要求を促します。また、労働者が適切に債権届を行うことは困難な場合も少なくないので、賃金台帳等で労働債権の把握に努めます。そして、租税等の請求権も労働債権も、財団債権に該当する部分を正確に確認します。

なお、財団債権が少ないほど破産債権の配当額が増えるのですから、延滞税・延滞金の減免申請を積極的に検討すべきです（**Q170**参照）。

イ 財団債権内の優先順位

財団債権内にも優先順位があり、①破産管財人報酬、②債権者申立て又は第三者申立ての場合の予納金補塡分、③破産法148条1項1号及び2号のうち①・②を除いたもの、④その他の一般の財団債権の順に支払う必要があります。もっとも、有害物質や危険物がある場合の処理費用は、社会的責任の観点からも管財人報酬の次に最優先で支払えるとする見解が有力です（『実践マニュアル』410頁）。また、固定資産税・都市計画税は、破産手続開始の年度は148条1項3号の一般の財団債権となりますが、開始決定後に発生したものは同項2号の財団債権（上記③）となるので注意が必要です（**Q172**参照）。消費税も、開始決定後の取引によって生じたものは同項2号の財団債権（上記③）となります（**Q172**参照）。

ウ 弁済方法

破産手続外で随時弁済できますが（破2Ⅶ）、破産財団が財団債権全額を支払うのに不足することが明らかになった場合は、前述の優先順位に従って支払い、同一順位内で不足した場合は優先権にかかわらず債権額に応じて按分弁済します（破152Ⅰ）。租税等の請求権と労働債権が財団債権である場合も、優先的破産債権と異なり両者は同順位ですから債権額に応じた按分弁済です。なお、100万円を超える財団債権の弁済には、裁判所の財団債権承認の許可が必要です（破78Ⅱ⑬・Ⅲ①）。

3 設問②について

破産法148条1項1号及び2号に掲げる財団債権のうち一部のみを支払うことができるかどうかについて、同順位でも他に優先して上記2(2)イ①・②の支払が許されることに異論はありません。③について、破産法152条2項が破産債権者にとっての公益性を重視して財団債権の平等原則の例外を定めた趣旨からすると、破産手続の遂行に必要で、かつその性質上全額の納付が不可欠な場合（『条解』1025頁）や、破産管財人が相手方に対して財団債権の先履行義務を負う場合や相手方が同時履行の抗弁権を有している場合（『条解』1029頁）等には、これを支払わなければ管財業務を遂行しようがなくかえって公益に反しますから、他に同順位の財団債権があってもそれらの優先支払が認められるべきです。　　　　　〔神谷慎一〕

Q162 財団債権の存否・額・性質に争いのある場合の対応

債権者から破産管財人に対し財団債権の支払請求がありましたが、破産管財人の調査の結果、当該債権の全部又は一部が存在せず、あるいは当該債権の存在は認められるものの破産債権であって財団債権とは認められない場合、破産管財人は当該支払請求について、どのように対応したらよいでしょうか。債権者が破産管財人の説明に納得しないものの、財団債権支払請求訴訟を提起してこない場合には、破産管財人から何らかの訴訟を提起しなければならないでしょうか。

1 債権者から財団債権の支払請求がなされた場合の基本的な対応

財団債権は、破産手続によらないで、破産債権に先立って破産財団から随時弁済を受けることのできる債権です（破2Ⅶ、151）。

財団債権には、債権届出、調査、確定の手続が存在しません。そのため、債権者から財団債権の支払請求がなされた場合、その存否・額・性質の確認及び判断は、破産管財人において行うことになります。争いのない場合、破産管財人は当該財団債権を破産債権に先立って弁済することになります。争いがある場合、破産管財人は争いのある債権の支払を拒むことになります。なお、財団債権の額が100万円を超える場合、財団債権を承認するには裁判所の許可が必要です（破78Ⅱ⑬・Ⅲ、破規25。Q92参照）。

財団債権の債権者は、破産手続開始後、速やかに財団債権を有する旨を破産管財人に申し出るものとされていますが（破規50Ⅰ）、この申出をしなくても失権はしません。ただし、最後配当における配当額通知（破201Ⅶ）を発した時（簡易配当においては配当表に対する異議期間が経過した時。破205）に「破産管財人に知れていない」財団債権者は、破産財団から弁済を受けることができなくなります（破203）。

2 財団債権の存否・額・性質に争いがある場合の対応

(1) 争いが生じる具体的な場面

財団債権について、その存否や額が争いとなる場合、破産管財人は、債権者に対して疎明資料を求め、当該資料に基づいて破産者に確認するなどして判断することになります。一方、債権の存否や額に争いがなくても、当該債権が財団債権か破産債権か解釈が分かれていて、実務上その判断に迷う場合もあります。

後者の例としては、賃借人が破産した場合の原状回復費用請求権（Q65参照）があります。また、請負人が破産した場合の注文者の既払金返還請求権（『条解』421頁、『倒産と訴訟』280頁〔加藤清和〕、Q145参照）や租税債権の代位弁済（『倒産と訴訟』298頁〔加藤〕、Q186参照）についても議論があり、破産管財人は、当該債権を

財団債権として認めるか、破産債権として扱うかの判断が求められます。

(2) 争いがある場合の対応

破産管財人は自らの調査結果を債権者に説明し、理解を求めることになりますが、債権者が破産管財人の説明に納得しない場合の対応が問題となります。

ア 債権者と和解することの是非

財団債権を確定させなければ、配当原資の有無及び額が定まらず、破産債権への配当を実施することはできません。そのため、破産管財人が合理的な内容で和解し、財団債権を確定させることは破産債権者にとってもメリットのあることです。他方、破産管財人が争いのある債権を財団債権と認めて支払うことは、破産債権になり得る債権に対して満額を支払い、配当原資を減少させるものであり、破産債権者を害する面もあります。

したがって、破産管財人は、財団債権の争いに関する和解について、他の債権者の意向等も考慮して慎重に対応することが求められます。

イ 破産管財人からの訴訟提起の要否

和解による解決が困難である場合、通常は、債権者から訴訟提起がなされるものと思われます。では、債権者から訴訟提起がなされない場合、破産管財人から訴訟提起を行う必要はあるのでしょうか。

前述のとおり、財団債権については債権確定の手続が存在しないため、訴訟手続によらなければ債権を確定することができません。そして、財団債権を確定させなければ、破産債権への配当を実施することもできませんので、債権者から訴訟提起がなされない場合、破産管財人から訴訟提起を行うべきということになります。この場合、破産管財人は、当該債権が財団債権ではないことの確認を求める訴訟を提起することになります（最三小判昭62.4.21民集41巻3号329頁、横浜地川崎支判平22.4.23判タ1344号244頁等）。ただし、訴訟提起を行った場合は相応のコストを要する上に手続が長期化することになりますので、当該債権が財団債権として認められる可能性や争いになっている債権の額、後に債権者が訴訟提起を行う可能性の有無等から総合的に判断すべきです。

設問では、債権者から財団債権の支払請求を受けていることから、破産管財人と債権者の双方が訴訟提起をしなかったとしても、「破産管財人に知れていない」財団債権者（破203）に該当するとの解釈は成り立ちにくいように思われます。そのため、破産管財人からは訴訟提起しないとの判断に至った場合には、善管注意義務の観点から、債権者に権利行使の機会を付与したことを明らかにすべく、財団債権として扱わないとの破産管財人の方針及び配当スケジュールを記載した書面（債権者の主張内容や対応によっては、一定期間内に債権者から訴訟を提起することを求める書面）を送付することも検討に値します（上田慎（司会）ほか「《パネルディスカッション》倒産手続における債権の優先順位」NBL1151号（2019年）43頁〔篠田憲明、永谷典雄発言〕参照）。

〔足立 学〕

第**6**章

租税債権

> **Q 163** 租税債権の破産法上の区分
>
> 　租税債権は、破産法上、財団債権、優先的破産債権及び劣後的破産債権に区分されていますが、区分の基準はどのようになっていますか。区分の基準となる納期限は、具体的にどのように定められますか。

1 区分の基準

⑴ 本　　税

ア　破産手続開始前の原因に基づいて生じた租税債権

　破産手続開始前の原因に基づいて生じた租税債権の本税のうち、破産手続開始当時、納期限が未到来のものと納期限から1年を経過していないものは財団債権となり（破148Ⅰ③）、これ以外のものは優先的破産債権となります（破98Ⅰ、国徴8、地税14等）。破産手続開始前に包括的禁止命令が発せられたことにより滞納処分をすることができない期間については、上記の「1年」の期間から除外されます（破148Ⅰ③）。

　なお、「破産手続開始前の原因に基づ」くとは、破産手続開始の前に納税義務が成立していることを意味するものとされています（『手引』378頁〔堀田次郎〕）。納税義務の成立時期は、具体的には、①所得税は暦年の終了の時、②源泉徴収による所得税は給与等源泉徴収をなすべき所得の支払の時、③法人税は事業年度の終了の時、④消費税は課税資産の譲渡等をした時期、などと定められています（国通15Ⅱ、国通令5。金子宏『租税法［第23版］〈法律学講座双書〉』864頁（弘文堂、2019年））。

イ　破産手続開始後の原因に基づいて生じた租税債権

　破産財団に関して生ずる租税債権のうち、破産財団の管理、換価及び配当に関する費用に該当するものは優先的な財団債権（破148Ⅰ②、破152Ⅱ。**Q172**参照）、これ以外のものは劣後的破産債権となります（破97④、99Ⅰ①。具体例は『注釈上』656頁〔上田裕康ほか〕、『条解』726頁参照）。

　破産管財人が12月末日までに破産財団から放棄した不動産にかかる翌年度の固定資産税や、破産手続開始決定の翌年度の住民税など、破産財団に関して生じたとはいえない租税債権は、財団債権にも破産債権にも該当しません（『条解』726頁、『実践マニュアル』364頁）。

⑵ 延滞税・利子税・延滞金としての請求権

　財団債権として取り扱われる租税債権の延滞税等は、本税と同様、財団債権となります（破97柱書かっこ書、148Ⅰ④参照。『一問一答』195頁、『手引』379頁〔堀田〕）。

　優先的破産債権として取り扱われる租税債権の延滞税等のうち、破産手続開始前の延滞税等は優先的破産債権となり（破98Ⅰ、国徴8、地税14等）、破産手続開始後

364　［第6章］租税債権

の延滞税等は劣後的破産債権となります（破97③、99 I ①）。

　劣後的破産債権として取り扱われる租税債権の延滞税等は、本税と同様、劣後的破産債権となります（破97③、99 I ①）。

(3)　加算税・加算金

　加算税や加算金は、本税の性質やその発生時期等にかかわらず、すべて劣後的破産債権となります（破97⑤、99 I ①）。

2　納期限とは

　このように、租税債権が財団債権となるか否かは、納期限を基準として区分することとなります。納期限には、法律が本来の納期限として予定している法定納期限（納税義務の消滅時効の起算日となり、その翌日が延滞税の計算期間の起算日となります）と、その日までに納付しなければ督促状による督促を受け、10日を経過すると滞納処分を受けることになる具体的納期限（国通37、40）があります。法令上は、具体的納期限のことを単に納期限と呼んでおり（金子・前掲書987頁）、ここでの納期限も具体的納期限を指します（『一問一答』190頁、『手引』250頁〔草野克也〕）。

　そして、所得税、法人税、相続税など、納付すべき税額が納税者の申告によって確定する申告納税方式（国通16 I ①）の租税債権については、一般に、法定申告期限が同時に法定納期限とされており、期限内申告によって確定した税額については、法定納期限と具体的納期限が一致します（国通35 I ）。期限後申告分や修正申告分は申告の日（国通35 II ①）、更正・決定分は通知書を発した日の翌日から起算して1か月を経過する日となります（国通35 II ②）。

　他方、住民税、固定資産税など、納付すべき税額が租税庁の処分（賦課）によって確定する賦課課税方式（国通16 I ②）の租税債権や、源泉徴収による国税、登録免許税など、納付すべき税額が法律の定めに基づいて当然に確定する自動確定方式（国通15 III ）の租税債権については、徴収のための納税告知書を発する日の翌日から起算して1か月を経過する日が具体的納期限となります（国通36 II 、国通令8、金子・前掲書987頁）。

3　交付要求書の確認

　交付要求書には、交付要求に係る税の年度、税目、税額及び具体的納期限が記載されています（国徴令36 I ②、地税68 VI 、331 VI 等）ので、破産管財人は、これらの記載を見て、当該租税債権が、財団債権、優先的破産債権又は劣後的破産債権のいずれと区分されるのかを確認することになります（『手引』256頁〔草野〕のフローチャート参照）。

〔千綿俊一郎〕

Q 164 国税の破産法上の区分

　主な国税である所得税（確定申告分と源泉徴収分）、法人税（確定申告分と中間申告分）、消費税（確定申告分と中間申告分）について、財団債権と優先的破産債権の区分の基準はどのようになっていますか。その他、所得税や消費税について、破産管財人が留意すべき点はありますか。

1　問題の所在

　租税債権における財団債権と優先的破産債権の区分は、主として具体的納期限がいつかが基準となります（Q163参照）。

2　所得税における具体的納期限

⑴　所得税における税額の確定方式

　所得税とは、個人の所得に対する租税です。原則は、事業年度ごとに確定申告を行って税を納める「申告納税方式」ですが、給与所得（俸給、給料、賃金、歳費及び賞与ならびにこれらの性質を有する給与）については、源泉徴収の対象とされており、給与等の支払者がその支払額に応じた税額を徴収し、国に納付することとされています。

⑵　確定申告分

　確定申告分については、申告納税方式です。したがって、期限内に申告があった場合は法定納期限が同時に具体的納期限となりますが、期限後申告や修正申告をした場合はその申告の日、更正や決定がなされた場合はその通知書を発した日の翌日から起算して1か月を経過した日が具体的納期限となります（Q163参照）。

⑶　源泉徴収分

　源泉徴収分（この場合、給与等を支払った側（会社など）が税の徴収納付義務者となります）は、法定納期限は徴収した月の翌月10日とされていますが（所得183Ⅰ等）、自動確定方式となっていますので、納税告知が発せられた日の翌日から起算して1か月を経過する日が具体的納期限となります（Q163参照）。したがって、破産手続開始決定日から1年以上前に法定納期限が経過している源泉所得税についても、開始決定後に納税告知が発せられ、納期限未到来の租税債権として財団債権になることがあります（『実践マニュアル』404頁）。

3　法人税における具体的納期限

⑴　法人税における税額の確定方式

　法人税とは、法人の所得に対する租税です。法人税の申告には、事業年度終了の日の翌日から2か月を経過する日までに行う確定申告（法税74）と、予定的申告としての中間申告があります。

366　［第6章］租税債権

(2) 確定申告分

　法人税においても、確定申告分については前記2(2)の所得税の場合と同様であり、期限内に申告があった場合は法定納期限が同時に具体的納期限となり、期限後申告や修正申告をした場合はその申告の日、更正や決定がなされた場合はその通知書を発した日の翌日から起算して1か月を経過した日が具体的納期限となります。

(3) 中間申告分

　事業年度が6か月を超える法人は、各事業年度の所得に対する法人税につき、事業年度開始の日以後6か月を経過した日から2か月以内に、前事業年度又は当該事業年度の所得実績を基礎とする中間申告をしなければなりません（法税71、72）。中間申告も申告納税方式ですが、中間申告書の提出がない場合でも、前期の実績による中間申告書の提出があったとみなされますので（法税73）、常に法定納期限（中間申告書の提出期限。法税76）が具体的納期限となります。

4　消費税における具体的納期限

(1) 消費税における税額の確定方式

　日本の消費税は、主として事業者の取引を課税対象とする税です。法人税と同様、確定申告と中間申告があります。

(2) 確定申告分

　申告納税方式ですので、前記2(2)で説明した所得税・法人税と同様の取扱いとなります。

(3) 中間申告分

　課税期間直前の課税期間の消費税額の大きさに応じて、課税期間の開始以後、1か月、3か月又は6か月ごとの期間につき、その末日の翌日から2か月以内に中間申告をしなければなりません（消税42、43）。この点は法人税法と類似しており、中間申告も申告納税方式ですが、中間申告書の提出がない場合でも、直前の課税期間の実績による中間申告書の提出があったとみなされますので（消税44）、常に法定納期限（中間申告書の提出期限。消税48）が具体的納期限となります。

5　その他、破産管財人が留意すべき点

　過大申告による過納金があるときや中間申告により納税しているとき、源泉徴収された金額が所得税額より多いときなど、一定の場合には、所得税や法人税、消費税について還付を受けることができますので、破産管財人は、還付の可否について検討する必要があります（Q203参照）

　また、消費税については、中間申告の期限前に破産手続開始決定がなされた場合等、解散事業年度における確定申告により、中間申告に基づき納付すべき消費税に係る交付要求が解除される場合があります（Q205参照）。

〔石田光史〕

Q 165　地方税の破産法上の区分

　主な地方税である住民税、固定資産税・都市計画税、自動車税について、財団債権と優先的破産債権の区分の基準はどのようになっているのですか。固定資産税等に関し、破産財団帰属の不動産や自動車が換価未了の場合あるいはこれらを売却した場合に注意すべきことはありますか。

1　財団債権と優先的破産債権の区分基準

　地方税である住民税、固定資産税・都市計画税及び自動車税については、基本的にQ163で述べられた基準に従って財団債権と優先的破産債権に区分されます。なお、地方税等の公租については、優先的破産債権のなかでも最優先となりますので、配当を実施する際には注意が必要となります。

2　財団債権と優先的破産債権の具体的区分基準

(1)　住民税

ア　個人の道府県民税及び市町村民税

　賦課期日（1月1日）が破産手続開始前であるもののうち、破産手続開始当時、納期限（具体的納期限。以下単に「納期限」といいます）が未到来又は納期限から1年を経過していないもの（以下「納期限未到来等」といいます）はQ163の基準により財団債権となり、納期限から1年を経過しているものは優先的破産債権となります。納期限は納税通知書に記載されている納期であり、ほとんどの場合、法定納期限と一致します。法定納期限は、原則として普通徴収は6月、8月、10月及び1月中の条例で定める日であり（地税41、320）、特別徴収は当年6月～翌年5月の各徴収月の翌月10日までとなります（地税41、321の5）。

イ　法人の道府県民税及び市町村民税

　法人税の申告期限が納期限となるため、破産手続開始当時、申告期限が未到来又は申告期限から1年を経過していないものは前記基準により財団債権となり、申告期限から1年を経過しているものは前記基準により優先的破産債権となります。納期限は、ほとんどの場合、法定納期限と一致し、法定納期限は、中間申告の場合が事業年度開始の日より6月を経過した日から2月を経過する日であり、確定申告の場合が事業年度終了の日から2月を経過する日です（地税53、321の8、法税71、74、81の22。申告手続についてはQ202を参照してください）。

(2)　固定資産税・都市計画税

ア　賦課期日（1月1日）が破産手続開始前であり、かつ、破産手続開始当時納期限未到来などの場合は財団債権となります。納期限は、納税通知書に記載されている納期であり、市町村ごとに4期に分けて納期が定められています。

368　　［第6章］租税債権

イ　破産手続開始後に賦課期日（１月１日）が到来したものは財団債権となり、さらにこの場合は、財団の管理に要する費用に該当し、優先権のある財団債権となります。

ウ　上記ア、イ以外は、優先的破産債権となります。

(3)　自動車税（軽自動車税を含む）

ア　賦課期日（４月１日）が破産手続開始前であり、かつ、破産手続開始当時、納期限未到来等の場合は、前記基準により財団債権となります。納期限は、納税通知書に記載されている納期であり、ほとんどの都道府県（軽自動車税は市町村）が５月末日と定めています。

イ　破産手続開始後に賦課期日（４月１日）が到来したものは、固定資産税・都市計画税と同様に優先権のある財団債権となります。

ウ　上記ア、イ以外は、優先的破産債権となります。

3　不動産、自動車が換価未了の場合の問題点

　固定資産税・都市計画税及び自動車税は、破産手続開始後に賦課期日が到来した場合、いずれも優先権のある財団債権となり、年度途中で不動産や自動車を売却した場合でも、賦課期日の所有者に全額納付義務が生じます。したがって、財団に帰属する不動産等の換価が困難であるにもかかわらず漫然と賦課期日を迎えると、新たに１年分の固定資産税等を財団が負担しなければならなくなり、不必要に財団を減少させることになりかねません。

　そこで、不動産や自動車が財団に帰属している場合、破産管財人としては、財団減少を防止するため、賦課期日が到来する前に、当該不動産等を財団から放棄するか否かを判断し、放棄を選択する場合は、賦課期日が到来する前に手続を完了する必要があります（不動産の放棄手続についてはQ96、Q97を参照してください）。

4　不動産、自動車売却の際の注意点

　破産手続開始後に不動産や自動車を売却する場合には、賦課期日等を基準として譲受人に固定資産税・都市計画税ないしは自動車税の日割り又は月割り相当額を負担してもらうことが通常ですが、日割り又は月割り相当額を譲受人から受領した場合、他の財団債権に優先して、当該固定資産税等の支払を行ってよいかという問題があります。

　しかし、固定資産税等の日割り又は月割り分として受領した金銭を他の債権（破産管財人の報酬等）に充当することについての疑念や、自動車税の場合は納付しないと次期の車検を受けられないという問題があることから、実務上は優先的な支払を行っている場合が多いようです。

〔髙松康祐〕

Q 166　公課の破産法上の区分

① 公課である社会保険料、厚生年金保険料、国民健康保険料、国民年金保険料、労働保険料について、財団債権と優先的破産債権の区分の基準はどのようになっていますか。
② 国民健康保険料について、破産手続開始決定後に具体的納期限が到来する場合に関して、留意すべき点を教えてください。

1　設問①について

(1)　公課における財団債権と優先的破産債権の区分の基準

　社会保険料（健康保険料）、厚生年金保険料、国民年金保険料及び労働保険料は、いずれも国税徴収の例により徴収するものとされることから（健保183、厚年89、国年95、労徴30）、「租税等の請求権」（破97④）に該当し、また、いずれもその先取特権の順位は国税及び地方税に次ぐものとされ、優先権があります（健保182、厚年88、国年98、労徴29）。

　なお、国民健康保険料については、他の公課のように国税徴収の例によるという規定はありませんが、国民健康保険法79条の2、地方自治法231条の3第3項（「滞納処分の例により処分する」）等の規定から、同様の結論になります。また、国民健康保険料について優先権が認められる（国保80Ⅳ）のも、他の公課と同様です。

　したがって、いずれの公課も、**Q163**で述べた租税債権と同様に、財団債権と優先的破産債権の区分は、主として具体的納期限がいつかによります。

(2)　公課の納期限

　前述のとおり、公課も租税債権と同様に、財団債権と優先的破産債権の区分についてはその納期限が重要な基準となりますが、公課の具体的納期限については統一的な法規はなく、それぞれの公課の根拠法を確認する必要があります。

　このうち、労働保険料など一部の公課は国税でいう申告納税方式ですが、社会保険料など大部分の公課は賦課方式あるいは自動確定方式であり、これは納付すべき金額が法定納期限以前に具体的に確定しており、法定納期限の前に送付される通知書に納期限が記載され、これが法定納期限かつ具体的納期限となります。

　以下、公課ごとに納期限を見ていきます。

ア　社会保険料

　社会保険料（健康保険料）の法定納期限は原則として翌月末日とされています（健保164Ⅰ）。

イ　厚生年金保険料

　厚生年金保険料の法定納期限は翌月末日とされています（厚年83Ⅰ）。

370　　［第6章］租税債権

ウ　国民健康保険料

国民健康保険料の法定納期限は条例・規約によるものとされています（国保18⑧、81）。国民健康保険料は、一般に、6月から翌年3月までの10期に分けて法定納期限が定められることが多いようです。

エ　国民年金保険料

国民年金保険料の法定納期限は翌月末日とされています（国年91）。

従前は国民年金保険料の交付要求がされることはありませんでしたが、近時は交付要求がされることが増えているようです（『実践マニュアル』375頁）。

オ　労働保険料

労働保険料（労災保険及び雇用保険）のうち、概算保険料については当該保険年度（4月1日から翌年3月31日まで）分につきその保険年度の6月1日から40日以内又は保険関係成立の日から50日以内に納付することとされています（継続事業の場合。労徴15Ⅰ）。また、労働保険料のうち、確定保険料については当該保険年度（4月1日から翌年3月31日まで）分につき次の保険年度の6月1日から40日以内又は保険関係消滅の日から50日以内に納付することとされています（労徴19Ⅲ）。

2　設問②について

国民健康保険料について、破産手続開始決定後に具体的納期限が到来する分の自治体の取扱いが統一されていない点に注意が必要です。

当年度の各納期限の合間で開始決定がされた場合、当年度分の国民健康保険料全額が財団債権として交付要求されるのか、それとも財団債権として交付要求されるのは開始決定前に具体的納期限が到来した範囲に限られ、開始決定後の分は破産者から直接回収されるのかが問題となりますが、自治体によっては当年度分の国民健康保険料全額を財団債権として交付要求してくるところもあります。

この点、保険の切替えや異動の際に保険料が月割りで処理されていることを考慮すると、国民健康保険料については開始決定日の前後で区別した上で、開始決定日までに具体的納期限の到来した範囲については財団債権として交付要求できるものの、開始決定後に具体的納期限が到来する分は破産者の新得財産から回収されるものとする見解も有力です。実務的にも、国民健康保険料全額を財団債権として交付要求してくる自治体の方が少ないように見受けられます。

なお、国民健康保険料ではなく、国民健康保険税（国保76Ⅰただし書、地税703の4）を課す自治体があります。これは、徴収権の優先順位や時効期間等で自治体にとって有利という理由のようですが、国民健康保険税の交付要求をされた場合には公課ではなく地方税として処理をすべきこととなります。すなわち、国民健康保険税が優先的破産債権に該当する場合、その優先順位は国税及び地方税と同順位になります（『運用と書式』204、223頁参照）。もっとも、開始決定後に具体的納期限が到来する分が財団債権に該当するか否かについては、上記の国民健康保険料の場合と同様に議論が分かれるものと思われます。

〔敷地健康〕

Q 167 租税等の請求権該当性

① 下水道料金、独占禁止法や金融商品取引法、景品表示法上の課徴金、駐車違反の放置違反金等、補助金等の返還請求権、宝くじの販売給付請求権は、「国税徴収法又は国税徴収の例によって徴収することのできる請求権」（租税等の請求権）に該当しますか。
② 租税等の請求権を破産者に代わって弁済していた者の債権は、どのように扱われるのでしょうか。

1 はじめに

「国税徴収法又は国税徴収の例によって徴収することのできる請求権」（租税等の請求権。破97④）は、破産法上、財団債権、優先的破産債権及び劣後的破産債権に区別され（区別の詳細についてはQ163参照）、非免責債権として扱われる（破253I①）など、特殊な取扱いが定められています。租税等の請求権に該当するか否かは、原則として、法令上、国税徴収法又は国税徴収の例によって徴収することが認められているか否かによって定まることになります。

2 具体的な請求権ごとの検討（設問①）

(1) 下水道料金

公共下水道管理者が徴収する下水道使用料（下水道法20）は、「法律で定める使用料その他の普通地方公共団体の歳入」として、地方税の滞納処分の例による徴収が認められています（地方自治法231の3Ⅲ、附則6③）。そして、地方税の滞納処分は、一般に、国税徴収の例によるものとされています（地税68Ⅵ、331Ⅵ等）。すなわち、下水道料金は、国税徴収の例を間接準用しており、租税等の請求権に該当します（『国税通則法精解』94頁参照）。上水道料金とは取扱いが異なりますので、注意が必要です。

(2) 独占禁止法・金融商品取引法・景品表示法上の課徴金

事業者が、価格・数量カルテルや私的独占、不当な取引制限を行った場合、事業者の不当な利得の剥奪を目的として、公正取引委員会が事業者に課徴金を課すことがあります（独禁7の2Ⅰ・Ⅱ・Ⅳ、20の2～20の6）。この課徴金は、国税滞納処分の例により徴収できるものとされており（独禁69Ⅳ）、租税等の請求権に該当するものと考えられます。

一方、インサイダー取引や有価証券報告書虚偽記載等をした場合、行為者に対して課徴金を課すことがあります（金融商品取引法172～175の2）。事業者が、自己の供給する商品・役務について不当表示を行った場合も同様です（不当景品類及び不当表示防止法8）。これらの課徴金は、破産法等の適用上「過料」とみなす旨の規定

372 ［第6章］租税債権

が置かれており（金融商品取引法185の16、不当景品類及び不当表示防止法20）、罰金等の請求権（破96⑥）に該当すると考えられるため、租税等の請求権には該当しません。

(3) 駐車違反の放置違反金等

違法駐車車両が放置されている場合、公安委員会は、車両の使用者に放置違反金の納付を命ずることができます（道交51の4Ⅳ）。放置違反金は、地方税の滞納処分の例により徴収できるものとされており（道交51の4ⅩⅣ）、租税等の請求権に該当します。一方、道路交通法上の反則行為を行った場合の反則金（道交125）は、納付した場合に公訴の提起等をされないという効果が生じるにとどまり（道交128Ⅱ）、納付しない場合の徴収手続は定められていないため、租税等の請求権には該当しません。

(4) 補助金等の返還請求権

事業者が国から補助金等（補助金適正化2Ⅰ）を支給されたのち、補助金等を他の用途に使用するなどして補助金等の交付決定が取り消された場合、補助金等の返還が命じられることになります（補助金適正化17、18）。返還を命じられた補助金等は、国税滞納処分の例により徴収できるものとされており（補助金適正化21）、租税等の請求権に該当します。

一方、地方自治体の補助金等については、条例の定めによって異なります。

なお、補助金の取扱い（特に補助金対象資産の任意売却時の処理）については**Q75**も併せて参照してください。

(5) 宝くじの販売給付請求権（類推適用の可否）

定義上「租税等の請求権」に該当しない（国税徴収法又は国税徴収の例によって徴収することができる旨の規定がない）宝くじの販売給付請求権（当せん金付証票法16）について、破産法の規定を類推適用することによって「租税等の請求権」と同様の財団債権性が認められるかが争われた事例があります（福島地いわき支判平15.2.5金判1170号34頁）が、裁判所は類推適用を否定し、財団債権性を認めませんでした。

(6) その他

近時の法改正において、生活保護法63条に基づく返還請求権が「租税等の請求権」とされました（**Q30**参照）。

その他、国税徴収法又は国税徴収の例により徴収することのできる公課については、『国税通則法精解』94頁以下に網羅的な一覧が掲載されており、参考になります。

3 租税等の請求権を破産者に代わって弁済した者の債権（設問②）

租税等の請求権を破産者に代わって弁済した者が、「租税等の請求権」を代位取得し、これを破産財団に行使することができるかどうかについては、**Q174**、**Q186**を参照してください。

〔萩原　経＝村松　剛〕

Q 168　租税債権の届出方法

　交付要求とは何ですか。交付要求がされていませんが、租税債権の未払い
を破産管財人として認識した場合はどのようにすべきでしょうか。また、交
付要求の内容に異議がある場合にはどのように対処すべきでしょうか。

1　交付要求

　交付要求とは、滞納者の財産に対して強制換価手続が行われた場合に、その手続
から滞納している公租公課への交付を求める手続です。

　強制換価手続は、税務署等の行政機関の手続と裁判所の手続に大別されますが、
破産手続は裁判所の強制換価手続に属します。そして、破産管財人はその執行機関
とされています（国徴2⑬）。

2　交付要求の方式

　租税債権については、交付要求書により交付要求しなければならないと定められ
ています（国徴82 I）。このため、租税債権である限り、財団債権と破産債権とを
問わず交付要求の形式で債権届出がされます。財団債権は、破産手続によらずに破
産財団から随時弁済を受けることができる債権（破2 VII）で、破産管財人は調査・
確定の手続を経ることなく本来の弁済期に従って随時に弁済することができ、かつ
弁済する義務を負う債権ということになります。

3　交付要求の相手方

　財団債権に該当する租税債権は破産管財人に対して、破産債権に該当する租税債
権は破産裁判所に対して、交付要求を行うことが定められています（国徴82 I、破
114①、破規50 I）。ただし、実務上、破産債権に当たる部分も破産管財人に送付す
る扱いをしている庁があるので注意を要します。

4　交付要求書の確認

　交付要求書には、交付要求に係る税の年度、税目、税額及び納期限が記載されて
いる（国徴令36 I ②、地税68 VI、33 I ⑥等）ので、破産管財人は、これらの記載によ
り、当該租税債権を分類して確認します。

5　交付要求がない場合の取扱い

　破産管財人が破産債権者に最後配当の通知を発した時点で、破産管財人に知れて
いない財団債権者は、実質的に破産財団から弁済を受けられなくなります（破
203）。この定めは他の配当にも準用されており、中間配当の場合は破産管財人が配
当率の通知を発したとき（破203、209 III、211）、簡易配当の場合は配当表に対する
異議申立期間が経過したとき（破198 I、200 I、203、204 IV、205）、同意配当の場合
は裁判所書記官による同意配当の許可があったとき（破203、208 I ・III）、追加配当

374　［第6章］租税債権

の場合は破産管財人が配当額の通知を発したとき（破203、215Ⅱ・Ⅴ）となっています。

逆にいうと、このときまでに破産管財人が財団債権の存在を知ったときは、その財団債権を支払わなければなりません。したがって、財団債権である租税債権は、交付要求の有無に関わりなく、破産管財人が上記の時期までにその存在を知った以上、支払う必要があります。

破産債権である租税債権は、遅滞なく届け出るべきことが定められているだけで（破114①）、債権届出期間の制限に服しません。また、破産債権の除斥についての規定（破198）は、破産債権の調査・確定の手続に服する債権に関するものなので、この制限に服さない租税債権については適用がありません。したがって、破産債権である租税債権は、理論上は、配当表の確定（最後配当に関する除斥期間の経過後1週間の経過）に至るまで届出ができることになります。

しかし、配当手続が一定程度進んだのちに交付要求を受けたときは、配当手続を振り出しに戻すことになります。

したがって、破産債権である租税債権の存在を発見したときは、速やかに交付要求をするよう促した方が望ましいでしょう。

6 交付要求に対する異議

届出がされた破産債権である租税債権については、破産債権表が作成されます（破115Ⅰ）。しかし、この届出については、破産債権の調査・確定の手続に関する規定が排除されているため、破産管財人は破産手続内で異議を述べることができません（破134Ⅰ）。届出に異議がある場合には、審査請求や訴訟など破産者が行使することのできる租税等に対する不服申立方法によって主張することができるとされています（破134Ⅱ）。この場合、異議等は、届出があったことを知った日から1か月の不変期間内にしなければならないので注意が必要です（破134Ⅳ）。

財団債権である租税債権については破産法に定めがありませんが、結果的には破産債権である租税債権と同様に審査請求や訴訟等の不服申立方法によって異議を主張することになります。

ところで、交付要求自体を争う方法については、財団債権である租税債権について、行政事件訴訟法3条2項にいう「行政庁の処分その他公権力の行使に当たる行為」に該当しない（処分性を欠く）ことを理由に、処分の取消しを求める訴訟によることは不適法であるとの最高裁の判決があります（最一小判昭59.3.29訟月30巻8号1495頁）。このため、当該租税の納税義務を争うには、賦課決定などの租税を確定させる処分に対して不服申立てをすることになります。他方、納税義務ではなく、財団債権であるか否かを争う場合には、財団債権でないことの確認を求める訴訟などの手続をとることになります（最三小判昭62.4.21民集41巻3号329頁等参照）。

〔成瀬　裕〕

Q 169 督促手数料・滞納処分費の取扱い

交付要求書に「督促手数料」や「滞納処分費」がありますが、破産管財人としてどう扱えばよいのでしょうか。

1 租税等の請求権に該当

国税の「滞納処分費」、地方税や公課の「督促手数料」は、「租税等の請求権」（破97④にいう「国税徴収法又は国税徴収の例によって徴収することのできる請求権」）に該当しますので、破産法97条、99条に定める劣後的破産債権には該当せず、148条に定める財団債権に該当しなければ、優先的破産債権になります。

2 督促手数料は本税と同じ性質

督促手数料は国税には存在しませんが、地方税法、地方自治法（231条の3Ⅱ）などが督促手数料の徴収を定めています。

督促手数料の債権としての性質は、延滞税が本税の性質に従うと解される（『基本構造』331頁〔小川秀樹発言〕）のと同様、本税と同じ性質の債権として取り扱うものと解され、実務もそのように行われています。

3 滞納処分費は停止条件付債権

滞納処分費とは、国税徴収法10条、136条、137条、138条が根拠規定であり、具体的には交付要求の費用、差押財産の鑑定費用、競売費用などの滞納処分の手続費用です。

滞納処分の途中で国税が任意納付により完納された場合に滞納処分費のみが未納で残りますが、当然には債務者に負担を求めることができないため、国税徴収法138条が設けられ、国税が任意納付により完納された場合にも滞納処分費について滞納者の財産を差し押さえることができることを前提に、納入の告知をしなければならないと定めています。つまり、滞納処分費が滞納処分の手続内で回収される以外に滞納者に対して請求し得るのは、同法138条の定める場合、すなわち「国税が完納された場合」であり、「国税が完納された」ことを停止条件とする債権と解されます。滞納処分費が優先的破産債権であれば、停止条件付債権でも手続参加できます（破103④）が、配当に参加するには除斥期間内に条件が成就していなければならない（破198②）ところ、優先的破産債権である国税（本税）が最後配当を受けるときには、除斥期間経過前に条件成就（国税の完納）はあり得ません。財団債権である国税（本税）については、配当手続に入る前に随時弁済により弁済（完納）されるはずですから、それと同時に、財団債権である滞納処分費も同時に弁済されることになります。

〔木内道祥〕

Q 170 延滞税・延滞金の減免申請

① 財団債権である租税債権について弁済を行いますが、延滞税・延滞金の減免申請はどのようにしたらよいですか。最近は延滞金の減免をしないという地方公共団体があると聞きましたが、延滞税等の減免申請の根拠について教えてください。本税を全額支払える場合と按分弁済になる場合で対応に違いがありますか。

② 破産者が自然人の場合に、配慮すべき点などありますか。

1 減免申請の必要性

法人税・消費税などの国税では納期限を過ぎて本税が支払われなかった場合に延滞税（国通60）が、住民税・固定資産税等の地方税では同じく延滞金（地税56、326、369等）が課されます。

延滞税等はその種類によって財団債権、優先的破産債権、劣後的破産債権に区分されますが（Q163参照）、延滞税等について減免を受けることができれば、これと同順位ないしこれに劣後する債権の配当原資を捻出できることになります。

2 減免申請の根拠及び手続

(1) 本税全額の支払が可能な場合の減免申請

まず、本税の全額を支払うことができる場合に、破産管財人の換価処分等によって本税の全額を支払うことが可能になった日の翌日から実際に本税を支払った日までの期間の延滞税等について、免除を求める方法があります。

当該免除は、延滞税については国税通則法63条6項4号及び同法施行令26条の2第1号に、延滞金については地方税法20条の9の5第2項3号及び同法施行令6条の20の3に根拠となる規定があり、これらの規定においては「執行機関〔引用者注：国徴2⑬により破産管財人が含まれます〕が強制換価手続〔同：国徴2⑫により破産手続が含まれます〕において交付要求された金額を支払うに足りる金銭を受領し、これを交付要求庁に支払った場合には、その金銭を受領した翌日から支払った日までの延滞税等について、免除を受けることができる」旨が定められています。国の執行機関である破産管財人の口座に本税全額の弁済資金が入金され、弁済資金が確保された以上、それ以降の延滞税等を課す必要はないという規定です。

財団債権である本税は、その延滞税等も財団債権となりますので、延滞税等について免除を受けることは配当原資への影響が大きく、特に財団債権の弁済に足りる破産財団が形成されてから実際に弁済するまでの期間が長い場合には有効です。

この規定による免除を受ける場合には、財団債権である本税の全額を支払うことが可能になった日がいつであったかを具体的に説明することが求められますので、

財団債権の総額を記載した一覧表と、破産財団の形成状況が明らかになる破産管財人口座の通帳の写しを添付して免除申請を行うことになります。

(2) 本税全額の支払可能性にかかわらない減免申請

次に、本税の全額を支払うことができるか否かにかかわらず、延滞金の減額ないし免除を求める方法があります。

当該減免は、国税については特段の規定がなく、地方税については地方税法に根拠となる規定があります（地税64Ⅳ［道府県民税］、326Ⅳ［市町村民税］、369Ⅱ［固定資産税等］）。これらの規定では、いずれも「やむを得ない事由があると認める場合」に延滞金の減免が認められるものとされていますので、破産管財人において「やむを得ない事由」を申告して各交付要求庁に減免申請を行うことになります。この「やむを得ない事由」が何を指すのかは条文上明らかではありませんが、債権総額に比して破産財団が些少にとどまることや、換価作業に一定の期間を要することが不可避であったことなどを説明することが考えられます。

この減免申請では、破産手続開始決定後のみならず、破産手続開始決定前の延滞金についても減免を求めることができますので、配当原資の増加に対する影響は上記(1)の方法よりも大きいといえます。また、上記(1)の方法で免除を受けられない「破産手続開始決定の日から本税を支払うに足りる破産財団を形成した日」までの延滞金も、この減免申請では減免を受けられることになります。

その他に、地方税法は「天災その他特別の事情がある場合」において、条例によって地方税を減免することができると定めています（地税61［道府県民税等］）。地域によっては、条例による減免申請も利用できるかもしれません。

3 交付要求庁の対応

上記(1)及び(2)の方法による減額ないし免除については、いずれも「減免することが『できる』」「免除することが『できる』」旨の規定になっています。

しかしながら、上記(1)の方法による免除については、上記根拠規定の要件を充足することについて破産管財人が適切な説明を行えば、国税・地方税を問わず免除が認められており、羈束裁量的な運用がなされています（『国税通則法精解』755頁）。

他方、上記(2)の方法による減免については、国税については規定がないので受けられませんが、地方税については減免を受けられる例も多いようです。ただ、同じ地方税でも交付要求庁によって対応に相違が見られるようで、「破産財団が乏しいため」といった簡単な申告で延滞金の全額を免除する自治体もあれば、容易に免除を認めない自治体もあり、自由裁量的な運用がなされているようです。

4 破産者が自然人の場合

破産者が自然人の場合には、租税債権に免責の効果が及びません（破産債権部分につき破253Ⅰ①）。したがって、破産者の経済的再生の機会を確保するという意味からも（破1）、延滞税の減免申請を積極的に検討すべきであると思われます。

〔畑　知成〕

Q171 破産手続開始前の滞納処分

破産手続開始決定前にされた滞納処分により、破産財団に帰属すべきであった売掛金が差し押さえられていました。この滞納処分が優先的破産債権に基づくものであった場合でも差押えは有効ですか。また、滞納している公租公課がある場合に、申立代理人は当該公租公課庁に対して受任通知を送付すべきでしょうか。

1 優先的破産債権に基づく滞納処分の有効性

破産手続開始決定がなされた場合、それまでに破産財団に属する財産についてなされている滞納処分がどのような影響を受けるかについては、破産法43条2項に規定があり、同条項は財団債権、優先的破産債権、劣後的破産債権等滞納の区別なく「破産財団に属する財産に対して国税滞納処分が既にされている場合には、破産手続開始の決定は、その国税滞納処分の続行を妨げない」と定めています。

この滞納処分が優先的破産債権や劣後的破産債権に基づくものであった場合には、①租税債権の性質を破産債権としながら、破産手続中の個別的権利行使を認めるのは妥当か、②労働債権のうち財団債権とされるものより優先的に回収できることは均衡を失していないか、などの疑問がありますが、破産手続開始決定前にされた優先的破産債権に基づく滞納処分としての差押えは、条文上有効であると解さざるを得ません（『実践マニュアル』378頁、『条解』353頁）。

2 滞納公租公課がある場合公租公課庁に受任通知を送付すべきか

滞納公租公課がある場合には、通常当該公租公課庁には受任通知を送付すべきではありません。

一般に受任通知発送の意義は、支払停止後に債務がある金融機関の口座に入金される売掛金等の入金を相殺禁止（破71 I ②）とするためや、申立代理人が窓口になることにより事業停止の混乱を防ぐことなどにあります（**Q18**参照）。

しかし、公租公課庁に対してはこのような受任通知発送の意義が乏しいばかりか、法令上「国税滞納処分の例による」などの規定がある公租公課には自力執行力が認められていることから、一般の債権者と異なり差押調書を作成するだけの簡単な手続で迅速に財産の差押えが可能ですので、受任後、漫然と受任通知を滞納公租公課庁に送付すると、たちまち金融資産や売掛金に対する滞納処分が行われ、その結果申立費用すら準備できないといった事態を招きかねません。

したがって、申立代理人としては滞納処分がなされないよう受任通知を発送することなく迅速に破産申立てをして、早期に開始決定を受けるべきです。

〔久米知之〕

Q 172　破産手続開始後の財団債権

　他の財団債権に優先する「破産財団の管理、換価及び配当に関する費用の請求権」（破148Ⅰ②）に該当する租税債権にはどのようなものがありますか。また破産管財人としては、破産財団が不足している場合など、どのような点に注意すべきですか。

1　破産手続開始決定後に発生する租税債権の取扱い

　破産手続開始決定後の原因に基づく租税債権は、それが破産法148条1項2号（以下「本号」といいます）に該当する場合に限り財団債権となり、これに該当しないものは劣後的破産債権となります（破99Ⅰ①、97④）。これは、破産財団の管理、換価等のために当然支出を要する経費といえるものについては、破産債権者において共益的な支出として共同負担するのが相当であるとの考え方（最三小判昭62.4.21民集41巻3号329頁）によるものです（『一問一答』196頁）。本号の財団債権に該当する租税債権は財団債権たる他の租税債権に優先するので要注意です（破152Ⅱ）。

　なお本号により財団債権となる租税について発生する延滞税は、破産法148条1項4号の財団債権になると考えられます（『一問一答』195頁）。

2　開始決定後の財団債権に該当する租税債権

(1)　固定資産税・都市計画税、自動車税（Q165参照）

　破産財団に属する不動産や償却資産に関して破産手続開始決定後に発生する固定資産税・都市計画税は破産財団の管理に関する費用に該当するので、本号の財団債権になります。自動車税も同様です。固定資産税・都市計画税の賦課期日は、その年度の属する年の1月1日ですから、破産手続開始決定がなされた年の固定資産税は、本号ではなく破産法148条1項3号の財団債権となるので、優先順位が異なることに注意が必要です。なお法人破産の場合、償却資産は事業の用に供しない換価又は廃棄目的の資産に過ぎず、償却資産税の課税対象にならないと解されます（大阪弁護士会・友新会編『弁護士業務にまつわる税法の落とし穴［3訂版］』201頁〔永島正春〕（大阪弁護士協同組合、2015年））。

(2)　消費税（Q206参照）

　法人あるいは個人事業者の破産管財人が破産財団に属する商品・建物等を売却した場合など消費税が課税され、これは本号の財団債権に該当します。

(3)　法人税（Q202、Q204参照）

　2010年10月1日以降に破産手続開始決定がなされた法人に関して、清算所得課税制度が廃止されたことにより、破産手続開始決定後の各清算事業年度および清算確定事業年度において多額の債務免除を受けた場合など、例外的に法人税が課税され

380　［第6章］租税債権

た場合、本号に該当すると解されています（『注釈下』24頁〔籠池信宏〕）。しかし、必ずしも破産債権者において共益的な支出として共同負担するのが相当であるとはいえず、劣後的破産債権と解する余地があるのではないかと考えます（山本和彦編著『倒産法演習ノート〔第3版〕』103頁〔笠井正俊〕参照（弘文堂、2016年））。

(4) 法人住民税の均等割部分（Q207参照）

法人住民税のうち破産手続開始決定後の均等割部分について、判例（前掲最三小判昭62.4.21）は財団債権に該当するとしています。しかし、総務大臣通知「地方税法の施行に関する取扱いについて（都道府県税関係）」（平成22年4月1日総税都第16号）では、「（事務所等とは）事業の必要から設けられた人的及び物的設備であって、そこで継続して事業が行われる場所をいう」「（法人が解散した場合の）均等割については、その性格からして、清算期間中に現存する事務所、事業所に限って納付するものである」としており、すでに廃業し物理的にも事務所等が存在しなくなった場合には課税要件を欠くと考えられます（『実践マニュアル』389頁）。

(5) 源泉所得税（Q208参照）

破産管財人が管財業務遂行のために補助者を使用した場合に、それらの者に支払う報酬・給料等について破産管財人には源泉徴収義務があり、源泉所得税は本号の財団債権に該当します。また、破産管財人報酬についても、法人破産の破産管財人には源泉徴収義務があり、その源泉所得税は本号の財団債権に該当します。

(6) 印紙税、登録免許税

破産管財人が不動産を任意売却する際の売買契約書は印紙税法上の課税文書であり（印紙税法2）、印紙代は本号の財団債権です。他方、破産管財人が発行する領収書は、非課税文書（印紙税法別表第一6項17号非課税物件欄2）と解されています（『実践マニュアル』203頁）。登録免許税も本号の財団債権に該当します。

(7) 土地重課税（現在は適用停止中）

譲渡利益金額から別除権者に支払われた額を控除した金額を基礎として計算される税額部分は本号の財団債権に該当します（前掲最三小判昭62.4.21）。

3 破産財団が不足するおそれがある場合の注意点

破産財団が不足する場合、管財人報酬や破産管財人の事務費が最優先され（最二小判昭45.10.30民集24巻11号1667頁）、債権者申立事件の予納金（破148Ⅰ①）の返還が次順位となり（『手引』364頁〔国分史子〕）、次いで、これ以外の破産法148条1項1号及び本号の財団債権がその他の財団債権に優先し（破152Ⅱ）、同順位の財団債権の間では按分弁済になります（破152Ⅰ）。もっとも、管財人報酬支払の際に源泉徴収した税額相当分は他の財団債権の支払原資となるべきものではなく、本号に該当する他の財団債権に先んじて源泉所得税を納付することが許されるのではないかと解されます。

破産管財人は、財団不足となるおそれがある場合には、常に財団債権の優先順位を意識して管財業務を遂行する必要があります。

〔中川利彦〕

Q 173　厚生年金基金の脱退時特別掛金の財団債権性

① 　破産者は、業界単位で構成する総合型の厚生年金基金の設立事業所の事業主でしたが、破産手続開始後、基金から脱退に伴う特別掛金の納入告知処分がなされました。特別掛金の納入義務の存否を争うにはどのような手続をとればいいでしょうか。
② 　特別掛金の納入義務を認めた上で、財団債権性を争うには、どのような手続をとればよいのでしょうか。

1　問題の現状

　厚生年金基金（以下「基金」といいます）は、厚生年金保険法によって設立された特別法人であり、国の年金給付の一部代行や企業独自の上乗せ給付を行うほか、掛金の徴収、年金資産の運用等を行っています。基金は、設立形態により、①単一企業が構成する単独型、②グループ企業で構成する連合型、③業界単位で構成する総合型に分類されます。①や②は大企業に多く、中小企業の破産事件では、破産者の事業所が③の適用事業所（以下「事業所」といいます）である例を経験することがあります。基金は、高度成長期に拡大しましたが、その後の運用環境の悪化に伴って制度の見直しが進んでおり、他の企業年金制度への移行や解散等が促されています。「公的年金制度の健全性及び信頼性の確保のための厚生年金保険法等の一部を改正する法律」（平成25年法律第63号）の施行日（2014年4月1日）以後の新設は認められませんが、施行日に現存する「存続厚生年金基金」（改正法附則3⑪）については、なお改正前厚生年金保険法等の一部が適用されます（改正法附則4、5。以下、改正前厚生年金保険法を「改正前厚年」と呼びます）。

2　脱退時特別掛金

　基金は、基金が支給する年金及び一時金給付に関する事業に要する費用に充てるため、被保険者や事業主から掛金等を徴収・運用していますが、予定どおりに運用益が上がらず、積立不足が生じている場合が多いといわれています。そのため、多くの基金では一定の期間ごとに未償却債務を計算して償却する計画を立てており、毎月、一般掛金とは別に積立不足を解消するための特別掛金を徴収しています。また、脱退等により基金の事業所が減少し、これに伴って他の事業所の掛金が増加する場合は、当該基金は、規約で定める方法によって算定する増加額を、脱退事業所の事業主から掛金として一括して徴収するものとしています（改正前厚年138Ⅴ・Ⅵ）。

　破産管財人が脱退時特別掛金の納入義務等を争う形態としては、①納入義務自体を否定して脱退時特別掛金の納入告知処分を争う場合と、②納入義務の存在を前提

382　[第6章] 租税債権

にその財団債権性を争う場合、①・②の双方を争う場合があります。

3　納入義務自体を争う方法

　脱退時特別掛金の発生要件は規約で定められており、多くの規約は、事業主に破産手続が開始されたことに伴う適用事業所の脱退についても、事業主から特別掛金を一括徴収するものとしています。しかし、脱退時特別掛金の根拠規定（改正前厚年138Ⅴ）について、事業主の意思に基づく脱退の場合に一括納付義務を定めた規定であると限定解釈する裁判例（東京地判平20.3.28とこれを支持した東京高判平20.12.26。いずれも公刊物未登載［最高裁ウェブサイト］）があるため、これらを援用して納入告知処分を争うことが考えられます（もっとも、当該裁判例は債権者破産の事例です）。例えば、破産手続開始による脱退は事業主の意思に基づくものではないとして納入義務自体を否定して脱退時特別掛金の納入告知処分を争う場合は、処分の取消しを求めて社会保険審査会に審査請求し、なお不服があれば抗告訴訟を提起する方法によります。この場合、審査請求前置主義が採用され（同91の3、行政事件訴訟法8）、審査請求には期間制限（行政不服審査法18Ⅰ）、抗告訴訟にも出訴期間（行政事件訴訟法14）があることに留意してください。

4　脱退時特別掛金の財団債権性

　基金の掛金は、「国税徴収法又は国税徴収の例によって徴収することのできる請求権」（破97④）であり（改正前厚年141、86Ⅴ）、破産手続開始前の原因に基づくものは財団債権（破148Ⅰ③）、開始後の原因に基づくものは劣後的破産債権です（破99Ⅰ①、97④）。特別掛金の発生要件は当該基金の規約によって規律されるため、納入告知された一括納付金が財団債権性を有するかを検討するためには規約の内容を具体的に調査することが必要です。

　審査請求や抗告訴訟で、財団債権性の欠如を理由に処分の取消しを求めることが可能かは疑問があります。そこで、脱退時特別掛金の財団債権性を争うためには、財団債権不存在確認訴訟によるべきものとされていますが（『はい6民』381頁）、慎重を期して審査請求・抗告訴訟の手続と併せて財団債権不存在確認の訴えを提起して納入義務や財団債権性を争う例も見られます。

　脱退時特別掛金の全額が財団債権となると、破産財団にとっては相当の負担となります。破産管財人としては、上記のような方法で納入義務や財団債権性を争いつつ、現実には、基金と和解している例が多いようです。特に脱退時特別掛金の負担が労働債権の弁済・配当の障害となる場合、これらの債権者は適用事業所の被保険者であったわけですから、基金側にも一定の譲歩を求めやすいといえるでしょう。和解の実例としては、当該破産財団の規模や法的争点の違いによって様々ですが、脱退時特別掛金の5～50％程度を財団債権として認めて支払った例があるようです。ただし、和解での解決を目指す場合も、審査請求期間や抗告訴訟の出訴期間を意識しておく必要があるでしょう。

〔石井教文〕

Q 174 租税債権の弁済による代位

租税債権（財団債権）を第三者納付した場合において、当該第三者は破産管財人に対して、原債権である財団債権を行使することができるのでしょうか。

1 問題の所在

最三小判平23.11.22（民集65巻8号3165頁。以下「平成23年判決」といいます）は、労働債権（財団債権）を第三者弁済した場合に、財団債権として行使することを認めており（Q186参照）、同じく財団債権である租税債権を第三者納付した場合に、原債権である財団債権を行使することができるかが問題となります。

2 平成23年判決の規範

この判決は、弁済による代位に関する従前の最高裁判例（最三小判昭59.5.29民集38巻7号885頁、最一小判昭61.2.20民集40巻1号43頁）から、弁済による代位の制度を求償権確保のための一種の法定担保と捉え、「弁済による代位により財団債権を取得した者は、…破産手続によらないで上記財団債権を行使することができる」として、弁済による代位によって原債権を取得することを前提としています。

3 租税債権者への代位の否定

しかしながら、国税通則法上、一般的に租税債権者（国）への代位を認める規定はありませんし、同法41条2項は「国税を担保するため抵当権が設定されているとき」に限って、「その抵当権につき国に代位する」旨規定しており、これを反対解釈すると、租税債権者への代位は一般的には認められないものと思われます。

また、平成23年判決の田原睦夫裁判官補足意見も、租税債権については弁済による代位自体が債権の性質上生じない旨を指摘しています。なお、自力執行権の代位行使を認めなければ足りるとする説もあります（近藤隆司「弁済による代位における求償権および原債権の倒産法上の優先順位」民事訴訟雑誌64号（2018年）79頁）。

4 結 論

したがって、租税債権（財団債権）を第三者納付しても、そもそも租税債権を代位取得しないため、これを行使することはできないものと思われます（『手引』243頁〔草野克也〕、『実践マニュアル』377頁）。東京高判平17.6.30（金法1752号54頁）も結論的には代位を認めていません。

平成23年判決のいう「他の破産債権者は、もともと原債権者による上記財団債権の行使を甘受せざるを得ない立場にあ」るという利益状況は、原債権が租税債権の場合も異なりませんが、租税債権を第三者納付しようとする場合には注意が必要です。

〔佐田洋平〕

第7章

労働債権

Q 175 破産管財人の情報提供努力義務

破産法86条には破産管財人の労働債権者に対する「情報提供努力義務」が規定されていますが、破産管財人は、賃金規程・賃金台帳・タイムカードなどから未払給料の額を計算して労働債権者に提供することまで行うべきなのでしょうか。

賃金台帳等が紛失していて破産管財人の手元に未払給料の額を算定するのに必要な資料がない場合はどうでしょうか。

1 破産管財人の情報提供努力義務

破産法86条は、破産管財人に、「破産債権である給料の請求権又は退職手当の請求権を有する者に対し、破産手続に参加するのに必要な情報を提供するよう努めなければならない」と定めています。

労働関係法令上、賃金、退職手当等の労働条件の明示（労基15、労基則5）、就業規則の作成及び届出の義務（労基89）、法令等の周知義務（労基106Ⅰ、労基則52の2）、賃金台帳等の調製及び保存の義務（労基108、109、労基則54、55）等が定められ、労働債権について破産債権の届出をするために必要な情報は制度上確保されているはずですが、破産手続開始決定を受ける使用者（破産者）ではこれらが遵守されていないことも多いのが実情です。また、遵守されていても、労働債権者が破産債権届出をするとき、資料の多くが使用者（破産者）側に存在し、自己の未払給料や退職金の額の内容を正確に知り得ないことが多いといえます。個々の労働債権者の権利又は利益を保護するためには、破産手続開始によって使用者側から資料・情報を引き継ぐこととなる破産管財人から破産債権の届出に必要な資料・情報の提供を受けることが有効であることから、破産管財人の情報提供努力義務が規定されました（『大コンメ』363頁〔菅家忠行〕）。

条文上、情報提供の内容は破産債権である給料の請求権又は退職手当の請求権とされています。破産債権は届出と調査・確定が必要であるため、労働債権者が破産債権届出に必要な情報を早期に取得する必要が高いことが理由です。

財団債権である給料の請求権又は退職手当の請求権は、条文上、情報提供努力義務の対象に含まれていません。もっとも、給料の請求権又は退職手当の請求権の要保護性の高さは財団債権であっても変わりません。また、破産管財人及び労働債権者にとって、労働債権の破産債権額を正確に算出するには、財団債権部分を正確に計算する必要がありますし、資料・情報は通常共通しているのですから、情報提供の範囲を破産債権に限定することに実質的な意義はないと考えられます。破産管財人は、個々の事件処理を円滑に進めるためにも、義務ではないとしても、労働債権

者に対し、破産債権だけでなく、財団債権の金額まで、さらには未払賃金立替払制度の利用についても情報提供することが望ましいと考えられます。

2 情報提供努力義務の方法・内容

　破産管財人が提供すべき情報は、破産債権届出に必要な情報です。その額及び原因（破111Ⅰ①）、優先的破産債権であるときはその旨（破111Ⅰ②）です。具体的には、出勤日数・残業時間・早退時間等の集計、各種手当の金額、未払給料の額、未払退職金の額などが当たります（『条解』672頁）。

　そのため、設問の関係では、破産管財人は、賃金規程・賃金台帳・タイムカードなどから未払給料の額を計算して労働債権者に情報提供するのが適切です。未払いの退職手当がある場合は、その額も計算して情報提供する必要があります。

　破産債権届出には破産債権に関する証拠書類の写し（破規32Ⅳ①）を添付しなければなりませんから、破産管財人は、情報提供の一環として労働債権者に証拠書類の写しを交付すべきでしょう。

　破産債権届出は労働債権者が行うものではありますが、破産管財人の情報提供の方法として、破産管財人が、破産債権届出前に、労働債権者に対して破産債権届出書の債権額などを記載したものを送付し、記載内容を知らせることは有用です（Q176参照）。実務的には、破産者の人事・経理担当者など賃金体系や給与計算に通じた元従業員に計算を依頼することが多く、必要に応じて有償で依頼することも検討します。有償で依頼する場合には、破産管財人が依頼した元従業員へ支払う費用は破産法148条1項2号の財団債権に該当します。ただし、依頼した元従業員が計算・記載を誤ることもありますから、破産管財人は最終的にはその内容を確認する必要があります。

3 未払給料額を算定する資料が乏しい場合

　破産法86条は訓示規定です。賃金台帳などの未払給料の額を算定する資料が作成されていないことや散逸していることは少なくありませんが、その場合、破産管財人は、可能な範囲で、当該事案に応じた合理的な調査努力をすべき義務は負うものの、その調査努力を尽くしても情報を収集できなかったときは、労働債権者に情報を提供できなくとも、義務違反とはなりません（『条解』673頁）。

　必要とされる調査の具体的な内容、程度は事案によって様々です。

　具体的な方法として、労働基準監督署へ給与規程を含む就業規則の届出がされているかの確認、破産者の預金口座の取引履歴から個別の労働債権者への給与・退職金等の支払実績を調査することなどが考えられます。元従業員への問い合わせや照会も可能な限り行うべきでしょう。従業員数がある程度多い場合は人事・経理担当者などに対して、従業員数が少ない場合は個別の元従業員への照会をすることも検討した方がよい場合があります。

　資料不足のため情報提供できないと安易に処理することは、適切ではありません。

〔服部千鶴〕

Q 176　労働債権の認否における留意点

　　未払給料や退職金について破産債権届出があったものの次のような事情が
ある場合、破産管財人は認否を行うに当たってどのような点に留意すべきで
しょうか。
　①　賃金台帳・タイムカード等が確保できず、正確な労働債権の金額を資
　　料から確認することができない場合
　②　賃金台帳・タイムカード等は存在するものの、給与計算が複雑・人数
　　が多いなどの理由で労働債権者全員分の未払給料の金額を算出するのに
　　多大な労力が必要である場合
　③　資料等から確認できる労働債権の金額より届出債権額が少ない場合
　④　退職金規程はあるものの、近年は業績不振のため退職金を支払ってい
　　なかった場合
　⑤　退職金規程がないにも関わらず退職金債権の届出があった場合

1　正確な労働債権の金額を確認できない場合（設問①）

　給料は、賃金台帳やタイムカード等に基づき計算します。そのため、これらの資
料が不足している場合、通常の破産債権であれば、資料不足を理由に認めない旨の
認否をすることも考えられます。しかし、破産管財人は労働者に対しては情報提供
努力義務を負いますし（破86。Q175参照）、財団債権の弁済、未払賃金立替払制度
利用の際の証明書の発行のためにも、破産管財人が主体的に債権の存否及び額を調
査し、労働債権者へ情報提供すべきです。

　したがって、給与明細書、出勤簿、従前の支払実績等も参考にし、それでも判明
しない場合は、さらに労働債権者、元労務担当者や元代表者らの説明も参考にして
総合的に労働債権の存否を判断することとなります。

　しかしながら、破産管財人が調査したにもかかわらず労働債権の存否及び額が明
らかにならなかった場合には、当該労働債権は認められないことになります。破産
管財人が善良な管理者（破85）として調査に努力を尽くしても情報を収集できな
かったときは、労働債権者に対し情報を提供できなかったとしても情報提供努力義
務違反になるわけではないですし（『条解』673頁）、情報提供努力義務の規定は、基
礎資料が不十分な場合の立証責任の緩和までを認めるものではないからです。

2　労働債権の認否に多大な労力が必要な場合（設問②）

　1で述べたとおり、破産管財人は労働債権を主体的に調査すべきですので、単
に労力が多大であるからといって破産管財人自ら額を算出しなくてもよいというこ
とにはなりません。

388　　［第7章］労働債権

したがって、設問のように計算に多大な労力が必要な場合は、元代表者、労務担当の元従業員等の協力を得て計算します。場合によっては臨時に有償で元従業員又は社会保険労務士に依頼することも考えられます。

3　届出債権額が過少な場合（設問③）

　破産手続上、破産債権の確定の前提として債権届出を債権者の責任において行う必要があります。したがって、この場合、破産管財人としては届出債権額をそのまま認めれば足りるようにも思われます。

　しかし、そもそも破産管財人が労働債権者に対して情報提供努力義務を負うのは、労働債権者は、自己の労働債権の総額を知るための資料を入手することは困難であり、正確に自己の債権額を計算することも困難だからです。したがって、労働債権者による届出債権額が少ない場合は、破産管財人は労働債権者に対し、破産管財人が把握している金額への補正を促すべきであると考えます。

　なお、労働債権者が債権届出をする前に、あらかじめ破産管財人が把握した労働債権の額を通知して、その金額での届出を促すのもひとつの方法です（『実践マニュアル』339頁）。こうすることで、補正依頼の手間を省くことができます。

4　退職金規程は存在するが近年支払われていなかった場合（設問④）

　退職金債権が認められるためには、退職金の支給基準が明確にされており、退職金の支給が労働契約の一内容になっている必要があります。

　退職金規程に支給基準が明確に定められており退職金の金額を算出できる場合には、労働者は退職により退職金の具体的請求権を取得します。会社としては業績不振により退職金制度を廃止又は一時中止していたつもりであったとしても、労働者にとって退職金制度の廃止等は不利益変更となりますので、業績不振という理由だけではその変更に合理性は認められないことが原則です。

　そのため、労使間で退職金制度の廃止又は中止について合意が明確に存在していたような場合を除いて退職金債権を認めることになることが多いと思われます。

5　退職金規程が存在しない場合（設問⑤）

　そもそも退職金規程がない場合は、仮に今までに退職金が支給されたことがあったとしても、それは労働契約の一内容に基づくものではなく、会社の任意による恩恵的給付に過ぎないので、退職金債権の認否については否定的となります。

　もっとも、退職金規程がなくても会社の慣行で退職金が支払われており、その支給基準が明確であって、その基準どおり支払うことが労使双方にとって規範として理解されるに至っている場合には、例外的に退職金債権が認められる余地もあります。退職金支払に関する慣行の有無・支給基準を判断するに当たっては、過去の退職者に対する退職金の支払状況を、振込記録、決算書への退職金の計上・税務申告の記録等から確認する必要があります。

　退職金は額が大きくなり得るので、特に慎重に判断しなければなりません。

〔服部　郁〕

Q177 財団債権となる給料請求権の額

2019年8月31日に従業員が退職し、同年9月5日に破産手続開始決定を受けた会社について、同年5月支給分から従業員Xに対する給料（月給制）が支払われていません（賞与の支払はありません）。給料計算は、毎月20日締め、同月25日払いです。
① 未払給料につき、財団債権部分と優先的破産債権部分とをどのように区別するのでしょうか。
② この会社では給与規程で毎月一定金額の通勤手当が支給されることになっていましたが、通勤手当も5月支給分以降支払われていません。この手当は「給料」に含まれますか。

1 破産法における未払給料の取扱い

破産法上、労働債権は財団債権と優先的破産債権に区分されます。労働債権のうち、未払給料の請求権は、「破産手続開始前3月間」の部分が財団債権となります（破149Ⅰ）。そこで、「破産手続開始前3月間」をどのように解釈し、財団債権部分を計算するのかが問題となります。

破産法149条1項が定める「破産手続開始前3月間の…給料の請求権」の意味については、破産手続開始前3か月間の労働の対価に相当する部分と解するのが一般的です。給料請求権は労働の対償（対価）として発生するという性質を有するものですので（労基11参照）、労務を提供するたびに日々発生すると解するのが相当であるとの考え方がその根拠となります（『一問一答』201頁）。したがって、給料請求権のうち財団債権となる金額を求めるためには、破産手続開始の日を基準とし、その日より3か月さかのぼった日から発生する労働の対価に相当する部分を計算する必要があります。

2 具体的な計算方法（設問①）

(1) 財団債権部分の計算方法

設問の例では、破産手続開始決定日が9月5日ですから、その3か月前の応当日である6月5日が起算日となり、退職日である8月31日までの労働の対価となる給料請求権が財団債権となります。締日を基準にすると、3か月間に発生した給料請求権は、①6月5日から同月20日まで労働の対価（本来の支給日6月25日、以下同じ）、②6月21日から7月20日までの労働の対価（7月25日）、③7月21日から8月20日までの労働の対価（8月25日）、④8月21日から8月31日までの労働の対価（9月25日）、の4つに区分されます。そして、①～④を合計した金額が、給料請求権の財団債権部分となります。他方、給料請求権のうち、財団債権に該当しない部分

390 ［第7章］労働債権

【別表】 財団債権部分と優先的破産債権部分との区分

労務提供期間	給料の支給日	債権の区分
4月21日～5月20日	5月25日	優先的破産債権
5月21日～6月4日	6月25日	
6月5日～6月20日		財団債権
6月21日～7月20日	7月25日	
7月21日～8月20日	8月25日	
8月21日～8月31日	9月25日	

は、すべて優先的破産債権となります（破2Ⅴ、98Ⅰ、民306②、308）。

(2) 1か月に満たない部分の計算方法

①～④のうち、①及び④については、1か月に満たない部分の給料計算を行う必要があります。月給制の場合には、日割計算によることになりますが、具体的な計算方法（何を分母として計算するか）について、破産会社の就業規則や給与規程に何らかの規定（例えば「労務提供期間が1か月に満たない場合には、当該計算期間の所定労働日数で日割計算する」旨の規定等）があるときには、その規定に従います。そうした規定がない場合には、暦日（暦に基づいた対象となる期間の総日数）により日割計算します。他方、日給月給制や時給制（アルバイト等）については、それぞれの勤務形態に応じ、証明資料から認定され得る事実に基づき合理的な方法で計算する必要があります。

なお、本件における労務提供期間と、それに対応する給料請求権の財団債権部分と優先的破産債権部分との区分を整理すると、**【別表】** のとおりになります。

3 通勤手当の「給料」該当性（設問②）

給料請求権には、「賃金、給料、手当、賞与その他名称の如何を問わず、労働の対償として使用者が労働者に支払うすべてのもの」が含まれます（労基11）。したがって、財団債権となる給料請求権には、基本給のみならず就業規則及び給与規程等に定められた役職手当、扶養手当、住宅手当、調整手当、単身赴任手当等、名称のいかんを問わず、労働の対価として支給される諸手当が含まれると考えられます。また、残業手当や休日出勤手当等、時間外・休日労働の対価たる賃金も含まれます（『条解』1013頁）。

そして通勤手当についても、就業規則及び給与規程等において、一定の支給基準が定められたものである限り、破産法149条1項所定の「給料」に含まれると解され（菅野和夫『労働法［第11版補正版］』407頁（弘文堂、2017年）、『手引』279頁〔石渡圭〕）、実務上も「給料」として扱われています。

財団債権と優先的破産債権との区分は、設問①の給料請求権と同様です。

〔眞下寛之〕

Q 178 「使用人」の範囲

　使用人兼役員について未払いがある場合も、破産法149条1項により、その請求権は財団債権に該当するのでしょうか。また、いわゆる専属下請けないしは一人親方及び傭車契約における運転手について未払いがある場合にも、その請求権は財団債権に該当するのでしょうか。

1 使用人性

　破産手続開始前3か月間の破産者の使用人の給料の請求権は、財団債権とするとされます（破149Ⅰ）。そこで、「使用人（労働者）」の意味が問題となります。

　使用人とは、労務を提供してその対価を受け取ることによって生活を営んでいる者をいうものと解されます。したがって、正社員ではなくパート、アルバイト、期間工、嘱託などと呼ばれていても、このような雇用関係があれば「使用人」に含まれます（『一問一答』200頁）。最近は、労働形態が多様化していますが、形式的な契約形態にこだわることなく、個々の事案における実態に着目して使用人性を判断すべきです。

　使用人（労働者）に該当するかどうかの判断基準は、使用従属性すなわち①「使用される＝指揮命令下の労働」という労務提供形態及び②「賃金支払い」という報酬の労務に対する対償性とされています（労働省労働基準法研究会「労働基準法の「労働者」の判断基準について」1985年12月19日）。

2 使用人兼務役員

　当該役員に使用人（労働者）性が認められるかどうかは、担当する具体的な職務及び代表者の指揮命令の下で職務を行っていたかどうかによって判断します。

　当該役員が使用人を兼ねると認められる場合、使用人としての賃金に相当する部分は、労働債権として扱うことになります。実際には、使用人としての賃金に相当する部分の区別は曖昧な場合も多いので、個々の具体的事案ごとに、その実態に即して判断することになります（『はい6民』326頁参照）。

3 いわゆる「名ばかり役員」

　中小企業・小規模事業者には、いわゆる「名ばかり役員」である兼務役員の例が見受けられます。学習塾を経営する会社に雇用された者が残業代を請求したのに対し、会社が取締役であることを理由にその支払いを拒否した事案について、京都地判平27.7.31（労判1128号52頁）は、①取締役就任の経緯、②その法令上の業務執行権限の有無、③取締役としての業務執行の有無、④拘束性の有無・内容、⑤提供する業務の内容、⑥業務に対する対価の性質及び額、⑦その他の事情を総合考慮するとの判断基準を示した上で、試用期間経過後に取締役に就任していること、従業

392　［第7章］労働債権

員の大多数が取締役であること、出欠勤も会社に厳格に管理されていることなどを主な理由として労働者性を認めており、参考になると思われます。

なお、実務的には労働者健康安全機構に対する立替払請求の場合に、破産管財人が当該役員を労働者と認めること及び債権認否においてもそのように扱うことの証明書を提出することで、名ばかり役員に使用人性が認められ、立替払いがされています。

4　専属下請け、一人親方

破産者が建設・土木等の業種の場合、専属下請けから賃金の債権届がなされることがあります。専属下請の使用人（労働者）性については、元請けからの仕事の依頼を拒否する立場になく、かつ他の元請けからの依頼に応じてはならないとの拘束があるかどうか、元請けからの指示が事業の適正・安全な遂行を図る上で通常必要とされる範囲を超えているかどうかが基準となります。一人親方についても、同様に考えます。

作業場を持たずに1人で工務店の大工仕事に従事する形態で稼働していた大工が負傷して労災保険の給付を請求した事案について、最一小判平19. 6 .28（判時1979号158頁）は、①具体的な工法の作業手順の指定を受けているか、②始業・終業時間、休日が拘束されているか、③他社からの請負作業を禁じられているか、④出来高払いではなく定額制か、⑤主要な工具を貸与されているか、⑥元請けの就業規則が適用され、社会保険の被保険者で源泉徴収されているかとの判断基準を示した上で、労働者性を否定しました。

5　傭車契約の運転手

いわゆる「傭車運転手」とは、自己所有のトラック等により、他人の依頼、命令等に基づいて製品等の運送業務に従事する者ですが、その「労働者性」の判断に当たっては、一般にその所有するトラック等が高価なことから、「使用従属性」の有無の判断とともに「事業者」としての性格の有無の判断も必要となります。使用従属性については、①仕事の依頼について諾否の自由があるか、②業務遂行で指揮監督があるか、③勤務場所・勤務時間が拘束されているか、④代替性があるか、⑤報酬形態が出来高払いかなどで判断します。事業者性については、①機械器具の負担、②報酬の額のほか、③専属性の程度なども考慮して判断します（労働基準法研究会・前掲報告書）。

自己所有トラックを持ち込んで特定の会社の指示に従って運送業務に従事していた運転手が負傷して労災保険の給付を請求した事案について、最一小判平 8 .11.28（判時1589号136頁）は、①運送物品、運送先、納入先だけではなく、運転経路、出発時刻、運転方法について会社の指示に拘束されるか、②始業・終業時刻の定めがあるか、③報酬が出来高払いではなく定額制か、④ガソリン代、修理代、高速料金等が会社負担か、⑤社会保険や雇用保険に加入しているか、⑥源泉徴収されているか否か、との判断基準を示した上で、労働者性を否定しました。　　〔松田康太郎〕

Q 179　賞与の請求権の取扱い

　破産会社は、2019年7月20日に従業員が退職し、同年8月1日に開始決定を受けました。破産会社では給料の1か月分、6月20日を支給日とする賞与が支給されることになっていたのですが、まだ支払われていません。
　①　この未払賞与の請求権は、破産手続上、財団債権と優先的破産債権のどちらになりますか。
　②　賞与支給日が7月25日であった場合はどうなりますか。

1　賞与支給日の後に退職している場合（設問①）

　従業員の破産会社に対する労働債権のうち、①破産手続開始前3か月間に生じた給料の請求権は財団債権となり（破149Ⅰ）、②3か月より前の給料の請求権は優先的破産債権となります（破98Ⅰ、民306②、308）。

　破産法149条1項にいう「給料」は、労働基準法の「賃金」と基本的に同義であり、「賃金、給料、手当、賞与その他名称の如何を問わず、労働の対償として使用者が労働者に対して支払うすべてのもの」（労基11）がこれに該当します。したがって、賞与の請求権も「給料の請求権」に含まれ、破産手続開始前3か月間に生じた賞与は財団債権となり、それ以外の賞与は優先的破産債権となります。

　賞与は、会社の業績に応じて決められる支給率を基本給に乗じ、支給対象期間の出勤率や査定に基づく成績係数を乗じて算定するとしている企業が多く、具体的金額や支給率をあらかじめ定めている企業は少数です。また、多くの企業において「賞与は支給日に在籍する従業員に支給する」という支給日在籍要件（以下単に「在籍要件」といいます）が定められています。在籍要件の定めが明文になくても、慣習として支給日に在籍している従業員に対してのみ支給している企業も少なくありません。これは賞与に過去の労働に対する報酬としての意義のみならず、将来の労働に対する意欲向上策としての意義も持たせているためです。

　このように業績に応じて支給率を定め成績査定などを行って賞与額を計算して支給日に在籍する従業員に対して支給するという一般的な企業を前提とした場合、賞与請求権は賞与支給日に発生すると考えられます。そして、賞与支給日が破産手続開始前3か月の間にあれば、賞与請求権は財団債権となります（『実践マニュアル』332頁）。

　設問では、2019年8月1日に破産手続が開始されているので、破産手続開始前3か月間、すなわち5月1日～7月31日に発生した賞与は財団債権となるところ、賞与支給日が6月20日ですから、給料1か月分の賞与の全額が財団債権となります。

394　　［第7章］労働債権

2 賞与支給日の前に退職している場合（設問②）

賞与の支給日は、当該賞与の支給対象期間からある程度離れているのが一般的であり、賞与の支給対象期間に在籍していた従業員が賞与支給日前に退職するというケースがあります。この場合、前述の在籍要件の効力が問題となります。

裁判例では在籍要件は有効であるとされており（最一小判昭57.10.7判時1061号118頁、最一小判昭60.11.28判時1178号149頁）、裁判例に従えば、設問②のように賞与支給日前に退職している場合は在籍要件を充たさないため、賞与請求権が発生せず、財団債権にも優先的破産債権にも該当しないこととなります。

しかし、自ら退職日を選択できる自己都合退職者や非違行為による被解雇者については在籍要件を有効と扱うとしても、会社都合による解雇の場合にまで在籍要件の効力を認めるべきではないという立場もあります（菅野和夫『労働法［第11版補正版］〈法律学講座双書〉』422頁（弘文堂、2017年））。この立場によると、事業停止に伴って従業員を解雇したような場合には、賞与の在籍要件を無効と考え、賞与請求権を財団債権として認める余地があります。

在籍要件を無効と考える場合、また、就業規則や慣習において在籍要件が存在しないと認められる場合、設問では、給料1か月分の賞与が支給されることが決められていたということですので、賞与請求権が発生していると考えられます。そして、就業規則や慣習に照らし、賞与請求権のうち破産手続開始前3か月間に生じたと解される部分は財団債権とし、それ以外は優先的破産債権として扱うことになると思われます。

3 処理に当たっての留意点

賞与は「給料の請求権」に含まれますので、退職手当の請求権の財団債権部分の算定の基準となる「退職前3月間の給料の総額」や「破産手続開始前3月間の給料の総額」（破149Ⅱ）にも含めて計算することになります。

賞与の扱いは企業によって異なりますから、破産管財業務に当たっては賞与の支給の有無、支給額、支給方法、在籍要件等について就業規則等を精査するとともに、当該事業者における賞与の支給実態の把握に努めることが重要です。

〔小堀秀行〕

Q 180 解雇予告手当の不払い

破産会社は、破産手続開始決定前に従業員を即時解雇しましたが、支払原資がなかったため解雇予告手当を支払えませんでした。このような場合、破産管財人は労働債権をどのように取り扱えばよいでしょうか。

1 解雇予告手当の支払がない即時解雇の効力

一般に、使用者が労働者を即時解雇しようとする場合には解雇予告手当を支払わなければならず（労基20Ⅰ）、解雇予告手当の支払がない即時解雇の効力は、使用者が即時解雇に固執する趣旨でない限り、通知後30日を経過した時又は通知後解雇予告手当の支払をした時のいずれか早い時から効力が生じるという相対的無効説が採用されています（最二小判昭35.3.11民集14巻3号403頁）。

もっとも、会社が破産した状況下においては、労働者は解雇を受け容れ、求職活動や雇用保険受給のために早期の離職票の発行を求めるのが通常です。そこで、破産実務ではいわゆる選択権説（東京地判昭41.4.23判時446号58頁、東京地判昭51.12.24判時841号101頁参照）を前提に、労働者が解雇の効力を争わない限り解雇は有効であり、解雇通知日に労働契約が終了したものとして扱います。これに対して、労働者が解雇の効力を争い解雇が無効となる場合は、解雇通知後30日を経過したときに労働契約が終了したものとして扱います。

2 解雇の場合の労働債権

労働債権としては、解雇通知日までの未払給料及び退職手当に加えて、即時解雇を有効と扱う場合は解雇予告手当（労基20。平均賃金の30日分以上）の請求権が発生します。これに対して、即時解雇を無効と扱う場合は、解雇通知日の翌日から労働契約終了日までの賃金（民536Ⅱ）又は休業手当（労基26）の発生が考えられますが、事業者の破産は民法536条2項の「債権者の責めに帰すべき事由」には該当せず（東京地判昭51.12.14判時845号112頁参照）、労働基準法26条の「使用者の責に帰すべき事由」に該当する（最二小判昭62.7.17民集41巻5号1283頁）と解されており、休業手当のみが発生すると解されます。休業手当の額は、休業させた所定労働日につき平均賃金の6割以上と定められており、休日については支給義務がないため、通常、解雇予告手当の4～5割程度になります。

それらの債権の破産法上の性質は、未払給料は破産法149条1項該当部分が財団債権となり、退職手当は同条2項該当部分が財団債権となり、その余は優先的破産債権となります。即時解雇を無効と扱う場合の休業手当は、破産手続開始前3か月間のものであれば財団債権（破149Ⅰ）ですし、破産手続開始から解雇の効力が発生するまでの期間に対応する分も財団債権と考えられます（破148Ⅰ⑧類推適用）。

396　　［第7章］労働債権

破産手続開始決定前3か月以内に発生した解雇予告手当については、各地の裁判所で取扱いが分かれています。全国の地方裁判所本庁（50庁）を対象に2011年に実施されたアンケート調査によると、①「給料」（破149Ⅰ）に該当し、あるいはこれに類するものとして、財団債権として取り扱う裁判所が10庁、②「給料」には該当しないが、「雇用関係に基づいて生じた債権」（民308）には該当するため、優先的破産債権として取り扱う裁判所が29庁、③その他が11庁であり、③のうち、原則的には②であるものの破産管財人が「給料」として財団債権承認の申請があれば認めるとする裁判所と、破産管財人の判断に任せるという裁判所を合わせると9庁あったとのことです（『書記官事務』219頁）。

3 未払賃金立替払制度との関係

労働者健康安全機構（以下「機構」といいます）による未払賃金立替払制度の対象となるのは「基準退職日以前の労働に対する労働基準法24条2項本文の賃金及び基準退職日にした退職に係る退職手当」（賃確令4Ⅰ①）であり、労働基準法24条2項本文の賃金とは、労働の対償として支払われる賃金（労基11）のうち毎月1回以上一定期日に支払われるべきものとされるいわゆる「定期賃金」を指します。

そして、解雇予告手当は、労働の対償性や定期払性が認められず、未払賃金立替払制度の対象とはならないものとされています（『立替払ハンドブック』66頁〔吉田清弘〕。Q183参照）。

休業手当は、労働基準法24条2項本文の賃金であり、事業活動停止日以前における休業手当は未払賃金の対象となります。一方、事業活動停止日以降については「不相当に高額な部分の額」（賃確令4Ⅱ、賃確規16）に該当する場合が多く、原則として立替払いの対象にはなりませんが、事業活動停止日以降においても事業主が事業再開のための活動を行っている具体的な事実（例えば、再建委員会の開催、金融機関に対する融資の依頼等）が存在することが明らかである場合には対象となる場合があります。ただし、その期間は30日が限度となります（労働者健康安全機構「未払賃金立替払制度の概要と管財人等が証明する際の留意事項及び記載要領」Q6）。

4 解雇予告手当の支払

解雇予告手当の支払については、労働者保護の観点から、弁済許可の制度（破101Ⅰ類推適用）を利用することや、裁判所の許可を得て労働者と和解契約を締結して配当手続によらずに支払うことができるとされています（『運用と書式』219、232頁。Q193参照）。財団債権として取り扱う場合には随時に弁済することになります。もっとも、実務上は一律の取扱いをするのではなく、諸般の事情を考慮して支払方法を決定しているようです。

〔安藤芳朗〕

Q181 一部既払いの退職手当、長期未払いの退職手当の財団債権該当性

① 破産法149条2項では、破産手続終了前に退職した者の退職前3か月間の給料の総額に相当する額の退職手当請求権は財団債権とされていますが、破産手続開始前に退職金の一部が支払われていた場合、この既払額を財団債権となるべき3か月分の給料総額から控除してよいでしょうか。

② 退職金規程が存在し、退職金請求権の発生が認められるものの、資金繰りが厳しかったことから、数年前に退職したにもかかわらず長期間にわたり退職金の支払いがなされていなかった場合も3か月間の給料の総額に相当する額は財団債権となるのでしょうか。

1 一部未払いの退職手当（設問①）

　破産手続開始前に退職金の一部が支払われていた場合、この既払額を財団債権となるべき3か月分の給料総額から控除することを認めるか否かについては、控除すべきとする考え方（控除説。『条解』1017頁）と、控除すべきではないとする考え方（非控除説。『大コンメ』590頁〔上原敏夫〕）があります。

　控除説は、会社更生法の解釈との連続性などを根拠としています。すなわち、会社更生法では、退職手当が共益債権となる範囲について「退職前6月間の給料の総額に相当する額又はその退職手当の3分の1に相当する額のいずれか多い額」（会更130Ⅱ）とされていますが、2002年改正前の119条の2第1項は「いずれか多い額を限度として、共益債権とする」と定めており、同項の解釈としては、控除説が有力でした。また、控除説は、非控除説によると破産直前に退職手当が不平等に弁済された場合に従業員の間に実質的な不平等が生じる、という問題を指摘しています（山本克己ほか編『新破産法の理論と実務』181頁〔木内道祥〕（判例タイムズ社、2008年））。

　非控除説は、破産法149条2項の文理解釈を根拠としています。非控除説では、破産手続開始時の未払退職金のうち3か月分の給料総額相当額を財団債権と考えることから、破産手続開始前に支払われた退職手当の既払額を控除することはありません。

　控除説が根拠とする会社更生法の解釈との連続性については、会社更生法には破産法と異なり退職手当の3分の1に相当する額という別の基準が存在することから、破産法と会社更生法で異なる解釈も可能であるとの指摘があります（『基本構造』346頁〔花村良一発言〕）。また、既払金を控除しないとした場合には先にもらった者が得をするという問題が生じますが、手続的には仕方がないと考えるべきであるとの指摘があります（『基本構造』345頁〔田原睦夫発言〕）。

398　　［第7章］労働債権

両説のうち、一般的に退職手当の保護に厚いのは非控除説であり、多くの実務家は非控除説を支持していることから、今後は非控除説による運用が定着していくものと思われます。

2 長期未払いの退職手当（設問②）

破産法149条1項は、未払給料について破産手続開始前3か月分を財団債権とするとし、財団債権の範囲に時期的な制限を加えています。一方、同条2項では、退職手当について、財団債権となる額を退職前3か月間の給料の総額（その総額が破産手続開始前の3か月間の給料総額より少ない場合には、破産手続開始前の3か月間の給料総額）に相当する額と定めるのみで「破産手続の終了前に退職した」という要件以外に、退職の時期による区別をしていません。そのため、給料は破産手続開始前の3か月分しか財団債権とならないのに対し、退職手当は何年も前に退職した者の退職手当であっても財団債権となる結果となり、時期的な面での不均衡があるように思えます。

しかしながら、破産法149条2項が退職の時期による制限を加えていない以上、破産手続開始前から長期間にわたり退職金の支払がなされていなかった場合も、退職前3か月間の給料の総額に相当する額を財団債権として扱う必要があります。

この点、破産法149条では、労働債権のうち、未払給料の請求権については手続開始前3か月分、退職手当の請求権については退職前3か月の給料に相当する額というように退職時期による区別ではなく、給料月額を主たる基準として財団債権化を図ることによって労働債権を保護しているものであると考えられます。

なお、退職手当請求権の消滅時効期間は5年間と定められています（労基115）ので、破産管財人としては、退職後5年以上経過した未払退職手当の請求については、退職手当請求権の発生時期、債務の承認等による時効中断の有無についても十分な調査を行った上で判断する必要があります。

〔齋藤泰史〕

Q 182 給料債権と従業員に対する債権との相殺

破産会社は、ある従業員に金員を貸し付けていました。
① 破産管財人として当該従業員に給料債権の支払をする際、貸付金と対当額で相殺することができますか。
② 従業員が社内販売制度を利用して破産会社の取扱商品を購入し、その購入代金を給料から差し引く方法で支払っていた場合はどうですか。

1 設問①について

会社が福利厚生の一環として従業員貸付制度を設けていることがあります。また、小規模企業等では、きちんとした融資制度までは設けていなくても、従業員からの依頼により会社が従業員に金員を貸し付けていることがあります。

設問①は、破産会社と従業員の間に貸付金債権と給料債権がそれぞれ存在する場合において、その債権債務を対当額で相殺できるか否かという問題ですが、この問題は、主に労働法の観点から検討する必要があります。

⑴ 破産管財人からの相殺

破産管財人の視点では、給料債権と貸付金債権を相殺できれば債権債務を早期に整理することができるため、相殺できるのであれば相殺したいと考える場面でしょう。しかし、判例・通説は、使用者が給料債権と従業員に対する債権を相殺することは賃金の全額払原則（労基24Ⅰ）に反して認められないとしています（最大判昭36.5.31民集15巻5号1482頁）。労働基準法24条1項が「賃金は、通貨で、直接労働者に、その全額を支払わなければならない」と規定していることから、破産手続における賃金の支払についても賃金の全額払原則が妥当し、破産管財人から給料債権と貸付金債権を相殺することはできないと考えられます。なお、退職金についても、労働の対償としての「賃金」に該当する場合には、労働基準法24条1項が適用されることになります（最二小判昭48.1.19民集27巻1号27頁）。

⑵ 従業員からの相殺

賃金の全額払原則に反すると解されているのは使用者（破産管財人）からの相殺であり、従業員が、自らの意思で給料債権と貸付金債権を相殺することは賃金の全額払原則には反しませんので、従業員からの相殺は可能です。

⑶ 合意による相殺

使用者が、従業員とその「自由な意思に基づく合意」によって賃金債権を相殺することは、賃金の全額払原則に反しないと解されています（最二小判平2.11.26民集44巻8号1085頁等）。管財実務では、多くのケースがこの相殺合意により処理されていると考えられます。ただし、破産管財人として従業員と相殺合意をする際には、いくつかの点に注意が必要です。

400　［第7章］労働債権

破産管財人が従業員との合意によって相殺をするには、その相殺合意が従業員の「自由な意思に基づく合意」でなければなりません。従業員の自由意思の有無は厳格に判定され、同意の任意性及び従業員の利益性に即して自由意思に基づく同意であることが客観的に認められることを要し、裁判例では、自由意思に関する具体的判断基準は、従業員が同意に至った経緯や同意の態様（任意性の有無）、相殺債務・反対債務の性質（従業員にとっての利益性の有無）、同意の時期、相殺額の多寡に求められ、その過程で、使用者の説明・情報提供を中心とする手続の適正さが審査されるとされています（土田道夫『労働契約法［第2版］』266頁以下（有斐閣、2016年））。

　そこで、破産管財人が従業員に対し相殺の合意を求めるに当たっては、従業員に相殺合意に応じる義務があるかのような誤解を与えることがないよう真摯な姿勢で説明し、説得することを心がけるべきです。従業員は、会社倒産により失業状態におかれていたり、生活資金に窮していたりすることも考えられます。また、貸付金について返済期日が定められている場合には、従業員が期限の利益を有していますので、この点の考慮も必要です。破産管財人としては、従業員のこれらの事情に留意しつつ、従業員の自由な意思に基づく相殺合意を得る必要があります。

　なお、破産手続との関係においては、給料債権が優先的破産債権である場合、又は貸付金債権が100万円を超える場合に、相殺合意につき破産裁判所の許可が必要です（前者は破102。後者は破78Ⅱ・Ⅲ）。

2　設問②について

　設問②の場合は、労働基準法24条1項ただし書の該当性が問題となります。

　同項ただし書は、賃金全額払の例外として、書面による労使協定がある場合に、賃金の一部控除を認めています。この点、行政解釈は、賃金控除の対象を「購買代金、社宅、寮その他の福利厚生施設の費用、労務用物資の代金、組合費等、事理明白なものについてのみ」とし、協定書には「少なくとも、①控除の対象となる具体的な項目、②その項目別に定める控除を行う賃金支払日を記載する」必要がある、としています（昭27.9.20基発675号）。そこで、破産管財人としては、会社がこの要件を充たす書面による労使協定を締結していた否かを確認する必要があります。

　書面による労使協定が存在し、賃金控除を行う場合でも、その控除額について、行政解釈では「賃金の一部である限り、控除額についての限度はない」としつつ、「私法上は、民法510条及び民事執行法152条の規定により、一賃金支払期の賃金又は退職金の額の4分の3に相当する部分（退職手当を除く賃金にあっては、その額が民事執行法施行令で定める額を超えるときは、その額）については、使用者側から相殺することができないとされているので留意されたい」とされ（昭29.12.23基収6185号、昭63.3.14基発150号）、裁判例（東京地判平21.11.16労判1001号39頁）でも、「労働基準法の立法趣旨からすれば、労使協定を根拠に行う使用者の従業員からの賃金控除は、民事執行法152条1項及び民法510条に照らし、控除限度は賃金額の4分の1にとどまるべき」とされていますから、控除限度額には注意が必要です。

〔室木徹亮〕

Q 183 労働者健康安全機構の未払賃金立替払制度

事業者の破産手続開始申立事件において、労働者健康安全機構の未払賃金立替払制度を利用することが見込まれる場合、申立代理人として、特に注意すべき点を教えてください。

また、未払賃金立替払制度が利用される場合、破産管財人として注意すべき点はありますか。

1 立替払いの対象と立替払いの額

立替払いの対象となるのは、退職日の6か月前の日から立替払いの請求の日の前日までの間に支払期日が到来し、当該支払期日後まだ支払われていない未払いの定期賃金（月給等）及び退職手当（以下「定期賃金等」といいます）です（なお、制度の詳細は『立替払ハンドブック』参照）。賞与やその他臨時的に支払われる賃金や解雇予告手当、賃金に係る遅延利息、実費弁償としての旅費は、労働の対価とはいえず（労基11）、定期賃金等には該当しませんので、立替払いの対象外です。

立替払いの額は、未払いの定期賃金等の合計額（以下「未払賃金総額」といいます）の80％です。ただし、未払賃金総額は当該労働者の退職日の年齢による限度額があります（賃確令4Ⅰ）。なお、未払賃金総額が2万円未満であるものは除かれます（賃確令Ⅱ）。

2 破産手続開始の申立てに時間を要する場合

立替払請求ができるのは、破産手続開始の申立日の6か月前の日から2年間内に退職した労働者に限られます（賃確令3①）。したがって、事業廃止に伴って退職した労働者がいる場合において、退職後6か月間が経過した後に破産手続開始の申立てをしたときには、たとえ未払いの定期賃金等があったとしても、未払賃金立替払制度は利用できません。後に財団形成がなされて当該労働者の未払いの定期賃金等が支払われればよいのですが、支払われなければ、当該労働者は未払賃金立替払制度を利用できなかったことについて、申立代理人に対して不満を抱くでしょう。申立代理人は、当該事業の労働者に未払いの定期賃金等がある場合には、退職してから6か月以内に破産手続開始の申立てをする必要があります（Q17参照）。

もっとも、事業者が申立ての予納金や弁護士費用をなかなか準備できない場合もあります。この場合、労働者は、所轄の労働基準監督署長に対し所定の書類を提出し、事業者が中小企業事業主であって、事業活動が停止し、再開する見込みがなく、かつ、賃金支払能力がないことについての認定の申請をすることができます（賃確令2Ⅰ④、賃確規8、9）。認定の申請が認められれば、認定通知書の添付により、機構に対し、立替払いを請求することができます。6か月以内に破産手続開始

402 ［第7章］労働債権

の申立てができないおそれが高い場合には、申立代理人は、労働者に対し、退職日において使用されていた事業場の所在地を管轄する労働基準監督署長に認定の申請の相談に行かせるよう段取りするのが適当です。

　なお、認定の通知を受ける前に破産手続開始の申立てをし、決定が下りると立替払いの申請の基準日が破産手続開始の申立日となり、立替払いが受けられなくなるので注意が必要です（『実践フォーラム』86頁〔團潤子〕）。

3　申立代理人における労働者名簿、賃金台帳等の確保

　労働者が立替払いを請求するには、未払いの定期賃金等の有無及び額についての破産管財人の証明書を添付しなければなりません（賃確規17Ⅱ）。破産管財人は、この証明書を発行するために未払いの定期賃金等の有無及び額について調査するため、就業規則・賃金規程・退職金規程、労働者名簿・賃金台帳・タイムカード等の賃金や退職手当を確認するための資料が必要です。申立代理人は、受任後速やかに、これらの資料を確保しなければなりません。また、これらの資料はパソコンにデータとして保存されていることも多く、この場合は必ずパソコンを確保します。

　申立代理人は、破産手続開始の申立てをする事業者の労働者に対し、未払賃金立替払制度を説明して利用を促し、債務者やその従業員を使って未払いの定期賃金等を計算し、立替払請求書の右側部分の証明書の金額欄を除く必要事項を記載の上、破産管財人に交付するのが望ましいです。破産管財人は証明書の金額欄を記入して当該労働者に交付します。大型の事件で立替払請求をする労働者が多数の場合には、破産管財人が一括して機構に直接送付するのが適当な場合もあります。

4　客観的な資料による未払いの定期賃金等の額の確認

　破産管財人が、退職した労働者に対して証明書を交付した場合には、その審査に必要な書類（破産手続開始申立書、破産手続開始決定書、登記事項証明書、就業規則・賃金規程・退職金規程・労働者名簿・賃金台帳・タイムカード、破産に至る経緯について説明する陳述書等）を機構に送付します。破産管財人が証明書を労働者に対して交付する場合には、未払いの定期賃金等の有無及び額を確定する必要があります。申立代理人が破産手続開始の申立書に記載した未払いの定期賃金等の額は、申立時の慌ただしい状況のなかで、債務者やその経理担当者が計算しただけであって、申立代理人において精査されていないこともあります。破産管財人は、その数字を鵜呑みにせず自らその計算過程を検証する必要があります。退職手当については、退職金規程はもちろん、併せて退職手当の支給実績を確認する必要があります。

　なお、定期賃金等について客観的資料がない場合には、破産管財人が労働者に対して証明書を交付する前に、機構に相談すること（事前相談）が相当です。また、資料が乏しく、破産管財人において定期賃金等の算定が困難で証明書の交付ができないときには、労働者に対し、所轄の労働基準監督署長への定期賃金等について確認の申請（賃確規14）をするよう促し、確認申請の結果を踏まえて未払賃金立替払制度を利用することが適切なこともあります。　　　　　　　　　　　〔山田尚武〕

Q 184 未払給料、未払退職金の
立替払いが行われた際の充当関係

次の各場合における、労働者健康安全機構による立替払金の充当の順序、財団債権と優先的破産債権の区分について教えてください。

なお、①は、給料が末日締翌月15日払いで、「計算期間途中に採用され又は退職、休職、復職した場合は、計算期間の暦日を基準に日割り計算して支払う」旨の定めがある場合を前提とします。また、②・③は、退職前3か月分の給料総額が60万円であることを前提とします。

① 2019年6月30日の事業停止に伴い従業員が解雇され、9月11日に破産手続開始決定がなされた事案において、5月1日～6月30日の給料60万円全額（月額30万円の給料の2か月分）が未払で、48万円の立替払いがなされた場合

② 未払退職金80万円のみが存在する事案において、64万円の立替払いがなされた場合

③ 未払退職金80万円及び未払給料30万円（未払給料30万円は全額財団債権）が存在する事案において、88万円の立替払いがなされた場合

1 労働者健康安全機構による求償権の行使

労働者健康安全機構（以下「機構」といいます）は、立替払いにより、労働者が事業主に対して有する未払賃金等の請求権を代位取得します（民499 I）。そして、機構が代位取得する債権は、立替払いの対象となった労働債権の性質を保ったまま移転すると解されています（最三小判平23.11.22民集65巻8号3165頁、『実践マニュアル』345頁、『立替払ハンドブック』148頁〔吉田清弘〕）。

労働債権は財団債権と優先的破産債権に分かれるため、破産管財人は、立替払金がどのように充当されるか理解していないと、労働債権の弁済や配当を適切に行うことができません。

2 立替払金の充当の順序

機構による立替払いがなされた場合、立替払金は、民法488条1項及び機構の業務方法書40条により、まず退職手当に、次に定期賃金の順序で充当されます。退職手当又は定期賃金に弁済期が異なるものがあるときは、それぞれ弁済期の古いものから順に充当されます。

弁済期が同じ退職金の一部や、ある月の給料の一部について立替払いがなされた場合において、当該未払退職金や当該未払給料が財団債権部分と優先的破産債権部分に分かれる場合は、民法489条4号の趣旨を類推して、立替払いの対象である労働債権における財団債権部分と優先的破産債権部分の比率と同一比率で財団債権と

404 ［第7章］労働債権

優先的破産債権に按分されて充当されると解されています（『立替払ハンドブック』146頁〔吉田〕、151頁〔野村剛司〕）。

破産管財人は、労働債権の弁済や配当を行うに当たり、この取扱いを踏まえて立替払金がどこに充当されるのかを確認した上で、立替払いにより機構が代位取得した債権の性質及び金額を把握する必要があります。

3　未払給料のみの場合（設問①）

(1)　立替払いの対象となる未払賃金債権

9月11日に破産手続開始決定がなされていますので、6月11日〜30日までの未払給料20万円が財団債権、5月1日〜6月10日の未払給料40万円が優先的破産債権となります。

(2)　立替払金の充当、機構が代位取得した債権の性質及び金額

機構が立替払いした48万円は、弁済期の古い5月分の給料30万円に全額充当された後、6月分の給料のうち18万円に充当されます。

機構が立替払いにより代位取得した5月分の給料30万円は全額優先的破産債権となります。

6月分の給料に充当される18万円は、充当の対象となる6月分の給料の財団債権部分と優先的破産債権部分の比率（財団債権部分20万円：優先的破産債権部分10万円）と同一比率で按分されて財団債権と優先的破産債権に充当されることになりますので、機構が代位取得した6月分の給料のうち12万円が財団債権、6万円が優先的破産債権となります。

(3)　立替払後の元従業員の債権

6月分の給料のうち12万円は引き続き元従業員が債権を有していることになりますが、うち8万円が財団債権、4万円が優先的破産債権となります。

4　未払退職金のみの場合（設問②）

(1)　立替払いの対象となる未払賃金債権

退職金80万円のうち、退職前3か月間の給料の総額に相当する60万円が財団債権となり、残りの20万円が優先的破産債権となります（破149Ⅱ）。

(2)　立替払金の充当、機構が代位取得した債権の性質及び金額

機構が立替払いした64万円は、退職金の財団債権部分と優先的破産債権部分の比率と同一比率で按分されて財団債権と優先的破産債権に充当されることになりますので、機構が代位取得した退職金のうち48万円が財団債権、16万円が優先的破産債権となります。

(3)　立替払後の元従業員の債権

退職金のうち16万円は引き続き元従業員が債権を有していることになりますが、うち12万円が財団債権、4万円が優先的破産債権となります。

【別表】債権区分一覧表　　　　　　　　　　　　　　　　　　（単位：円）

設問①

<table>
<tr><th rowspan="2"></th><th colspan="2">未払賃金債権</th><th colspan="2">機構が代位取得した債権</th><th colspan="2">元従業員に残る債権</th></tr>
<tr></tr>
<tr><td rowspan="2">5月分</td><td>0</td><td>（財）</td><td>0</td><td>（財）</td><td>0</td><td>（財）</td></tr>
<tr><td>300,000</td><td>（優）</td><td>300,000</td><td>（優）</td><td>0</td><td>（優）</td></tr>
<tr><td rowspan="2">6月分</td><td>200,000</td><td>（財）</td><td>120,000</td><td>（財）</td><td>80,000</td><td>（財）</td></tr>
<tr><td>100,000</td><td>（優）</td><td>60,000</td><td>（優）</td><td>40,000</td><td>（優）</td></tr>
<tr><td rowspan="2">合計</td><td>200,000</td><td>（財）</td><td>120,000</td><td>（財）</td><td>80,000</td><td>（財）</td></tr>
<tr><td>400,000</td><td>（優）</td><td>360,000</td><td>（優）</td><td>40,000</td><td>（優）</td></tr>
</table>

設問②

<table>
<tr><th colspan="2">未払賃金債権</th><th colspan="2">機構が代位取得した債権</th><th colspan="2">元従業員に残る債権</th></tr>
<tr><td>600,000</td><td>（財）</td><td>480,000</td><td>（財）</td><td>120,000</td><td>（財）</td></tr>
<tr><td>200,000</td><td>（優）</td><td>160,000</td><td>（優）</td><td>40,000</td><td>（優）</td></tr>
</table>

5　未払給料と未払退職金がある場合（設問③）

⑴　立替払いの対象となる未払賃金債権

　退職金80万円のうち、退職前3か月間の給料の総額に相当する60万円が財団債権となり、残りの20万円が優先的破産債権となります（破149Ⅱ）。また、本問では、未払給料30万円は全額財団債権となります。

⑵　立替払金の充当、機構が代位取得した債権の性質及び金額

　機構が立替払いした88万円は、まず退職金80万円に充当された後、残り8万円が未払給料に充当されます。

　機構が立替払いにより代位取得した退職金のうち60万円が財団債権となり、20万円が優先的破産債権となります。そして、機構が立替払いにより代位取得した未払給料8万円は全額財団債権となります。

⑶　立替払後の元従業員の債権

　未払給料のうち22万円は引き続き元従業員が債権を有していることになりますが、これも全額財団債権となります。

⑷　仮に、立替払金が充当される未払給料が財団債権部分と優先的破産債権部分とに分かれる場合

　設問③のように、未払退職金に加えてある月の未払給料の一部について立替払いがなされた場合に、当該未払給料が財団債権部分と優先的破産債権部分とに分かれる場合、当該未払給料について機構が代位取得した債権の性質及び金額等を把握するには、設問①の場合と同様に、財団債権部分と優先的破産債権部分の比率と同一比率で按分計算することになります（『実践マニュアル』350、638頁、『立替払ハンドブック』153頁〔野村〕）。

〔小川洋子〕

Q 185　給料の差押えと未払給料の取扱い、未払賃金立替払制度による立替払いの範囲

　破産会社は、破産手続開始の約１年前に、その従業員Ａの給料につきＡの債権者から差押えを受けたので、差押えの及ぶ部分について、第三債務者として差押債権者への支払を続けていました。ところが、その後業績が悪化し、破産手続開始の４か月前からＡを含む従業員全員の給料全額が未払となり、そのまま破産手続開始決定を受けました。したがって、差押債権者への支払も途中で中断しています。

　この場合、Ａに対する未払給料について、どのように取り扱われることとなるでしょうか。また、給料の差押えを受けた事案の場合、労働者健康安全機構による立替払いの範囲について、どのように考えたらよいでしょうか。

1　未払給料の取扱い

　Ａに対する未払給料のうち、破産手続開始前３か月間の勤務分は財団債権となり（破149Ⅰ）、それ以前の勤務分は優先的破産債権となります（破98Ⅰ、民306②、308）。また、給料差押えの効力がＡの勤務先の破産によって消滅するわけではありませんので、破産手続開始後も差押債権者が引き続き、差押えの及ぶ部分につき、給料の取立権（民執155Ⅰ）を有しています。

　財団債権となる未払給料については、財団からの随時弁済の対象となります（破2Ⅶ）が、破産管財人は、差押禁止部分とそうでない部分（差押債権者に取立権のある部分）を区別し、後者については差押債権者を受取人として支払を実行するか、権利供託（民執156Ⅰ）をする必要があります。差押えが競合する場合には、現実の支払を行うことはできず、義務供託（民執156Ⅱ）をすることとなります。

　優先的破産債権となる未払給料については、誰が破産債権の届出権者（配当受領権者）となるのかが問題となります。これについても、上記のとおり、差押禁止部分とそうでない部分とに区別され、後者の届出権者は取立権を持つ差押債権者となるのが原則ですが、差押債権者が届出をしていない場合には、Ａ自身にも保存行為として届出をする権限が認められるものと解されます（『条解』795頁）。

　なお、破産手続開始前にＡを解雇することにより、破産会社がＡに対して解雇予告手当の支払義務を負う場合も考えられますが、「給料」に含まれない解雇予告手当は、給料差押えの対象外ですので、差押債権者が関与する余地はありません。

2　労働者健康安全機構による立替払いの範囲

(1)　立替払いの対象となる部分

　労働者健康安全機構（以下「機構」といいます）による未払賃金立替払制度では、未払賃金は「支払期日の経過後まだ支払われていない賃金をいう」と規定されてい

ます（賃確7）。設問の場合、差押えの及ばない部分（Aに支払われるべき差押禁止部分）だけでなく、差押えの及ぶ部分についても、破産会社は差押債権者に現実の支払を実行していなかったわけですので、文言上は両方とも「支払期日の経過後まだ支払われていない賃金」に該当するのではないかとも考えられます。

しかしながら、機構では、差押えのなされた賃金債権のうち、差押えの及ぶ部分については、労働者が自由に処分する権限を失っており、企業倒産に伴う労働者の賃金請求権を実質的に補填し、労働者の生活の安定に資することを目的とする未払賃金立替払制度にはなじまないとして、立替払いの対象から除外する運用を行っています。したがって、差押債権者が、差押えの及ぶ部分につきAに代わって機構から立替払いを受けることはできません（『立替払ハンドブック』66頁〔吉田清弘〕）。

(2) 具体的な計算例

Aが、機構から立替払いを受けることのできる金額は、差押えの及ばない部分の金額の80％です（賃確令4Ⅰ）。

例えば、Aの1か月分の給料（名目額）を40万円として計算してみます。

差押えの及ぶ部分を計算するに当たって、所得税・住民税・社会保険料は法定控除額です。法定控除額を名目額の15％の6万円と仮定しますと、Aの手取額34万円の4分の1である8万5000円が差押えの及ぶ部分（差押可能額）です。したがって、40万円から8万5000円を控除した31万5000円が差押えの及ばない部分ですので、これが立替払いの対象となり、機構の立替額は25万2000円（31万5000円×80％）となります。

3 仮差押えの場合

それでは、給料の差押えが本差押えでなく、仮差押えの場合はどうなるでしょうか。

仮差押えでも、その効力がAの勤務先の破産によって消滅しない点に変わりはありませんが、仮差押債権者には取立権がありません。したがって、財団債権となる未払給料のうち、仮差押えの及ぶ部分につき、破産管財人は仮差押債権者への支払を実行できず権利供託又は義務供託を行うことができるだけです（民保50Ⅴ、民執156Ⅰ Ⅱ）。また、仮差押債権者には、優先的破産債権となる未払給料のうち仮差押えの及ぶ部分につき債権届出権もありません。ただし、債権者代位権に基づき、Aの代位債権者として届出をすることは可能です（『条解』795頁）。

機構による立替払いの範囲に関しても、本差押えと同様に、仮差押えの及ぶ部分が立替払いの対象から除外されることとなります。仮差押えの場合、後になって結論が覆る可能性もありますが、その場合、Aには、仮差押えによって立替払いの対象から除外された部分につき、機構に対し、再度の立替払請求権が認められるものと解されます。

〔服部一郎〕

Q 186 求償権が破産債権である場合において財団債権である原債権を破産手続によらないで行使することの可否

破産会社の従業員に対する給料債権（財団債権）を破産会社のために弁済した場合には、当該弁済者は破産会社の破産管財人に対して、弁済による代位に基づき、財団債権として給料債権の支払を求めることができるのでしょうか。

1 問題の所在

設問の弁済者は、給料債権の立替払いを原因として破産会社に対する求償権を取得すると解されますが、当該求償権は破産債権（破2Ⅴ）として処遇されるに過ぎません。

他方、立替払いの対象とされた給料債権（破149Ⅰの要件を充たす場合）は、財団債権として処遇され、破産手続によらないで随時弁済を受けることができる取扱いとされています（破2Ⅶ）。

そこで、設問の弁済者としては、弁済による代位の規定（民499）に基づき、原債権たる給料債権を代位行使することが考えられますが、このような場合、代位弁済に基づく原債権と求償権の関係（附従的性質）に関する法解釈ともあいまって、代位弁済者が有する求償権が破産債権に過ぎないにもかかわらず、破産手続によらないで財団債権たる原債権を行使し得るのかが問題となります。

2 弁済代位制度における求償権と原債権との関係

この点、最三小判平23.11.22（民集65巻8号3165頁。以下「平成23年判決」といいます）は、弁済による代位の制度趣旨について、「代位弁済者が債務者に対して取得する求償権を確保するために、法の規定により弁済によって消滅すべきはずの原債権及びその担保権を代位弁済者に移転させ、代位弁済者がその求償権の範囲内で原債権及びその担保権を行使することを認める制度であり、原債権を求償権を確保するための一種の担保として機能させることをその趣旨とするものである」と判示しました。

その上で、平成23年判決は、「この制度趣旨に鑑みれば、求償権を実体法上行使し得る限り、これを確保するために原債権を行使することができ、求償権の行使が倒産手続による制約を受けるとしても、当該手続における原債権の行使自体が制約されていない以上、原債権の行使が求償権と同様の制約を受けるものではないと解するのが相当である。そうであれば、弁済による代位により財団債権を取得した者は、同人が破産者に対して取得した求償権が破産債権にすぎない場合であっても、破産手続によらないで上記財団債権を行使することができるというべきである」と判示して、設問と同種の事案について、代位弁済者が破産手続によらないで財団債

権たる原債権を行使することを肯定する結論を導きました。

3 平成23年判決の射程

平成23年判決は、弁済による代位の効果（民501本文）として原債権が代位弁済者に移転し、代位弁済者による原債権の行使が法的に制約されていないこと、を前提としています。

したがって、原債権の性質上、弁済による代位自体が認められず、原債権の代位弁済者への移転が生じない場合や、代位弁済者による原債権の行使が法的に制約されるような場合には、平成23年判決の射程は及ばないと解されます。

4 租税債権の代位による財団債権としての権利行使の可否

租税債権を第三者が立替納付した場合に、立替納付を行った第三者が、租税債権の代位に基づき、当該租税債権を破産手続によることなく財団債権として行使することの可否については争いがあるところ（富永浩明（司会）ほか「《パネルディスカッション》保証に関する諸問題」債管164号（2019年）31頁以下、**Q174**参照）、従前の下級審裁判例（東京高判平17.6.30金法1752号54頁）はこれを否定しています。

国税通則法上、租税債権の代位を認める明文の規定はなく（国通41Ⅱは、抵当権に限って代位を認めた規定であると解されています）、少なくとも国税の効力として国に認められる優先権や滞納処分の執行権については、その性質上、一般私人が代位することは認められないと解されています（『国税通則法精解』522頁）。

このように、租税債権の場合には、その性質上、租税徴収権者による専属的な権利行使が予定されており、そもそも弁済による代位自体が認められないと解されますので（平成23年判決の田原睦夫裁判官補足意見1(1)ア①のかっこ書参照）、本最判の射程は及ばず、租税債権の立替納付者による財団債権としての権利行使を否定する前掲下級審裁判例の結論は妥当であると思料されます。

5 労働者健康安全機構による労働債権の立替払いのケース

労働者健康安全機構（以下「機構」といいます）が財団債権たる未払賃金を立替払いした場合（賃確7。機構の立替払制度については**Q183**を参照してください）、代位取得した労働債権を財団債権として行使することができるか否かについては、従前、解釈が分かれていました。

しかし、前述のとおり、専ら代位の効果として代位弁済者による原債権の行使を肯定する本最判を前提とすれば、労働債権について弁済による代位が認められる以上、代位弁済者による財団債権としての原債権の行使を否定する理由はなく、機構による労働債権の立替払いのケースにおいても、機構は、代位取得した労働債権を財団債権として行使することが可能であると解されます。

〔籠池信宏〕

Q 187 労働債権の弁済許可制度

　破産法101条には労働債権の弁済許可制度が規定されていますが、どのような場合に利用できるのですか。また、この制度を利用する場合には、実務上どのようなことに留意すべきでしょうか。

1　労働債権の弁済許可制度の趣旨

　財団債権である労働債権（破149）は破産手続によらないで随時弁済することができます（破2Ⅶ）。これに対して、優先的破産債権とされる労働債権は、破産配当における優先性が認められます（破98Ⅰ）が、その満足は配当手続の実施まで待つ必要があります。しかし、労働者の生活維持の観点から、現行法は、優先的破産債権とされる労働債権についても、裁判所の許可を得て、配当手続より前に弁済をすることができる制度（以下「弁済許可制度」といいます）を創設しました（破101）。

2　弁済許可制度の利用要件

(1)　労働債権の届出

　弁済許可制度の利用には、弁済の対象となる労働債権が優先的破産債権として届出されていることが必要です。もっとも、債権調査は必要とされていません。

(2)　生活の維持を図るのに困難を生ずるおそれ

　弁済許可制度の利用には、弁済を受けなければその生活の維持を図るのに困難を生ずるおそれがあることが必要です。この点、この判断に当たり各労働者の収入、資産その他個別事情を検討し、制度運用を慎重に行おうとする見解があります。

　しかし、給料が未払いの場合には、貯蓄等によってその間の生活費等を補わざるを得ない状態にあったと考えられますし、退職手当が未払いの場合にもその後の生活設計に影響を与えたと考えられ、近時の雇用情勢を踏まえると解雇された労働者が速やかに再就職して安定した収入を得ることは通常困難であることなども考慮すると、労働者がすでに再雇用されて従前以上の収入を得ているとか、従前高額の給料を得ていたため相当額の貯蓄がされていた等の特段の事情がない限り、要件を充足すると解すべきだといえます。大阪地裁などでは、このような解釈を前提に弁済許可の申請に際しては、労働者につき給料等の未払いがあり、解雇に伴って生活が困窮していることを上申する程度で足り、個々の労働者の個別事情まで判断する必要はないとされています（『運用と書式』218頁）。

3　解雇予告手当への類推適用

　破産法101条1項は、弁済許可制度の対象となる請求権を「優先的破産債権である給料の請求権又は退職手当の請求権」に限定しています。そのため、労働の対価性が認められない解雇予告手当が対象となるかは疑問のあるところです。

しかし、大阪地裁の運用では、労働者の生活維持という弁済許可制度の趣旨は解雇予告手当にも及ぶべきものとして、当該条項を類推適用し、制度を利用できるものと解しています（『運用と書式』219頁）。

　なお、東京地裁では、破産手続開始決定前3か月間に発生した解雇予告手当について、破産管財人から破産法149条1項の「給料」に当たるとして財団債権の承認の許可申立てがあれば、これを適法なものと認める運用をしています（『手引』210頁〔土屋毅＝長谷川健太郎〕、279頁〔石渡圭〕）。そのため、解雇予告手当の弁済が必要な場合は、弁済許可制度によらず、財団債権の承認許可を受けて弁済することができます。

4　利用に当たっての留意点

⑴　他の債権者の利益を害するおそれがないこと

　弁済許可制度は、破産手続上の配当の前倒しとしての弁済を認めるだけで、労働債権の優先順位を変更するものではありません。また、配当手続によらないため、届出債権に関し、他の破産債権者が債権の存否、額及び優先権の有無につき異議を述べることができません。このため、弁済許可に当たり、「財団債権又は他の先順位若しくは同順位の優先的破産債権を有する者の利益を害するおそれがない」ことが必要とされます（破101Ⅰただし書）。そこで、破産管財人は、財団債権の弁済及び優先的破産債権である租税債権や他の労働債権へ配当を確実に実施できることを確認するとともに、届出された労働債権の存否、額及び優先性につき賃金台帳、タイムカードや関係者の事情聴取等により調査し確認することを要します。

⑵　弁済許可制度による弁済と和解契約による弁済

　優先的破産債権である労働債権の全部又は一部の配当見込みはあるものの、一般破産債権への配当が見込まれない場合であっても労働債権の配当をするには、一般破産債権を含むすべての破産債権につき債権調査が行うのが原則です（ただし、東京地裁等一部裁判所では、優先的破産債権の認否のみを行い、配当のない一般破産債権の認否は留保したままとする運用が許容されています。『手引』263頁〔石渡〕）。しかし、労働債権者にのみ破産債権の届出を行ってもらって弁済許可制度を利用することで、債権調査及び配当手続を経ずに弁済する方が簡便ですので、多くの裁判所でこのような取扱いがなされています。さらに、大阪地裁では、労働債権該当性や額に争いがないと見込まれる場合に債権の届出を求めるのは迂遠だとして、労働債権の届出によらず、裁判所から労働者との和解契約の許可（破78Ⅱ⑪）を得て労働債権を弁済する運用が認められています（『運用と書式』232、273頁。**Q193**参照）。

⑶　労働者健康安全機構による立替払いがされた場合

　労働者健康安全機構が未払賃金の立替払いにより代位取得した労働債権については、弁済許可制度の趣旨に鑑み、破産法101条1項を適用又は類推適用することはできないと解されます。もっとも大阪地裁では、裁判所から和解契約の許可（破78Ⅱ⑪）を得て弁済する運用が認められています（『運用と書式』220頁）。　　〔佐藤昌巳〕

412　　［第7章］労働債権

Q 188 外国人労働者、技能実習生への対応

破産会社の従業員には外国籍の労働者が存在し、また、外国人の技能実習の適正な実施及び技能実習生の保護に関する法律に基づく技能実習生も在籍中でした。申立代理人又は破産管財人として、特に注意すべき点はありますか。

1 破産会社の外国人労働者を解雇する場合

(1) 外国人解雇の際の手続

破産会社の外国人労働者を解雇する場合も、原則として日本人労働者を解雇する場合と異なりません。もっとも、外国人（在留資格が「外交」「公用」及び「特別永住者」を除きます）を雇用する事業主には、外国人離職の際に、その氏名、在留資格等を確認し、公共職業安定所（ハローワーク）へ届け出ることが義務付けられています（雇対28Ⅰ）。したがって、申立代理人は、破産会社が外国人労働者を解雇する場合に当該義務を履行したかを確認し、破産管財人も、外国人労働者を解雇する場合には、法律上、破産会社に当該義務が課されていることに配慮した対応をとることが望ましいと思われます。また、技能実習生については、未払賃金立替払制度等に関して、いくつか留意点があります。

(2) 技能実習生について

技能実習は、2009年7月の出入国管理及び難民認定法改正（平成21年法律第79号）により創設された在留資格です。この改正により、入国1年目から、雇用関係の下で労働基準法や最低賃金法等の労働法規が適用されることとなるなど、技能実習生の法的保護及びその法的地位の安定化を図るための措置が講じられました。

ア 未払賃金立替払制度

破産管財人は、破産会社と技能実習生との雇用契約書、賃金台帳等を確認して、賃金額等を証明することになります。なお、未払賃金立替払制度では、日本に戻る予定のない外国人については、本人の希望により本人名義の海外口座にドル建て又は円建てでの送金も可能とされています（『立替払ハンドブック』139頁〔吉田清弘〕）。

イ 帰国費用

技能実習生の帰国旅費については、企業単独型技能実習実施者又は監理団体が負担するとともに、技能実習終了後の帰国が円滑にされるよう必要な措置を講じなければなりません。なお、団体監理型実習実施者又は監理団体が破産した場合で、技能実習生の帰国の旅費をこれらの者が負担できない場合に、公益財団法人国際研修協力機構が一時的に立替払いを行う外国人技能実習生帰国旅費立替払制度も存在します。

Q188 外国人労働者、技能実習生への対応 413

2 事業継続又は管財業務のために外国人労働者を再雇用等する場合

外国人が日本で就労するためには、出入国管理及び難民認定法において就労が認められる在留資格を得ていることが必要です。管財業務のために破産会社の元従業員である外国人を雇用又は業務委託する場合、破産管財人は、当該外国人に在留カードの提示を求め、在留資格や在留期限及び就労制限を確認します。

3 外国人労働者においてしばしば問題となる点

⑴ 言語の問題

外国人労働者は日本語の習得が十分ではなく、解雇手続等について理解が困難な場合もありますので、母国語や「平易な日本語」（募集・採用につき、厚生労働省告示第276号「外国人労働者の雇用管理の改善等に関して事業主が適切に対処するための指針」参照）を用いて説明するなどの配慮が望まれます。なお、未払賃金立替払制度については、労働者健康安全機構のウェブサイトに英語版及び中国語版のパンフレットが用意されています。

⑵ 最低賃金を下回る賃金しか支給されていなかった場合

破産会社が、外国人労働者に対して最低賃金を下回る給与しか支給していない例が見られます。外国人労働者にも最低賃金法の適用がありますから、破産管財人は、当該外国人から、最低賃金と受領していた賃金との差額の請求を受ける場合があることに注意する必要があります。

⑶ 賃金から寮費などが控除されている場合

破産会社が、毎月、寮費などの名目で賃金から金員を控除している例が見られます。

このような事案においては、当該控除が、賃金全額払原則（労基24Ⅰ）に照らし労働者の自由な意思に基づいてされたものであると認めるに足りる合理的理由が客観的に存在するか否か（最二小判平2.11.26民集44巻8号1085頁等参照）という点から、その妥当性を判断し、未払賃金の額を算定すべきと考えます。

⑷ 外国人労働者の帰国

外国人労働者が本国に帰国してしまうと、労働債権弁済のための手続が煩雑になるため、可能な限り、外国人労働者が日本に在留している間に処理すべきです。仮に、本国に帰国してしまい行方不明で連絡がとれない場合には、一般の債権者が行方不明の場合の対応と同様に、労働債権を供託せざるを得ない場合もあります（『実践マニュアル』355頁）。

〔不破佳介〕

第8章

配当

Q 189 配当総論

破産手続における配当の意義や種類について教えてください。
　また、どの配当手続によるべきでしょうか、手続選択の基準をどのように考えるとよいでしょうか。また、簡易配当における少額型、開始時異議確認型、配当時異議確認型のそれぞれの特徴と、どのように使い分けるべきかを教えてください。

1　破産手続における配当の意義

　配当は、「債務者の財産等の適正かつ公平な清算を図る」という破産法の目的（破1）を実現するための手続であり、破産管財人が破産財団に属する財産を換価して得た金銭を原資として破産債権者に対して、法定の順位に従い、破産債権額に応じて分配する手続です。

　なお、実務では、優先的破産債権（租税債権・労働債権）のみを対象とした配当が可能な場合に、個々の債権者との間で和解契約を締結する方法による簡易分配が行われています（Q192、Q193参照）が、これは、破産法上の配当ではありません。

2　配当の種類

(1)　最後配当（破195以下）

　最後配当は、一般調査期間の経過後又は一般調査期日の終了後であって破産財団に属する財産の換価の終了後において実施される手続であり、破産法における原則的配当方法とされています。

　最後配当は、後述の簡易配当と比べて、①除斥期間が2週間とされている、②配当表に対する異議申立ての裁判に対する即時抗告ができる、③配当額の通知又は公告がなされるなど、慎重な手続です。

(2)　簡易配当（破204以下）

　簡易配当は、最後配当をすることができる場合において、一定の要件の下、最後配当に代えて実施される手続です。最後配当と比べて、①除斥期間が1週間とされていること、②配当表に対する異議申立ての裁判に対する即時抗告が許されないこと、③配当公告をせず配当通知の際に配当見込額を記載することで一度の通知で済ますことなど、手続が簡略化されており、迅速な配当が可能となっています。

(3)　同意配当（破208）

　同意配当は、最後配当をすることができる場合において、届出をした破産債権者の全員が破産管財人の定めた配当表、配当額ならびに配当の時期及び方法について同意している場合に限り、最後配当に代えて実施される手続です。配当公告及び通知が省略され、配当異議手続がないため、早期の配当実施が可能ですが、届出債権

416　［第8章］配当

者全員の同意を得るためにかえって時間や手間を要すること、簡易配当の場合でも迅速に手続を終結させることが可能であることから、実務上は、簡易配当の方法によることがほとんどです（『手引』320頁〔金澤秀樹〕）。

(4) 中間配当（破209以下）

中間配当は、一般調査期間の経過後又は一般調査期日の終了後であって破産財団に属する財産の換価の終了前において、配当をするのに適当な破産財団に属する金銭があるとき、最後配当に先立って実施される手続です。破産財団の規模が大きく、配当をするのに適当な財団が形成されて、かつ今後も換価業務が続き、破産手続の終結まで一定程度の期間を要することが見込まれるような場合に、例外的に実施されています。なお、中間配当を実施した場合には、簡易配当が利用できなくなること（破207）に注意する必要があります。

(5) 追加配当（破215）

追加配当は、最後配当の場合は配当額の通知を発した後、簡易配当の場合は配当表に対する異議期間を経過した後、同意配当の場合は配当許可があった後、新たに配当に充てることができる相当の財産があることが確認されたときに実施される手続です（**Q199**参照）。

3 配当手続の選択基準

破産法では、破産財団の適正な分配と簡易迅速な手続の要請を調和させるために、複数の配当手続が用意されています。

破産管財人は、事案に応じて最も適切な手続を選択することになりますが、このうち同意配当、中間配当及び追加配当は例外的な手続であり、また、実務上は、配当可能金額が1000万円未満である事案が大半なので、最後配当ではなく簡易配当によることが多いといえます。もっとも、配当手続に関する選択基準を定めている裁判所もありますので、各地の運用を確認する必要があります（『書記官事務』260頁）。以下、東京地裁と大阪地裁の運用を紹介します。

(1) 東京地裁の運用

東京地裁では、①配当可能金額が1000万円未満の場合には、少額型の簡易配当を実施し、②配当可能金額が1000万円以上の場合には、原則として最後配当を実施するとされています。（『手引』317頁〔金澤〕）。

(2) 大阪地裁の運用

大阪地裁では、①配当可能金額が1000万円未満の場合には、少額型の簡易配当により、②配当可能金額が1000万円以上の場合には、配当時異議確認型の簡易配当によることを原則とする運用とされています（『運用と書式』280頁）。

4 簡易配当の種類と使い分け

(1) 少額型（破204 I ①）

配当原資が1000万円未満である場合には、裁判所書記官の許可を得て簡易配当をすることができます。少額型の場合、簡易配当をすることについて、破産債権者か

ら異議を申述することはできませんので、その確認を求める必要はありません。

(2) 開始時異議確認型（破204 I ②）

　開始時異議確認型の簡易配当をすることが相当と認められる場合に、裁判所が、破産手続開始決定の公告及び通知をする際「簡易配当をすることにつき異議のある破産債権者は一般調査期間の満了時又は一般調査期日の終了時までに裁判所に対し異議を述べるべき」旨を公告及び通知しておきます。そして、届出をした破産債権者が所定の時までに異議を述べなかったときは、裁判所書記官の許可を得て簡易配当をすることができます。

　開始時異議確認型の場合、あらかじめ異議の確認が済んでいるため、改めて破産債権者の意思を確認する必要がなく、速やかに簡易配当手続に入ることができるという長所がある一方、実務上異時廃止で終了する事件が多いなかで、破産債権者に過度の配当期待を抱かせて混乱や不満が生じかねないという短所がありますので、利用しない扱いにしている裁判所もあります（『注釈下』396頁〔須藤力〕、『手引』317頁〔金澤〕、『運用と書式』281頁）。

(3) 配当時異議確認型（破204 I ③）

　上記(1)、(2)以外の場合であっても、相当と認められるときは、裁判所書記官の許可を得て簡易配当をすることができます。「相当と認められるとき」とは、届出破産債権者から異議の申述がない可能性が高い場合を意味しています。

　破産管財人は、届出破産債権者に対し、簡易配当の通知をするとき、同時に、簡易配当をすることにつき異議がある破産債権者は、裁判所に対し破産管財人の届出（簡易配当の通知が通常到達すべきであったときを経過した旨の届出。破204 IV）の日から起算して1週間以内に異議を述べるべき旨を通知しなければなりません（破206前段）。そして、届出破産債権者から上記の異議の申述がなされると、簡易配当の許可が取り消され（破206後段）、改めて最後配当を実施することになります。

(4) 簡易配当の使い分け

　まず、配当原資が1000万円未満である場合は、少額型の簡易配当を実施します。少額型においては、債権者の異議の有無を確認する必要がなく、確実に迅速な簡易配当を行うことができますので、実務上、多くの事案で利用されています。

　次に、配当原資が1000万円以上である場合であっても、開始時異議確認型又は配当時異議確認型の簡易配当を行うことが可能です。ただし、前述のとおり開始時異議確認型については、その短所を考慮し利用しない扱いにしている裁判所もあります。また、配当時異議確認型については、東京地裁のように例外的に利用するという運用の裁判所もありますので、各地の裁判所の運用を確認する必要があります。

　なお、中間配当を実施した場合、簡易配当をすることはできません（破207）。

〔清水良寛〕

Q 190 配当におけるヒヤリハットと過誤防止

① 配当段階で起こり得るいわゆるヒヤリハット事例を教えてください。
② 配当手続で過誤を起こさないために実務上どのような方策があるのでしょうか。

1 配当におけるヒヤリハット事例

破産管財業務における弁護士賠償責任保険の事例には、配当及びその前提となる債権調査における過誤事例が多く紹介されています（債権調査段階の過誤事例・ヒヤリハット事例についてはQ149を参照してください）

① 破産財団に属する賃貸物件が第三者に競落された後の期間に対応する賃料が破産財団に入金されたものの、これを賃借人に返還することなく破産財団に含めたまま配当を実施した事例〔配当可能額の計算における過誤〕（『倒産処理と弁護士倫理』168頁〔三森仁〕）

② 交付要求の存在を失念して財団債権である租税債権等を納付せずに配当を実施した事例〔財団債権の失念〕（『倒産処理と弁護士倫理』175頁〔吉川武〕）

③ 債権調査後に破産債権の一部譲渡・一部代位弁済がなされて債権の分属が生じたのに全部譲渡・全部代位弁済と誤解して原債権者への配当通知を行わなかった事例〔債権変動の処理の誤り〕（『実践フォーラム』404頁〔八木宏発言〕）

④ 債権届出に対する異議を撤回すべきところこれを失念して配当を実施した事例〔異議撤回の失念〕（『倒産処理と弁護士倫理』169頁〔三森〕）

⑤ 別除権付債権につき不足額の証明があったのに不足額に対する配当を勘案せずに配当を実施した事例〔確定不足額に対する配当未実施〕（札幌高判平24.2.17金法1965号130頁。ただし、同判決に対しては批判もあります。『注釈下』374頁〔小向俊和〕、『伊藤』741頁）

2 配当における過誤防止

(1) 事務作業に当たっての注意

まずもって誤りなく事務作業を行うことが重要です。例えば、配当表作成の際、破産債権者表から配当表への転記の際、転記漏れや入力ミスが生じないよう慎重に作業し、配当額の計算を誤らないよう、可能な限り、日を変えて複数回確認・検算することが推奨されます（『実践フォーラム』404頁〔髙松康祐発言〕）。事務職員が入力や転記といった作業を行うこともありますが、その場合事務職員が入力したデータを弁護士自らが確認するなどダブルチェックを行っておくことが有用です。

(2) 特に注意が必要な事項への意識

配当表作成時に注意すべき点として、①代位弁済等がされた場合の充当関係を慎

重に確認すべきこと、②優先的破産債権内の配当の順序に注意すべきこと、③破産者が物上保証人兼連帯保証人であって物上保証の被担保債権が主債務である場合の保証債権は別除権付債権ではなく不足額の証明が不要であること、④破産債権確定手続が係属している債権の処理（破198Ⅰ、破202②）、⑤停止条件付債権・将来の請求権、解除条件付債権の処理（破198Ⅱ、破201Ⅲ）、⑥破産債権につき破産者以外の全部義務者がいる場合における開始時現存額主義の適用（破104Ⅱ）などが指摘されています（『手引』334頁以下〔金澤秀樹〕、『はい6民』386頁以下）。これらは誤りが生じやすいことを念頭に慎重に処理することが必要です。

(3) チェックリストの利用

　各種の書籍で紹介されているチェックリスト（『書記官事務』書式86頁以下、『運用と書式』474頁）を利用して見落としや検討漏れを防ぐことも有効です。

3　実務上の工夫例

　上記1のヒヤリハット事例について次のような過誤防止の工夫が考えられます。

① 　破産財団（破産管財人口座）に入金があった場合には、面倒でも、逐一入金の根拠や裏付けを確認することが必要です。破産財団に属しない財産であることが判明した場合には、その旨を財産目録・収支計算書・破産管財人口座の通帳に付記した上、速やかに返金処理を行います。後回しにせずにそのつど確認と処理をすることで失念を防止します。

② 　受領した交付要求書をもとに一覧表を作成して管理しておきます。その際、交付要求の記載にも誤りがあり得ますので、財団債権や優先的破産債権に該当するか否かを確認することが必要です。また、配当許可申請前には、公租公課庁に交付要求に漏れが無いか確認することが不可欠です。さらに、第三者予納の場合には予納金の返還請求権が管財人報酬に次ぐ優先順位となることから、記録の表紙にその旨を記載することで失念を防止します。

③ 　債権調査後に破産債権の譲渡や代位弁済がなされた場合、一部譲渡や一部弁済であるか否かなどに注意し、そのつど一覧表に記載し（『手引』501頁）又は破産債権者表の備考欄等に付記する（『運用と書式』261頁以下、『はい6民』311、352頁）ことなどにより管理しておきます。

④ 　異議撤回をすべき事由が生じた場合、そのつど一覧表に記載し（『手引』501頁）又は破産債権者表の備考欄等に付記をすることなどにより管理し（『運用と書式』266頁）、異議撤回の失念を防止します。

⑤ 　破産管財人において別除権付債権について不足額確定事由が生じたことを把握した場合、そのつど別除権者に不足額確定報告書の提出を求め、一覧表に記載し（『手引』501頁）又は破産債権者表の備考欄に付記することなどにより管理することで（『運用と書式』262頁以下）、不足額の確定に伴う処理の失念を防止します。

〔福井俊一〕

Q 191 別除権者による不足額の証明

最後配当の配当表を作成する際、別除権者の債権の不足額の証明を受けるについて、別除権者からはどのような資料を提出してもらうべきでしょうか。

1 不足額責任主義

別除権の基礎となる担保権の被担保債権が破産債権であるとき、当該債権者は破産債権者として権利行使できますが、その範囲は別除権の行使によって弁済を受けることができない債権の額（これを「不足額」といいます）に限られることになります（不足額責任主義。破108Ⅰ本文）。ただし、破産手続開始後における破産管財人と別除権者との間の合意等により、当該担保権の被担保債権の全部又は一部が破産手続開始後に担保されないこととなった場合には、その債権の当該全部又は一部につき、破産債権者としてその権利を行使することができます（破108Ⅰただし書）。

なお、別除権となる担保権の目的物である財産が破産管財人の任意売却や破産財団からの放棄等によって破産財団に属しないこととなった場合でも、当該担保権がなお存続するときには、当該担保権を有する者は別除権者とされます（破65Ⅱ）。したがって、当該担保権を有する者が破産債権者として権利行使をする場合には、不足額責任主義の適用があります。

2 別除権者による不足額の証明

別除権者が破産債権者として最後配当の手続に参加するには、最後配当の除斥期間内に、破産管財人に対し、別除権の基礎となる担保権の被担保債権の全部もしくは一部が破産手続開始後に担保されなくなったことを証明し、又は当該担保権の行使によって弁済を受けられない債権の額を証明しなければなりません（破198Ⅰ）。

そこで、破産管財人は、最後配当の配当表を作成するに当たり、別除権者に対し、次のような資料を提出するよう促すことになります（『条解』1346頁、『手引』267頁以下〔石渡圭〕、『注釈下』373頁〔小向俊和〕）。

(1) 担保権の被担保債権の全部もしくは一部が破産手続開始後に担保されなくなったことを証明する資料

ア　別除権者が担保権を放棄したときには、債権者作成の担保権放棄書面及び（当該担保権について登記・登録があった場合）放棄により抹消された登記事項証明書、登録証等になります。

イ　破産管財人と別除権者との間で破産手続開始後に別除権の基礎となる担保権の被担保債権の範囲を限定・減縮する合意をしたときには、その合意書です。

なお、破産管財人は、別除権者からの求めがあったとしても、特別な事情がない限り、別除権者との間で別除権の基礎となる担保権の被担保債権の範囲を限定・減

額する合意をする必要はありません。

(2)　担保権の行使によって弁済を受けることができない債権の額を証明する資料

　ア　競売手続により担保権の目的たる物件が競落されたときには、競売事件の配当表謄（抄）本（又は売却代金の交付計算書類）、債権者作成の不足額確定報告書ないし計算書等になります。

　イ　破産管財人が実質的に関与して任意売却がなされたときには、債権者作成の不足額確定報告書ないし計算書等です。

　ウ　上記イ以外の方法で任意売却がなされたときには、債権者作成の不足額確定報告書ないし計算書に加え、売買契約書の写し、（担保権の目的たる物件について登記等がある場合）新所有者への移転登記済の登記事項証明書等が該当します。

　ただし、イの場面で、別除権者から不足額確定報告書の提出がなかったとしても、破産管財人が職務上知り得た事実や入手した資料に基づいて不足額を認定し得るときは、その認定に基づいて配当表を作成し、配当を実施することになります。この点、別除権者から不足額確定報告書の提出がないことを理由に、別除権の基礎となる担保権の被担保債権について不足額の証明がないとして、当該破産債権を配当手続に参加できる債権として取り扱わなかった事案において、破産管財人に善管注意義務違反による損害賠償責任を認めた裁判例（札幌高判平24．2．17金法1965号130頁）もありますので、注意が必要です（もっとも、『条解』1346頁は、当該事案において、破産管財人の善管注意義務違反にまでつながる問題になるかは、なお議論の余地があるとしています）。

3　根抵当権者の配当参加

　別除権の基礎となる担保権が根抵当権である場合、根抵当権者は、極度額の範囲内でのみ目的物の交換価値を把握していますので（民398の2Ⅰ、398の3Ⅰ）、目的物の売却価額の多寡を問わず、極度額以上の満足を受けることはあり得ません。そこで、最後配当の場面では、破産管財人は、根抵当権によって担保される破産債権について不足額の証明がない場合でも、最後配当の許可があった日における極度額を超える部分の額を「最後配当の手続に参加することができる債権の額」として配当表に記載しなければならないとされています（破196Ⅲ）。そして、当該破産債権については、最後配当の除斥期間内に不足額の証明がなされた場合を除き、配当表に記載された「最後配当の手続に参加することができる債権の額」を不足額とみなすものとされています（破198Ⅳ）。

　もっとも、根抵当権者も、最後配当の除斥期間内に根抵当権によって担保される破産債権の全部もしくは一部が破産手続開始後に担保されなくなったことを証明し、又は根抵当権の行使によって弁済を受けられない債権の額を証明した場合には、不足額全額について配当を受けることができます。したがって、破産管財人は、最後配当の配当表を作成するに当たり、根抵当権者に対しても同様に、前記2(1)・(2)にあげた資料を提出するよう促すことになります。　　　　　〔坂川雄一〕

Q 192 租税債権の簡易な分配方法

破産財団に属する財産の換価が終了しましたが、優先的破産債権である租税債権までの配当見込みの事案です。この場合でも一般の破産債権も含めた破産債権の届出、債権調査を行い、配当手続を行う必要がありますか。一般の破産債権に対する配当もないのに、破産債権届出をしてもらうのは不合理ではないかと思いますが、簡易な分配の方法はありませんか。全額配当できる場合でも同様でしょうか。また、過去に中間配当を実施している場合はどうでしょうか。

1 和解許可による簡易な分配方法が可能

優先的破産債権である租税債権までの配当見込みの場合、まったく配当のない一般の破産債権者にまで破産債権の届出を行ってもらい、債権調査を経た上で配当手続を行うことは不合理ですので、旧法下の財団債権の按分弁済と同様の処理を和解許可により行うことで、合理的に簡易な分配が可能です。全額配当できる場合でも同様に可能です。なお、中間配当を行っている場合は、破産債権の届出、債権調査を経ていますので、この場合は最後配当を行うことになります。

2 原則的取扱いの不合理性

現行法では、租税債権の一部が優先的破産債権となり（破98Ⅰ）、優先的破産債権間の優先順位は、民法、商法その他の法律の定めるところとされているため（破98Ⅱ）、第1順位が国税及び地方税（公租）〔A－a（参考：大阪地裁における性質別の記号で優先順位を表現しています）〕、第2順位がその他の公課（社会保険料等）〔A－b〕、第3順位がその他の私債権（労働債権等）〔A－c〕となり、優先的破産債権の配当は、この順序により行う必要があります。配当手続は、簡易配当であっても最後配当と同様に必ず破産債権届出、債権調査を経る必要があります（破204Ⅰ、195Ⅰ）。ところが、優先的破産債権である租税債権は、交付要求により債権届出を行い（破114①）、破産債権者表に記載されます（破115Ⅰ）が、債権調査については対象外となっています（破134Ⅰ）。租税債権の存否、額に争いのある場合には、破産管財人は、当該公租公課に関し認められる行政手続（審査請求や行政訴訟等）により不服申立てすることができますが（破134Ⅱ）、一般の破産債権者が争う場面は想定できません。また、債権調査は、届出された破産債権すべてについて行うものですから、優先的破産債権である租税債権までの配当にとどまることが明らかな場合に、一般の破産債権者に費用をかけてまで届出を求めることは不合理ですし、債権調査を行うことも徒労に終わります。

Q192　租税債権の簡易な分配方法　423

3 和解許可による簡易な分配方法

そこで、大阪地裁では、このような不合理性を克服するために、前述のとおり和解許可により簡易な分配方法の工夫をしています（『運用と書式』273頁、『はい6民』377頁、『実践マニュアル』470頁参照）。

破産管財人は、交付要求の内容を確認し、公租公課一覧表記載の公租公課庁に交付要求の漏れがないか確認した上で、第1順位の国税及び地方税（公租）〔A－a〕までの配当であれば、対象の公租庁に連絡し、分配方法を説明し、担当者の口頭の了解を得た上で、裁判所に破産法78条2項11号に基づく和解許可申請を行い（許可申請の書式は『運用と書式』467頁、『はい6民』379頁参照）、按分にて簡易分配を行います。この際、和解といっても和解書等の書面の作成は行いません。財団債権の按分弁済と同様である旨を説明すると、公租庁の理解が得られやすくなります。簡易分配後の破産手続の終了方法は、異時廃止となります。

次に、第2順位の公課〔A－b〕までの配当が可能であれば、国税及び地方税（公租）〔A－a〕の公租庁には100％分配の旨、公課〔A－b〕の公課庁には、前述のとおり説明して、同様に行います。また、優先的破産債権の第3順位のその他の私債権（労働債権等）〔A－c〕まで配当が可能な場合、さらには一般の破産債権〔B〕まで配当が可能な場合には、優先的破産債権である租税債権を全額配当することができますが、この場合であっても和解許可による簡易分配は可能です。事案によっては、財団債権である租税債権の弁済と同時に優先的破産債権である租税債権の簡易分配を行うこともできますので、処理が合理化できます。

4 債権認否を留保して租税債権のみに配当する方法

同様の場面で、東京地裁では、債権認否を留保し、優先的破産債権である租税債権に対する配当手続を行う運用です（『手引』263頁〔石渡圭〕参照）。

5 延滞税・延滞金の減免申請を必ず行う

国税及び地方税（公租）〔A－a〕までの配当見込みの事案ではさほど問題はありませんが、国税及び地方税（公租）〔A－a〕は100％分配でき、公課〔A－b〕までの配当が可能な事案では、延滞税等の取扱いにより公課〔A－b〕への配当額が変動することになりますので、延滞税等の減免申請を行います。優先的破産債権である租税債権の延滞税等は、破産手続開始前に発生するものが優先的破産債権となりますが、延滞税等の減免申請は、順位が下の債権への配当可能財団の確保のためにも行う必要があります（減免申請はQ170を参照してください）。

6 留保型の範囲が拡大する

この簡易分配の工夫を採用した場合、破産手続開始決定時に債権届出期間及び債権調査期日の指定を留保する留保型を選択することが可能となりますので、留保型の範囲が拡大します。大阪地裁では、労働債権の和解契約や弁済許可（破101Ⅰ）による処理も含め（Q193参照）、一般の破産債権に対する配当が可能な事案を期日型とし、それ以外を留保型としています。

〔野村剛司〕

424　［第8章］配当

Q193 労働債権の簡易な分配方法

破産財団に属する財産の換価が終了しましたが、第1、第2順位の優先的破産債権である租税債権については全部の配当ができるものの、第3順位の優先的破産債権である労働債権（給料、退職手当及び解雇予告手当）については一部のみの配当見込みの事案です。この場合も、簡易な分配の方法はありませんか。全額配当できる場合でも同様でしょうか。過去に中間配当を実施している場合はどうでしょうか。

1 和解契約による労働債権の弁済又は労働債権の弁済許可による簡易な分配

優先的破産債権である労働債権までの配当見込みの場合、優先的破産債権である租税債権の場合と同様（**Q192**参照）、まったく配当のない一般の破産債権者に破産債権の届出を行ってもらい、債権調査を経た上で配当手続を行うことは不合理ですので、給料及び退職手当については、破産法101条1項の労働債権の弁済許可の制度（以下「労働債権の弁済許可」といいます）により、解雇予告手当については、同条の類推適用により簡易な分配が可能です。さらに、大阪地裁では、和解契約による労働債権の弁済も認められています（『運用と書式』232、273頁、『はい6民』377頁参照）。全額配当できる場合でも同様に可能です。なお、中間配当を行っている場合は、破産債権の届出、債権調査を経ていますので、最後配当を行います。

2 原則的取扱いの不合理性

優先的破産債権である労働債権までの配当見込みの場合、原則的には、一般の破産債権者も含め破産債権の届出を行ってもらい、債権調査を経て配当手続を行う取扱いでした。これは、一般の破産債権者に債権調査において労働債権に対する異議を述べる機会を確保すべきではないかとの考え方に基づくものでした。しかし、労働債権の存否、額については、破産管財人が賃金台帳、タイムカードや関係者からの事情聴取により判断しているのが実状であり、特に労働債権の存否、額について争いのない場合まで債権調査を経る必要性は低いと考えられます。

3 労働債権の弁済許可の手続

労働債権の弁済許可の前提として、労働債権者が破産債権の届出を行う必要がありますが、債権調査を経る必要はありません（破101Ⅰ）。ただ、財団債権や他の先順位・同順位の優先的破産債権の利益を害することはできませんので（破101Ⅰただし書）、利用する際は、財団債権の弁済ができること、優先的破産債権である租税債権に対する配当ができることなどの確認が必要となります（**Q187**参照）。

一般の破産債権者まで配当が可能な事案においては、財団債権である労働債権の弁済と同時に優先的破産債権である労働債権の弁済許可を利用することで、処理が

Q193 労働債権の簡易な分配方法　　425

合理化できます。また、一般の破産債権者まで配当が可能な事案の場合、弁済済みの労働債権を債権調査の対象とし、破産債権者表に記載するのは必要性が乏しいため、労働債権の弁済の際、元従業員の振込依頼書に「私が提出した「労働債権等届出書（従業員の方専用）」については、全部取下げをいたします。つきましては、上記振込が終了した後、破産管財人において＊＊地方裁判所第＊民事部宛てに本書面を提出していただけますようお願いします。」等の取下文言を入れておくことで労働債権の届出を取り下げてもらう工夫をしています（『実践マニュアル』653頁参照）。

4 破産法101条1項の要件該当性

労働債権の弁済許可を利用する際に、「生活の維持を図るのに困難を生ずるおそれ」が要件となっていますが（破101Ⅰ）、通常、元従業員は解雇され、対象債権は未払の給料や退職手当で、再就職によって従前どおりの安定した収入を得られることはすぐには困難ですから、生活に困窮していると判断することは容易で、破産管財人がこの旨を許可申請書において説明することで要件該当性としては足りると解されています。各元従業員の個別事情による判断までは要せず、簡易な分配方法として、一律に労働債権の弁済許可を利用することが可能です（Q187参照）。

5 解雇予告手当は破産法101条1項の類推適用

解雇予告手当は、「給料の請求権又は退職手当の請求権」（破101Ⅰ）には該当しませんが、現行法は労働債権の一部を財団債権とし（破149）、その余を優先的破産債権とした上で、労働債権の弁済許可の制度を新設したものですから、優先的破産債権である解雇予告手当の場合も制度趣旨を考慮し、破産法101条1項の類推適用が認められています（『運用と書式』219頁、『はい6民』375頁参照）。なお、解雇予告手当を財団債権とすることを認める庁（東京地裁等）もありますが、多くの庁では従前どおり優先的破産債権として取り扱われています（Q180参照）。

6 労働者健康安全機構の立替払いがあった場合

元従業員が労働者健康安全機構の未払賃金立替払制度を利用し、審査を経た上で元従業員に立替払いがされた場合、労働者健康安全機構は、元従業員の給料及び退職手当の債権（財団債権部分、優先的破産債権部分に区分されます）の一部を代位取得し、優先的破産債権部分があれば優先的破産債権者となります。大阪地裁では、このように労働者健康安全機構が優先的破産債権者となったとしても本来的には労働債権の弁済許可制度が適用可能であったことに鑑み、裁判所の和解許可（破78Ⅱ⑪）に基づいて弁済することができると解されています（『運用と書式』220頁、『はい6民』376頁参照。Q187参照）。

7 和解契約による労働債権の弁済

大阪地裁では、労働債権の額に争いがないと見込まれる場合には、元従業員からの債権届出を留保してもらい（前述の労働債権の弁済許可では、債権届出は必要）、裁判所の和解許可（破78Ⅱ⑪）に基づいて、元従業員と和解契約を締結することで労働債権を弁済する方法を認めています（『運用と書式』232頁、『はい6民』377頁、『実践マニュアル』472頁以下参照）。

〔野村剛司〕

Q194 債権証書の不提出・債権者の所在不明と配当

　債権調査において異議なく確定している手形債権者が配当に際して手形の呈示をしてくれません。事情を聴くと、すでに手形を第三者に譲渡してしまったようで、当該第三者とは連絡もとれません。配当に当たってはどのように処理すべきでしょうか。証拠証券たる債権証書を債権者が紛失している場合はどうでしょうか。

　また、配当実施前に、債権者と連絡がとれなくなり、配当期日に、振込みを行うことができない場合には、どうしたらよいでしょうか。

1　手形・小切手の不呈示と配当方法

　手形や小切手は、支払を受けるにつき、支払人に対して手形（小切手）を交付する必要があります（受戻証券性。手39Ⅰ、77Ⅰ③、小34など）。

　そのため、破産管財人は、手形債権者に対する配当においても手形の交付（その前提としての呈示）を要求し、これがない限り配当金を支払うべきではありません。手形などの流通を予定した有価証券の場合には、当該手形上に権利を有する第三者が生じるおそれが高いからです。

　したがって、破産管財人は、手形の呈示及び交付がない場合には、①中間配当の場合で最後配当まで時間がかかることが予想される場合には除権決定を得るように促し、除権決定が得られるまで配当を留保する、②最後配当の場合には破産債権者が受け取らない配当額として供託する（破202③）ことになります。

　破産法202条3号による供託をする場合には、供託書の「供託の原因たる事実」欄には――

　供託者は被供託者に対し、令和＊年＊月＊日＊＊地方裁判所令和＊年⑺第＊号破産者△△に対する破産事件の最後配当【簡易配当】につき、令和＊年＊月＊日供託者事務所（＊市＊町＊丁目＊番＊号）において、配当を実施する旨通知したが、被供託者は配当実施日に手形を呈示することができず、配当金を受領できないので破産法第202条第3号により【破産法第205条の準用する破産法第202条3号により】供託する。

と記載した上で、供託書の「反対給付の内容」欄には、「「供託の原因たる事実中に記載した手形の供託者に対する呈示、又は同手形に対する除権決定を得たこと」の供託者の証明」と記載することにより、手形の受戻証券性を明らかにします。

　手形を第三者へ譲渡してしまったという場合、中間配当であれば手形の呈示及び

交付があるまで配当は留保し、最後配当の際に、破産法202条3号による供託（簡易配当の場合には破205の準用する破202③による供託）をするのがよいと思われます。

なお、配当金額が少額であるような場合や将来紛争となる確率が低いと判断される場合には、当該債権者から、手形を呈示できない事情及び手形上の権利を有する第三者が現れた場合には当該債権者が責任を負う旨の念書を取った上で、配当金を支払うという方法も行われています（『運用と書式』292頁、『はい6民』394頁）。

2　債権証書の紛失と配当方法

証拠証券たる債権証書を破産債権者が紛失している場合は、破産管財人において当該破産債権者が受領権限を有することを確認の上、配当金を支払い、配当額を破産債権者表へ記載（破193Ⅲ）します。

債務の弁済者は債権証書の返還を請求することができます（民487）が、弁済とは同時履行の関係にないため、破産管財人は債権証書の不所持をもって、配当を拒むことはできません。

もっとも、債権証書は当該債権者が配当金についての受領権限を有することの有力な証拠書類ですので、債権者がこれを紛失している場合には、別途、当該債権者が配当金の受領権限を有することを確認する必要があります。通常は、破産債権者表に記載された債権者と当該受領者の間の同一性又は権限関係を確認すれば足ります。

3　債権者の所在不明と配当方法

配当通知が宛先不明等で戻ってきたような場合には、まずは債権届出書の記載の電話番号等へ電話するなどして所在調査に努めるべきです。ただ、必要以上に調査に時間をかけるべきではなく、所在不明となれば、破産法202条3号による供託（簡易配当の場合は破205の準用する破202③による供託）を速やかに行うのがよいと思われます（『はい6民』394頁）。

破産法202条3号における「破産債権者が受け取らない」には、破産債権者の住所が不明である場合及び債権の帰属に争いがある場合もこれに該当すると解されています（『注釈下』391頁〔伊東満彦〕、『注解下』607頁〔高橋慶介〕）。

この場合、供託書の「供託の原因たる事実」欄には——

供託者は被供託者に対し、令和＊年＊月＊日＊＊地方裁判所令和＊年㋑第＊号破産者△△に対する破産事件の最後配当【簡易配当】につき、令和＊年＊月＊日供託者事務所（＊市＊町＊丁目＊番＊号）において、配当を実施する旨通知したが、現在、その所在が不明であり、配当金を受領することができないので、破産法第202条第3号により【破産法第205条の準用する破産法第202条3号により】供託する。

と記載することとなります。

〔稲田正毅〕

Q 195 根抵当権の極度額の減額登記と手続参加

破産者に対し1億円の貸付債権を有する債権者が、破産者所有不動産に根抵当権（極度額1億5000万円、時価8000万円）の設定を受けています。根抵当権者は、根抵当権の極度額を時価相当の8000万円に減額を申し出て破産管財人が認めれば、破産法108条1項ただし書に基づき、2000万円を破産債権として行使することが可能になるのでしょうか。また、根抵当権者から極度額の減額登記の要請を受けた場合、破産管財人はどのように対応したらよいのでしょうか。

1 不足額責任主義と根抵当権者

民事再生法においては、別除権協定の下、別除権不足額は債務者との合意により定めることができるとされています。他方で、破産手続においては不足額責任主義（破108Ⅰただし書）を規定して別除権者に別除権不足額の証明責任を負わせ（破198Ⅲ）、根抵当権者の権利行使に関しては「極度額を超える部分の額を最後配当の手続に参加することができる債権の額とする」（破196Ⅲ）と規定します。ただ、根抵当権の極度額の減額の申出を破産管財人が認めて合意した場合、さらに配当手続参加に減額登記まで必要か否かについては明確ではありません。

担保権実行段階でも債務者が存続し、合意を超える配当を債権者が得ることを手続的に防止できる再生手続と異なり、破産手続では極度額の減額登記がなければ、手続終結後に競売等が行われた場合に配当時の想定よりも多額の弁済を受けるリスクを残してしまいます。このような観点から、根抵当権に関して極度額減額登記は必要というべきでしょう（なお、『条解』1284頁）。設問でも2000万円について減額登記をすれば破産債権として配当加入できることになります。

2 極度額の減額登記の要求への対応

極度額の減額及びその登記を根抵当権者側から求められた場合、破産管財人がこれに応じても問題はありません。

ただ、これは義務的なものではなく、減額登記のメリットは根抵当権者が有するわけですから、少なくとも登記費用は根抵当権者側に負担させるべきですし、まだ任意売却の余地が残っている物件であれば、財団形成に資する条件の協定締結と引き換えに、減額手続に応じることが考えられると思います。

具体的には、任意売却を行う場合の財団組入額や売却までの固定資産税の負担について協定することなどを検討することが考えられます。

〔末永久大〕

Q 196 破産者以外の全部義務者がいる場合の超過配当の処理

　債権者Ｂは、連帯保証人として破産者Ａの破産手続開始前に原債権者に代位弁済をしてＡに6000万円の求償権を有しており、Ａの破産手続開始後、その額及び開始決定の前日までの損害金（50万円）を一般破産債権として、また開始決定後の遅延損害金（額未定）を劣後的破産債権として、それぞれ届出していたところ、破産手続開始決定後に、ＢのＡに対する求償権を被担保債権とする物上保証人Ｃ所有の不動産が競売され、その売却代金から4000万円の弁済が行われました。その後、Ｃは、代位弁済により取得した4000万円の求償権を元本として予備的に破産債権として届出しました。破産事件の配当率が70％になった場合、破産管財人としては、どのように配当を実施すればよいでしょうか。また、そもそも、債権調査において、Ｃの求償権については、どのように認否すればよいでしょうか。

1　設問の事例

　設問の事例は、最三小決平29．9．12（民集71巻7号1073頁）をベースにしたものです。Ｂは求償権者とされていますが、設問ではＡの破産手続開始前に原債権の代位弁済をして求償権を取得していますから、仮にＢが貸金債権者であっても以下に述べる議論は同様に当てはまります。これに対してＢがＡの破産手続開始後に原債権者に代位弁済している場合、破産法104条3項により原債権の全額を代位弁済するなどして原債権者がＡの破産手続に参加しない場合にはじめてＢは求償権をもってＡの破産手続に参加できることになります。ここに全額とは債権の口単位で捉えられ、さらに元本と遅延損害金とは別口になることについてはQ156を参照してください。なお、手続開始後の代位弁済であっても、保証が破産手続開始前の原因ですから、求償権はその全額が（原債権ならば劣後的破産債権になる開始後遅延損害金部分も含めて、Ｂが弁済に正当な利益を有する第三者として代位弁済した以上は求償権の元本になりその全額が）一般の破産債権になると解されます（ただし、『大コンメ』445頁〔堂薗幹一郎〕は反対）。

2　Ｂに対する超過配当の可否とＣの予備的届出の可否（最決の紹介）

　設問では、Ｂは6000万円の求償権元本と損害金のうち、4000万円をＣの不動産の売却代金から回収しています。Ｃの不動産の売却は競売によるということですから、売却代金からの配当金はＢの求償債権の損害金から先に充当されることになります。仮に破産手続開始後の損害金が30万円とすると、4000万円の売却金から破産手続開始の前日までの損害金50万円、開始後の損害金30万円の合計80万円が先ず充当され、元本には3920万円が充当される結果、残るＢの債権は実体的には元本2080

430　　［第8章］配当

万円とこれに対する充当後完済までの損害金（額未定）ということになります。Ｃによる弁済は一部弁済に留まっており、Ｂは開始時現存額主義（破104Ⅱ）により手続開始時の現存額で破産手続に参加できますから、当初の届出をそのまま維持することができます（開始日前日までの損害金については全額弁済ですが、Ｃがこれに代位できるかどうかについては争いがあり得ます。ここでは損害金債権という実体上の一口の債権は元本が残る限り発生を続けるため、代位できないことを前提に記述します）。設問では、この当初届出にかかるＢの一般債権部分（6000万円の元本と50万円の損害金）に対する破産配当として70％（元本に対する4200万円と損害金に対する35万円）の配当が実現することになりました。このように実体的な残債権額を超過する額をそのまま配当してもよいのかが問題となります。Ｃの予備的届出は、事後にＢが全部の満足を受けた場合や届出が取り下げられた場合に備えて行われたものでしょう（なお破104Ⅴ）。このような届出が認められるかが問題となります。

　この点、冒頭に紹介した最決は前者について「破産法104条１項及び２項は、…配当額の計算の基礎となる債権額と実体法上の債権額とのかい離を認めるものであり、その結果として、債権者が実体法上の債権額を超過する額の配当を受けるという事態が生じ得ることを許容しているものと解される（なお、そのような配当を受けた債権者が、債権の一部を弁済した求償権者に対し、不当利得として超過部分相当額を返還すべき義務を負うことは別論である）」と述べ、超過配当の実施を認めました。従前、超過部分の帰属先をめぐって、破産管財人は、①開始時現存額主義にしたがい、債権者の確定債権額に配当率を乗じた配当金全額を当該債権者の届出債権に配当し、超過部分は破産手続外で当該債権者と一部弁済者との間の不当利得の問題として処理すべきとする「不当利得説」、②超過配当が生じることを認識した場合、当該債権者には実体上の残債権額のみを配当し、超過部分は一部弁済をした求償権者に配当すべきとする「共同義務者帰属説」、③超過配当が生じることを認識した場合、超過部分も含めて債権者に配当するが後に不当利得として取り戻すことを認め、あるいは超過部分を配当せずに直截に破産財団に帰属させ、他の破産債権者の配当原資にすべきとする「破産財団帰属説」等の争いがありましたが、最高裁は①を採用したわけです。破産配当には確定判決と同じ効力のある破産債権者表の記載を基礎に行われる執行手続としての性格があること、確定した債権者表の記載を変更する手続が破産法に予定されていないことなどからすると、超過部分はいったん届出債権者に配当せざるを得ないと思われ、他方で一部弁済者（設問のＣ）は原債権者（設問のＢ）には後れるものの他の一般債権者に後れるわけでなく、超過部分が破産財団に取り込まれるべき理由はないというべきですから、これを後に一部弁済者との間で不当利得の問題として処理することは合理的というべきでしょう。これにより、破産管財人は破産配当額が実体の債権額を超える可能性がある場合でも特段の調査を行うことなく確定債権に基づき配当すれば足りることが明らかになりました。破産管財人の便宜からもそのような取扱いは是認されるべきでしょう。

また後者の問題について最決は「債権の一部を弁済した求償権者が、当該債権について超過部分が生ずる場合に配当の手続に参加する趣旨で予備的にその求償権を破産債権として届け出ることはできないものと解される。また、破産法104条4項によれば、債権者が配当を受けてはじめて債権の全額が消滅する場合、求償権者は、当該配当の段階においては、債権者が有した権利を破産債権者として行使することができないものと解される」と述べ、予備的届出を否定しました。届出自体を却下すべきとする趣旨か、届出自体は適法に受理した上で債権調査において異議を提出すべきとする趣旨かは必ずしも明らかでありませんが、そのような届出を不適法とする理由は特にないと思われ、実務的には後者の理解に沿って対応すればよいでしょう。

3　不当利得法による処理

　原債権者（設問のB）は一般債権に対する配当として受けた超過配当（元本2080万円に対する4200万円配当に基づく2120万円の超過と損害金0円に対する35万円配当に基づく35万円の超過の合計2155万円が超過配当になります）を自己の有する劣後的破産債権部分（物上保証人から配当を受けた後に発生する損害金）に充当することができるでしょうか。これを認めると、超過部分のうち劣後債権相当額をBが保持することには法律上の原因があることになり、Cの不当利得返還請求権はそれだけ減少することになります。先の最決はこの点を明確にしていません（ただし、同最決の事案では破産終結に時間を要したこともあり劣後債権額たる開始後の遅延損害金が超過配当額を上回っていましたが、なお不当利得に言及していることからすると、劣後債権への充当を認めない趣旨といえそうです。また、同最決後に行われた不当利得返還請求訴訟で大阪地判平31.1.17金法2119号69頁は請求を認容しています）。この点、配当は債権者表に記載の確定債権額に配当率を乗じた額が口単位（なお、元本、利息、遅延損害金はそれぞれ発生原因を異にする別口の債権です）で行われ、口単位を超えて充当の可否を問題とする余地がないこと（最二小判昭62.12.18民集41巻8号1592頁参照）からすると、配当を受領した債権者の側で任意に別口の債権に充当することを認めるわけにはいかないというべきでしょう（もっとも、一般債権たる遅延損害金と劣後債権たる遅延損害金とを実体上の債権の口数として1口と捉えるか2口と捉えるかに応じて、破産開始前日までの遅延損害金部分に対する超過配当35万円を劣後部分たる損害金に充当することまではできると解するか、これもできないと解するかは考え方が分かれ得ると思われます）。ただし、一部弁済者の不当利得返還請求に対して原債権者が相殺の抗弁を主張することができることは別論です。設問でCが連帯保証人ならば、Cの不当利得返還請求に対してBが保証債権を自働債権とする相殺を抗弁することが可能です。結果として劣後債権部分の回収を是認することになります。ただ設問のCは物上保証人ですからBに対する関係で責任を負担するだけで債務を負担しておらず、Bは相殺を抗弁とすることはできないというべきでしょう。

〔服部　敬〕

Q 197 中間配当後の破産手続終了方法・寄託の方法

① 中間配当を行ったのですが、その後に想定外の財団費用が発生したため、最後配当を行うべき財団を形成することができませんでした。破産手続を終了させるためにはどのように処理すべきでしょうか。

② 中間配当においては、停止条件付債権、将来の請求権や別除権者の不足額等について一定の場合には配当額を寄託することとされていますが、この寄託は具体的にはどのような方法で行うべきでしょうか。

1 中間配当の実施

一応の換価が終了したことから配当を実施する場合、その配当手続として中間配当（破209）が考えられます。なお、否認訴訟などが係属中であって将来財団が増加する見込みがある場合であっても一応の換価の終了をもって最後配当（破195）を実施し、後の財団増加に伴う処理は追加配当（破215）に委ねるべきであるとする見解もあります（『伊藤』739頁参照）が、最後配当が終了して破産管財人の任務終了・計算報告の債権者集会（破88Ⅳ）が終了してしまうと裁判所は破産手続の終結決定（破220Ⅰ）をすることになり、これに伴い否認訴訟も当然に終了してしまうと解釈されることから、否認訴訟の継続が必要であれば、最後配当ではなく中間配当の実施にとどめて、否認訴訟の帰趨によって最後配当を判断するべきであるとするのが有力です（『条解』1326頁、『伊藤』739頁）。

中間配当を実施する場合、破産管財人は、停止条件付債権や将来の請求権である破産債権及び解除条件付債権で担保が供されていない破産債権についてはそれら債権に対する配当額を、別除権付破産債権について中間配当における除斥期間中に別除権の目的である財産の処分の着手の証明と不足額の疎明があった場合にはその疎明額に対する配当額を、それぞれ寄託する必要があります（破214Ⅰ③～⑤）。

2 中間配当後の破産手続の終了方法（設問①）

ところで、中間配当を実施したものの、その後に想定外の財団費用が発生したため最後配当の財源が確保できなかった場合の対応については争いがあり、①財団不足による破産手続廃止の決定（破217Ⅰ）をすべきであるとする見解、②最終回の中間配当を最後配当とみなして破産手続終結の決定（破220Ⅰ）をすべきであるとする見解、③常に形式的に最後配当の手続を履践した上で破産手続終結の決定をすべきであるとする見解、④中間配当において破産法214条1項3～5号の破産債権があって寄託がなされている場合には③の見解によりつつ、そうした破産債権がない場合には①の見解によるとする見解があります（『条解』1327頁）。

まず、①及び④の見解に対しては、破産手続廃止の決定によるという点に関して

中間配当を実施しながら財団不足を認めることができるのかという疑問が指摘されています。また、②の見解に対しても、最後配当とは手続が異なる中間配当をもって最後配当とみなすことへの疑問も指摘されています。

この点、中間配当において破産法214条1項3～5号によって配当金の寄託がされている場合、その寄託金について当該債権者に支払をするか、他の債権者への配当に充てるのか、いずれにしても破産手続において処理をする必要があります。そのため、少なくとも、中間配当による寄託がある場合には、その決着を付けるために最後配当を履践するべきであると考えられます（『伊藤』739頁、『債権調査・配当』475頁〔森晋介〕）。また、破産法の改正によって、最後配当の手続が簡易・迅速化されたことや関係する諸規定と無理なく説明ができるという観点からも、③の見解が妥当と考えられます（『破産法大系(1)』385頁〔髙木裕康〕、『条解』1327頁）。

これに対して、これまでの裁判所の運用では、最後配当に関する破産債権者の利益保護のための特別規定に基づく手続を省略しても破産債権者から異議の申立てがされる可能性がほとんどない事案には単純に破産手続終結決定をし、破産法214条所定の破産債権で未処理のものがある場合には形式的な最後配当手続を実質的に必要のあるもののみ履践した上で終結決定をしているといわれていますが（『注解下』599頁〔髙橋慶介〕、『条解』1327頁）、具体的な対応については、上記各見解を理解した上で、個別案件ごとに裁判所と破産管財人とで協議することが適当でしょう（『債権調査・配当』476頁〔森〕）。

3　中間配当における寄託（設問②）

上記のとおり、破産管財人は、中間配当において、停止条件付債権、将来の請求権及び解除条件付債権の破産債権に対する配当額ならびに別除権付破産債権の不足額として疎明があった額に対する配当額を寄託しなければなりません（破214 I ③～⑤）。これは、未確定の債権等についても破産手続中に確定する場合に備えてその配当額を確保し、未確定の債権者の保護を図ることを目的とした制度です。

この中間配当における寄託とは、破産管財人が破産財団に属する金銭を保管するため設定した金融機関の預金口座等（破規51参照）に入金することを示します。そのため、寄託金は、破産債権者ではなく破産財団に帰属し、例えば預託金に発生した利息は破産財団に属することとなります（『条解』1403頁）。これに対して、破産財団に属する金銭一般と中間配当額の寄託金とは、寄託の趣旨が異なるため、両者の保管口座を区別すべきであるという考え方も指摘されています（『条解』1403頁）が、実務上、どのような案件でも保管口座を区別するとなれば、かえって管財業務が煩雑になる場合も想定され、具体的案件ごとに区別の要否を検討するべきでしょう。

なお、最後配当までに停止条件の成就、将来債権の発生や別除権付破産債権の不足額の証明ができなかった場合には、その破産債権は最後配当から排斥され、中間配当での寄託金は他の債権者への配当へと充てられます（破214 III）。　　〔堀野桂子〕

434　［第8章］配当

Q 198 100％配当を実施した場合

① 確定した破産債権について100％の配当を実施しても、なお破産財団が残っている場合には、どのように処理したらよいのでしょうか。
② ①の場合、破産者が自然人であるときには、免責申立ては取り下げてもらうことになるのでしょうか。

1 100％配当

　破産手続開始の原因が支払不能又は債務超過にあり、かつ、破産手続費用もかかることからすれば、一般的には100％配当という事態は想定し難いところです。

　しかし、破産手続開始時において把握されていなかった新たな財産が発見された場合や、すでに把握している不動産や株式等の財産が想定を超える高値で換価できたといった事情により、破産債権総額を超える破産財団を形成できることもあります。また、破産手続開始後に破産財団に属する死亡保険金請求権が具体化する事例もあります（最一小判平28. 4 .28民集70巻 4 号1099頁）。他方で、破産財団に大きな変動はないものの、破産債権の時効による消滅や破産債権者からの放棄により、破産債権総額が減少した結果、100％配当となる場合もあります。

　いずれにしても、破産管財人においては、財団債権に対する弁済、確定債権に対する100％配当を実施すれば管財業務を終えることになります。

2 100％配当後の手続

　100％配当後に破産財団が残る場合、破産者が自然人の場合は、残余財産を破産者に引き継ぐことになります。

　破産者が法人の場合は、当然に残余財産を引き継ぐべき相手がいないので、方法としては、株主総会の決議などによって清算人を選任する（会478Ⅰ）、あるいは利害関係人の申立てにより裁判所に清算人を選任してもらう（会478Ⅱ）といった方法により、破産管財人から清算人に対し残余財産を引き継ぐことが考えられます。清算人は、通常の清算手続に従い、債務の弁済、株主への分配等を行うことになります。

3 任意の弁済

　では、破産管財人は届出のなかった劣後的破産債権等に対し、調査の上で任意に支払うことはできるでしょうか。

　破産手続開始後の遅延損害金など劣後的破産債権については、配当の見込みが低いため、当初から債権届出をしない事例も多く見受けられますが、100％配当後に破産財団が残ったとしても、届出をしていない以上配当を受けることはできません。

しかし、当該債権の種類、額、該当する債権者数、残余財産の額のほか、破産に至る経緯、破産手続に要した時間等の事案によっては、届出がなされなかった部分についても破産手続において弁済するのが相当という事案も想定できるところです。特に、破産者が自然人の場合「破産者に引き継ぐ前に破産債権者に弁済すべきではないか」という意見には十分首肯できるところです。また、法人の場合も清算手続における債務の弁済を待つことなく、破産手続において劣後的破産債権の全額を弁済する方が相当な事案も考えられます。

　破産者が自然人か法人かによっても異なり、また、破産管財人において届出のない破産債権についてどの程度把握できているか、該当する債権額、債権者数、残余財産の額等の事情にもよりますが、事案によっては裁判所の許可を得て、弁済することも検討すべきと考えられます（破78Ⅱ⑪）。

4　株主への分配

　さらに、破産者が法人の場合において、100％配当後に破産財団が残る場合、破産管財人は株主に対する分配を行うことができるでしょうか。

　通常、破産管財人は清算人に対して残余財産を引き継げば任務終了になりますが、事案によっては、例えば残った債務のないことが明らかで、清算業務は株主に対する分配のみであってその分配が容易にできるような場合、破産管財人において株主に対する分配を行った方がより簡明であって、合理的であると考えられる場合も想定できなくはありません。この場合、株主に対する分配は破産管財人の業務に当たるとはいえないので、価値判断としては前記3の未届出の破産債権者に対する弁済よりも消極的になると考えられます。あくまでも事案によりますが、裁判所の許可を得て、破産管財人において株主に対する分配を実施することも検討の余地はあるものと考えます（破78Ⅱ⑪）。

5　免責申立てへの対応

　破産者が自然人である場合、100％配当により破産債権の消滅が確実であれば免責決定の必要はなくなりますので、免責許可の申立ては取り下げてもらうことも考えられます。併せて、破産者が届出をした破産債権者全員の同意を得て破産手続廃止の申立てを行えば（破218Ⅰ）、この決定の確定によって当然に復権の効果を得ることができます（破255Ⅰ②。この場合、配当ではなく、任意の100％弁済を行うのと引き換えに破産債権者から同意を得るという方法も考えられます）。

　もっとも、自然人の場合、法人に比して債権の管理・把握が十分とはいえないことからすれば、破産債権者表に絶対に漏れがないとはいい切れない部分もあります。また、遅延損害金（特に破産手続開始後の分）については、前述のとおり債権届出はしないという破産債権者の存在も考えられます。このようなことから、実務においては諸般の事情を考慮して、債権の存在が疑われる場合には、免責許可決定を得ることで破産者の経済生活の再生の機会を確保することも検討されるべきと考えます。

〔平岩みゆき〕

Q 199 追加配当の要否

最後配当額の通知後に破産財団に属すべき新たな財産が発見されました。追加配当を行うべきでしょうか。すでに破産手続が終結しており、破産者において当該財産を処分していた場合はどうでしょうか。

1 追加配当に充てるべき財産

最後配当額の通知後に新たに配当に充てることができる相当の財産があることが確認されたときは、破産管財人は、裁判所の許可を得て追加配当をしなければなりません（破215Ⅰ）。

追加配当に充てるべき財産とは、具体的には、①異議等のある破産債権について破産債権の確定手続が係属していたため、供託されていた配当額（破202①・②）で、手続の結果、届出をした破産債権の全部又は一部が認められないことが確定したことにより、他の破産債権者に対して配当することが可能となったもの、②否認訴訟等で破産管財人の請求が認められ、破産財団に回復された財産、③破産管財人の錯誤などを理由として破産債権者から返還される配当金や税金の還付金、④最後配当の通知後などに新たに発見された財産などです（『伊藤』747頁、『条解』1409頁ほか）。

もっとも、①～④に該当する財産であっても、これを追加配当の対象とするには、配当費用なども考慮した上で相当のものでなければなりません。相当の程度に達しない場合には、当該事件の事情を考慮して、破産管財人に対する追加報酬として支給することも許されます（『手引』351頁〔金澤秀樹〕、『破産民再実務（破産）』500、543頁、『伊藤』748頁、『条解』1408頁）。

2 破産手続終結決定後に新たに発見された財産について

ところで、④の財産について、破産手続終結決定後に新たに発見された財産も追加配当の財源となし得るかは見解が分かれています。すなわち、ⅰ破産手続終結決定によって破産財団に対する破産者の管理処分権が回復することや取引の安全などを根拠に、破産法215条1項後段の規定にかかわらず、破産手続終結決定後に新たに発見された財産を追加配当の財源とすることはできないとする見解（山木戸克己『破産法』261頁（青林書院新社、1974年）ほか）と、ⅱ隠匿財産の場合はもともと破産財団に属し、破産管財人が最後配当の通知前に発見することができなかったに過ぎないにもかかわらず、破産終結後であることを理由に追加配当の財源とすることを否定するのは公正、公平の理念に反すること、破産手続開始時に破産者に帰属していた財産である限り、破産手続中に破産管財人に発見されなかったとしても、なお潜在的に破産管財人の管理処分権が及んでいると解されることなどを根拠に、破

産手続終結決定後に新たに発見された財産も追加配当の財源となし得るとする見解（松井洋「配当」『新・実務大系』450頁、『伊藤』747頁ほか）です。

　この点、破産終結後における破産者の財産に関する訴訟と破産管財人の被告適格について判断した最二小判平5.6.25（民集47巻6号4557頁参照）は、その理由中で「破産管財人において、当該財産をもって追加配当の対象とすることを予定し、又は予定すべき特段の事情があるときには、破産管財人の任務は未だ終了していないので、当該財産に対する管理処分権限も消滅しないというべきであるが、こうした特段の事情がない限り、破産管財人の任務は終了し、従って、破産者の財産に対する破産管財人の管理処分権限も消滅すると解すべきである」と判示しており、原則としてiの見解に立つことを明らかにしつつも、他方で、破産者が隠匿していたために破産管財人にその存在が知られなかった財産を破産終結後に発見した場合など、当該財産を追加配当の目的となるべき財産から除外するのが公正でないと考えられる特段の事情が認められる場合には、当該財産を追加配当の対象とすることも可能であるとする余地も残していると考えられます。

　なお、実務上は、最後配当の通知後などに新たな資産の発見があった場合には、破産管財人と破産裁判所が協議してその対応を検討しており、破産者が隠匿していた資産に限らず、破産管財人が看過した資産であっても、破産管財人が相応の資産を容易に取得・換価し財団を形成することができるときには、追加配当の対象とする運用も行われています（『破産民再実務（破産）』543頁、『手引』351頁〔金澤〕、『はい6民』414頁、『運用と書式』304頁）。もっとも、破産手続終結によって破産者の財産に対する管理処分権は復活している以上、破産者が当該財産をすでに第三者に譲渡していた場合には、当該財産を追加配当の対象とすることはできないと考えるべきでしょう（『伊藤』747頁）。

〔坂川雄一〕

第 **9** 章

税務

Q 200 個人の破産管財人の税務処理の概要

個人の破産管財人における税務の概要はどうなっていますか。

1 事業者と非事業者の異同

個人の破産者に関わる主な税金には、まず、①所得税、②住民税、③固定資産税・都市計画税及び④自動車税・軽自動車税があげられます。個人の破産者が事業者である場合には、さらに⑤消費税及び⑥個人事業税があげられます。

2 法人との違い

法人破産の場合は、破産手続開始決定日に当該事業年度（解散事業年度）が終了し、その翌日から清算第1期の事業年度が開始します（Q202参照）が、個人破産の場合は、個人事業者でも破産手続開始決定による事業年度の変更はありません。

3 所得税・消費税の申告

個人破産の場合は、破産手続開始の前後を問わず破産者自身に所得税及び消費税の申告義務がありますが、個人事業者の所得税や消費税について還付が期待できる場合等は、破産管財人が申告するなどすべきでしょう（『実践マニュアル』397頁以下。Q201参照）。財産の処分に伴う譲渡所得への非課税についてはQ201を参照してください（非事業者も同様です）。

4 破産財団に帰属する不動産・自動車・船舶等への課税

破産財団に帰属する資産についても、各種税金の賦課期日における所有者・所有名義人に対して課税がなされる関係上、破産者名義の資産であれば課税がなされます。そのため、資産を破産財団から放棄する時期を検討する場合、賦課期日の前日が目安になります（『実践マニュアル』214頁参照）。

不動産は、不動産の所在地の市町村において、賦課期日（1月1日）の所有名義人に対して固定資産税が課税されます（地税342 I 、343 I ・Ⅱ、359）。都市計画税の対象となる場合は都市計画税も課税されます（地税702 I 、702の6）。

自動車は、自動車の主たる定置場所在の都道府県において、賦課期日（4月1日）の所有者（所有権留保売買の場合は買主）に対して自動車税（種別割）が課税されます（地税146 I 、147 I 、177の8）。また、軽自動車等は、軽自動車等の主たる定置場所在の市町村において、賦課期日（4月1日）の所有者（所有権留保売買の場合は買主）に対して軽自動車税（種別割）が課税されます（地税443 I 、444 I 、463の16）。

船舶等は、主たる定けい場等所在の市町村において、賦課期日（1月1日）の所有名義人に対して固定資産税が課税されます（地税342 I ・Ⅱ、343 I Ⅲ、359）。

440 ［第9章］税務

5　還付を受けられる場合

所得税及び消費税の還付が受けられる場合は、実務上、破産管財人が確定申告をするなどして、還付を受けています。

(1)　源泉徴収及び予定納税の合計額が、納めるべき所得税額より多い場合

破産者が納めるべき所得税額から破産者が源泉徴収された金額や予定納税をした金額を控除しても控除しきれなかった場合、控除しきれなかった金額を記載した確定申告書を提出すれば（所得120Ⅰ⑥・⑧、123Ⅱ⑦・⑧）、当該金額に相当する所得税が還付されます（所得138Ⅰ、139Ⅰ）。ただし、自由財産となるべき収入から源泉徴収されている場合は、自由財産に属する部分を破産者に返還することも考えられます（『手引』399頁〔堀田次郎〕）。

(2)　純損失額を取り戻せる場合

破産者が青色申告をしている場合で、その年に純損失が生じているときは、純損失の繰戻しによる所得税の還付を受けることができます（所得140Ⅰ）。

(3)　仕入れに要した消費税額等を控除しきれない場合

課税標準額に対する消費税額から仕入れに係る消費税額を控除してもなお不足額がある場合は、不足額を記載した確定申告書を提出すれば（消税45Ⅰ⑤、46Ⅰ）、当該不足額に相当する消費税が還付されます（消税52Ⅰ）。

6　債務免除益への課税

免責許可の決定が確定したときは、個人破産者は、破産手続による配当を除き、破産債権について、その責任を免れます（破253Ⅰ柱書本文）。すなわち、債務免除益が生じるわけですが、この場合の債務者の課税処理は次のようになります。

債権者が法人の場合、債務の免除を受けた個人破産者は、事業所得（所得27）、一時所得（所得34）又は雑所得（所得35）を得たことになります。しかし、債務者が免責許可決定を受けた場合には、原則として債務免除益は収入金額に算入されません（所得44の2）。なお、贈与税は非課税です（相税21の3Ⅰ①）。

債権者が個人の場合、弁済が困難な債務の額は、贈与により取得したとはみなされません（相税8ただし書①）。破産債権のうち配当額を超える部分は「弁済することが困難である部分の金額」に当たります。所得税も原則として非課税です（所得44の2）。

最後に、事業者が、課税仕入れの相手方に対する買掛金等の債務について債務免除を受けた場合における当該債務免除は、仕入れにかかる対価の返還等に該当しないものとされています（消税通12-1-7）。つまり、債務免除が原因で、課税仕入れ等に係る消費税額が減少することはありません。よって、債務免除が原因で、納付税額が増加するということもありません。

〔松村昌人＝柴田義人＝権田修一〕

Q 201　個人事業者の破産における税務申告

　個人事業者の破産管財人は、破産者について所得税・消費税等の税務申告・納税をすべきでしょうか。破産管財人が建物の賃料や売却代金を受領した場合の「預り消費税」の扱いも含めて教えてください。

1　所得税

(1)　申告義務の所在及び財団債権性

　個人の所得に関しては、1月1日～12月31日に生じた所得を、翌年の申告時期に確定申告することとなっています（所得120）。個人が破産手続開始決定を受けた場合、開始決定日の属する年の所得に関しては、破産者自身が確定申告し、納税する義務を負います。その翌年以降破産手続が係属した場合においても同じです。破産管財人が所得を収受した場合（例えば、破産財団に属する不動産を賃貸し、賃料を得た場合）も同じです。開始決定日の属する年及び破産手続係属中に生じた所得にかかる所得税は破産債権ではなく、財団債権にもなりません。

　最三小判昭43.10.8（民集22巻10号2093頁）も「所得税は、…一歴年内における各個人の財産、事業、勤労等による各種の所得を総合一本化した個人の総所得金額について、個人的事由による諸控除を行なったうえ、これに対応する累進税率の適用によって総合的な担税力に適合した課税を行なうことを目的とした租税であって、所得源に応じて課税するようなことは、別段の定めのないかぎり、所得税法の予定しないところである。従って、納税者が破産宣告を受け、その総所得金額が破産財団に属する財産によるものと自由財産によるものとに基づいて算定されるような場合においても、その課税の対象は、それらとは別個の破産者個人について存する前述の総所得金額という抽象的な金額なのである」として、「所得税は、破産財団に関して生じた請求権とは認めがたい」としています。これによれば、開始決定の日の属する年以降の所得に対する所得税の申告・納税義務者は破産者個人ということになりますが、そうなると破産者の更生を阻害するおそれが高くなるといえますので、この点につき何らかの立法的な手当てが必要であると思料します。

　ただし、源泉徴収税、予定納税額の還付又は純損失の繰戻しによる所得税の還付ができる場合には、当該還付請求権は破産財団を構成することとなるため、破産管財人に申告権限があるものと解されます。実務上は、申告義務者は破産者個人であっても還付を受けるために破産管財人が申告を行ったり、破産管財人による申告を税務署が認めない場合には、破産者本人に申告してもらい、還付先として破産管財人口座を指定したりしているようです（『実践マニュアル』398頁）。

442　［第9章］税務

⑵　譲渡所得に関する非課税

　なお、破産管財人が破産財団に属する財産を処分することによって譲渡所得が生じても、破産者個人が資力を喪失して債務を弁済することが著しく困難である場合、破産者個人に対しても所得税は課税されません（所得9Ⅰ⑩、国通2⑩）。

2　消費税

　事業者の基準期間（個人事業者についてはその年の前々年。消税2Ⅰ⑭）の課税売上高が1000万円を超えている場合（消税9Ⅰ）又は前年の1月1日から6月30日までの期間の課税売上高（給与等支払額をもって代えることができます。消税9の2Ⅲ）が1000万円を超えている場合（消税9の2）は、事業者は国内において行った課税資産の譲渡等につき、消費税を納める義務があります（消税5Ⅰ）。個人事業者の場合、課税期間は原則1月1日～12月31日の期間です（消税19Ⅰ①）。

　事業者の破産管財人が破産財団に属する資産を処分した場合、破産管財人が消費税の申告・納税義務を負うか否か問題となります。名古屋高金沢支判平20.6.16（判タ1303号141頁）は、破産者が会社の事案に関し、破産財団は、破産法人の基準期間における課税売上高を引き継がない別の法的主体と解することはできず、破産法人が消費税法上の「事業者」として消費税の納税義務を負うと判示しています。この理は、個人事業者の場合でも同様と考えられます。消費税は人税である所得税と異なり物税であること、資産の譲渡等を行っているのは破産管財人であって、その帳簿類は破産管財人の下にあること、消費税を預かっているのは破産管財人であることなどを考慮すると、破産管財人が申告・納税を行うのが合理的であると考えられます。もっとも、税務実務においては、破産者が個人の場合、破産管財人名義の申告は受け付けられず、破産者名義で申告せざるを得ないこともあります（『実践マニュアル』397頁）。

　そして上記消費税は破産財団の換価により生じたものであり、破産管財人がこれを預かっていることを考慮すると、消費税は、破産法148条1項2号の「破産財団の管理、換価及び配当に関する費用の請求権」に該当し、財団債権になると考えられます。

　したがって、破産管財人が建物の賃料や売却代金を受領した場合の「預り消費税」に関しては、破産管財人又は破産管財人の指導の下で破産者自身が申告する必要があり、算出された消費税額は財団債権となります。

　なお、個人事業者の破産の場合には、法人破産の場合と異なり、破産手続開始決定により課税期間が変わることはありません。そのため、消費税の申告期限が来る前に破産事件が終了する場合には税務署との調整が必要であり、消費税法19条2項の課税期間短縮の特例を利用して申告納付を前倒しすることや国税通則法59条の予納申出をすることも考えられます（『実践フォーラム』157頁〔中川嶺発言〕、『はい6民』405頁）。

〔髙木裕康〕

Q 202　法人の破産管財人の税務処理の概要

法人の破産管財人における税務について、概要を教えてください。

1　事業年度

　破産法人が事業年度の中途において破産手続開始となった場合、法人税法上の事業年度の取扱いについては、その事業年度の開始の日から解散の日までの期間及び解散の日の翌月からその事業年度終了の日までの期間を、それぞれ一事業年度とみなすこととなっています（法税14Ⅰ）。事業年度は具体的には、①解散事業年度（事業年度開始日から破産手続開始日まで）、②清算事業年度（第1期。破産手続開始日の翌日から事業年度の末日まで）、③清算事業年度（第ｎ期。事業年度の末日の翌日から事業年度の末日まで）、④清算確定事業年度（事業年度の末日の翌日から残余財産確定の日まで）に整理されます。

2　対象となる税

　破産法人にかかわる主な税としては、①法人税・地方法人税、②消費税、③地方税があげられます。これらについて、破産管財人として必要な申告、納付等の手続きを検討することになります。また、管財業務に関連して源泉徴収義務や源泉所得税の納付義務が生じる場合があります（Q208参照）。以下では、法人税、消費税、地方税に関する破産管財人の業務の概要に述べます（なお、税金の交付要求に対する延滞税、延滞金の減免等を求めることも破産管財人の重要な業務となります。Q170を参照してください）。

3　法　人　税

　2010年度（平成22年度）の税制改正で、2010年10月1日以降に破産手続開始決定がされた法人管財事件についての法人税の申告方法が変わりました。すなわち、従来は清算所得課税制度が採用されており、法人の清算中の各事業年度の所得には法人税は課されず、残余財産が確定したときに清算所得が生じた場合に限って課税されていましたが、この改正で清算所得課税は廃止され、清算中も通常の所得課税を行うこととされました（法税5）。債務超過である破産法人に所得が生ずる場合としては、①資産を簿価よりも高価に処分したとき、②特定の債務につき債権者が免除を受けたときなどが考えられます（『手引』391頁〔堀田次郎〕）。また、この改正では期限切れ欠損金の損金算入制度が設けられました（法税59）。

　法人税は申告納税方式で、納付すべき税額について納税者の申告が必要であるところ、前記1の各事業年度において破産管財人に申告義務があるかは議論がありますが、破産管財人としては、各事業年度の税務申告を検討することになります。

　解散事業年度の所得に対する法人税は、破産手続開始日に納税義務が生じ、財団

444　［第9章］税務

債権になります。破産手続開始の日の翌日から原則として2か月以内に、申告する必要があります（**Q203**参照）。当該申告により還付を得られることもあり、無申告加算税の賦課を免れるためにも申告しておくのが無難です（還付請求の詳細は**Q203**を参照してください）。

清算事業年度については、確定申告書の提出期限は、①同様、原則として事業年度末日から2か月以内です。破産法人は債務超過であり所得が生じるのは前述のとおり限定的な場合に限られますが、前述の期限切れ欠損金を使用するには、確定申告が必要となります（**Q204**参照）。

清算確定事業年度については、確定申告書の提出期限は残余財産確定日から原則として1か月以内とされています。破産手続における残余財産がないことの確定日については、東京地裁では、破産財団所属財産全部の換価処分完了日としています（**Q204**参照）。

なお、法人税の納税義務のある法人は、2014年に成立した地方法人税法により、地方法人税の納税義務者となります（地方法人税法4）。

4 消費税（Q205、Q206参照）

消費税についても法人税同様、課税期間は前記1で述べた各事業年度となります。当該事業年度の消費税は、財団債権となります。各事業年度において破産管財人に申告義務があるかについては議論がありますが、納付すべき消費税が見込まれる場合には、確定申告を行うのが無難です（なお破産法人においても中間申告が必要となります）。解散事業年度の売上税額より仕入税額が多い場合や消費税額が当該事業年度の中間納付に係る消費税額を下回る場合には還付を受けることができ、これを検討するのも重要な破産管財業務です。

また、リース物件については、特段の必要性がある場合を除き手続開始後速やかにリース会社に返還するのが管財実務の原則ですが、2007年度（平成19年度）の税制改正により、賃借人がリース物件を返還して残存リース料について減額を受けたときは、代物弁済による譲渡と同様に減額された金額を課税売上に計上することになります。他方、破産者がリース取引につき会計上賃貸借処理を行っており、そのリース料の仕入税額控除について分割控除の方法をとっている場合、残存リース料の全額について仕入税額控除の対象とすることが可能で、このような見地から税務申告を検討することが必要です（『手引』398頁〔堀田〕）。

5 地方税（Q207参照）

申告納税方式による地方税（住民税・事業税など）については、法人税同様、前記1の各事業年度における税務申告を検討する必要があります。住民税については、法人税割と均等割からなり、均等割の部分は財団債権となるので、次年度以降の課税を避けるため事務所等の廃止届が必要となります。また、中間納付や過大納付等と関連して還付の可能性を検討する必要があります。

〔内藤　滋〕

Q 203　解散事業年度に係る税務申告

　法人の破産管財人による、解散事業年度にかかる税務申告について教えてください。

1　解散事業年度における法人税等の申告

(1)　還付を受けるための申告

　破産手続の開始によって会社は解散し、事業年度は終了します（Q202参照）。そこで、解散事業年度における法人税等の申告が必要となります。破産管財人に申告義務があるか否かについては議論がありますが、申告した方がよいとはいえます（Q202参照）。仮に申告義務がないとしても、破産財団に関する管理処分権の行使として申告を行うことができ、実務上も問題なく申告書は受け付けられています。破産に至った会社は大幅な赤字になっていることが通例で、法人税の納付が生じることはまれです。逆に納めた税金の還付を受けることも多く（後記2参照）、破産管財人にとって税務申告を行う動機になっているといえます。

(2)　税理士への依頼

　申告には税法及び実務の専門知識が必要なので、通常は税理士に依頼して行うべきです。破産者の従前の顧問税理士は破産者の状況が分かっているので一般的には依頼すると効率がよいといえます。もっとも、顧問税理士が顧問料の滞納等により受任に応じない場合や、能力に疑問がある場合には、別の専門家に依頼した方がよいでしょう（財団から税理士費用を支出できない場合の対応についてはQ204を参照してください）。

2　法人の破産で還付が受けられる場合

　解散事業年度にかかる税務申告で法人の破産管財人が還付を受けられるのは次のような場合です。消費税や地方税についてはQ205とQ207も参照してください。

(1)　欠損金が生じている場合（法税80等）

　中小企業者等以外の法人の1992年4月1日～2020年3月31日の間に終了する各事業年度において生じた欠損金額については原則として繰戻還付ができませんが（租特66の13Ⅰ本文）、内国法人の解散等は例外とされており（租特66の13Ⅰただし書、法税80Ⅳ）、法人は破産手続開始決定により解散するので（会471⑤等）、破産管財人は繰戻還付を受けて財団を増殖することができます。具体的には、破産者が継続的に青色申告法人であり（法税80Ⅳ）、解散事業年度又は破産手続開始前1年以内に終了した事業年度に欠損金額が生じていて（法税80Ⅳ）、欠損金額が生じた事業年度（欠損事業年度）の確定申告書を提出期限までに提出している場合には（法税80Ⅲ）、破産手続開始後1年以内に請求することによって（法税80Ⅳ）、欠損事業年度の開

446　[第9章] 税務

始の日前1年以内に開始したいずれかの事業年度の所得に対する法人税の額の一部について繰戻還付を請求することができます（法税80Ⅳによる80Ⅰの準用）。

(2) 過大申告による過納金がある場合（法税70等）

税法解釈や計算の誤りによって破産者による過大な申告・納税がなされている場合は、法定申告期限から5年以内に限って税務署長に対し更正の請求をすることができます（国通23Ⅰ）。税務申告書に記載した純損失等の金額が過小である場合、又は純損失等の金額の記載がない場合は例外的に法定申告期限から10年間更正の請求が可能なので注意しましょう。事実を仮装して経理すること（粉飾）による過大申告があった場合も法定申告期限から5年以内であれば職権による更正は排除されませんが、納め過ぎた税金は直ちには還付されず、当該事業年度開始の日から5年以内に開始する各事業年度の所得に対する法人税の額から順次控除するのが原則です（法税70Ⅰ）。しかし、破産者はその後の法人税額発生の余地がないので、控除されていない残額は直ちに破産管財人に還付する扱いとなっています（国税不服審判所裁決昭46.9.27裁決事例集2集26頁参照）。

(3) 利子及び配当等につき源泉徴収されている場合（法税78）

破産者が解散事業年度に利子及び配当等の支払を受けて源泉徴収（所得212Ⅲ）されているときは、源泉徴収された金額のうち解散事業年度の法人税額から控除（法税68Ⅰ・所得174）しきれなかった部分を解散事業年度の確定申告書に記載することにより（法税74Ⅰ③）、還付を受けることができます（法税78Ⅰ）。都道府県民税における法人税割から控除しきれなかった利子割の還付についても同様です。

(4) 中間申告により納税しているとき（法税79等）

破産者が解散事業年度において中間申告（法税71Ⅰ本文）に係る法人税を納付（法税76）しているときは、解散事業年度の法人税額から控除（法税74Ⅰ④）しきれなかった部分を解散事業年度の確定申告書に記載すれば（法税74Ⅰ⑤）、還付を受けることができます（法税79Ⅰ）。消費税・地方税についても同様です（消税53Ⅰ、地税17の3Ⅰ反対解釈。**Q205及びQ207**参照）。

(5) 仕入れに要した消費税額等を控除しきれないとき（消税52）

解散事業年度における売上げに対する消費税額から仕入れに係る消費税額等を控除しきれないときは、控除しきれない金額を確定申告書に記載することにより（消税45Ⅰ⑤、46Ⅰ）、還付を受けることができます（消税52Ⅰ。**Q205**参照）。

〔須藤英章＝柴田義人〕

Q 204 清算事業年度及び清算確定事業年度に係る
税務申告

法人の破産管財人による、清算事業年度及び清算確定事業年度に係る税務
申告について教えてください。

1 所得課税

破産手続開始決定を受けた内国法人については、当該開始決定の日の翌日から始
まる事業年度（清算事業年度）についても、また、残余財産が確定した事業年度
（清算確定事業年度）についても、通常の事業年度と同様に、所得に応じて課税され
ます（法税5）。すなわち、当該事業年度の益金から損金を控除した所得金額が発
生すれば、青色欠損金の控除を越える部分は法人税が課税されます（Q202参照）。
期限切れ欠損金の損金算入によって法人税課税を回避するには、法人税の申告が必
要となります（法税59Ⅳ参照）。

税理士費用を破産財団から支出できず申告を税理士に依頼することができない場
合、破産した法人の過去の申告と連続したかたちでの申告をすることは困難です。
そこで、破産管財人が把握し得る情報をもって申告書を作成・提出することも実務
上認められています。そのような場合における破産管財人の法人税の申告方法につ
いては、多比羅誠＝植木康彦「平成22年度税制改正後の清算中の法人税申告におけ
る実務上の取扱いについて」（NBL941号（2010年）8頁）などが参考になります。

2 清算事業年度の税務申告

(1) 所得金額の計算

破産した法人に所得が生じる場合としては、債務免除益や資産譲渡益等の益金
（清算確定事業年度において、破産手続終結による法人消滅（破35）により、配当が受け
られなかった債権が消滅する場合にも生じ得ます。最二小判平15.3.14民集57巻3号286頁
参照）が青色欠損金を超えて発生する場合が考えられます。ただし、そのような場合
に常に法人税が課税されると円滑な清算を阻害することがあるため、2010年度
（平成22年度）税制改正により、内国法人が解散（破産）した場合で残余財産がない
と見込まれるときは、清算中に終了する事業年度前の各事業年度に生じた欠損金額
のうち、いわゆる期限切れ欠損金について、青色欠損金及び災害損失欠損金の控除
後かつ適用する事業年度の事業税の損金算入前の所得金額を限度として、損金の額
に算入することが認められます（法税59Ⅲ、法税令118）。

なお、清算事業年度においては、各種準備金の損金算入（租特55Ⅳ④、57の8Ⅴ
④）、圧縮記帳の適用（法税50Ⅰ等）、特別償却や特別控除（租特42の4等）等の特例
が認められていませんが、貸倒引当金の損金算入（法税52Ⅰ）、欠損金の繰越控除
や繰戻還付（法税57、58、80、租特66の13Ⅰ。Q203参照）等は認められています。

また、利子及び配当に対する源泉所得税がある場合には、法人税額の計算上、法

448 〔第9章〕税務

人税額から控除され、そもそも納付する法人税額が「０円」の場合には還付されますので、法人税の申告の際には検討を忘れないようにしてください。

(2) 期限切れ欠損金の特例を適用するために必要な法人税申告書の添付書類

１のとおり、期限切れ欠損金を使用するには法人税の申告が必要となります。この申告の際には「残余財産がないと見込まれることを説明する書類」を法人税申告書に添付することが求められますが（法税規26の６Ⅲ）、この「書類」は破産手続開始決定の写しでよいと解されています（国税庁平成22年６月30日付課法２－１ほか１課共同「法人税基本通達等の一部改正について」（法令解釈通達）の趣旨説明）。

(3) 申告期限

清算事業年度の確定申告書の提出期限は、通常の事業年度と同様に、事業年度末日から２か月以内です（法税74Ⅰ）。なお、解散事業年度と同様に、提出期限の延長の特例を受けている場合には１か月間の延長が認められます（法税75の２Ⅰ）。

3 清算確定事業年度の税務申告

(1) 所得金額の計算

前記２(1)記載の取扱いのほか、清算確定事業年度においては、事業税額を当該事業年度の損金の額として計上する（法税62の５Ⅴ）等、残余財産確定のために注意すべき事項があります。

(2) 申告期限

清算確定事業年度の確定申告書の提出期限は、残余財産確定日から１ヵ月以内とされており、残余財産確定日から１か月以内に残余財産の最後の分配又は引渡しが行われる場合には（なお、破産手続における配当は「残余財産の分配」には該当しません）、その前日までが提出期限とされています（法税74Ⅱ）。なお、提出期限の延長の特例の適用は認められません（法税75の２Ⅰは、法税74Ⅰの場合を適用対象としており、法税74Ⅱの場合を適用対象としていません）。

(3) 残余財産がないことの確定日

東京地裁では、残余財産がないことの確定日を、破産財団に属する財産全部の換価処分を完了した日であると解しています（『手引』387頁〔堀田次郎〕）。破産管財人としては、換価処分の完了後、速やかにその結果を記載した収支報告書を裁判所に提出して、清算確定申告を行い（消費税の還付がある場合は消費税の確定申告も行います。Q206参照）、必要な還付を受けるなどして（Q203参照）、事案によって配当をすることになります（『手引』387頁〔堀田〕）。

4 法人税以外の租税

法人が土地の譲渡等をした場合に、通常の法人税とは別に、その所有期間に応じて一定の割合による追加課税を行う土地重課税の制度（租特62の３Ⅰ、63Ⅰ）については、1998年１月１日～2020年３月31日にした土地の譲渡等には適用されません（租特62の３ⅩⅣ、63Ⅶ）。なお、消費税及び地方税についてはQ205及びQ206（消費税）ならびにQ207（地方税）を、破産管財人の源泉徴収義務についてはQ208を、それぞれ参照してください。

〔篠田憲明〕

Q 205　消費税の申告等　①
──解散事業年度

　法人の破産管財人が解散事業年度（通常の事業年度の開始の日から破産手続開始決定日まで）において消費税の申告を行うのは、どのような場合ですか。

1　消費税に関する基礎知識

(1)　みなし事業年度

　消費税の課税期間は、法人の場合は事業年度の期間です（消税19Ⅰ②）。破産手続開始決定がなされると法人は解散し（会471⑤、一般法人148⑥、202Ⅰ⑤等）、もともとの事業年度開始の日から解散の日（破産手続開始決定日）までの期間が、事業年度とみなされます（いわゆる解散事業年度。消税2Ⅰ⑬・法税14Ⅰ①）。なお、個人事業者の課税期間は、原則として1月1日～12月31日の期間であり、破産手続開始決定によって変更されません（消税19Ⅰ①）。

(2)　申告納税方式

　消費税は、税務申告が必要であり、納付すべき税額の確定の手続は申告納税方式（ただし、消費税に係る加算税は賦課課税方式です）によります（国通16Ⅰ①・②）。

(3)　納税義務の成立及び（具体的）納期限

　消費税の納税義務は、原則として課税資産の譲渡等の時（外国貨物については保税地域からの引取りの時）に成立します（国通15Ⅱ⑦。ただし、工事の請負に係る資産の譲渡等の時期や小規模事業者に係る資産の譲渡等の時期については特例が設けられています。消税17、18）。他方、消費税の納期限はおおむね**【別表】**のとおりです。解散事業年度の消費税は、「破産手続開始決定前の原因に基づいて生じた租税等の請求権」であり、破産手続開始当時、まだ「納期限」（破産法における「納期限」は、具体的納期限を指すものと解されています（『一問一答』190頁、『書記官事務』356頁）が到来していないものであり、財団債権となります（破148Ⅰ③）。

2　課税の対象

　消費税の課税対象は、原則として、国内において事業者が事業として対価を得て行う資産の譲渡、貸付及び役務の提供と外国貨物の輸入です（消税4）。ただし、国内において行われる「資産の譲渡等」（消税2Ⅰ⑧）であっても、土地や土地の上に存する権利の譲渡及び貸付け（なお、1か月に満たない期間貸し付ける場合や駐車場その他の施設の利用に伴って土地が使用される場合には課税対象となります。消税令8）、その他消費税法別表第一に掲げるものには消費税は課されません（消税6）。したがって、破産管財業務において特に注意すべき資産の譲渡等は、建物の譲渡と商品の譲渡です。これに対し、株式等の有価証券の売却金（ゴルフ会員権の売却金を

450　　［第9章］税務

【別表】法定納期限と具体的納期限

法定納期限	具体的納期限
期限内申告に伴う納付の場合の当該申告書の提出期限（消税49。具体的には、課税期間の末日の翌日から2月以内である。消税45Ⅰ）。 　なお、外国貨物については、原則として課税貨物を保税地域から引き取る時（消税50）。	期限内申告の場合には、法定納期限と一致（国通35Ⅰ）。 　期限後申告や修正申告の場合には、申告書提出の日（国通35Ⅱ①）。 　更正等の場合には、更正通知書等が発せられた日の翌日から起算して1月を経過する日（国通35Ⅱ②）。

除きます）、土地売却金、土地の賃料は原則として非課税取引となります。

　なお、リースの特殊な取扱いについては、**Q202**及び『手引』394頁以下〔堀田次郎〕を参照してください。

3　消費税の計算

　消費税は、原則として課税期間中の課税標準（消費税が課される取引の売上金額から消費税及び地方消費税を控除した税抜きの金額）に係る消費税額から課税期間中の課税仕入に係る消費税額を控除して消費税の納付税額を計算します（消税30以下）。例えば、破産会社が販売した商品の返品や割戻し等があった場合には、課税標準額に対する消費税額から売上げに係る対価の返還等に係る消費税額を控除されますので（国税庁タックスアンサーNo.6359参照）、商品の返品等が多額に上り、課税標準に係る消費税額よりも課税仕入に係る消費税額が多くなる場合には、消費税の還付の可能性があります。また、貸倒処理に伴い控除不足額が発生する場合も（消税39）、還付が生じる可能性があります（『実践マニュアル』401頁）。

4　解散事業年度における確定申告

　解散事業年度に係る破産管財人の申告義務の有無については議論がありますが、解散事業年度に課税資産の譲渡等があり納付すべき消費税が見込まれるときには、免税事業者（消税9等）に該当しない限りできる限り確定申告を行うのが無難です。もっとも、財団規模に照らし税務申告費用を賄うことができないような場合や経理データ・資料が存在せず現実問題として正確な申告ができないような場合には、税務申告を行わない場合もあり得るでしょう（『実践マニュアル』394～395頁）。

　解散事業年度における確定申告は、課税期間の末日の翌日から2か月以内に行います（消税45）。納付すべき消費税は、前記のとおり原則として納税者の申告によって確定し（国通16Ⅰ①）、法定申告期限に財団債権として納付します（国通35、消税49、破148Ⅰ③）。

　破産した法人が免税事業者である場合は、破産管財人に消費税の申告・納税の義務は生じません。免税事業者となる要件は、①課税期間に係る基準期間（法人については原則としてその事業年度（解散事業年度）の前々事業年度）における課税売上高が1000万円以下であり、かつ②その事業年度（解散事業年度）の前事業年度開始の

日から6か月間の課税売上高又は給与等支払額が1000万円以下であることとなっています（消税9Ⅰ、9の2Ⅰ・Ⅲ・Ⅳ）。

5 還付を受けるための申告（消税45①、46①、52、53）・更正等（消税54、55）

(1) 仕入れに係る消費税額の控除不足額の還付（消税52）

解散事業年度の売上税額よりも仕入税額が多い場合には、差額の還付を受けることができます。免税事業者は還付を受けられません。

(2) 中間納付額の控除不足額の還付（消税53）

解散事業年度の消費税額が当該事業年度にすでに納付した中間納付に係る消費税額を下回る場合には、当該消費税の還付を受けることができます。

(3) 更 正 等

消費税法上の還付を受けるための更正等には、確定申告等に係る更正等による仕入に係る消費税額の控除不足額の還付（消税54、国通24、26）、及び、確定申告等に係る更正等による中間納付額の控除不足額の還付（消税55、国通24、25、26）があります。

税法解釈や計算の誤りなどによって過大な申告納税がなされているときは、原則として、過大な申告をした事業年度の法定申告期限から5年以内に限って税務署長に対し更正の請求をすることができます（国通23）。他方、当局による増額更正処分の期間制限も従来の3年から5年に延伸され、扱いが統一されています。なお、前課税期間の消費税額等の更正等に伴う更正の請求に関しては、請求の期限・手続についての特例が設けられています（消税56）。

〔三森　仁〕

Q 206 消費税の申告等 ②
──清算事業年度・清算確定事業年度

　破産した法人の破産管財人が清算事業年度や清算確定事業年度において消費税の申告を行うのはどのような場合ですか。清算事業年度において、中間申告が必要になる場合はどのような場合ですか。

1　みなし事業年度

　消費税の課税期間は、法人の場合は事業年度の期間とされています（消税19Ⅰ②）。株式会社や一般社団法人、一般財団法人（以下「株式会社等」といいます）が解散したときは、解散日の翌日又はその後毎年その日に応当する日（応当する日がない場合にあっては、その前日）から始まる各1年の期間が清算事務年度となります（会494Ⅰ、一般法人227Ⅰ）が、株式会社等について破産手続開始決定がなされた場合には、当該株式会社等は解散するものの（会471⑤、一般法人148⑥、202Ⅰ⑤）、破産手続が終了するまで清算手続が開始しません（会475①、一般法人206①）。そのため、税法上はみなし事業年度の規定（法税14Ⅰ①・⑨）が適用され、破産手続開始決定の日の翌日から通常の事業年度の終了の日までがみなし事業年度（以下「清算事業年度」といいます）となります。したがって、破産した株式会社等の破産手続開始後の最初の消費税の課税期間は、破産手続開始決定の日の翌日から、通常の事業年度の終了の日までとなります。

2　破産管財人の業務と消費税の納税義務

　消費税は、国内において事業者が行う「資産の譲渡等」について課税されるものとされており（消税4Ⅰ）、事業者は、国内において行った課税資産の譲渡等につき消費税を納める義務があります（消税5Ⅰ）。「資産の譲渡等」とは「事業として対価を得て行われる資産の譲渡及び貸付け並びに役務の提供（代物弁済による資産の譲渡その他対価を得て行われる資産の譲渡若しくは貸付け又は役務の提供に類する行為として政令で定めるものを含む。）をいう」（消税2Ⅰ⑧）とされており、破産管財人が破産財団に属する財産を処分し換価する行為が、「資産の譲渡等」に該当して破産管財人に消費税の申告・納税義務が生ずるかという点が問題となり得ます。

　この点については、破産法上の担保権消滅許可申立手続の規定のなかで、破産管財人が行う財産の売却に消費税が課されることを前提とした定めがあること（破186Ⅰ①・Ⅳ）や、消費税法に清算手続中の法人についても消費税を課す旨の規定があること、破産手続が開始された法人についても清算中の所得に関する予納申告や納付についての法人税法上の規定の適用が認められるとする判例（最三小判平4.10.20判時1439号120頁）があることなどを理由に、現在の破産管財実務では、破産した法人の破産管財人に清算事業年度の消費税の確定申告及び納付義務があり、

Q206　消費税の申告等 ②　　453

清算事業年度の消費税の納付義務は、破産財団の管理、換価及び配当に関する費用の請求権（破148 I ②）として財団債権になるという取扱いになっています。

なお、破産した法人が免税事業者である場合は、破産管財人に消費税の申告・納税の義務は生じません。免税事業者となる要件は、課税期間に係る基準期間（法人については原則としてその事業年度の前々事業年度）における課税売上高が1000万円以下の場合（ただし、2013年1月1日以降に開始する事業年度については、その事業年度の前事業年度開始の日から6か月間の課税売上高又は給与等支払額が1000万円以下であることも要件となります）となっています（消税9 I、9の2 I・Ⅲ）。

以上のとおり、現在の破産管財実務においては、破産した法人の破産管財人が破産財団に属する課税資産の譲渡等を行ったときは消費税の納税の義務が生じるという扱いですので、破産管財人が課税資産の譲渡等を行う場合には、契約書等の締結に際しては消費税額を明確にすべきです。例えば、破産管財人が、買主において取り壊し予定である建物を対価なしで譲渡しようとする場合には、消費税が課されないように契約書の上でも建物の対価が「0円」であることを明示すべきでしょう。

3 消費税の申告

破産した法人の破産管財人が、清算事業年度内に国内において課税資産の譲渡等を行ったときは、各清算事業年度の末日の翌日から2か月以内に、消費税の確定申告をする必要があります（消税45 I 柱書本文）。国内において課税資産の譲渡等がなく、かつ、納付すべき消費税がない場合には、消費税の確定申告をする義務はありません（消税45 I 柱書ただし書）が、消費税の還付がある場合には、消費税の確定申告をすることができます（消税46 I）ので、このような場合には、破産管財人は破産財団の増殖のためには確定申告をすべきであるといえます。

清算中の法人につきその残余財産が確定した場合には、当該法人の当該確定した日の属する清算事業年度（以下「清算確定事業年度」といいます）の消費税の確定申告は、その残余財産の確定した日の翌日から1か月以内（当該期間内に残余財産の最後の分配が行われる場合には、その行われる日の前日まで）にしなければなりません（消税45Ⅳ）。したがって、破産した法人についても、その破産管財人は、破産手続における破産財団の換価が終了し財産が確定した日の翌日から1か月以内に清算確定事業年度の消費税の確定申告をしなければなりません。清算確定事業年度の消費税について還付を受けることができる場合（例えば、清算確定事業年度の課税売上に係る消費税額よりも、破産管財人報酬等の課税仕入れに係る消費税額の方が多く、控除不足が生ずる場合）には、当該還付金も破産財団の一部を構成することとなりますので、還付のための確定申告をすることを検討すべきです。

4 消費税の中間申告

法人（免税事業者を除きます）の場合、前事業年度（以下「前課税期間」といいます）の消費税（地方消費税を除きます）の年税額が48万円を超える場合は、消費税の中間申告をしなければなりません（消税42）が、これは破産した法人の破産管財人

による申告の場合も同様です。なお、中間申告をすべき事業者が、提出期限までに中間申告書を提出しなかった場合でも、提出期限において中間申告書の提出があったものとみなされます（消税44）。

中間申告期限と中間納付額は、前課税期間の確定消費税額（地方消費税を除く）に応じて、次のとおりとなります。

(1) 4800万円を超える場合

課税期間開始の日以後1か月ごとに区分した各期間（年11回）につき、その各期間の末日の翌日から2か月以内に、前課税期間の確定消費税額の12分の1を納付します。

(2) 400万円を超え4800万円以下の場合

課税期間開始の日以後3か月ごとに区分した各期間（年3回）につき、その各期間の末日の翌日から2か月以内に、前課税期間の確定消費税額の12分の3を納付します。

(3) 48万円を超え400万円以下の場合

課税期間開始の日以後6か月の各期間（年1回）につき、その各期間の末日の翌日から2か月以内に、前課税期間の確定消費税額の12分の6を納付します。

いずれの場合も中間申告に際して、仮決算に基づいて申告・納付することが認められており、中間申告の対象期間を一課税期間とみなして仮決算を行い、それに基づいて納付すべき消費税額及び地方消費税額を計算することもできます（消税43Ⅰ）。前課税期間における確定消費税額が多額であった一方で、そのまま中間申告・納付をすればその後の確定申告による還付となることが確実で、中間申告による納付が破産財団にとって負担となるような場合には、破産管財人は、仮決算に基づく消費税の申告・納付をすることを検討することになります。なお、この仮決算による申告の場合、計算した消費税額がマイナスとなっても還付は受けられません。

5　消費税の納付

破産管財人が破産財団に属する課税資産の譲渡等をしたことに基づき申告（中間申告書の提出があったとみなされる場合を含みます）した消費税については、申告書の提出期限が納期限となります（消税48、49）。

〔上野　保〕

Q 207 法人破産における地方税の申告

法人の破産管財人は地方税について申告すべきでしょうか。また、地方税について注意すべき点があれば教えてください。

1 地方税の申告

破産手続中の法人にも地方税（住民税、事業税等）の申告義務があるところ、破産管財人に法人税予納申告義務を認めた最三小判平4 .10.20（判時1439号120頁）の判旨に照らせば、地方税についても破産管財人に申告義務があると解されるおそれがあります。不申告罪や不申告加算金等を免れるため、できる限り申告することが望ましいでしょう。また、確定申告による税額が中間申告による納付額に満たない場合の中間納付額の還付、仮装経理による過大納付税額の還付、地方消費税の還付など、申告によって過去に納税した税金の回収ができる場合も少なくないため、地方税の申告を行うかどうかの判断に際しては、このような還付の可能性の検討も必要になります（植木康彦『会社解散・清算手続と法人税申告実務［第2版］』192〜193頁（商事法務、2015年）参照）。

2 地方税について注意すべき点

⑴ 法人住民税、法人事業税について注意すべき点

破産手続開始後のもののうち、法人住民税（道府県民税・都民税、市町村民税・特別区民税）の均等割の部分は財団債権（破148Ⅰ②）になると解されるため（『手引』395頁〔堀田次郎〕）、次年度の課税を避けるため事業所等の廃止届を提出しておくことが考えられます。なお、法人住民税の法人税割の部分及び法人事業税は、劣後的破産債権（破99Ⅰ、97④）とする見解（『手引』395頁〔堀田〕）のほか、財団債権とする見解（『注釈下』25〜26頁〔籠池信宏〕）もあります。

⑵ 固定資産税・都市計画税、自動車税等について注意すべき点

固定資産税・都市計画税は毎年1月1日、自動車税（及び軽自動車税）は毎年4月1日を賦課期日として、それぞれ同日現在所有者として登記・登録されている者（ただし、割賦販売等により所有権留保された（軽）自動車は買主になります。地税145Ⅱなど）、償却資産は原則として買主（地税342Ⅲ、10の2Ⅱ、地方税法の施行に関する取扱いについて（市町村税関係）3－1－1－10）に課されます。破産手続開始後の固定資産税等は財団債権（破148Ⅰ②）になるため（『手引』395頁〔堀田〕参照）、放棄や廃棄すべき固定資産（未登記建物や、機械、船舶等も含みます）がある場合は、賦課期日の前日までに処分することが望まれます。また、廃棄済みの償却資産が償却資産課税台帳に記載されたままになっていることも少なくないため、固定資産税の納付時には注意が必要です。　　　　　　　　　　　　　　　　　〔大場寿人〕

Q208 破産管財人の源泉徴収義務

破産管財人の源泉徴収義務について教えてください。

1 破産管財人の源泉徴収義務・納付義務

　破産管財人が、その業務を遂行するために履行補助者として旧従業員を雇い、あるいは税理士等に業務を依頼した場合には、その給与・報酬の支払について、破産管財人は源泉徴収義務と納付義務を負います（所得183、199、204）。したがって、破産管財人はこれら履行補助者の給与等の支払の際に、所得税を源泉徴収し、その徴収の日の属する月の翌月10日までに、財団債権（破148Ⅰ②）としてこれを納付しなければなりません。不納付の場合には延滞税・不納付加算税が課せられる（国通60Ⅰ⑤、67）ほか、罰則が定められています（所得240、242③）。

　納税地については、破産会社の所在地とするのが一般的な運用と思われますが、所得税法17条が「納税地は、その者の事務所、事業所その他これらに準ずるものでその支払事務を取り扱うもののその支払の日における所在地とする」としており、最二小判平23.1.14（民集65巻1号1頁）が、所得税法204条1項の支払義務者を破産者ではなく破産管財人としていることからすると、破産管財人たる弁護士の事務所所在地という解釈も成り立つものと思います。

2 破産管財人報酬等に対する源泉徴収義務・納付義務

　弁護士報酬は、源泉徴収・納付義務の対象であるところ（所得204Ⅰ②）、弁護士である破産管財人は、これまでの破産管財実務では自らの破産管財人報酬についてあまり源泉徴収をしていませんでしたが、前掲最二小判平23.1.14は破産管財人に自らの報酬について源泉徴収義務・納付義務があるとしました。破産管財人は、破産管財人代理を裁判所の許可を得て選任した場合（破77Ⅰ）の破産管財人代理の報酬についても、源泉徴収義務を負うことになります（『本書旧版』391頁〔髙井章光〕、『伊藤』348頁）。

　なお、非事業者（個人）の破産の場合、所得税法204条2項2号は、個人事業者以外の個人からの報酬等については源泉徴収義務の対象外としているため、破産管財人報酬について破産管財人は源泉徴収義務を負わないという考え方が一般的であり（池本征男「判批」月刊税務事例43巻（2011年）6号1頁）、また実務においてもそのような対応をしているものと思われますが、前掲最二小判平23.1.24は、破産者ではなく破産管財人を所得税法204条1項の「支払をする者」としていることから、同法204条2項2号との関係においても、支払義務者が破産管財人であって、破産管財人は個人事業者以外の個人には該当しないため（古田孝夫「判解」『最判解民〔平成23年度・上〕』19頁）、事業主でない個人が破産者である場合であっても破産

管財人は自らの報酬について源泉徴収義務を負うとの議論が生ずる余地があり、注意が必要です。

3　破産債権・財団債権である賃金・退職金債権に対する源泉徴収義務

　前掲最二小判23.1.14は、源泉徴収義務が課される場合は、退職手当等の支払をする者と支払を受ける者とが「特に密接な関係」があることが前提であるとし、破産管財人が退職金債権に対して破産配当を行う場合には源泉徴収義務は生じないとしました。したがって、一般的には、優先的破産債権や財団債権たる未払賃金債権などについても、源泉徴収義務の対象外となります（『伊藤』348頁、『手引』402頁〔堀田次郎〕）。なお、そもそも、破産配当は所得税法における「支払」とは異なる一種の訴訟行為であるとし、それゆえに源泉徴収義務は生じないとする考えも有力です（山本和彦「破産管財人の源泉徴収義務に関する検討」金法1845（2008年）12頁、『破産法大系(2)』76頁〔伊藤尚〕）。

　また、破産手続開始前に解雇予告がなされていたり、破産管財人が解雇等を実施したりした場合において、破産手続開始後から解雇の効力が生じるまでの比較的短期間における賃金支払に関しての破産管財人の源泉徴収義務についても争いがあります。このような短期間の雇用においては「特に密接な関係」は成立していないとして、源泉徴収義務を認めない考え方があります（『破産法大系(2)』75頁〔伊藤〕）が、破産管財人において当該従業員に破産管財事務の補助を命じるなど、実際にその労働力を利用したような場合においては、その給与支払において、「特に密接な関係」が成立したとして源泉徴収義務が認められる場合もあると考えます。

4　未払賃金がある雇用契約を破産手続開始後も継続する場合の取扱い

　未払賃金がある状況において、雇用契約が継続したまま破産手続が開始された場合においても、その未払賃金の支払に際して源泉徴収義務の対象外としてよいのかについては、議論の余地があるところです。

　すなわち、破産管財人が雇用を継続した場合に、破産手続開始前の未払賃金については「特に密接な関係」がないことを理由として源泉徴収義務の対象外とし、しかしながら、破産手続開始後において発生する賃金の支払については源泉徴収義務を負うとする取扱いも考えられるところですが、他方において、未払分を含めた賃金支払い時点において「特に密接な関係」か否かを判断すべきものであり、未払分も含めて源泉徴収義務を破産管財人は負うという考え方もあります。この後者の考え方においては、破産法53条1項に基づき雇用契約の履行選択を破産管財人がした場合に、破産手続開始前の未払分について源泉徴収義務を認め、履行選択した場合でなければ、破産手続開始後に雇用したとしても破産手続開始前の未払分については「特に密接な関係」がなく、源泉徴収義務は認められないとする考え方（『ソリューション』293頁〔木村真也〕）や、雇用契約の履行選択に限らず、破産管財人の意思で破産手続開始後に雇用している場合には、破産手続開始前の未払分について

458　　［第9章］税務

も源泉徴収義務を認めてよいとする考え方（『破産法大系(2)』74頁〔伊藤〕）があります。

　破産管財人が、破産手続開始後の賃金について源泉徴収を負う地位にあるのであれば、雇用契約の履行選択をしたか否かにかかわらず、破産手続開始前の未払賃金の支払に対して源泉徴収を行うことについて、それほど多くのコストが別途に生じるわけではないため、一連の雇用期間を一体として評価した上で、破産手続開始前の未払分を含めて「特に密接な関係」を認め、源泉徴収義務の対象となるという考え方には説得力があると思います。なお、前述の破産配当の場合にはそもそも源泉徴収義務は生じないという考え方の場合には、破産手続開始後に雇用を継続していたとしても、破産手続開始前の未払分が優先的破産債権である場合には、当該配当に対して源泉徴収義務は生じることはないことになります。

5　源泉徴収を実施せずに支払をした場合

　破産管財人が、源泉徴収義務があるにもかかわらず、源泉徴収をせずに支払先に全額を支払った場合、実務においては、全額の支払を受けた者において税金の納付手続を行うことで対応することが多いように思われます。

　しかしながら、最三小判平23.3.22（民集65巻2号735頁）は、強制執行をもって未払賃金全額の回収が行われた場合であっても、雇用主は依然として源泉徴収義務を負っていると判示していますので、破産管財人が源泉徴収義務を負っているにもかかわらず、源泉徴収をせずに全額を労働者に支払ってしまったとしても、源泉徴収義務は消えることなく残っていると考えられます。

　他方、労働者の退職手当が優先的破産債権として全額支払がなされたような場合、源泉徴収義務を破産管財人は負っていないため、破産者が源泉徴収義務を負っていることになりますが、前掲最三小判23.3.22によれば、当該破産者の源泉徴収義務は消えずに残っていることになります。この破産者の納付義務は破産手続においては劣後的破産債権（破99Ⅰ①・97④）となります（『伊藤』349頁、『条解』1004頁）。

〔髙井章光〕

Q 209 破産債権者における税務処理

破産債権者における税務処理について教えてください。

1 破産手続開始の申立てがあったものの債権者の事業年度末までに破産手続が終結しなかった場合

(1) 債権者が銀行等又は資本金1億円以下の普通法人等の場合

債務者について破産手続開始の申立てがあったときは、債権者が銀行・保険会社・公益法人等・資本金1億円以下の普通法人等である場合（以下「銀行等」といいます）、銀行等の事業年度末において、以下の**ア**又は**イ**の金額を無税の「個別評価貸倒引当金」として引き当て（間接償却）、税務上損金処理することができます（法税52Ⅰ、法税令96）。

ア 形式基準

当該債務者に対する個別の金銭債権の額から、担保権及び保証（金融機関又は保証機関によるもの）による取立てなどの見込みがあると認められる金額を除いた額の50％の額（法税令96Ⅰ③）となります。この形式基準では、破産手続開始の申立てがあった事実を開始決定通知書等により証明できれば、実際の取立不能見込額が50％以上であることを証明する必要はなく、社長の個人保証による回収可能性を考慮する必要もありません。

イ 実質基準

債務者の実質債務超過の状態が相当期間継続し、事業好転の見通しがない等の事由により、50％を超える回収不能見込額を証明できれば、当該回収不能見込額（法税令96Ⅰ②）となります。この「実質基準」における証明のためには、証拠書類の提出等、債務会社及び破産管財人等の協力が不可欠となります。また、実質基準の場合、社長の個人保証による回収見込額も考慮する必要がありますが、保証人保有資産からの回収が見込まれず、保証人の年収額が保証債務額から担保物等の価額を控除した額の5％未満であれば、引当金の算定上は、保証による回収額を考慮しないことができます（法税通11－2－7。佐藤友一郎編著『法人税基本通達逐条解説［9訂版］』1072頁（税務研究会出版局、2019年））。

(2) 債権者が銀行等を除く資本金1億円超の普通法人の場合

2011年の法人税改正により、債権者が銀行等を除く資本金1億円超の普通法人の場合、個別評価貸倒引当金の損金算入（無税処理）は認められなくなっています。

(3) 有税の個別評価貸倒引当金

上記(1)により無税間接償却できる額を超えて貸倒引当金を引き当てた部分は、税務上は有税の貸倒引当金となります。

⑷　取立不能見込額として表示した貸倒引当金

　事業年度末までに破産手続が終結していないため、税務上直接償却ができない場合でも、破産手続開始決定により「破綻先」となり、金融商品会計基準等に基づき、貸倒引当金繰入れの表示に代えて取立不能見込額として表示した場合（控除方式を含みます）、当該取立不能見込額の表示が財務諸表の注記等により確認でき、かつ、貸倒引当金繰入れであることが総勘定元帳及び確定申告書により明らかにされていれば、当該取立不能見込額は、税務上貸倒引当金勘定への繰入額として取り扱われます（法税通11－2－1。佐藤・前掲書1063頁）。

２　債権者の事業年度末までに破産手続が終結した場合

⑴　破産以外の法的整理等での認可決定等による貸倒損失

　更生計画又は再生計画の認可決定、特別清算に係る協定の認可決定などにより切り捨てられることになった部分の金額は、当該事業年度に、貸倒れとして損金の額に算入するとされています（法税通９－６－１。形式基準による直接償却）。損金経理が要件とされていないため、債権者が「貸出金償却」などとして損失計上していなくても損金算入されます（佐藤・前掲書967頁）。

⑵　破産終結による貸倒損失

　ところが、法税通９－６－１には、破産債権の貸倒損失については規定されていませんので、破産手続終結の際には、法税通９－６－１の形式基準ではなく、法税通９－６－２の実質基準により貸倒損失処理する取扱いとなっています。実質基準による直接償却の場合は、債務者の資産状況・支払能力等から見て債権が全額回収不能でなければならず、担保物があるときは処分した後でなければならず、一部でも回収見込額がある場合は無税直接償却できません。破産手続が終結しても必ずしも全額回収不能とはいえないため、債権者は、全額回収不能であることの証拠資料を揃える必要があります。なお、実質基準の直接償却では、「全額が回収できないことが明らかになった事業年度において」貸倒損失として損金経理が必要であり、損失処理を翌期以降に繰り延べることはできません（佐藤・前掲書969頁）。

⑶　最終処理損失時の貸倒引当金の取扱い

　実質基準により破産債権者の最終貸倒損失処理がなされた場合、前期以前に貸倒引当金が引当て済みであれば、当該貸倒引当金の戻入益は、銀行等では「目的使用」等として、決算上は貸倒損失とネット表示されますので、すでに十分な貸倒引当てがなされていれば、破産終結後の最終損失処理が行われた事業年度においては決算上の追加損失は計上されないことになります。

〔山谷耕平〕

第**10**章

免責

Q 210　免責不許可事由と裁量免責

① 免責不許可事由の具体的な事例はどのようなものでしょうか。投機的な取引の失敗や浪費、詐術など、免責不許可事由が疑われる場合、申立代理人としてどのように対応したらよいのでしょうか。
② 裁量免責は、それぞれどのような場合に認められているのでしょうか。結果として免責不許可になるケースはどの程度あるのでしょうか。

1　免責不許可事由の具体的な事例

　免責不許可事由は、破産法252条1項各号に定められています。限定列挙であり、これら各号に定められた事由が存しない限り、免責は許可されます（破252Ⅰ柱書）。破産会社の代表者が破産会社の財産を隠匿したり毀損したりしても、原則としてこれら各号には該当しません。代表者個人の免責不許可事由該当性は、代表者個人の破産財団との関係で検討されるべきだからです（『はい6民』428頁。『注釈下』671頁〔石川貫康〕。なお、「特集 破産免責制度における理論と実務」債管154号（2016年）128頁以下も参考になります）。

　免責不許可事由のうち実務上問題となることが多いのは、①不当な財団価値減少行為（破252Ⅰ①）、②不当な債務負担行為・不利益処分（破252Ⅰ②）、③不当な偏頗弁済（破252Ⅰ③）、④浪費等による財産減少・債務負担行為（破252Ⅰ④）、⑤詐術による信用取引（破252Ⅰ⑤）、⑥説明義務違反（破252Ⅰ⑧・⑪）です。

(1)　不当な財団価値減少行為（破252Ⅰ①）

　債権者を害する目的で、支払不能後に破産財団に属し又は属すべき財産を費消・第三者に贈与又は廉価処分した場合です。破産管財人に財産の存在を秘匿して引き継がない場合も隠匿に該当することがあります。東京地決平24.8.8（判時2164号112頁）は、破産者が賃料収入の入金される預金口座を財産目録に記載せず、破産管財人の調査中に賃料の振込先を変更しようとした行為などが該当するとしています。

(2)　不当な債務負担行為・不利益処分（破252Ⅰ②）

　破産手続の開始を遅らせる目的で、支払不能であることを知りながら、著しく不利益な条件で債務を負担した場合や信用取引で商品を購入して著しく不利益な条件で処分した場合です。いわゆるヤミ金などの高利の業者からの借入れや、クレジットカード等の信用取引で購入した商品の廉価処分などが典型例です。

(3)　不当な偏頗弁済（破252Ⅰ③）

　特定の債権者に特別の利益を与える目的、又は他の債権者を害する目的で、特定の債権者に対して弁済や担保供与などの偏頗的行為をした場合です。ただし、本旨

464　　[第10章] 免責

弁済は該当しません。

(4) 浪費等による財産減少・債務負担行為（破252Ⅰ④）

「浪費」とは、破産者の地位、職業、収入及び財産状態に比して通常の程度を超えた支出をすること（東京高決平16.2.9判タ1160号296頁）とされています。「賭博その他の射幸行為」には、競馬、パチンコなどのギャンブルなどのほか、先物取引やFX取引などの投機的取引が含まれます。ただし、これらの行為と著しい財産減少や過大な債務負担との間に相当因果関係がない場合は該当しません。

(5) 詐術による信用取引（破252Ⅰ⑤）

破産手続開始申立ての日の1年前から破産手続開始決定があった日までの間に、支払不能であることを知りながら、氏名等や負債額・信用状態などについて、相手を誤信させて借入れをしたり、信用取引をしたりして財産を取得した場合です。虚偽の事実を述べる等の積極的な言動が「詐術」に該当することはもちろんである一方、支払不能状態であることを告知しない等の消極的な態度が「詐術」に該当するかどうかは、裁判例も判断が分かれています（仙台高決平4.10.21判タ806号218頁〔積極〕、大阪高決平2.6.11判時1370号70頁〔消極〕）ので、慎重な対応が求められます。

(6) 説明義務違反（破252Ⅰ⑧・⑪）

裁判所による調査に対して説明を拒んだり虚偽の説明をしたりする場合（破252Ⅰ⑧）や、説明義務（破40Ⅰ①）や調査協力義務（破250Ⅱ）など法が定める義務に違反する場合（破252Ⅰ⑪）です。破産申立書や財産目録に事実と異なる記載をした場合（破252Ⅰ①にも該当し得ます）や破産管財人による調査に理由もなく応えなかった場合などが該当します。

2 免責不許可事由が疑われる場合の対応

申立代理人として、依頼者の破産に至る経緯を把握する過程で、免責不許可事由が疑われる事情が判明した場合、まず、十分な聴き取りを行って、それらの事情が免責不許可事由に該当するかどうかを慎重に検討する必要があります。

具体的には、投機的取引や浪費であれば、それらの行為の時期や費消された金額から財産減少又は債務増加との因果関係を検討したり、詐術であれば、その時期や態様を検討したりすることが欠かせません。その上で、申立代理人として、それらの事情が免責不許可事由に該当しないと判断した場合は、申立てに当たって、その検討結果（浪費があったとしても過大な債務負担は別の原因によって生じているなど）も裁判所に報告すべきでしょう。このような誠実な説明は、裁判所においても、申立人に有利な事情として考慮されることが望まれます。

一方、慎重な検討の結果、免責不許可事由ありと判断したときは、そうだとしても一切の事情を考慮して免責を許可することが相当な場合に当たる（裁量免責。破252Ⅱ）かどうかを検討し、裁量免責の見込みがあるといえるなら、その検討結果の報告とともに、破産申立てを行うべきでしょう。その場合、同時廃止事件での申

Q210 免責不許可事由と裁量免責　　465

立てもあり得るところと考えます。免責不許可事由があるとしても、管財事件（いわゆる「免責調査型」）の申立てに限定されるとまで捉える必要はないでしょう。免責不許可事由があって裁量でしか免責が許可される見込みがないとしても、免責不許可事由の程度には軽微なものから悪質なものまで相当な幅があり、一律に破産管財人による調査まで必要とは限りません（この点につき、同時廃止事件における裁量免責の判断の限界を指摘する東京高決平26.7.11判タ1470号109頁がありますが、同決定も同時廃止事件における裁量免責の可能性を否定する趣旨とまでは解されません）。

　なお、裁量免責の見込みもないと判断せざるを得ないときは、任意整理や個人再生手続を検討することになろうかと思います。

3　裁量免責が認められる場合

　裁量免責の当否を判断するに当たり、どのような事情が考慮されているかについて、免責不許可事由ごとに詳しく記載された論考として、平井直也「東京地裁破産再生部における近時の免責に関する判断の実情（続）」判タ1403号（2014年）5頁があります。この論考によれば、投機的な取引や浪費がある場合は、裁量免責の当否を判断する当たり、それらの行為の態様・程度（費消した金額の多寡及びこれらの行為を継続していた期間・時期等）のみならず、破産者が破産手続に誠実に協力したか否かや、他の免責不許可事由の有無、程度等も考慮されています。また詐術がある場合は、詐術による借入額の多寡、行為の悪質性、債権者の免責意見の有無・内容及び破産者の破産手続への協力の有無等が考慮されています。さらに説明義務違反では、義務違反の内容、程度及び義務違反が破産手続に与えた影響等が考慮されます（なお、上記論考に先行する、原雅基「東京地裁破産再生部における近時の免責に関する判断の実情」判タ1342号（2011年）4頁もあります）。

　これらを踏まえると、裁量免責が認められるかどうかの判断に当たって、破産管財人による調査等に対する破産者の誠実性や協力の程度が重要な要素のひとつであることは明らかといえます。申立代理人には、このような実情について破産者に十分に説明し、破産者が能動的に破産管財人の調査等に協力するよう、促すことが求められます。

4　免責不許可となるケースの割合

　大阪地裁の場合、免責事件の終局事件数に占める免責不許可の割合は、2012〜2018年で毎年0.1％程度にとどまっており、免責不許可となる割合は非常に少ないといえます（尾河吉久「大阪地方裁判所における破産事件の運用状況」金法2110号（2019年）39頁）。例えば、2018年であれば、免責事件の終局件数5201件のうち、免責許可5112件、免責不許可8件、その他81件であり、免責不許可事由があっても、裁量免責で柔軟に対応されていることがうかがわれます。

　ただし、この「その他」のなかには、免責不許可になるおそれが高いとの裁判所からの心証開示を受けて、免責申立てを取り下げた事案が一定程度含まれると思われることに注意が必要です。

〔河野ゆう〕

Q 211　免責観察型の管財手続

　免責不許可事由があるとして、裁判所から免責観察型の管財手続を指示されました。予納金は一括して支払わなければならないでしょうか。予納金以上の積立てを求められることはあるでしょうか。それぞれ積立額や期間はどの程度になるのでしょうか。開始決定後の生活状況の変化によって積立金額の減額や延長は認められるのでしょうか。

1　免責観察型の管財手続

⑴　意義と内容

　免責観察型の管財手続とは、免責不許可事由に該当する行為の内容及び程度が重大であり、そのままでは免責許可決定をすることが困難な破産者について、大阪地裁が行っている運用のひとつです。保護観察のように、破産管財人が一定期間、破産者の家計管理状況等について観察・指導・監督を行うことで、経済的更生に向けた破産者の意識や家計管理能力を評価し、その結果報告及び裁量免責の当否に関する意見申述を行って、裁判所がこれを裁量免責事情の一要素として考慮して免責の判断をするものです。

　具体的には、破産管財人は、①家計収支表及び家計簿の各作成を破産者に指導し、②毎月1回破産者と面談をして生活状況の報告を受け、破産者が作成した家計収支表等の提示を受けてその内容を確認し、必要に応じた指導を行います。なお、後記のように予納金を分納する場合には、予納金の分割組入金を受領します。

⑵　対象となる事案

　同時廃止を希望して破産申立てがされたケースで、免責不許可事由が存在し、裁量免責のためには訓戒、反省文、家計簿作成等の処置では不十分と判断された場合が主な対象事案です。このほか、免責不許可事由の存在を考慮して、免責観察型を希望して管財事件として申し立てられた事案も対象となることがあります。

2　免責観察型管財手続における予納金・積立金の取扱い

⑴　予納金の引継方法

　大阪地裁の場合、管財事件では、裁判所に官報公告費用相当額の予納金を、破産管財人に引継予納金（原則20万円及び発送用郵券相当分5000円）を納付する必要がありますが、免責観察型の対象となる事案では破産者の経済的事情から上記引継予納金を準備できないことも少なくないので、一件記録上換価すべき財産がない事案では、引継予納金相当額の分納が認められます。もっとも、他の換価業務が存在する事案では分納は許されず、引継予納金全額が準備できた時点で開始決定がされます。

Q211　免責観察型の管財手続　467

分納が認められる場合、まず破産者が官報公告費用を裁判所に予納し、引継予納金の内金5万円と発送郵券相当分を準備できた時点で、破産手続開始決定がなされます。

　その後、破産者は予納引継金残額15万円について、破産管財人から免責に関する経済的生活指導を受けるのと同時並行で、3～6か月の期間内に分納することになります。分納型の場合は、分納予定に関する破産者・申立代理人連名の上申書提出が必要となります。

(2) 引継予納金を超える積立ての要否

　ア　原則として破産管財人は、上記引継予納金の金額（原則20万円）以上の積立ては求めないものとされています。

　しかし、免責不許可事由への該当行為の内容、程度、破産者の現在の収入及び支出状況等を勘案して、裁量免責事情の補完のためにさらなる積立てをして、債権者に対して按分弁済することが必要かつ可能と判断した場合、例外的に破産管財人は追加積立てを破産者に指示することができます。その具体的な積立金額、期間、分配方法は破産管財人、破産者、申立代理人との協議によって決定することになります。この場合も破産者・申立代理人連名の上申書提出が必要です。

　イ　この追加積立分については、引継予納金と異なり、直接破産管財人が受領するのではなく、原則として、申立代理人の預り口座に保管し、最終的には申立代理人において按分弁済を行うことになりますので、破産管財人としては、その旨を申立代理人と協議し、理解を得ておく必要があります。

　また、追加積立てを要するものと判断した破産者から自由財産拡張の申立てがされた場合、破産管財人から当該破産者に対し、上記積立てを要するという理由で当該申立て自体を取り下げさせることはできません。自由財産拡張と裁量免責は趣旨が異なる別個の制度であって、これらを連動させることは妥当でないからです。

(3) 積立金額の減額・期間の延長等

　破産管財人は、再生に向けた破産者の努力の状況、積立状況、按分弁済の実績、破産管財人への協力等を総合的に判断して経済的更生の見込みがあるかどうか、免責不許可事由との対比において裁量免責事由が十分かどうか、あるいは債権者の意見申述等を全般的に観察した上で免責に関する意見書を提出することになります。

　したがって、破産手続開始決定後に破産者の生活状況が変化した場合であっても、他の判断要素との相関的な考慮によっては、予納金の積立てがおよそ不可能な状況に陥った場合や著しく重大な免責不許可事由該当行為が新たに判明した場合等を除き、なお積立金額の減額・期間の延長も認められる余地があります。個別具体的な事情によることですので、破産管財人及び裁判所と早急に協議を行ってこれを決すべきです。

〔鈴木嘉夫〕

Q212 免責調査の方法・意見書の作成方法

破産管財人は、免責の当否を判断するのが悩ましい事案において、免責不許可事由の存否、裁量免責の当否に関して、どのような調査を実施するとよいでしょうか。また、意見書を作成する際の留意点について教えてください。

1 免責不許可事由の存否の調査・判断

免責不許可事由は、申立書の記載、転送郵便物、通帳やクレジットカードの履歴、債権調査票及び債権者からの免責に関する意見書等が発見の端緒となります。そして、免責に問題があると判断される事案では、さらなる資料収集や破産者に説明を求める等して、免責不許可事由該当性の調査をする必要があります。

免責不許可事由の有無の判断に当たっては、まずもって、免責不許可事由が破産法252条1項各号のものに限定され、その要件も相応に厳格であることを理解しておくことが重要です（Q210参照）。

単に破産者が社会的に不誠実な行動をとっているというだけでは、免責不許可事由に該当しません。また、例えば、破産法252条1項3号に該当する弁済は、非本旨弁済に限られ、かつ一定の主観的要件がありますし、同4号の「浪費」は、単に高額な支出をしたというだけでは足りず、「著しく財産を減少させ又は過大な債務を負担した」という程度に至っていることが必要となります。さらに、同5号は、詐術を用いて「財産を取得した」ことが要件となっており、詐術を用いて返済を免れた場合や他人が財産を取得した場合は含みません。

2 裁量免責に関する調査・判断

破産管財人は、形式的に免責不許可事由が存在したとしても、明らかに免責不相当と判断される場合を除き、直ちに免責不許可意見を提出するべきではなく、裁量免責（破252Ⅱ）に関する事情を調査する必要があります。

裁量免責の判断は、破産者の属性、破産者が債務を負った事情や破産に至った事情、免責不許可事由の性質・重大性・帰責性、被害回復の有無・程度、破産債権者の属性や破産者との関係・与信内容・与信に至った経緯や与信後の債権管理状況・現在の態度や意見内容、破産者の経済的再生に向けた努力や意欲、破産手続への協力の有無や程度などの事情を調査の上、総合的に判断することとなります。もっとも、免責制度は破産者の経済的再生を図るための制度ですから、免責不許可事由が一見悪質でも、管財手続への協力や開始決定後の生活状況等を十分に観察し、破産者の経済的再生が期待できるのであれば、裁量免責相当の意見を提出すべきと考えられます（『実践マニュアル』490頁）。

そのため、裁量免責に関する調査においては、破産者の過去の行為について確認

するだけでなく、破産者に有利な事情として斟酌すべく、事案に応じて破産者に対し、訓戒及びそれを踏まえた反省文の提出、家計収支表の提出及び家計指導等の相当措置の指示を検討するべきです。

　また、免責不許可事由に該当する行為の内容や程度、破産者の資産、現在の収支状況等を勘案して、必要かつ可能と判断される場合には、相当措置として引継予納金を超える金額の積立てを破産者に示唆することも考えられます（**Q211**参照）。

3　免責に関する意見書を作成する際の留意点

(1)　免責相当の意見を提出する場合

　免責不許可事由該当性が疑われる事情がない場合、免責に関する意見書には、免責不許可事由がない旨を記載すれば足ります。

　これに対し、免責不許可事由該当性が疑われる事情がある事案において、結果として免責不許可事由なしと判断する場合や免責不許可事由該当性が認められるものの裁量免責相当と判断した場合、意見書には、そのような判断に至った理由を具体的に記載するべきです。特に、裁量免責のための相当措置が実施された場合には、その内容について記載するとともに、破産者によって作成された反省文や家計収支表等を証拠として提出すべきでしょう（『はい6民』421頁など。なお、免責に反対する債権者がいる場合については、**Q213**を参照してください）。

(2)　不許可意見を提出する場合

　例えば、重大な免責不許可事由があり、かつ開始決定後の破産管財業務への協力を拒否し又は悪質な資産隠匿が認められる場合には、免責不許可意見を提出せざるを得ないと考えられます。とはいえ、免責不許可意見を提出すべき事案は、極めて例外的な事案であることから、例えば大阪地裁の運用では、提出を視野に入れた段階で、事前に裁判所に相談することが求められています（『はい6民』422頁等）。

　そして、意見書の作成においては、免責不許可事由に該当する理由と裁量免責の判断に当たって考慮すべき事情について、破産者に有利な事情も含めて、詳述するべきです。また、免責不許可決定の理由は証拠に基づいて認定される必要がありますので、意見書の提出に当たっては、これら証拠が揃っているかを確認し、当該証拠を意見書に添付する必要があります。特に、免責不許可決定に対しては即時抗告がなされることが予想されますので、その理由及び証拠が抗告審でも耐え得るものかという視点も極めて重要です。

(3)　免責意見の提出時期

　免責に関する意見書は、財産隠匿が後に判明し得ること、説明義務違反が問題となること、財産状況報告集会で債権者から意見が述べられることもあり得ることなどを踏まえると、決して慌てて提出する必要はありません。十分に調査を尽くし、また、管財業務に破産者の協力を求める必要もなくなった時点で提出すればよく、一般的には、換価終了時か債権調査期日が目安になるものと考えられます。

〔山崎道雄〕

Q 213 免責に反対する債権者が存在する場合の対応

破産管財人は、免責に反対する債権者がいる場合には、どのように対応したらよいでしょうか。その留意点について教えてください。

1 免責に関する債権者の意向を知る方法

免責に反対する債権者がいることは、①申立代理人から引き継がれた債権疎明資料（債権調査票の免責意見欄の記載等）、②裁判所や破産管財人に対する何らかの申入れや働きかけ、③裁判所に対する免責についての意見申述（破251）、④財産状況報告集会での意見や質問などにより判明します。また、債権者が破産手続開始決定に対して即時抗告した場合や破産管財人に対して破産者に関する情報提供や問い合わせなどがなされた場合にも、当該債権者がそのような意向を有していることがあります。

債権者の免責に関する意見には、後記のとおり、管財業務の手助けとなるべき情報等が含まれていますので、それらを見落とすことがないよう、債権疎明資料を確認し、債権者からの申入れ等には丁寧に対応・聴取することが重要です。

2 免責に反対する債権者がいる場合の留意点

いずれの方法でなされたものであっても、債権者の免責に関する意見には、免責不許可事由（破252Ⅰ）が指摘されている場合があります（破規76Ⅱ）。この場合、破産管財人の行うべき免責不許可事由に関する調査の端緒が顕れているのですから、まずは申立代理人に認否や反論を促すとともに、自ら積極的に調査を行う必要があります（『実践マニュアル』493頁）。

さらに、免責に反対する債権者は、免責の許否や自らの意見に関する調査結果に興味を有しており、その後に何らかの行動をとることが考えられます。そこで、債権者がとるであろう行動に備えた準備を行うことも検討してください。

(1) 財産状況報告集会への出席・質問

免責に反対する債権者は、財産状況報告集会に出席することがあります。集会において管財業務に関する説明を円滑に進めるためには、資料配布等が有用です。また、債権者から、自らの意見に関する調査結果や破産管財人の免責に関する意見について質問がなされることも想定し、適切な説明・対応を事前に検討しておくとよいでしょう。債権者の反対感情が激しい場合には、調査結果のみでなく調査方法などについての説明が必要となる場合もあります（『はい6民』421頁）。

(2) 破産管財人の免責に関する意見書等の閲覧・謄写

債権者は利害関係人として、破産管財人が裁判所に提出する書類の閲覧・謄写を請求することができます（破11Ⅰ・Ⅱ）。破産管財人はいかなるときでも適切な報告書・意見書を作成しなければなりませんが、免責に反対する債権者がいる場合に

は、それら債権者の閲覧に供される場合があることを念頭に、管財業務に関する報告書や免責に関する意見書等に債権者から指摘を受けた免責不許可事由に関する調査結果を記載することも検討してください。

(3) 反論書の提出・免責決定に対する即時抗告

　債権者は、免責に関する意見書等を閲覧した結果、不服がある場合には、裁判所に対して反論書を提出することが考えられます（これを裁判所が職権で考慮対象とすることができることは、後記3のとおりです）。裁判所が免責許可決定を行った場合でも、債権者は当該決定に対して即時抗告を行うことができます（破252Ⅴ）。

　反論書が提出されるなど債権者の反対感情が激しい場合には、裁判所も、即時抗告のなされる場合があることを念頭に、判断に至る事実認定等を詳しく記載した決定書を作成します。破産管財人は、上記事実認定の基礎となる証拠を提出しなければなりませんが、この段階から調査結果の証拠化を始めることは困難であるため、調査実施中から、証拠化を意識した記録を行っておくことが求められます。

　なお、反論書が出された場合に、破産管財人が追加調査や意見書の追加提出をする必要があるかについては、裁判所と協議を行うこととなるでしょう（『手引』359頁〔伊藤孝至〕）。

3　財産状況報告集会で突然に意見が述べられた場合の対応

　財産状況報告集会に出席した債権者が、集会の場で初めて、破産者の免責について事実を指摘したり反対意見を述べたりすることがあります。この場合、意見申述期間経過後であることから、裁判所としては、当該指摘等を考慮することなく免責の許否を判断することもできますが、職権で当該指摘等を考慮することもできます。裁判所が追加調査の必要性を認めた場合には、当該集会で破産手続が終了する予定であったとしても、続行期日が指定され、破産管財人は次回集会期日までの間に改めて調査を行うこととなります（『運用と書式』314頁、『はい6民』189、421頁）。

4　その他

　債権者の免責に関する意見のなかには、単なる感情論や非免責債権であることを基礎付ける事実の主張に過ぎないものもありますが、それらのなかにも、破産者の財産隠匿に関する情報や、破産者や破産者が代表者であった法人の財産の使途に関する情報が含まれていることがあります。これらの情報は、財産調査や破産に至る原因に関する調査の手助けとなることがあります。

　また、債権者の免責に関する意見が単なる感情論や非免責債権制度と混同した主張等であった場合でも、破産管財人が制度について丁寧に説明することで債権者の納得を得られることがあります（『実践フォーラム』273頁〔久米知之発言ほか〕）。さらに、債権者からの問い合わせに注意深く対応しておくことで、集会の場で初めて意見が述べられるという事態を予測・回避することができることもあります。

　債権者から免責に関する意見がなされた場合には、積極的に調査を行うことのみならず、当該債権者に丁寧に対応することも重要であるといえるでしょう。

〔洞　良隆〕

Q 214 非免責債権

非免責債権にはどのようなものがあるのでしょうか。非免責債権であることは、いつ、誰が判断するのでしょうか。

1 非免責債権とは

免責許可決定が確定すると、自然人である破産者は、破産債権について責任を免れます（破253Ⅰ本文）。しかし、政策的な理由から、一部の破産債権には免責の効力が及びません（破253Ⅰただし書）。このような債権を非免責債権といいます。なお、財団債権や別除権、取戻権は、そもそも免責の対象となりません。

2 非免責債権の種類

破産法253条1項各号は、非免責債権として、①租税等の請求権、②破産者が悪意で加えた不法行為に基づく損害賠償請求権、③破産者の故意・重過失による人の生命・身体を害する不法行為に基づく損害賠償請求権、④養育費や婚姻費用など一定の親族間の義務、⑤雇用関係に基づく使用人の請求権等、⑥破産者が知りながら債権者名簿に記載しなかった請求権及び⑦罰金等の請求権を定めています。

3 実務的に問題となることが多い非免責債権

(1) 租税等の請求権（破253Ⅰ①）

国庫等の収入確保の観点から非免責債権とされたものです。同号が対象とするのは、破産債権である租税等の請求権のみですが、財団債権である公租公課も、前記1のとおり免責の対象ではなく、結局、公租公課は、すべて免責の対象とはなりません。

「租税等の請求権」は、国税徴収法又は国税徴収の例によって徴収することのできる請求権を指します（破97Ⅰ④）。公的機関の有する債権であっても、上水道使用料など、法律上このような規定のない請求権は、免責の対象となります（Q167参照）。このため、租税等の請求権に当たるかどうかは、それぞれの請求権の根拠となる法律を確認する必要があります。また、生活保護費に関する費用返還請求権（生保63）や費用徴収権（生保78）のように、法改正により、近時租税等の請求権に該当することとなったものもありますので、注意が必要です（Q30参照）。

(2) 悪意の不法行為に基づく損害賠償請求権（破253Ⅰ②）

加害者に対する制裁や被害者救済の目的から非免責債権とされたものです。破産法253条1項2号の「悪意」は、単なる故意では足りず、他人を害する積極的な意欲である害意を意味します（『条解』1680頁）。

(3) 債権者名簿に記載しなかった請求権（破253Ⅰ⑥）

債権者が手続参加の機会を奪われることから非免責債権とされたものです。「債

権者名簿」とは、多くの場合、破産申立時に提出する債権者一覧表を指します（破248Ⅴ）。自然人の場合、消費者・事業者を問わず、自らの負債を適確に把握していることはまれです。銀行や貸金業者、取引先など、容易に思いつく債権者が有する債権ではなく、保証債務や奨学金、知人からの借入れなど、請求が現実化しておらず、又は借金としての認識を欠きがちな債権は、債務者が申立代理人に告げることなく、また、預金通帳などの資料からも債務負担や返済の事実を確認できないことが多いといえます。このため、申立てまでに申立代理人が把握できず、債権者一覧表に記載しないまま破産を申し立ててしまうことが生じ得ます。開始決定後に記載漏れに気付いた場合は、債権者一覧表を補正すればよいのですが（**Q24**参照）、そのまま免責が確定してしまった場合が問題です。

この点、同号の要件である「知りながら」とは、破産者が悪意の場合だけでなく、過失による記載漏れも含まれるとするのが裁判例です（東京地判平11.8.25金判1109号55頁等）。他方、債権者が破産手続開始決定の事実を知っていたときは、債権者名簿に記載がなくとも免責されます（破253Ⅰ⑥かっこ書）。

したがって、債権者一覧表への記載が漏れてしまった破産債権者から免責確定後に請求を受けた場合、不記載に過失がないことを争うとともに、破産債権者が破産の事実を知っていたことを主張することになります。

4 非免責債権該当性の判断

(1) 免責手続における判断

破産債権者は、免責に関する意見申述において、特に前記2②や③の事由があることをもって「免責を不許可にすべきである」とか、「非免責債権であるから自らの債権を免責の対象とすべきではない」と主張することがあります。しかし、非免責債権の要件を充たす事由があることと、免責不許可事由（破252Ⅰ①～⑦）とは無関係です。したがって、非免責債権の要件を充たす事由があるとしても、免責不許可事由がないのであれば、免責不許可となるものではありません。

また、非免責債権該当性は、当該債権を請求する通常訴訟において判断されるものであって、その判断を破産裁判所が行うこともありません。

(2) 通常訴訟における判断

非免責債権を主張する破産債権者は、債務名義を有している場合を除き、免責確定後に破産者に対して通常の請求訴訟を提起してくるでしょう。この訴訟では、免責確定が抗弁、非免責債権該当性（例えば破253Ⅰ⑥であれば、悪意又は過失による債権者名簿への不記載）が再抗弁、非免責債権の例外が再々抗弁（破253Ⅰ⑥では破産者が破産の事実を知っていたこと）となります。もっとも、債権調査が行われていた場合、破産債権者は、債権者表を債務名義として強制執行をすることができます（破221Ⅰ）。すでに存在する債務名義に基づいて強制執行がなされた場合、破産者としては、請求異議訴訟を提起し、免責の確定を請求原因として主張する必要があります。非免責債権該当性が抗弁となります。 〔新宅正人〕

Q 215 破産手続開始決定後・免責決定確定後の弁済（給与天引き）

破産者が、「破産手続開始決定を得た後も給料から開始決定前の債務について天引きが行われている」といっています。このような天引きは認められるのでしょうか。また、免責決定確定後の天引きはどうでしょうか。

1 破産手続開始決定後の給与天引き（設問前段）

(1) 問題の所在

破産財団は、原則として破産者が破産手続開始決定時に有する財産に限られ（破34Ⅰ）、それ以後に得た財産（新得財産）は自由財産となりますので、設問では自由財産から弁済がされています。

また、破産債権は原則として破産手続によらなければ行使することができない（破100Ⅰ）ので、破産債権者が自由財産に対し破産手続中に強制執行等を行ったり、破産者を被告として給付訴訟を提起したりすること等は禁止されます。一方、破産者が任意に弁済することは破産法100条1項の対象外と解される（『条解』745頁、『注釈上』673頁〔森恵一〕）ので、破産者が自由財産から行う任意弁済を有効と解すべきかかが問題となります。

(2) 任意弁済の有効性

この点について有効説と無効説が対立しており、最高裁は、地方公務員共済組合の組合員の破産手続中に自由財産である退職手当の中から組合の破産債権に対して天引きにより弁済がされた事案において、破産者が自由財産の中から任意弁済をすることは妨げられないと判示しました（最二小判平18.1.23民集60巻1号228頁）。

(3) 任意弁済といえるための要件

その一方、前掲最二小判平18.1.23は、「もっとも、自由財産は本来破産者の経済的更生と生活保障のために用いられるものであり、破産者は破産手続中に自由財産から破産債権に対する弁済を強制されるものではないことからすると、破産者がした弁済が任意の弁済に当たるか否かは厳格に解すべきであり、少しでも強制的な要素を伴う場合には任意の弁済に当たるということはできない」とした上で、当該事案において任意弁済といえるためには、破産者が「破産宣告後に、自由財産から破産債権に対する弁済を強制されるものではないことを認識しながら、その自由な判断により、…上記貸付金債務を弁済したものということができることが必要であると解すべきである」と判示しています。

このように、判例は任意弁済の要件を厳格に解しており、設問の給与天引きについても、このような厳格な要件を充たさない限り無効となりますから、天引きされた給与は不当利得となります（『伊藤』264頁も参照）。

⑷　貸付時における破産者の給与天引きに対する同意との関係

　設問のような場合、貸付時に破産者が給与天引きに同意している場合が多いと思われますが、この同意についてどう考えるべきでしょうか。

　この点、破産手続開始決定後の自由財産からの弁済は履行を強制されるわけではない（破100Ⅰ）ですし、一般に破産者は自由財産を自らの経済的更生のために使用したいと考えるのが通常です。そうすると、貸付時の同意は、破産手続開始決定がされることを想定した上での同意とはいえず、その同意の効力が将来破産した場合に自由財産からされる天引きについてまで当然に及んでいるとは考えられません。こう考えることは、前掲最二小判平18.1.23が「破産宣告後に」（現行法では「破産手続開始決定後に」）と判示していることとも整合的です。

　したがって、貸付時に同意があったとしても、このような同意をもって上記の任意弁済の要件を直ちに充たすとはいえないと解されます（志田原信三「判解」『最判解民［平成18年度・上］』156、161頁注17）。

2　免責決定確定後の給与天引き（設問後段）

　⑴　免責の法的性質

　免責許可決定が確定したときは、破産者は破産債権について原則としてその責任を免れます（破253Ⅰ柱書本文）。

　免責の法的性質に関しては、責任が消滅するのみで債務は残存するという自然債務説と、債務そのものが消滅するという債務消滅説が対立していますが、前者が通説であり、判例（最三小判平11.11.9民集53巻8号1403頁、最二小判平成30.2.23民集72巻1号1頁等）もこれを前提とすると解されます。軽過失の交通事故により重篤な後遺障害が生じた場合等に、免責を受けた破産者が真に自発的意思をもってする弁済を有効と解すべきという理由からも、自然債務説を支持すべきとの見解もあります（『条解』1675頁）。一方で、債務が残存すると解せば破産者が債権者から債務の履行を事実上強制される危険が生じ、免責によって破産者の経済的更生を図るという目的が阻害されるとの理由から、債務消滅説も有力です（『伊藤』787頁）。

　なお、両説それぞれの意義を論じた上で、これらを止揚するべく免責の効果規定を見直すべきとする見解（藤本利一「判批」『倒産百選』176頁）も参照してください。

　⑵　設問について

　免責の法的性質については、実務的には、判例も前提としていると解され、かつ、破産者の真に自発的意思をもってする社会的意義のある弁済が有効であることを自然な解釈から導ける自然債務説によるべきと考えます。もっとも、債務消滅説の問題意識も重要である上、前掲最二小判平18.1.23は、破産者の経済的更生と生活保障ならびに破産者が破産債権に対する弁済を強制されないことを論拠に任意弁済の要件を厳格に解すべきとしているところ、この論拠は免責決定確定後にも妥当します。したがって、先ほどの厳格な要件の下で任意弁済であると認定される場合を除いては、給与天引きによる弁済は無効となると解されます。〔松井和弘〕

第**11**章

自然災害

Q 216 自然災害債務整理ガイドライン ①
──ガイドラインの概要、破産との比較

自然災害で、住宅ローンを組んで購入したばかりの自宅が全壊し、債務だけが残ってしまいました。このような場合でも残った債務は払い続けなければならないのでしょうか。

1 自然災害による被害に対する救済制度

2011年3月11日の東日本大震災後、同年8月22日から「個人版私的整理ガイドライン」の適用が開始され、東日本大震災の影響によって震災前の借入れの返済が困難となった個人が、一定の要件の下で債務の減免を受けられる制度が誕生しました。これに基づき、2019年9月末日現在、1371件の債務整理が成立しています。

もっとも、このガイドラインは東日本大震災のみを対象とするものであったため、2015年9月2日以降の災害救助法の適用のある自然災害を対象とする「自然災害による被災者の債務整理に関するガイドライン」（自然災害GL）が誕生し、2016年4月1日から適用開始となりました。平成28年熊本地震（熊本地震）など全国の自然災害を対象とする自然災害GLに基づく債務整理は、2019年9月末時点で410件が成立しています（両ガイドラインの違いについて、富永浩明「自然災害による被災者の債務整理に関するガイドラインの概要」債管158号（2017年）83頁）。

設問においても、新築の自宅が全壊するほどの自然災害であるため、災害救助法の適用があると考えられ、債務者の置かれた状況にもよりますが、自然災害GLに基づく債務の減免を得られることが十分に期待できます。

2 自然災害債務整理ガイドラインのメリット

自然災害GLには、破産等と比較しても大きなメリットがあるため、災害時における債務整理として自然災害GLが有力な選択肢となります。

まず、登録支援専門家の手続支援は無料です。破産であれば申立代理人の費用等を要しますが、自然災害GLにおける中立公正の立場の登録支援専門家の支援は無料で受けることができます。登録支援専門家なく手続を進めることは予定されておらず、被災者が登録支援専門家に加えて代理人弁護士に依頼するケースはごく少数です。

また、災害が特定非常災害に指定されている場合には、災害発生日から起算して3年を超えない範囲内で特定調停の申立手数料も無料になります（Q217参照）。

次に、通常時の破産と比較して、「自由財産」の範囲が広いというメリットがあげられます。熊本地震に関しては、破産手続においても被災者救済の観点から平時の破産事件と比較して自由財産拡張が広く認められており（Q218参照）、自然災害GLにおいても被災者支援の観点から、現預金等は500万円を上限の目安とし自由財

478　　［第11章］自然災害

産として認められるなどの運用がとられています。

　また、自然災害GLの手続を取ったこと自体は、「個人信用情報」として登録され
ません（自然災害GL10(2)）。したがって、住宅再建のための再度の借入れが可能に
なります。

　ただし、自然災害GLの手続中に保証会社から代位弁済が行われ、その後自然災
害GLに基づく債務整理が成立しなかったケースでは、代位弁済に関する情報が登
録される場合もありますので、代位弁済実行時には注意が必要です。

　「保証債務」の履行は、保証履行を求めることが相当と認められる場合を除き求
められません（自然災害GL8(5)）。ただし、主債務の免除の効力が発生し付従性に
より保証債務も免除されるのは、通常、調停条項に定める支払義務を果たした場合
ですので、中途で主債務者の支払ができないときには、保証人からの支払を検討す
べき事態も想定されます。

　このほか、自然災害GLは「破産」のような否定的な印象がないため、被災者に
とって利用しやすいという点も大きなメリットといえます。

3　自然災害債務整理ガイドラインの効果と限界

　このように、自然災害GLは被災時の債務整理に有効な制度ですが、①自然災害
によって、②支払ができなくなった（あるいは近い将来できない）、③個人債務者
の、④旧債務のうち一部又は全部を免除する制度であるため、限界もあります。

　例えば、①災害起因性が要求されるため、災害前から支払不能に陥っていた場合
などは利用することができません。また、②支払不能（のおそれ）がある場合しか
利用できないため、自由財産以外で対象となる債務額以上の資産を有している場合
等も利用できません。③さらに、法人は対象外とされており、④旧債務がすべて免
除されるのは一部のケースに限られます。

　さらに、あくまでも私的整理であることから、債権者及び債務者が自発的に自然
災害GLを尊重し遵守することがなければ、手続の成立は困難となりますが、所有
マンションの建替えがある事案や、迅速なリフォームが求められる事案、法人の代
表者が法人債務の保証をしている事案など、悩ましい事案もあります。

　個別の案件の処理の集積から、自然災害GLがよりよい運用となるようさらに工
夫が生まれ発展していくことが期待されます。

　なお、熊本地震の際の実務対応については、山野史寛ほか「自然災害債務整理ガ
イドラインの概要と専門家の役割」銀法808号（2016年）17頁、「特集 熊本地震と自
然災害ガイドライン」債管158号（2016年）82頁以下を参照してください。

〔渡辺裕介〕

Q 217 自然災害債務整理ガイドライン ②
——ガイドラインを利用した債務整理の手続

自然災害債務整理ガイドラインの手続における留意点を教えてください。

1 主たる債権者に対する手続着手の申出

「自然災害による被災者の債務整理に関するガイドライン」（自然災害GL）5(1)の適用を受けるためには、手続のスタートとして、債務者が主たる債権者に対して、手続着手の申出をし、主たる債権者の同意を得ることが必要です。そして、主たる債権者は、自然災害GL 3(1)①～⑦に規定する要件のいずれかに該当しないことが明白である場合を除いて、当該申出への不同意を表明してはならないとしています。これは、客観的に明白な要件だけでなく、諸般の事情を踏まえた評価が必要な要件もありますので、登録支援専門家の支援を受けて、対象債権者との協議が必要となることが多いためです。

そこで、手続着手時においては、自然災害GL 3(1)⑥の反社会的勢力である場合以外には、対象債権者による着手同意がされるなど、自然災害GLによる救済を受ける間口（入口）を広くするような運用がなされています。

2 登録支援専門家の委嘱

主たる債権者から手続着手の同意を得た債務者は、登録支援専門家の登録団体を通じて、登録支援専門家の委嘱依頼をします。登録団体が、一般社団法人東日本大震災・自然災害被災者債務整理ガイドライン運営機関（以下「運営機関」といいます）に登録支援専門家の推薦をし、運営機関が登録支援専門家の委嘱を行います。

3 対象債権者に対する債務整理申出

(1) 対象債権（者）の範囲

対象債権者について、自然災害GL 3(2)は「金融機関等」とし、自然災害GLに基づく債務整理を行う上で必要なときは、その他の債権者を含むこととするとしています。国家・地方公務員共済組合、日本学生支援機構についても対象債権者として取り扱われます（熊本地震の際の取扱いは、前田大志（司会）ほか「《パネルディスカッション》熊本地震後のガイドラインの実務と今後の課題」債管158号（2017年）108頁〔辻松雄発言〕を参照してください）。

(2) 支払不能要件

自然災害GL 3(1)①は、災害の影響を受けたことにより、既往債務（災害の発生以前に負担していた債務）を弁済することができないこと又は近い将来において既往債務を弁済することができないことが確実と見込まれることを要件としています（いわゆる支払不能要件）。

支払不能か否かの判断について、個人版私的整理ガイドライン（個人版GL）の運

480　〔第11章〕自然災害

用を参考に（自然災害GL10⑷）、震災後の年収が730万円未満か否か、住宅ローン年間返済額と将来の住居負担の合計額が年収（直近1年間の額面年収額）の40％を超えるか否かという点をひとつの目安としています。ただし、この目安を硬直的に運用するのではなく、被災者の生活再建の観点から諸般の事情を考慮して、特段の事由がある場合には支払不能であるとの判断がされています。登録支援専門家は、年収額の多寡、対象債務者の年齢、家族構成や生活状況、住宅ローン以外の債務額等を具体的に聴き取り、特段の事由の有無を確認することが必要です（前田（司会）ほか・前掲パネルディスカッション108頁〔内山靖一郎発言ほか〕）。

⑶ 経済合理性、自由財産

自然災害GLにおける自由財産（自然災害GL8⑵①ハ）は、破産法上の通常の自由財産よりも範囲が広く認められ、それでも経済合理性（自然災害GL3⑴④、8⑵①ロ）が認められると解されています（**Q216**参照。なお、災害時の破産手続における自由財産拡張については**Q218**を参照してください）。また、個人版GLの運用を参考に、家財保険については、自由財産とは別に、250万円を上限に残存資産とすることが許容されています（**Q218**参照）。

そして、差押禁止財産（民執131、152）は当然に残存資産とすることができます（破34Ⅲ②参照。自然災害特有の差押禁止財産は**Q219**を参照してください）。

⑷ 一時停止と債務整理不成立に備えた対応

委嘱された登録支援専門家は、対象債務者から債務整理申出に必要な資料を提出してもらい、対象債務者が自然災害GLの適用要件を充足するか検討する必要がありますが、その結果、要件を充たさないとして対象債務者に債務整理申出前後に取下げを促すこともあります。また、対象債権者が債務整理申出に異議を述べ、あるいは4の調停条項案に不同意とした場合、債務整理は終了します（自然災害GL6⑸）。1のとおり、手続着手の段階では間口（入口）を広くする運用していますから、要件を充足しない案件も相当数生じると見込まれます。

対象債務者は、債務整理申出後は一時停止（自然災害GL7⑴）により対象債権者への弁済を停止していますが、実務上は、法的な期限の猶予とまでは解されておらずその間も遅延利息（損害金）は発生し続けるという考え方も有力です。そのため、対象債権者との協議の結果債務整理が成立せずに終了した場合、その後対象債務者は対象債権者に対してその間の遅延利息も含めて弁済しなければ、結果的に信用情報登録機関に報告・登録されるおそれがあります。そこで、登録支援専門家としては、要件充足性を検討した上で、要件充足が明白ではない場合（例えば「特段の事由」が認められるか否かの論点があるような場合）には、対象債権者と自然災害GLに則って協議をしても同意が得られないおそれがあることを説明し、債務整理申出後に取下げ等となる場合に備えて遅延利息相当額も含めて積み立てておくなどの助言をしておくことが望ましいでしょう（前田（司会）ほか・前掲パネルディスカッション113頁以下〔内山、福永健発言〕参照）。

4　調停条項案の作成及び提出

対象債務者は、登録支援専門家の支援を受けて調停条項案を作成し、対象債権者に提出しますが、調停条項案作成に当たり対象債権者と事前協議を行います。

(1)　調停条項案の類型、内容

調停条項案の具体的内容は、債務者の状況によって、収入弁済型、清算型、事業継続型に分かれます（『私的整理Q&A』Q53〔富永浩明〕参照）。登録支援専門家は、個別事案に応じて、どの類型を選択するか、どのような内容・表現とするか、柔軟に対応します（榎崇文「調停条項案等の工夫・改善」債管158号95頁参照）。

(2)　「公正な価額」の返済について

債務者の選択により、資産を換価処分する代わりに、「公正な価額」を一括・分割して弁済して、手元に残すこともできます（自然災害GL 8 (2)①ハ）。

不動産の「公正な価額」については、不動産鑑定士を登録支援専門家に追加委嘱して、自然災害GLに基づく債務整理の在り方を踏まえた価格調査をしてもらい、その調査価格をもって「公正な価額」とします（日本不動産鑑定士協会連合会「「自然災害による被災者の債務整理に関するガイドライン」に対応する不動産の価格等調査のための運用指針（研究報告）」参照）。

分割返済を選択する場合、その分割弁済期間については、個人版GLの運用を参考に、原則 5 年とする運用がされていますが、例外的事情があるときは対象債権者と債務者で協議してこれを超える期間とすることもできます（前田（司会）ほか・前掲パネルディスカッション116頁以下〔福永、内山発言〕）。

5　特定調定の申立て

(1)　特定調停の申立費用

対象債権者が 4 で提出した調停条項案に同意した場合、債務者は、簡易裁判所に特定調停を申し立て、特定調停を成立する必要があります。

熊本地震は、特定非常災害に指定されたことから、特定非常災害特別措置法 7 条の措置により2019年 3 月31日まで、申立手数料が不要となっていましたが、熊本簡裁は2019年 4 月以降、債権者 1 社当たり500円として運用しています。

(2)　保証会社による代位弁済と団体信用生命保険

保証付貸付を行っている対象債権者は、一時停止後直ちに保証会社から代位弁済を受領するのではなく、自然災害GLに基づく債務整理の成立を確実に期することができると登録支援専門家や債務者を含めて判断できたあとで代位弁済を受領するような運用が広くされています。

ちなみに、住宅ローンには、金融機関が契約者となって団体信用生命保険契約をしていることがありますが、この保険は、一般的には保証会社によって代位弁済がなされたあとは消滅します。そのため、登録支援専門家は、代位弁済をした後に債務者が死亡等した場合、この保険を利用できないリスクがあることを債務者へ説明しておくことが望ましいでしょう。

〔榎　崇文〕

Q 218　自然災害時の自由財産拡張

被災者につき破産手続が開始した場合、自由財産の拡張については特別な考慮がされるのでしょうか。それはどのような理由によるものですか。

1　問題の所在

　自然人の破産手続においては、一定の要件の下に自由財産拡張が認められます（破34Ⅳ）が、平時においては、多くの裁判所では、その拡張の範囲は原則として99万円の範囲内とする運用が行われています。しかしながら、地震等の自然災害が発生した場合には、住居や仕事を失うなど生活基盤そのものに大きな被害を受ける被災者も少なくありません。このような被災者についても99万円の範囲内でしか自由財産拡張が認められないのでは、その生活再建を図ることが困難となります。

　そこで、災害により大きく被災した者が破産した場合には、その生活の再建を図るため、平時の運用にはとらわれない、柔軟な自由財産拡張が求められます。そして、東日本大震災や熊本地震等の被災地の裁判所においては、このような考えに基づき、被災状況等に応じた柔軟な自由財産拡張の運用が実施されました。

2　被災者の自由財産拡張を検討するに当たっての考慮要素

　同じ被災者とはいえその被災状況等は様々ですから、自由財産拡張が相当とされる範囲も、最終的には事例ごとの個別判断となることは否定できません。

　この点、仙台地裁においては、被災者について自由財産拡張が相当される範囲の検討に当たっては、破産者の被災状況や被災後の生活状況等を把握した上でこれに配慮するとの視点に加え、破産債権者の利益を不当に害する結果とならないか、さらには災害被害を被っていない他の破産者との均衡を欠くことにならないかなどをも考慮すべきである、との基本的視点を提示しています。

　具体的には、以下のような考慮要素を検討すべきものと考えられます。

(1)　被災状況等

　まず、自由財産拡張の範囲を検討するに当たっては、破産者の被災状況等の検討が必要になります。例えば、災害により職を失ったり、住居や家財に被害を受けたりしているなど、生活基盤に被害を受け標準的な生活を営むことが困難となっているような場合には、通常時よりも広い範囲の拡張が認められる余地があります。

　また、被災の程度が大きいほど、生活再建に必要となる額も多額となります。自由財産拡張制度の趣旨が「当面の生活の保障」にあることを踏まえれば、大きな被害を受けた被災者については、「当面の生活」についても災害から平常の生活に再建することを考慮した、通常時より広いものと捉えるべきです。このような観点から、被害が大きな被災者ほど、高額の拡張が認められやすくなると考えられます。

(2)　財産の性質

次に、拡張の対象となる財産の性質の検討が必要となります。

この点、災害を契機として受領した財産（地震保険金、家財保険金、火災保険金、漁船保険金等）については、災害がなければ財団にはならなかったという意味で配当原資とすべき要請は比較的低いため、柔軟な自由財産拡張が認められやすいと考えられます。特に、被災者生活再建支援金や特別法による差押禁止とされている義援金については、その受給権及び受給後の金銭が差押禁止とされている立法趣旨に照らして、その受領後に預金となった場合においても、原則として全額につき、いわゆる99万円枠とは別枠で自由財産拡張の対象として扱うことが相当です。

また、家財に対する地震保険金についても、もともと差押禁止財産である家財道具の価値代替物的な側面があることから、被害家財相当額については自由財産拡張の対象とされ、被災状況に応じてさらなる拡張もあり得るものと考えられます。

なお、破産手続開始決定後に災害が発生した場合の地震保険金等については、当該保険について自由財産拡張ないし破産財団からの放棄がなされていない限り破産財団に属するものと解されますが（最一小判平28.4.28民集70巻4号1099頁。Q59参照）、この場合にも同様に柔軟な自由財産拡張が認められる可能性があります。

他方、災害がなければ配当原資となっていたであろう財産については、自由財産拡張について慎重な判断がなされる方向に結びつきやすいといえます。

(3)　拡張範囲と財団全体との対比

財団全体との対比の視点からの検討も必要となります。仮に多額の自由財産拡張を認めても、債権者への配当も可能であるという場合には、多額の拡張が認められやすくなると考えられます。他方、多額の自由財産拡張を認めると債権者に対する配当が困難となるような場合には、多額の自由財産拡張には慎重な検討がなされることとなります。しかし、被災の程度が大きく、多額の自由財産拡張の高度の必要性が認められる場合には、仮に債権者に対する配当が困難となるような場合であっても、拡張が相当とされることもあるものと思われます。

3　具体例

仙台地裁においては、家財の地震保険金255万円全額及び受領済義援金7万円全額について拡張を認めた上で、建物地震保険金について、1か月当たりの必要生活費を政令で定める33万円とし、雇用保険の支給期間を参考にして、495万円（33万円×15か月分）を生活再建資金として自由財産拡張を認めた事例があります。

また、熊本地裁においても、家財の地震保険金270万円及び生活再建費用56万円の合計326万円の自由財産拡張を認めた事例があります。

4　おわりに

このような自由財産拡張の柔軟な運用は、東日本大震災や熊本地震のみならず、様々な災害や非常時の被災者の自由財産拡張を検討するに当たっても参考になるものと思われます。

〔小向俊和〕

Q 219　災害弔慰金・生活再建支援金・義援金等の取扱い

災害によって災害弔慰金、生活再建支援金、義援金を受領しました。
これらは、破産手続においてどのように取り扱われますか。

1　災害関連給付金の概要

⑴　災害弔慰金等

災害弔慰金は、災害弔慰金の支給等に関する法律（弔慰金法）に基づき、国が災害により死亡した者の遺族に対して死亡者一人当たり500万円を超えない範囲内で支給するものです（弔慰金法3）。また、災害により障害を負った者に対しては、250万円を超えない範囲内で災害障害見舞金が支給されます（弔慰金法8）。

⑵　生活再建支援金等

被災者生活再建支援金は、被災者生活再建支援法（再建支援法）に基づき、国が地震や津波等の自然災害により住宅が被災した世帯に対して支給するものです。具体的には、基礎支援金として、住宅が全壊と認定された世帯には100万円、大規模半壊と認定された世帯には50万円が支給され（再建支援法3Ⅱ本文）、住宅建設・購入には200万円、補修は100万円、賃借する世帯には50万円が加算支援金として支給されます（再建支援法3Ⅱ①～③）。

⑶　義 援 金

義援金とは、被災者の生活の再建や生活保障のために各地の個人や団体等から寄せられた金員が、各地方自治体を通じて被災者に配分されるもので、都道府県や市町村によってその金額や配分を受けられる者の範囲等に違いがあります。義援金は、⑴・⑵とは異なり根拠法令はなく、その法的性質は私法上の贈与であると考えられます。

2　差押禁止条項の立法化

1⑴～⑶の災害関連給付金（以下「弔慰金等」といいます）は、以前は差押禁止条項が存在せず、破産手続における取扱いが問題となっていました。

そのようななか、2011年8月30日に「災害弔慰金の支給等に関する法律及び被災者生活支援法の一部を改正する法律」及び「東日本大震災関連義援金に係る差押禁止等に関する法律」が公布・施行され、前者によって1⑴・⑵が、後者によって1⑶のうち東日本大震災に関連する義援金の差押禁止条項が立法化されました。

また、2016年6月3日には「平成28年熊本地震災害関連義援金に係る差押禁止等に関する法律」、2018年7月27日に「平成30年特定災害関連義援金に係る差押禁止等に関する法律」が公布・施行され、1⑶のうち平成28年熊本地震、大阪府北部地震及び平成30年7月豪雨に関する義援金も、差押禁止条項が立法化されました

（以下、これらを合わせて「改正法」といいます）。

改正法の特徴として、弔慰金等の受給権だけでなく、弔慰金等「として支給を受けた金銭」も同様に差押禁止と規定されたことがあげられます。

3 弔慰金等の破産手続における取扱い

(1) 弔慰金等受給権及び受給後の現金の取扱い

改正法によって、弔慰金等受給権及びこれを現金化したものは差押禁止とされました。したがって、破産者が破産手続開始決定時に弔慰金等を未受給の場合や受給後現金として保管していた場合には、この受給権及び現金は、破産手続上、破産財団を構成しないことになります（破34Ⅲ②）。その結果、他に破産財団を構成すべき財産がなければ原則として同時廃止として処理され、仮に他に財産があるため管財事件になった場合においても破産者の本来的自由財産として取り扱われ（破34Ⅲ②。Q36参照）ることになります。

なお、1(3)の義援金については一般に種々のものが想定されるために、現状では2に列挙したように災害を指定した個別立法でつど差押禁止とされ、指定災害以外の義援金は差押禁止とはされていません。しかし、改正法の趣旨を踏まえれば、被災者の生活再建を図るため、指定災害以外の義援金についても破産手続においては柔軟な自由財産拡張の運用がなされるべきと考えられます（Q218参照）。

(2) 弔慰金等受給後の預金債権の取扱い

弔慰金等が預金口座に入金された場合には、弔慰金等は一般の預金債権に転化し、差押禁止債権としての属性は承継されないと考えられます（最三小判平10.2.10金法1535号64頁）。したがって、この預金債権の差押えを行うこと自体は可能であるといわざるを得ません。もっとも、この預金債権が差し押さえられた場合でも、預金の原資が弔慰金等であり、受給後の金銭を差押禁止とする異例の条項を設けた改正法の「被災者の生活再建のために使われるべき」という趣旨に照らせば、債務者が差押禁止範囲の拡張の申立て（民執153）を行うことにより、弔慰金等相当額について差押禁止範囲が拡張され、差押えが取り消される可能性が高いと考えられます（東京高決平4.2.5判タ788号270頁参照）。

このように、この預金債権の差押自体は可能であると解されますので、破産手続上も、当該預金債権は少なくとも形式的には破産財団を構成することになります。

しかし、上記(1)の受給後の現金と預金とで取扱いを異にすることは不合理ですから、仙台地裁においては、この預金を実質的に責任財産とは考えず、原則として破産財団を構成しないものとして取り扱う運用がとられています。その結果、この預金債権以外に破産財団を構成すべき財産がない場合には同時廃止として処理されますし、仮にその他財産があるため管財事件になった場合も、この預金は通常の99万円の自由財産拡張枠（Q38、Q39参照）とは別枠で自由財産拡張が認められ（破34Ⅳ）、結論として、弔慰金等を現金として保管している場合と同様に破産者の自由財産として取り扱われることになります。　　　　　　　　　　　　〔舘脇幸子〕

Q 220 原発損害賠償金の取扱い

原発事故の被害者に支払われる損害賠償金にはどのようなものがありますか。

また、それらは破産手続上どのように取り扱われますか。

1 原子力損害賠償の種類及び特徴

原子力損害賠償請求権は、原子力事故という不法行為に起因する損害賠償請求権です。原子力損害の賠償に関する法律が適用され、東京電力のような原子力事業者は無過失責任を負います。

損害の種類としては、一般の不法行為の場合と同様、積極損害（避難費用、一時帰宅費用、検査費用等）、消極損害（休業損害、営業損害、財物価値の喪失等）及び精神的損害（慰謝料）があり、賠償金はこれらの種類に対応して支払われることになります。

ただし、一般の不法行為の場合と対比して、①損害が継続して発生し続けるものが多く含まれている、②損害発生の終期が定かでない、③人体に対する低線量被曝による晩発性障害が存在する、といった特徴があります。

2 破産手続における取扱い

(1) 破産手続開始決定時までに取得した賠償金

原発事故の被害者が、原子力損害賠償請求権を行使して避難費用や慰謝料等の賠償金を取得し、それが預貯金口座に残っている状態で破産手続開始決定がなされた場合には、その預貯金は原則として破産財団を構成するものと見ざるを得ません。

もっとも、当該預貯金等の資産の額が同時廃止基準額（例えば20万円）未満であれば、破産手続は同時廃止で終了します。また、基準額を上回る場合でも、賠償金が避難生活に現に充てられており、現存しているものも今後の避難生活に費消されるとみられる範囲では、資産性が認められないとして弾力的に同時廃止を認める運用がなされるべきだと考えます。その金額的限界としては、破産者の当面の生活費とされる99万円をひとつの目安とすることが考えられます。

以上を前提としても同時廃止とはなり得ないほど預貯金が残っている場合には、管財事件として扱われることとなりますが、将来の生活の最低限度の保障に必要な範囲においては、自由財産拡張制度の柔軟な運用により預貯金の保有が認められるべきだと考えます（Q219参照）。

問題はどこまで拡張が認められるかですが、①地震保険金を生活再建資金に用いる場合に、被災地における雇用保険の延長期間なども参考に、政令で定める生活費月33万円の15か月分が自由財産として認められた運用例があること（安福達也『東

Q220 原発損害賠償金の取扱い 487

日本大震災に伴う仙台地裁の事務処理・運用』105頁以下（金融財政事情研究会、2013年））、②個人版私的整理ガイドラインでは、預貯金の最大500万円を清算価値から除外する運用がなされていたことなどが参考になります。

債権者の正当な権利（配当）の確保との衡平を図る必要はあるものの、避難生活が終了する目処がまったく立たない状態が続くのであれば、自由財産拡張制度のさらに弾力的な運用が必要な場合もあるものと考えます。

(2) 破産手続開始決定後に取得する賠償金

破産者が、破産手続開始決定後の期間に係る避難費用、休業損害、慰謝料などを取得する場合には、破産法34条2項の適用の有無が問題となります。破産法は、将来の請求権についても、その発生原因が破産手続開始決定前にあれば破産手続開始決定時に現在化させて破産財団を構成するものとしています。

ア 破産法34条2項の「将来の請求権」に当たるとする考え方

原子力損害賠償請求権の発生原因は放射性物質の放出であり、原因が破産手続開始決定前にある以上、破産法34条2項が適用され、将来の損害賠償請求権もまた破産財団を構成するというのが原則的な考え方で、従来の不法行為理論と親和性があります。

もっとも、この考え方に立った場合でも、最低限次のことは指摘できます。

(ア) 未行使の慰謝料請求権は行使上の一身専属権と解されることから、差押禁止財産であり破産財団を構成しません（最一小判昭58.10.6民集37巻8号1041頁）。

(イ) 将来の避難費用、休業損害等については、養育費等の扶養請求権のうち破産手続開始決定後に支払時期が到来するものは、日々発生する権利と考えるのが合理的であり、破産財団を構成しないと解されていること（『条解』308頁）に準じて、破産財団から除外することが可能です。

(ウ) 個人事業者の営業利益は、本来的に債権者が配当財源として期待し得る資産であり、その資産が転化した損害賠償金は破産財団を構成すると見るのが自然ですが、他方で将来の営業損失に対する損害賠償請求権について回収をいつまでも続けることは配当の遅延を来し、かえって債権者の利益を損なう面があります。また、個人事業者であるとしても、それが生活再建資金に充てられる範囲では、柔軟な自由財産拡張が認められてよいと考えます。

これら(ア)〜(ウ)を総合考慮して、損害賠償請求権以外に見るべき資産がないケースでは、前記2で述べたのと同様に自由財産拡張を行い、かつ相当な期間で管財業務を終了させることができるような運用がなされるべきです。

イ 日々新たな不法行為があると見る考え方

以上に対し、前記1で指摘した、①継続して発生し続ける、③晩発性障害が存在するといった原子力損害の特徴に着目し、継続的不法行為の考え方（大連判昭15.12.14民集19巻2325頁、最一小判平6.1.20判時1503号75頁、最三小判平16.4.27民集58巻4号1032頁）に立脚して判断することも考えられます。

488　［第11章］自然災害

すなわち、避難生活を強いられていることは日々新たな不法行為によるもので、損害も日々新たな原因に基づいて発生していると解すれば、破産手続開始決定後に取得する賠償金は、上記ア(ｱ)〜(ｳ)を論じるまでもなく、いずれも破産者の新得財産（自由財産）となり破産財団を形成しないと見ることができることになります。

　この論点については、斉藤睦男「倒産手続における原子力損害賠償請求権の取扱い」銀法744号（2012年）44頁も参照してください。

〔伊藤敬文〕

事項索引

本書で用いている略語等については、凡例（ixページ）を参照してください。

●数字●

99万円
　—以下の現金 ································Q36
　—枠 ··Q38

●ア行●

青色申告法人 ································Q203
空家法 ···Q97
明渡し ···Q64
アスベスト ·······································Q68
暗号資産 ···Q93
按分弁済 ···Q10
異議 ····························Q148、Q158
異議の訴え ····································Q113
遺言無効確認訴訟 ···························Q61
遺産分割協議 ···································Q60
慰謝料 ················Q56、Q62、Q220
慰謝料請求権 ···································Q63
意匠権 ···Q94
移送 ···Q10
委託販売 ···Q77
一時帰宅費用 ·································Q220
一時所得 ···Q200
一時停止 ······················Q121、Q217
　—の通知 ·····································Q121
逸失利益 ···Q56
一身専属権 ·····················Q56、Q220
一身専属性 ······················Q62、Q63
一般社団法人日本電機工業会 ·········Q67
委任契約書 ·······································Q54
違約金 ···Q64
　—条項 ·····················Q135、Q144
医薬品 ···Q86

遺留分侵害額請求権 ·······················Q61
医療機器 ···Q86
印紙税 ···Q172
インターネット契約 ·······················Q53
隠匿 ···Q109
請負 ···Q145
　—契約 ···Q144
　—代金 ···Q79
請負人 ···Q27
　—の破産 ···········Q27、Q79、Q144
運行供用者責任 ·······························Q92
エックスデー（Xデー）···················Q18
閲覧・謄写の制限 ···························Q32
延滞金 ·························Q163、Q170
延滞税 ·········Q163、Q170、Q172、Q208
オープン型 ·······································Q18

●カ行●

海外資産 ···Q95
解雇 ···Q45
外国裁判所 ····································Q101
外国人 ···Q31
　—労働者 ·····································Q188
　—技能実習生 ·······························Q188
外国仲裁人 ····································Q101
外国倒産処理手続の承認援助制度 ·······Q95
介護費用 ···Q56
解雇予告 ···Q25
　—手当 ·············Q25、Q180、Q193
解散事業年度 ··········Q202、Q203、Q205
開始時異議確認型 ·························Q189
開始時現存額主義 ·······Q128、Q156、Q196
解除 ···Q132
解除・返品特約 ·······························Q77

490　　事項索引

回送郵便物 ……………………… Q43、Q51、Q149
解約返戻金 …………………………………… Q59
解約予告期間条項 …………………………… Q64
拡張適格財産 ……………………… Q12、Q40
　定型的― ……………………………………… Q39
　定型的―以外の財産 ……………………… Q38
確定申告 …………………………… Q164、Q200
加算金 ………………………………………… Q163
加算税 ………………………………………… Q163
瑕疵修補に代わる損害賠償請求権 …… Q79
貸倒損失 ……………………………………… Q209
貸倒引当金 …………………………………… Q209
瑕疵担保責任 ………………………………… Q70
　―免除特約 …………………… Q70、Q83
ガス料金 ……………………………………… Q134
仮想通貨→暗号資産
課徴金（独占禁止法ほか）………………… Q167
割賦購入あっせん契約→信用購入
　あっせん契約
過払金 ………… Q12、Q22、Q30、Q40、Q43
　―返還請求 ………………………………… Q12
株券喪失 ……………………………………… Q82
株式 …………………………………………… Q81
簡易管財 ……………………………………… Q11
簡易生命保険 ………………………………… Q36
簡易な分配方法
　租税債権の― …………………………… Q192
　労働債権の― …………………………… Q193
　和解許可による― ……………………… Q193
簡易配当 ……………………………………… Q189
管轄 …………………………………………… Q10
管財事件と同廃事件の振り分け→
　振分基準
還付 ………………………………… Q205、Q206
　繰戻― …………………………… Q200、Q203
義援金 ……………………………… Q218、Q219
機関決定 ……………………………………… Q8
危険防止措置 ………………………………… Q97

在留外国人→外国人
寄託 …………………………………………… Q197
　―請求 ……………………………………… Q140
技能実習生→外国人技能実習生
休業損害 ……………………………………… Q220
休業手当 ……………………………………… Q180
休業補償 ……………………………………… Q56
求償権 ……………………………… Q125、Q126
給与
　―の（仮）差押え ……………………… Q185
　―の（仮）差押えの失効 ……………… Q49
　―の強制執行の失効 …………………… Q49
　―の天引き …………………… Q6、Q215
　―口座 ……………………………………… Q6
　未払の― ………………………… Q177、Q182
供託
　権利― ……………………………………… Q78
業務補助者→補助者
許可 …………………………………………… Q86
極度額の減額登記 ………………………… Q195
居住制限 ……………………………………… Q43
居住地 ………………………………………… Q10
銀行取引基本契約 ………………………… Q128
区分所有権 …………………………………… Q35
経営者保証に関するガイドライン ……… Q4
軽自動車 ……………………………………… Q89
軽自動車税 ………………………… Q165、Q200
継続的供給契約 …………………… Q53、Q134
継続的不法行為 …………………………… Q220
携帯電話 ……………………………………… Q53
契約解除 ………………… Q53、Q134、Q135
下水道使用料 ………… Q134、Q161、Q167
欠損金 ………………………………………… Q203
原状回復 ……………………………………… Q64
　―義務 ……………………………………… Q65
　―費用 ……………………………………… Q140
建設業退職金共済 ………………………… Q36
源泉所得税 ………………………………… Q172

事項索引　　491

源泉徴収 ……………………………Q200、Q203	有名義— ………………………………Q101
源泉徴収分 →破産管財人の源泉	—の復活 ………………………………Q112
源泉徴収義務→破産管財人の源泉	債権回収 …………………………………Q34
徴収義務	再建型倒産手続…………………………Q3
建退共→建設業退職金共済	債権差押命令 …………………………Q120
原発損害賠償金…………………………Q220	債権執行手続の失効……………………Q49
延滞税・延滞金	債権者
—減免申請 …………………Q170、Q192	—所在不明 ……………………………Q194
牽連破産 ………………………Q28、Q153	外国— …………………………………Q101
後遺障害 …………………………………Q56	—破産→債権者申立事件
工場抵当権 ………………………………Q70	—申立てによる破産 …………………Q34
行使上の一身専属性→一身専属性	債権者一覧表 ………………Q5、Q8、Q12
更正請求 …………………………………Q205	—の作成 ………………… Q22、Q23
公正な価額 ………………………………Q217	—の補正 ………………………………Q24
厚生年金基金 ……………………………Q173	—への不記載……………………………Q24
厚生年金保険料 …………………………Q166	債権者名簿 ………………………………Q214
公租公課 …………………………………Q18	—知りながら不記載 …………………Q214
交通事故 …………………… Q56、Q57	債権者代位訴訟…………………………Q52
交付要求 …………………………………Q168	債権者申立事件………………… Q34、Q47
国民健康保険料（税）…………………Q166	債権証書の紛失…………………………Q194
国民年金保険料…………………………Q166	債権譲渡
個人債務者 ……………Q1、Q20、Q22	—禁止特約 ……………………………Q78
—の破産申立て …………………………Q6	—担保 …………………………………Q110
個人事業者 ………Q7、Q22、Q44、Q200、	—通知 …………………………………Q110
Q201、Q203	—登記 …………………………………Q78
—の手続選択………………………………Q1	—方式 …………………………………Q88
個人事業税 ………………………………Q200	停止条件付—担保契約 ………………Q110
個人事業主→個人事業者	債権調査 …………………………Q148、Q149
個人情報 ………………………Q91、Q104	個人債務者における— ………………Q22
個人番号 …………………………………Q104	—の留保 ………………………………Q148
固定資産税 ………… Q161、Q165、Q172、	債権売却…………………………………Q80
Q200、Q207	催告権 ……………………………………Q129
ゴルフ場 …………………………………Q65	在庫商品 ………………………… Q83、Q86
	最後配当 …………………………Q189、Q197
●サ行●	債務者
サービサー ………………………………Q80	—の財産隠匿……………………………Q34
災害弔慰金 ………………………………Q219	—の財産管理……………………………Q34
債権	—の管理処分権…………………………Q34

—の行方不明 ……………………………… Q34
財産散逸行為 ………………………………… Q5
財産散逸防止義務 …………………………… Q26
財産調査 ………………………… Q20、Q21
財産分与 ………………………… Q62、Q63
　—請求権 …………………………………… Q63
　—の期待権 ………………………………… Q63
財産保全 ………………… Q17、Q20、Q21
財産目録 ……………………………………… Q8
　—に記載のない財産 …………………… Q38
財団価値減少行為 …………………………… Q210
財団帰属性→破産財団帰属性
財団組入 ………………………… Q69、Q96
財団債権 ………………… Q53、Q161、Q162、
　　　　Q163、Q164、Q165、Q166、Q168、
　　　　Q172、Q173、Q174、Q181
　—内の優先順位 ……………………………… Q161
財団放棄→放棄
債務超過 ……………………………………… Q34
債務免除益 ……………………… Q200、Q204
在留資格 ……………………………………… Q188
裁量免責 ………………………… Q210、Q212
詐害行為
　—取消権 ………………………… Q62、Q115
　—取消訴訟 ………………………………… Q52
詐害行為否認 …………………… Q62、Q108
先取特権
　特別の— …………………………………… Q130
差押え …………………………… Q49、Q185
　無益な— …………………………………… Q73
　—の解除 …………………………………… Q73
差押禁止 ………………………… Q40、Q219
　—規定 ……………………………………… Q119
　—債権 ……………………………………… Q36
　—財産 …………………… Q36、Q44、Q56
　—動産 …………………………… Q7、Q36
詐術 …………………………………………… Q210
雑所得 ………………………………………… Q200

産業廃棄物 …………………………………… Q66
　—管理票 …………………………………… Q66
三者打合せ …………………………………… Q45
残余財産確定日 ……………………………… Q204
シー・アイ・シー ………………………… Q22
J-PlatPat ……………………………………… Q94
JESCO→中間貯蔵・環境安全事業
JEMA→一般社団法人日本電機工
　業会
仕掛工事 ………………………… Q7、Q27
資格制限 ………………………… Q1、Q2
敷金 …………………………………………… Q40
　—返還請求権 ………… Q40、Q96、Q136、
　　　　　　　　　　　　　　　　　　Q138
敷地利用権 …………………………………… Q143
敷引特約 ……………………………………… Q64
事業継続 ………………………… Q7、Q44
　—中の法人 ………………………………… Q16
事業譲渡 ……………………………………… Q116
　—に対する否認権行使 ………………… Q116
　破産手続を利用した— ………………… Q28
事業所得 ……………………………………… Q200
事業税 ………………………………………… Q207
事業停止 ……………………………………… Q16
事業用賃借物件
　申立前の—の明渡し …………………… Q26
資金洗浄等の対策を目的とする犯
　罪による収益の移転防止に関す
　る法律 ……………………………………… Q54
事故情報→信用情報機関
自己破産 ……………………………………… Q34
地震保険金 …………………………………… Q218
自然災害債務整理ガイドライン
　…………………………………… Q216、Q217
　—登録支援専門家 …………… Q216、Q217
事前相談 ………………………… Q16、Q19
質権
　—に対する否認権行使 ………………… Q118

事項索引　493

執行機関
　—の行為 ……………………………Q120
執行行為 …………………………………Q120
実用新案権 ………………………………Q94
私的整理 …………………………………Q121
　—の申入れ ……………………………Q111
自動車 ……………Q40、Q43、Q87、Q92
　所在不明の— …………………………Q87
　—の第三者対抗要件 …………………Q88
　の第三者の担保提供 ………………Q108
自動車検査証 …………………………Q103
自動車税 ……………Q172、Q200、Q207
自動車保険 ……………………………Q57
支払停止 …………Q8、Q18、Q121、Q123
支払不能 ………… Q34、Q111、Q121、
　　　　　　　　Q124、Q127、Q216
　—の時期 ……………………………Q106
事務分配 …………………………………Q10
社会保険料 ……………………………Q166
重機………………………………………Q89
集合債権譲渡担保………………Q90、Q110
循環型の—設定契約……………………Q78
自由財産 ………Q216、Q217、Q218、Q219
　本来的— ……………………… Q11、Q42
　黙示の—拡張決定 ……………………Q41
　黙示の—（範囲）拡張………………Q59
自由財産拡張 ………Q37、Q38、Q39、Q40、
　　　　　　　　Q88、Q218、Q219
　—基準 ………………………… Q40、Q54
　—の申立て ………………………Q7、Q40
　同時廃止事件における— ……………Q37
住所………………………………… Q10、Q32
　—の秘匿 ………………………………Q32
修繕義務 ………………………………Q137
修繕積立金 ……………………………Q35、Q161
充当
　立替払金の— ………………………Q184
住民税 …………………… Q165、Q200、Q207

重要財産開示義務………………………Q50
受益者の悪意 …………………………Q111
受継 ……………………… Q52、Q61、Q101
出資金払戻請求権 ……………………Q122
受任通知 ……………… Q8、Q16、Q18、Q20、
　　　　　　　　　　　　Q22、Q123
　滞納公租公課がある場合の— ……Q171
準委任契約 ……………………………Q130
準自己破産 ………………………………Q33
　—の申立て …………………………Q8
純損失
　—の繰戻し …………………………Q200
少額型（簡易配当）……………………Q189
小規模企業共済………………………Q36
商業帳簿 ………………………………Q104
商事留置権 ……………… Q84、Q130、Q143
　—消滅請求 …………………………Q84
上水道使用料 …………………………Q134
譲渡所得
　財産の処分に伴う—…………………Q200
使用人→労働者
消費者…………………………………Q22
消費者契約法 ………………… Q70、Q83
消費税 ………… Q161、Q164、Q172、Q200、
　　　　　　Q201、Q203、Q205、Q206
　—中間申告 …………………………Q206
　—中間申告分…………………………Q164
商標権 ……………………………Q94、Q147
消滅時効 ………………… Q12、Q152、Q181
賞与
　—支払の在籍要件……………………Q179
所在調査 ………………………………Q87
所得税 ………… Q164、Q200、Q201、Q203
所有権留保 ………Q88、Q89、Q90、Q142
所有事業者 ……………………………Q67
将来の売掛債権………………………Q78
審尋 ……………………………………Q34
信託契約 ………………………………Q146

494　　　事項索引

信託受益権 ……………………………………Q131
新得財産 ……………………………………………Q39
信用金庫 ……………………………………………Q130
信用購入あっせん契約 ……………………Q142
信用情報機関 ………………………………………Q22
　一への登録 ……………………… Q2、Q216
診療録 …………………………………………Q104
ストーカー ……………………………………Q32
生活保護 ………………………… Q14、Q30
生活保護法
　一63条に基づく費用返還義務 ………Q30
　一63条に基づく返還請求権 ………Q161
請求の趣旨 ……………………………………Q107
清算確定事業年度 …… Q202、Q204、Q206
清算型倒産手続 ………………………………Q3
清算事業年度 ………… Q202、Q204、Q206
清算人 …………………………………………Q105
　スポット一 …………………………………Q105
税務申告 ………………………………………Q203
責任財産 ………………………………………Q115
責任保険契約 ………………………… Q57、Q58
説明義務 ………………Q8、Q43、Q50、Q54
　申立代理人の一 ……………………………Q29
説明義務違反 …………………………………Q210
善管注意義務 ……………… Q71、Q91、Q136
全国銀行個人信用情報センター ………Q22
専属下請け ……………………………………Q178
船舶 ……………………………………………Q200
専門家
　一の活用 ………………………………………Q99
占有改定 ………………………………………Q89
戦略的異議 …………………………Q150、Q151
総額基準 ………………………………………Q10
相殺 …………… Q124、Q129、Q131、Q159
　一合意 ……………………………Q119、Q182
　一への合理的期待 ………………………Q119
　一適状 ……………………………Q119、Q123
　一の遡及効 …………………………………Q128

一の担保的機能 …………………………Q122
一濫用論 ……………………………………Q119
三者間一 ……………………………………Q119
相殺禁止 ……Q17、Q18、Q79、Q123、Q127
　一規定 ………………………………………Q119
　一・自動引落停止依頼書 ……………Q16
総債権者の利益 ………………………………Q34
相続財産破産 …………………………………Q102
送達 ……………………………………………Q98
相当性の要件 …………………………………Q38
双方未履行双務契約 …………Q53、Q133、
　　　　　　　　　　　　　　Q135、Q147
贈与税 …………………………………………Q200
即時解雇 …………………………… Q25、Q180
即時抗告 ………………………………………Q37
訴訟
　外国で係属中の一 …………………………Q101
　破産管財人からの一提起の要否 …… Q162
　破産手続開始決定と一 ……………………Q52
　一受継 ………………………………………Q61
租税債権 ……… Q163、Q168、Q172、Q174
　一の簡易な分配方法 ……………………Q192
租税等の請求権 ……… Q161、Q167、Q169
　一の代位 …………… Q167、Q174、Q178
ソフトウェア …………………………………Q91
損害賠償請求権 ………………………………Q62

●タ行●

代位 ……………………………………………Q145
対抗問題 ………………………………………Q55
対抗要件
　債務者一 ……………………………………Q78
　物権譲渡の一 ………………………………Q89
対抗要件否認 ……………………… Q76、Q121
第三者保護規定 ………………………………Q55
退職金債権 ……………………………………Q40
　一の認否 ……………………………………Q176
退職手当 ………………………………………Q181

事項索引　　495

退職に伴う諸手続……………………Q45
滞納管理費の減免……………………Q73
滞納公租公課がある場合の受任通
　知 ……………………………………Q171
滞納処分………………………………Q171
滞納処分費……………………………Q169
脱退時特別掛金………………………Q173
労働者健康安全機構
　―立替払い→未払賃金立替払制度
立替払方式……………………………Q88
たばこ…………………………………Q86
担保権消滅請求………………………Q76
担保権消滅制度………………………Q84
担保不動産収益執行…………………Q139
担保抹消料……………………………Q76
遅延損害金……………………………Q112
知的財産権…………………Q94、Q147
地方税……………Q165、Q203、Q207
中間貯蔵・環境安全事業……………Q67
中間配当………………Q189、Q197
仲裁契約………………………………Q101
仲裁手続………………………………Q101
駐車違反→放置違反金
中小企業退職金共済……………Q25、Q36
中退共→中小企業退職金共済
中断
　訴訟手続の―………………………Q52
注文者…………………………………Q27
　―の破産………………Q27、Q143
超過配当………………………………Q196
調査権限………………………………Q54
重畳的債務引受………………………Q115
帳簿閉鎖………………………………Q47
直接請求権……………………………Q57
直前現金化…………Q11、Q37、Q42
著作権…………………………Q94、Q147
治療費…………………………………Q56
賃借人の破産 ………………………Q135

賃借物件………………………………Q135
賃貸借契約……………Q64、Q135、Q136、
　　　　　　　　Q137、Q138、Q139
賃貸人の破産………Q137、Q138、Q139
賃貸ビル………………………………Q96
賃貸物件………………………………Q139
賃料相当損害金………………………Q140
賃料の寄託請求………………Q138、Q139
追加配当………Q189、Q197、Q199
通勤手当………………………………Q177
通常損耗………………………………Q64
通謀虚偽表示…………………………Q146
積立金…………………………………Q40
強い振込指定…………………………Q124
DV……………………………………Q32
停止条件付債権………………Q157、Q169
停止条件付債務………………Q122、Q131
抵当権者の物上代位…………………Q139
手形
　取立委任― ………………………Q130
　―債権 ……………………………Q154
出来高………………Q143、Q144、Q145
手続開始後の代位弁済………………Q196
手続選択………………………Q1、Q3
電気料金………………………………Q134
転送郵便物→回送郵便物
転付命令………………………………Q120
電話加入権……………………………Q40
同意配当………………………………Q189
倒産解除条項…………………Q132、Q135
動産競売開始許可決定………………Q85
動産売却………………………………Q74
動産売買先取特権………………Q85、Q90
倒産法的公序…………………………Q132
同時交換的行為………………………Q108
投資信託………………………………Q131
同時廃止………………Q12、Q13、Q49
　―基準 ……………………………Q11

同時履行の抗弁権	Q133
当然対抗制度	Q147
登録支援専門家→自然災害債務整 理ガイドライン	
登録免許税	Q172
督促手数料	Q169
特退共→特定退職金共済	
特定商取引法	Q83
特定退職金共済	Q36
特定調停	Q217
特別代理人	Q33
特別徴収	Q165
特約の効力	Q135
都市計画税	Q161、Q165、Q172、 Q200、Q207
土壌汚染	Q68
土地重課税	Q172
特許権	Q94、Q147
特許情報プラットフォーム	Q94
ドメスティックバイオレンス→DV	
取締役の破産	Q2
取立て	Q120
取立権限	Q78
取引履歴	Q22
取戻権	Q142

●ナ行●

内部者債権	Q151
名ばかり役員	Q178
日用品の供給	Q134
日本信用情報機構	Q22
入院雑費	Q56
任意売却	Q13、Q35、Q70、Q72、Q73、 Q76、Q92、Q96、Q138、Q215
ネット通販	Q83
納期限	Q163
具体的—	Q163、Q164、Q166、Q205
法定—	Q163、Q205、Q206

納税義務の成立時期	Q163
農地	Q73

●ハ行●

バーゲンセール	Q83
廃棄物	Q67
排出者責任の原則	Q67
賠償責任保険	Q58
配当	Q189
—の供託	Q194
100%—	Q198
配当時異議確認型	Q189
破産管財事件	Q11、Q12
破産管財人	
—との協働・連携	Q29
—の源泉徴収義務	Q208
—の兼任	Q114
—の情報提供努力義務	Q175
—の税務申告	Q203、Q204、Q205、 Q206、Q207
—の第三者的地位	Q54
—の法律関係	Q55
—の報酬	Q15、Q161
申立代理人から—への引継ぎ	Q21
破産原因	Q34
破産債権	
—査定申立て	Q158
—に関する訴訟	Q160
破産債権者	Q34
破産債権者表	Q148
破産財団からの放棄→放棄	
破産財団帰属性	Q54
破産手続開始申立て	Q20、Q34
債権者による—の取下げ	Q34
法人代表者単独の—	Q9
破産手続開始決定	
—後の弁済	Q215
—書の送達	Q34

事項索引 497

—に対する即時抗告の申立て ………Q34
破産登記 …………………………………Q47
破産配当 …………………………………Q34
破産犯罪 …………………………………Q5
破産申立て→破産手続開始申立て
破産予納金→予納金
パソコン …………………………………Q91
ハンコ代 …………………………………Q76
PCB ………………………………………Q67
東日本大震災 ……………………………Q14
引継書 ……………………………………Q29
引継予納金
　　—の分納 ………………………………Q211
　　—を超える積立て …………………Q211
引渡命令 ………………… Q46、Q50、Q72
　　—の申立て …………………………Q72
被災者 ····Q14、Q216、Q217、Q218、Q219
被災者生活再建支援金 …………Q218、Q219
秘匿 ………………………………………Q32
一人親方 …………………………………Q178
否認 ……………………………Q106、Q110
　　—対象行為 …………… Q34、Q38、Q43
　　—訴訟 ………………… Q107、Q111、Q113
　　—請求 ………………… Q107、Q111、Q113
　　詐害行為— ……………………Q62、Q108
　　適正価格売買の— …………………Q109
　　転得者に対する— …………………Q114
　　偏頗行為— ……………… Q35、Q62、Q121
　　無償行為— …………………………Q108
否認権 ………Q17、Q18、Q62、Q106、Q111
　　—の行使 ……………………………Q60
非免責債権 ……………………… Q50、Q214
ヒヤリハット
　　債権調査における— ………………Q149
　　配当における— ……………………Q190
破産者の死亡 ……………………………Q102
破産申立費用 ……………………………Q18
評価

株式の— …………………………………Q81
ファイナンスリース ……………………Q141
フィナンシャル・アドバイザー ………Q28
賦課期日 ………………………… Q165、Q200
不可欠性の要件 ………………… Q38、Q39
不足額責任主義 ………………… Q191、Q195
不足額の証明 ……………………………Q191
普通徴収 …………………………………Q165
復権 ………………………………………Q2
不動産 …………………………… Q20、Q200
不動産競売 ………………………………Q74
債務者の不当な財産処分 ………………Q34
不納付加算税 ……………………………Q208
振分基準 ………………… Q11、Q37、Q54
粉飾 ………………………………………Q203
別除権 …………………………… Q35、Q142
　　—の行使 ……………………………Q88
　　—付債権 ……………………Q35、Q155
返還請求権 ………………………………Q75
弁護士報酬 ……………………… Q15、Q117
　　過大な— ……………………………Q117
　　—に対する否認権行使 ……………Q117
労働債権の弁済許可 ……………………Q193
弁済禁止効 ………………………………Q130
弁済による代位 …………………………Q186
返納請求 …………………………………Q75
返納命令 …………………………………Q75
偏頗行為 ………………… Q5、Q110、Q111
偏頗行為否認 …………… Q35、Q62、Q121
偏頗弁済 ………………………… Q34、Q210
放棄 ……………………… Q96、Q103、Q200
　　—財団からの放棄 ……… Q88、Q96、Q97
　　管理処分権の— ……………………Q137
法人住民税 ………………………………Q172
法人税··Q164、Q172、Q202、Q203、Q204
法人破産申立て …………… Q19、Q21、Q25
　　—における事業用賃借物件 …………Q26
　　—における遅延の弊害 ………………Q17

放置違反金（駐車違反）·········Q161、Q167
法定代位 ····································Q88
法定利息 ···································Q112
法テラス ····································Q14
　―の民事法律扶助 ···················Q30
保管事業者 ································Q67
保険 ··Q20
　―解約返戻金 ················Q40、Q43
　―の財団帰属性 ···········Q54、Q59
保険給付 ···················Q57、Q58
　―金 ·································Q58
　―請求権 ····························Q58
保険金請求権 ··············Q43、Q59
保険契約者の当事者の確定 ·········Q54
保証委託方式 ·····························Q88
保証金返還請求権 ·····················Q40
保証債務 ····································Q4
補助金 ···························Q75、Q167
補助金適正化法 ·························Q75
補助金返還請求 ·························Q75
補助金返納請求 ·························Q75
補助者 ·························Q45、Q99
保全管理人 ··················Q28、Q98
保全管理命令 ················Q28、Q98
　債権者による―の申立て ·········Q34
保全処分 ···································Q34
ホッチポット・ルール ····················Q31
本来的自由財産→自由財産

●マ行●

マイナンバー→個人番号
前に生じた原因 ··························Q126
前払金 ······································Q145
マニフェスト ······························Q66
マンション管理費 ·············Q35、Q161
密行型 ·····································Q18
みなし事業年度 ·························Q206
未払退職金 ·······························Q181

未払賃金 ···································Q208
未払賃金立替払制度 ···········Q17、Q180、
　　　　　　　　Q183、Q185、Q193
無委託保証 ·······························Q125
無償行為否認 ·····························Q108
無償の供与 ································Q109
無理算段 ··················Q106、Q111
免許 ··Q86
免除益課税 ·································Q3
免責 ·························Q49、Q54
　―観察型 ····························Q211
　―許可決定 ························Q200
　―許可決定確定後の弁済 ·········Q215
　―に関する意見 ·········Q212、Q213
　―不許可事由 ············Q1、Q24、Q29、
　　　　　Q38、Q71、Q210、Q212
　―不許可事由に関する調査
　　·····························Q212、Q213
　―法的性質 ························Q215
　裁量― ···············Q210、Q212
免責手続 ···································Q102
申立債権者 ································Q34
申立書 ······································Q8
申立代理人
　―から破産管財人への引継ぎ ·······Q21
　―と破産管財人との協働 ·········Q29
　―の役割と責任 ·····················Q5
　―の説明義務 ·························Q29
　―報酬 ·······························Q117
申立予納金→予納金
目的物返還債務（義務）·················Q65

●ヤ行●

役員責任査定の申立て ·················Q100
役員の責任 ································Q100
有害物質 ···································Q161
優先的破産債権········ Q163、Q164、Q165、
　　　　　　　　　　　　　Q166

事項索引　　499

郵便回送嘱託 ·························· Q47、Q51
有用の資 ····································· Q12
養育費 ······································· Q62
傭車 ··· Q178
預金債権 ··································· Q118
預金者の認定 ····························· Q54
預金返還債務 ···························· Q123
予告解雇 ···································· Q25
預貯金 ······································ Q40
予定納税 ·································· Q200
予納金 ··········Q9、Q11、Q14、Q15、Q26
　　—の分納 ······························ Q15
　　第三者立替払—返還請求権 ··········· Q161
予備的届出 ····················Q112、Q196

●ラ・ワ行●

ライセンス契約 ·························· Q147
濫用的会社分割 ························· Q115
リース ···························Q141、Q205
　　—債権者 ······························· Q48
　　—物件 ·································· Q48
離婚 ······························· Q62、Q63
リゾートマンション ····················· Q73
利息制限法 ································ Q12
留保型 ···································· Q192
劣後的破産債権 ························· Q163
連帯保証債務 ······························ Q8
労働債権 ·································· Q25
　　—の簡易な分配方法 ···················· Q193
　　—の認否 ····························· Q176
　　—の弁済（の支払）···················· Q25
　　—の弁済許可制度 ············Q187、Q193
　　—の和解契約による弁済 ············· Q187
労働者 ····································· Q178
労働者健康安全機構 ··············Q183、Q184
労働審判 ···································· Q52
労働保険料 ······························· Q166
浪費 ······································· Q210

和解許可
　　—による簡易な分配方法 ·············Q192

破産実務Q&A220問（全倒ネット実務Q&Aシリーズ）

2019年11月30日　第1刷発行
2023年10月20日　第3刷発行

監修者　木内道祥
編　者　全国倒産処理弁護士ネットワーク
発行者　加藤一浩
印刷所　三松堂株式会社

〒160-8520　東京都新宿区南元町19
発　行　所　一般社団法人 金融財政事情研究会
企画・製作・販売　株式会社 き ん ざ い
編集部　TEL 03（3355）1758　FAX 03（3355）3763
販売受付　TEL 03（3358）2891　FAX 03（3358）0037
https://www.kinzai.jp/

＊2023年4月1日より企画・制作・販売は株式会社きんざいから一般社団法人
金融財政事情研究会に移管されました。なお、連絡先は上記と変わりません。

・本書の内容の一部あるいは全部を無断で複写・複製・転訳載すること、及び磁
　気又は光記録媒体、コンピュータネットワーク上等へ入力することは、法律で
　認められた場合を除き、著作者及び出版社の権利の侵害となります。
・落丁・乱丁本はお取替えいたします。価格はカバーに表示してあります。

ISBN978-4-322-13524-4